楼劲　主编

徐连达先生
八十五寿庆论文集

上海古籍出版社

图书在版编目(CIP)数据

徐连达先生八十五寿庆论文集 / 楼劲主编. —上海：上海古籍出版社，2017.10
ISBN 978-7-5325-8569-4

Ⅰ.①徐… Ⅱ.①楼… Ⅲ.①中国历史—文集 Ⅳ.
①K207-53

中国版本图书馆 CIP 数据核字(2017)第 190096 号

徐连达先生八十五寿庆论文集
楼　劲　主编
上海古籍出版社出版、发行
(上海瑞金二路272号　邮政编码200020)
　(1) 网址：www.guji.com.cn
　(2) E-mail：guji1@guji.com.cn
　(3) 易文网网址：www.ewen.co
常熟市新骅印刷有限公司印刷
开本787×1092　1/16　印张22　插页8　字数456,000
2017年10月第1版　2017年10月第1次印刷
ISBN 978-7-5325-8569-4
K·2365　定价：128.00元
如有质量问题，请与承印公司联系

会议中审读讲稿的徐连达先生

徐连达夫妇与儿子、学生合影
（后排左起：楼劲、徐朔、薛明扬）

徐连达夫妇与楼劲夫妇合影

徐连达夫妇

徐连达夫妇与复旦大学师生合影
（前排：徐连达、韩昇　后排左起：范兆飞、仇鹿鸣、秦中亮、蒙海亮）

徐连达夫妇与上海师范大学师生合影
（后排左起：范兆飞、林云鹤、张剑光、刘永强、严耀中、俞钢、杨孟哲、汤勤福、戴建国）

徐连达夫妇与上海大学师生合影
（第二排左起：赵剑敏、李福长、陈勇、李碧妍、张现国　第三排左起：钱宝、赖少伟、刘永强、杨孟哲、秦中亮）

徐连达夫妇和徐门弟子
（后排左起：秦中亮、肖平学、楼劲、张菁、袁礼华、丁之方、孔令琴、李福长、薛明扬、叶茂强、沈振辉、王杰）

序

时光冉冉,不觉已到了徐师的八十五寿辰。要感谢中亮、令琴几位的发起和安排,众门人弟子得于仲夏聚于复旦欢庆,沪上诸中古史名家亦闻而前来,共预此盛,以介眉寿。拜祝之余,各人又多奉文为贺,以彰师德及我辈本色。寿庆文集付梓在即,同门嘱余为序,既不得辞,遂忆当年追随徐师受业之事,录其要节,庶以明师门之学旨攸在,凡诸门人弟子当思有以续之弘之。

1983年我有幸成为徐师收录的第一位研究生时,他治史执教已三十余年,虽逢多事之秋,屯邅栖伏而时遭无妄,间仍读书、著述不辍,成就已为海内外公认。早年他做陈守实先生助教时,曾治元史、唐史及民族关系、土地制度、农民战争等史,深受守老实证与理论结合、擅能抉微而勇于创拓的风格影响。七十年代起徐师参与《旧唐书》点校整理,所治渐以隋唐为主,向上溯至先秦、秦汉,向下及于明清。八十年代以来,他兼治官制史、文化史,在所涉时代上也仍保持了这样的路数。故凡徐师论撰之题,类皆详为剖析,上连下挂,遂得明其源流,得其纵深,体其要旨而发其古今相映之底蕴。正是这样长期涵泳积累,使徐师治史精博而尤尚通识,非徒炫人耳目之浅学可得窥其涯岸。

徐师为我所开课程,名称恒为"阅读与讨论"、"研究与讨论"、"习作与讨论"之类,惟前面挂上"史料"、"制度"、"隋唐史"等名而已。令我印象最深也受益无穷的,正是以他家中书房为课堂,每周两次展开的讨论。虽说大抵亦不外覆按课业、树义问难、作结引申以为流程,但如此日就月将,往复渐进,对我实有再造之功。虽师法精微,难尽言表,仍可举其荦荦五端于下:

一是"读书笔记乃研究、撰文之根基"。这句话凡徐师门人皆应耳熟,一入门来,他即要求读书必深思,必动笔,凡有所见,随时记录。其法则依顾炎武《日知录》等而损益之:先据读书发现的问题拟一标题,再抄录原文并标明出处,下以案语记述问题要点和可资参证的其他资料,并相关研究成果及其得失。更重要的是须照此随时补记笺附并定期整理。倘认识有变则可改题,或拆分、合并,如此日积月累,不仅可使点点滴滴的认识逐渐扩展而形成系统,而且可以储备独到、确切的可撰之题,因为一条读书笔记至少是一个可供自己不断思考的线索,一条经过长期积累的读书笔记则不啻为一篇文章的雏形。

为了让我体认此法之要，徐师更把他历年的读书笔记分批让我抱回寝室细读，使我得以反复体会，尤其上面逐次留下的补缀、整理、芟削之迹，以金针度人。我不知道同门之中得此待遇者几人，却深深明白这不仅是我学问上路的关键，更把我直接推到了徐师治学所识所见的最前沿，使我在大量问题的研习上，在新的高度继续向前探讨。由此足见徐师对我的恩惠和造就之深。还可补记一笔的是，当年徐师的这种笔记，均书于活页簿上，便于补缀，其法实与电脑操作，以类相从类似，为读书进益的最佳法门。至今我电脑文件夹里积存的笔记已近千条，我的文章固皆取自于此，凡教学生亦必以此示之，以仿效徐师之德，亦以明读书有法而贵在持恒，方能厚积薄发而臻于佳境。

二是"治史之要，在掌握主干史料"。初到徐师门下不久，他曾查考我以往读史之况，并把我在兰州大学历史系毕业时的学士论文《募兵制与五代十国》索去一观，大概是觉得我文中多引唐宋杂记，又不直一度流行的那种轻视正史而趋骛于野史的风气，便谆谆告诫：治史固须博杂，但最重要的在于掌握主干史料。后来徐师又曾专门就此数次讲述，使我逐渐加深对此的理解。

所谓主干史料，即各领域研究最为基本和重要，可以撑起该领域认知骨架的史料，如正史之于治断代史，典志之于治制度史，农书、医书之于治农业、医药史等，皆其例。但又不止如此，一个领域的主干史料常由两三种或更多类型的记载构成，其共同特点除原始性及史源、体例清晰，所记相对全面、多可互证等项外，需要不断加深体会的是，主干史料集中了古人在该领域的基本思考。因而治史入门，必先熟读主干史料，方能鉴赏其他史料而知所取舍。进而登堂入室，更要以此为轴，自己建立所事领域研究的史料系统，从中不断体会主干史料在一些基本问题上的然与所以然，才可接上古人在相关问题上的思考和学脉，然后可以斟酌古今，形成通识。徐师的这些灼见，对当年极羡那些征引博杂之文的我，无疑是一剂对症良药，但对其理之深切著明一时亦难尽领会。而现在我可断言：这真是史料学书上从未讲透过的道理，也是至为醇正和博大精深的史学思想，值得所有治史者反复回味。

三是"制度不是一纸空文"。我读研究生的专业方向是"中国政治制度史"，投考之前翻检院校系科和导师名录时，唯有复旦历史系徐师名下设有这一专业。当年这一专业的设置和我的选择，无疑刻有八十年代中国特有的烙印。其时改革潮起而议论风生，政治学、社会学等学科新近恢复，连同百废待兴的法学、经济学、管理学等，几于人人争说体制利害，史学亦开始较多研究官制、法制、礼制等以往颇为沉寂的制度问题。记得徐师为我所出复试题目为"什么是中国政治制度史"，这也可见当时他正通盘考虑这一专业的一系列基础问题。故入学以后，他即嘱我须留意政治学、法学、社会学相关理论，课业和讨论更常围绕制度来展开。而当时给我极大启发，又堪称是徐师在制度问题上的一个根本观点，就是他坚持只有具体发挥作用的规定才是制度，一纸空文其实是不能称为制度的。

此语今天看来或已寻常，对当年制度研究的胶固之弊却有极强的针对性，对我更有廓清探讨起点的作用。正是由此出发，我们那时已较多地讨论了后来渐成制度史通则的一些问题：如，制度史必须揭示制度的运行过程，对行政体制来说，人事控制、文书流转和层级节制即是揭示其运行过程的基本方面。至今记得当年我在徐师开导下，得出"文书流转之况是揭开行政过程奥秘的钥匙"的结论时，内心那种说不出的喜悦。又如，制度真相存在于法令的规定与实施状态之间，仅凭法令的规定，或者脱离了这种规定，都谈不上了解制度。我在这方面的认识，正缘起于徐师对制度史料的归结，即制度研究必须把典志所载与列传及其他相关记载结合起来，才能得知其要而免于空洞。循此引申和思考以后，我才逐渐意识到法令规定与实施状态的关系内涵之丰富，从中几乎可以引出制度发展的全部问题和奥秘。再如，制度史必须重视各种制度在同一时期的相互关系和综合作用。这是徐师有鉴于当时有些研究专文往往囿于一制，又喜按今人观念来分门别类，有局促、割裂之弊而提出来的，他很早就主张各时期制度自有其结构、功能，研究者首先要把各种重要制度一并纳入视野才行。后来徐师与子彦兄合撰《中国皇帝制度》一书，即是对以往制度史领域的一种开拓，我后来的研究较多地涉入法制、礼制等方面研究，亦是肇始于此。当年的这些讨论至今对我的研究仍有重要影响，其中要者在我历年文著中皆有体现，而每次将之形诸笔端，也均会想起当年徐师的诸多卓见和教诲。

顺便指出，1983年起，徐师曾与江西大学谷霁光先生等协商筹建"中国政治制度史研究会"，嘱我与明扬兄等为之编定了《1900至1980年中国政治制度史文著索引》，徐师又承接了教育部的《中国政治制度史》教材编写项目，并应安徽教育出版社之请，主编一部较为完善的《中国历代官制辞典》。尽管学会筹建和教材编写皆因政治气候旋即有变而中辍，《索引》亦被搁置而未能续补出版，惟有《辞典》一版再版其惠愈广，但从这些事项，仍足见徐师当年为中国政治制度史研究及学科建设所做规划和工作的扎实。

四是"专门史须与断代史相辅相成"。这当然不是泛指学科关系，而是指治史者个人必须有此自觉。徐师当年教我此道，既是出于其切身体会，又是要纠我一时僻好于制度沿革，诸制必欲一一自先秦至明清理其源流而不知返，遂专门安排相关课业，与我重点就隋唐史详为讨论。其间徐师屡屡申明断代史与专门史各有长短，学者若长期只治其一，形成积习，则其短愈短可掩其长；而能交替治之、通之，则二长并美足济其短。他于隋唐史料本极精熟，研究动态亦了然于胸，当时已在蕴酿他的《唐朝文化史》写作；又在土地制度、民族关系、官制等专门史上多有心得，且已编写《中国通史》教材有年，故徐师谈及隋唐的各种问题，皆能信口举证，讲此专题而必照应横向、纵向的各种事态，直接为我做了专门史和断代史如何相辅相成的示范。至今留下深刻印象的，如他讲述唐代前期文人深染六朝之风，从其仕进之途、门阀观念、理财之习直到诗文风格、服饰爱好等审美习惯，一些当年在我看来不相干的史料和现象，得如穿梭织锦，相映生辉。尤其徐师又往往从这类专题讨论中引出唐前后期转折之要，以及隋唐在整部中国史上的地位问题，则不仅是史家知微见著的第一流功夫，也是我后来思考中古史总体走向问题的发端。

正是由于这样的教导,我在研究生期间虽以政治制度史为主,经常抱着"十通"寻其史源、理其线索,却也在隋唐史上打下了底子,毕业论文则以汉唐政枢比较为题,故又对秦汉史下了一定功夫,在制度同期牵连的领域和问题上有了必要广度。记得做我论文答辩委员的法史学家叶孝信先生,专门指出文中对汉、唐之况讨论尚晰,即便论题不必详论其如何过渡,但也仍以勾出其间相连之线索为好。现在回想,这应当算是我研习魏晋南北朝史的缘起。至于后来我讨论制度多从政治史和思想背景着眼观其当时样态,治魏晋南北朝史则尤重其与汉、唐历史的关联,所置场景都比较广阔,遂得逐渐形成自己的研究特点,提出一些得到同仁关注的问题,根子上都是承自徐师所传"二长并美"的学脉。

五是"为学最忌门户之见"。八十年代学术复兴而学者活跃,生机勃勃的同时,以往斗争岁月所积恩怨、风习在学界仍留其痕,后来逐渐变得明显起来的门户之见,相应的种种的圈子、樊篱亦伏于此期。徐师对此是十分敏感和深恶痛绝的,就连年轻学子随俗而以校门、师门相炫,或艳羡那些名人大家的冠盖耸动,在他看来亦须防微杜渐。在徐师那里,学生们是听不到什么学界秘辛的,所述只有研究动态和得失分析,再要具体一点,就是这位先生成就如何之高,那位先生功力如何之深,若要治某某之学,其书其文不可不看,仅此而已。徐师是浙江临海人,但我很少见到他发过台州人多见的火性脾气,最多只是紧闭嘴唇严肃不语,在记忆中,那正是他碰到那些党同伐异之事的典型态度。徐师的学生大抵都知道,他确实是把"学术为天下公器"奉为圭臬的,而且多年来持此未曾稍懈。因而他与学界交往很是单纯,接待访学、求教者则不分轩轾也不厌其烦。我们这些学生则可以跟他平等讨论一切问题,可以不同意他的看法,将之写成文章他还帮你审读推荐。徐师最讨厌身为学者却热衷于用种种非学术手段,更不必说以此结网攀援,为人为学划界定等。他常说学者终须以自己的作品来说明问题,固当以学问为其天职,而学生正该抓紧时间读书明理。他的处世观是很真实、很通达的,对学生们的各种选择都能理解,对诸多俗务的态度也皆一以贯之,从他持身待物的态度中可以体会到,名利须取之有道,欲求须知所归约,否则,其人其学就皆不可问了。

这些都可以说是徐师对我们的身教,他也正面讲过为学何以切忌门户之见的道理,以为凡大学问、大学者,无不关怀深切,志意磊落,气象开阔,洋洋乎如海纳百川。一些长盛不衰的学派和师门,必惟学术是尚,故多脱俗之处,而少诸种羁绊、纠葛,同人多能专心做出成就。而学者凡天才英发,时有卓见者,为人亦易刚愎自用,治学或多意、必、固、我,则尤要在于安置心性,使臻雍容。这是因为学问、人格终相关联,本来就须一体涵养,否则不仅为学落入下乘,成就终将有限,更重要的是,治学本来又所为何事呢?这些直指做人、治学之本和其间关系实质的教诲,确实让我有再次发蒙的感觉。同时也体认到徐师所忌的"门户之见",所指固然是不务学术而徒以圈子来历相尚的陋习,更是指桎梏学者心志,妨其发扬真理的各种俗谛,落到现实中就是那些有形无形的识障和界隔。其害轻则影响认识的通透和学术发展,重则误人误己,堕坏学林风气而有玷师门。这些年来眼见学风大坏几成痼疾,我尝反复回味那些愈见高大或渺小的史家事迹,省察相关学派的兴衰起伏之况,深悲其与徐师当年所述之理合若符契,又尤感同人确应将之铭于襟底以时时警醒自己。

以上仅就我之经历和体会而记之,其他门人弟子对徐师的传道授业解惑,自当各有独到经历和印象独深者。不过我仍敢说以上五端,众同门多少皆应有所体会,因为即便各人情况不同,但徐师治学执教所秉之道始终如一,对众门人弟子的关爱同样始终如一。行文至此,不禁想起三十年前我毕业离开复旦前夕,徐师与叶师母在家设宴相送,惜别之语,犹在耳边;其时明扬、经方及茂强、礼华、之方诸兄俱在席间把盏话别,依依之情,宛如眼前。如今我们各有所事而星散海内外,然同门之谊,久而弥深,亦皆徐师盛德陶冶之故。这次我们又因祝寿而得再聚,历届同学相识、未识者济济一堂,乐也融融,又尤足见徐师德泽之广而门下雍睦。所谓桃李不言,下自成蹊,良有以也。

谨以此序铭记徐师的授业之恩,亦以表达众同门对徐师多年教诲化育的感激之情!祝徐师和叶师母福如东海,寿比南山!

楼　劲

2016 年 11 月

目 录

1 序

1 "八卦方位"、"乾坤六子"说与早期易学传承
　　赖少伟

14 上博战国竹书《论语》类文献视域下的早期《论语》形态
　　鲍鹏飞

21 《论语》所见孔子"德"观念初探
　　张晓程

29 从少府制的形成看周秦间土地私有观的发展
　　沈振辉

35 西汉时期"革命论"之退化与政治思想之转折变迁
　　楼　劲

57 试论兔丝、女萝女性人格文化象征的产生及发展
　　张　菁

65 略论"门阀政治"背景的几个层面
　　严耀中

72 中古史著作翻译的趋势和问题
　　范兆飞

81 问题史·宗门·道统建构
　　——以六祖惠能为中心的禅宗史片解
　　陈　凯

92 隋代赠官与赠谥:"汉魏旧制"与北朝新规的整合
　　蒙海亮

117 论唐代使职的功能与作用
　　薛明扬

125 安史之乱的河北经济基础研究
　　赵剑敏

133 唐太宗与东南文人
　　李福长

147 唐后期长江下游户口考
　　陈　勇

164 唐代浙南丘陵地区农业生产的特色
　　张剑光

177 权力与观众:德政碑所见唐代的中央与地方
　　仇鹿鸣

201 论唐后期宣武军节度使韩弘
　　张现国

214 从"刘展之乱"看唐肃宗的江淮政策
　　李碧妍

226 摧残与复兴:安史之乱时期成德镇人口问题略论
　　秦中亮

234 唐代都畿研究新论
　　——以产生时间与统辖范围为线索
　　杨孟哲

249 论唐代宦官的主要来源
　　刘永强

265 从吐鲁番出土文书看唐代西域馆驿制度
　　刘夏欣

273 唐宰相源乾曜及其与开元政局关系考论
胡忠兵

286 道统之争与政统之争
——两宋时期的一桩公案
汤勤福

300 略论谱牒文化对后世的启迪
邢蒂蒂

308 清代的公文制度及其演变
丁之方

318 西式牛痘接种在上海的传播与影响
——以公共租界工部局为中心
马长林

332 全球海洋国家涉海管理体制变迁特点分析
王 杰

"八卦方位"、"乾坤六子"说与早期易学[①]传承

赖少伟

今本《周易·说卦传》共十一章,内容比较复杂,历来有不少讨论,廖名春先生曾作过详尽研究。[②]《说卦传》第一章言蓍、数、卦、爻的产生及卦、爻的作用,第二章述三才之道,"《易》六画而成卦"、"六位而成章",显然是就六画卦而言,与其后专论八卦的九章在内容上有较大的差别,故多数观点认为《说卦》前二章盖《系辞》错简。长沙马王堆汉墓帛书《周易》的《衷》篇中有今本《说卦传》的前三章,同见于该篇的还有今本《系辞传下》中的第六章、第七章、第八章、第九章、第十章、第十一章。据此,金景芳先生将今《说卦》前二章归入《系辞》,置于《系辞传下》之末。[③]《说卦传》第三章"天地定位,山泽通气,雷风相薄,水火不相射",廖名春先生据帛书《周易》的《衷》篇认为应作"天地定位,山泽通气,水火相射,雷风相薄",其卦序为乾坤、艮兑、坎离、震巽,即后文所谓"数往者顺",第四章叙述由雷风、雨日,而至艮兑、乾坤,卦序为震巽、坎离、艮兑、乾坤,恰与第三章卦序相反,此即"知来者逆",第三、四章即是说卦位"顺"、"逆"之理。[④]《说卦传》第五章将八卦与方位相配,其卦序为震、巽、离、坤、兑、乾、坎、艮,即后世所谓"后天八卦方位";第六章前半部分叙述由雷而风、火、泽、水、艮,除不讲乾、坤外,其余卦序与第五章同,后半部分由水火而雷风、山泽,不言乾坤二卦,廖名春先生认为此亦是言"顺逆"之理。《说卦传》第七至十一章与其他章节相比有相对的独立性和内在的统一性,其要言八卦之德与八卦取象,即《系辞传下》"仰则观象于天,俯则观法于地,观鸟兽之文,与地之宜,近取诸身,远取诸物,于是始作八卦,以通神明之德,以类万物之情"云云,此五章都是以乾、坤、震、巽、坎、离、艮、兑为序。综之,据《说卦传》的内容,可大致将其分为两

[①] 本文所指的"早期易学"笔者定义为先秦两汉的易学,划分的具体依据笔者将另外撰文论述。
[②] 廖名春:《〈周易·说卦传〉错简说新考》,《周易研究》1997年第2期。
[③] 金景芳:《〈周易·系辞传〉新编详解》,辽海出版社,1998年,第160—161页。
[④] 廖名春:《〈周易·说卦传〉错简说新考》,《周易研究》1997年第2期。

部分：第一章、第二章是就六画卦而言，为第一部分；第三章至第十一章是"专论八卦"，为第二部分。在"专论八卦"的九章中，第三章是"顺数"先天卦位，第四章是逆推先天卦位，第五章专陈后天卦位，第六章是兼先天、后天两种卦位而言之，第七至第十一章则以父母六子生成先后为序。① 从八卦卦序来看，第七至十一章以乾、坤、震、巽、坎、离、艮、兑为序，即父母、长、中、少的"乾坤六子"之序，第三章若据帛书本，为乾坤、艮兑、坎离、震巽之序，即"乾坤六子"以父母、少、中、长之序排列，第四章正好相反，"乾坤六子"以长、中、少、父母之序排列，第六章后半部分叙述由水火而雷风、山泽，排列亦与"乾坤六子"有关，第五章及第六章前半部分则皆以"后天八卦方位"之序排列。因此，若只据八卦卦序，可将《说卦传》后九章分为两部分，即"八卦方位"说与"乾坤六子"说。

一、"八卦方位"说

"八卦方位"说见于《说卦传》第五章"帝出乎震"，其将八经卦与四时、方位相结合。清华简《筮法》第二十四节有"卦位图"，其八卦方位基本同于《说卦传》第五章，惟坎、离二卦位置相反。② "八卦方位"说的形成，必须建立在人们对四时、四方认识的基础之上，即应在帝尧制定新历法、"定四时成岁"之后。③《尚书·尧典》云："乃命羲和钦若昊天，历象日月星辰，敬授人时。分命羲仲，宅嵎夷，曰旸谷。寅宾出日，平秩东作，日中星鸟，以殷仲春，厥民析，鸟兽孳尾。申命羲叔，宅南交，平秩南讹，敬致。日永星火，以正仲夏，厥民因，鸟兽希革。分命和仲，宅西，曰昧谷。寅饯纳日，平秩西成，宵中星虚，以殷仲秋，厥民夷，鸟兽毛毨。申命和叔，宅朔方，曰幽都。平在朔易，日短星昴，以正仲冬，厥民隩，鸟兽氄毛。"又《山海经·大荒东经》"大荒之中，有山名曰鞠陵于天，东极离瞀，日月所出，名曰折丹，东方曰折，来风曰俊，处东极以出入风"，《大荒南经》"有神名曰因因乎，南方曰因乎，夸风曰乎民，处南极以出入风"，《大荒西经》"有人名曰石夷，来风曰韦，处西北隅以司日月之长短"。殷商甲骨卜辞中有关于四方神与四方风的记载，胡厚宣撰《战后京津新获甲骨集》520"东方曰析，风曰协。南方曰因，风曰微。西方曰彝，风曰彝。北方曰勹，风曰郄"，又《殷墟文字缀合》261"帝于北方曰勹，风曰郄"、"帝于南方曰微，风曰……"、"帝于东方曰析，风曰协"、"帝于西方曰彝，风曰彝"。"东方曰析"、"厥民析"，《山海经》作"东方曰折"，析、折同义，《说文》云："析，破木也，一曰折也。""南方曰因"、"厥民因"，《山海经》云"有神名曰因"。西方"风曰彝"，《尧典》作"厥民夷"，《山海经》云"有人名曰石夷"，彝应读为夷。"北方曰勹"，勹读为伏。古人以北方

---

① 廖名春：《〈周易·说卦传〉错简说新考》，《周易研究》1997年第2期。
② 廖名春：《清华简〈筮法〉篇与〈说卦传〉》，《文物》2013年第8期；李学勤：《清华简〈筮法〉与数字卦问题》，《文物》2013年第8期。
③ 可参看金景芳：《古籍考辨四题》，《历史研究》1994年第1期。

为伏方。《广雅·释诂》四:"伏,藏也。"《国语·晋语》:"龙尾伏辰。"韦注:"伏,隐也。"《尧典》云:"厥民隩。"《国语·郑语》韦注:"隩,隐也。"《文选·芜城赋》李注引《苍颉》:"隩,藏也。"可见伏与隩同义。① "八卦方位"中的四正卦名与商代四方神名相合,这一点连劭名、徐锡台、刘大钧等均有论述,②"八卦方位"说的形成或与此有关。兹将连劭名先生《商代的四方风名与八卦》一文中相关论述摘录如下:

> 东方神曰析,析与震同义。《释名·释天》:"震,战也。所击辄破,若攻战也。又曰辟历,辟,析也,所历皆破析也。"析者,剖析破裂之意。震象为雷,发声霹雳,震动万物,所向皆破,故震者,析也。
>
> 南方神曰因,或曰微。南方卦名离。《广雅·释诂》三:"微,离也。"又《广雅·释诂》四:"微,明也。"《说卦》云:"离也者,明也。"又离、丽古音通。《说卦》云:"离,丽也。"《易·离》:"离王公也。"《释文》:"郑作丽。"微、美古音近,美字又作媺。美、丽同义,故离即微。
>
> 西方神曰夷,西方卦名兑。《尔雅·释言》:"夷,悦也。"《诗经·风雨》:"云胡不夷。"毛传:"夷,说也。"《诗经·节南山》:"既夷既怿。"郑笺:"夷,说也。"《诗经·那》:"亦不夷怿。"毛传:"夷,说也。"说、悦古皆作兑。《说卦》云:"说言乎兑。"《说文》云:"兑,说也。"《释名·释天》:"兑,说也,物得备足皆喜悦也。"《庄子·德充符》:"豫通而不失乎兑。"《释文》:"兑,悦也。"又兑卦有毁折之象。《一切经音义》卷九引《国语》贾注:"夷,毁也。"由此知兑即夷。
>
> 北方神曰伏,北方卦名坎。《国语·晋语》韦注:"伏,隐也。"《素问·五常政大论》:"其动彰伏变易。"王注:"伏,隐也。"《说卦》云:"坎为隐伏。"《易·艮》:"不见其人。"虞注:"坎为隐伏。"故坎即是伏。

"八卦方位"说即将八经卦与四时、方位配,最早见于《周易·说卦传》第五章。然朱彝尊《经义考》引干宝曰:"帝出乎震,齐乎巽,相见乎离,致役乎坤,说言乎兑,战乎乾,劳乎坎,成言乎艮。此《连山》之易也。"孔颖达《周易正义卷首·论三代易名》曰:"郑玄《易赞》及《易论》云:'夏曰《连山》,殷曰《归藏》,周曰《周易》。'郑玄又释云:'《连山》者,象山之出云,连连不绝。'"《经义考》引皇甫谧曰:"夏人因炎帝曰《连山》。《连山易》,其卦以纯艮为首,艮为山,山上山下,是名《连山》,云气出入于山。夏以十三月为正,人统,艮渐正月,故以艮为首。"又引刘敞曰:"艮其背,不获其身,人之道也,以寅为正。"再引邵子曰:"夏以建寅之月为正月,谓之人统。易曰《连山》,以艮为首,艮者,人也。"是夏代之易曰《连山》,夏代以建寅之月为岁首,是为"人统",而"艮者人也",故夏易《连山》以艮为首。《说卦传》第五章云:"艮,东北之卦也,万物之所成终而所成始也,

---

① 参看连劭名:《商代的四方风名与八卦》,《文物》1988年第11期。
② 参看徐锡台:《考古发现历代器物上刻铸八卦方位图及其渊源的探索》,《文博》1993年第5期;刘大钧:《"卦气"溯源》,《中国社会科学》2000年第5期。

故曰成言乎艮。"又第六章云:"终万物始万物者莫盛乎艮。"在《说卦传》属于"八卦方位"说的部分,其意与《连山》首艮正好相合。金景芳先生即认为此乃《连山》遗说。① 再考《连山》之名,《帝王世纪》云:"庖牺氏作八卦,神农重之为六十四卦,黄帝、尧、舜引而申之,分为二易,至夏人因炎帝曰《连山》,殷人因黄帝曰《归藏》。"又云:"炎帝初都陈,又徙鲁,魁隗氏。又曰连山氏,又曰列山氏。"《周易正义卷首·论三代易名》亦云:"案《世谱》等群书,神农一曰连山氏,亦曰列山氏。""列山氏"亦作"烈山氏",《左传·昭公二十九年》:"有烈山氏之子曰柱,为稷。"贾逵、郑玄皆云"烈山炎帝之号"。笔者以为,"烈山氏"的来源与原始人类刀耕火种、放火烧山的生产方式有关,《说文》云:"烈,火猛也。"与"燧人氏"、"有巢氏"的来源是同一道理。《左传·昭公十七年》:"炎帝氏以火纪,故为火师而火名。"有学者认为,炎帝时使用的是"火历",即以"大火"星的运行来纪时,以规定人事。每当"大火"昏见于东方天空时,即烧荒种地,开始一年的农事活动。清华简《筮法》"卦位图"正与"火历"有关,②而"卦位图"正是讲"八卦方位"的。由此观之,"八卦方位"说或在夏易《连山》中即已有之。

然而,真实情况可能要复杂。从《说卦传》第五章的内容来看,该章应包含两层意思。"帝出乎震"至"劳乎坎,成言乎艮"只论八卦,并未言及四时、方位,严格地讲不能算"八卦方位"说,这部分内容应是古之成说,或即《连山》的正文。真正讲八卦与四时、方位的是第五章的后半部分,即"万物出乎震"至"万物之所成终而所成始也,故曰成言乎艮",这部分才是严格意义上的"八卦方位"说。"万物出乎震"以下似乎是对"帝出乎震"部分的解释,其出现应在"帝出乎震"部分之后。王夫之《周易内传》释《说卦传》第五章亦云:"前举其目,而后释之。或古有此言,而夫子释其义。乃'万物出乎震'以下,文类《公》、《穀》及《汉·律历志》,则或前为夫子所录之本,而后儒加之训诂也。"③若"帝出乎震"部分为《连山》正文,"万物出乎震"以下即"八卦方位"说部分的出现应在《连山》之后。惜《连山》亡佚,《连山》中是否有"八卦方位"说今已很难论定,然"八卦方位"说的形成时间是不容低估的,"八卦方位"或即古之遗说,而《说卦》录之。

《说卦传》第五章只将八卦与四时、方位相配。阴阳五行学说兴起后,阴阳五行家们将四时、方位、五行、五色、五味、五音、干支、十二月、十二律等熔于一个大框架之下,其详细内容见于《吕氏春秋·十二月纪》和《礼记·月令》。在这个框架中,由于四、五之数无法完美相配,故其将夏季的三个月分开,以孟夏、仲夏配五行中的火及与火相应的色、味、音等,以季夏配五行中的土及与土相应的色、味、音等,并以土居中央之位。然而,《吕氏春秋·十二月纪》和《礼记·月令》中的这个阴阳五行大框架里并未熔入八卦。清华简《筮法》第二十四节"卦位图"将八卦与方位、四时、五行中的四行、五色中的四色相

---

① 参看金景芳:《〈周易·系辞传〉新编详解》,辽海出版社,1998年,第187页。
② 赖少伟:《战国楚简数字卦筮法试析——以清华简〈筮法〉为中心》,上海大学历史学专业硕士毕业论文,2015年,第33—34页。
③ 王夫之:《船山易学》,中央编译出版社,2011年,第291页。

配,可见在战国中期以后易卦开始与阴阳五行学说结合。不过"卦位图"所配的五行还缺一"土",此时五行还未与易卦完美相配,而且"卦位图"所配的内容亦不及《吕氏春秋·十二月纪》和《礼记·月令》丰富,应是易卦与阴阳五行学说结合早期阶段情况的反映。

《史记·太史公自序》引司马谈《论六家要指》曰:"夫阴阳、四时、八位、十二度、二十四节各有教令,顺之者昌,逆之者不死则亡,未必然也,故曰:'使人拘而多畏。'夫春生、夏长、秋收、冬藏,此天道之大经也,弗顺则无以为天下纲纪,故曰:'四时之大顺,不可失也。'"《集解》引张晏曰:"八位,八卦位也;十二度,十二次也;二十四节,就中气也;各有禁忌,谓日月也。"可见,在太史公司马谈的思想中,已将八卦与四时、节气融合于一个体系,其思想实质与《吕氏春秋·十二月纪》及《礼记·月令》的基本精神是一致的。按司马谈学《易》于淄川杨何,杨何为田何弟子,司马谈"将八卦与时节融合一体"的思想或即源自田生、杨何一系易学。当然,史迁云太史公司马谈"学天官于唐都,受《易》于杨何,习道论于黄子",其学术背景是比较复杂的,他的这种思想也可能源自别家,或即综诸家之长而成亦未可知。

《汉书·五行志》曰:"孝武时,夏侯始昌通五经,善推《五行传》,以传族子夏侯胜,下及许商……于《易》:震在东方,为春为木也;兑在西方,为秋为金也;离在南方,为夏为火也;坎在北方,为冬为水也。"此段文字将"八卦方位"中的四正之卦与四方、四时、五行中的四行相配。按《汉书·夏侯始昌传》曰:"夏侯始昌,鲁人也。通五经,以《齐诗》、《尚书》教授。自董仲舒、韩婴死后,武帝得始昌,甚重之。始昌明于阴阳,先言柏梁台灾日,至期日果灾。"又《夏侯胜传》曰:"胜少孤,好学,从始昌受《尚书》及《洪范五行传》,说灾异。""五行"的最早记载见于《尚书·洪范》,夏侯胜从夏侯始昌受《尚书》及《洪范五行传》,《洪范五行传》盖为一部专论阴阳五行学说的书。可见,夏侯氏易学观点应是受到阴阳五行学说的影响,且二人皆善言"灾异"。

《汉书·魏相传》载魏相上表言事曰:"臣闻《易》曰:'天地以顺动,故日月不过,四时不忒;圣王以顺动,故刑罚清而民服。'天地变化,必繇阴阳,阴阳之分,以日为纪。日冬夏至,则八风之序立,万物之性成,各有常职,不得相干。东方之神太昊,乘震执规司春;南方之神炎帝,乘离执衡司夏;西方之神少昊,乘兑执矩司秋;北方之神颛顼,乘坎执权司冬;中央之神黄帝,乘坤艮执绳司下土。兹五帝所司,各有时也。东方之卦不可以治西方,南方之卦不可以治北方。春兴兑治则饥,秋兴震治则华,冬兴离治则泄,夏兴坎治则雹。明王谨于尊天慎于养人,故立羲和之官,以乘四时,节授民事。君动静以道,奉顺阴阳,则日月光明,风雨时节,寒暑调和。"此段言魏相的易学观,是以"八卦方位"中的四正之卦与四方之神相配,并主四方、司四时。魏相云"中央之神黄帝,乘坤艮执绳司下土",乃以八经卦中的坤、艮二卦配五行之土,并居中央与黄帝配。震、离、兑、坎四正之卦,魏相虽未明言,实已与木、火、金、水相配。魏相这段文字的思想实质,亦与《吕氏春秋·十二月纪》及《礼记·月令》的基本精神相一致。《汉书》云魏相上表言事乃"数表采《易阴阳》及《明堂月令》奏之",其易学思想应是受到阴阳五行学说的影响。

孟喜"卦气"说,以《周易》六十四卦配四时、十二月、二十四节气、七十二候,并以此来推断人事的吉凶。① 惠栋《易汉学》云:"孟氏'卦气图'以坎、离、震、兑为四正卦,余六十卦卦主六日七分,合周天之数……四卦主四时,爻主二十四气;十二卦主十二辰,爻主七十二候;六十卦主六日七分,爻主三百六十五日四分日之一。"《易汉学》还绘有"卦气七十二候图"与"六日七分图"。又《新唐书·历志》录一行《卦议》引《孟氏章句》曰:"自冬至初,中孚用事。一月之策,九六七八,是为三十。而卦以地六,候以天五,五六相乘,消息一变,十有二变而岁复初。坎、震、离、兑,二十四气,次主一爻,其初则二至二分也。坎以阴包阳,故自北正。微阳动于下,升而未达,极于二月,凝涸之气消,坎运终焉。春分出于震,始据万物之元。为主于内,则群阴化而从之,极于南正,而丰大之变穷,震功究焉。离以阳包阴,故自南正。微阴生于地下,积而未章,至于八月,文明之质衰,离运终焉。仲秋阴形于兑,始循万物之末。为主于内,群阳降而承之,极于北正,而天泽之施穷,兑功究焉。故阳七之静始于坎,阳九之动始于震,阴八之静始于离,阴六之动始于兑。故四象之变皆兼六爻,而中节之应备矣。"由此观之,孟喜"卦气"说以坎、震、离、兑为四正之卦,主冬、春、夏、秋四时,并以四时配四方。四正之卦一卦六爻,每爻主一个节气,一卦主六个节气,四卦之爻刚好与二十四节气相配,四正之卦的初爻刚好对应二分二至。四正之卦外,余六十卦,每卦主六日七分,即每卦对应六又八十分之七日,六十卦共三百六十爻主一年三百六十五日四分日之一,即合周天之数。孟喜"卦气"说又以复、临、泰、大壮、夬、乾、姤、遁、否、观、剥、坤为十二辟卦,主一年十二个月,并与子、丑、寅、卯、辰、巳、午、未、申、酉、戌、亥十二支相配,十二辟卦共七十二爻则主七十二候,是所谓"十二卦主十二辰,爻主七十二候"。孟喜"卦气"说以四正之卦主四时、配四方,与"八卦方位"说是一致的,以四正之卦二十四爻主二十四节气,则是孟喜的发展。

焦延寿、京房之易也讲"卦气"。《汉书·京房传》曰:"京房……事梁人焦延寿……其说长于灾变,分六十卦,更直日用事,以风雨寒温为候,各有占验,房用之尤精。"孟康注曰:"分卦直日之法,一爻主一日,六十卦为三百六十日,余四卦震、离、兑、坎为方伯监司之官。所以用震、离、兑、坎者,是二至二分用事之日,又是四时各专王之气。各卦主时,其占法各以其日观其善恶。""其说长于灾变"指的是焦延寿的易学,《汉书·儒林传》云焦延寿"尝从孟喜问易",从孟康注来看,焦氏易以震、离、兑、坎为方伯监司之官,主四时,为二至二分用事之日,确实与孟喜"卦气"说同。京房"卦气"说对孟喜"卦气"说有继承,也有发展。② 孟喜以六十卦三百六十爻配一年之日数,京房则将坎、离、震、兑四正之卦纳入一年的日数之中,即以六十四卦三百八十四爻配一年之日数。其具体日数分配,如《新唐书·历志》录一行《卦议》所云:"京氏又以卦爻配期之日,坎、离、震、

---

① 参看廖名春等著:《周易研究史》,湖南出版社,1991年,第82页。
② 《汉书·儒林传》云:"京房受易梁人焦延寿,延寿云尝从孟喜问易,会喜死,房以为延寿易即孟氏学,翟牧、白生不肯,皆曰非也。至成帝时,刘向校书,考易说,以为诸易家说皆祖田何、杨叔、丁将军,大谊略同,唯京氏为异,党焦延寿独得隐士之说,托之孟氏,不相与同。"然考焦、京"卦气"说,确有继承孟喜"卦气"说之处。

兑,其用事自分至之首,皆得八十分日之七十三,颐、晋、井、大畜皆五日十四分,余皆六日七分。"即主二分二至的四正卦初爻,各为八十分日之七十三,颐、晋、井、大畜四卦各为五日十四分,其余各卦皆为六日七分。这样,四正卦中坎当十一月,离当五月,震当二月,兑当八月。其他四个纯卦则乾当十月,坤当七月,艮当正月,巽当四月。① 京房将四正之卦纳入一年的日数之中,并使八纯卦各当一月,八纯卦的排布与"八卦方位"说中八卦之序正好相合,且京氏以艮当正月,与前文所述"夏易《连山》以艮为首,建寅"之说一致。

易卦约于战国中期以后开始与阴阳五行学说结合,并在汉代形成成熟的孟、京"卦气"说,是有其历史原因的。兹略述如下:

第一,随着阴阳五行学说的兴起,"天人感应"与"终始五德"逐渐成为主流的、官方的意识形态。"天人感应"要求统治者的政令须顺应四时、节气的变化,是所谓"四时之大顺,不可失也"。只有政令应时,君主"动静以道,奉顺阴阳",才能"日月光明,风雨时节,寒暑调和",从而实现天下大治。"终始五德"则成为政治变动、朝代兴替的理论依据。《史记·秦始皇本纪》曰:"始皇推终始五德之传,以为周得火德,秦代周德,从所不胜。方今水德之始,改年始,朝贺皆自十月朔。衣服旄旌节旗皆上黑。数以六为纪,符、法冠皆六寸,而舆六尺,六尺为步,乘六马。更名河曰德水,以为水德之始。刚毅戾深,事皆决于法,刻削毋仁恩和义,然后合五德之数。于是急法,久者不赦。"②秦以周为火德,在五行相生相胜的理论中,胜火者为水,秦代周,故秦为水德。根据阴阳五行学说的大框架,水居北方,主冬,配色为黑,成数为六,故秦"改年始,朝贺皆自十月朔,衣服旄旌节旗皆上黑,数以六为纪"。又水主阴,阴为刑杀,故秦"急法"。汉朝建立统治之后,同样以"终始五德"作为其代秦的理论依据,并"定正朔"、"易服色"。古代诏书以"奉天承运皇帝"起首,"奉天"即标榜皇权"受命于天",以示其统治上承天道,顺应阴阳、四时、节气之变,能致太平;"承运"即符合"五德"之运行。

第二,自战国后期至秦汉,在政治上实现大一统的同时,思想学术领域上的"百家争鸣"也开始了融合。《史记·孟子荀卿列传》云荀子"推儒、墨、道德之行事兴坏,序列著数万言",是荀子虽为战国后期儒家代表人物,然其学术实兼儒、墨、道、法等数家。《吕氏春秋》《汉志》列其为杂家,杂家的学术特点为"兼儒、墨,合名、法",《吕氏春秋·十二月纪》正是欲将诸家之说熔铸于其以"月令"编排的大框架之下。至汉,如前文所述,太史公司马谈"学天官于唐都,受《易》于杨何,习道论于黄子",其学术亦是兼数家之说,融合诸派之长。夏侯氏通五经,其易学观的形成亦受其他学说的影响。魏相上表言事,乃是"数表采《易阴阳》及《明堂月令》奏之",《易阴阳》大概是阴阳家之说。"明堂月令"见《大戴礼记·明堂》,其注曰:"于明堂之中施十二月之令。"《汉志》礼类载有《明堂

---

① 参看廖名春等著:《周易研究史》,湖南出版社,1991年,第87页。
② 又《史记·封禅书》云:"秦始皇既并天下而帝,或曰:'黄帝得土德,黄龙地螾见。夏得木德,青龙止于郊,草木畅茂。殷得金德,银自山溢。周得火德,有赤乌之符。今秦变周,水德之时。昔秦文公出猎,获黑龙,此其水德之瑞。'于是秦更命河曰德水,以冬十月为年首,色上黑,度以六为名,音上大吕,事统上法。"可一同参看。

阴阳》三十三篇,《明堂月令》也应是属于礼类。由此观之,魏相的易学也是兼数家之说的。孟、京"卦气"说的形成则受"易家候阴阳灾变书"的影响。《周易·系辞传下》曰:"天下同归而殊途,一致而百虑。"讲的正是这个道理。

第三,占筮的发展及汉代谶纬神学的泛滥。《周礼》说大卜"掌三易之法",在周代早期占筮是由专人从事的。但至春秋战国,一般士大夫都可以自己占筮并对卦象作出解释。在占筮活动越来越普及的情况下,筮人为了提高判定结果的准确性,必须建立更加宽泛、灵活的解卦理论,于是阴阳五行、天官、历法等学说皆被援以入《易》。当然,《易》也被用来解释其他学说。另外,汉代谶纬神学、灾异之说的盛行,也急需一个系统的理论作为支撑。图谶在汉以前即已有之,如秦始皇三十二年所谓"亡秦者胡也",陈胜、吴广起义时"鱼腹藏书",刘邦起事时散布"斩白蛇"的神话。至汉武帝时,巫蛊之术泛滥。西汉时期的易学家,如孟喜、梁丘贺、夏侯父子、魏相、焦延寿、京房等,皆善言灾异。孟、京"卦气"说,正是为言灾异服务的。

二、"乾坤六子"说

《说卦传》第十章云:"乾,天也,故称乎父;坤,地也,故称乎母。震一索而得男,故谓之长男;巽一索而得女,故谓之长女。坎再索而得男,故谓之中男;离再索而得女,故谓之中女。艮三索而得男,故谓之少男;兑三索而得女,故谓之少女。"即"乾坤六子"说。其卦序为乾、坤、震、巽、坎、离、艮、兑,即按父母、长、中、少的父母六子生成先后之序排列。从卦序来看,《说卦传》第七、八、九、十一章的卦序皆与第十章同,即按父母、长、中、少的顺序排列。《说卦传》第三章若据帛书本,为乾坤、艮兑、坎离、震巽之序,即按父母、少、中、长之序排列,第四章正好相反,是按长、中、少、父母之序排列。若只论卦序,《说卦传》第三、四、七、八、九、十、十一章及第六章的后半部分都可以算是广义上的"乾坤六子"说。"乾坤六子"说的运用在《易传》的其他篇目及《左传》、《国语》筮例中都比较常见。如《咸·彖传》曰:"止而说,男下女。"咸卦艮下兑上,艮为少男、兑为少女,故云"男下女"。又《睽·彖传》曰:"二女同居,其志不同行。"睽卦兑下离上,兑为少女、离为中女,故云"二女"。《国语·晋语四》曰:"坤,母也;震,长男也。母老子强,故曰豫。"是豫卦坤下震上,坤为母、震为长男。《左传·襄公二十五年》陈文子曰:"夫从风,风陨妻,不可娶也。"其筮得卦象遇困之大过,困卦六三爻由阴变阳,为大过;本卦困下卦为坎,坎为中男,有夫之象,之卦大过下卦为巽,巽为风、为长女,有妻之象,故云。《左传·昭公元年》医和曰:"在《周易》,女惑男,风落山,谓之蛊。"蛊卦巽下艮上,巽为长女、艮为少男,故云"女惑男"。

清华简《筮法》亦用"乾坤六子"说。《筮法》的八卦取象仅二种,即象人身与象父母六子,象父母六子即"乾坤六子"说。《筮法》这两种八卦取象,用来解释其所举数字卦例的,仅见象父母六子一种。见于《筮法》"死生"、"得"、"娶妻"、"雠"、"见"诸节,其辞基本为"三女同男"、"三男同女",或言"妻夫"。另外,《筮法》有些章节所用的八卦次序与"乾坤六子"之序一致,这一点廖名春先生有详细论述。① 如《筮法》第二十五节"天干与卦",其将八经卦与十天干配,以乾配甲壬、坤配乙癸、艮配丙、兑配丁、坎配戊、离配己、震配庚、巽配辛,八卦排列以父母、少、中、长为序。《筮法》第二十六节"祟",叙述以乾、坤、艮、兑、坎、离、震、巽为序,卦序与第二十五节同,亦是父母、少、中、长的"乾坤六子"之序。《筮法》第二十七节"地支与卦",其将六子之卦配十二支,以震配子午、巽配丑未、坎配寅申、离配卯酉、艮配辰戌、兑配巳亥,该节虽不论乾、坤,但其余六卦是以长、中、少的"乾坤六子"之序排列的,与《说卦传》第七至十一章六子之卦的排列次序相同。又《筮法》第二节"得"所举的四个卦例:

简文:春见八,乃亦得。

简文:夏见五,乃亦得。

简文:秋见九,乃亦得。

简文:冬见四,乃亦得。

前文对这四个卦例已有论述。这四个卦例的右上、右下两个卦位值得注意,其乾坤、震巽、坎离、艮兑两两相对,卦序与《说卦传》第七至十一章父母、长、中、少的"乾坤六子"之序同。

《清华大学藏战国竹简(四)》与《筮法》一起公布的还有一篇简文,整理者暂名之为《别卦》。该篇现存七支简,从内容推断,原来应为八支,第三支缺失。每简长16厘米,宽1.1厘米,右侧有两处契口,原来应有两道编绳。该篇内容为卦象和卦名,卦象为经卦,卦名为别卦。每简顶头书写,自上而下,依次是卦象、卦名。每支简上卦象相同,都是此简上所有别卦的上卦。简文排列齐整,每简书七个卦名,加上简首卦象隐含的卦名,共八个,通篇恰为六十四卦。②

竹简原无编号,现在的次序为整理者排定。今据整理者释文将《别卦》六十四卦名依次摘录于下:③

简一:(乾)、否、遯、履、讼、同人、无妄、姤
简二:大畜、剥、(艮)、损、蒙、贲、颐、蛊
简三(缺失):需、比、蹇、节、(坎)、既济、屯、井
简四:大壮、豫、小过、归妹、解、丰、(震)、恒

---

① 廖名春:《清华简〈筮法〉篇与〈说卦传〉》,《文物》2013年第8期。
② 李学勤主编:《清华大学藏战国竹简(四)》,中西书局,2014年,第128页。
③ 参看李学勤主编:《清华大学藏战国竹简(四)》,中西书局,2014年,第130页。笔者摘录时均使用《周易》通用卦名,加括号的为简文隐藏的八纯卦名。

简五：泰、（坤）、谦、临、师、明夷、复、升
简六：夬、萃、咸、（兑）、困、革、随、大过
简七：大有、晋、旅、睽、未济、（离）、噬嗑、鼎
简八：小畜、观、渐、中孚、涣、家人、益、（巽）

不难看出，《别卦》上卦的次序为乾、艮、坎、震、坤、兑、离、巽，系以乾坤各率三子，而三子的排序为少、中、长。其下卦的次序为乾、坤、艮、兑、坎、离、震、巽，系父母、少、中、长的"乾坤六子"之序。可见，《别卦》的卦序安排与"乾坤六子"说关系十分紧密。

李学勤先生从文字学的角度论述了《归藏》与清华简《筮法》、《别卦》的关系，指出：《筮法》的八经卦名和《归藏》是极相近，甚至可以讲是相同的，《别卦》有些卦名亦与《归藏》有关。① 朱彝尊《经义考》卷三引干宝曰："初乾、初奭（坤）、初艮、初兑、初荦（坎）、初离、初釐（震）、初巽，此《归藏》之易也。"又引朱震曰："《归藏》之书，其《初经》者，庖牺氏之本旨也。卦有初乾、初奭（坤）、初艮、初兑、初荦（坎）、初离、初釐（震）、初巽，卦皆六画。《周礼》三易经卦皆八，所谓经卦则《初经》之卦也。"是《归藏·初经》的八卦之序为乾、坤、艮、兑、坎、离、震、巽，即父母、少、中、长的"乾坤六子"之序。如前文所言，《筮法》第二十五、二十六节也是用此卦序，《别卦》的卦序安排亦与此"乾坤六子"之序有关。《礼记·礼运》郑注"吾得《坤乾》焉"曰："得殷阴阳之书也，其书存者有《归藏》。"孔颖达疏曰："先言坤者，熊氏殷《易》以坤为首，故先坤后乾。"又《周礼·春官》大卜"掌三易之法，一曰《连山》，二曰《归藏》，三曰《周易》"，贾公彦疏曰："归藏者，万物莫不归而藏于其中者。此《归藏》易以纯坤为首，坤为地，故万物莫不归而藏于中，故名为《归藏》也……殷以十二月为正，地统，故以坤为首。"是殷易《归藏》以坤卦为首，与辑本《归藏·初经》之卦序显然不同，这是什么原因呢？有学者提出"《归藏》两书"说，②笔者认为可取。殷易《归藏》，即《周礼》大卜所掌三易之一，亦即孔子以观殷道之书，是以坤卦为首。另有一种古书也被称为《归藏》，应是一种不同于殷易《归藏》的筮书，至少是《归藏》的不同版本。关于此种《归藏》，清孙诒让有很系统的考证，《周礼正义》卷四十七曰："《连山》、《归藏》二易，《汉书·艺文志》未载，而《北堂书钞》艺文部引桓谭《新论》云：'《连山》藏于兰台，《归藏》藏于太卜。'又《御览》学部引《新论》亦云：'《连山》八万言，《归藏》四千三百言。'则汉时实有此二易。《汉志》本《七略》，或偶失著录耳。《隋经籍志》载《归藏》十三卷，晋太尉参军薛贞注云：'《归藏》汉初已亡，案晋《中经》有之，唯载卜筮，不似圣人之旨。'《旧唐书·经籍志》云：'《归藏》十三卷，殷易，司马膺注。'《新唐书·艺文志》亦载《归藏》十三卷。新旧《唐志》所载《归藏》卷数与《隋志》同，只注者不同，应是同一部书的不同注本。此《归藏》自唐后散佚，《宋史·艺文志》只载"薛贞注《归藏》三卷"，又《经义考》卷三引《中兴书目》曰："《归藏》隋世有十三篇，今但存

---

① 李学勤：《〈归藏〉与清华简〈筮法〉、〈别卦〉》，《吉林大学社会科学学报》2014年第1期。
② 贾连翔：《出土所见数字卦材料整理与研究》，清华大学博士学位论文，2014年，第34—35页。

《初经》、《齐母》、《本蓍》三篇，文多阙乱，不可训释。"盖《初经》、《齐母》、《本蓍》三篇即薛贞注本《归藏》的孑遗。至清，《归藏》只存辑本。此种《归藏》，历代学者大抵视之为伪书。1993 年，湖北江陵王家台 15 号秦墓出土了大批秦简，其中有一批"易占"类残简，其卦名、卦画及解说之辞多能与辑本《归藏》对应①，证明后世所流传的这种《归藏》并非伪作，确是有很早的来源。学者指出，王家台简《归藏》是流行于战国末的一种筮书，其卜例繇辞文气不能与《周易》相比，不会很古是肯定的。② 后世流传的《归藏》与王家台秦简《归藏》渊源极深，或即同一部筮书。此种《归藏》的形成年代不会很古，可能就产生于战国时期，至少要晚于《周礼》大卜所掌、孔子所见之殷易《归藏》。所以，用"乾坤六子"说的，并非以坤为首的殷易《归藏》，而是一种流行于战国时期的，其《初经》卦序为乾、坤、艮、兑、坎、离、震、巽的筮书《归藏》。此《归藏·初经》所用的正是父母、少、中、长的"乾坤六子"之序，与清华简《筮法》、《别卦》同。然而，目前尚无法论证这种《归藏》与《周礼》大卜所掌之《归藏》、孔子所见之《坤乾》等有多少关系。

1973 年，湖南长沙马王堆第三号汉墓出土的帛书中有一件为《周易》。帛书《周易》有经有传，从字体观察，盖写于汉文帝初年，约当公元前 180—170 年。③ 帛书《周易》的经文与通行本《周易》经文大致相同，只有些卦名及卦爻辞互异。卦名不同，只是字形不同而已，字的读音都相同或相近，可以通假。④ 帛书《周易》的经部与通行本《周易》最大的不同是在六十四卦的卦序上，⑤兹将帛书《周易》六十四卦卦序列表如下：⑥

表 1　马王堆帛书《周易》六十四卦卦序

乾	艮	坎	震	坤	兑	离	巽
否	大畜	需	大壮	泰	夬	大有	小畜
遯	剥	比	豫	谦	萃	晋	观
履	损	蹇	小过	临	咸	旅	渐
讼	蒙	节	归妹	师	困	睽	中孚
同人	贲	既济	解	明夷	革	未济	涣
无妄	颐	屯	丰	复	随	噬嗑	家人
姤	蛊	井	恒	升	大过	鼎	益

可以看出，表中同处一列的六画卦上卦皆相同，从左到右其上卦分别为乾、艮、坎、震、坤、兑、离、巽，第一行则刚好是八纯卦。帛书《周易》六十四卦的卦序排列有一个固定规

---

① 荆州地区博物馆：《江陵王家台 15 号秦墓》，《文物》1995 年第 1 期。
② 李学勤：《周易溯源》，巴蜀书社，2006 年，第 296 页。
③ 张政烺：《帛书〈六十四卦〉跋》，《文物》1984 年第 3 期。
④ 于豪亮：《帛书〈周易〉》，《文物》1984 年第 3 期。
⑤ 参看马王堆汉墓帛书整理小组：《马王堆帛书〈六十四卦〉释文》，《文物》1984 年第 3 期。
⑥ 帛书《周易》卦名与通行本卦名略有不同，具体可参看《马王堆帛书〈六十四卦〉释文》，本表采用通行本《周易》卦名。本表按从上到下、从左到右的顺序连起来看，即为帛书《周易》六十四卦卦序。笔者如是安排表格，是为便于论述。

律：其上卦排列以乾、艮、坎、震、坤、兑、离、巽为序，下卦排列以乾、坤、艮、兑、坎、离、震、巽为序；先由上卦的乾依次与下卦乾、坤、艮、兑、坎、离、震、巽组合，得到乾、否、遯、履、讼、同人、无妄、姤；而后上卦的艮先同下卦的艮组合，再依序同其余的七卦组合，得到艮、大畜、剥、损、蒙、贲、颐、蛊；然后，上卦的坎、震、坤、兑、离、巽先后以同样的方式，分别与下卦的八个卦组合，这样就得到了帛书《周易》六十四卦的卦序。① 可见，帛书《周易》六十四卦的上卦，系乾坤各率三子的"乾坤六子"之序，三子次序为少、中、长，下卦排列系父母、少、中、长的"乾坤六子"之序，与清华简《别卦》卦序相同。② 从卦序来看，马王堆帛书《周易》与清华简《别卦》应是出于同一系统。于豪亮先生指出，帛书《周易》的卦名有两个与《归藏》有关：一个是钦卦，帛书的钦卦，通行本作咸卦，《归藏》也有钦卦，朱彝尊《经义考》卷三"钦在恒之前则咸也"；另一个是林卦，帛书的林卦是通行本的临卦，《归藏》作"林祸"，《经义考》卷三引李过《西溪易说》云"临为林祸"，又云"林祸在观之前则临也"。③ 清华简《别卦》有些卦名亦与《归藏》有关。又《归藏·初经》用的是父母、少、中、长的"乾坤六子"卦序，帛书《周易》及清华简《别卦》亦用到此卦序。另外，清华简《别卦》、帛书《周易》与王家台简《归藏》在地域上都相近。由此观之，《归藏》、④清华简《别卦》、帛书《周易》三者之间或有传承关系。

京氏纳甲与八宫卦也用"乾坤六子"说。《京氏易传》卷下有京房"纳甲"说云："分天地乾、坤之象，益之以甲、乙、壬、癸；震、巽之象配庚、辛，坎、离之象配戊、己，艮、兑之象配丙、丁。"京房以八经卦配十天干，甲为天干之首，故曰"纳甲"。若将八经卦按其所配天干的顺序排列，卦序刚好为乾、坤、艮、兑、坎、离、震、巽，即父母、少、中、长的"乾坤六子"之序。京氏"纳甲"法与清华简《筮法》第二十五节"天干与卦"中八卦配天干的方式完全一致，本文第三章已有论述。京氏易还有"八宫卦"说，其将《周易》六十四卦分成"八宫"，每宫以一个纯卦为首，下统七个卦，从纯卦至下统七卦分别称为"上世"、"一世"、"二世"、"三世"、"四世"、"五世"、"游魂"、"归魂"。惠栋《易汉学》卷四有"八宫卦次图"，兹录于下表：

表2　京房八宫卦次图

上世	乾	震	坎	艮	坤	巽	离	兑
一世	姤	豫	节	贲	复	小畜	旅	困
二世	遯	解	屯	大畜	临	家人	鼎	萃

---

① 参看刘大钧：《帛〈易〉初探》，《文史哲》1985年第4期。
② 《别卦》各支竹简原无编号，现在的次序为整理者排定，因此种排列使其卦序恰与帛书《周易》卦序同，故为整理者所接受。帛书《周易》通篇六十四卦，《别卦》实际上只有五十六个卦名，另有八纯卦隐藏于每支简的卦象中，整理者的观点是将八纯卦置于每支简的简首，如此《别卦》卦序与帛书《周易》完全一致。笔者本文采用的《别卦》卦序是据李学勤先生《〈归藏〉与清华简〈筮法〉、〈别卦〉》一文的观点，李先生将八纯卦置于简中，使下卦之序与父母、少、中、长的"乾坤六子"之序完全一致。《别卦》的这两种排序皆可取，不影响本文结论。
③ 参看于豪亮：《帛书〈周易〉》，《文物》1984年第3期。
④ 前文所论的第二种《归藏》，非殷易《归藏》。

续 表

三世	否	恒	既济	损	泰	益	未济	咸
四世	观	升	革	睽	大壮	无妄	蒙	蹇
五世	剥	井	丰	履	夬	噬嗑	涣	谦
游魂	晋	大过	明夷	中孚	需	颐	讼	小过
归魂	大有	随	师	渐	比	蛊	同人	归妹

由表可见京氏八宫卦的排列规律为：本宫即上世卦均为纯卦，一世卦是上世卦初爻变，二世卦在一世卦的基础上第二爻变，三世卦在二世卦的基础上第三爻变，四世卦在三世卦的基础上第四爻变，五世卦在四世卦的基础上第五爻变，游魂卦在五世卦的基础上第四爻再变，归魂卦在游魂卦的基础上内卦变回上世内卦。以乾宫为例，上世卦为纯乾，一世卦为乾卦初九爻阳变阴，即姤卦；二世卦为姤卦九二爻阳变阴，即遯卦；三世卦为遯卦九三爻阳变阴，即否卦；四世卦为否卦九四爻阳变阴，即观卦；五世卦为观卦九五爻阳变阴，即剥卦；游魂卦为剥卦六四爻由阴返阳，即晋卦；归魂卦为晋卦内卦由坤返乾，即大有；其余七宫卦变同理。京氏八宫卦的本宫卦序为乾、震、坎、艮、坤、巽、离、兑，系以乾坤各率三子的"乾坤六子"之序，三子次序为长、中、少。马王堆帛书《周易》六十四卦的上卦排列亦系乾坤各率三子的"乾坤六子"之序，但三子次序为少、中、长。

虞氏易的"月体纳甲"说是京房"纳甲"说的进一步发展，其以月亮之晦朔盈亏象八卦，再配以天干。"月体纳甲"说亦见于魏伯阳《周易参同契》，其说与虞氏易基本一致。"月体纳甲"说以八卦配十天干的方法与京房"纳甲"说完全一致，也同于清华简《筮法》第二十五节"天干与卦"。亦即，若将八经卦按其所配天干的顺序排列，卦序刚好为乾、坤、艮、兑、坎、离、震、巽，即父母、少、中、长的"乾坤六子"之序。

综上所述，远古人类在长期的农业生产过程中积累天文历法知识，形成了对四时、方位的认识，是"八卦方位"说产生的前提条件。"八卦方位"说的形成时间不容低估，可能《连山》易中即已有之，《说卦传》大概只是对古说做了保留。从《筮法》"卦位图"来看，"八卦方位"大概在战国中期以后开始与阴阳五行学说结合，并于汉代形成一套庞大、成熟的理论体系。这套理论体系的形成与阴阳五行学说的兴起、思想学术领域大一统的趋势及灾异谶纬神学的盛行是分不开的。笔者比较倾向于认为"《归藏》两书说"，即《周礼》大卜所掌之《归藏》、孔子所见之《坤乾》与流行于战国时期的筮书《归藏》并非同一本书。"乾坤六子"说的产生当在殷易《归藏》之后，在战国时期的筮占中被较为广泛的运用。汉代以前即我们所说的早期易学发展过程中，"八卦方位"说与"乾坤六子"说是两条非常重要的主线，战国中晚期的阴阳五行学说，对秦汉之际的易学传承有很大影响。

上博战国竹书《论语》类文献
视域下的早期《论语》形态

鲍鹏飞

先秦时期《论语》经历了复杂的流变过程,但传世文献记载少而纷杂,致使至今我们依旧难以完全认识秦以前《论语》的流变过程。近世出土了大量的地下文献资料,这为我们探知先秦文献形态提供了新契机。上博战国竹书《论语》类文献和传本《论语》较多的互见内容彰显了上博战国竹书《论语》类文献不仅仅是和《论语》性质相同的自成系统的早期孔子言论文献,更表现出了上博战国竹书《论语》类文献和《论语》的特殊关系。互见内容的相似性,表现了上博战国竹书《论语》类文献和《论语》的紧密联系,互见内容的差异性,尤其是"孔子应答弟子时人及其弟子相与言而接闻于夫子之语"类文句的差异性,为辨明先秦《论语》相关问题提供了较为重要的新线索。

要在上博战国竹书《论语》类文献和《论语》互见内容为基准下来探讨先秦《论语》形态,就当对上博战国竹书《论语》类文献之生成年代作详细探讨。我们知道上博战国竹书文献是战国晚期的文献,整理者认为"《上博藏楚竹书》年代为战国晚期,乃是楚国迁郢以前贵族墓中的随葬物"。① 整理者给出的理由为:"从简文的内容来看,其中一些史事记载,颇多与楚国有关。简文字体,乃惯见的楚国文字","其中有两篇未经著录的赋残简,显然是楚国的文学作品。流传至今的赋多是战国晚期之作,荀子的《赋》和屈原的《离骚》都属于这一时期,这批竹简中的赋,大体上也是同一时代的作品","《上海博物馆竹简样品的检测量证明》和中国科学院上海原子核所超灵敏小型回旋加速器质谱计实验室测年报告,标本的时代在战国晚期"。② 廖名春先生主编的《上博馆藏战国楚竹书研究》一书中又详细地指出"马承源先生还指出由中国科学院上海原子核研究所对

---

① "楚迁郢"时间为刚迁到郢的楚文王元年(前689年),楚王离郢到寿春的楚考烈王二十二年(前241年)。由此,"楚国迁郢以前贵族墓中的随葬物"的言下之意当为楚迁离郢的时间,即公元前241年。参张正明:《楚都辨》,《江汉论坛》1982年;孙华:《楚国地望三题》,《华中师范大学学报(人文社会科学版)》2005年第4期;沈融:《从"郢侯戈"管窥楚国早期政治中心的变迁》,《中原文物》2005年第2期。
② 马承源:《上海博物馆藏战国楚竹书(一)》,上海古籍出版社,2001年,第2页。

这批竹简年代的测定结果为距今2257年,误差为正负65年"。① 因此,我们大体可知上博战国竹书《论语》类文献的生成年代也应当不晚于战国晚期,或者说其生成年代至少应当在公元前241年前。目前我们所认为的秦焚书前之《论语》最终结集成书的时间大致为公元前432年到公元前402年之间。对比先秦《论语》最终结集时间和上博战国竹书《论语》类文献生成时间,可知上博战国竹书《论语》类文献生成时间下限稍后于《论语》成书时间下限。相比下限时间而言,难以断定的上博战国竹书《论语》类文献上限时间对探讨二者关系及相关问题显得更为重要。鉴于此,我们不妨从上博战国竹书《论语》类文献各篇各自篇章特点着手,对上博战国竹书《论语》类文献生成大概时间上限给予基本的推测。《鲁邦大旱》篇生成年代最早不会早于公元前485年,《鲁邦大旱》中有"鲁哀公十五年,哀公谓孔子",廖名春考证后将《鲁邦大旱》中"哀公十五年"定为公元前485年,②杨朝明先生则考证文献记载有鲁邦大旱的现象后提出:"鲁国的'大雩'虽然都是祈雨之祭,都与旱象相互联系,但未必一定是发生了'大旱'。相反《春秋》经传没有记载鲁国大旱,并不一定没有旱灾。"认为"如果要落实'鲁邦大旱'的时间,倒不如说它发生在鲁哀公十一年到鲁哀公十六年(前484—前479)的六年之内更好一些",③由于我们要探寻的是上博战国竹书《论语》类文献的上限年代,今暂以公元前485为《鲁邦大旱》成文时间,上博战国竹书《鲁邦大旱》篇的生成年代上限当在公元前485年后。《诗论》也是上博竹简《论语》类文献中重要的一篇,我们可以从《诗论》的作者着手探寻《诗论》的生成年代。李学勤先生认为"子夏很可能是《诗论》的作者",④晁福林先生从王权观念变化角度论证后也认为《诗论》作者是子夏,⑤江林昌先生则从《诗论》的体例上认定其作者为子夏。⑥ 我们知道子夏比孔子小四十四岁,"子夏出生与公元前507年,15岁入孔门,跟随孔子周游列国,直至孔子逝世"。⑦ 由《诗论》的作者子夏公元前492年开始跟随孔子学习,可推知《诗论》的生成年代当在公元前492年以后。上博战国竹书《论语》类文献《中弓》篇的生成年代,李学勤先生考察其文体思想后提出"从思想上看,年代当在名辩思潮之后,战国晚期,可能在庄子、惠施、公孙龙之后,可能是庄子弟子辈的作品,从字体等方面来看,也要晚于郭店简"。⑧ 侯乃峰先生通过考证"析"可以单用以指代"析辞"或"析言"后提出"《仲弓》篇虽借孔子之口,却用名辩思潮中很常见的'析'字,也透漏出其时代信息,说明《仲弓》篇的年代也当在名辩思潮之时或之后"。⑨对李先生的观点给予了有力的佐证。廖名春则从仲弓为季氏宰的时间着手考证后提出

---

① 朱渊清、廖名春主编:《上博馆藏战国楚竹书研究》,上海书店出版社,2002年,第3页。
② 廖名春:《上海简〈鲁邦大旱〉札记》,廖名春主编《清华简帛研究》(第二辑),清华大学思想文化研究所,2002年。
③ 杨朝明:《上博竹书〈鲁邦大旱〉管见》,《东岳论丛》2002年第5期。
④ 李学勤:《〈诗论〉的体裁和作者》,《上博馆藏战国楚竹书研究》,上海,上海书店出版社,2002年,第57页。
⑤ 晁福林:《从王权观念变化看上博简〈诗论〉的作者及时代》,《中国社会科学》2002年第6期。
⑥ 江林昌:《由上博简〈诗说〉的体例论其定名与作者》,《孔子研究》2004年第2期。
⑦ 王红霞:《子夏生平考述》,《北方论丛》2006年第4期。
⑧ 李锐:《清华大学简帛讲读班第三十二次研讨会综述》,简帛研究网(2004/04/18),http://www.jianbo.org。
⑨ 侯乃峰:《〈仲弓〉篇"攻析"试解》,简帛研究网,http://www.jianbo.org/admin3/list.asp?id=1180,2004/04/03。

"'仲弓为季氏宰'的时间可压缩在鲁定公八年(前502)十月至鲁定公十二年(前498)夏的四年之内"。① 由此,大体可以得出上博竹简《中弓》篇的生成年代当在公元前498年以后。黄人二先生考察《君子为礼》内容后认为"(《君子为礼》)编辑时间在鲁哀公元年至鲁哀公三年(公元前494至前492)亦可确定",②那么上博战国竹书《君子为礼》篇的生成年代的上限亦大致可定为不早于公元前492年。通过对上博竹简《论语》类文献的考察,我们大致可考上博战国竹书诸篇《论语》类文献的生成年代上限,列表于下。

上博战国竹书《论语》类文献部分篇生成年代上限表

篇 名	《鲁邦大旱》	《诗论》	《中弓》	《君子为礼》
生成年代上限	前485年后	前492年以后	不早于前498年	不早于前492年

由上表可以看出年代上限最早者为不早于公元前498年的《中弓》和年代在公元前485年以后的《鲁邦大旱》。由于上博战国竹书《论语》类文献其他各篇的生成年代上限难以确定,又上博竹简经专家鉴定其是同一批墓葬文物,上博战国竹书竹简特征、各篇记载内容、特性和书写时代、地域风格相同,那么上博战国竹书《论语》类文献诸篇年代应当相去不远。因此,我们可由上述可确定年代的篇章生成年代来确定上博战国竹书《论语》类文献大致生成年代。暂定上博战国竹书《论语》类文献生成年代为"不早于公元前485年"。要之,上博战国竹书《论语》类文献的生成年代大致应当在公元前485年至公元前241年之间。我们知道先秦传本《论语》的最终结集成书时间应当在公元前432年—公元前402年之间。在形成最终定本的过程中经历了三次编纂,时间分别是:第一次,在孔子初死时(鲁哀公十六年、公元前479年);第二次,孔子殁,在三年守丧结束后(鲁哀公十八年、公元前477年);第三次,是在曾子死(鲁悼公三十五年、公元前432年)后不久。由上可知,上博战国竹书《论语》类文献的成本是和经典传本《论语》的三次编纂都存在着不确知的同时性。

为给上博战国竹书《论语》类文献和《论语》互见内容为基础的对比打下更坚实的文献基础。以上博战国竹书《论语》类文献为基础探讨先秦《论语》问题,仍需进一步明确上博战国竹书《论语》类文献的文献特性。上博战国竹书《论语》类文献相关记载和经典传本《论语》之外的先秦文献的互见似乎可以帮助我们明确上博战国竹书《论语》类文献的特性。今试以上博战国竹书《从政》、上博竹简《弟子问》为例,通过此三篇上博战国竹书《论语》类文献和传世文献的对比来把握上博战国竹书《论语》类文献的特性。

---

① 廖名春:《楚简〈仲弓〉与〈论语·子路〉仲弓章读记》,《淮阴师范学院学报》2005年第1期。
② 黄人二:《上博简(五)〈君子为礼〉与〈弟子问〉试释——兼论本篇篇名为〈论语弟子问〉与〈论语〉之形成和主要编辑时间》,《中国国家博物馆馆刊》2011年第6期。

上博战国竹书《从政》和传世文献的对比

简　文	传　世　文　献	出　处
夫是则守之以信,教之以义,行之以礼也。	昔先王议事以制,不为刑辟,惧民之有争心也。犹不可禁御,是故闲之以义,纠之以政,行之以礼,守之以信,奉之以仁,制为禄位以劝其从,严断刑罚以威其淫。	《左传·昭公六年》
[君子先]人则启道之,后人则奉相之,是以曰君子难得而易事也,其使人,器之。小人先人则窒敬之,[后人]则暴毁之,是以小人易得而难事也,其使人,必求备焉。	君子易知而难狎……君子能亦好,不能亦好;小人能亦丑,不能亦丑。君子能则宽容易直以开道人,不能则恭敬缚绌以畏事人;小人能则倨傲避违以骄溢人,不能则妒忌怨诽以倾覆人……	《荀子·不苟》约公元前313—前238 孟子,公元前372年(己酉年)—公元前289年(壬申年)
	子曰:"君子易事而难说(悦)也:说之不以道,不说也;及其使人也,器之。小人难事而易说也:说之虽不以道,说也;及其使人也,求备焉。"	《论语·子路》
可言而不可行,君子弗言;可行而不可言,君子弗行。	可言也,不可行,君子弗言也;可行也,不可言,君子弗行也。	《礼记·缁衣》
	子曰:可言不可行,君子弗言;可行不可言,君子弗行。	郭店《缁衣》
毋暴、毋虐、毋贼、毋贪。不修不武,谓之必成,则暴;不较而杀,则虐;命无时,事必有期,则贼;为利枉事,则贪。	孔子慨然叹曰:"……嫚令谨诛,贼也;今生也有时,敛也无时,暴也;不教而则成功,虐也。已此三者,然后刑可即也。"	《荀子·宥坐》
	子张曰:"何谓四恶?"子曰:"不教而杀谓之虐;不戒视成谓之暴;慢令致期谓之贼;犹之与人也,出纳之吝,谓之有司。"	《论语·尧曰》
	孔子曰:"不戒责成,害也。慢令致期,暴也。不教而诛,贼也。君子为政,避此三者"	《韩诗外传》卷三
口惠而不系	子曰:"口惠而实不至,怨菑及其身。是故君子与其有诺责也,宁有己怨……"	《礼记·表记》
	口惠而实弗从,君子弗言尔	郭店竹简《忠信之道》

上博战国竹书《弟子问》和传世文献的对比

简　文	传　世　文　献	出　处
子曰:"列乎其下,不折其枝;食其实[者,不毁其器]。"	"田饶曰:'臣闻食其食者,不毁其器。阴其树者,不折其枝。有臣不用,何书其言?'"	《韩诗外传》卷二
	"食其食者不毁其器,食其实者不折其枝,塞其源者竭,背其本者枯。"	《淮南子·说林训》

续 表

简　文	传　世　文　献	出　处
子曰:"贫贱而不约者,吾见之矣;富贵而不骄者,吾闻而[未之见也。……]"	"……故君子恭而不难,敬而不巩,贫穷而不约,富贵而不骄,并遇变态而不穷,审之礼也。"	《荀子·君道》
	"夫君子恭而不难,敬而不巩,贫穷而不约,富贵而不骄,应变而不穷,审之礼也。"	《韩诗外传》卷四
	子贡曰:"贫而无谄,富而无骄,何如?"子曰:"可也;未若贫而乐,富而好礼者也。"	《论语·学而》

通过上述表格对比内容,我们可以发现《从政》、《弟子问》篇和先秦文献互见章句部分,其互见的相似性极高。互见内容的相似性不仅表现相似度之高上,更重要的是这些相似性极高的章句,却不见于经典传本《论语》。比如《从政》篇"夫是则守之以信,教之以义,行之以礼也"句和《左传·昭公六年》:"犹不可禁御,是故闲之以义,纠之以政,行之以礼,守之以信,奉之以仁,……"[1]相似度极高,这种相似度却不见于今传本《论语》。另外值得注意的一点是《从政》、《弟子问》和先秦文献的互见相似性文句,具有明显的早在二者文献之前就有相关的文献存在的印记。比如《从政》篇的"口惠而不系",不仅《礼记·表记》中"子曰:'口惠而实不至,怨菑及其身。是故君子与其有诺责也,宁有己怨……'"[2]存在,郭店竹简《忠信之道》"口惠而实弗从,君子弗言尔"[3]也存在。如此相似的不见于《论语》文句出现在不同的文献中,这似乎在告知我们早在上博竹简《论语》类文献之前就已经存有和上博战国竹书《论语》类文献类似的先秦原始稳定性文献文本。从上文上博战国竹书《论语》类文献的特点来看,其已经是有意识的结集成本的系统文献篇章,且有一个自我的原始文本。

通过上述章节的对比,可知上博战国竹书《论语》类文献记载孔子言论的特点和经典传本《论语》较为相似。上博战国竹书《论语》类文献和经典传本《论语》互见内容的相似性较多。互见文字、词语的相似性不仅表现在特殊文字的互见性,还表现在确立上博战国竹书《论语》类文献性质之特殊词语的互见相似性以及展现各篇主体思想之关键词语的互见相似性;互见内容的相似性,不仅表现在具有较为稳定性的相同句式上,还表现在其所涵盖的主体思想基本一致。相同之外,上博战国竹书《论语》类文献和经典传本《论语》又各自有着自身的特性,比如,上博竹简文献记载内容相比经典传本《论语》更为详细、丰富。记载风格上博竹简文献更为叙述化,经典传本《论语》更为简明化、哲理化。我们知道,上博战国竹书《论语》类文献和经典传本《论语》各自文本生成时间存在叠合,二者之间的异同在显示出二者为同类性质文献的同时也把二者为非同一文本

---

[1] 杨伯峻:《春秋左传注》,中华书局,2009年,第1274页。
[2] 孙希旦:《礼记集解》,中华书局,1989年,第1317页。
[3] 刘钊:《郭店楚简校释》,福建人民出版社,2005年,第160页。

文献的特性表露无遗。上博战国竹书《论语》类文献和经典传本《论语》生成时间具有重合,很好地摒除了上博战国竹书《论语》类文献是经典传本《论语》成本过程前的资料汇集说法。① 上博战国竹书《论语》类文献和经典传本《论语》之间的相同处则体现了二者都是依据原始孔子言论记载文献而来这一事实,二者的较多的差异性则体现了二者并非是祖本和传本之关系。上博战国竹书《论语》类文献和经典传本《论语》之间应当是不同"族本"②之传本关系。孔子弟子对孔子言论各有所记,其弟子在孔子殁后,各自依据其所记载写成各自的《论语》。由于各自对孔子言论理解偏重不同又夹杂自身见解,因而出现了"儒分为八"局面。漫长过程中形成的"八家之儒",虽然在某个发展过程中部分被传本《论语》派③所吸收,但其并未有被传本《论语》派所同化。"八家之儒"所传《论语》和经典传本《论语》派所传《论语》在各自的发展中相互吸收而又各自发展。经典传本《论语》派《论语》吸收各家之长,流通性、普及性相对较强。上博战国竹书《论语》类文献和传本《论语》的极其相同之处正是传本《论语》和上博战国竹书《论语》类文献互相吸收的表现。上博战国竹书《论语》类文献很可能就是孔子之后的别派儒家《论语》之战国传本。由此,我们大致可以确信,在先秦时期存在有别于今本《论语》"祖本"的别本《论语》之"祖本"系统,而上博战国竹书《论语》类文献就属于此系统。关于先秦时期《论语》文本的流变状态也可以从传世文献中找出其各族本系统流传事实存在的零碎证据。《史记·封禅书》"《传》曰:三年不为礼,礼必废;三年不为乐,乐必坏",④句中的引《传》内容和《论语·阳货》完全一致,这似乎暗示了存在着别本《论语》系统。《史记·仲尼弟子列传》太史公曰"学者多称七十子之徒,誉者或过其实,毁者或损其真,钧之未睹厥容貌,则《论言弟子籍》,出孔氏古文,近是。余以弟子名姓文字,悉取《论语弟子问》,并次为篇,疑者阙焉",⑤依据史公所述其所见到参照的《论语弟子问》等资料,很好地说明了在当时依旧存在有别于传本《论语》之外的"《论语》"。此外,还有一个值得关注的现象就是《孟子》中所引孔子及其弟子言论,引17句孔子言论中仅有5处和《论语》相同,引曾子7句言论中仅有1处和《论语》相同。《孟子》成书年代在《论语》结集成定本之后,而《孟子》中大量存在的不见于《论语》的语句似乎暗示着有别于经典传本《论语》的存在。由上所述,我们亦大致可知经典传本《论语》在形成过程中,不断地吸收别家《论语》,其逐渐形成自身简洁、名言式的行文特性。因此,我们不能说传本《论语》在先秦形成流变的过程中简单的先形成早期祖本,然后经历了几个特殊时期修改而最终成定本的过程。也不能说传本《论语》成定本之后再逐渐地流传到各地。更不能说先

---

① 上博简《论语》类文献是传本《论语》的成本前之资料汇编观点见黄人二:《上博五〈君子为礼〉与〈弟子问〉试释——兼论本篇篇名为"论语弟子问"与〈论语〉之形成和主要编辑之时间》,《战国楚简研究》,上海,上海古籍出版社,2012 年,第 280—302 页。
② 族本概念依李锐先生说(李锐:《先秦古书年代问题初论——以〈尚书〉、〈墨子〉为中心》,《学术月刊》2015 年第 3 期)。
③ 为行文方便,暂且把经典传本《论语》主流撰写者所维持的儒家学派称为经典传本《论语》派。
④ 司马迁:《史记》,中华书局,1959 年,第 1355 页。
⑤ 司马迁:《史记》,第 2226 页。

秦《论语》的流传是单一线性的,经典传本《论语》只是先秦时期《论语》众多传本中优势较为明显的一支。

上博战国竹书《论语》类文献的特性以及其和经典传本《论语》互见内容的差异性,表明了先秦时期的《论语》流布形态是多样性的,上博战国竹书《论语》类文献是和经典传本《论语》并行的别本《论语》的战国传本,其和《论语》并非同一"族本"系统。

先秦时期的《论语》是多本并存,上博竹简《论语》类文献和经典传本《论语》的异同向我们展示了战国中晚期的多本《论语》流布实状。具有自身优点且有异于他本《论语》的多本《论语》之间各自发展。先秦经典传本《论语》的结集过程很有可能并非我们所认识的单线结集,其可能是各个"族本"系统的《论语》共同发展,而现今所见的《论语》主体本只是当时流传较普遍的一种经典《论语》传本。经典《论语》文本在形成的过程中,各个"族本"系统的《论语》是并存的,甚至直至经典《论语》文本形成后,部分系统的《论语》依旧在小范围进行着流传。

《论语》所见孔子"德"观念初探

张晓程

"德"字之起源可以上溯至殷商卜辞记载之时期,与之相关联的"德"观念的产生应当有一段相当长时期的孕育及发展的时间,进而架构为一个较为复杂且庞大的思想体系。春秋战国时期,诸子百家争鸣,学派学说林立,诸家均有关于"德"观念的阐述,其中影响最为显著且衍生为思想体系的当属儒家学派的理论。《论语》、《孔子家语》、《史记·孔子世家》等诸多记录或援引孔子言行的文献中均有"德"字多次出现以及对孔子所谓"德"观念的阐发,笔者以为,至少在传世文献中可以看到,孔子之"德"观念已有了相对成熟的特征和概念范畴,同时,"德"观念在孔子本人架构的思想体系中是居于基础地位的概念。笔者即从《论语》查找"德"字之线索,试图以之为基础探赜孔子之"德"观念。

一、释"德"

"德"的观念是孔子思想中的重要的观念,但有关"德"字的训诂义,在孔子之前的年代便已有了相对确切的内涵及界限。从这个角度讲,孔子讲"德"并非是完全自我创造而出的,而是有所借鉴和继承的。从"德"字出现的时间来看,在殷商卜辞、金文以及传世文献中早已出现并频繁的运用,因此,笔者以为如若探讨孔子之"德",首先应从"德"字之本义入手。

"德"字甲骨文作󰀀、󰀁,金文作󰀂、󰀃、󰀄,[1]从字形来看,大多从彳、辵,或作言、亻,字的右边为象形,形似眼睛之形。《说文解字·彳部》云:德,升也。从彳、悳声。[2]

---

[1] 甲骨文及金文字体取自《商周古文字读本》,刘翔、陈抗、陈初生、董琨编著,语文出版社,1989年,第322页。
[2] 许慎:《说文解字》,中华书局,1963年,第43页。

又《说文解字注》云,升当作登。《辵部》曰:迁、登也。此当同之,德训登者。……登读言得,得来之者,齐人语,齐人名求得为得来,作登来者,其言大而急,由口授也……得即德也。登德双声,一部与六部合韵又最近。今俗谓用力徙前曰德,古语也。可见,德训为升、登是出于音训,而得德相通又出于音义双训。① 罗振玉先生亦说:"德,得也,故卜辞皆借为得失字,视而有所得也,故从 ⌀。"② 又《尔雅·释诂》云:陟、假、格、跻、登,升也。③ "升"意以内并无"德"字,"德,升也"此义唯《说文》仅见,笔者以为不可,不宜从之。正如刘翔先生所言:"训德为得,犹如训德为升、为登,皆由音训,古音同在职部,通假之故,实非德字之本义为升或登或得,金文里为见得德互通之例,两者通假互训,乃属较晚之情事。"④ 从字形来看,无论何种字体,右边像眼睛之形的形体一直得、以存留,而作为义符的其他部分则变化较多。故此字可从"眼睛"之形的构件入手,从目,目上有竖线,意以目直,目直为顺,抑或不曲以训正直,盖"直行"抑或是"行直"之会意。

　　故从本义而言,笔者认为"德"之本义为"正直"之义,引申为德行。郭沫若先生说:"德字照字面上看来是从直从心,意思是把心思放端正,便是《大学》上所说的'欲修其身者先正其心'。"⑤ 刘翔先生同样认为"德字从心从直本义即是正见于心,所谓端正心思,'内得于己'之意,或谓'德者性之端也'者,在内心确立正直的准则,加强心性修养,指导和约束个人行为以达到'外得于人'的要求,这便可称之为有德"。⑥ 从某种程度上说,此"德"之本义亦与孔子之"德"不谋而合。而德行涉及的方面诸多,有内有外,⑦有个人有群体,有古有今,"德行"一词总是随着历史的演进、人物的解释、价值观的诉求紧密相关。

　　在先秦时期,抑或是孔子以前的时期,"德"字已经具备了不同的含义,朝着多义字的方向发展。诸如在出土金文文献中,"德"之含义至少具有如下义项:

　　1. 道德、德行,此即"德"之本义,《毛公鼎》铭云:"丕显文武,皇天引厌厥德"。铭文亦常在"德"字之前冠以形容词,诸如明德、孔德、纯德、懿德、烈德等。

　　2. 德业。如《班簋》铭云:"显唯敬德,亡攸违。"

　　3. 恩惠。如《左传·成公三年》云:"无怨无德,不知所报。"⑧ 又《玉篇》亦云:"德,惠也。"《书·盘庚》曰:"施实德于民。"

　　在孔子思想里"德"又是通过若干不同的阐释来加以界定的。据杨伯峻先生在《论

---

① 段玉裁:《说文解字注》,中华书局,1988年,第76页。
② 李孝定:《甲骨文字集释》(第二、三卷),中研院历史语言研究所,1982年,第563页。
③ 徐朝华:《尔雅今注》,南开大学出版社,1994年,第58页。
④ 刘翔:《中国传统价值观诠释学》,华东师范大学出版社,2010年,第95页。
⑤ 郭沫若:《郭沫若全集·历史编》,人民出版社,1982年,第336页。
⑥ 刘翔:《中国传统价值观诠释学》,华东师范大学出版社,2010年,第97页。
⑦ 德,从彳、悳,同"得"。悳,亦见于竹简本《老子》,《说文》:悳,内得于心、外得于人。《韩非子》亦云:德是内得,得是外得。
⑧ 杨伯峻:《春秋左传注》,中华书局,1981年,第813页。

语译注》一书书后的《论语词典》统计,在《论语》中,"德"字共出现 38 次。① "德"字在《论语》中有如下义项:

1. 行为,作风,品质。共出现 6 次。如"君子之德风,小人之德草"②
2. 恩惠,恩赐。共出现 4 次。如"以德报德"③
3. 道德。共出现 27 次。如"为政以德"④
4. 品质。出现 1 次。如"骥不称其力,称其德也"⑤

当然,对"德"字出现的频率进行统计显然有助于标示出此字在此书中所占的分量。除去本书中虚词、人名、量词、助词等大量重复出现的无实义的词汇,"德"字出现 38 次显然出现频率不低。其他出现频率高的词语诸如:孝(出现 19 次)、和(出现 8 次)、信(出现 38 次)、善(出现 36 次)、恶(出现 37 次)、贤(出现 25 次)、正(出现 24 次)、义(出现 24 次)、道(出现 60 次)、乐(出现 46 次)、事(出现 56 次)、学(出现 64 次)、行(出现 72 次)、人(出现 162 次)、中(出现 23 次)、仁(出现 109 次)、天下(出现 23 次)、君子(出现 107 次)等。⑥ 据此数据统计可见,"德"出现的频次大概和"善""恶""信""义"等词出现的频率相当,显然,这些关键词也都是孔子哲学的重要概念。而事关"人""君子""礼"等词时,这些字的出现频次显然很多,这也从某个方面说明了孔子的哲学是关乎"人"的哲学,孔子的思想是与"人"与"社会"紧密相连的思想。

二、孔子之"德"观念的内涵探析

我们从《论语》一书中可以看到,在孔子那里,既具有具体意义上的德,也具有抽象意义上的德;既有物质意义上的德,亦有精神意义上的德。⑦ 而在孔子的言论及著作中即使没有"德"字出现,也往往有蕴含"德"之意义的语句出现。故此,"德"在孔子的思想体系中占有重要的地位,同时,孔子之"德"又有不同的面向,⑧其贯穿于其思想体系的始终,与"善""中""信"等观念一道,构成了孔子的道德哲学基础。

到了春秋时期,随着论道的社会思潮出现,"德"的哲学意蕴,尤其是"德"作为最高本体范畴的意蕴,在儒家那里呈现弱化的趋势,尽管如此,在孔子那里,"德"在多数情况下,还是作为一个哲学范畴而存在的。这首先变现在孔子以"德"为中介对人的本质和

---

① 杨伯峻:《论语译注》,中华书局,1958 年,第 294 页。
② 《论语·颜渊》。
③ 《论语·宪问》。
④ 《论语·为政》。
⑤ 《论语·宪问》。
⑥ 此项词汇频率统计的数据来源于杨伯峻先生《论语译注》书后的《论语词典》
⑦ 杨松贺:《德在孔子思想体系中的地位》,华中师范大学博士学位论文,2002 年,第 6 页。
⑧ 叶树勋:《"德"在孔子思想中的不同面向》,《中国社会科学院报》2012 年 8 月。

存在所作出的形上追索和思考,其次,表现在孔子融"德"于"仁",实现了对"仁"这一孔子思想的重要范畴的熔铸和改造;最后,体现在孔子注重把得之于"道"之后转化为人的内在之性的"德"对象化于"行"的过程。①

那么,孔子之"德"观念到底是什么?笔者下文析离出了《论语》所见"德"字出现的条目,笔者同时赞同,文中不见"德"字的条目并非无法体现孔子的"德"的观念,这其中需要有较为严格科学的范畴界定。显然,这也是《论语》一书作为语录体著作,前后文句不贯连,表达内容略无逻辑性,这使得孔子"德"的思想在语句上并不会贯通系统地表达出来,而是散落各处,需加辨别。笔者此处仅罗列出出现"德"字的条目,如下所示:②

1. 曾子曰:"慎终,追远,民德归厚矣。"(《论语·学而》)
2. 子曰:"为政以德,譬如北辰居其所而众星共之。"(《论语·为政》)
3. 子曰:"道之以政,齐之以刑,民免而无耻;道之以德,齐之以礼,有耻且格。"(《论语·八佾》)
4. 子曰:"君子怀德,小人怀土;君子怀刑,小人怀惠。"(《论语·里仁》)
5. 子曰:"德不孤,必有邻。"(《论语·里仁》)
6. 子曰:"中庸之为德也,其至矣乎!民鲜久矣。"(《论语·雍也》)
7. 子曰:"德之不修,学之不讲,闻义不能从,不善不能改,是吾忧也。"(《论语·述而》)
8. 子曰:"志于道,据于德,依于仁,游于艺。"(《论语·述而》)
9. 子曰:"天生德于予,桓魋其如予何。"(《论语·述而》)
10. 子曰:"泰伯,其可谓至德也已矣。三以天下让,民无得而称焉。"(《论语·泰伯》)
11. 舜有臣五人而天下治。……孔子曰:"……周之德,其可谓至德也已矣。"(《论语·泰伯》)
12. 子曰:"吾未见好德如好色者也。"(《论语·子罕》)
13. 德行:颜渊,闵子骞,冉伯牛,仲弓。(《论语·先进》)
14. 子张问崇德辨惑。子曰:"主忠信,徙义,崇德也。……"(《论语颜渊》)
15. 季康子问政于孔子曰:"如杀无道,以就有道何如?"孔子对曰:"子为政,焉用杀?子欲善而民善矣。君子之德风,小人之德草。草上之风,必偃。"(《论语·颜渊》)
16. 樊迟从游于舞雩之下,曰:"敢问崇德,修慝,辨惑。"子曰:"善哉问!先事后得,非崇德与?攻其恶,无攻人之恶,非修慝与?一朝之忿,忘其身,以及其亲,非惑与?"(《论语·颜渊》)
17. "不恒其德,或承之羞。"(《论语·子路》)

---

① 孙熙国:《孔子德论与中国哲学认识和把握世界的基本理路》,《文史哲》2007年第2期,第118页。
② 条目采自杨伯峻先生《论语译注》,中华书局,1981年。条目的顺序依照《论语》篇序而定,条目为手查,若有失误遗漏,虽屡检查之,难以避免。

18. 子曰:"有德者必有言,有言者不必有德。……"(《论语·宪问》)
19. ……子曰:"君子哉若人!尚德哉若人。"(《论语·宪问》)
20. 子曰:"骥不称其力,称其德也。"(《论语·宪问》)
21. 或曰:"以德报怨,何如?"子曰:"何以报德?以直报怨,以德报德。"(《论语·宪问》)
22. 子曰:"由!知德者鲜矣。"(《论语·卫灵公》)
23. 子曰:"已矣乎!吾未见好德如好色者也。"(《论语·卫灵公》)
24. 子曰:"巧言乱德。小不忍,则乱大谋。"(《论语·卫灵公》)
25. 季氏将伐颛臾……孔子曰:"……夫如是,故远人不服,则修文德以来之。……"(《论语·季氏》)
26. 齐国景公有马千驷,死之日,民无德而称焉。(《论语·季氏》)
27. 子曰:"乡愿,德之贼也。"(《论语·阳货》)
28. 子曰:"道听而途说,德之弃也。"(《论语·阳货》)
29. 楚狂接舆歌而过孔子曰:"凤兮凤兮!何德之衰?……"(《论语·阳货》)
30. 子张曰:"执德不弘,信道不笃,焉能为有?焉能为亡?"(《论语·子张》)
31. 子夏曰:"大德不踰闲,小德出入可也。"(《论语·子张》)

以上共计条目31条,现"德"字38次,涉及篇目16篇,分别为《学而》《为政》《八佾》《里仁》《雍也》《述而》《泰伯》《子罕》《先进》《颜渊》《子路》《宪问》《卫灵公》《季氏》《阳货》《子张》。① 而《论语》全书篇目凡二十篇,涉及"德"之篇目即由十六篇,可见此概念在《论语》一书中的地位。

根据梳理条目可总结出《论语》所见孔子之谓"德"主要偏指哪些方面。从条目中可知,孔子所谓有"德"之人是"君子怀德",此处的主语为"君子",即孔子谓君子为有德之人,君子之德行即为"德"之体现;"天生德于予",即孔子自认为自己是有德之人;"泰伯,其可谓至德也已矣",孔子即认为泰伯是有德之人,泰伯,亦作"太伯",周朝祖先古公亶父之长子,古公有三子,太伯、仲雍、季历,据传古公预见到季历之子昌的圣德,因而想打破常例不传位于长子,太伯尊父意,携仲雍奔吴,让君位于季历和昌。泰伯此人三以天下让,被孔子成为有德之举动,三以天下让,天下都可以出让,且是屡次让出,可见德之弘。同时孔子又言"周之德,其可謂至德也已矣",又在《论语·卫灵公》中提及"由!知德者鲜矣。"可知孔子之向往周德,又知在孔子所居之年代"德者鲜矣",可见到了孔子生活的年代,在孔子本人看来,德行和有德行的人这种事开始变得不怎么多了。我们固然知,孔子所谓"周之德"与人之"德行"是存在差异的,亦有学者认为"德"之内涵大体可以概括为四个阶段,即图腾崇拜—祖先崇拜与上帝崇拜—统治者的政行—道德观念

---

① 篇目之名皆以简略省之,诸如《论语·学而》则省为《学而》。

四个阶段。① 笔者对此持怀疑的观点,当然,就孔子所谓"德"观念更多侧重的是个人的修行,是偏重自我的一种义项,"德"的内涵亦很难以一种齐整化的标准来制定阶段,"周之德"的来源亦有可能首先与"个人的修行"相关,又孔子出生在没落的贵族家庭,生活于周文化最根深蒂固的鲁国,醉心于西周的礼乐文化,②"周监于二代,郁郁乎文哉,吾从周"③"如有用我者,吾其为东周乎",④即表达了他对西周礼乐文化的倾慕与向往,因此孔子终身都在"知其不可而为之"的以恢复西周的礼乐文化和德治传统为己任,这种传统与个人的修行及德行紧密相关。就文本内证而言,孔子谓"有德"与"无德"亦是较为鲜明的,《论语》云"德行:颜渊,闵子骞,冉伯牛,仲弓",孔子诸弟子可被归为有德行者唯此四人。同时《论语》谓"齐国景公有马千驷,死之日,民无德而称焉",我们据此可知齐国景公被成为无德,可知其无无德之人,其无德之事因其卣马千驷,此即是奢靡之生活,无德即与不节俭相关,孔子极为认同的是"大德必得其俭"。⑤ 当然如若分析何谓孔子所谓的"有德之人",自然应从这些"有德之人"所做出的事情、举动和品质以及孔子本人对"德"一事的评价出发去理解孔子的"德"观念。"德"在《论语》中并非完全清晰的概念,主要表现为概念的外延与具体内涵并未得到精确的论述,一方面带有"德"字的条目提及"德"观念鲜有清晰论述"德"之具体内涵,另一方面仍然存有大量不带"德"字的条目在事实上论述的是德行的问题。如《论语·学而》云"夫子温、良、恭、俭、让以得之",如上文所述,"俭朴"与否是衡量德行的标准之一,那么夫子所具有的"温、良、恭、俭、让"五点品质,应该可以划归到有德行这一概念范畴之内。又如《论语·学而》引有子曰"信近于义,言可复也。恭近于礼,远耻辱也",讲的是所守的约言符合信义,说的话就能兑现,态度容貌的庄矜合乎礼,就不会受到侮辱,这实际上也是符合"德行"的标准的。《论语·卫灵公》提及子贡问有没有一言可以作为终生奉行的话,孔子云"其恕乎!己所不欲,勿施于人",这其实是孔子"德"观念中很基础的准则。

三、孔子之"德"观念的评价

《论语》中所体现的孔子之"德"更多地体现在"人"这一主体上,主要表现为良好的品质,如"节俭""忠信""正直""仁爱";合适高尚的行为举动,如执德不弘,⑥忠恕之道,"君子德风,小人德草"等,更侧重于人的行为一定要据于"德",此"德"即为当时认同的行为规范。而行为规范在品质上又弱于"德"这一品质。孔子同时把"德"看作一种力

---

① 巴新生:《试论先秦"德"的起源与流变》,《中国史研究》1997年第3期,第31页。
② 李德龙:《先秦时期"德"观念源流考》,吉林大学博士学位论文,2013年,第230页。
③ 《论语·八佾》。
④ 《论语·阳货》。
⑤ 《中庸》。
⑥ 《论语·子张》。

量,作为一种精神的信仰,如"信德不笃"①"鬼神之为德,其盛矣乎!视之而弗见,听之而弗闻,体物而不遗,使天下之人齐明盛服,让承祭祀"。② 孔子还把"德"看作一种手段,一种措施,这种"德"可以"以德服人",可以"为政以德"。具有了好的品行,则"德不孤,必有邻""民德归厚矣",可以"称其德矣""众星拱之"。

  《论语》所见孔子之"德"观念并非是虚妄的,孔子言"德",并无伪善之语。"德"首先作为个人之"德行",进而扩大其外延,衍生为一种观念体系,但应该注意的是,这种以"德"为基础的观念体系更多是一种内指性的概念,用以约束自己,改善修为,而非约束教化他人。从这一点出发,笔者以为,《论语》一书之本意并不在教化,而在记录,非为成他人之典册,而是自身修为之圭臬。获取"德"的途径多为通过自身之修行,而非外界之强加。《论语·颜渊》言及子张问崇德辨惑事,孔子答曰"主忠信,徙义,崇德也",即以忠诚信实为主,唯义是从,即可提高道德。樊迟亦有一问,"敢问崇德,修慝,辨惑",③孔子答曰"……先事后得,非崇德与?",即言首先付出劳动,然后收获,即是提高品德。子张本人亦对"德"行一事有所品评——"执德不弘,信道不笃,焉能为有?焉能为亡?",即对于"德",行为不坚强,信仰不忠实,这是很受谴责的。同时亦提及了"中庸之为德也"④这种直接点明何谓"德"的话语。之于"德"的获取途径当知至少应行为坚强与信仰忠实,这并非虚妄之言,皆有实际之举与切实之策。

  笔者认为,孔子的"德"与孔子自己所讲的"仁""信""正""善""孝"等概念是密不可分的。据前文字频的数据统计可知,"德"字出现的次数大抵与这些字出现的频率相当,除"仁"字共出现109次,明显高于诸字。《论语》一书并未有"道""德"二字连用的现象,而在杨注《论语》中通常译"仁"为"仁德"二字,"德"观念很难与这些词语有效的剥离开来,从这一点来看,"德"观念势必是融入了其他美好的品行而形成的并非纯粹的思想体系。又据《论语·述而》云"志于道,据于德,依于仁,游于艺",可知"道""德""仁""艺"是其中重要的要素,"道"与"德"是较为分立的概念。结合《论语》揣度孔子之思想,便发现在孔子的世界,"仁"字统率诸种良好的品质,为其思想的核心。⑤ 孔子之"仁"显然无法脱离"德"之架构。"仁"作为孔子思想的核心又以"德"作为其思想的哲学基础。"德"之思想蕴含诸种孔子所谓的良好的品质,并在《论语》中有所体现,诸如"信""正""善""义"等。可以说,孔子所谓"仁"的学说思想是对传统"德"观念的超越⑥。"德"与"仁"之间并不是互相包含的关系,而是互相融合,互为表里,"仁"即为"德"之一项内容,"德"又为"仁"之体现。同理,笔者认为"德"与其他概念亦不若此。

---

① 《论语·子张》。
② 《中庸》。
③ 《论语·颜渊》。
④ 《论语·雍也》。
⑤ 金景芳著,舒星、彭丹选编:《金景芳儒学论集》(下册)之《论孔子仁说及其相关问题》,四川大学出版社,2010年,第632页。
⑥ 李德龙:《先秦时期"德"观念源流考》,吉林大学博士学位论文,2013年,第239页。

孔子正是顺应春秋以来"德"的内面化趋势,通过对"仁"的学说的构建,完成了对"仁的"抽象,"仁"是"德"的参和与超越①,孔子对"德"观念的阐释与超越,正是有此得以体现。

在孔子之"德"观念的体系中,尤为强调"德"的重要性,这种重要性不仅体现对个人的深刻影响,同样深刻地影响国家的政治格局与人心向背。"德"观念的施加并非局促于一时一地,应该是长期的潜移默化的浸染。《论语》固然强调"德"之于个人修行的重要性,但仍有言语提及"德"之于国家层面的作用。诸如《论语·为政》云"为政以德,譬如北辰居其所而众星共之",无德者如齐之景公,并未得到民众认可。以"德"来论得失逐步演化为一个评价标准之时,亦是"德"观念的外延与影响扩大之时。可以说,《论语》所见孔子之"德"观念只是孔子思想体系中的一个基础概念,实际上,与孔子相关的著作同样颇多涉及"德"的篇幅,随着孔子学说的流传传播,儒学学派的形成以及儒学与政治的交涉,"德"观念的内涵变得充实、固化,其中的表现即使外延更加清晰、内涵更有逻辑、体系更加完备,同时对于社会及民众思想层面的影响亦是巨大的。

四、结　语

孔子在某种程度上结束了过去"德"长时期从属于政治的局面,把"德"改造成为真正意义上的伦理道德概念,故沈长云先生认为"德"在孔子那里已经变成了纯粹的个人道德修养的范畴,成为君子所应遵守的各种伦理道德准则。② 孔子之"德"不仅仅由其语录条目来诠释,而且紧系孔子的诸种思想内核,互为触发,相互阐释。他把中国人的道德观从外在的、强制的天启之"德"和形式之"礼"引入了人的"内心自律"。③ 因此,在探讨孔子之"德"时,不能脱离了孔子的思想内核和孔子自身所处的时代。当然,孔子之"德"对后世的影响深远,对中国人的伦理道德观的架构和发展变化是基础和关键意义的。

---

① 刘文英:《"仁"的抽象与"仁"的秘密》,《孔子研究》1990年第2期,第3—5页。
② 沈长云:《论孔子对周公"德"、"礼"思想的继承和发展》,《河北师范大学学报》(哲学社会科学版)2000年第1期,第16页。
③ 李存山:《饮食——血气——道德——春秋时期关于道德起源的讨论》,《文史哲》1987年第2期,第74页。

从少府制的形成看周秦间
土地私有观的发展

沈振辉

西周至秦是我国由领主制封建社会向地主制封建社会转化的时期。领主制社会与地主制社会的最大区别是土地由国有制转变为私有制，山林川泽作为土地的重要组成部分，也经历了由国有制转为私有制的变化。考察少府制的由来，有助于了解古代山林川泽的土地私有观是如何发生发展的。

一

西周社会是以土地国有制为基础的领主制封建社会，周天子以"授民授疆土"的形式，将土地和人民分封给诸侯。全国的土地，在名义上都属于周天子，所谓"溥天之下，莫非王土；率土之滨，莫非王臣"。① 山林川泽是国有土地的组成部分，尤其一些著名的山林川泽是不分封给诸侯或臣僚的。《礼记·王制》记载，在外"名山大泽不以封"，对内"名山大泽不以盼(颁)"。周天子之所以控制名山大泽，主要意图不在于占用名山大泽的资源。因为，西周早中期，社会生产力还十分低下，山林川泽开发得很少，人们对山泽的经济收益并不重视。周天子控制名山大泽主要还是为了对五岳四渎等山泽祭祀的需要。西周时代，甚至更早的时候，已有了管理山泽的虞官设置。然而虞官的作用只是掌握山林川泽的政令，负责将林泽物产按时贡献给宗庙以荐新。《国语·鲁语》引里革的话："古者，大寒降，土蛰发，水虞于是乎讲罛罶，取名鱼，登川禽，而尝之寝庙，行诸国人，助宣气也。"古代的虞官对山林川泽也有管理之责，《尚书·尧典》记述，尧帝命益作虞官，管理草木鸟兽。其管理的方法大约是限制人民按季节时令进入山林川泽渔猎樵采。

---

① 《诗·小雅·北山》。

《礼记·王制》云:"獭祭鱼,然后虞人入泽梁;豺祭兽,然后田猎;鸠化为鹰,然后设罻罗;草木零落,然后入山林。"獭祭鱼、豺祭兽之类都有具体月份所指,其意在于保护动植物,不滥捕滥伐;至于不违时令者,则出入山泽无禁,所谓"林麓川泽以时入而不禁"。① 西周对山林川泽的这些制度与后世有很大不同,故郑玄在为"名山大泽不以封"之句作注时用了"与民同财"四字,以区别于少府制度出现之后由私人独占山泽之情形。

那么,如何理解"溥天之下,莫非王土"和"与民同财"之间的关系呢? 笔者认为,西周早中期不存在土地私有的观念,"溥天之下,莫非王土"应理解为"溥天之下,莫非周朝的土地"。周天子是国家的代表,"王土"的实质是国有土地。马克思在分析古代东方土地所有制特征时认为,在这里,土地不属于私有者,而是属于既是土地所有者,同时又是主权者的国家。"国家就是最高的地主"。② 西周天子对土地的拥有便是这样一种状况,西周的山林川泽尽管名义上属于天子,实质属于国家。天子不能独享山林川泽的利益,这便是"与民同财"的含义所在。

这一情况到西周后期发生了变化,由于生产力的发展,山林川泽蕴藏的资源渐渐被人们认识,统治者萌发了将国有的山林川泽占为己有的意图。周厉王听从荣夷公的建议,要实行"专利",即由天子垄断山林川泽之利,不与民共。苗良夫劝谏厉王说:"夫利,百物之所生也,天地之所载也。而或专之,其害多矣,天地百物皆将取焉,胡可专也?……今王学专利,其可乎? 匹夫专利,犹谓之盗,王而行之,其归鲜矣。"厉王不听苗良夫的劝谏,还是对邦内的山林川泽实行了"专利",结果造成"诸侯不享"、"国人谤王",引发"国人暴动",厉王逃到彘(今山西霍县)而死,王位空悬达十四年之久。③

前人对周厉王的所作所为多持批评的态度,认为他贪婪愚昧,不听忠臣良言,以至落了个悲惨的下场。若以山林川泽由国有转化为私有的进程看,周厉王是主张山林川泽私有的始作俑者。西周后期土地私有观念处于萌芽阶段,土地私有观的萌生不仅发生于诸侯卿大夫,在周天子身上也是有所反映的,周厉王的"专利"便是在土地私有观的驱动下产生,只是没有能成功。周厉王搞"专利"失败的事实说明,西周的土地国有制毕竟不同于土地私有制,即使贵为天子,要把国有的山林川泽占为己有也会遭到多数人的反对。

二

周厉王的作为在一百多年后却在各诸侯国得到了普遍实行。春秋中期,管仲襄助齐桓公,在齐国实行"官山海、官天财",即由国君垄断山林川泽的全部利益。《左传·昭

---

① 《礼记·王制》。
② 《资本论》第三卷第四十七章,《马克思恩格斯全集》第 25 卷第 891 页,人民出版社,1974 年。
③ 《国语·周语上》。

公二十年》引晏子的话说,齐国的山林川泽当由国君置官经管,立法设禁,"山林之木,衡鹿守之;泽之雀蒲,舟蛟守之;薪之薪蒸,虞侯守之;海之盐蜃,祈望守之",杜注:"言公专守山泽之利,不与民共。"管仲改革使齐国很快富强,"九合诸侯,一匡天下",登上了诸侯盟主的宝座。其他各国纷纷效法,如鲁国大夫臧僖伯说,鲁国"若夫山林川泽之实、器用之资、皂隶之事、官司之守,非君所及也",杜注:"言取此杂猥之物以资器备,是小臣有司之职,非诸侯之所亲也。"① 郑国、齐国以严酷的刑罚对付违反山林川泽禁令之人,郑国"有事于山,艺山林也,而斩其木,其罪大矣,夺之官邑"。② 齐国"有动封山者,罪死而不赦。有犯令者,左足入,左足断;右足入,右足断"。③

战国时期,各国对山林川泽的控制进一步加强,纷纷"收敛关市、山林、泽梁之利,以实官府"。④ 这里的"官府"就是指国君,《周礼·大府》云:"关市之赋,以待王之膳服。"《礼记·曲礼》更明确地说:"问国君之富,数地以对,山泽之所出。"山林川泽之利由国君设置的官员控制,如楚国设置铜官,"铸钱洲上"。⑤ 秦国设置盐官、铁官、铜官、林官、苑官等,⑥"命水虞、渔师收水泉池泽之赋"。⑦ 秦商鞅变法,实行"壹山泽"的政策,⑧由国君独占山泽之利,取得丰厚的收益。《盐铁论·非鞅》记大夫所说:"昔商君相秦也……外设百倍之利,收山泽之税,国富民强,器械完饰,蓄积有余。"

山林川泽之利之所以受到人们的重视,是因为冶铁技术在当时已经出现,社会生产力有很大的发展,山林川泽蕴藏的矿冶、林木和渔盐等资源已有了较多开发,人们对山林川泽的资源与财政、经济的关系也有了相当地了解。盐铁是山林川泽(包括海洋)的主要资源。管仲说:"夫海,出泲(滷)无止;山,生金、木无息。草木以时生,器以时糜币,泲水之盐起日消,终则有始。"⑨这段话的意思是说,盐、铁资源是无限的,人们对盐铁的耗费也十分巨大。《管子·海王》对盐铁之利有一个大致的估计,说:"十口之家,十人食盐;百口之家,百人食盐;终月,大男食盐五升少半,大女食盐三升少半,吾子(未成年人)食盐二升少半。"万乘之国人口总数约千万,每月可征得盐税六千万钱。这一数额相当于全国人口税的两倍。铁的资源也相当重要。"今铁官之数曰:一女必有一针一刀,若其事立;耕者必有一耒一耜一铫,若其事立;行服连轺輂者,必有一斤一锯一锥一凿,若其事立。"若使一根针加价一钱,三十根针的加价就等于一个人口赋;剪刀每把加价六钱,铁耜每把加价十钱,五把剪刀、三个铁耜的税收也各相当于一个人口赋。

由于盐铁等资源的重要性被人们认识,各国国君普遍把控制盐铁资源与国家富强

---

① 《左传·隐公五年》。
② 《左传·昭公十六年》。
③ 《管子·地数》。
④ 《墨子·尚贤中》。
⑤ 董说《七国考》卷一引《图书记》。
⑥ 杨慎《升庵外集》。
⑦ 《吕氏春秋·孟冬纪》。
⑧ 《商君书·垦令》,又《穀梁传》僖公九年范注:"壹犹专也。"
⑨ 《管子·轻重乙》。

联系起来。《管子·海王》记齐桓公问:"然则吾何以为国?"管仲对曰:"唯官山海为可耳。"管子还说:"为人君而不能谨守其山林菹泽草莱,不可以立为天下王。"①《左传·成公六年》记晋大夫韩献子的话:"夫山泽林盬,国之宝也。"诸大夫也说:"沃饶而近盐,国利君乐。"

春秋中后期至战国时期,各国国君对盐铁等山林川泽资源的认识日益深入,将其占为私有的欲望也愈加强烈,许多国家实行了由国君垄断山林川泽资源的政策。西周后期周厉王未能做到之事,在此时已到处实行,这反映了山林川泽的土地私有观已由西周后期的萌芽状态发展而趋于成熟。

三

少府是秦九卿官之一,执掌皇室的私奉养。《汉书·百官公卿表》称其"掌山海池泽之税以给共养"。可见山海池泽之税是皇室私奉养的主要来源。少府制度成于何时?笔者认为,西周后期,周厉王搞山泽"专利"失败之事说明,在那时,山泽之利还未由天子控制,因此不可能出现执掌山泽之利的官员。至春秋中期以后,随着国君对山林川泽实施了垄断,才有可能出现此类设官。现存的史籍和文物表明,少府的名称在战国时期已经存在。中国历史博物馆藏有刻着"三十年少府工檐"铭文的战国时秦国青铜戈,上海博物馆也藏有刻着"少府"字样的三晋铜器,《史记·苏秦列传》、《战国策·韩策一》都记载战国时韩国制造的几种强弓劲弩中有以"少府"命名的字样。此为现今留存的有关少府的最早记载。少府的主要职能是执掌私奉养,春秋战国时各国制度不统一,执掌私奉养的机构名称也不仅仅是少府一个。如公元前658年,晋献公欲伐虢,大夫荀息献计送礼给虞国,然后假道虞国征伐虢国,寻机将虞国一起吞并。荀息说:"如受吾币而借吾道,则是我取之中府而藏之外府,取之中厩而置之外厩也。"②此中府、中厩与外府、外厩相对,显然属国君的私奉养机构。《周礼》官制是春秋战国时期官制的反映,其保留藏官系统有大府、玉府、内府、外府、职内等,③其中有国君私奉养的机构。此外,云梦睡虎地秦简称国君私奉养机构为"少内"。④

按照上述考证,我们可以推论,执掌国君私奉养的机构应出现于春秋中期以后,这一机构的初期名称不一定为少府。至战国时期,有了少府的名称。秦统一后,正式将掌管国君私奉养的机构定名为少府。

《汉书·百官公卿表》记载,秦少府的职掌范围很广,除了皇帝的私奉养外,它还职

---

① 《管子·轻重甲》。
② 《穀梁传·僖公二年》。
③ 《周礼·天官》。
④ 《云梦睡虎地秦墓》,文物出版社,1981年。

辖皇帝的秘书事项、宫廷的杂务事项以及宫廷手工业制作的管理。这是一个完整的机构,而其中的某些职责在秦统一之前已经存在,如上述秦、韩等国的兵器、用器制造署名为少府,说明少府的管理制作的职能在那时已经具备。在少府的诸多职掌中,掌管国君私奉养的职责是最为主要的,因而《汉书·百官公卿表》将"掌山海池泽之税以给共养"放在突出位置。山海池泽之税由少府征敛管理,皇帝由此垄断了山海池泽的资源,将其占为己有。中国古代的土地私有制较一般财产的私有制产生较晚,而土地私有权及其法律观念产生更晚。土地私有制和土地私有权是两个不同的概念,马克思说:"私有财产的真正基础,即占有,是一个事实,是不可解释的事实,而不是权利。只是由于社会赋予实际占有以法律的规定,实际占有才具有合法占有的性质,才具有私有财产的性质。"①就山林川泽由国有演变为私有的过程看,春秋中期之后,各国国君对山林川泽实行了占有,但是缺乏相应的法律观念的承认。至秦统一后,正式确立少府制度,明确山海池泽之税属于国君的私奉养,这是从法律上对土地私有权的承认。因此,笔者认为,至此,山林川泽的私有观念才得到了真正的确认。周厉王实行山林川泽的"专利",是山林川泽私有观的萌芽,春秋中期后至战国时期,是此观念的发展阶段,而到秦统一时,这一观念才真正在法律上得以确认,整个过程前后长达六百年之久。

国君或皇帝通过少府对山林川泽的占有是一种私人占有,它和周天子名义上的占有是完全不同的。关于土地所有权的标志,马克思曾解释说:"土地所有权的前提是,一些人垄断一定量的土地,把它作为排斥其他一切人的,只服从自己个人意志的领域。"②并说:"地租的占有是土地所有权借以实现的经济形式。"③西周的山林川泽虽然在名义上属于周天子所有,但周厉王实行"专利"失败的事实告之,周天子实际上并不能把它作为"排斥其他一切人的,只服从自己个人意志的领域",也不能从其土地上获得类似地租之类的收益。因此,可以说周天子实际上并没有山林川泽土地的私人所有权,西周的山林川泽是属于国有土地。而春秋中期以后,由国君皇帝控制的山林川泽就不同,它排斥了其他人的参与,是一种垄断式的占有。山林川泽的资源以盐铁税及各种其他形式转化为国君、皇帝的私人财富,这是一种名副其实的私人土地占有。

然而,由于国君及皇帝同时又是国家、政权的代表,他们的私人占有往往会被认为是国有。持有国有观念者称,"春秋时期可以说是真正的山林川泽国有制时期"、"战国时期,土地私有制度已基本确立,但各诸侯国内的山林川泽却仍是国有制"、汉代"山林川泽的所有权,属于封建国家是毫无疑问的,山林川泽出产的利益归国家,这也是毫无疑问的"。④ 笔者认为,春秋中期以后直至秦汉,山林川泽的主要占有形式是国君皇帝及封君的私人占有,这是一种私人土地所有制。西汉中期,汉武帝为了解决国家的财政困

---

① 马克思:《黑格尔法哲学批判》,《马克思恩格斯全集》第 1 卷第 382 页。
② 《资本论》第三卷第三十七章,《马克思恩格斯全集》第 25 卷第 695 页。
③ 《资本论》第三卷第三十七章,《马克思恩格斯全集》第 25 卷第 714 页。
④ 张传玺:《论秦汉时期三种盐铁政策的递变》,载《秦汉史论丛》第二辑,1983 年出版。

难，把原属于少府的盐铁税利划归主管国家财政的大司农，这才使山林川泽的部分收益划归国有。《盐铁论·复古》记大夫说："山海之利、广泽之畜、天下之藏也，皆宜属少府。陛下不私，以属大司农，以佐助百姓。"明确说明武帝的举措是将其私有的财产转为国用。到了东汉初年，光武帝改革少府禁钱，将山泽陂池之税全部划归司农，才使皇帝私人占有山林川泽的历史告一段落。

山林川泽如同宅圃、耕地一样，在从西周中后期开始的土地由国有制转变为私有制的过程中，实现了私有制的转换，我们不应因这转换的主人都是一国的统治者而将其排斥于土地私有制之外。由西周中后期开始萌生的土地私有化观念随着时代的发展，由初期的小河溪流而渐渐发展成汹涌澎湃的江河大川，山林川泽属于土地的一部分，自然被卷入土地私有制转变的洪流中。而转变的结果是秦少府制的形成。由此可见少府制形成与周秦间土地私有观发展的密切联系。

西汉时期"革命论"之退化与政治思想之转折变迁

楼 劲

思想史研究要当以历史时期实际存在的论题为中心来展开,①"革命"就是我国自古以来最为重要的论题之一。历代关于"革命"问题的讨论,即所谓"革命论",无疑是我国思想史上一个独特而重要的组成部分。在先秦以来革命论所呈现的演变趋向和脉络中,具有关键意义而影响深远的转折发生在西汉。这自然与其统治期甚长,又是第一个巩固了的大一统王朝,思想界诸种事态经历了反复整合的大势分不开;同时也是革命论在西汉王朝地位特殊,相关讨论贯穿于其兴衰存亡始末,"革命"内涵和外延与统治方略的变迁紧相缠绕而不断演化之故。

对于汉代革命论之况,清代今文学派多有关注。②迨至近现代变法潮起,革命风生,汉代今文学各家对"革命"问题的讨论,遂被当作重要资源加以开发,更被看成儒学具有革命改制传统的关键证据来着力论证。③而其晚近之殿军,洵当首推蒙文通先生。蒙先

---

① 思想史的演进和思想家的地位,都系于这些论题的展开和递嬗过程,这既是其当年样态的集中体现,也是后人开掘思想历史和资源时首先要面对的类型和层位问题。
② 如刘逢禄撰《春秋公羊经何氏释例》(《皇清经解》第一百五十三种,凤凰出版社2005年影印版)卷十《灾异例第三十》释曰:"……夫陈说先王而失谴告之旨,谓之不学无术,魏以后儒者是也;讳其事应之著,而不肯憨言于上,谓之曲学阿世,谷永、翼奉之徒也。"谷永习《京氏易》,翼奉习《齐诗》,皆善说灾异而为西汉革命论代表人物,而刘氏讥其为"曲学阿世"。同期连鹤寿撰有《齐诗翼氏学》四卷(《皇清经解续编》卷一二八,凤凰出版社2005影印版),专门讨论和推演了《齐诗》和《诗纬》中的"四始五际"及"革命"、"革正"说。稍后陈乔枞撰《齐诗翼氏学疏证》二卷(《皇清经解续编》卷一六二),逐句笺释了《汉书·翼奉传》所载翼氏《诗》学的有关内容;其在《三家诗遗说考·齐诗遗说考》五《小雅一》(《皇清经解续编》卷一五九)中,又整理了《齐诗》"四始五际"说及其所含革命论的基本资料。另参周予同《经今古文学》五《经今文学的复兴》,收入朱维铮编《周予同经学史论著选集(增订本)》,上海人民出版社1983年出版。
③ 如清末苏舆《春秋繁露义证序》(附《春秋繁露义证》前,中华书局1992年版)述嘉、道以来,学者"益知钻研《公羊》,而如龚、刘、宋、戴之徒,阐发要眇,颇复凿之使深,渐乖本旨。承其后者,沿伪袭谬,流为隐怪"。又梁启超《清代学术概论》(商务印书馆1921年版)第二十三章论康有为《孔子改制考》有曰:"近人祖述何休以治《公羊》者,若刘逢禄、龚自珍、陈立辈,皆言改制;而有为之说,实与彼异。有为所谓改制者,则一种政治革命、社会改造的意味也。"至于其影响,如陈柱《公羊家哲学》(台北力行书局1970据1929年排印本再版)首设《革命篇》,开篇断言"《公羊传》之说《春秋》,甚富于革命思想",仍为其余绪。

生于1940年发表《儒家政治思想之发展》,至1961年又刊出《孔子和今文学》,二文所处背景不同,然皆截断众流而气魄无双,大略则以《齐诗》、《京房易》、《公羊春秋》中的"革命"、"素王"学说为西汉今文学之中心,述其上承《易传》、孟、荀,下启后儒阐崇"一王大法"、礼家经制的源与流。① 其旨显自廖、康之茧蜕出蝶飞而来,而所论西汉革命说及其与一代政治思想的关系问题,实为近代以来相关论域最为出色的研究成果。直至2001年刘小枫出版《儒家革命精神源流论》,要仍围绕西汉今文学中的革命论而上下延伸,② 可谓蒙先生所论之流风余韵。

此外还有不少现代学者在不同角度和程度上探讨过汉代革命论的相关问题,其共同点似可概括为由经入史的"斫雕为朴"。即舍弃前人为汉儒"革命"之说构筑起来的宏伟模式,而把汉代对"革命"问题的相关表述,各各还原至其本来所处的语境和历史过程之中。这类研究开始时明显是对清季以来该论域今文学风盛极一时之况的一种反动,③因为那个用微言大义黏合而成的革命大观,确有脱离历史过度演绎的致命缺陷。④ 较为晚近的,则从属于经学、谶纬及易代等问题的研究,其风更趋平实,所论亦多有进展。⑤这些讨论不仅擅胜于各自领域,整理了相关的史料和问题,也为继起的研究者讨论当时的"革命"问题提供了更好的基础。

但问题在于,清末今文学因欢呼革命而直面"革命",其研究过程所开扩的,确为"革命"的论域和前沿;而晚近不少学者的研究,却往往对"革命"持回避态度,或者只是借用"革命"一词以称易代改姓,所关心的并不是革命论本身而是其他。若按此路数,当汉代形形色色的"革命"佚文各自散归五行、三统、受命、谶纬等表述之中,前一路研究构筑的琼楼玉宇斫为一地碎玉之后,"革命"这个汉人持续关注的重大论题,更不必说其演化历程和流变脉络,也就被消于无形了。由此看来,斫雕为朴固然可说是近现代学术发展的

---

① 二文俱收入蒙文通《经学抉原》(上海人民出版社2006年重编版),据先生哲嗣蒙默写在《儒家政治思想之发展》文末的附注,此文乃合《汉儒之学源于孟子考》、《非常异义之政治学说》、《非常异义之政治学说解难》三文(发表于1937年3月至1938年1月)而撰成,1940年发表于《志林》第二期。蒙默为此书所撰的《重编前言》指出:《非常异义之政治学说》及《解难》二文与《儒家政治思想之发展》、《孔子和今文学》(原载《孔子讨论文集(第一辑)》,山东人民出版社1961年出版),"实即同一文之一稿、二稿、三稿"。
② 刘小枫《儒家革命精神源流考》,上海三联书店2000年出版。
③ 如刘师培《两汉学术发微论》(《刘申叔遗书》上册,江苏古籍出版社1997年影印版)之《两汉政治学发微论》,从民权角度讨论汉代政治思想,涉及了董仲舒、盖宽饶、刘向所说的受命易位问题。顾颉刚《汉代学术史略》(上海亚细亚书局1935年版)即其后来《五德终始说下的政治与历史》的雏形,其中多处讨论了汉魏间的受命、改制、禅让问题。钱穆《孔子与春秋》(收入所著《两汉经学今古文平议》,商务印书馆2001年版)欲破清末以来今、古学壁垒而疏通有关史实,亦论及了汉来的受命、改制诸问题。
④ 王国维《观堂集林》(上海古籍出版社1983年版)卷二三《沈乙庵先生七十寿序》曾述道咸以降学者,"或托于先秦、西汉之学,以图变革一切……其所陈夫古者,不必尽如古人之真;而其所以切今者,亦未必适中当世之弊"。即指出了这一缺陷。即便是蒙文通先生上引二文,对"革命论"在《齐诗》、《京房易》、《公羊春秋》中究竟占有何种地位,西汉今文经学到底是否以"革命"、"素王"学说为中心等关键问题,基本上也还是承"今文家法"为说,并无可信的史学论证。
⑤ 如安居香山《纬书与中国神秘思想》第五章《中国革命的特点》4《中国革命和预言》,田人隆译,河北人民出版社1991年出版;王葆玹《今古文经学新论》第九章《经学思想"从宗教到哲学"的演变历程》四《禅让与革命》,中国社会科学出版社1997年出版;阎春新、王卫红《儒家王权受命说及在汉晋间之嬗代》,《许昌师专学报》2002年第四期;李冬君《儒家革命与汉初统一》,《中国社会历史评论》第六卷,天津古籍出版社2006年出版;晋文《论经学与汉代受命论的诠释》,《学海》2008年第四期等。

必然要求,但若由此而扭曲、放弃甚至取消了客观存在的"革命"问题,则其在认识传统"革命"理论和实践时所树立的识障,正恐不小于非常可怪的今文学末流而更有过之。

本文即拟正面考察汉初以来革命论递嬗转折的基本历程,虽不敢谓树大义而弃微言,缀碎玉而去雕饰,亦愿见其本来面目与动态,探其与当时政治思想转折和政局演化之关系概要,抑且有裨于"以论题为中心的思想史"研究,尚祈同好不吝指正。

一

作为一个政治命题,"革命"的较为原始和为人熟知的概括,出于《周易·革卦》的彖辞:"天地革而四时成,汤、武革命,顺乎天而应乎人。"①这个命题看来是通过对商汤放桀代夏、周武伐殷诛纣的肯定,确认了天怒人怨之际,被统治者奋起推翻暴政、夺取政权的正当和必要。其中包括的理论内涵,似与西周以来国民观念的抬头和春秋以来民本思潮的活跃有关,②且与师旷说"困民之主,弗去何为"、史墨说"社稷无常奉,君臣无常位"等言论,③构成了相互呼应的关系。其所反映的,正是旧式等级秩序离析崩溃而新型统治模式正在探索形成之时,人们对被统治者权利和要求的集中思考。

但汤、武革命这面激进的抗暴旗帜,显然并未随汤、武圣王地位的日益确立而迎风招展。在朝的统治者,包括那些因革命成功而取得了政权的统治者,自不能不看到尊奉汤、武和赞美汤、武革命之间的矛盾;在野的仁人志士,实际也很难将之一概承受下来。④政治态度相对消极或保守者自不必说,就是以激进而著称的孟子,也只是通过极力渲染桀、纣之"非君"和汤、武之仁德,甚至不惜抹杀文献中"血流漂杵"的史实,⑤才得以辩护

---

① 更早一点,如《尚书·牧誓》和《多士》载武王牧野誓师和周公告诫殷人,都说伐纣代殷是"恭行天罚";《多士》及《古文尚书·泰誓》都提到当年夏帝淫佚流毒而上天降罪,乃命"成汤革夏"、"降黜夏命"。据此可以推知,以周革殷命比于"殷革夏命"的"革命"说,很可能是周人伐殷的一种舆论准备和自我辩护方式,所谓"恭行天罚",实已含统治合法性来自天命而落实于人事的观念,可称"革命抗暴"、"应天顺人"的先声。
② 《国语·周语上》载厉王弭谤而国人道路以目,召公以为"防民之口,甚于防川","三年,乃流王于彘"。这是足与《易·革卦》彖辞的"汤武革命"说相印证的实例。
③ 分见《左传》襄公十四年师旷论卫人出君之事、昭公三十二年赵简子论季氏出君之事。又《管子·形势解第六十四》:"古者三王五霸,皆人主之利天下者也,故身贵显而子孙被其泽。桀、纣、幽、厉,皆人主之害天下者也,故身困伤而子孙蒙其祸……汤、武征伐无道,诛杀暴乱,以致民利,故明主之动作虽异,其利民同也。"《郭店楚简·成之闻之》:"上不以其道,民之从之也难。"《尊德义》:"下之事上也,不从其所命,而从其所行。"《鲁穆公问子思》又述子思以"亟言其君之恶"为忠臣,成孙弋释之为大义而远禄爵(本文所引郭店简释文皆从陈伟等著《楚地出土战国简册十五种》本,经济科学出版社2009年出版)。
④ 《易·系辞下》第七章曰:"《易》之兴也,其于中古乎?作《易》者,其有忧患乎?"第十一章又曰:"《易》之兴也,其当殷之末世、周之盛德邪? 当文王与纣之时邪? 是故其辞危。"彖辞说汤、武革命顺天应人,切合于《系辞》的这些推测,可释为忧患意识下的"危言",即以汤、武放杀的正当性来警告人主,意与《尚书·召诰》谓"不可不监于有夏,亦不可不监于有殷";《诗·大雅·荡》谓"殷鉴不远,在夏后之世"相类。若《易传》是孔子所作,则其对革命的肯定正以"顺天应人"为前提条件,且与《尚书·多士》周公说"非我小国敢弋殷命,惟天不畀允罔固乱"一脉相承。
⑤ 《孟子·梁惠王下》述"齐宣王问曰:汤放桀,武王伐纣,有诸? 孟子对曰:于《传》有之。曰:臣弑其君,可乎? 曰:贼仁者谓之贼,贼义者谓之残,残贼之人,人谓之一夫,闻诛一夫纣矣,未闻弑君也"。又《尽心下》述"尽信《书》则不如无《书》。吾于《武成》,取二三策而已矣。仁人无敌于天下,以至仁伐至不仁,而何其血之流杵也"。其主张是"行一不义,杀一不辜而得天下,不为也"。

了汤、武放、杀其君取而代之的合理性;其代价则是把革命抗暴之所以正当的条件,限制到了几乎不可能在现实中存在的地步。至于在肯定汤、武革命时持论工稳的荀子和尸子,则是以"桀、纣无天下"来论证"汤、武不弑君"的。① 这种与孟子一样先承认了"弑君为恶",又转而在名、实关系和逻辑推理上大下功夫的辩护方式,非惟无助于加强汤、武诛暴的正当性,反倒令人有气虚理亏之感。②

的确,对任何一个尊重上下秩序和谋求万世一系的集团或政权来说,处于原始形态而以汤、武放杀为特征的革命论,太危险了! 是故战国以来,在孟、荀、尸子勉力为汤、武革命辩护的同时,声势日益壮大的还是反方的各种声音。《战国策·赵策二》载苏秦说赵肃侯有曰:"夫割地效实,五伯之所以覆军禽将而求也;封侯贵戚,汤、武之所以放杀而争也。"③这是说汤武放杀为的是"封侯贵戚"。《韩诗外传》卷八载狐卷子对魏文侯曰:"父贤不过尧,而丹朱放……臣贤不过汤、武,而桀、纣伐。"这是以尧放丹朱和汤、武伐桀、纣为其德有玷。《吕氏春秋·当务》篇述"尧有不慈之名,舜有不孝之行,禹有淫湎之意,汤、武有放杀之事,五伯有暴乱之谋,世皆誉之,人皆讳之,惑也"。这是把汤、武放杀与不慈、不孝、淫湎、暴乱看作同类。《韩非子·忠孝第五十一》:"尧、舜、汤、武,或反君臣之义,乱后世之教者也。尧为人君而君其臣,舜为人臣而臣其君;汤、武人臣而弑其主,刑其尸;而天下誉之,此天下民以至今不治者也。"这是指斥尧、舜禅让和汤、武放杀皆有违君臣大义。《史记》卷八七《李斯列传》载始皇帝崩后,赵高说胡亥有曰:"臣闻汤、武弑其主,天下称义焉,不为不忠。卫君弑其父,而卫国载其德,孔子著之,不为不孝。"这种效果决定论同样表明了时人公认汤武革命为"弑其主"的立场。以上言论应当代表了战国以来革命论反方的基本看法,从"世皆誉之,人皆讳之"等处,又可以看出争辩双方相峙而舆情已不利于正方的总体态势。

这也就是汉初革命论继续演化的历史前提。从秦、汉之际的情况看,秦末群雄起义,终由刘邦独得天下,其力欲标榜和树立的,即是类于汤、武应天顺人奋起抗暴的革命形象。《汉书》卷三九《萧何传》载其说高帝有曰:"夫能诎于一人之下而信于万乘之上者,汤、武是也。臣愿大王,汉中养其民,以致贤人,收用巴蜀,还定三秦,天下可图也。"萧何之所以励高帝以汤、武之业,不仅由于革命抗暴是响亮而富于动员力的战斗号角,更因为当时群雄纷纷以兴复六国为号,④平民出身的刘邦托附汤、武革命,则可建上流之势而足与相抗。《汉书》卷四〇《张良传》载郦生欲高帝封六国之后,以汤、武伐桀、纣而

---

① 《荀子·正论》篇:"能用天下者谓之王,汤、武非取天下也,修其道,行其义,兴天下之同利,除天下之同害,而天下归之也。桀、纣非去天下也,反禹、汤之德,乱礼义之分,积其凶,全其恶,而天下去之也。天下归之谓之王,天下去之谓之亡,故桀、纣无天下,而汤、武不弑君也。"《群书治要》卷三六引《尸子·贵言》篇:"臣天下,一天下也。一天下者,令于天下则行,禁焉则止。桀、纣令天下而不行,禁天下而不止,故不得île也。"其理与荀子相同。"人主之所以使下尽力而亲上"及"人主之所以令则行禁则止"之说,均见于《管子·形势解》而并不以之为汤、武放杀辩护,可见《荀子》、《尸子》此论已在《管子》的"利民"基点上退步。
② 关于先秦革命论的概况,参孙家洲《先秦诸子论"汤武革命"》,《社会科学研究》1987年第一期。
③ 《史记》卷六九《苏秦列传》载其文,"割地效实"作"割地包利","放杀"作"放弑"。
④ 参《史记》卷七《项羽本纪》、卷四八《陈涉世家》、卷八九《张耳陈余列传》。

封其后为说;张良谏止之,以为汤、武伐桀、纣而封其后,是因为形势已能制其死命。郦、张二人政见不同,然皆以高帝所行为汤、武之事,这表明仿效汤、武而高举革命抗暴的旗帜,实为刘汉创业时期的重大决策。① 但即便如此,陆贾与刘邦论马上得之不可以马上治之的国策转折必要性,为之陈说汤、武"逆取而顺守"之理,②还是直截了当地指出了革命虽应天顺人而毕竟仍属以下犯上。

陆贾称汤、武革命为"逆"的观点,正代表了上面所述一段时期以来,人们对汤、武革命的"弑君"性质已日益直言不讳的倾向。与孟、荀、尸子为汤、武放杀辩护而殚精竭虑的状况相比,陆贾表达的这种倾向,因其紧傍统治集团的根本利益而理直气壮,似乎其已是无庸辞费的公理。这个苗头恰好反映大一统帝国从蕴酿到终于建立的过程中,社会主流对待革命抗暴的基本态度,正在从以往有条件的肯定,向着秦汉以来的无条件反对倾斜。而汉景帝时期那场关于汤武革命性质的著名论争,则相当清楚地宣告了其转折点的到来。《史记》卷一二一《儒林辕固生传》载:

> 清河王太傅辕固生者,齐人也。以治《诗》,孝景时为博士,与黄生争论景帝前。黄生曰:"汤、武非受命,乃弑也。"辕固生曰:"不然,夫桀、纣虐乱,天下之心皆归汤、武,汤、武与天下之心而诛桀、纣,桀、纣之民不为之使,而归汤、武,汤、武不得已而立,非受命为何?"黄生曰:"冠虽敝,必加于首;履虽新,必关于足,何者?上下之分也。今桀、纣虽失道,然君上也;汤、武虽圣,臣下也。夫主有失行,臣下不能正言匡过以尊天子,反因过而诛之,代立践南面,非弑而何也?"辕固生曰:"必若所云,是高帝代秦即天子之位非邪!"于是景帝曰:"食肉不食马肝,不为不知味;言学者无言汤、武受命,不为愚。"遂罢。是后学者莫敢明受命放杀者。

黄生所论,无非是贯彻了"孔子作《春秋》而乱臣贼子惧"式的君臣大义,③其代表的是当时政治秩序和政治理论发展的主要方向,必将成为举世公认无可辩驳的准则,绝非辕固生所依据和勉力坚持的"民心"向背说可与抗衡;但却与高帝革命抗暴获取天下的正当性相悖,也就威胁到了汉革秦命取而代之的合法性,连带也触犯了所有追随高帝起义的元功重臣及其子孙。这就立即把景帝放到了一个无法表态的尴尬境地,于是只好下诏不争论。

---

① 帮助进一步树立起刘邦的这种革命形象的,便是西汉前期以来盛传的高帝斩蛇起义神话。参杨权《新五德理论与两汉政治——"尧后火德"说考论》(中华书局 2006 年出版)第一章《西汉的政治理想与"汉家尧后"说的产生》一《汉朝绍述圣统目标的提出》4《高祖神话的出笼》。
② 《史记》卷九七《陆贾列传》。同书卷一二八《龟策列传》载卫平说宋元王有曰:"取之以暴彊而治以文理……汤武行之,乃取天子。"其说与逆取顺守说相同。
③ 汤志钧先生认为"黄生即《史记·太史公自序》'习道论于黄子'的黄子,是汉初黄老学派的主要人物,他引用的冠履论证也见于太公《六韬》佚文和《韩非子·外储说左下》"。见汤志钧等《西汉经学与政治》第一章《黄老之治和儒家独尊》,上海古籍出版社 1994 年出版。今案,"黄生"若即"黄子",则其与辕固生之争就有了黄老学派与儒学相争的意味,然此事并无确证,从持论看,说黄生是《春秋》学者亦无不可。

二

"是后学者莫敢明受命放杀者",似景帝以来一段时期内,汤、武受命放杀这个革命论的核心问题,已不得再在庙堂之上公然讨论。事实则是受命放杀问题无可回避,圣王的形象亟待维护,本朝的统治合法性不容质疑,革命论也就仍有必要继续展开讨论,无非是讨论的面目已有所变化而忌讳益多,尤其不得再牵出高帝而已。就是说,景帝以来围绕受命放杀问题的种种言论,无论其是否提到"革命",实际上都是新时期革命论发展的表现形式。其中为汤、武放杀辩护而其理论上发展变化相对较大的,大概不外乎以下三家:

一是说天命不常,惟有德者居之,故汤、武放杀桀、纣不为"弑"。其典型如董仲舒《春秋繁露·尧舜不擅移汤武不专杀第二十五》,就是一篇专门为尧、舜禅让和汤、武放杀辩护的文章:

> 尧、舜何缘而得擅移天下哉?《孝经》之语曰:事父孝,故事天。明事天与父,同礼也。今父有以重予子,子不敢擅予他人,人心皆然。然则王者亦天之子也,天以天下予尧、舜,尧、舜受命于天而王天下,子犹安敢擅以所重受天者予他人也?天有不以予尧、舜渐夺之故,明为子道,则尧、舜之不私传天下而擅移位也,无所疑也。儒者以汤、武为至贤,大圣也,以为全道究义,尽美者,故列之尧、舜,之谓圣王,如法则之。今足下以汤、武为不义,然则足下之所谓义者,何世之王也?曰弗知。弗知者,以天下王为无义者邪?其有义者而足下不知邪?则答之以神农。应之曰:神农氏之为天子,与天地俱起乎,将有所伐乎?神农氏有所伐可,汤武有所伐独不可,何也?且天之生民,非为王也,而天立王,以为民也。故其德足以安乐民者,天予之;其恶足以贼害民者,天夺之。《诗》云"殷士肤敏,裸将于京"、"侯服于周,天命靡常"。言天之无常予、无常夺也。故封太山之上,禅梁父之下,易姓而王,德如尧、舜者七十二人。王者,天之所予也,其所伐,皆天之所夺也。今唯以汤、武之伐桀、纣为不义,则七十二王为皆不义也。故夏无道而殷伐之,殷无道而周伐之,周无道而秦伐之,秦无道而汉伐之。有道伐无道,此天理也,所从来久矣。宁能至汤、武而然耶?夫非汤、武之伐桀纣者,亦将非秦之伐周,非徒不知天理,又不明人礼。《礼》:"子为父隐恶。"今使伐人者而信不义,当为国讳之,岂宜如诽谤者?此所谓一言而再过者也。君也者,掌令者也,令行而禁止也。今桀、纣令天下而不行,禁天下而不止,安在其能臣天下也?果不能臣天下,何谓汤、武弑?①

---

① 《荀子·正论》篇:"世俗之为说者曰:'桀、纣有天下,汤、武篡而夺之。'是不然……世俗之为说者曰:'尧、舜擅让。'是不然……"故其在篇中同时为尧舜禅让和汤武放杀作了辩护。前引《韩非子·忠孝》篇则力诋尧舜禅让和汤武放杀"反君臣之义,乱后世之教",可见战国末年相关讨论展开之况,而《繁露》此篇即承此而来。

这里对汤、武放杀非弑的论证,即以自古易姓而王七十二人和夏、商、周、秦易代之事,证明了天命不常而依德予夺的道理;又明确了汤、武"为至贤、大圣"而与尧、舜并为圣王,桀、纣失天命而"不能臣天下"的事实。结论则是"有道伐无道,此天理也……何谓汤武'弑'"?与之相类的言论,还可以举出《韩诗外传》卷八:"贵为天子,富有四海,而德不谦,以亡其身者,桀、纣是也。"①《说苑·贵德》:"桀、纣以不仁失天下,汤、武以积德有海土,是以圣王贵德而务行之。"同书《政理》述"成王问政于尹逸……对曰:天地之间,四海之内,善之则畜也,不善则仇也。夏、殷之臣,反仇桀、纣而臣汤、武;夙沙之民,自攻其主而归神农氏"。这些言论中,都内在地包含了董仲舒所代表的三段式论证;而其核心根据,都是由来悠远的"天命不常,惟有德者居之"说;②至于相关的申论和发挥,也都集中在天命与德及其相互关系的阐释上。像董仲舒文中就指出:"天之生民,非为王也;而天立王,以为民也。故其德足以安乐民者,天予之;其恶足以贼害民者,天夺之。"这类辩护,可说是对孟子"诛独夫"和荀子、尸子"桀、纣无天下而汤、武不弑君"说的进一步阐释和发挥。

　　二是说天道"去恶夺弱",故汤、武放杀桀、纣为理所当然。其代表如《汉书》卷八五《谷永传》载其元延元年为成帝言说灾异有曰:

　　　　臣闻天生蒸民,不能相治,为立王者以统理之。方制海内,非为天子;列土封疆,非为诸侯;皆以为民也。垂三统,列三正,去无道,开有德,不私一姓,明天下乃天下之天下,非一人之天下也……夫去恶夺弱,迁命圣贤,天地之常经,百王之所同也……

　　按照当时的话语系统,这里把"垂三统,列三正"和"去无道,开有德"连在一起;③又说"去恶夺弱,迁命圣贤,天地之常经,百王之所同";④看起来已在超越现象说规律,实际上还是以汤、武革命为立足点的。其中尤值注意的,是"去恶夺弱"被升华至天道来看待。"去恶"即"去无道",仍在"天命不常,惟有德者居之"的窠臼内;"夺弱"则近乎"有力者居之",即便附加"仁者无敌"式的解释,毕竟也还是偏离了孟、荀、董相沿的轨道。⑤

---

① 这里其先言《易·谦》卦之理,再申此论,故《玉函山房辑佚书》的《经编·易类》辑《韩氏易传》卷上《谦》卦,引此以明《韩氏易传》之理。
② 如董仲舒此处便引用了《诗·大雅·文王》中的"天命靡常"章,前引史墨说"社稷无常奉,君臣无常位"亦是此意。关于天命不常及"天命靡常,惟德是亲"或"皇天不亲,惟德是辅"等观念在殷周时期的发展,参郭沫若《先秦天道观之进展》,载所著《青铜时代》,人民出版社 1954 年版;另参傅斯年《性命古训辨证》中卷第一章《周初人之帝、天》、第二章《周初之天命无常论》,收入《傅斯年全集》第二卷,湖南教育出版社 2003 年版。
③ 所谓"垂三统,列三正",当即"三统论"以夏为黑统,殷为白统,周为赤统,各有其正朔服色等制,依次循环往复之说,参《春秋繁露·三代改制质文第二十三》。但夏、商、周三统三正的更替,正是通过汤、武革命而实现的,故谷永所述,实际仍立足于汤武革命而观照后世易代改姓之事。
④ 当时语例,尧、舜以上往往称"圣"不称"贤",与"去恶夺弱"相连的"圣贤"只指汤、武。前引董仲舒文有述:"儒者以汤、武为至贤、大圣也,以为通道究义,尽美者,故列之尧、舜,之谓圣王,如法则之。"是当时儒者公认汤、武为"至贤、大圣"而近乎尧、舜。《白虎通义》的《德论下·圣人》:"何以言禹、汤圣人?《论语》曰:'巍巍乎!舜、禹之有天下而不预焉。'与舜比方巍巍,知禹、汤圣人。《春秋传》曰:'汤以圣德,故放桀。'"可见东汉章帝白虎观会议前,人们公认尧、舜为圣,而禹、汤是否圣人仍有疑问。
⑤ 《孟子·公孙丑上》:"以力假仁者霸,霸必有大国;以德行仁者王,王不待大,汤以七十里,文王以百里。"是孟子以汤、武为"以德行仁"之王,而非"以力假仁"的霸者。

谷永此论的直接来源,无疑是京房《易传》"凡为王者,恶者去之,弱者夺之,易姓改代,天命应常,人谋鬼谋,百姓与能"之说。① 再往前推,则可溯至司马迁所述"非兵不强,非德不昌,黄帝、汤、武以兴,桀、纣、二世以崩,可不慎欤"!② 是京房此说,亦当附丽于汤、武之事。其所体现的,是元帝前后人们随形势发展而对汤、武放杀问题的再思考,反映了当时革命论对"有德者居之"说的又一层发展。

三是说天命依历数气运而转移,故汤、武放杀桀、纣合乎天道变易之理,其代表是《齐诗》和纬书中的"五际"说。《汉书》卷七五《翼奉传》述其元帝初元二年奏封事言灾异,说"《易》有阴阳,《诗》有五际,《春秋》有灾异,皆列终始,推得失,考天心,以言王道之安危"。后文又说"臣奉窃学《齐诗》,闻五际之要,《十月之交》篇,知日蚀、地震之效昭然可明"。次年奉又上疏说"臣前上五际,地震之效曰极阴生阳,恐有火灾"云云。翼氏这三度提到的《齐诗》"五际"说皆不言其详,③从其上下文可知其要当与《易》之阴阳、《春秋》之灾异说同关乎天命之终始、朝政之得失、王道之安危。据郑玄《六艺论》引《春秋演孔图》云"诗含五际、六情",又引《诗泛历枢》云:

午亥之际为革命,卯酉之际为改正,辰在天门,出入候听。卯,《天保》也;酉,《祈父》也;午,《采芑》也;亥,《大明》也。④

由此可见,《齐诗》和《诗纬》学缘甚近,⑤"五际"当指"革命"、"改正"等事的期会终始之机,当是一种以神秘主义的历数气运解释事物变易之理的学说。⑥ 其中所说的"午亥之际为革命",看似所指不明,然其既述"亥,《大明》也";⑦而《大明》所叙,正是季历

---

① 《三国志》卷二《魏书·文帝纪》裴注引《献帝传》延康元年十一月辛亥太史丞许芝条上魏国受命之符引。蒙文通《孔子和经今文学》一文引此,以为"应"当作"膺",形近而讹。又《汉书》卷八五《谷永传》载其学"于天官、《京氏易》最密,故善言灾异"。
② 《史记》卷一三〇《太史公自序》叙《律书》曰,其后文又提到"《司马法》所从来尚矣"。《汉书》卷三〇《艺文志》兵家类后叙曰:"……汤、武受命,以师克乱而济百姓,动之以仁义,行之以礼让,《司马法》是其遗事也。"是《司马法》相传为汤、武用兵之遗事。
③ 《汉书》卷七五《翼奉传》"诗有五际"条师古注引应劭曰:"君臣、父子、兄弟、夫妇、朋友也。"又引孟康曰:"《诗内传》曰:五际,卯、酉、午、戌、亥也。阴阳终始际会之岁,于此则有变改之政也。"历来多以孟康引《诗内传》文为辕固生所作,乃《齐诗》"五际"说之正解。
④ 以上俱《毛诗正义》卷一《诗大序》"四始"条《孔疏》引。又《后汉书》卷三〇下《郎𫖮传》载其顺帝阳嘉二年诣阙陈说灾异,亦引《诗泛历枢》曰:"卯酉为革政,午亥为革命,神在天门,出入候听。"其若干文字与郑玄所引不同,顗且解释"神在天门"句为"言神在戌亥,司候帝王兴衰得失,厥善则昌,厥恶则亡"。
⑤ 陈乔枞《三家诗遗说考·齐诗遗说考》卷一《国风一》说《诗纬》"盖《齐诗》之学也"。《齐诗》与《诗纬》学缘虽近并不等同,连鹤寿《齐诗翼氏学》卷一《戌际为十月之交解》据孟康所引《诗内传》文以卯、酉、午、戌、亥为五际之目,述纬书"卯、酉、午、亥四际袭用《齐诗》旧说,独土行一际,则改作为辰"。便指出了其间差异。
⑥ 参冯浩菲《历代诗经论说述评》之《齐诗五际说图解》,中华书局 2003 年;张峰屹《翼奉诗学之五际说考释》,《郑州大学学报》2008 年第一期;郜积意《齐诗五际说的殷历背景——兼释汉书翼奉传中的六情占》,《台湾大学文史哲学报》2008 年第五期。
⑦ 《毛诗正义》卷一《诗大序》"四始"条《孔疏》又引《诗泛历枢》云:"《大明》在亥,水始也;《四牡》在寅,木始也;《嘉鱼》在巳,火始也;《鸿雁》在申,金始也。"其后文则据郑玄《春秋演孔图》和《诗泛历枢》文,认为"五际"即"亥为革命,一际也;亥又为天门,出入候听,二际也;卯阴阳交际,三际也;午为阴谢阴兴,四际也;酉为阴盛阳微,五际也"。然《齐诗》早亡,孔疏所引的《诗泛历枢》文语焉不详,孔疏行文更显示其"亥为革命"以下文字,仅为孔氏之推论,然至今仍有不少研究者直接将之作为《诗纬》甚至《齐诗》翼氏学的内容来看待,这至少是需要另以证据来加以说明的。有关资料可参陈桥枞《诗纬集证》(《续修四库全书》经部第 77 册,上海古籍出版社 2002 年版)卷一《推度灾》对"卯酉之际为改正",卷二《泛历枢》对"大明在亥水始也",卷三《含神雾》对"下叙四始,罗列五际"等佚文的考证。

至文王创成王业和武王伐纣之事,可知其出发点还是与汤、武革命相关。① 按此五际说,革命、革政等政治上的变化,都被归为气数历运转移遇合之所致;而汤、武革命或王朝的易代作为政治变化的特殊方式,又尤其是天、人各种因素际会聚变的结果。② 考虑到辕固生本传述其为《齐诗》宗师,"诸齐人以《诗》显贵者,皆固之弟子";那么"五际"说对"革命"的解释,似乎正是景帝时期"学者莫敢明放杀受命"以来,《齐诗》后学继续为汤、武革命辩护的一种隐晦而又神秘的方式,同时也呈现了一种"变易就是一切",把革命与革政视为同类而漠视其方向的庸俗化倾向。

三

为汤、武革命所作的以上辩护,本身就反映了质疑的普遍存在;而辩护的曲折、隐晦或神秘,适足以表明质疑的强大和难以抗御。由此可以推想,从汉初比高帝为汤、武而称颂其起义创业的伟绩,到景帝以来日益否定汤、武放杀所代表的伐无道、诛暴君之举,意味的是从讴歌革命到怀疑革命,从推翻黑暗统治到维护现有秩序的深刻转折。而这个切关于时代中心任务转移和统治合法性讨论主题变换的重大转折,很可能就是主导汉初以来思想界变迁和儒学主流迅速步入强调君臣纲常之轨的关键所在,也是在汤、武放杀或革命抗暴问题上反对派终于占据压倒地位的基本原因。

董仲舒上引文用一句话概括了当时这方面的形势:"今唯以汤、武之伐桀、纣为不义。"说明当时认为汤、武革命"不义"的,几乎已呈一边倒之势,而其核心观点则显然沿袭了黄生之论:"夫主有失行,臣下不能正言匡过以尊天子,反因过而诛之,代立践南面,非弑而何也?"当此之时,维护既得利益和严守君臣大义既已被作为社会共识而压倒了一切,辕固生那种"置高帝革命于何地"的发问,在已经站到革命对立面的高帝后代眼中纯属不合时宜。为革命辩护的一方,也就不能不在汤武与高帝、历史与现实、理论与实践之间,陷入了左支右绌的困境。《史记》卷一六《秦楚之际月表》序,言及秦末陈涉、项羽、刘邦更替为王和汉家受命之事有曰:

> 昔虞、夏之兴,积善累功数十年,德洽百姓,摄行政事,考之于天,然后在位。汤、武之王,乃由契、后稷,修仁行义十余世,不期而会孟津,八百诸侯犹以为未可。其后乃放、弑。秦起襄公,章于文、缪、献、孝之后,稍以蚕食六国,百有余载,至始皇乃能并冠带之伦。以德若彼,用力如此,盖一统若是其难也! 秦既称帝,患兵革不休,以有诸侯也,于是无尺土之封,堕坏名城,销锋镝,鉏豪强,维万世之安。然王迹

---

① 此节蒙文通先生前引二文皆已揭示。
② 五际说不是说现实中每逢"亥"际皆有革命,气数的转移消长只是革命或改正的条件,其是否真正发生,还要取决于其他因素,故孔疏既有"亥为革命"之文,又有勾通天、人的"亥为天门,出入候听"之说。

之兴,起于闾巷,合从讨伐,轶于三代。乡秦之禁,适足以资贤者,为驱除难耳!故愤发其所,为天下雄,安在无土不王?此乃《传》之所谓大圣乎!岂非天哉,岂非天哉!非大圣孰能当此受命而帝者?

这篇序文的"王迹之兴,起于闾巷"云云,都是在称道秦末群雄举义,①其要害则尤在于强调高帝身为布衣而革命抗暴,创成王业,无愧"大圣";以此否定了认为受命为王必出身高贵、世有封土的"无土不王"论。② 但其中提到"汤、武之王"云云,却还是沿袭了其事虽顺天应人而仍属"放、弑"的世间俗套。从而可见,即便是乐于把陈涉列于《世家》、项羽纳入《本纪》的司马迁,③在讴歌高帝时顺便还能守住革命抗暴的底线,在对待汤、武革命时,却并没有坚持被统治者放杀暴君的正当权利。以史笔精湛且富叛逆精神的太史公而出现这种矛盾,足可说明当时以《春秋》大一统和君臣纲常说为代表、以维护现行统治为旨归的官方意识形态,业已在革命放杀问题上设置了多么严密的牢笼,④也已使革命的辩护派面临着何种压力。

其时陷入这种矛盾的,当然绝不止太史公一人而已。董仲舒的汤、武不为"弑"之说,与其着力阐述的《春秋》一统纲常大义,难道就不存在冲突?《京氏易》以天命"去恶夺弱"之理,《齐诗》后学用气数期会之际为革命辩护,其中不也充满了矛盾?不仅如此,正如太史公用两个"岂非天哉"的感慨转移了自己笔下发生的疑问那样,无论是董仲舒,还是《京氏易传》和《齐诗》后学,实际上同样是靠引入天道,才使自己为汤武所做的辩护与维护现存秩序的立场,获致超越于人间的统一性而自圆其说的。玄默而又征兆无穷的天,正是上述三种辩护躲避"革命论"困境的共同港湾。

在孟子"诛独夫"和荀子"汤武不弑君"说的基础上,董仲舒所作论证的重大发展,既不在夸大汤、武之德和桀纣之恶,也不在强调"得民心者得天下"式的民本理论,而是在"天命王者治民"的预设下,⑤架构了一种独特的"天定真假二王论"。即天之所予者,虽无王位而实为真王;天之所夺,即便此人仍占据着王位,也不过是"独夫"。真王放杀假

---

① 《索引》以为这里的"贤者"、"天下雄"、"大圣"皆指高帝。据太史公此《序》开篇述"初作难,发于陈涉;虐戾灭秦,自项氏;拨乱诛暴,平定海内,卒践帝祚,成于汉家。五年之间,号令三嬗,自生民以来,未始有受命若斯之亟也"。是其"王迹之兴,起于闾巷,合从讨伐,轶于三代"云云,固然着眼于高帝而实亦兼指陈、项而言。
② 《集解》引《白虎通》曰:"圣人无土不王,使舜不遭尧,当如夫子老于阙里也。"可见"无土不王"说到东汉时期已经发展成为官方的口径。这当然是与司马迁借陈涉之口宣扬"王侯将相,宁有种乎"的立场相对立的。
③ 《史记》卷一三〇《太史公自序》叙《陈涉世家》曰:"桀、纣失其道而汤、武作,周失其道而《春秋》作,秦失其道而陈涉发迹,诸侯作难,风起云蒸,卒亡秦族。天下之端,自涉发难,作《陈涉世家》第十八。"在时人的眼中,司马迁为陈涉立《世家》,而以汤、武比陈涉,当然是拔高了陈涉而抑低了汤、武的地位。
④ 《史记》卷一三〇《太史公自序》载其答壶遂问《春秋》之旨有曰:"拨乱世,反之正,莫近于《春秋》……故有国者不可以不知《春秋》,前有谗而弗见,后有贼而不知;为人臣者不可以不知《春秋》,守经事而不知其宜,遭变事而不知其权。为人君父而不通于《春秋》之义者,必蒙首恶之名;为人臣子而不通于《春秋》之义者,必陷篡弑之诛,死罪之名。其实皆以为善,为之不知其义,被之空言而不敢辞。"这段言论常被认为体现了董仲舒《公羊》学的《春秋》义旨,可称是时人眼中《春秋》学要义和地位的典型表述,其中处处观照了革命放杀之事,而太史公对此的态度显然是恶者自恶,弑者自弑,功、罪两不相掩。
⑤ 这个预设已把天——王——民固化为某种先天等级或神圣秩序,王在其中的地位相当于由天任免的官职,民可以影响天的任免而终究归王所治,其与天子——百官——编户的现实秩序显然存在着某种关联,其相较于先秦以来的"民为重"理论显然就大为退步。

王,那自然是"有道伐无道",因而汤、武放杀桀、纣的正当性,最终来自永远正确的"天",而德行、民意等其他所有因素,实际都已被放到了帮助天作出判断的辅助地位上。《京氏易传》和《齐诗》后学也都首先是对天意或天道作出特定解释,力述革命合乎"去恶夺弱"的天意或以气数运历显示出来的天道,才得以论证了汤武放杀或革命变易的天经地义,其共同点都是让天来为强者夺弱和盛者代衰的革命变易背书。其中《京氏易传》"去恶夺弱"说所呈现的天意,看起来颇有几分理性主义的"物竞天择"意味,但从其中提到"人谋鬼谋,百姓与能",及其京房学《易》师从焦延寿而长于灾变占验等事来判断,① 其完整的理论形态,自必与《齐诗》后学的"五际"说同入术数而饱含浓烈的神秘主义气息。②

尽管通过天而获得了正当性,但此"革命"已非彼"革命"。董仲舒就像孟子或荀子一样只为圣人举行的革命作辩护,《京氏易》的辩护对象又加上了强者或德、力兼备者,《齐诗》后学同时又为所有政治上的变革辩护。在这些辩护中,"革命"的内涵,已不约而同地遭到修正,而修正的方向,则不外乎是通过对"天命不常"或"天道变易"的演绎,把"革命"窄化为天命的易手、政权的更替,或将之泛化而归入形形色色的"革政"和变化。但改朝换代固然不失为革命发展到一定阶段的核心问题,却绝对无法涵盖革命的基本目标和过程;正如革命虽可以归入变革之列,却决不能等同于一般的变化或改革那样。所有把革命窄化为易代改姓或泛化为革新改良的努力,都势必会抽去"革命"所本来寓有的被统治者抗暴权利,其要害则是站在巩固和改良统治的立场上,把革命诠释为维护天命和相应规则的过程,实际是把"人民群众的盛大节日",变成了一家一姓是坐庄还是下庄的庸碌游戏。

既然"革命"常被等同于王朝的易代改姓,其价值也就必须与易代改姓的各种方式来较衡短长。在上引董仲舒文中,汤、武放杀之所以要与尧、舜禅让放到一起来加以讨论,不仅是因为当时存在着对汤、武"专杀"和尧、舜"擅让"的批判,也是因为尧、舜禅让和汤、武放杀已被当作王朝更替的两大典型模式来看待,更是因为时人公认尧、舜禅让作为易代改姓的方式远比汤、武放杀可取,故董仲舒得以借汤、武与尧、舜并为圣人而得天命,来展开对其放杀桀、纣的辩护。这种把尧、舜禅让和汤、武放杀摆在一起来评骘高

---

① 《汉书》卷七五《京房传》述其"治《易》,事梁人焦延寿,延寿字赣……其说长于灾变,分六十四卦,更直日事,以风雨寒温候,各有占验,房用之尤精"。据师古注引孟康曰,其法"分卦直日之法,一爻主一日,六十四卦为三百六十日。余四卦,《震》《离》《兑》《坎》为方伯监司之官。所以用《震》《离》《兑》《坎》者,是二至、二分用事之日,又是四时各专王之气。各卦主时,其占法各以其日观其善恶也"。可见其理论形态与《齐诗》五际说有相类处。又《焦氏易林》中有关汤、武革命的,如卷四《中孚之第六十一·革》:"五精乱行,政逆皇恩,汤武赫怒,天伐利域。"正是把汤、武放杀桀、纣的合理性与当时"五精乱行"所体现的天命向背联系在一起的。
② 《汉书》卷七五《眭、两夏侯、京、翼、李传》史臣赞曰:"……汉兴,推阴阳言灾异者,孝武时有董仲舒、夏侯始昌,昭、宣则眭孟、夏侯胜,元、成则京房、翼奉、刘向、谷永,哀、平则李寻、田终术。此其纳说时君著明者也。察其所言,仿佛一端:假经设谊,依托象类,或不免乎'亿则屡中'。"这里以董仲舒、京房、翼奉等人为西汉各阶段"推阴阳言灾异"的代表人物,足见这三种辩护的完整理论形态,皆具有"借经设义,依托象类,或不免乎亿则屡中"的神秘主义特点。

下的倾向,源头当在春秋时期。① 《论语·八佾》载孔子闻《韶》而称其尽善尽美,闻《武》而言"尽美矣,未尽善也",就阐明了一种认为周武比舜德尚有憾的观点。② 这种观点在当时恐还不能算多数派,③但经荀子、韩非子争论而至董仲舒所处的时代,认为尧、舜禅让作为改朝换代的方式要比汤、武放杀更为完美,已可说是一种举世公认的立场。④ 故董仲舒上引文只用寥寥数语就完成了尧、舜并非"擅移天命"的论证,却要用大部分篇幅来着力为汤、武放杀辩护,这既是汤、武革命所受质疑已远较尧、舜禅让为多的反映,也是革命作为改朝换代方式的价值已被明显抑低的体现。

如果说董仲舒仍在孟、荀的轨道上竭尽维护汤、武的圣王地位,那么《京氏易传》的天意"去恶夺弱"说,就是直截肯定了汤、武革命非惟以德,抑且以力的性质。从当时的价值体系来看,包括从"不战而胜为上"的角度看,这也等于是坦承"革命"的价值要低于"禅让"。⑤ 至于《齐诗》后学和《诗纬》,其几乎已把改朝换代的"革命"与王朝内部的"革政"等量齐观,而皆视之为气数历运交合际会的产物,这种神秘化和趋于琐屑化了的"革命",看起来已无价值之可言,内里却还是革命价值进一步降低的反映。是故革命的内涵一旦被修正为易代改姓的方式之一,甚至被修正为体制内的改革更化过程,而不再被看作被统治者反抗暴政的正当权利,其独特性或唯一性便已流失殆尽,贬值遂无可避免。

非但如此,上述三种辩护又都不同程度地提高了革命的门槛。一旦革命的正当性寄托于永远正确和难以妄测的天,对天意的诠释,特别是对革命者确已获得天命的论证,自然便是其革命之所以正当的充要条件。正是由于这种诠释和论证的内在要求,这些辩护必须众口一词地突出革命者的仁德,说明其为什么是"大圣"、"至贤",不惮于缕述其如何英明神武、功业盖世、世系华贵、众兆随身,总之是要以确凿的证据来表明其如何有别于芸芸众生。为之当然还要着力突出革命对象的丑恶,渲染其罪恶的人神共愤、

---

① 参杨希枚《再论尧舜禅让传说》,收入所著《先秦文化史论集》,中国社会科学出版社 1995 年出版;另参彭裕商《禅让说源流及学派兴衰——以竹书〈唐虞之道〉、〈子羔〉、〈容成氏〉为中心》,《历史研究》2009 年第三期。
② 《古文尚书·仲虺之诰》:"成汤放桀于南巢,惟有惭德,曰:'予恐来世以台为口实。'仲虺乃作诰……"此云成汤放桀自以为"惭德",且恐后世贻为口实,仲虺作诰则称"有夏昏德,民坠涂炭,天乃锡王勇智,缵禹旧服,兹率厥典,奉若天命"云云,也是为汤辩护之语。这里的"惭德"之说,也与孔子闻《韶》、《武》之论构成了某种呼应关系。
③ 如《墨子·三辩》篇载程繁问墨子以乐,墨子答以"周成王之治天下也,不若武王;武王之治天下也,不若成汤;成汤之治天下也,不若尧、舜。故其乐逾繁者,其治逾寡"。墨子虽以为汤、武不若尧、舜,却并不以禅让和放杀分其高下。又《史记》卷三四《燕召公世家》载燕觐王五年燕王哙禅位子之而其国乱,齐宣王伐燕"五旬而举之"。《孟子·梁惠王下》则述孟子说齐宣王,认为"今燕虐其民而王往而征之,民以为将拯己于水火之中也,箪食壶浆以迎王师",故可"谋于燕众,置君而后去之",则同汤、武之师。是时人并不认为禅让价值高于放杀。《郭店楚简·唐虞之道》极颂尧、舜禅让之盛,至以为"不禅而能化民者,自生民未之有也";然其又说"爱而征之,虞、夏之治(李零认为治当训作始)",以为用武力征伐不服与禅让都是治理天下的必要。反映当时推崇禅让之风已兴,却并不因此而抑低放杀。
④ 何晏《论语集解·八佾》此条引孔安国注:"《韶》,舜乐名,谓以圣德受禅,故尽善;《武》,武王乐也,以征伐取天下,故未尽善。"孔安国前后注家,皆以尧、舜禅让而汤、武放杀辨其高下。这大概正是汤、武在很长时期内不得跻身尧、舜等圣人之列而只被看作"至贤"的重要原因。
⑤ 《盐铁论·论勇第五十一》:"文学曰:……以道德为城,以仁义为郭,莫之敢攻,莫之敢入,文王是也。以道德为轴,以仁义为剑,莫之敢当,莫之敢御,汤、武是也。今不建不可攻之城、不可当之兵,而欲任匹夫之役,而行三尺之刃,亦细矣。"所述高下显然有别。

罄竹难书及其世道的灾异百出和群魔乱舞。结果则不仅极大地限制了革命之所以正当的条件,而且还把革命者塑造成神,成为其血统、素质和运气断非同期他人可以侥幸具备的真命天子;连带又把不管是陈涉、项羽这样的枭雄人杰,还是名不见经传的百姓大众,都贬成了为真命天子担任驱除或铺好红地毯的配角。因而董仲舒强调汤、武为"大圣"、"至贤";《京氏易传》宣扬"去恶夺弱,迁命圣贤";《齐诗》后学则突出帝王兴衰、政治变动与"五际"遇合的关系,以及三者均分外突出"革命"所必需的天命、天意或天数前提,实际都不约而同地限制了革命的条件,以防范随便什么人都可以借革命之名而行其犯上作乱之恶。更何况,革命虽已被等同于王朝的易代改姓,但其理论上毕竟很难与被统治者奋起抗暴的义举截然分开,整体与部分、终点与起点之间,终究还存在着割不断的关系,这也使预为之制或曲为之防成为必要。因此,革命放杀的条件之所以要被严加限制,既是为革命和本朝统治合法性辩护的需要,更是维护现存秩序之所必须。

要之,景帝以来从讴歌革命到怀疑革命,从推翻黑暗统治到维护现存秩序的转折,不仅迅速地把政治思想和经学的主流推向了强调君臣纲常的轨道,而且也在很大程度上迫使革命的辩护派修正了革命的内涵,抑低了革命的价值,限制了革命的条件。由此综观汉初以来思想界演变的大势,那就应当认为,景、武时期政治思想发生的重大转折,不仅与休养生息的"无为"转向兴师动众的"有为"相伴,也不仅与独尊儒术的曲折进程相连;更与汉初以来革命论的走向息息相关,又尤其是以汉朝统治集团自觉完成从起义者到统治者的角色换位为转折关节点,以"革命"内涵被修正为易代改姓或革新改良的退化过程为其理论风向标的。这也才可以具体地回答当时统治者追求的是什么样的"有为"和所尊为何种"儒术"的问题,并得以进一步解释革命论转折演化的基本态势和跌宕遭逢。

四

王莽代汉而大肆强调刘氏气数已尽,莫可强济,云"今百姓咸言皇天革汉而立新,废刘而兴王",①说明在当时的劝进舆论和王莽自己看来,新朝代汉也就是"革命"。② 但其实际选择的易代步调,则是先模仿周公居摄践祚,再以高帝刘邦之灵承天命而令莽"即真"的方式登位为帝。其整个过程,一方面可说是禅让理论在大一统帝国中的第一次实践;③

---

① 《汉书》卷九九中《王莽传中》始建国元年正月停金刀之币诏。
② 《汉书》卷二一上《律历志上》载刘歆作《三统历》,引《易·革》卦《彖》辞"汤武革命"为说。则刘歆即比王莽易代为"革命"。其前文载歆典领钟律,条奏其事引《书》曰:先其算命。师古注此为"逸《书》也,言王者统业,先立算数以命百事也"。而《容斋四笔》卷二一《治历明时》条引刘歆所据逸《书》文及师古注,"先其算命"作"先其革命",是宋本《汉书》如此,后方讹"革"为"算",或后儒误改。
③ 王莽赴高庙受刘邦的传位金策书,还至未央宫前殿"即真"。这个由开国皇帝之灵策书禅位元元的方式,比于尧舜禅让之式为变体。

另一方面,"禅让"既然成为"革汉而立新,废刘而兴王"的"革命"路线,也就说明"革命"不仅接纳了禅让内涵,而且已付诸易代改姓的实践,从而构成了西汉一朝革命论退化历程的一个具有总结意义的重大事件。

尧、舜禅让与汤、武革命长期以来各圆其说,禅让与革命本是两个范畴。孔子虽曾就夺取政权的方式来评骘其价值高下,却显然并不将之混为一谈,更无意把禅让当成革命。一直要到景帝以来革命论退化,两者才真正交集到了一起。这个交集的理论基础,也就是前面所述"革命"内涵被窄化为易代改姓或泛化为各种"革政"的过程。在此基础上,尧、舜禅让和汤、武放杀已被看作易代"革命"的两大典型模式,均被解释为天命转移的体现;且禅让较之于放杀,其祥和、有序尤其为人所重,成了"革命"的优先选项。此即"百姓咸以皇天革汉而立新",而王莽却可以选择禅让来体现"革命"而完成"废刘兴王"大业的直接背景与原因。

事实上,禅让说正是自昭、宣以来开始与"汉命衰绝"说相连,从而汇入了景帝以来学者续言"受命放杀"问题和革命论退化递嬗的总体脉络。《汉书》卷七五《眭弘传》载昭帝元凤三年正月,泰山莱芜山南有大石自立,上林苑有仆柳复起,弘上书曰:

> 先师董仲舒有言:"虽有继体守文之君,不害圣人之受命。"汉家尧后,有传国之运。汉帝宜谁差天下,求索贤人,禅以帝位,而退自封百里,如殷、周二王后,以承顺天命。

弘公然声称汉室天命已去,要求汉帝让贤,因此被定罪"袄言惑众,大逆不道"而伏诛。史官为之辩解,说眭弘据石、柳之异,推知"当有从匹夫为天子者……故废之家公孙氏当复兴",又不知其人之所在,因而上书,实际是在预言宣帝的登位。① 但细观其文,泰山石立预兆的"匹夫为天子",与上林仆柳复起所示的"公孙氏复兴"所指隐约不一,可见眭弘上书之意,固当不止于此。其中引以为据的董仲舒之言,即是前述董氏革命论中"天定真假二王"说的简述版;其下文则大意谓"汉家当年作为尧圣之后而获得天命,现在天已降兆改命,理当从天下求得贤人禅让大位才行"。而贯穿于中的道理,则无非是所以得之亦所以失之,失去正当性的革命者必须有被革命的自觉。到宣帝时盖宽饶上封事抨击时政,"引《韩氏易传》,言'五帝官天下,三王家天下,家以传子,官以传贤,若四时之运,功成者去,不得其人则不居其位'",发挥的也是这个道理,而其命运也还是被定为"意欲求禅,大逆不道"而下狱自杀。②

眭弘和盖宽饶的上书,代表了一股以"太古久违之事"评论时政的风气,也都是标志禅让说在当时迅速演变,及其开始与业已退化了的革命论合流的重要文献。二书虽俱

---

① 《汉书》卷七五《眭弘传》载弘死五年后"孝宣帝兴于民间,即位,征孟子(眭弘字孟)为郎"。关于宣帝身世及登位谶兆的关系,参张小锋《"公孙病已立"谶言的出现与昭帝统治局势》,《中国史研究》2001年第一期。
② 《汉书》卷七七《盖宽饶传》。

被删节而其详难知,然眭弘为董仲舒《公羊》学传人,宽饶则服膺《韩氏易》义,①其学皆与汉代革命论关系密切;其上书的大旨,皆依天命转移而说易代改姓,要求统治者尊重天意禅位圣贤,其要适含前面所述"革命"内涵修正、价值抑低和条件受限诸端;也就应当归为景帝以来革命论在"天命变易不常"方向下的推演。看来,当"受命放杀"的讨论至昭、宣以来重新涉入时政,过于激烈的"放杀"不能不改换为相对温和的"禅让",②也就进一步催成了"禅让"入主革命内涵而"革命"成为易代别名的状态,从而构成了革命论退化递嬗的又一个阶段和变身。惟其如此,才可以解释元帝以来京房、谷永,翼奉以及更晚的《诗纬》中,其革命论形态何以直指易代革政而又如此晦涩不明的原因。

发展到这一步,革命论的退化,实际已完成了从反抗暴政的理论武器,到易代改姓的舆论工具的转折历程。至于其在成、哀以来"汉命衰绝"说愈扇愈炽的背景下,③终于现成地为力欲禅让易代的王莽所用,前引蒙文通、钱穆先生文中皆有深切著明的论述,④这里自不必赘述。只是从革命论演化的角度看,"革汉而立新"的过程既然是以禅让来完成的,也就势必进一步刷新"革命"的形态。总而言之,王莽的这种"以禅让为革命"的破天荒实践,一方面意味着退化不止的"革命",终究要与"汤、武放杀"这个革命的原型相剥离,而这不啻是摒弃了本来居于革命中心的"反抗暴政"内核。另一方面,假手于禅让的"革命",在实际操作上亦有必要综取禅让和革命的故事加以展开,从而为"革命"增添新的样式。在王莽选择的易代步调中可以看出,除仍然搬出图历祥瑞以符"应天",自塑圣贤形象以明"顺人"之义外,取禅让与革命相通的部分来大幅度革新改制,成了体现其"革汉而立新"合法性的一个富于特色的内容。其中地位特殊、对革命论演化来说又极富象征意义的则是其定历之举。

定历在经典系统记载的圣王盛事中,地位非同小可。《尚书·尧典》说尧将禅位于舜,其各种安排中的第一条,就是"乃命羲和,钦若昊天,历象日月星辰,敬授民时"。这似乎暗示治历授时是禅让的必要准备。《论语·尧曰》篇述尧禅位之语:"咨!尔舜!天

---

① 《汉书》卷八八《儒林韩婴传》述"宽饶本受《易》于孟喜,见涿韩生说《易》而好之,即更从受焉"。又述韩生"尝受《韩诗》,不如《韩氏易》深,太傅故专传之"。是《韩氏易》义甚深,其中有关革命论的内容,可于《盖宽饶传》所引大意见其一斑。又《韩氏易传》虽早佚,然前引《韩诗外传》卷八引《易·嗛》卦而说桀、纣富有四海丧德而亡,是其亦言汤、武放杀之证。
② 王葆玹《今古文经学新论》第九章《经学思想"从宗教到哲学"的演变历程》四《禅让与革命》述西汉前、中期学者喜言革命,"到西汉末期则纷纷放弃'革命'说,改从'禅让'说"。便指出了这一转折。
③ "汉命衰绝"说成、哀以来渐成朝野共识,《汉书》卷九七下《外戚传下·孝成许皇后传》述刘向、谷永建始元年以来的种种灾异,"斯昭阴盈溢,违经绝祀之应"。其显然是以戒惧和挽救汉室为立足点的,《汉书》卷七五《李寻传》载哀帝一度以"汉历中衰,当更受命",下诏改元"太初元将",改称"陈圣刘太平皇帝",也是这种挽救的体现。而王莽集团对"汉命已绝"说的推波助澜和利用,则是以置之死地为特征的,如《文选》卷四○《符命》扬雄《剧秦美新论》云汉朝"帝典阙而不补,王纲弛而未张,道极数殚,暗昏不还。逮至大新受命,上帝还资,后土顾怀,玄符灵契,黄瑞涌出"。就是从根本上否定汉朝的代表作。
④ 蒙文通《孔子和今文学》指出:西汉今文学的革命、禅让学说,"为王莽的篡取政权提供了理论,把王莽推上了皇帝的宝座"。钱穆《孔子与春秋》则说:"盖宽饶、眭弘都为公开请求汉室求贤让位,招致了杀身大祸。但禅国让贤,新王受命的呼声,依然不能绝,终于逼出了王莽。"

之历数在尔躬,允执其中。"则天命转移也就是"历数"转移,自承舜后的王莽既然要像老祖宗那样通过禅让来取代尧后刘氏,当然要深体此意而治历授时,遂有元始四年王莽召集天下"通知钟律者百余人",任命其头号智囊刘歆为"羲和"典领律历创改,修订了《三统历》。① 尤其值得注意的是,《汉书》卷二一上《律历志上》载刘歆阐述此事意义时,不仅抬出了《尧典》和《尧曰》篇上引文,更抬出了《易·革》卦的《彖》辞"汤、武革命,顺乎天而应乎人";并据《革》卦《象》辞"革,君子以治历明时",对此作了申说,认为"治历明时",也就是要顺天应人。这就突出地表明,王莽集团之所以要治历明时,正是在忠实遵循经典规定的禅让和革命故事。

定历又是推定本朝正朔及其在宇宙和人间秩序中神圣地位的必由之途。《三统历》在技术层面上取鉴了《太初历》,其创革的要害则在政治层面。其大旨则据天地自然、古今经传之理,统合了三统论和五德说,②并以相应天象地气的际会周期和由此推定的正朔历数,同时证明了本朝所处的统系和行次。③ 发展到西汉后期,揭示和象征了宇宙、人间统一秩序的三统论和五德说,各已是论证本朝神圣地位的必备工具。三统论经董仲舒以来官学的陆续阐发而尤其得势,其原型便是汤、武革命所实现的夏、商、周三代更替,故其更替的程式和必然性,自然带有"革命"的烙印;而尧、舜禅让本不在三统之列,只能用五德终始来解释其之所以合乎天地人间之理。但问题正在于王莽必须以禅让来完成"革命",也就一定要以体现宇宙和人间秩序的历数,来同时明确本朝在三统更替和五德终始中的统系和行次,④才能真正完成对其合法和神圣性的论证。王莽所以要定历,《三统历》所以要统合三统论和五德说,玄机亦在于此。

定历还对新朝的大量建制活动具有先导意义。王莽即真登位的第一件事情,就是"定有天下之号曰新,其改正朔,易服色,变牺牲,殊徽帜,异器制;以十二月朔癸酉为建国元年正月之朔,以鸡鸣为时,服色配德上黄,牺牲应正用白"。⑤ 而指导这些万象更新的制度安排的基准,就是《三统历》及由之而生的乐律器制。刘歆典领律历,条奏其事时

---

① 《汉书》卷九九上《王莽传上》系之在元始四年,所召集者为"天下通一艺教授十一人以上,及有逸《礼》、古《书》、《毛诗》、《周官》、《尔雅》、天文、图谶、钟律、月令、兵法、《史篇》文字,通知其意者"。钱穆《刘向、歆父子年谱》(收入《两汉经学今古文平议》)系之在元始五年。
② 《汉书》卷二一上《律历志上》述其时刘歆"作《三统历》及《谱》,以说《春秋》,推法密要",其文有曰:"三代各据一统,明三统常合,而迭为首,登降三统之首,周还五行之道也。故三五相包而生:天统之正,始施于子半,日萌色赤。地统受之于丑初,日肇化而黄;至丑半,日牙化而白。人统受之于寅初,日孽成而黑;至寅半,日生成而青……三微之统既著,而五行自青始,其序亦如之,五行与三统相错。《传》曰:'天有三辰,地有五行。'然则三统五星可知也。《易》曰:'三五以变,错综其数。通其变,遂成天下之文;极其数,遂定天下之象。'太极运三辰,五星于上,而元气转三统,五行于下。于其人,皇极统三德五事。"
③ 《史记》卷二六《历书》谓"王者易姓受命,必慎始初,改正朔,易服色,推本天元,顺承厥意"。《索隐》释其为"推本天之元气行运所在,以定正朔,以承天意"。并参《礼记正义》卷三四《大传第十六》"改正朔、易服色"条孔疏,《十三经注疏》本,中华书局 1980 年影印。
④ 《汉书》卷二一下《律历志下》录《世经》改定尧、舜、夏、商、周的五德更替次序为赤火、黄土、白金、黑水、木青。这显然是据上引《三统历》"三五相包而生"之理的排序,要害是把尧、舜的禅让易代和汤、武革命实现的夏、商、周更替,编列为一个具有三统论内涵的行次系统。王莽正是据此排定新朝行次和统系承汉为土德、白统的。
⑤ 《汉书》卷九九上《王莽传上》。关于这些制度及其继而封国、命官等事与三统论的关系,参顾颉刚《五德终始说下的政治与历史》二四《王莽的受禅及其改制》,《古史辨》第五册,上海古籍出版社 1982 年。

说:"推历生律制器,规圜矩方,权重衡平,准绳嘉量,探赜索隐,钩深致远,莫不用焉。"①说明其建制的次序,是历定而律生,而后制器有准,正朔可明,继而行次、统系随之可决,服色、牺牲、徽帜之类皆可凭此而明。② 至于治历明时所必然牵涉的朝会、祭祀、礼乐、政事等方面制度的相应调整,那就更加广泛而深入了。③ 这里的逻辑是,历数的改变象征着天命的转移,新的历法意味着新的正朔和新的行次、统系,而这必然带出一系列新的制度安排,④最终营构出一种禅代"革命"与民更始的新气象。

王莽的改制,大都体现了特定的政教理想,有助于其自塑合乎天命的圣贤形象,具体则多从禅让与革命的相通处来着手和展开。其中,元始四年起以"治历明时"为先导而陆续推出的那一部分,则直接服务于其禅代而迎来了新朝,从而典型地演示了这些因"历数"而暗合宇宙人间统一秩序的改制活动,对于这种禅让式"革命"来说具有何等重要的意义。包括"治历明时"本身在内,这类建制因历数而串连一体,又兼综了经典记载的禅让和革命故事,证明和保障了禅让易代的合法和神圣性,同时营构出新朝万象更新、与民更始的新局面、新气象。应当认为,王莽易代过程的惊人顺利,大量儒生倾心于其理念和政策,以及新朝速亡而相关观念和制度却影响深远等事实,都证明这类举措和制度安排,必有相当广泛的共识为其基础,也确在很大程度上被认为是"顺乎天而应乎人"。而对革命论的演化来说,这一切带来的一个重要结果,是以治历明时为先导的一系列改制活动,从此渐被公认为"革命"的必要程式和组成部分,也就进一步明确了"革命"与改制的关系。

五

就这样,继景帝以来"革命"等同于易代改姓,昭、宣以来禅让入主"革命"内涵之后,王莽时期的实践过程,又为"革命"增添了新的样式,由"治历明时"汇出的特定改制活

---

① 《汉书》卷二一上《律历志上》。其前文载武帝造《太初历》时,邓平、落下闳实际主持其事,"其法以律起历"。而刘歆的方法是"推历生律制器",这种理念和次序上的颠倒,反映了《太初历》相对依赖实证,而《三统历》更多灌注了政治要求的差异。

② 据《汉书》卷二一上《律历志上》,可以推知当时确定长度的之法,是以"九十分黄钟之长,一为一分,十分为寸"。为什么要以"九十分黄钟之长"来分割长度?是因为"黄钟为天统,律长九寸",九为天数。为什么"律长九寸"?除以"子谷秬黍中者,一黍之广"为一分来校外,还应是靠律管应候飞灰之法来决定,而四分四至节气物候皆由历法推定。

③ 参邢义田《月令与西汉政治——从尹湾集簿中的"因春令成户"说起》,台湾《新史学》九卷一期,1998年;于振波《从悬泉置壁书看〈月令〉在汉代的法律地位》,《湖南大学学报(社科版)》2002年第五期;杨振红《月令与秦汉政治再探讨——兼论月令源流》,《历史研究》2004年第三期。顺便指出,于、杨二文均忽略了悬泉置壁书《使者和中所督察诏书四时月令五十条》,正是元始五年刘歆定毕《三统历》后,由王莽奏请太皇太后颁行全国的,也就没有关注"五十条"及其颁行与王莽起明堂、辟雍、灵台及刘歆定律历等事的关系,这是至为可惜的事情。

④ 这个逻辑在武帝定《太初历》时已经形成,《汉书》卷二一上《律历志上》载武帝以倪宽领衔议改历纪,宽奏有曰"帝王必改正朔,易服色,所以明受命于天也。创业变改,制不相复"云云,即其体现。《春秋繁露·三代改制质文第二十三》则述"王者必改正朔,易服色,制礼乐",即所以体现其受命而王也。

动,开始成了"革命"外延最为重要的组成部分,这就是西汉时期革命论退化的各阶段和全过程。从中不难看出,自从起于闾巷的高帝举起汤、武革命的旗帜,经两百余年历史风雨的淘洗之后,《易·革》卦《彖》辞揭出的"天地革而四时成,汤、武革命,顺乎天而应乎人"这个革命的原始命题,实际上只是把"汤、武放杀"原型及其寓有的"反抗暴政"内涵剥离了出去,就已完成了从被统治者的思想武器,到易代改姓的舆论工具的大回转,从而现成地构成了王莽及其后世追随者们所行禅代"革命"的思想背景和理论基础。说来好笑的是,这些禅代"革命"的过程,看起来竟仍如此完美地"顺乎天而应乎人",且似更为准确地体现了"天地革而四时成"的变革更始本意。① 仅此亦可见忘记或背离了革命原型所寓的精神,是根本谈不上保持革命传统的,而衡量真革命和假革命的唯一试金石,也根本不在炫人耳目的发展或润饰,而是在于革命成功后能否切实坚持被统治者反抗暴政的正当权利。

综观西汉革命论退化的历程,确与今文学存在着密切关系。这倒不是因为革命、改制、禅让、受命等当时流行的政治范畴,其讨论者几乎均有今文学背景,而是今文学的整体品格使然。正是由于今文学自身的性格和革命论所寓的政治意涵,使两者必然要在当时政局的递嬗和政治思想的转折发展中结下不解之缘,从而演出革命论在今文家递次展开的阐释中不断退化的场景。

这里不能不指出的是,有不少学者,包括蒙文通先生这样杰出的学者,仅据当时相关讨论者的今文学背景和今文学文献的部分论述,就得出了西汉今文学富于"革命精神"的结论。这些研究既没有把西汉今文家的微言大义,放到战国以来革命论所处的历史发展链条中来认识,甚至也没有将之放入这些今文家自身的学说系统中来讨论。例如,董仲舒这位独尊儒术的重要发起者和继往开来的《公羊》学家,其为何并在什么基础上讨论革命问题? 其理论核心究竟是"革命"还是"天不变道亦不变"的大一统纲常伦理? 难道汉武帝采行其说独尊儒术,或者说西汉官方学说的主旨,竟是要发扬革命的精神? ② 蒙文通先生的《孔子和今文学》一文已在一定程度上看到了这些问题,故其较《儒家政治思想之发展》增加了不少篇幅,用来批判董仲舒对革命论的消极作用,指出董氏把汤、武革命导致的夏、商、周更替,变换和诠释为"三代改制质文",认为这是他改变了

---

① 《容斋四笔》卷一二《治历明时》条,即据刘歆定历而引《革》卦《彖》《象》辞,又据颜师古注歆《钟律书》引逸《书》之文,认为"天地革而四时成,汤武革命,顺乎天而应乎人",无非是说王者受命必治历明时而应天顺人,"所云革命,盖谓是耳,非论其取天下也"。洪氏的这一看法其实并不新鲜,蔡邕《历数议》(《汉魏六朝百三家集》卷十八《蔡邕集》):"汤、武革命,治历明时,可谓正矣。"徐幹《中论·历数第十三》:"及夏德之衰而羲和湎淫,废时乱日,汤、武革命,始作明历时,敬顺天象。故《周礼》太史之职正岁年以序事,颁之于官府及都鄙……"比洪氏说得更加清楚。其实这种观点早有苗头,《郭店楚简·语丛一》:"《易》,所以会天道人道也。"是战国已认为《易》之要在通天人之道。又《汉书》卷三六《楚元王传》附《刘向传》载其成帝元延中因灾异奏言王氏将为祸乱,述"昔孔子对鲁哀公,并言夏桀、殷纣暴虐天下,故历失,则摄提失方,孟陬无纪。此皆易姓之变也"。战国以来流行孔子与鲁哀公对答之语甚多,这一则说明自来相传孔子与鲁哀公论桀、纣暴虐,历不正而天象月日皆乱,遂为易代预兆。其中即暗示了汤、武革命顺天应人与治历明时的内在关系。

② 参李泽厚《中国古代思想史论·秦汉思想简议》,人民出版社1986年出版;金春峰《汉代思想史(增补第三版)》,第五章《董仲舒思想的特点及其历史地位》,中国社会科学出版社2006年出版。

自己传承的学统，"来迎合汉王朝的需要"。这些重要的补充体现了蒙先生在该问题上思考的进路，实际上却还是部分地回到了先生早年《经学抉原》一文的结论："今文者，朝廷之所好；古文者，朝廷之所恶者也。"①立为官学的西汉今文学是否"曲学阿世"之学还可以再议，②但要说其随本朝政治秩序和政治思想的演进，已越益以大一统君臣纲常为其理论轴心和整体性格，揆诸当时《春秋》学甚盛和石渠会议前后齐学与鲁学、王、霸杂治与纯用德、礼的发展递嬗大势，应当是经得起考验的不移之论。③

大一统君臣纲常这个理论轴心的确立过程，显然有着较以往所见更为复杂的背景和原因。巩固一统帝国所需的理论形式，决不会自动现世；战国以来"儒分为八"和各家学说错综斗争又相互渗透的复杂态势，表明笼统而言的"儒术"，很难说现成就是维护一统帝国的天生宠儿。所有历史时期的主流思想或核心价值，都需要在交锋和斗争中磨洗陶冶而成，也必然有其具体的契机、因缘和承载其交锋和斗争的相应论域。西汉一代政治思想与革命论纠结缠绕而转折变迁的史实，正是揭示这些早被岁月湮没的历史侧面的关键所在。

现在看来，高帝举义开国和汉初布衣卿相之局，自易滋生对平民英雄的崇拜和革命抗暴的认同，由此带来的一系列"革命"态度、观念和后续的理论问题，一直都是汉初以来思想界纠缠和交锋不休的重要线索。循此线索切入，陆贾所谓"马上得之，不可以马上治之"，说明了工作重心转移的迫切，亦体现了起义者换位为统治者，讴歌革命转为防范革命的必要。而黄老学说被按"无为"的方向来渲染，又何尝不是叫革命者"与民一起休息"的意思？到景、武时期汉家统治渐形稳固，可以不甚顾忌高帝的革命形象和遗产，革命的后代越益清楚地变为既得利益集团的守护者后，虽然不乏争辩和斗争，革命论的退化和政治思想的转折显然大势已定。终于以《春秋》大一统说打动帝心而崛起独尊的儒术，也包括崛起于景帝时期又由董仲舒诸人发扬光大的《公羊》学在内，④作为官学自须配合统治者角色变换和重心转移的需要，以厉行强调君臣纲常和维护现有统治秩序为职志，今文家们即便仍以"曲学阿世"自惕，实际上却不能不一再从其原来的立场上后退。就像他们既要为汤、武的放杀辩护，却总在以修正革命的内涵为代价，以至于他们对"革命"的诠释，竟已丢掉了其因反抗暴政才顺天而应人的内核。

---

① 《经学抉原·今学第四》，此文雏形，亦即蒙先生更早所撰的《经学导言》二《今学》则说："皇帝不爱的书，便不能立博士，博士也就排斥他们。他们的学问只好传授于民间，也不必跟着皇帝说，后来便与博士的学问分成两派，便分了个今文、古文的差别。简切说来：跟着皇帝的一派就叫作今文，皇帝不爱的一派便叫古文。"二文俱收入所著《经学抉原》。
② 《史记》卷一二一《儒林辕固生传》载武帝时固与公孙弘俱被征，固诫曰："公孙子，务正学以言，无曲学以阿世！"同卷《董仲舒传》亦载"弘希世用事，位至公卿，董仲舒以弘为从谀"。可见同属今文学，与当朝的关系还是相当不同的。
③ 参马勇《汉代春秋学研究》第三章《穀梁学：从公羊学到左氏学的过渡》之《齐学与鲁学的交哄》，四川人民出版社1992年出版；陈苏镇《汉代政治与春秋学》第四章《"纯任德教，用周政"——西汉后期和王莽的改制运动》，中国广播电视出版社2001年出版。
④ 参汤志钧等《西汉经学与政治》第二章《董仲舒和尊经崇经》，孙筱《两汉经学与社会》，第二章《传统的文化与文化的传统》，中国社会科学出版社2002年出版。

这样的理论转折自然无助于天下的长治久安,民众对暴政的反抗,是不会因革命论形态如何而停歇的,思想界也很快随武帝以来的统治危机而进入了多事之秋。人们已再次面临被统治者反抗暴政的重大问题,①而其流绪又渐集中于倡言或赞成王朝的让贤禅代,还是维护汉家一统江山的交锋和斗争,双方的话语系统也还承袭和使用着革命、受命之类的词汇。所不同的是,执掌大权的一方现在动辄以下狱杀人来做结论,而退化不止的"革命",也早等同于改朝换代,进而又以禅让为其基本内涵,本已只涉一家一姓的天命转移,又找到了和平过渡的适当方式。因而昭、宣以来这场在暗流汹涌中展开的斗争,虽然看起来你死我活无比激烈,虽然胜利的天平随王莽出现而终于倒向了拥护"革命"的一方;其理论的实际进程,却早脱离了人民是否有权推翻暴政的方向,而是超越一家一姓的更替而进一步强化了代表宇宙和人间至理的君臣纲常。这样的趋向,客观上的确有利于把易代活动本身对君臣关系准则的必然冒犯,尽可能减轻到最低程度。

西汉今文学的政治品格和理论轴心,就是在这种矛盾斗争的统合过程中更趋鲜明起来的。赞颂当时今文家"革命精神"的学者,往往都忽略了一个基本事实:景、武以来为汤、武放杀辩护的董仲舒、京房、谷永及《齐诗》后学之类固然是今文家,但演成董仲舒所述"今唯以汤、武之伐桀、纣为不义"局面的,更离不开依附官方立场的今文学家们。同样,昭、宣以来直至汉、新之际,倡言禅让或易代说的,固然多为今文家,其反对派却更清一色是今文家。即此可断:拥护、反对,或围绕"革命"及禅让易代来表达经解和政见,都不能视为今文学独有的理论品格。禅让、受命、易代等问题常见于今文家的阐述,除说明相关论题越益成为政坛关注和政治思考的焦点外,也是代表官方学说的今文学家言论更易形诸史臣笔端的缘故。说到底,一代政治秩序和政治思想的转折变迁,要比儒学或今文学的发展更为波澜壮阔,是其间的种种错综事态决定了儒学或今文学的演化历程,而不是它们先天地引领和决定着时代的潮流和其他各种思想观念的命运。

因而今文学或儒学这个筐子,并不是足以涵盖禅让易代等问题讨论的合适容器,这个讨论本来就属于革命论和一代政治思想的演化历程,其理论和现实意义都要比今文学或儒学所能范围的更具广度和纵深。可以设想,真要用今文学关于"三统更替"或"天命所授,非独一姓"之说,来为现实中的易代改姓辩护,就必然招致其一统纲常理论的严厉反弹和批判,所谓"事势不两大,刘、王不并立",②从而陷入以今文学之矛攻今文学之盾的深刻对立。由此看来,王莽易代之前召集大批民间学者献书撰说,又力倡古文经学

---

① 《盐铁论·地广第十六》:"大夫曰:汤武之伐,非好用兵也;周宣王辟国千里,非贪侵也;所以除寇贼而安百姓也。故无功之师,君子不行,无用之地,圣王不贪。先帝举汤武之师,定三垂之难,一面而制敌,匈奴遁逃,因河山以为防……由此观之,圣主用心,非务广地以劳众而已矣。"又同书《伐功第四十五》:"文学曰:古之用师,非贪壤土之利,救民之患也。民思之者,若旱之望雨,箪食壶浆以迎王师。故忧人之患者,民一心而归之,汤、武是也。不爱民之死,力尽而溃叛者,秦王是也……"这里大夫、和文学政见不同,但均从诛暴安民出发肯定了汤、武放杀,即反映了时人对汤、武革命问题的再思考。
② 上引文前为刘向切谏成帝修陵过盛所言,后为刘向奏说王氏过盛之语。见《汉书》卷三六《楚元王传》附《刘向传》。刘向即是同一位今文家既危言易代学说又力遏易代行为的典型人物,其立场和动机亦正如其自述:"圣帝明王常以败乱自戒,不讳废兴,故臣敢极陈其愚,唯陛下留神察焉。"

以之指导改制活动等事实,倒是可以表明:经过"纯用儒术"的元帝时期进一步涵养而发展到西汉末年的今文学,既然已把一统君臣纲常之理发挥到了极致,也就必然会在易代改姓的理论和实践中处于两难,或虽可自圆其说而仍难匹敌其所阐纲常伦理的深入人心,以致于其在总体上已很难一力担当改朝换代的理论工具。然则当王莽谦恭流言纷飞之时,易代"革命"既势在必行,其更富朝气和更为适用的理据何在?"革命"的发起和拥护者又将何以自处呢?

在经学一尊的时代要为改朝换代提供新的理据,自然不能完全离开经学来另搞一套,那适足以制造阻力,更不可能有说服力和权威性。在当时,这类新的理据总的是要能更加有力地论证新朝的"顺天而应人"。它们必须是一种新的经学形式,却不能完全以君臣大义为轴心而作茧自缚;要依傍又出入于今文学,又有更易操作的政治程式和制度内涵。对当时来说,这样的理论形态一部分已经现成准备好了,这就是尚处民间和禁中秘阁的古文经学。但古文学扎实而不神圣,繁琐而少玄妙,见微而难知著,例证周详而结论平淡,重书本文献而忽民间谣谚,立足于过去而不着眼于未来,尤其致命的是缺少对天命转移的系统阐述,因而必须以充满天命所归、神圣意旨的谶记预言,证据链条极长极多而所释无不圆转如意的纬书为之辅翼。清代学者有谓"六经明往之书,纬则知来之业",且以佛教有显、密二宗而喻"经显教,纬密教",可以说相当准确地概括了纬书的各种素质。① 而若在此基础上再括一义:纬书者,依附于经书而着眼于易代,取今文学微言之长而辅古文学大义之短者也。这个问题自然不宜在此细说,但古文经学和纬书同时在成、哀以来崛起流行,且与当时政局及政治思想和革命论的转折演变紧相关联,当可断言其绝非偶然。

西汉往矣,新朝亦不旋踵而灭。光武帝本为汉室支裔,其在新莽乱政,汉犹被怀,烽烟四起之际举义旗、平群雄、被推为帝,基本上与高帝刘邦受命登位的过程属于同一模式。渲染高帝功业和高举革命抗暴的旗帜,实为其践阼称帝前后的重大方略。② 而其"革命"演化的全过程,一方面说明民不聊生之时,汤、武革命的抗暴传统必将再被继承和唤醒,其况正犹战国末年汤、武放杀已多被否定,一到秦末刘邦却可再举此旗那样。

---

① 姜忠奎(叔明)《纬史论微》前附张孟劬《与叔明书》,上海书店出版社2005年出版。
② 东汉初年以来赞颂高帝革命的作品骤然而兴,其名作如班固《叙传》的《述高纪》:"皇矣汉祖,纂尧之绪,寔天生德,聪明神武。秦人不纲,网漏于楚,爰兹发迹,断蛇奋旅。神母告符,朱旗乃举,粤蹈秦郊,婴来稽首。革命创制,三章是纪,应天顺民,五星同晷……"荀悦《汉纪》的《高祖赞》:"高祖起于布衣之中,奋剑而取天下,不繇唐虞之禅,不阶汤武之王,龙行虎变,率从风云,征乱伐暴,廓清帝宇……《书》曰:天工人其代之。《易》曰:汤武革命,顺乎天而应乎人。其斯之谓乎!"其原因是对高帝革命的赞颂实际也是对光武帝伟业的讴歌。《后汉书》卷三五《张纯传》载其述光武帝"受中兴之命,平海内之乱";"兴于匹庶,荡涤天下,诛锄暴乱,兴继祖宗",虽"名为中兴"而"实同创革"。同书卷四七《冯异传》载其说光武帝曰:"天下同苦王氏,思汉久矣。今更始将从横暴虐,所至虏掠,百姓失望,无所依戴。今公亶命方面,施行恩德。夫有桀纣之乱,乃见汤武之功,人久饥渴,易为充饱,宜急分遣官属……"《艺文类聚》卷一〇《符命部·符命》引傅干《王命叙》,述尧舜汤武以来,"虽五德殊运,或禅或征,其变化应天,与时消息,其道一也。故虽有威力,非天命不授;虽有运命,非功烈不章。自我高祖,袭唐之统,受命龙兴,讨秦灭项,光有万国。世祖攘乱,奋复帝宇,人鬼协谋,征祥焕然。皆顺乎天而应乎人也"。皆其反映。而张衡《东都赋》述"建武之元,天地革命,四海之内,更造夫妇,肇人有父子,君臣初建,人伦实始";《南都赋》述"方今天地之睢剌,帝乱其政,豺虎肆虐,真人革命之秋也"。亦正以"建武革命"、"真人革命"颂光武之业。

另一方面,光武帝掀起的这场"革命",也还是不免在夺取和巩固政权的转折中,重蹈汉初以来的退化覆辙,继承下整个西汉革命论退化的遗产;且更因汉、新之际政治思想和革命论的交相递嬗,包括古文经学和纬书盛行等新的历史前提而呈现出"图谶革命"的新特征,透露出"革命"主旨进一步从抗暴转向卫道的新趋向,再翻出"符命论"、"正统论"等新讨论。① 一定程度上可以认为,西汉初年到东汉初年革命论所呈现的这个回澜曲折的周期,要当以古典革命论终结和中古革命论起步为其主线,而其种种侧面,业已体现了我国近代以前所有"革命"事件及其理论形式的基本要素和轮廓。

---

① 参陈槃《秦汉间之所谓符应论略》,《中研院史语所集刊》第十六本,1947年。

试论兔丝、女萝女性人格文化象征的产生及发展

张 菁

柳、兔丝、女萝、狐狸等是自然界中的动物和植物,是与女性有密切关系的意象。在中国文化传统中,它们向人们传递着多层次的性别文化信息,有着丰富的内蕴。廖开顺①、刘人云②等学者从花卉草木的意想联系到对女性人格的比德。杨艳梅指出:柳作为宋人词笔下习见的一种意象,涵蕴着十分丰富的意趣,"柳作为饱含文化信息的情感符号,在宋人词笔下,既可以成为怀乡情思的代名词,也可以作为相思情爱的信使与衬托,表现出人世间悲欢离合的楚楚深衷,更可以成为女性身材和命运的比喻及象征,传达出词人的追慕和同情"。③ 兔丝和女萝是中国文化中一种常见的象征意象,相关咏作始见于《诗经》,盛于魏晋隋唐。随着古代性别制度在文学领域影响的加深,它们逐渐成为现实生活中柔弱无助的良家妇女的象征。唐代是中国古代封建社会的盛世,以宫廷女性参政活跃而著称,但一般女性在社会和家庭中依然处于被支配的地位。敏感热情的诗人们在诗作中以缠绕依附的兔丝和悬垂依挂的女萝,比拟以夫为"天"的妇女,哀叹她们漂泊无依、朝夕难保的人生命运,写尽了她们的"弱"、"哀"、"愁"、"怨"。

一、兔丝、女萝与女人

兔丝和女萝,这是两种广泛分布在各地的自然植物。兔丝又称菟丝,是常见的寄生草本植物,寄生在杨、柳、榆、豆类和茶树等植物上,自身根、叶退化,完全靠吸收其他植物体的营养生存。兔丝在每年的春夏季开出大量黄色或白色的花,种子散落在土中,越

---

① 廖开顺:《桃花文化与中国女性、中国文人》,《怀化师专学报》1997年3月。
② 刘人云:《试论六朝诗歌中的柳意象》,《吉首大学学报》2000年3月。
③ 杨艳梅:《漫议宋人词笔下的柳意象》,《松辽学刊(人文社科版)》2001年2月。

冬后在第二年夏季发芽。它藤状的细丝伸出地面飘摇,黄白色的丝茎遇到被寄生的植物时,便缠绕而上,同时不断分枝,直到布满被缠的整个植物,并完全靠依附物的营养为生。菟丝有很多别名,如豆寄生、无根草、无娘藤、黄山丝、老鸦丝、黄丝藤等。女萝,又称为松萝、树挂、松上寄生等,呈丝状,生于松树等其他树木上或者高山沟谷的岩壁上,呈悬垂状向下生长,具有清热解毒、止咳化痰之药效。

远古神话传说中,兔丝被视为美丽帝女的魂魄所化的仙草,与仙境中的瑶草、瑶姬有渊源关系。《山海经》卷五曰:"姑之山,帝女死焉。其名曰女尸,化为草。其叶青成,其华黄,其实如菟丘。服之媚于人。"草(瑶草)是传说中的香草,是神女瑶姬死后所变成,草形如菟丘。根据《尔雅》的解释,菟丘即是兔丝。北魏郦道元《水经注·江水二》说法又有所不同,"丹山西即巫山者也。又帝女居焉。宋玉所谓天帝之季女,名曰瑶姬,未行而亡,封于巫山之阳,精魂为草,实为灵芝"。《水经注》认为帝女化为的仙草是灵芝。瑶姬所化之草究竟是兔丝,还是灵芝?从"服之媚于人"的记载看,我们认为应是兔丝。兔丝是古代人常用的补肝肾、益精髓的中药。《神农本草经》认为它补不足、益气力,久服明目轻身延年。兔丝子汁还具有可以去面斑的美容效果。这些效用都已经为现代中医学所证明。所以,《山海经》中有美容特效的草应该是兔丝。除了作为中药外,兔丝也作为古代炼丹的原料,晋葛洪《抱朴子》曰:"(立成丹)又可以和菟丝,菟丝是初生之根,其形似菟,掘取克其血,以和此丹。服之立变化,在意所作也。"①

兔丝与女萝之间是何关系?众说纷纭。现代植物学中,兔丝和女萝的分类十分清晰,它们分别属于不同的门科,兔丝属于旋花科菟丝子属植物,女萝(即松萝)属地衣门。在古代社会,主要有以下三种说法:(一)女萝、兔丝和松萝是同一种植物。《尔雅》云:"唐、女萝。女萝,菟丝。"(二)女萝和兔丝是同一种植物,松萝为另一种植物。《陆氏诗疏广要》曰:"女萝,今兔丝,蔓连草上生,黄赤如金,今合药,兔丝子是也;非松萝,松萝自蔓松上生,枝正青,與兔丝殊异。"②陆玑认为,兔丝和女萝为一物,松萝则为另一种寄生在松树上的青色植物。兔丝和女萝名称不同的是因为它们依附的植物不同,兔丝依于草上,而女萝依于松木。(三)女萝和松萝为一种植物,兔丝为另一种植物,此种看法接近于现代植物学的分类。罗愿在《尔雅翼》中指出:兔丝和女萝不是一种植物,兔丝是黄赤色,女萝是青色的,两者的颜色形状截然不同,女萝有时会寄生在兔丝上面,形成两种植物相互纠缠在一起的自然景观。③古代的诗人喜好以兔丝、女萝拟喻人类夫妇间的情感,如唐乔知之的《和李侍郎古意》就以兔丝、女萝比拟恩爱夫妻。从相关咏作来看,诗人们眼中的兔丝和女萝显然是有区别的。但是,对于女萝、兔丝和松萝三者究竟是怎样的关系,看法不一。

兔丝和女萝虽是不同植物,却有着缠绕他物生存不能自立的共性,这种柔弱依附的

---

① (晋)葛洪:《抱朴子》,上海古籍出版社,1999年,第29页。
② (吴)陆玑:《陆氏诗疏广要》,《文渊阁四库全书》,上海古籍出版社,1989年。
③ (宋)罗愿:《尔雅翼》,黄山书社,1991年,第23页。

特性引起文人的关注。《抱朴子》说:"水竭则鱼死,伐木而寄生枯,蔓草而兔丝萎。"①《博物志》也说:"女萝寄生兔丝,兔丝寄生木上,生根不着地。"②晋人也在诗歌中描述女萝的纤弱之状:"绵绵女萝,施于松标。禀泽洪干,稀阳丰条。根浅难固,茎弱易凋。操彼纤质,承此冲飙。"③兔丝、女萝本根浅薄、弱小易凋、寄生依附等特性,与父权制下女人的身分特征是一致的。《白虎通·三纲六纪》曰:"夫妇者,何谓也?夫者,扶也,以道扶接也。妇者,服也,以礼屈服也。"④汉代班昭在著名的女教著作《女诫》中将妇女立身的第一要义定为"卑弱",要求女子做到"谦让恭敬,先人后己,有善莫名,有恶莫辞,忍辱含垢,常若畏惧,是谓卑弱下人也"。古代礼制对女性的基本要求是"柔弱",要求她们如弱笃般依附于父权制的家庭,顺从丈夫、孝敬公婆。中国古代社会礼教的早期高度发展和农业社会的分散性,使血缘家庭和国家权力在社会生活中发挥极大的强制作用。西周时候已经开始形成对妇女生活和行为的基本准则与要求,以后历代对女性的束缚日趋严格。宗法血缘家族剥夺女性个体的独立意识和独立的生存空间,使她们遭受阶级和性别双重压迫,丧失了自身的主体意识,依赖于他人,如女萝依附松树、浮萍依附绿水一样寄生。诗歌中的兔丝、女萝从汉代开始就与女性联系,隋唐时期更被频繁地用来拟喻女人,上升为女性人格的文化象征。

二、汉晋咏作:从写形拟似到拟人化,兔丝、女萝女性人格象征的发生

兔丝、女萝很早就进入了诗人的视野。先秦时期,人们已经在诗歌中描述女萝的自然形态以及它与松柏的依存关系,《毛诗·小雅》颂道:"茑与女萝,施于松柏。"南国诗人屈原也在《楚辞·九歌》中咏颂道:"若有人兮山之阿,被薜荔兮带女萝。"汉代咏作发生变化,一方面,文人们继续在诗歌中描绘兔丝与女萝蔓生山野间的自然形态,如:"田中菟丝。何尝可络。道边燕麦,何尝可获。"⑤另一方面,人们开始用自然界的兔丝、女萝拟喻男女之间的情感,如《古诗十九首》:"冉冉孤生竹,结根泰山阿。与君为新婚,兔丝附女萝。兔丝生有时,夫妇会有宜。"⑥又如《古绝句四首》曰:"菟丝从长风,根茎无断绝。无情尚不离,有情安可别。南山一树桂,上有双鸳鸯。千年长交颈,欢庆不相忘。"⑦魏晋南朝时期,随着经济的发展,个人的生活和情感得到重视,文学表现形式日趋丰富,相关

---

① (晋)葛洪:《抱朴子》,上海古籍出版社,1999年,第20页。
② (晋)张华;范宁校证:《博物志校证》,中华书局,第48页。
③ 逯钦立:《先秦两汉魏晋南北朝诗》,中华书局,1983年,第882页。
④ (清)陈立、吴则虞点校:《白虎通疏证》,中华书局,1994年,第376页。
⑤ 逯钦立:《先秦两汉魏晋南北朝诗》,第295页。
⑥ 逯钦立:《先秦两汉魏晋南北朝诗》,第331页。
⑦ 逯钦立:《先秦两汉魏晋南北朝诗》,第343页。

咏作大量出现,这一时期的作品大致可分为三类:

(一) 以"女萝"、"兔丝"为题,描述兔丝、女萝的自然形态,如齐著名诗人谢朓的《咏兔丝诗》描绘了兔丝在田野舒卷自如、丝絮烂漫的景象。沈约《咏鹿葱诗》也称:"野马不任骑,兔丝不任织。既非中野花,无堪麀麋食。"①王融的《咏女萝诗》则专门描述黄绿色的女萝蔓延松枝、随风飘摆的景象:"幂麗女萝草,蔓衍旁松枝。含烟黄且绿,因风卷复垂。"②

(二) 继续以兔丝、女萝喻情侣,抒发男女之间缠绵悱恻的情意。如梁诗人江淹的《古离别》"君在天一涯,妾身长别离。原一见颜色,不异琼树枝。菟丝及水萍,所寄终不移。"③诗歌往往抒发女性卑弱者带有几分幽怨的情感,如魏明帝咏道:"与君新为婚。瓜曼相结连。寄托不肖躯,有如依太山。兔丝无根株,蔓延自登缘。萍藻托清流,常恐身不全。"④

(三) 女萝与松树比照,成为一个常用模式,并开始用以比拟夫妇或情人。自然界的女萝与松树有着生态上的密切联系,松树高大挺立,女萝大片地悬垂在高山地区的松树上。文人们很早就注意到它们相互依存的关系,《毛诗·小雅》:"茑与女萝,施于松柏。"人们用松的高大烘托萝的弱小,并由描述自然景观演变到比拟人类社会的朋友或情人关系。在文人眼中,松木挺拔自立。建安诗人刘桢《赠送从弟诗三首》其二咏颂了松树迎风傲立的形象,在另一首诗歌中,他又感叹高松对弱萝的庇养之恩,高松与弱萝构成鲜明对比:

  青青女萝草,上依高松枝。幸蒙庇养恩,分惠不可赀。风雨虽急疾,根株不倾移。⑤

此外,曹植的"绿萝缘玉树,光耀粲相辉"⑥和伍辑之的"女萝依附松,终已冠高枝。浮萍生托水,至死不枯萎",⑦也都刻画了玉树绿萝相依相存的景观,并借此表达朋友间誓死不渝的友情。

除了用松、萝比拟朋友间的情义外,人们在这一时期还用松和女萝比拟夫妇或情侣,将弱小的女萝与高大强壮的松树比照。这一比拟模式与汉代"兔丝附女萝"的咏颂模式明显不同:兔丝、女萝皆为柔弱的植物,人们在用它们比拟男女情人或夫妇之时,双方并无高下之分,侧重于表达彼此深厚的感情;松、萝模式则不然,它以高大的松柏比拟男子,以女萝比拟女性,显现了明显的强弱、高下和依存的关系。以依托其他植物生存的女萝比拟现实生活中的女子,抒发了弱者企求依靠和怜悯的情感。如梁简文帝的《艳

---

① 逯钦立:《先秦两汉魏晋南北朝诗》,第 1658 页。
② 逯钦立:《先秦两汉魏晋南北朝诗》,第 1404 页。
③ 逯钦立:《先秦两汉魏晋南北朝诗》,第 1507 页。
④ 逯钦立:《先秦两汉魏晋南北朝诗》,第 417 页。
⑤ 逯钦立:《先秦两汉魏晋南北朝诗》,第 373 页。
⑥ 逯钦立:《先秦两汉魏晋南北朝诗》,第 439 页。
⑦ 逯钦立:《先秦两汉魏晋南北朝诗》,第 1130 页。

歌篇十八韵》"女萝托松际,甘瓜蔓井东。拳拳恃君爱,岁暮望无穷";①又如曹植《杂诗七首》"人皆弃旧爱,君岂若平生。寄松为女萝,依水如浮萍。贵身奉铃带,朝夕不堕倾。倘终顾盼恩,永副我中情"。② 此种比照模式极为形象地显现了封建社会两性在家庭中的地位和关系,反映了性别制度在文学领域里的渗透。中国很早就形成一套阳刚阴柔、男尊女卑的系统理论,要求女性的气质和身体都是柔弱的,女子的卑、贱、静、柔、顺对应着男子的尊、贵、动、刚、健。松、萝比照模式突出反映了华夏民族关于性别的价值观。

三、唐代咏作:兔丝、女萝的性别文化内涵的扩展

兔丝和女萝意象不是自然界事物表象的简单再现,其中蕴含着丰富的文化内涵。华夏民族的文化传统中,柔丝万条的女萝象征着男尊女卑社会的纤弱女人。唐代,随着相关咏作的不断增加,或借景抒怀,或感言闺怨,渲染离情别恨,内容多与女性相连,形成了几种比拟人类社会性别关系的咏颂模式:萝松比照的模式、兔丝和松树的比照模式、兔丝女萝模式、兔丝蓬麻模式等。兔丝和女萝这两种自然界的植物被也印上了哀怨凄楚的悲剧色彩,具有鲜明的女性人格特征。

(一)"纤萝自合依芳树"——依附卑下的女性人格

在魏晋南北朝时期形成的松、萝咏颂模式在唐代得到普遍推广,从诗歌中推广到小说和墓志,表现形式趋于多样化。与以往咏作多描述它们的自然形态不同,隋唐咏作多用来拟喻人类社会中的性别关系。女萝缠绕松树而生,高松伟岸强健,被喻作"室家君王"的男子;女萝卑弱无力,必须依附前者而生存,被拟喻卑弱的女子,松与萝构成了相依相存的密切关系。唐人在诗歌中频频以松之高大自立衬托女萝的弱小依附,比拟的对象遍及各个社会阶层,上至后妃,下至民妇歌女,既有忠贞的妻子、卑弱的妓妾,也有绝望的弃妇、哀怨的后妃等,反映了唐代妇女普遍的悲剧命运。

松、萝模式极为鲜明地反映了现实生活中两性之间的强弱和依附关系。女子依附男子和男人对女人的统治是当时社会不可怀疑的法则。在豪迈洒脱、壮志凌云的诗人看来,男儿依附他人生存是一件非常可耻的事情。诗人元稹的《兔丝》对兔丝的"依附"进行了辛辣的讽刺:"人生莫依倚,依倚事不成。君看兔丝蔓,依倚榛与荆。"他以兔丝的无根寄生特性比拟那些趋炎附势的无耻小人,并借此抒发了人生感慨:"翳荟生可耻,束缚死无名。"徐夤的《松》也以附依青松的"女萝"比拟攀附权贵的小人:"涧底青松不染尘,未逢良匠竞谁分。龙盘劲节岩前见,鹤唳翠梢天上闻。大厦可营谁择木,女萝相附欲凌云。皇王自有增封日,修竹徒劳号此君。"男子的"依附"是可耻的,但女人依附男人

---

① 逯钦立:《先秦两汉魏晋南北朝诗》,第 1903 页。
② 逯钦立:《先秦两汉魏晋南北朝诗》,第 458 页。

却是天经地义的。《白虎通·嫁娶》"阴卑,不得自传,就阳而成之。故传曰:'阳倡阴和,男行女随。'"①"依附"的观念渗透到唐代女子的社会心理中,她们普遍希望可以找到可寄托终生的"乔木",这已成为她们人生的最大目标。魏求己妹的《赠外》就反映了这种心态:"浮萍依绿水,弱笃寄青松。与君结大义,移天得所从。"江陵士子的《寄故姬》以"纤萝"和"芳树"比拟男女情人:"阴云幂幂下阳台,惹著襄王更不回。五度看花空有泪,一心如结不曾开。纤萝自合依芳树,覆水宁思返旧杯。"李白在《古风》"绿萝纷葳蕤,缭绕松柏枝"中,也将自己诗歌中的女主人公比作缠绕松柏的绿萝。元稹以高松和女萝比拟新婚的夫妇:"一梦何足云,良时事婚娶。当年二纪初,嘉节三星度。朝葬玉佩迎,高松女萝附。韦门正全盛,出入多欢裕。"(《梦游春七十韵》)

松、萝比照的模式还影响到墓志的撰写,以女萝青松拟喻妻子丈夫在墓志中成为一种固定的模式,极其常见。如《唐处士吴兴施府君墓志铭》:"夫妻并穴,痊此南坡。飒飒青松,绵绵女萝。"②又如陈子昂所撰写的《唐故袁州参军李府君妻张氏墓志铭》将中年丧夫的女主人公比作失去依托的女萝:"呜呼!府君不造,遵此阁凶,中年不图,早世而陨。青松摧折,哀断女萝之心。"③这种比拟极为形象地显示了两性在父权制社会中的地位和关系。

唐传奇小说中的女子也喜以丝萝自喻。《虬髯传》中的红拂妓,主动投奔青年才俊李靖,并说:"妾侍杨司空久,阅天下之人多矣,未有如公者。丝萝非独生,愿托乔木,故来奔耳。"红拂妓以柔弱的丝萝自喻,眼看"尸余气息"的杨素不足依托,主动投奔可以依托的"乔木"——李靖,成就了历史上慧眼识英雄的佳话。由于女性依附低下的生存状况地位,男子普遍对她们持一种轻视的态度,女子本身也有很深的自卑心理。《霍小玉传》中的女主人公霍小玉虽然与青年文人李益一见钟情,感情非常深厚,却感到随时会被抛弃,如丝萝般无依无靠,她对李益说:"妾本倡家,自知非匹。今以色爱,托其仁贤。但虑一旦色衰,恩移情替,使女萝无托,秋扇见捐。"

在松、萝模式进一步发展的同时,兔丝、松树比照模式和兔丝、蓬麻比照的模式也开始出现。唐人将兔丝与松树比照人类社会的性别关系,如诗人王建的《宋氏五女》中所咏宋氏五姐妹,是唐代有名的才女,以文才闻名天下,却不愿嫁人,不愿如一般女子那样去依附于某个男子,而是自强自立。因文才出众,她们先后被召入宫中,成为公主皇子的老师,连帝王也尊称她们为学士。王建在诗中称颂这几位不肯依附男子的奇女子,以"兔丝自萦纡,不上青松枝"赞扬了她们刚强自立的个性。

兔丝与松树比照模式意味着弱者和强者的联姻,兔丝与蓬麻比照模式则意味着弱者与弱者的联姻。兔丝和蓬麻都是自然界以柔弱为特征的植物,它们的联姻往往预示着悲剧的开始。杜甫的长篇叙事诗《新婚别》更以"兔丝附蓬麻,引蔓故不长"为开头,叙

---

① (清)陈立、吴则虞点校:《白虎通疏证》,第452页。
② (清)董诰等:《全唐文》,中华书局,1983年,第9965页。
③ (清)董诰等:《全唐文》,第9965页。

述了一位卑微的平民女子凄凉无助的人生命运。唐代是一个疆域辽阔、战争频繁的帝国，四处征讨的军队死亡惨重，给成千上万的以"夫"为天的妇女带来巨大灾难。《新婚别》户的贫家女是一个地位低下的穷人家的女子，即将嫁与一个要出征的士卒，等待她的将是一个怎样凄凉的前景。"嫁女与征夫，不如弃路傍"是多么惨痛的命运！诗歌中"兔丝"依附的对象不是高大的青松，而是同样弱小的蓬麻，这种比拟的方式暗示着女主人公无法逃避的可悲命运。

（二）"松枝至坚萝则弱"——柔弱哀愁的唐代女人

自然界中的兔丝和女萝不仅是依附而生，而且是细微柔弱的，它们寄存缠绵于他物生长而不能自立，宛如现实生活中的弱女人。将要出门的游子回顾妻儿，愁绪万千，"弱室咨予以遍归，目女萝而起愁。心眷眷以缠绵，泪浪浪而共流"。（欧阳詹《出门赋》）①诗人沈徽《古兴二首》描述女萝的细弱之态："蔓草自细微，女萝始夭夭。"农业社会中的男女两性有着鲜明的性别分工，男子负责家国大事，女子从事辅助、琐碎、次要的家庭事物，丈夫对妻子处于居高临下的位置，尊与卑、强与弱的对比极其鲜明。女人的职责是内主中馈，伺候公婆和睦处姻亲。依附于男性的生存状况，使许多嫁为人妻的女子无法把握自己的人生，遭受凄苦的命运。白居易《太行路》感叹妇女的悲苦："人生莫作妇人生，百年苦乐由他人。"人们喜好以无根的丝萝拟喻现实生活中的卑弱女人，哀叹她们无助的人生命运，自然界的丝萝也印上了一丝凄苦的色彩。如李端的长篇叙事诗《杂歌》以"汉水至清泥则浊，松枝至坚萝则弱。十三女儿事他家，颜色如花终索寞"为开头，叙述了一位弱女子的不幸人生，反映了身为"子妇"的女主人公在大家庭中的艰难处境。

为强调女性的普遍的悲剧命运，唐人还将松、萝模式和浮萍、流水的模式并用。与兔丝、女萝一样，浮萍也是以弱小无根为特征的自然植物，它与流水构成了依附关系。魏晋文人在诗中以浮萍拟喻弱女人，如曹植《浮萍篇》中："浮萍寄清水，随风东西流。结发辞严亲，来为君子仇。"②《杂诗七首》中，他首次将松、萝模式与水、萍模式并用："寄松为女萝，依水如浮萍。"③唐人继续沿用这种表现手法，魏求己妹的《赠外》也以两种模式并用，反复强调浮萍和弱笃的女子的依附性："浮萍依绿水，弱笃寄青松。与君结大义，移天得所从。"女子在家中依附于父亲，出嫁后依附丈夫，出嫁被称为"移天"，如萍水、萝松般生死相托。李白的《去妇词》反映被丈夫抛弃的女主人公的悲剧命运，围绕弃妇的心理体验，如泣如诉地咏叹"女萝"的不幸遭遇："女萝附青松，贵欲相依投。浮萍失绿水，教作若为流。"作者以被青松所弃的女萝、失去绿水的浮萍，比拟女子哀绝无依的境地，将人生的悲欢离合揭示得淋漓尽致，深刻地揭示了女主人公无法扭转的悲剧命运。

在现实生活中，这种生死由人的生活充满了辛酸悲哀，即使是那些身分高贵的后妃也不能例外。长孙佐辅《宫怨》描述了一位后宫佳丽的不幸命运，这位骄傲的美人在尔

---

① （清）董诰等：《全唐文》，第6013页。
② 逯钦立：《先秦两汉魏晋南北朝诗》，第452页。
③ 逯钦立：《先秦两汉魏晋南北朝诗》，第458页。

虞我诈的宫廷斗争中落得"始意类萝新托柏,终伤如荠却甘荼。深院独开还独闭,鹦鹉惊飞苔覆地。满箱旧赐前日衣,渍枕新垂夜来泪"。依附于高贵的松柏,过着衣食无忧的生活,却依然摆脱不了悲剧的命运。

(三)"君为女萝草,妾作兔丝花"——缠绵凄苦的爱情生活

继汉代《古诗十九首》和《古绝句四首》之后,唐人继续以兔丝、女萝比喻人类社会的情侣,演绎如泣如诉的爱情诗篇。这些诗歌常与哀怨惆怅的情景相连,烘托男女间的离愁别恨。诗人眼中,兔丝与女萝相依相存,仿佛是人类社会相恋相思的男女。乔知之《和李侍郎古意》以兔丝、女萝拟喻因征战而劳燕分飞的恩爱夫妻:"南山幂幂兔丝花,北陵青青女萝树。由来花叶同一根,今日枝条分两处。"李白的《古意》更加缠绵动人:

> 君为女萝草,妾作兔丝花。轻条不自引,为逐春风斜。百丈托远松,缠绵成一家。谁言会面易,各在青山崖。女萝发馨香,兔丝断人肠。枝枝相纠结,叶叶竞飘扬。生子不知根,因谁共芬芳。中巢双翡翠,上宿紫鸳鸯。若识二草心,海潮亦可量。

诗作中的兔丝与女萝是那样的柔美娇弱,情人间的情感被表达得淋漓尽致。

在兔丝女萝模式之外,唐人开始以松树和女萝比拟男女情人,咏颂高大的松柏和柔弱的女萝之间的情义,如白居易的《长相思》:

> 妾住洛桥北,君住洛桥南。十五即相识,今年二十三。有如女萝草,生在松之侧。蔓短枝苦高,萦回上不得。人言人有愿,愿至天必成。愿作远方兽,步步比肩行。愿作深山木,枝枝连理生。

诗歌描述了情人间相思相恋却不能相聚的情感。张祜也有一首明快动人的小诗:"僻巷难通马,深园不藉篱。青萝缠柏叶,红粉坠莲枝。雨燕衔泥近,风鱼唼网迟。缘君寻小阮,好是更题诗。"(《题程氏书斋》)文人们还用松、萝模式抒发夫妇间的情感,用依附青松的女萝象征着忠贞不二的妻子,如周昙《魏博妻》:"萝挂青松是所依,松凋萝更改何枝。操刀必割腕可断,磐石徒坚心不移。"

地位卑下的唐代女人在爱情和婚姻上任人摆布,"兔丝"和"女萝"也熏染了悲哀无助的色彩,如李白《代秋情》:"几日相别离,门前生稽葵。寒蝉枯梧桐,日夕长鸣悲。白露湿萤火,清霜凌兔丝。空掩紫罗袂,长啼无尽时。"秋日寒蝉、微小的荧火和细弱无力的兔丝构成一幅凄切美丽的图景,万千愁绪萦绕在画面之中,烘托了女主人公孤清落寞、悲哀无助的心境。鲍溶《相和歌辞·怨诗》以女萝拟喻女子,感叹她不幸的婚姻生活:"女萝寄松柏,绿蔓花绵绵。三五定君婚,结发早移天。肃肃羊雁礼,泠泠琴瑟篇。恭承采蘩祀,敢效同居贤。皎日不留景,良时如逝川。秋心还遗爱,春貌无归妍。翠袖洗朱粉,碧阶对绮钱。新人易如玉,废瑟难为弦。寄羡薜华木,荣名香阁前。岂无摇落苦,贵与根蒂连。希君旧光景,照妾薄暮年。"多情女子留恋往日的情感,对丈夫的负心怨恨无奈,表达了弱者凄凉的情感。

略论"门阀政治"背景的几个层面

严耀中

所谓门阀政治为魏晋南北朝之特有的现象,于东晋最为典型。于此,很多学者已作了很好的论述。① 对于门阀及门阀政治形成的过程,诸家也都有很详细的叙述。所以本文在这里想要说明的,只是试以一个新的视角,解释门阀政治为何在这样一个历史时段内发生,供诸位专家参考。

为了开展本文,先对门阀作一个界定。门阀,字面上的解释是"门第阀阅",即累代权势显赫的世家大族。与此相近的名称还有高门、世族、望族、右姓、甲族等。也有将门阀等同士族的,但此时的士族是狭义的,不包括其中的次门与寒门。

门阀不是一般的地主或豪强,有钱有势的豪门贵族古今中外都有,但在中国历史上被指称为门阀者,只是其中的一部分,而且只是在一定的历史时期之内。它在中国历史上的特殊性主要表现在四点。第一,它一般是指存在于东汉后期至五代时期的那些代出高官的大族,"凡三世有三公者曰'膏粱',有令、仆者曰'华腴',尚书、领、护而上者为'甲姓',九卿若方伯者为'乙姓',散骑常侍、太中大夫者为'丙姓',吏部正员郎为'丁姓'。凡得入者,谓之'四姓'"。② 士族出身者有担任官吏的权利,即门荫及释褐上的特权等,为这些官僚世家的延续提供了重要的制度保证。士族中,即使有这个或那个家族成员隐居不仕,但整个家族中必有出来做官的。士族子弟若愿入仕,即可直接做官,其职称起家官,这些起家官往往是特定的。"三公子起家员外散骑侍郎,令仆子起家秘书郎。……此外有扬州主簿、太学博士、王国侍郎、奉朝请、嗣王行参军,并起家官,未合发诏"。③ 门第越高,起家官就越是清要,如六品的著作佐郎和四品的秘书郎。其他也往往有做官的捷径,如梁武帝曾"有诏士姓各举四科"。④

---

① 如田余庆先生的《东晋门阀制度》(北京大学出版社 2005 年版),就是最具代表性的著作。
② 《新唐书》卷一九九《柳冲传》。
③ 《隋书》卷二六《百官志上》。
④ 《南史》卷七六《刘慧斐传附刘昙净传》。

第二，这些大族不仅仅是代有高官的权贵世家，而且还是文人辈出的书香门第，有时候后者比前者对他们来说更为重要，如北齐赵郡李氏虽"与帝室姻媾重迭，兄弟并以文学自达，耻为外戚家"，①故"实用儒素德业以自矜异"。② 也就是说，这些家族在当时社会上不只有着政治地位，还有着很高的文化地位，所以它们不是普通的豪强大族。南朝琅邪王筠自夸："史传称安平崔氏及汝南应氏，并累世有文才，所以范蔚宗云崔氏'世擅雕龙'。然不过父子两三世耳；非有七叶之中，名德重光，爵位相继，人人有集，如吾门世者也。沈少傅约语人云：'吾少好百家之言，身为四代之史，自开辟已来，未有爵位蝉联，文才相继，如王氏之盛者也。'"③北朝弘农杨氏"一门四世同居，家甚隆盛，昆季就学者三十余人"。④"爵位蝉联，文才相继"这两者合起来，文以扬名，官以崇位，所以当时动辄讲的就是家世名位，"人立身在世，姓望为先"。⑤

第三，门阀是广义的士族中最突出的高门。而士族的一大特权就是可以免役，并可荫及家族或他人。⑥ 凡是在州郡中正所掌的士籍簿册上列名的，均可享此优待。汉武帝尊儒术，立学校，"为博士官置弟子五十人，复其身"，元帝时甚至"能通一经者皆复"。⑦ 这既是以后门阀产生的一个由头，也是士族有此特权的一个开端，在十六国这样的乱世也维持着。如后赵时"镇远王擢，表雍秦二州望族自东徙以来，遂自戍役之例。既衣冠华胄，宜蒙优免，从之。自是皇甫、胡、梁、韦、杜、牛、辛等十有七姓，蠲其兵贯，一同旧族，随才铨叙"。⑧ 前秦时苻坚也"复魏晋士籍，使役有常"。⑨ 说明在十六国时代，士族的权利也会得到尊重。所以"有改注籍状，诈入仕流，昔为人役者，今反役人"⑩的现象出现。此外，一般还有荫庇他人免去赋役的权力，不过这要依士族本身的地位而定。如晋武帝太康元年制订的《户调式》规定："各以品之高卑荫其亲属，多者及九族，少者三世。宗室、国宾、先贤之后及士人子孙亦如之。而又得荫人以为衣食客及佃客。"所荫人数的多寡也依官品大小而定。⑪ 唐长孺先生认为"多半是'寒微士人为之'的流外官和'仍为清浊'的流内卑官，即是最起码的士族标识"，⑫就是他们有官做，能免役。

第四，由于门阀是经学与文化世家，所以有门生；又由于它是官僚世家，所以有故

---

① 《北史》卷三三《李灵传附李孝贞传》。
② 陈寅恪：《唐代政治史述论稿》中篇，上海古籍出版社，1982年，第79页。
③ 《梁书》卷三三《王筠传》。
④ 《北史》卷四一《杨播传》。
⑤ 《新集天下姓望氏族谱一卷并序》(S·2052)。
⑥ 当然会有各种例外，尤其是在战乱或少数族统治的政权下。刘驰先生还指出："在整个北魏政权统治的时期，士族未曾享有复除宗族及客赋役的经济特权。但在孝文帝太和十年立三长前，士族利用宗主督护的形式把赋役负担转嫁到其所控制的依附人口头上。"见其《六朝士族探析》，中央广播电视大学出版社，2000年，第75页。不过士族本人特别是官员应该还是有特权的。
⑦ 《汉书》卷八八《儒林传序》。
⑧ 《晋书》卷一〇六《石季龙载记上》。
⑨ 《晋书》卷一一三《苻坚载记上》。
⑩ 《南齐书》卷三四《虞玩之传》。
⑪ 《晋书》卷二六《食货志》。
⑫ 唐长孺：《士人荫族特权和士族队伍的扩大》，载《魏晋南北朝史论拾遗》，第72页。

吏。第一流的门阀,如汉魏之间"四世三公"的袁氏与杨氏,都是门生故吏遍天下。其他能称得上门阀的也都会有门生故吏,只是数目多寡而已。至于文化成就和掌执权位而产生的辐射作用更是显而易见。因此虽然对门阀来说它的郡望至关重要,但它的势力和影响是全国性的,从而与一般局限于地方的豪强或土财主有很大的不同。这些家族又重视家谱和婚姻关系,家谱与士籍相对应,婚姻讲究门当户对,以此来构成一个相对封闭的利益集团。而"朝廷每选举人士,则校其一婚一宦,以为升降,何其密也"。① 因此仕途与婚姻关系往往相连。门阀的这些特点前人都已说过,但把它们归纳起来,对于认识门阀政治还是很重要的。

门阀的形成当然与魏晋南北朝之间的一些具体的政治动向有着密切的关系,如九品中正制的设立和士族领兵也促成了门阀制度的完成等等。但门阀政治的形成却决定于当时的时代背景。这个背景可分为三个层面。

第一个层面是汉末之后的社会动乱强化了宗族关系。中国是一个以家族为本的社会,当时"江南风俗,自兹已往,高秩者,通呼为尊,同昭穆者,虽百世犹称兄弟;若对他人称之,皆云族人。河北士人,虽三二十世,犹呼为从伯从叔"。② 那些永嘉之变后北来至江左的士族,他们不仅数量大,"洛京倾覆,中州士女避乱江左者十六七",③而且富有政治经验和文化素养,还带着众多的部曲门客,并在向南迁徙的过程中锻炼出一种远比江左士族强悍的精神。谭其骧先生"尝统计《南史》列传中人物,凡七百二十八人(后妃、宗室、孝义不计),籍隶北方者五百有六人,南方但得二百二十二人",④东晋时的比例当更高。合族经过千辛万苦的迁徙,因此这些宗族的内聚力当然分外强些,彼此之间的联系也更息息相关。如祖氏一族在"京师大乱"时,由祖逖"率亲党数百家避地淮泗,以所乘车马载同行老疾,躬自徒步,药物衣粮与众共之,又多权略,是以少长咸宗之,推逖为行主,达泗口"。⑤ 这种强烈的宗族纽带,正是门阀赖以存在的重要基础。这一点很多学者也已经指出过。

第二个层面是从经济上着眼,即门阀之兴衰的过程也是由行政系统运行的成本高低决定的。由于东汉后期以降政治动乱和社会冲突的连续不断,致使人口大量丧失,非正常死亡以及逃散造成荒无人烟的凄惨景象不难在魏晋时人的诗文里见到。如曹操的《蒿里行》:"铠甲生虮虱,万姓以死亡,白骨露于野,千里无鸡鸣,生民百遗一,念之断人肠。"⑥王粲的《七哀诗》:"出门无所见,白骨蔽平原,路有饥妇人,抱子弃草间。"⑦傅玄《放歌行》:"旷野何萧条,顾望无生人,但见狐狸迹,虎豹自成群。"⑧又仲长统《昌言·理

---

① 《魏书》卷六〇《韩麒麟传附韩显宗传》。
② 《颜氏家训·风操篇》。
③ 《晋书》卷六五《王导传》。
④ 谭其骧:《晋永嘉丧礼后之民族迁徙》,载《燕京学报》第十五期(1934年)。
⑤ 《晋书》卷六二《祖逖传》。
⑥ 《乐府诗集》卷二七"相和歌辞",上海古籍出版社,1998年。
⑦ 《文选》卷二三,中华书局,1977年。
⑧ 《乐府诗集》卷三八"相和歌辞"。

乱篇》云:"以及今日,名都空而不居,百里绝而无民者不可胜数。"①与这些诗文相印证,如史称东汉献帝回洛阳后,"长安城空四十余日,强者四散,羸者相食,二三年间,关中无复人迹"。② 至魏文帝时仍"土广民稀"。又如永嘉变乱之后,"青、雍、幽、荆州徙户及诸氐、羌、胡、蛮数百余万,各还本土,道路交错,互相杀掠,且饥疫死亡,其能达者十有二三。诸夏纷乱,无复农者"。③ 而"江南之俗,火耕水耨,土地卑湿,无有蓄积之资",④东晋南朝依然如此。这不仅影响了农业生产与社会经济,也严重地影响了官府的财政收入。其所造成的直接后果之一,就是行政资源的匮乏,无力迅速重建一个专制集权的统一国家,承担不起一个强大行政机器所需的建设和运行成本。地方上实行门阀政治,使地方行政支出不属于朝廷财政的范围,包括州郡长官俸禄在内的各项地方支出,都由"州郡在各自的范围内自行征收或筹办"。⑤ 甚至有些时候,如南朝"自侯景之乱,国用常褊。京官文武,月别唯得廪食,多遥带一郡县官而取其禄秩焉"。⑥ 而如此筹办往往需要依仗地方门阀势力,这样就为地方上门阀政治的形成提供了基础。所谓地方门阀政治主要表现于两种形式。一是郡县出身的行政长官和主要辅佐官员是由门阀出身的人担任。如河东薛湖笃志于学,因其"好以德义服人。或有兄弟忿阋,邻里争讼者,恐湖闻之,皆内自改悔。乡闾化其风教,咸以敬让为先",由是"三召州都,再辟主簿",而为"本州中从事、别驾,除河东太守。兄弟并为本郡,当世荣之"。⑦ 二是郡望大姓支配着当地的民事活动与治安,在战乱的时候还担当着保卫地方责任。即"刺史府官,则命于天朝,其州吏以下,并牧守自置。自昔以来,州郡大吏,但取门资"。⑧ 朝廷以士族为本地长吏,有利于地方稳定,如河东裴果北周时为正平太守,"正平,果本郡也,以威猛为政,百姓畏之,盗贼亦为之屏息"。⑨ 又如夏侯谭"常停乡里,领其父部曲,为州助防。刺史贞阳侯明引为府长史"。⑩ 在和平的时候举办乡学,扩展私学与家学,提倡文化,取得声誉,如贺玚"于乡里聚徒教授,四方受业者三千余人"。⑪ 又如赵郡李祥"学传家业,乡党宗之",⑫ 而这一切并不需要增加朝廷的任何财政负担。由此可见,门阀政治在一定程度上避免了皇帝专制集权对扩展行政系统的资源需求,由于用扩大家族结构和能量的方式来实行政治,并维系社会之稳定,所以在朝廷上和地方上的行政运行对国家财政的耗费都相对较小。地方门阀政治是整个社会门阀政治的基础,与朝廷中的门阀势力相互

---

① 《全后汉文》卷八八。
② 《后汉书》卷七二《董卓传》。
③ 《晋书》卷一〇七《石季龙载记下》。
④ 《隋书》卷二四《食货志》。
⑤ 参见严耀中《东晋南朝地方财政收支述论》,载《中国社会经济史研究》1985年第二期。
⑥ 《隋书》卷二四《食货志》。
⑦ 《北史》卷三六《薛辩传附薛胤传附薛湖传》。
⑧ 《周书》卷二三《苏绰传》。
⑨ 《北史》卷三八《裴果传》。
⑩ 《南史》卷五五《夏侯详传》。
⑪ 《南史》卷七一《顾越传》、卷六二《贺玚传》。
⑫ 《北史》卷三三《李孝伯传附李祥传》。

呼应和支持,荣损俱同。只有人口及以其为基础的农业几经曲折慢慢恢复后,使得朝廷指派的行政官员在地方上征收所得开支其所消费后还有盈余时,才会显示出大帝国的统治模式在行政效费比上的可接受性。及当朝廷的财力足以支付地方官员俸禄及驿站等保持朝廷对地方统治机能消耗时,地方门阀政治现象才会消退。当然这两者是互相关联的。

第三个层面是当时的技术条件决定了一些家族对文化的垄断。自从汉武帝独尊儒术起,政治制度及其运行是本着礼制而成的。就后者而言,各级官吏只有领会了儒家思想,才能处理好政务,维护这些制度,履行好自身的职责,这也是一种"专家治国"。因此无论是以辟举形式还是以学校形式来培养选拔官吏,学习儒家经典,掌握儒家思想都是务必做到的事。以致有人说:"士患不明经术;经术明,取青紫如拾地芥耳。"①

因此,门阀之所以能垄断官位,就是因为它垄断了文化,如博陵崔氏"以文业应利用之秋,世家有业,余庆不已,人位继轨"。② 而文化能被世家所垄断,又是和当时的社会条件相关。文字是文化表现的一种重要形式,尤其是精英文化,更需要文字来传播。虽然中国系统文字的出现早在三千多年之前,但书刻在甲骨上的文字能读或能读到的人是很少的。以后帛书太贵,文字的流传就主要靠竹简,但竹简的笨重阻碍了文字的普及。在这种情况下,思想与学问的传递很大程度上要依靠面对面的口头教导,以孔子为首的诸子就是以这样方式教诲学生的。汉代发明了纸,但从近年出土的长沙走马楼吴简的情况看,县衙的户籍既然都登记在竹简上,说明三国时纸的使用仍不普及。南北朝前期,萧道成"虽为方伯,而居处甚贫,诸子学书无纸笔",其子萧晔"常以指画空中及画掌学字"。另一子萧锋当时在外家张氏,"张家无纸札,乃倚井栏为书,书满则洗之,已复更书,如此者累月。又晨兴不肯拂窗尘,而先画尘上,学为书字"。③ 封疆大吏的子弟学书尚无纸,可见当时纸的缺乏。因此至少可以说本时期的文化传播仍受很大限制,面对面相授是当时教学的主要方式。如此教学方式强化了师生之间的纽带,也是家学发达的重要成因,毕竟自家子侄最方便得其真传。这样,文化学术是能够很容易被垄断起来,此是门阀得以形成和长盛不衰的一个很重要条件。

家学的发达导致了经学世家或文化世家的出现。东汉末最负盛名,号称"四世三公"的汝南袁氏和弘农杨氏都是起始于经学世家。如袁安的"祖父良,习《孟氏易》,平帝时举明经,为太子舍人"。袁安"少传良学",后为司空、司徒。其子袁敞"少传《易经》教授",后为司空。另一儿子袁京"习《孟氏易》,作《难记》三十万言。初拜郎中,稍迁侍中",孙子袁汤"少传家学,诸儒称其节,多历显位。桓帝初为司空"④等等。再如杨震

---

① 《梁书》卷三八"传论"。
② 《北史》卷三二《崔氏传论》。
③ 《南史》卷四三《萧晔传萧锋传》。
④ 《后汉书》卷四五《袁安传》。

"少好学,受《欧阳尚书》于太常桓郁,明经博览,无不穷究",被称为"关西孔子",安帝时官做到司徒。其子杨秉"少传父业,兼明《京氏易》,博通书传,常隐居教授",累官为太尉。秉子杨赐"少传家学,笃志博闻",屡为司空、司徒、太尉。赐子杨彪"少传家学",在灵帝"熹平中,以博习旧闻,公车征拜议郎,迁侍中、京兆尹",亦先后为司空、司徒。① 其实汉晋间门阀无不如此,就是晋帝室司马氏也是"本诸生家,传礼来久"。② 会稽贺玚"晋司空循之玄孙也,世以儒术显"。③《颜氏家训·序致》云"夫同言而信,信其所亲;同命而行,行其所服",因此家学往往很有成效。如此榜样使得到了南北朝中后期,还有人走"既笔耕为养,亦佣书成学",如王僧孺、蒋少游等。④

同时,由于当时学问的评估只能出于老师之口,而名师之言便是评估的最高标准,也由于中国的学问是讲究知行合一的,这正是为培养行政官员所必须,师长的评语又成了入仕的重要条件,学而优则仕于是就有了一种新的模式。这样也就构成了文化世家与官僚世家合一的一个基础。

上述背景的各个层面之交叉重叠就出现了门阀社会与门阀政治。门阀政治与门阀社会是有区别的两个概念。门阀社会是门阀政治的基础,前者指门阀在社会中占据统治地位,后者只有门阀代表直接左右朝政的情况下,才是典型的严格意义的门阀政治。也有广义的门阀政治,这时候此概念约等于门阀社会。如此所谓的门阀政治应该分两个层面,其一是门阀士族在社会政治中起直接主导或支配作用的局面,因为魏晋南北朝时期的门阀集中了当时社会的主要精英。其二是门阀影响着政治的动向,构成社会体制的基础,也就是广义的了。

世有兴衰,由于门阀政治的展开和上述三层背景因素相关,这些因素的变化,导致了门阀政治的演变。如战乱稍息,人口增加,生产经济的发展,一若南北朝至隋唐之间的大趋势,各种田制的推行保证了中央朝廷的行政开支,专制集权体制加强有了财政保障,门阀势力就会受到压抑。又如两晋南北朝时纸的应用慢慢普遍,书籍越来越多,形式从卷轴转化成簿本,甚至有了"巾箱本"之类便于阅读和携带之书,惠受文化教育的范围也更加广泛,文化垄断地位的淡化应该也是门阀消沉的原因之一。有了足够多的知识阶层成员,采取以考试为主的官吏选拔方式才有采用的可能与必要,我想这就是自隋开始有科举制度的一个重要背景。但因为抄本的使用与流通毕竟有诸多不便,所以取得知识一致的范围也不可能很大,唐代科举的名目那么多,象举进士这样重要的科目依然少不了推荐,恐怕都与此相关,门阀也还有着残存的余地。等到唐末两宋印刷术的普及,学校的教育可以有统一的内容,全国性的考试可以有统一的标准,这些都非常符合专制集权政体的需要,由此宋以后的科举就进入了体制统一的时代,门阀制度就失去了

---

① 《后汉书》卷五四《杨震传》。
② 《晋书》卷二〇《礼志中》。
③ 《南史》卷六二《贺玚传》。
④ 《梁书》卷三三《王僧孺传》。王僧孺曾官少府卿。北朝蒋少游"以佣写书为业",后为"前将军兼将作大匠","又兼太常少卿",见《魏书》本传。

它存在的重要条件。

　　即源于两汉的门阀在两晋之间势力达到了高峰,南北朝就开始走向衰落,隋唐时期虽然在社会上保留着一定影响,但已是夕阳西下了。五代之后,那些轰轰烈烈将近千年的高门世族已不复存在。这一切的演变都是与门阀及门阀政治存在的背景相关。

中古史著作翻译的趋势和问题

范兆飞

20世纪70、80年代以降,随着中外邦交的有力推进以及中外关系的回暖和正常化,中外学术交流作为经济文化交流的重要组成部分,虽然有所滞后,但也逐渐恢复并得以长足发展。一般而言,国际学术交流大致有学术会议、联合考察、项目合作等多种方式,在国际交流的刺激下,国内的汉学热方兴未艾,尚未出现任何降温之迹象。① 但不可否认的是,学术著作的翻译无疑是其中最有力、也最有效的交流方式。时至今日,中古史研究的国际化趋势几乎成为所有学人的共识,最突出的表现就是中外学人的积极互动、中外文著作的互译、大型项目的通力合作等。从近半个世纪甚至更长的时间脉络来看学术交流的演变,尤其是中古史学术著作翻译的大致轨迹,我们大致可以将其视作学术著作的简单评介、重点翻译和全面翻译三个阶段:20世纪80年代大致是学术著作简单评介的时期,多数评介类文章发表于《中国史研究动态》等期刊,国内学人通过这类文字了解海外学者关于中古史研究的基本轮廓;20世纪90年代大致是学术著作重点翻译的主要时期,以《日本学者研究中国史论著选译》、《日本中青年学者论中国史》、《剑桥隋唐史》等海外中古史力作的翻译为代表,国内学人对于海外学者研究中古史的情况逐渐登堂入室,渐窥堂奥,② 与此同时,一批汉学研究的刊物如《国际汉学》、《世界汉学》等期刊得以创办,专门刊登西方汉学研究的论文及译文;21世纪以降,中古史学术著作的翻

---

① 关于欧美汉学的研究情况,著述甚丰,比较有代表性者,参见朱政惠:《美国中国学史研究——海外中国学探索的理论与实践》,上海:上海古籍出版社,2004年;张海惠主编:《北美中国学》,北京:中华书局,2010年;张西平主编:《西方汉学十六讲》,北京:外语教学与研究出版社,2011年;胡志宏:《西方中国古代史研究导论》,郑州:大象出版社,2002年。崔秀霞:《汉学研究的发展、影响与交流——"汉学研究:海外与中国"学术座谈会综述》,《中国文化研究》2005年秋之卷,第177—180页。顾明栋:《汉学与汉学主义——中国研究之批判》,《南京大学学报》2010年第1期,第79—96页;董海樱:《近十年来中国的西方汉学(中国学)研究》,《世界历史》2011年第3期,第125—133页。
② 刘俊文主编:《日本学者研究中国史论著选译》第1卷《通论》、第4卷《六朝隋唐》,夏日新、韩昇、黄正建等译,北京:中华书局,1992年。刘俊文主编:《日本中青年学者论中国史》"六朝隋唐卷",上海:上海古籍出版社,1995年。崔瑞德(现在通常译作"杜希德"):《剑桥中国隋唐史》,中国社会科学院历史研究所西方汉学研究课题组译,北京:中国社会科学出版社,1990年。

译大踏步迈向全面翻译、充分交流的阶段。所谓"全面翻译的阶段",是指译者人数众多,所选翻译书目极为广泛,译著层出不穷等,这种学术交流日渐繁荣的景象当然令人欣喜,但是,我们必须注意到,中古史学术著作的翻译,不像文学著作等书籍的翻译,几乎没有专门从事翻译的学者,以及其他多重因素的影响,故在译介过程中,隐藏着不少陷阱,不少译著存在着诸多问题。① 笔者不揣浅陋,从中古史学术著作翻译的新趋势谈起,结合自身翻译伊沛霞和姜士彬先生著作的经历,②谨就中古史著作翻译的若干问题,略陈管见,不当之处,敬请指正。

一、中古史学术翻译的变化

近年中古史研究呈现出一些新气象。港台学人不止一次对笔者提及,最近十年大陆中古史研究渐有"人才井喷"的现象,这个"井喷"的群体大致以1970—1980年代出生的学人为中坚。论者认为,中国史学界,甚或历史学界近年最活跃最突出的群体,正是从事中古史研究的青年学人。不可否认,他们是学术活动的积极组织者,以连续九届的中国中古史联谊会和连续五届的中国中古史前沿论坛为代表;他们甚或是学术风气的引领者,以徐冲和孙正军等先生提倡的"史料批判"为代表。凡此种种,不一而足。这个群体的学人具有非常鲜明的自觉意识,他们正在走向中古史研究的前台,成长为中古史研究的中坚力量。他们具有坚实的学术基础、熟练的电脑操作、丰富的网络资源和多元的交流渠道等优势,而且他们中的相当一部分掌握两门——英语和日语——及以上外语。多样性的优势使他们成为"两栖学者":1970—1980年代比较活跃的中青年学者,往往一边研究,一边翻译,两者同时进行,研译相长。当然,这个现象也存在于1940—1950年代学人中,如阎步克、李凭、韩昇、牟发松、钱杭等先生,都有翻译力作的经历。③

大体而言,20世纪以降,现代学术规范建立以来的百余年间,就中古史研究的整体格局而言,大致是中国(包括大陆和港台地区)、欧美和日本学界三足鼎立的局面,从贡献和影响力而言,分别对应魏、蜀、吴三国。而就中古史论著翻译的情况而言,21世纪以前的中古史翻译,1940—1950年代出生的学人是主力,也是第一代从事中古史著作翻译

---

① 程章灿:《学术翻译的软肋——对欧美汉学论著之中译诸问题的思考》,《文史哲》2011年第4期,第55—63页。
② 伊沛霞:《早期中华帝国的贵族家庭——博陵崔氏个案研究》,范兆飞译,上海:上海古籍出版社,2011年;姜士彬:《中古中国的寡头政治》,范兆飞等译,上海:中西书局,2016年。
③ 马丁·阿尔布罗:《官僚制》,阎步克译,北京:知识出版社,1990年;艾森斯塔得:《帝国的政治体系》,贵阳:贵州人民出版社,1992年。前田正名:《平城历史地理学研究》,李凭等译,北京:书目文献出版社,1994年。宫崎市定:《九品官人法研究——科举前史》,韩昇译,北京:中华书局,2008年;砺波护:《隋唐佛教文化》,韩昇译,上海:上海古籍出版社,2004年;堀敏一:《隋唐帝国与东亚》,韩昇译,昆明:云南人民出版社,2002年。仁井田陞:《中国法制史》,牟发松译,上海:上海古籍出版社,2011年。守屋美都雄:《中国古代的家族与国家》,钱杭等译,上海:上海古籍出版社,2010年。濑川昌久:《族谱——华南汉族的宗族、风水、移居》,钱杭译,上海:上海书店出版社,1999年;田仲一成:《中国的宗族与戏剧》,钱杭译,上海:上海古籍出版社,1992年;井上彻:《中国的宗族与国家礼制:从宗族主义角度所作的分析》,上海:上海书店出版社,2008年。

的学人,他们之前的前辈学者基本以评介为主,从事翻译者寥寥无几。可以说,1940—1950年代学人的翻译是重点突破,以翻译日本学者的中古史研究著作为主,刘俊文先生主编的《日本学者研究中国史论著选译》堪称代表;21世纪以降,1970—1980年代学人逐渐崛起,在翻译方面几乎和前辈学人平分秋色。在两代学者的合作下,规模较大的译著丛刊得以陆续出版,如中华书局推出的"日本学者中国史研究丛刊",现已出版五种;①又如上海古籍出版社推出的"日本中国史研究译丛",现已出版八种。这两种丛刊的译者多是前辈学人,偶有青年学人参与其中。②但是,近年来出现一些新变化,就是1970—1980年代的学人组织和翻译的著作,也开始以丛书的形式渐露峥嵘,如徐冲先生组织的"日本学者古代中国研究丛刊",凡十种,译者清一色地都是1970—1980年代学人,将于近年陆续推出。③当然,1960年代出生的学人,不但在学术传承上起到承前启后的作用,在中古史著作翻译方面也有重要的贡献,如侯旭东、鲁西奇、程章灿等学人都有重要的译著出版。④但从总量而言,不及前后两代学人。由此可见,中古史论著的译者,呈现出年轻化的趋势。当然,这个年轻化是相对而言的,因为从事《日本学者研究中国史论著选译》翻译的学人,在当时也是三四十岁的中青年学者。从传统和现实来看,相对意义上的中青年学人一直都是中古史学术著作翻译的主力军。

不仅如此,中古史翻译还表现在从"重点突破"转向"全面进攻":一是大幅增加日本中古史著作翻译的数量,杨一凡和寺田浩明主编的《日本学者中国法制史论著选》(凡四种,中华书局,2016年)、徐冲策划的"日本学者古代中国研究丛刊"就是证明。二是将前人广泛忽视的欧美著作,同时纳入翻译的视野。学人对于欧美学术著作的翻译,近年来文史并重:其中规模最大、持续最久、译著最丰的是刘东先生主编的"海外中国研究丛书"(约87部),任继愈先生主编推出的"国际汉学研究书系"(约26部),中华书局推出的"世界汉学论丛"(34部)等;另外,在文学方面,如三联书店相继推出"宇文所安作品系列"共七种,⑤"薛爱

---

① 这五本译著均由中华书局出版,分别是宫崎市定《九品官人法研究——科举前史》(韩昇译,2008年)、渡辺信一郎《中国古代的王权与天下秩序——从日中比较史的视角出发》(徐冲译,2008年)、尾形勇《中国古代的"家"与"国家"》(张鹤泉译,2009年)、桑原骘藏《蒲寿庚考》(陈裕菁译,2009年)、加藤繁《中国经济史考证》(吴杰译,2012年)。
② 这八本译著均由上海古籍出版社出版,分别是内藤湖南《中国史学史》(马彪译,2008年)、川胜义雄《六朝贵族制社会研究》(徐谷梵、李济沧译,2008年)、岛田虔次《中国思想史研究》(邓红译,2009年)、守屋美都雄《中国古代的家族与国家》(钱杭译,2010年)、谷川道雄《隋唐帝国形成史论》(李济沧译,2011年)、仁井田陞《中国法制史》(牟发松译,2011年)、前田正名《平城历史地理学研究》(李凭等译,2012年)、谷川道雄《中国中世社会与共同体》(马彪译,2013年)。
③ 这些译著均由复旦大学出版社出版,如窪添庆文《魏晋南北朝官僚制研究》(赵立新等译,2015年)内藤湖南《东洋文化史研究》(林晓光译,2016年)、纸屋正和《汉代郡县制的展开》(朱海滨译,2016年)、寺地遵《南宋初期政治史研究》(刘静贞译,2016年)。
④ 余英时:《东汉生死观》,侯旭东译,上海:上海古籍出版社,2005年;太史文《幽灵的节日:中国中世纪的信仰与生活》,又作《中国中世纪的鬼节》,侯旭东译,杭州:浙江人民出版社,1998年。韩森:《传统中国日常生活中的协商:中古契约研究》,鲁西奇译,南京:江苏人民出版社,2008年。
⑤ 宇文所安的七部著作已经翻译,由三联书店出版:《初唐诗》(贾晋华译,2004年)、《盛唐诗》(贾晋华译,2004年)、《迷楼:诗与欲望的迷宫》(程章灿译,2004年)、《追忆:中国古典文学中的往事再现》(郑学勤译,2004年)、《中国"中世纪"的终结:中唐文学文化论集》(陈磊译,2006年)、《晚唐:九世纪中叶的中国诗歌》(贾晋华译,2011年)、《中国早期古典诗歌的声称》(胡秋蕾译,2012年)。

华作品系列"共两种,等等。① 这些出版计划可谓气吞万里,在译介汉学著作方面居功甚伟。近年在中古史译作和出版方面比较活跃的出版社是中西书局,如孙英刚先生组织和策划"国际佛教与中国宗教研究丛书",系长期翻译和出版计划,目前已经出版五种,②其他著作还在陆续翻译和出版之中;又如中西书局精心推出的"中西学术文丛",现在计划推出十种,正在陆续翻译和出版;③又如上海古籍出版社近年陆续推出的"剑桥中华文史丛刊",迄今出版五本(其中三本是中古史论著,除黄宝华先生外,其他译者也都是1970—1980年代学人)。种种情况,基本改变了以前中古史译作"单脚跳"——重点翻译日文著作——的现象。如此这般,许多停留在学人注释中的外文著作,陆续从"熟悉的陌生人",真正地被学人所熟悉。

二、合适的译者与翻译的忠实

一本译著如何通过中译本,获得"新生"? 首先是所译书目的选择。译者的年轻化,看起来是大势所趋,但在此背景下,学人所译书目的推荐和翻译,不乏前辈学者如荣新江、徐文堪、韩昇等先生的关照和支持。中古史的外文论著,极为丰富,学人根本不可能完全翻译,同时有些著作也无翻译之必要,故将哪些论著纳入翻译的视野,也是极为考究之事。以刘俊文主编的《日本学者研究中国史论著选译》为例,当时对于日本学者论文的遴选工作,据刘俊文先生的编者识语,可知当时诸多学人谷川道雄、池田温、竺山雅章等先生都参与所译论文的选定,其遴选程序大致是:"首先个别征求日本学者的意见,拟出入选学者候选名单和入选论文候选目录,然后将此名单和目录印发日本东洋史学界广泛评议,再根据评议增补删改,前后反复五次,参与评议的范围达一百二十余人,最后才正式决定。"④

周一良先生赞扬其中论文的选择"几经讨论,反复协商,取得一致赞同的结果,应当说是较为公允全面的"。⑤ 由此可见,这个论文选择的过程,得到中日学者的极大关注,这种严谨和热忱是时代的产物,当时正值中日邦交正常化,在某种程度上,大多数中国

---

① 薛爱华:《朱雀——唐代的南方意象》,程章灿等译,北京:三联书店,2014 年;《神女——唐代文学中的龙女与雨女》,程章灿等译,北京:三联书店,2014 年。另外,还有薛爱华:《撒马尔罕的金桃——唐代舶来品研究》,吴玉贵译,北京:社会科学文献出版社,2016 年。
② 以下译著均由中西书局出版,柏夷:《道教研究论集》(孙齐等译,2015 年);柯嘉豪:《佛教对中国物质文化的影响》(赵悠等译,2015 年);辛嶋静志:《佛教语言及传承》(2016 年)、田海:《讲故事:中国历史上的巫蛊与替罪》(2016 年)、沈丹森:《7—15 世纪的中印佛教与贸易交流》(2016 年)。
③ 以下译著均由中西书局出版,如王庚武《五代时期北方中国的权力结构》(胡耀飞、尹承译,2014 年);杜希德《唐代财政》(丁俊译,2016 年)。即将出版的是:姜士彬《中古中国的寡头政治》(范兆飞等译,2016 年)。另外,还有蒲立本《安禄山叛乱的背景》、艾伯华《征服者与统治者》、守屋美都雄《六朝门阀个案研究——太原王氏系谱考》等书正在翻译之中,将于近年出版。
④ 刘俊文主编:《日本学者研究中国史论著选译》第 1 卷《通论》,第 3 页。
⑤ 刘俊文主编:《日本学者研究中国史论著选译》第 1 卷《通论》"序言",第 7 页。

学人正是通过这个丛书,一睹日本东洋史学的"庐山面目"。尽管这种严谨的精神不可复制,但抚今追昔,当我们面对波涛汹涌的外文著作时,在选择书目时必须经过审慎的选择。笔者以为最好的办法,就是书评论文先行。具体来说,就是由具有相当海外背景、最好由在海外拿到博士学位或在海外访学时间在两年以上,并和海外学人保持密切联系的学者,撰写重要的书评论文,除却介绍该书的内容之外,能够准确地把握其学术价值和学术史意义。当然,也有一些外文论著,虽然没有中文书评,但早已有外文书评面世,这样译者至少应该将外文书评译成中文,供出版方参酌。无论如何,书评论文是遴选所译书目的必要条件,可以有效地防止良莠不齐和泥沙俱下,在有建设意义的书评基础上,译者和出版方应再三商议,并斟酌学界同仁的意见,从而判定有无翻译之必要,或者调整翻译次序的轻重缓急,毕竟一本译著的出版,牵扯原作者、原出版社、国内出版社和译者多方利益关系,事务烦琐,耗时耗力。很难想象,一本完全没有书评的译著,突兀地完全像个陌生人一样,出现在我们面前。

其次就是译者务必忠实地翻译原书。关于翻译,意大利有一句著名的谚语,即"Traduttore, Traditore",其意思大致是"翻译者即背叛者"。笔者以为,这句谚语应该成为每个中古史著作译者的悬顶之剑,在翻译一词一句一段一书时,都要自问和警惕有没有"背叛"作者的原意?换言之,译者在哪些方面可能背叛原著呢?笔者以为,学术译著的背叛有两个层面:一是表面意义的"背叛":就是字、词、句的理解错误导致的错误。一方面是误会了原著单词和语句的用法和意义。译者甚至译错书名,如美国汉学家伊沛霞(Patricia Ebrey)出版的"The Inner Quarters: Marriage and the Lives of Chinese Women in the Sung Period"(《内闱——宋代妇女的婚姻和生活》),译者竟然错译为《内闱——宋代的婚姻和妇女生活》。[①] 不仅如此,译著中的错误比比皆是。[②] 汉学家名字的准确翻译。如将汉学家名字误译的。例如,黄宝华译著《唐代官修史籍考》中将汉学家"Howard F. Wechsler"(魏侯玮)的名字错译成"韦其勒"、将"Des Routours Robert"(戴何都)错译为"罗多尔",将"Jack L. Dull"(杜敬轲)错译为"杜尔"。[③] 台湾学者李圣光将其译作"韦其勒",[④]《剑桥中国隋唐史》将其译作"韦克斯勒",[⑤] 实际上都是指"魏侯玮"。"Denis C. Twitchett"(杜希德)被译成"崔维泽","Karl A. Wittfogel"被译成"魏特

---

① 莉苇:《〈内闱〉一书的译名及其他》,《博览群书》2005 年第 11 期。
② 程章灿:《学术翻译的软肋——对欧美汉学论著之中译诸问题的思考》,《文史哲》2011 年第 4 期,第 55—63 页。
③ 杜希德:《唐代官修史籍考》,第 232、239 页。
④ 韦其勒(应译作"魏侯玮"):《初唐政治上的党争》,李圣光译,收入"国立编译馆"主编:《唐史论文选集》,台北:幼狮文化事业公司,1990 年,第 46 页。
⑤ 其文章名称的译法也不同:《初唐政府中的宗派主义》,参见《剑桥中国隋唐史》,第 169 页。按,其英语原文是:"Factionalism in Early T'ang Government",笔者之前译为"唐初政治上的宗派集团"也不准确,将"Factionalism"译成"党争",似更符合中文语境。当然,有些译著将原著所引论著名称译错的情形,如刘云军所译《权力关系:宋代中国家族的家族、地位与国家》(柏文莉著,南京:江苏人民出版社,2015 年)一书中,将青山定雄的系列论文几乎全部错译,如将"宋代における華北官僚の系譜について"悉数错译作"宋代华北的官僚制",应该译成"宋代华北官僚谱系研究"。这种将原著所引文献和论著错译的情形在中古史译著中并不少见。因此,即便语言能力和专业素养都过硬的学者,在翻译学术著作时也务必谨慎,不熟悉或完全不懂的语言和学术词汇随时都可能出现,译者应该多向学界同仁请教,从而避免这些错谬,以免误导读者。

福格"、"David Johnson"(姜士彬)被译成"詹森"、"约翰逊","Patricia Ebrey"(伊沛霞)被译成"埃伯里",等等。实际上,这些汉学家名字的译法,与其说是错译,毋宁说是时代的印记,这些译法大多数出现在1980—1990年代,当时国门初开,学术交流尚处于摸索状态,双方信息并不对等,中国学者根据音译将其名字进行翻译,这一点无可厚非,尤以《剑桥中国史》系列丛书为代表。但是,时过境迁,1980年代以降,研究中国史的欧美汉学家几乎都有字义双美的姓名,其名甚至和研究领域都有若干关联:如牟复礼(W. Mote Frederick)、费正清(John King Fairbank)、毕汉思(Hans H. A. Bielenstein)、姜士彬(David Johnson)等。这些汉学家的名字,来源多种多样,有师友起的,有自己起的,但基本都得到本人的认同。因此,21世纪以降,在汉学著作翻译时,译者显然要遵循"名从主人"的原则,合适的做法当然是同时括注其外文名称;一些旧版译著的重版,更好的做法是同时括注原来的译法,如最近出版的《金桃》一书,[1]译者对于原书作者的介绍最为合理(薛爱华(Edward Hetzel Schafer,1913—1991,旧译爱德华·谢弗)。译者还在译后记中列出数种译法:肖孚、舍费尔、谢弗等名,同时声称没有找到作者本人使用"薛爱华"这个汉名的确切根据。但还是改为薛爱华,并标注旧译,"为了避免读者将新旧版误作两个作者"。[2] 不仅汉学家的名字如此,论著的名称、期刊的名称等,在旧译重版的时候,尤其在读者群中具有较大影响的著作,如影响较大的《剑桥中国隋唐史》、《唐史论文选集》中译本,如果再版,笔者建议进行必要的校订和统一,否则会使读者,尤其让初入门槛的青年学人产生严重的误解。

二是深层意义的"背叛"。毫无疑问,学术著作的翻译和文学小说迥然相异,各种文体的翻译标准,也多有不同。近代著名翻译家严复曾提出"信达雅"的标准,我们相信,一本文学名著的翻译,应当是直译和意译的有机结合,"信达雅"是对文学名著翻译的基本要求,也是最高境界。对于文学名作的翻译,一味以直译为主,以信为最高目标,就一定会失去原作的神韵和意境,有形而无神。比较而言,一本中古史研究著作的翻译,似应以直译为主,忠实地翻译原著,"信"应是翻译的基本准则。但是,如何能够做到"信"呢?仅仅杜绝"常凯申"、"赫尔珍"之类的荒唐翻译,并不等于忠实原作。如果一本译作并无硬伤,但没有译出原著该有的学术味道,显然也是平庸之作。徐泓先生在翻译何炳棣先生《明清社会史论》之时曾经自信地宣称,力求复原何先生所引原典,是其不同于其他译著之处。进而言之,仅仅复原原著所引文献和论著是不够的,还要在查核所引文献的基础上,复原其学术意境,例如复原其学术概念。但要做到一一核实原始文献和所引论著,看似容易,实则困难,尤其对于原著研究领域之外的译者更是如此。若以此为准,作为检查译著优劣的标尺,我们不无遗憾地发现,相当一部分译著都达不到这个标准。

造成上述"背叛"的原因有两点:一是译者作为外行,贸然提刀,缺乏必要的专业知识和学术背景。这种情况的出现,就是译者以为只要具备相当的外文水准,就可以操刀

---

[1] 薛爱华:《撒马尔罕的金桃:唐代舶来品研究》,北京:社会科学文献出版社,2016年。
[2] 薛爱华:《撒马尔罕的金桃:唐代舶来品研究》译后记,第768页。

翻译,实则不然,这是非常严重的误解和硬伤,甚至意料之中的"事故"。前面所举的荒唐错谬,就是外行翻译专业著作导致的错误。再如,从字面看将"The Art of War"译成"战争的艺术"没有问题,但这是错误的,应该译成"孙子兵法"。实际上,《内闱》翻译的错谬,只是属于比较正常的错误,更离奇的错谬是将"蒋介石"误译为"常凯申"、将"孟子"错译为"门修斯"、将"赫尔岑"错译为"赫尔珍",等等,这些外行人炮制的错谬"事故"使得部分译著成为学人纷纷批评和嘲讽的笑柄。另外,还有一种情形,就是某些重要词汇作为贯穿全书的关键词,是不是都应该从始至终都保持着相同的翻译,以拙译《中古中国的寡头政治》为例,"oligarchy"是书眼所在,但是我们完全没有必要将书中所有的"oligarchy"都译成"寡头政治"或"寡头家族",尤其在姜士彬先生援引学人论著的时候,更应该使用学人论著中的词汇,如"门阀大族"、"世家大族"等更适合中文阅读习惯的词汇。又如,童岭先生在翻译《唐代传奇小说论》中遇到关键词汇"结晶化"(けっしょうか)的时候,也是根据文脉译成适合中文阅读习惯的词语。①

还要指出的是,译者在翻译过程中,某些注释需要完成"本土化"。有些注释的翻译和处理似乎没有疑问,如黄宝华所译《唐代官修史籍考》中对于古籍的注释如"《旧唐书》卷一〇二,页3182;《新唐书》卷一三二,页4529"。② 黄译中的注释基本都是循此处理,这看似符合原著的样子,但却完全不符合中文阅读习惯。类似的例子,又如胡耀飞等所译《五代时期北方中国的权力结构》中对于古籍注释的处理,如"《旧五代史》卷二五,第1b页;《新唐书》卷二一八,第3a页"。③ 这本译著对于古籍文献的注释都是如此处理。但是,王赓武先生所引的《旧五代史》、《新唐书》等正史材料是根据《四部备要》本,或《丛书集成》本。实际上,由于二十四史的中华书局点校本大多数都出版于20世纪70年代,以及中西学术交流的层层障碍,故20世纪80年代以前,西方学人所用中古时期的正史资料,多数不是中华书局点校本,如姜士彬《中古中国的寡头政治》(1977)、伊沛霞《早期中华帝国的贵族家庭——博陵崔氏个案研究》(1978)所用正史,均为台北艺文印书馆根据乾隆四年(1739)武英殿本影印。现在大陆学者除非文献考订等特殊需要,所据材料均为中华书局点校本;因此,这两本译著如此标注页码,似乎忠实原著,读者却无法据以准确核查,故应无必要。因此,从这个例子可以看出,译者在进行学术翻译的时候,不只要忠实原著,也要忠实国内读者,在两者之间寻求平衡,例如,正史的注释翻译至少应该本土化:还原为卷次和卷目,如果是大陆学者习用者,如《资治通鉴》的中华点校本出版于1956年,故亦为欧美学者所习用,译者可出具页码,以便检核。再如参考文献的翻译和处理。欧美中古史著作的参考文献对读者极有裨益,是读者了解其学术构成和知识储备的重要路径,但有些译著在这方面的处理简单粗疏,如胡耀飞译著《五代时期北方中国的权力结构》对于英文和日文部分只是简单抄录外文文献,作为中

---

① 小南一郎:《唐代传奇小说论》,童岭译,北京:北京大学出版社,2015年,第24页。
② 杜希德:《唐代官修史籍考》,第153页。
③ 王赓武:《五代时期北方中国的权力结构》,第39页。

译本显然不够恰当,译者应该将所有非中文语种译为中文,再括注原文。关于参考文献的翻译和处理,具有典范意义的是吴玉贵所译《撒马尔罕的金桃——唐代舶来品研究》、程章灿所译《朱雀——唐代的南方意象》和范兆飞所译《早期中华帝国的贵族家庭——博陵崔氏个案研究》等。

  二是译者没有查核原文,或者没有查核原著所引原始文献和论著的精力和能力。最合适的做法,就是找到最合适的译者。那么,什么才是最合适的呢? 简言之,就是译者在所译著作方面,具有适当的海外经历、过硬的知识背景和学术积累,以及与原作者或海外汉学界有必要的沟通和联系。这几点对于成功的翻译而言,缺一不可。现在中古史翻译的情况是,1970—1980年代学人是学术译作的主力军,更要强调这种情况,否则一味地搞"圈地运动",由学力、外语、经历不太恰当和专业不过硬的学人进行翻译,就会出现大面积"背叛"原著的情况,进而和通过学术翻译进行国际交流的初衷南辕北辙。因此,笔者强烈建议,译者和出版方都应该量力而行,根据自己的外文水准,扎根擅长的研究领域,选择与本人研究方向非常熟悉、接近甚或吻合的著作进行翻译。张和声先生曾将译者喻成伴娘,认为伴娘再漂亮,也不能抢了新娘的风头。① 笔者以为张先生的比喻过于谦虚,翻译完全是另一种形式的创作,译者和原著的关系,不啻于一种"联姻","婚配佳偶"是最好的选择。鉴于中古史的学科特点,以及对于专业和外文的双重要求,现在没有专门从事中古史著作翻译的职业选手。从事翻译的学人,往往研究和翻译同时进行,两者如果不能很好地匹配,很难想象,译者能够完全检核原始文献,阅读和理解所引著作,如果不能这样,必然是背叛者多,忠实者少。因此,徐泓先生的自信之辞不能算是最高标准,只能说是基本原则。中古史著作又不具备"畅销书"的特征,往往一经翻译,在某种程度上就"许配终身",很少有中古史著作出现多种中译本的情况,即便有,也是台北和大陆一并出现,如斯坦利·威斯坦因的《唐代佛教》有两个译本。② 因此,译者和译著的双边选择务必慎而又慎:译者一定要从事熟悉领域的翻译;如果贸然越界,翻译陌生领域的著作,无疑会陷入漫无边际的沼泽,踩下去是满裤腿的泥巴,最终进退两难。实际上,阎步克、徐泓、钱杭、韩昇、程章灿等先生所译论著,均与其治学旨趣契合,可谓研、译相长,其过硬的专业水准,可以让他们迅速把握原著的内容、价值和意义,其译文准确典雅,信而有征,正是读者可以信赖的译本。

三、简短的结语

  一本优秀的中译本,并不意味着原著就此获得"新生"。诸多颇有盛名的中古史论

---

① 马克·布洛克:《历史学家的技艺》译后记,张和声译,北京:北京师范大学出版社,2014年,第166页。
② 史丹利·外因斯坦(Stanley Weinstein)《唐代佛教:王法与佛法》,释依法译,台北:佛光文化事业,1999年;斯坦利·威斯坦因:《唐代佛教》,张煜译,上海:上海古籍出版社,2010年。

著,在翻译之后,并没有产生积极的回应,有的甚至还蒙上"不过尔尔"的"恶名"。相关例证比比皆是。数年前谷川道雄先生的中译本《隋唐帝国形成史论》和《中国中世社会与共同体》出版后,如铁坠江涛,并未在中国学界引发广泛的讨论,完全是出乎意料。谷川先生作为京都学派的旗帜性人物,其著作在国内反响甚微,令人讶异。实际上,这种消极的反响一方面源于中日学人关于学术话题的隔膜,这一般是由原著和译著出版的时间差造成的:谷川氏二书都出版于20世纪70年代,当时确为日本学界所推重,并引起激烈而深入的学术讨论;然而时过境迁,近半个世纪之后,现在国内学人对于谷川氏所讨论的话题已经意兴阑珊;另一方面则是有些大陆读者在阅读这些著作时缺乏学术史的眼光。实际上,任何一部有意义的著作,都是学术长河中的一部分,如果抽刀断水,单纯就书读书评书论书,往往就会就遮蔽其在学术史的光芒,从而也就不能准确地理解其学术意义。甚至如学人批评的那样,相当一部分学人在并未全然理解西方汉学理路和"理论饥渴"的情况下,一味地追求和模仿西方汉学风格,嫁接和拼凑西方汉学理论,形成具有依附性的"汉学心态"。[①] 因此,在阅读汉学译著方面,读者结合富有启发的书评阅读译著,不失为一种理解和把握原著精髓的捷径。以拙译《早期中华帝国的贵族家庭——博陵崔氏个案研究》为例,在中译本出版以前,学人多是根据周一良先生的评介窥其概要,出版以后,仇鹿鸣先生则从士族研究学术史的角度,对于伊著的内容和学术价值进行非常精到的评价和申论。[②] 读者在阅读和利用该书的时候,应该参考这两篇书评文字,这样就能充分认识到这本著作的内容和意义。因此,一本重要译著的出版,往往伴随着数篇重要书评论文的发表,优秀的译著和切中肯綮的书评论文可谓相得益彰,合则双美。

总之,中古史著作的翻译历经近半个世纪的摸索和发展,逐渐呈现译者年轻化、译著全面化的趋势,从以前倾向于强调日文著作的翻译,到现在翻译欧美和日文著作并重,译著的数量和质量都呈现出几何级的增长局面。这些与日俱增的中古史译著在嘉惠学林之时,也存在着一些亟须克服的问题:遴选书目鱼龙混杂,译者水平良莠不齐,译著规范尚未建立,译著定位模糊不清,等等。这些问题的源头是译者过度的年轻化和跨界操作,极易造成郢书燕说、以讹传讹的"恶果"。译者非专业性的倾向值得警惕和遏止。具有相当学术专长和外文水准的前辈学者和中青年骨干,在专业、外文和海外学者交流等方面拥有珠联璧合的优势,他们是我们最可信赖的翻译人选。译著的出版,只是翻译的结束,不是交流的终结,反而是继续交流的开始,因此,学人对于译著的理解,务必置于学术史发展的脉络中进行理解,方能准确地把握其学术意义,进而有效地推动中古史研究的交流和深入开展。

[①] 包伟民:《走出"汉学心态"——中国古代历史研究方法论刍议》,《中国社会科学评价》2015年第3期,第60—68页。
[②] 周一良:《〈博陵崔氏个案研究〉评介》,《中国史研究》1982年第1期,后收于氏著:《魏晋南北朝史论集》,北京:北京大学出版社,1997年,第517—528页。仇鹿鸣:《士族研究中的问题与主义——以〈早期中华帝国的贵族家庭〉为中心》,《中华文史论丛》2013年第4期,第287—318页。

问题史·宗门·道统建构

——以六祖惠能为中心的禅宗史片解

陈 凯

国内外学术界对于初期禅宗史,特别是关于六祖惠能与《坛经》的研究蔚为兴盛,是公认的佛教学研究热点与"显学"。数十年来,学者们对于《坛经》文献校勘注释、六祖惠能的佛学思想,以及早期禅宗南北之争等基本问题进行了深入细致的研究,取得了丰富的学术成果,这些都有助于我们深入认识早期禅宗发展史以及六祖惠能的佛学思想。① 然而综观诸多禅宗史研究论著,其中所公认的几个基本事实前提是:第一,认为六祖惠能在黄梅时得以密传五祖衣钵,继承了所谓的禅宗法统;第二,认为存在所谓的惠能与神秀"斗法"、"夺嫡"事件,并且延续相关禅宗史籍的说法,默认了六祖的佛学水平的确高过神秀。然而这些作为相关研究前提的、看似为信史的记载,实际上是经不起细致考辨的。此外,一些研究论著的思考范域和考察视野不广阔,多就哲学史或者思想史本身而论之,缺乏对于基本历史要素的关注。考察唐代佛教史,有两大基本的社会历史要素不能忽视,即僧官管理制度和寺院经济模式,而尤以前者对唐代佛教的影响更为深远。可惜的是在笔者所见到的研究文献里面,几乎是没有用到僧官制度这一考察思路的,许多论著只是就思想论思想,忽视了思想产生发展的历史背景,这似为一个极大的不足。而释印顺法师在《中国禅宗史》一书中对于初期禅宗发展的论述,既有佛学义理的爬梳,同时又非常注重史实考证,这是非常难得的。② 还需指出的是,由于学科背景的差异以及佛学知识结构的不完善,使部分论著对惠能大师的佛学思想缺乏更精到的认识和把

---

① 其中学术界关于《坛经》文本的校勘注释研究,主要的成果有日本学者柳田圣山主编的《〈六祖坛经〉诸本集成》(京都中文出版社株式会社,1976 年)、郭朋先生所撰《〈坛经〉对勘》(齐鲁书社,1981 年)与《〈坛经〉校释》(中华书局,1983 年版)、杨曾文先生校写《敦煌新本〈六祖坛经〉》(宗教文化出版社,2011 年第二版),目前对于《坛经》文本最为细致深入的整理成果,当推王孺童先生所撰《〈坛经〉诸本集成》(宗教文化出版社,2014 年)一书。关于六祖惠能的佛学思想以及早期禅宗史诸方面的研究成果,二十世纪以来名家时贤辈出,详请参见释明生主编《〈六祖坛经〉研究集成》(金城出版社,2012 年)中的相关研究综述。

② 参见释印顺著:《中国禅宗史》,江西人民出版社,1999 年版。

握,有时甚至是误解。这一点比较集中地体现在研究者对于惠能和神秀的所谓"悟法偈"进行分析比较和解读阐释的时候出现的迷误和偏差。多数论著秉承了传统的观点,认为惠能的禅学悟境高于神秀,而且许多教内人士也持同样的观点。如果对于惠能和神秀的禅法大旨和立论根据有了解之后,其实这样的结论也是有待商榷的。

本文针对上述问题,从"问题史"、"宗门"、"道统建构"的视角展开对于以六祖惠能为中心的初期禅宗史的新探索,试图从那些在诸多论著中作为"默许的基本前提"入手来对这段历史做出新的解释。所谓"问题史"的概念,是对于六祖本人神秘离奇的早期史实的性质最好不过的概括与表述,其人行事中的那些"谜团"是我们破解六祖早期宗教活动的钥匙。我们首先通过对"惠能"和"慧能"在《坛经》等基本禅宗文献中的不同称谓现象入手,指出使用古法称谓的合理性,并以此为基点,进而开始探讨六祖惠能当时的真实身分,即对禅宗文献和佛教史传中记载"黄梅得法"时候惠能的身分进行考辨,指出当时惠能的身分只是俗家弟子,或谓之"行者",即相当于后世预备出家的"净人"。按照当时的度僧制度规定,惠能是不具备真正的僧人资格的,若此说成立,那么所谓的"得衣传法"以及"正统之争"岂不皆是枉然?由此形成了文献记载与制度、史实之间的矛盾。所谓"宗门",当是后来禅宗在发展过程中为了彰显其特立不群的品质、傲视教门诸家的自诩,然而其源头就是来自所谓的"教外别传"。这种宗教门派优越感心理的来源,乃是根源于文献记载以及宗派发展中流传的关于惠能、神秀"斗法"的传说故事,禅家以为南宗乃是秉承了惠能单刀直指、顿悟心源的无上法门,故而自然以心为宗,是为"宗门"之标的。有因于此,我们再就惠能、神秀的悟法偈进行再分析和阐释,在此基础上对于所谓的佛学思想与禅法境界的"高低之分"进行了考辨,指出所谓两人"高下之分"是错误的观点,实际上只有禅法路数与佛学证悟契入点的不同,而不存在世俗所谓片面而机械的"境界高下"之是非断论,由此在义理的层面上消解与击破了南禅宗人最为自豪的辉煌光环,同时也理清了初期禅宗内部修学和义理研究的分歧所在。最后,以历史哲学中"偶然性事件"的观点展开总结,对《坛经》以及后世禅宗的"道统建构"行为做出了理论解释,指出南宗惠能一系最后在中国佛教界取得统治地位的因由是"安史之乱"这一"偶然性事件"的促成。北宗的人才丧失殆尽,所谓的南宗代替北宗,不过是"世无英雄,遂成竖子之名"的历史活剧重演,而南宗的优越性不过也是昙花一现,禅宗发展在五家七宗时代之后的没落和明清以来中国佛教长期不振的历史现象就说明了这一观点。以上是为绪论。

一、"问题史"之起:关于六祖之正名

禅宗典籍与相关的佛教史传文本中对六祖法名的称谓有两种形式:"惠能"和"慧能"。这两者到底有什么区别和联系,到底以哪个为准呢?一般论者皆以为无甚区别,

"惠"和"慧"两字是可以通用的,只是传写过程中出现的异体字而已。例如杨增文先生在《〈坛经〉敦博本的学术价值和关于〈坛经〉诸本演变,禅法思想的探讨》一文中认为:唐写本一般把"惠"、"慧"二字通用,后世禅宗史书多作"慧能"。① 但是我们就敦煌遗书的相关文献记录来看,在早期禅宗史的文献中对六祖及南宗的相关记载中,基本还是多用"惠能"的字样。由此出现了文献记载情况与上述研究观点相左的情况。学术界另一种意见以为当从古体,以"惠能"为是。此二说令人莫辨是非。如果按照第一种见解,即异体字通用之说成立,便出现了古汉语中的通假字现象,但其成立的前提是两个字在使用时的语义必须相同,由此我们必须进一步来考察"惠"、"慧"二字在具体文献中的含义。在此我们先列举一些主要的禅宗典籍文献中关于六祖法名称谓的记载:1. 敦煌本《坛经》作"惠能"(敦煌新本同);2. 日本大乘寺本《坛经》作"惠能";3.《曹溪大师传》作"惠能";4.《六祖大师缘起外记》作"惠能";5.《惠能和尚传》作"惠能";6.《唐韶州今南华寺慧能传》作"慧能";7.《六祖坛经序》作"惠能";8.《六祖法宝记叙》作"慧能";9.《传法宝记》作"惠能";10.《六祖大师法宝坛经略序》作"惠能",等等。

由上所列,可见对于六祖法名的称谓,各类文献记载中基本上是使用"惠能"字样较多,而很少采用"慧能"的字样。倘若根据遵循文献古本的原则,则六祖法名当作"惠能"是。或有人以为"惠"、"慧"两个字是通假的,互换是无所谓的。但我们知道,在古汉语的书面语中,借用一个音同、音近的字来代替另一个字的现象,就是通假。其中这个借用的音同、音近字叫作通假字,而这个被代替的字一般习惯上称之为本字。今人论著多以为"慧能"即是"惠能",其前提显然是认为"慧"通"惠",是则当以"惠"为本字,如此则最早的称谓还是应该用"惠能",而所谓的"慧能"的称谓,乃是后世文本流传过程之中的变通方法和异体传写(抑或讹写),故而根据古汉语通假遵循本字的原则,还是应当写作"惠能"的。这是第一条理由。

第三,古汉语通假现象中的本字,是相对于其所通假的字来讲的,但是"本字"并不一定和所通假的字含义完全相同。由此来看,如果"慧"通"惠",这只有在两个字都能解说为智慧或聪明的意思时("慧"字一般是作智慧或聪明解),才有通假的现象产生。那么六祖名为"惠能",其含义究竟为何?从佛教史料的记载中,我们可以断定的是,六祖的家庭与佛教有很深的因缘。传说在其出生的时候,有两个僧人来访,"专为小儿安名",僧人说道:"夜来生儿,专为安名,可上惠下能。"又说:"惠者,以法惠济众生;能者,能做佛事。"② 同样的,在法海所撰《六祖大师法宝坛经略序》(《全唐文》卷九一五)中也有几乎完全相同的记载。由此看来,这里的"惠"字,是做动词,表示布施,施舍的意思,而不是解释为智慧或者聪明的意思。既然如此,何来的通假之说呢?显然,通常的观点是站不住脚的。因此,王承文先生在《六祖惠能早年与唐初岭南新州》一文中指出:"上

---

① 载杨曾文校写:《敦煌新本六祖坛经》,宗教文化出版社,2011年。
② 参见《六祖大师缘起外记》。

海佛学书局丁福保《六祖大师法宝坛经笺注》所依据的《略序》却与《全唐文》有别,首先是'惠能'变成了'慧能',其次又记二僧释'慧能'之意为:'慧者,以法慧施众生;能者,能做佛事也。'六祖历来有'惠能'和'慧能'两种写法,但佛教在使用上仍有区别。'惠'是'施'义,'慧'是'智'义,以'法'惠济众生属六度的布施,以'法慧'施众生则是六度中的般若。但丁福保所依的《略序》中既已有'可上惠下能',但又称'慧者,以法慧施众生,能者,能做佛事也',明显是经过后人的改写。"①这一观点,同样指出了二字合用的不合理之处。这是第二个理由。

综合上述分析可知,无论是根据遵循文献古本的原则,还是根据古汉语的语意通假原理,"慧能"与"惠能"都是不能相通用的,因此我们对于六祖法名的称谓,还是应当用"惠能"为是。

这里还留下了一个问题:从上引传说记载来看,二僧夜来给六祖起这个名字,带有很强烈的佛教意味,甚至俨然是一个僧人的法号了。一个刚出生的婴儿就拥有如此独特的名字,这里除了说明六祖惠能一家与佛教有很深厚的因缘之外,如果我们从神话学对本源事实进行层层累积和建构的视角来看,是否可以认为早期禅宗史,特别是关于南禅创始人的那段基本史实,被后来者在基于不同背景和意图的叙述和阐释中,做出了何等程度的细节累积和文本建构?

二、白衣还是缁衣:对于六祖传法资格的质疑

承接上面的讨论,我们有理由质疑对于六祖称谓的问题,即俗家名字和出家的法名之间的微妙关系。在《坛经》等史传文本叙述的初期禅宗史建构中,六祖以一个"自来僧"的形象出现于世,似乎从来就是和佛家有缘。这样的巧合,虽说天衣无缝,但其中仍有疑窦值得我们细细揣摩。我们看到,在六祖出家之前,包括在黄梅五祖那里的一段时间,直至在印宗法师那里祝发受戒,在敦煌本《坛经》以及较早期的佛教史传文本中的称谓,皆是直称其名的"惠能"字样。由此我们可以认为:第一,六祖是出生在一个与佛教有宿缘的、具有佛教信仰背景的家庭中,在他俗家的时候,名字已经很有佛教僧人的味道了,这也暗示了他人生路途的轨迹指向;第二,必须明确,惠能是以"行者"的身分于弘忍处受到印可而得法的。在《楞伽师资记》中记载的弘忍自述文字,其首肯的十大弟子中,也有其他俗家弟子,例如具有地方官员官员身分的"白松山刘主簿",也得到了弘忍的印可,因此可以传佛法、为人师、弘化一方。可见,卢惠能是以佛教居士的背景,确切地说是"行者"、"净人"的身分,即在寺院中为僧人服劳役,同时参与宗教修行的预备出家人的身分获得五祖认可的,但是被认可的人只是获得传扬佛法、弘化一方的资格,并

---

① 该文见载《六祖慧能思想研究——"慧能与岭南文化"国际学术研讨会论文集》,《学术研究》杂志社,1997 年。

不等于就是成为宗教教团的领导者和管理继承人。由于尚未正式取得国家承认的僧人资格,以惠能当时的身分,无论怎样的聪慧,就宗法传承和制度规定上来看,都是不可能继承五祖的法统位子,继续领导门下徒众的。宗派祖位的继承必须是具有正式资格的僧人才有资格的,这在当时的佛教僧团内是毋庸置疑的原则;而且在当时宗派内部最为讲究的就是正统性和合法性,绝对不能允可一个白衣弟子越俎代庖而升座领众的。显然关于惠能白衣继承祖位的说法,乃是后世南禅弟子在《坛经》文本流传中出于某种意图的渲染,应当是在和北宗争夺禅宗宗门正统地位的过程中的舆论营造,以及后世对于本门派祖师"光荣史"的追溯与合法性建构。

考察唐代佛教史,如果不联系当时的僧官制度来看,对于很多问题的思考是苍白无力的。固然中古时期的僧官制度在某些方面悖于佛教的戒律,而刻意曲从于王权政教的力量,但是在一个大一统的帝国之下,儒佛道三教是要为统治者服务的,沙门要礼敬王者,并且要服从王者的安排,这是那个时代的必然。所以,中古时期的佛教僧人和社会政治之间的关系是十分密切的,僧人身分的认定,必须要经过国家的认可,批准和注册,否则是不予承认的。唐代对僧尼数量有严格地控制,要获得僧人的资格,是要经过国家考试的,合格者才取得剃度为僧人的资格,才能够出家,同时需要接受相关管理部门的安排,配住于某所寺庙,并且不能随便迁移,而且外出游方必须要携带相关的路引、度牒、文书,否则身分验证不明确,是要受到惩罚的。所以周叔迦先生在论及唐代的僧官制度和度僧制度时指出:"佛法传入中国汉族地区以后,唐宋时代,出家者先要到寺院中作行者,服各项劳役,垂发而不剃发,可以从师受沙弥戒。等政府规定的度僧的时日来到,经过政府的甄别,或经过考试及格,得到许可,给予度牒,并指定僧籍隶属于某寺院,然后方取得僧人的资格,可以剃度为僧。此后再等机会前往政府许可传戒的寺院受比丘戒,受戒师也由政府指定。凡是不经政府许可,未得度牒而私自剃发的僧尼,没有寺籍,名为私度,要受到惩罚。"① 释印顺法师在《中国禅宗史》一书中指出,六祖在印宗处正式出家应当在唐乾封二年(667),此时的惠能年满30岁。② 由此,我们有足够的理由认定,此前的惠能的确是不具备僧人资格的。那么后来所谓的继承祖位、密授衣法之事就值得我们怀疑其真实性所在了。③

三、宗门夺嫡:剑拔弩张还是言语道断?

诸本《坛经》以及相关的佛教史传中都记载了六祖在弘忍门下时,当五祖欲传衣法,

---

① 参见周叔迦著《法苑谈丛》,载氏著《周叔迦佛学论著集》下集,中华书局,2004年。
② 关于惠能的叙述,本文采用的是释印顺法师《中国禅宗史》中第五章的研究成果。江西人民出版社,1999年。
③ 关于印宗法师为惠能剃度是否具有合法性,仍然值得商榷。但是这至少说明当时在黄梅五祖门下时,惠能不可能是僧人,没有国家政府对僧人资格的认证。也可以看出在唐代远离统治中心的岭南地区僧制与管理的混乱。

"唤门人尽来",要他们"总且归房自看","各作一偈呈吾","若悟大意者,付汝衣法"之事。① 然后便有了惠能和神秀各自以悟法偈相比拼的所谓"夺法"斗争,弘忍中意于惠能,而终传衣法。此说广为流传,似成铁的事实,成为南宗卫道士指斥神秀北宗一系"传承是傍"、宗旨为偏的重要凭证,千百年来为人们深信不疑。但是,我们如果以历史的眼光去深入考察当时的东山教派及其门庭设施,并结合从道信大师以来山林禅的特点,便有足够的理由对这个事件的叙述产生质疑。

关于早期禅宗的发展,从道信开始,东山法门就一直保持着低调而朴实的宗教作风。史称其为"莫读经,莫共人语,能如此,久久堪用"。② 到了弘忍,更是"怀抱贞纯,缄口于是非之场,驰心于空有之境"。③ 而且弘忍大师的上首弟子神秀除了学问高深之外,也很好地继承了这一朴素无华的门庭之风,坚持做到"言语道断"、"不出文记"。凡此种种,我们可以看到东山法门既然一直注重的是不事于文、不重计较,注重自我体证和修行的朴实风气,那么又何以突然冒出惠能和神秀之间火药味极浓的夺法斗争呢?倘若有如此举动,显然弘忍大师是不会赞成的,更不用说会去介入所谓悟法偈高下的评判了。根据文献的叙述,那又何以会举办什么呈偈、斗法的活动呢?这显然是后世南宗的弟子为了抬高本门而贬低北宗的臆造,而不能信以为实的。

那么,身为行者的卢惠能是怎么得到弘忍大师印可的呢?原来东山法门讲究的是修行者和师者之间的单独沟通,修行者在觉得自己对佛法真谛有所体悟之后,就单独秘密地去见祖师,汇报自己的心得体会,然后祖师加以臧否或者印证。如果真的能够契合佛法妙谛,那么就能得到祖师的印可与付嘱,成为传法的弟子。所以在史料文献中说道:"及忍、如、大通之世,则法门大启,根机不择,齐速念佛名令净心,密来自呈,当理与法,犹递为秘重,曾不昌言,傥非其人,莫窥其奥。"④这段话十分准确地描述了东山法门如何传法的举措。平时的讲经、说法、念佛只是一般的修行,最为关键的是修行者自我体悟以及祖师的印可。因此,结合史料中所叙关于东山法门低调而朴实的宗教作风,使我们确信,弘忍大师是不可能如诸本《坛经》与一些史传文献中所述的提出要举行什么斗法大会的。《坛经》及诸种文献的说法,皆是违背史实的,可以说是后世南宗弟子为了本门之"夺嫡"、争取正统地位而有意地伪造。

四、消解神圣的光环:惠能、神秀悟法偈新释

六祖惠能是中国禅宗的实际创始人,他所开创的禅宗流派对于唐宋以降的中国佛

---

① 事见敦煌新本《坛经》。
② 参见《传法宝记》。
③ 参见《楞伽人物志》。
④ 参见《传法宝记》。

教与思想文化有着深远的影响。关于惠能的生平事迹，其中最引人入胜的即是他从五祖处得法受衣、成为新一代祖师的故事。据诸本《坛经》及相关的唐代佛教史传典籍记载，惠能在五祖弘忍门下作杂役行者，五祖欲传衣法，"唤门人尽来"，要他们"总且归房自看"，各作一偈进呈，"若悟大意者，付汝衣法"。作为五祖上首弟子的神秀写了一首偈子来表达自己对于佛法的领悟，即："身是菩提树，心如明镜台，时时勤拂拭，勿使惹尘埃。"而惠能不满这首偈子的意境，认为它"美则美矣，了则未了"，并请人将他所做的偈子亦书于墙上，即："菩提本无树，明镜亦非台，本来无一物，何处惹尘埃。"由此得到弘忍的赏识，于半夜召其入室传法授衣，令其远遁，等等。其中之意，莫不以为神秀之偈未能明心见性，而惠能深契法意，合当为嗣法继祖之人。但是细究史料的记载，有些说法自相矛盾。比如，当神秀书悟法偈于墙上后，五祖读之，"遂唤秀上座于堂内问：'是汝所作否？若是汝作，应得吾法。'"在神秀承认之后，五祖则曰："如作此偈见解，只到门前，尚未得入。"①很明显，史料中五祖所说的那两句话是自相矛盾的，缘何"应得法"而又"尚未得入"？于理尚说不通。尽管后面也作了所谓的解释，如"凡夫依此修行，即不堕落"，但又说"若觅无上菩提，即不可得"，这样实难自圆其说。那么，神秀的偈子真的在悟境上比惠能下了一层吗？

神秀所说的"身是菩提树，心如明镜台"，其实即指人心中自有般若菩提，具其体用，是为成佛之内在根据。即如《十地经》所说："众生身中有金刚佛性，犹如日轮，体明圆满，广大无边。"所谓"身"、"心"，其实是偏指于心的，心中自有般若菩提，如明镜一般，彻照诸法实相。这是人所共有的，亦是人能成佛的内在根据，是不假外求的。这同后来禅师们所说的"即心是佛"的精神是一致的。虽然人人都有成佛的内在根据，但实际上成佛者少，而堕入恶道、永世轮回不得超生者更多，原因何在？端的在于"心为五阴黑云所覆，如瓶内灯光，不能显了"。② 人人具足圆明佛性的种因只提供成佛的可能性，但并非充分必要条件。这里所说的心，即是本真心、净心。净心被五阴黑云所覆，即净心被染业所障，不能显了。神秀在所著《观心论》中认为，"自心有二种差别，一者净心，二者染心"，而且此二心"虽假缘和合，本不相生"。染心并非本真心的体现，它是附着于净心之上的尘埃，净染二心"虽假缘和合"，但并非相生相辅；为了达到最终的觉悟和解脱，只要做到"离其所覆"，即名解脱。为了离染显净，离障见真，必须要"时时勤拂拭"，念念不忘，时时去除染障自本真心的罪业，在明了自心有净染二心的基础上，自觉于染障心的消除和本净心的显现，拭去染障，显现真如佛性，使得本净心常清净，"勿使惹尘埃"，方得悟真如佛性。换句话说，这即是对佛门的最高真理与根本教义"空"的领悟。

那么，什么是"空"？空，即诸法迁流无常的本质和名相宛然之假有的统一。空是无常，不恒久；但不是没有，是假有，是相对静止的现象与运动变化的本质的有机统一。在

---

① 参见杨曾文校写《敦煌新本坛经》。
② 参见神秀《观心论》。

明白这一点之后,再来看神秀的偈子:其实它是从"空"的假有名相这方面入手的,是对治现世大众的。在弘忍开创的东山法门的方便教法中,即有如是理路。神秀的意图,即是要大众在这迁转流变的器世间、有情世间中,依托成佛的内在根据,通过对自本真心的自觉和时时去除染障之业,来悟显真如法性,达到最终的解脱。这在实践上表现为"守本真心",以及"拂尘看净、方便通经"等方便善巧的方法,引导那些根器一般的学佛者,逐渐契悟实相,证得佛法。在运用上,这个方法是个细水长流的过程,要循序渐进,并且方便善巧的运用,使之更为间接和迂回曲折,这也是后来被神会指为"传承是傍,法门是渐"的重要原因。它是从假名现世入手。这也是能悟得空理,证得真如实相的,因此据诸本《坛经》共有的记载,弘忍对此认为"凡夫依此修行,即不堕落",也还是有依据的。

惠能的偈子则是从"空"的根本实质入手的,很有《金刚经》中说教的风格,而且气势逼人,有"横扫一切、破除一切"的意思,气度很是放达。"菩提本无树,明镜亦非台"二句,是对"菩提"、"明镜"的否定,是"扫相"和"破相"之意。"无"、"非"二字,不要作"没有"解,而理解为否定、扫破名相之意更好。这两句可以说是对着神秀的那两句偈言而发的。神秀是让人自守"菩提"、"明镜",时时勿忘去染显净,达到最终的解脱,这是以"心中有菩提般若之智"为基础的,但其根本前提和言外之意还是"空"。依佛学所讲,"空"的概念的两方面是互即的,知其一面的同时亦应当下即了知另一面,否则即是对"空"的误解。神秀的偈子很容易使根器一般者产生对"菩提"、"明镜"的执著追求,以为自心中是有菩提般若之实体,然而这是违背基本教义的,更何况于寻佛觅道!所以惠能之偈语,一上来即以"菩提本无树,明镜亦非台"二句破诸名相,将"菩提"、"明镜"及其载体(身、心)一概破扫,这就如金刚王宝剑一般,刹时斩断凡愚之人的执著之念,破其愚顽之执著。这个路数,同《金刚经》中"即非……,是名……"的教法是一个意思的。也即是说:"菩提(明镜),即非菩提(明镜),是名菩提(明镜)。"之所以这样说,是因为一方面恐人生执著追求之心,故而破其名相,即名相非是本体,实无本体可以追求;但另一方面又恐人由此生断灭之见,"恶取空",所以又承认其假名之存在,可以藉假名而悟道,但在证悟之后,应当及时舍弃,一概不著取。这是大乘般若学的基本观点,其主旨就是《金刚经》所主张的"应无所住而生其心","凡所有相,皆是虚妄。若见诸相非相,即见如来"。至于后两句"本来无一物,何处惹尘埃",还是承接上面的理路,即破名相之执,显不空之空。一言以蔽之,这首偈子讲的便是"本来无一物"五字。

或者说惠能之偈"恶取空",神秀"执著有",此论亦不甚正确。因为从中国哲学的传统来看,学者立论说教,往往略省其成立前提和基本条件,这一点东西方哲学根本不同,这样有一个结果,即使人可能产生对其著作言论的误解或曲解,因为缺少了推导引出的前提、条件。如果单独地看待两首偈子,那分别说其"恶取空"、"执著有"也是不错的。但由于其禅学理路的特殊性,①这两则偈语是从"空"的两个不同方面来证道悟理的,而

---

① 即当机对治、层层相扣的特点。

这两方面是互即不可分离的,是互为前提的。所以我们理解神秀的那则偈语,要辅以惠能之偈,方能不生执著之贪念。同样,理解惠能的偈语,也要不离神秀,这样方可不生断恶之念。两则偈语是从根本教义的不同方面来证悟道理,同时作用于实践指引学人的。神秀面向大众,即根器一般之人,依善巧之法,故重于立假名而求般若;惠能直指利器之人,依顿教法门,单刀直入,于当下破尽诸执相,证悟真如法性。后虽说"南顿北渐",而所谓顿、渐,是针对见道悟理的疾迟而言的,此即所谓"法无顿渐,人有利钝","法即一种,见有疾迟,见迟即渐,见疾即顿"。惠能、神秀二人的偈语,在实践和方法论的意义上,方才成立顿、渐两别之说,这只是针对修证的过程和方式、事功这些方面而言的,至于所谓的境界,即是对空性的领受和体会,神秀的修为功力绝不在惠能之下;况能传法之人,必于此得道,所以他们的境界是一致的,即清静常乐的空境。所以他们的高下之分,应当是在证道悟理的方式上:一者简明扼要,单刀直入,直指人心;一者迂回曲折,要求拂尘看净,方便善巧,循序渐进。显然惠能的简易之法更为引人注目,相对而言,神秀所传承的古老禅法虽然厚重,但因为过于曲折、耗时弥久,故渐不为时人所好,故而有顿渐的所谓高下之分。① 但如果因此说他们的佛学境界大有高下之别的话,则显失公允了。

  惠能和神秀的禅法不同,是基于他们所禀受的不同。神秀的文化功底远远高于惠能,据史料上说,神秀出家之前也是博通老庄孔孟之士,深厚的学养工夫使得神秀对于佛法的理解和修证的观点体悟也是本着循序渐进的原则来的,依着佛说勤加修习,一步一步前进,直至证得菩提涅槃,成就无上道果。可以说,神秀所代表的禅法,是真正的中国士大夫儒家思想与佛学结合的产物,是真正具有中国化意味的。但是我们还应该看到,惠能尽管文化水平不高,但的确是利根上器,读的经典虽然不多,但是能够举一反三,能够就有限的资源结合实际来教化徒众,他特别注重《金刚经》无所执著的空宗思想,并且进一步发挥,结合佛性论和中观学说,创造了自己的学说体系,在其临终的时候,教授弟子的"三科法门"和"三十六对"就是基于般若中观法门而践行的灵活机动原则,讲求的是如何当机说法,至于具体的方法和对策那就需要传法的弟子们自己来把握了。神秀所传承的是古老的禅法,其最为讲究的就是阶段性原则,要循序渐进,不能一步登天,这是一种稳妥的修行方法。但是囿于当时唐代社会的风气,民众讲求的是新颖而简洁的方法,对于繁琐而限制了成佛的普遍性的禅法和修行的原则必然抱有敬而远之的心态,而惠能所宣扬的简易法门,严格地从佛教的修行观来说,在佛法东传之初早已有了,但在当时并不算主流的修行方式,这在中国佛教学术史上是很清楚的。至于后来曹溪南宗弟子遍天下,那是因为唐代北方的主流佛教派别在"安史之乱"乃至后来的武宗灭佛事件后一蹶不振,罕有人才的出现,原来依之修行的经典和理论基础都已经付诸阙如,禅宗北宗的优势和学术力量就此就完结了。这是历史和政治的原因造成的结

---

① 其实是两人禅法宗旨与施设路数的繁简之别。

果,我们只能说北宗是因为太接近于唐代的政治和权力中心,发展态势与当时政治格局的变化有莫大的关系,呈现出"其兴也勃焉,其亡也忽焉"的态势。如果不了解这一历史文化背景,凭空而论惠能、神秀对于佛法领悟的高下优劣,这是不尊重历史的表现。

五、道统建构:偶然中的必然性

如果不是因为"安史之乱"的缘故,恐怕南宗的传承是要最终消解在岭南地区的,据相关史料记载,在惠能逝世后二十年,南宗的教法开始颓废,不仅在北方没有怎么听说南宗及顿教之法,遑论南宗弟子到北方开宗立派,甚至就连在南宗的岭南大本营里面,其教法的流布也开始出现了危机。神会是个勇敢的改革家和创新者,他的"北伐"在某种程度上为南宗的崛起和北宗的开始消亡奠定了基础,但是当时北宗的实力和信徒的数量是远远大于南宗的,而且得到的是政府和皇室的支持,是属于主流的佛教派系,在民众中的影响依旧很大,但在这个时候,"安史之乱"的开始,打乱了原有的秩序,新的力量和权力资源开始重新分配。

所谓"偶然性事件"的观点,是和其他论著中所一直"强调的南宗的兴起和北宗的衰亡是历史必然趋势"的论调相左的。所谓的历史必然性,不过是某些人后来对已然的历史事实进行的反思和建构而得出来的一系列的原则和看法,只是我们对于历史的解读之一种,当话语权力处于失衡状态的时候,必然性观点下的历史叙述就不再是"胜利者的宣言"了。在某种程度上,我们认为所谓的必然性,是一种"事后诸葛亮"的表现,因为历史事实的发生,是在历史当下的演进,历史是"此刻不再"的,①已然的事实不具备一致性,我们怎么又如何只凭借事件之间的相似性来得出什么必然性和规律的结论呢?偶然性事件的原则,所要尝试表达的,至少在这篇文章里面,或许就是一种"世无英雄,遂使竖子成名"的感慨,尽管这样的说法有点偏激,但其精神内涵基本如此。

禅宗北宗派系和唐王朝政治权力中心关系密切,自然得到很大的支持,但是一旦政权更迭失衡,那么首当其冲的,北宗的衰败不振也就是早晚的问题了。"安史之乱"对于整个唐朝北方地区的经济和文化是一种摧残,北方的佛教,也就是当时佛教界的中心和枢纽更加是深受打击的,不仅在财富和资源上遭到了毁灭性的打击,而且徒众的失散对于注重组织派系的北宗来说也是很致命的打击。在当时,北宗的重量级的高僧大德都已经辞世,全国佛教界资历高且又有相当名望的,却是南宗的神会。神会受朝廷之命,用度僧的办法,设坛出售戒牒,为朝廷筹集军饷,立下了大功,自然得到朝廷的重视和支持。在安史之乱平定之后,政府和皇室不断地为神会嘉赏,并且确立了惠能六祖的地

---

① 参见[美] 汉斯·凯尔纳《此刻"不再"》,载陈新主编《当代西方历史哲学读本(1967—2002)》,复旦大学出版社,2006年。

位,如果没有神会的这一番功绩,慧能是不可能成为政府和皇室认可的六祖大师的,所以说,六祖地位的确立,真正的不是因为其得法之正统和教法之高超过于以往的"两京法主"、"三帝门师"的神秀师弟一系,实在是在政治力量新旧交替的背景下,宗教或者说是意识形态领域和权力之间构建的一种新的配置与契约,而这一目的的达成,往往需要一些带有暴力性质的"偶然性的事件"发生,从而使得权力进行再分配,各方面的力量开始一种新的和谐运作。南宗后来居上式的独占鳌头,我们不能单说所谓的"历史必然性",恰恰更加应该强调世事的无常和在时间的洪流中把握风气所动和时代脉搏之先的重要性。

隋代赠官与赠谥：
"汉魏旧制"与北朝新规的整合

蒙海亮

一、引　子

　　赠谥对官员家庭来说是"贵与国始终"的荣耀之事，对朝廷来说则是"褒德累行，往代通规，追远慎终，前王盛典"。① 作为官员死后朝廷荣典，赠谥是古代官僚体系中的重要环节，学者们的重视由来已久，并取得丰富的成果。②

　　前贤认为，西汉赠官对象为公，到两晋南朝时五品以上获赠是主体；③北魏后期赠官泛滥导致七品获赠增多，但北魏总体还是六品以上为主，并深刻影响两魏周齐。④ 也许是学者们习惯于将隋史视为南北朝的结尾或唐代开端，有关隋代赠谥的研究被很多研究者给忽略了。继承北周遗产的杨坚甫一即位就下诏"易周氏官仪，依汉魏之旧"，⑤如果说大象二年（580）杨坚的诸多安排还受北周制度约束的话，那么隋朝建立后的赠官制

---

① 《隋书》卷七九《外戚·独孤罗传》，1789页。本文所用正史均为中华书局点校本，下文不再说明。
② 有关中古时期赠官的研究主要有［日］窪添庆文：《关于北魏的赠官》，《文史哲》1993年第3期；刘长旭：《两晋南朝赠官研究》，北京师范大学2002年博士学位论文；秦健：《北魏赠官获得者的资格与赠官授予方式考述》，吉林大学2008年硕士学位论文；吴丽娱：《唐代赠官的赠赙与赠谥》，《唐研究》第14卷，北京大学出版社，2008年；张小稳：《魏晋南北朝地方官等级管理制度研究》，九州岛出版社，2010年。对隋代赠官稍有涉及的仅有张琛：《唐代赠官流变研究》，陕西师范大学2010年硕士论文，第57—58页、第62—63页。中古谥号方面的研究主要有汪受宽：《谥法研究》，上海古籍出版社，1995年；戴卫红：《魏晋南北朝得谥官员身份的重大转变》，《南都学坛》，2010年第6期；《魏晋南北朝时期官员谥号用字》，《南京晓庄学院学报》，2010年第4期；张鹤泉、苗霖霖：《北魏后宫谥法、赠官制度考略》，《社会科学战线》，2010年第9期；朱华：《唐代官员谥法研究》，安徽大学2012年硕士论文；朱华：《魏晋南北朝官员谥法、谥号研究》，南开大学2015年博士论文。
③ 刘长旭：《两晋南朝赠官研究》，北京师范大学2002年博士学位论文，20—27页；张小稳：《魏晋南北朝地方官等级管理制度研究》，九州岛出版社，2010年，185—235页。
④ 秦健：《北魏赠官获得者的资格与赠官授予方式考述》，吉林大学2008年硕士学位论文；张小稳：《魏晋南北朝地方官等级管理制度研究》，185—235页。
⑤ 《隋书》卷一《高祖纪》，13页。按：本文所指隋代其实就是杨坚、杨广父子掌权时代，因大象二年杨坚辅政，奠定了隋代的政权架构，而隋末李渊、王世充实际脱离炀帝控制，本文不包括他们的人事安排。

度和北朝究竟有多少不同？如果有，表现在哪里？在权力结构中，五品以上官有诸多权力，是官员内部尊卑的界限，那么统一南北的隋代会做出怎样的选择？炀帝时代多有改革，那么他对文帝制度的继承又有多少？大业三年（607）改制，除了官爵名号的变化，在赠官的授予、组合乃至授予意图上是否有改变？对继起的唐代又有什么影响？中古时期赠官、赠谥往往反映朝廷对官员的态度，但两者并不一定同步。有隋一代中央的政治斗争十分激烈，在赠官、赠谥上是否有不同的体现？这些是本文写作的基本出发点。

二、史料辨析：史书赠谥记载的完整性

隋代官员大多有相应的职、散、爵，在周隋时期"戎秩"/"散实官"是官员的本品，考察赠官规律应该以之为基础，然而受修史笔法的影响，《隋书》不一定完整记载官员的头衔，幸运的是部分资料在其自身碑志或子孙墓志中得到反映。[①] 然而，受文体、表达主旨的限制，墓志与史传在表述上各有侧重，甚至出现抵牾。相比于史传，墓志作者与丧家关系密切，较熟悉逝者的事迹，然而这并不能保证墓志全无问题，后人或出于拔高或由于误记的例子比比皆是，所以对官员头衔的辨析是必不可少的。本文将尽可能地对赠官有疑义的传主做考订，至于其他分歧较少或者无从详细考辨的，不一一罗列。另外，《隋书》中部分官员本品不详或只记载职事官，本文也将适当从职事官品级的变化来考虑。

1. 并非全部重臣获赠

熟悉隋代历史的读者都会注意这样一个故事：开皇四年，太子太傅斛斯徵薨。"初，隋文帝为大司马，有外姻丧，就第吊之，久而不出，徵怒，遂弗之待，比出候，徵已去矣。隋文帝以此常恨之。至是，诏所司谥之曰闇。"[②]这段子除了讥讽隋文帝度量外，更重要的是反映了隋代朝廷或者说隋文帝对官员身后评价的重视。杨坚夺权后，又经过一番权力斗争，不少功臣被杀、被贬，自然并非所有善终的功臣死后都有赠官、奖赏，但是真的不曾获赠，还是《隋书》省略甚至错漏了呢？下文试以几位有墓志可参照的功臣为例，一睹究竟。

---

① 主要参考周绍良、赵超：《唐代墓志汇编》，上海古籍出版社，1992 年（以下简称《唐汇编》，又 2001 年出版的《唐代墓志汇编续集》，以下简称《唐汇编续》）；吴钢主编：《全唐文补遗》1—8 辑，第九辑为《千唐志斋专辑》；罗新、叶炜：《新出魏晋南北朝墓志疏证》，中华书局，2005 年；王其祎、周晓薇：《隋代墓志铭汇考》，线装书局，2007 年（以下简称《汇考》）；胡戟、荣新江主编：《大唐西市博物馆藏墓志》，北京大学出版社，2013 年（以下简称《大唐西市》）；赵力光主编：《西安碑林博物馆新藏墓志》，线装书局，2007 年，又《续编》于 2014 年由陕西师范大学出版总社有限公司出版（以下简称《碑林》、《碑林续》）；赵君平、赵文成：《秦晋豫新出墓志搜佚》，国家图书馆出版社，2012 年，以及 2015 年出版的《续集》（以下简称《秦晋豫》、《秦晋豫续》）。其他墓志汇编，如赵君平《邙洛碑志三百种》（中华书局，2004 年）、齐运通《洛阳新获七朝墓志》（中华书局，2012 年）所包含的隋代高官，或者他们家族墓志比较少。

② 《北史》卷四九《斛斯椿传附徵传》，第 1789 页。

张威在《隋书》有传,在平定王谦之乱中立下大功,隋初任幽州、洛州两大镇总管,实际负责河北行台事务,隋文帝自云"每委公以重镇,可谓推赤心矣"。虽如此看重,《隋书》却无任何赠官之记载。张威之子为张素,我们有幸看到《张素墓志》,其云:"祖琛,魏弘农太守、东夏州行台、大都督,隋赠开府仪同三司、凉州刺史。父威,周京兆尹、泸州总管,隋上柱国、幽并青三州总管、河北道行台尚书左仆射、莒益洛相四州刺史、晋熙郡开国公。"①张素墓志记载了祖父的赠官,没有载父亲(张威)获赠,且所记各头衔基本与本传合,很显然,张威没有获赠。

　　尔朱敞在隋初局势尚不明朗的情况下历任金州、徐州总管,即便不属于杨坚亲信,也可算朝廷重臣,以此勋劳应该能获个赠官。他开皇十四年以七十二高龄去世,头衔仍只是"上开府、徐州总管、边城郡开国公",②早在大象二年他就是上开府了,《隋书》连"赐二马辂车"都写进去了,对涉及身后评价的赠谥却只字不提,故当属于没有获赠的一员。刘仁恩开皇初任刑部尚书,后出任荆州总管平定江南,再任信州总管,开皇十四年卒,不仅没有赠谥,连"大将军"也还是大象二年授予的。③

　　崔仲方在杨坚任丞相时就是心腹之一,后一直获重用;在炀帝时率军平杨谅余党,历任尚书,依旧受重用。循旧例,似也当有赠谥,然《崔仲方墓志》忠实地记录了父亲崔猷的官爵、谥号,却没有他本人的赠谥信息,墓志标题"隋故礼部尚书固安公崔公墓志铭",这是他曾任的实职,墓志所记,从崔仲方父子头衔及履历与《周书》《隋书》相符情况看,这只能说明则崔仲方死后没有赠谥。④ 杨约在杨广夺嫡过程中立下殊勋。大业五年去世,墓志标题为"大隋故内史令金紫光禄大夫杨公",内史令是他大业初担任的,金紫光禄大夫是三年改制后的变名,墓志没记载有赠官。⑤

　　当然《隋书》也有部分省略的地方。赵芬在大象二年揭发尉迟迥的图谋,"由是深见亲委,迁东京左仆射",后拜尚书左仆射、修律令,兼内史令,开皇九年"抗表乞骸,听以大将军淮安公归第,仍降玺书,兼赐几杖、衣服、被褥、辇舆等。皇太子遣使致书,赍巾帔等七种。后数年,卒。上遣使致祭,鸿胪监护丧事"。⑥《隋书》没写赠谥,却对赏赐物品有详细罗列,给人感觉赵芬可能没有赠谥。然而《大将军赵芬碑铭》却保留有"王人吊祭,谥曰定公"这条重要信息。⑦ 周法尚墓志标题"大隋故左武卫将军右光禄大夫僖子周府

---

① 张婷、柴华:《西安碑林藏唐〈张素墓志〉释读》,《碑林集刊》(二十),陕西人民出版社,2014年。
② 《隋书》卷五五《尔朱敞传》,第1375页;《隋汇考》(二)106《尔朱敞志》,第18页。
③ 《大唐西市》17《刘仁恩墓志》,第37页。
④ 《隋书》卷六〇《崔仲方传》,第1447—1450页;《全唐文补遗》8辑《崔仲方墓志》,三秦出版社,2005年,第258页。墓志载其父"魏侍中、周司徒、安国公,隋大将军、汲郡明公",与《周书》卷三五《崔猷传》"隋文帝践极,以猷前代旧齿,授大将军,晋爵汲郡公,增邑通前三千户。开皇四年卒,谥曰明"(第617页)的记载一致。
⑤ 《隋书》卷四八《杨素传附约传》,第1294页;《隋汇考》(四)384《杨约墓志》,第338页。
⑥ 《隋书》卷四六《赵芬传》,第1252页。
⑦ (唐)许敬宗,罗国威整理:《日藏弘仁本〈文馆词林〉校证》卷四五二《大将军赵芬碑铭一首》,中华书局,2001年,第152页。后文简称《文馆词林》。

君之墓志铭"赠官与本传相符,①补充了炀帝革新爵制后周法尚"子爵"的记载。

从目前出土的隋代部分高官墓志来看,墓志所载的赠谥情况都和本传相符,这说明《隋书》关于赠谥的记载大体是可靠的,但是仍有部分高官的头衔需要细致的考辨。

2. 部分高官赠官头衔的复原

隋代赠三公的都是北周以来的元老,如窦炽、于翼、田仁恭、阎庆等,然而令人诧异的是李穆,他大象元年迁大左辅、并州总管,二年加太傅,仍总管,手握天下精兵。在尉迟迥劝诱时主动向杨坚献十三环金带以申明立场,他是杨坚得以平定三方叛乱的重要外部因素,在《隋书》列传中排第一位。后隋文帝也称其"社稷佐命,公为称首,位极帅臣,才为人杰"。李穆在开皇元年拜太师,"子孙虽在襁褓,悉拜仪同,其一门执象笏者百余人。穆之贵盛,当时无比"。② 他去世后的头衔仅是"使持节、冀定赵相瀛毛魏卫洛怀十州诸军事、冀州刺史",很难理解李穆没有被赠予三公头衔。窦炽、于翼、李和这几位元老在《周书》中都有"赠本官"的记载,而《隋书》皆未记"赠本官",疑《隋书》在编纂中删掉。

《周书》载李和"隋开皇元年,迁上柱国。二年,薨,赠本官,加司徒公,徐衮邳沂海泗六州刺史。谥曰肃"。然《李和墓志》:"建德六年复为延州总管,加上柱国。开皇二年四月十五日薨于家,春秋七十七。有诏赠使持节、司徒公、徐衮邳沂海泗六州诸军事、徐州刺史,谥曰肃,礼也。"③授上柱国的时间提前,但其他头衔以及赠谥情况大体相同,说明墓志可信度较高。如此《隋书》中的"六州刺史"要么是史书脱漏,要么是史臣删减不当。在北周武成二年改都督诸军事为总管后,地方大员的头衔很少出现"都督"二字,④"使持节徐衮邳沂海泗六州诸军事、徐州刺史"其实就是"徐州总管"。隋文帝在追赠父祖、外公时都是"都督□□州诸军事、□州刺史",这个组合即北周总管的头衔,可是在追赠独孤信时,只有"赠太师、上柱国、冀定等十州刺史、赵国公,邑万户",由李和的例子可知独孤信也是总管。

对比《庾子山集》和《周书》有关崔说、司马裔、段永等人赠官的记载,发现《周书》和《隋书》同样省略了"诸军事、□州",这应该是部分唐初史臣删定导致。不过,豆卢宁、豆卢永恩、郑常、郑伟等人的头衔却保存完整,说明唐初史臣对都督头衔的理解并不一致。

开皇三年,幽州总管李崇在抵抗突厥中阵亡,赠豫息申永浍亳六州诸军事、豫州刺史,谥曰壮。⑤ 开皇初年潼州总管于义以疾免职,"数月卒,时年五十。赠豫州刺史,谥曰刚"。而《于遂古志》:"曾祖义,邠州刺史、上大将军、潼州总管、上柱国、建平公,赠豫亳

---

① 《隋书》卷六五《周法尚传》,第 1529 页;赵振华、徐有钦:《隋左武卫将军周法尚墓志研究》,《唐史论丛》(十三),三秦出版社,2011 年。
② 《隋书》卷三七《李穆传》,第 1117 页。
③ 《周书》卷二九《李和传》,第 498 页;《隋汇考》(一)007《李和墓志》,第 28 页。
④ 北周改称呼后,有的资料称长官为总管,有的没有;有的刺史头衔中仍有"都督",这究竟是书写的问题还是人们观念中认为两者没有实质性的不同,拟另撰文论述。
⑤ 《隋书》卷三七《李穆附崇传》,第 1123 页。

申息永会六州诸军事,豫州刺史,谥曰刚。"①墓志所载于义的完整头衔表明他的赠官其实是豫州总管。窦炽在隋朝建立时"拜太傅,加殊礼,赞拜不名。开皇四年八月,薨,时年七十八。赠本官、冀沧瀛赵卫贝魏洛八州诸军事、冀州刺史。谥曰恭"。② 显然,这头衔就是是冀州总管。同样,赠总管的还有开皇二年薨的阎庆、开皇三年五月薨的太尉于翼、开皇元年卒的柳敏。③ 另外,开皇五年李敬族因子内史令李德林的功勋,被追赠使持节、开府仪同三司、定瀛易恒四州诸军事、定州刺史,封定州安平县开国公。④ 按周隋的制度,其实是定州总管。

《隋书》载开皇三年幽州总管阴寿卒,"赠司空。子世师嗣"。⑤ 而本人墓志:"诏赠司空公、幽安平营易蔚六州诸军事六州刺史,谥曰武,礼也。"幽平营易蔚五州完全相连,《隋书·地理志》"安乐郡旧置安州,后周改为玄州。开皇十六年州徙,寻置檀州。"如果墓志"安州"即玄州旧称的话,则六州恰好处于一区,以阴寿的功勋,这应该是可能的。

开皇六年窦荣定卒,"上为之废朝,令左卫大将军元旻监护丧事,赙缣三千匹。于是赠冀州刺史、陈国公,谥曰懿"。《窦师纶墓志》:"祖荣定……(隋)陈国公,赠冀赵沧瀛定五州诸军事、冀州刺史,谥懿公。"⑥贞观时的《窦诞墓志》:"祖荣定,隋上柱国,右武候大将军、右武卫大将军,秦冀洛等十州刺史、陈懿公。"⑦长寿时的《窦氏墓志》:"曾祖荣定,隋开府仪同三司、左卫大将军,秦渭成武五州诸军事秦州刺史,右卫大将军,洛郑怀汴广和熊八州(按,此仅列七州,原文如此)诸军事洛州刺史,上柱国,驸马都尉,陈国公;赠冀赵沧瀛四州诸军事、冀州刺史,谥懿公。"窦荣定大象末任洛州总管,后任宁州、秦州总管,《窦诞墓志》"秦冀洛十州"应该是把任职、赠官都算上,结合《窦师纶墓志》及《窦氏墓志》,可知窦荣定赠官其实为冀州总管。

开皇六年,卫王爽为元帅,率步骑十五万,出合川。"明年,征为纳言。高祖甚重之。赠太尉、冀州刺史,谥昭"。隋代赠冀州刺史的,除了王长述外都是冀州总管,⑧杨爽是杨坚亲弟,备受重用,不太可能单赠刺史,应该也是总管。

《周书》卷三〇《窦毅传》载窦毅隋开皇初拜定州总管,"二年,薨于州,年六十四。赠襄郧等六州刺史,谥曰肃……武德元年,诏赠司空、总管荆郧硖夔复沔岳沅澧鄂十州诸军事、荆州刺史"。乾封二年的《窦德藏墓志》则载:"曾祖毅,周大司马、襄州刺史,隋

---

① 《隋书》卷三九《于义传》,第1146页;《唐汇编续》圣历19《于遂古志》,第374页。
② 《周书》卷三〇《窦炽传》,第520页。
③ 《周书》卷二〇《阎庆传》:"时年七十七。赠司空、荆谯浙湖沣广蒙七州诸军事、荆州刺史。谥曰成。"(第343页)《周书》卷三〇《于翼传》:"开皇初,拜太尉。或有告翼,云往在幽州欲同尉迟迥者,寻以无实见原,仍复本位。三年五月,薨。赠本官、加蒲晋怀绛邵汾六州诸军事、蒲州刺史。谥曰穆。"(第526页)《周书》卷三二《柳敏传》:"开皇元年,进位上大将军、太子太保。其年卒。赠五州诸军事、晋州刺史。"(第561页)
④ 《隋汇考》(一)042《李敬族志》,第173页。
⑤ 《隋书》卷三九《阴寿传》;《隋汇考》(一)27《阴云墓志》,第113页。
⑥ 《隋书》卷三九《窦荣定传》;《碑林续》五三,第160页。
⑦ 《唐汇编续》贞观061《窦诞墓志》,第43页;《唐汇编续》长寿012《窦氏志》,第328页。
⑧ 《隋书》卷四四《卫昭王爽传》;《隋书》卷五四《王长述传》载其以行军总管击南宁,道病卒。赠上柱国、冀州刺史,谥曰庄。史书是否省略,待考。

定州总管、上柱国、神武肃公,皇朝赠司空、使持节总管荆郢硖郢基复沔岳沅澧十州诸军事、荆州刺史"。① 窦毅任大司马在大象二年八月,"襄州刺史"应该是"襄郢等六州刺史"的省略,郢州、襄州相邻,且周隋时属于襄州总管区,我认为窦毅赠官为襄州总管。

又开皇十三年七月左卫大将军、云州总管贺娄子干以病卒,"高祖伤惜者久之,赙缣千匹,米麦千斛,赠怀、魏等四州刺史,谥曰怀"。开皇十六年以前,怀州、魏州之间隔卫州、相州,②如果贺娄子干四州是怀、魏、卫、相的话,疑赠的是总管,惜没有墓志佐证。

《隋书》中也有直接记载赠总管的,如安州总管元景山于开皇初坐事免,开皇六年九月卒于家,"赠梁州总管,赐缣千匹,谥曰襄"。③ 开皇十一年冼夫人协助平定岭南,册夫人为谯国夫人,追赠夫冯宝为广州总管、谯国公;开皇末年因番州总管赵讷贪虐,导致诸俚僚多亡叛,夫人谕诸俚僚有功,本人赐临振县汤沐邑,追赠其子冯仆为崖州总管、平原郡公。④

隋炀帝废除总管后,再无总管的头衔,但其性质大致相同,如大业二年杨素薨,谥"曰景武,赠光禄大夫、太尉公、弘农河东绛郡临汾文城河内汲郡长平上党西河十郡太守";⑤又如大业九年杨雄薨于征辽途中,"赐谥曰德。赠司徒、襄国武安渤海清河上党河间济北高密济阴长平等十郡太守"。⑥

当然,隋代赠几个州不代表就一定是总管。如开皇三年十一月王士良下葬,墓志"诏赠使持节、曹沧许郑四州刺史,余官封如旧,谥肃公,礼也",这四州并不相邻,"余官"是他北周末年担任的并州刺史,故而墓志标题"大隋使持节上大将军并州曹沧许郑五州刺史行台三总管广昌肃公",⑦可知王士良赠的不是总管。又,开皇中相州刺史梁彦光卒,"赠冀、定、青、瀛四州刺史,谥曰襄",四州不相联。《唐汇编》乾封23年《梁氏墓志》"祖彦光,周御正大夫、乐部上大夫,隋岐华赵相青五州诸军事、五州刺史。"⑧《梁氏墓志》记载的是梁彦光履历中的任职,梁彦光本拟任青州刺史,因宣帝崩,没有赴任。

乐逊是开府仪同大将军、东扬州刺史,"隋开皇元年,卒于家,年八十二。赠本官,加蒲、陕二州刺史"。庾信是开府、司宗中大夫,大象初以疾去职,"隋文帝深悼之,赠本官,加荆淮二州刺史"。姚僧垣是上开府,"隋开皇初,晋爵北绛郡公。三年卒,时年八十五。赠本官,加荆湖二州刺史"。⑨ 浦陕相邻,北周时属同一总管区;淮、湖长期属于荆州总管

---

① 《全唐文补遗》8辑《窦德藏墓志》,第287页。十州之中,《周书》有鄂、夔,《墓志》是郢、基,这是不同之处;武德元年,长江流域荆、基、鄂等州是萧铣地盘,不能断定孰更准确。
② 《隋书》卷五三《贺娄子干传》,第1353页。按:开皇初废黎州,十六年复置(施和金:《中国行政区划通史·隋代卷》,复旦大学出版社,2009年,第320页);开皇十六年分怀州东部获嘉、修武等置殷州;(第323页)开皇十年于相州北部设慈州。(第318页)
③ 《隋书》卷三九《元景山传》,第1153页。
④ 《隋书》卷八〇《谯国夫人传》,第1803页。
⑤ 《隋书》卷四八《杨素传》,第1292页;《隋代汇考》(三)266《杨素志》有残泐,应该一样。第245页。
⑥ 《隋书》卷四三《观德王雄传》第1217页;《秦晋豫新出墓志搜佚续编》一七八《杨雄墓志》,第203页。
⑦ 《隋汇考》(一)022《王士良志》,第95页。
⑧ 《隋书》卷七三《梁彦光传》第1676页;《唐汇编》乾封23年《梁氏志墓》,第457页。
⑨ 分别见《周书》卷四五《乐逊传》,第818页;《周书》卷四一《庾信传》,第742页;《周书》卷四七《姚僧垣传》,第843页。庾信卒于开皇元年七月稍后,见《庾子山集校注》,上海古籍出版社,1980年。

区,且与荆州相邻。我本怀疑加"二州刺史",就是"二州诸军事、某州刺史"(即总管衔),如茹洪大象二年八月卒,开皇二年七月葬"赠使持节、开府仪同大将军、纯永二州诸军事、纯州刺史",其墓志标题"周使持节开府仪同纯永二州刺史"①。庾信、乐逊、裴宽三人都是赠本官加二州刺史,与茹洪的情况一样,应该都是总管,则开皇初年给这些大臣的赠官可能是沿袭北周惯例。

王韶死于开皇中,《隋书》不载当时的赠官,然《王士隆墓志》却很较详细:"父子相,隋授仪同三司、丰州刺史,转授开府使持节,少内史、大将军,封陈州顿丘郡开国公、并州总管、河北道行台尚书右仆射、柱国。十四年,气疾暴增,薨于私第。赠上柱国、敬公,食邑三千产。"②

《隋书》卷六三《元寿传》:"(大业)七年,兼左翊卫将军,从征辽东。行至涿郡,遇疾卒,时年六十三。帝悼惜焉,哭之甚恸。赠尚书右仆射、光禄大夫,谥曰景。"《元寿碑》载:"其卒,赠尚书左仆射、光禄大夫,封博平侯。"③《碑》补充了爵位,"左仆射"可能更可靠。

并州总管司马皇甫诞,在汉王谅反叛中死,"赠柱国,封弘义公,谥曰明",《皇甫诞碑》:"赠柱国、左光禄大夫、宏义郡公,食邑五千户,谥曰明公。"④

《张须陀墓志》载其头衔"隋故开府仪同三司使持节齐郡通守河南道讨捕黜陟大事赠金紫光禄大夫荥阳郡守",⑤张须陀任蜀王库真都督时是仪同三司(正五),后任朝散大夫、行安州司马,迁齐郡赞治。朝散大夫本为正四,大业三年改革为从五品,同时罢州长史、司马,则张须陀任齐郡赞治前已经是正四品。齐郡繁荣,应是上郡,上郡太守从三品,通守位次太守,则正四当是张须陀的本阶。如此墓志标题"隋故开府仪同三司"指的是大业三年改革以前的正四品散实官,而非炀帝"位次三公"的从一品散官。

《姚辩墓志》载大业七年三月遘疾,有诏:"故左屯卫大将军、右光禄大夫姚思辩,可赠左光禄大夫,又蒙赐物八百段、粟麦一千石,谥曰恭公。"⑥

《萧玚墓志》"(大业)三年,朝旨以近代官号,随时变改,虽取旧名,不存事实,改上开府,授银青光禄大夫。陶丘封爵,从例除罢。四年,守秘书监。五年,即真秘书监。六年,封陶丘侯。七年,行幸幽燕,有事辽碣。诏检校左骁卫将军,余并如故。以其年十二月十七日遘疾,薨于涿郡。诏赠左光禄大夫,侯如故,谥曰简,礼也。"⑦

---

① 《隋汇考》(一)005《茹洪志》,第21页。
② 《隋书》卷六二;《唐汇编续》贞观008《王士隆志》,第12页。
③ (宋)赵明诚撰,金文明校证:《金石录校证》卷二二《隋尚书左仆射元寿碑》,广西师范大学出版社,2005年,第387页。
④ 《隋书》卷七一《皇甫诞传》,第1641页;(清)赵昶:《金石萃编》卷四四《皇甫诞碑》,中华书局,页六下。
⑤ 《隋书》卷七一《张须陀传》,第1647页;毛阳光:《河南灵宝新出〈张须陀墓志〉考释》,《中原文物》2011年第1期。
⑥ 《隋汇考》(四)340《姚辩墓志》,第155页。
⑦ 《隋汇考》(四)362《萧玚墓志》,第245页。

大业三年的杨弘墓志对本人及祖上的头衔都有记载,①"祖,上柱国、司徒、河间简公。父孙,尚书令、定州刺史、河间怀公"。杨弘"上柱国、太子太保、雍州牧、河间恭王",谥号为"恭"。《隋书》只记载"炀帝嗣位,拜太子太保,岁余薨,大业六年追封郇王"。

《隋书》载大业六年,杨文思从驾幸江都,后授民部尚书,寻授左光禄大夫。七十岁薨于江都,谥曰定。《墓志》记载与《隋书》一致,然又补充了"大业九年二月廿二日诏赠光禄大夫、尚书右仆射、平舒侯"。②

《隋代墓志铭汇考》还有不少高官墓志,不一一列出。除此之外,其他文献载有隋代赠官的如《文馆词林》卷四五三《庄元始碑》载其参与平定江南叛乱,授上仪同三司,加开府。仁寿元年以车骑将军从杨素北伐,战死,"赠上大将军,以本官开府回授子永兴,谥刚"。③ 安兴贵之父《安罗残碑》载"方葱岭之西陲……祖讳,魏雍州萨宝。父讳,隋开府仪同三司,贵乡县开国公,赠石州刺史"。④

《隋王仲卿志》载:"曾祖琳,魏光禄大夫、武都郡公。祖质,周益州总管府长史、黄门侍郎、南浦公。父弘,隋雍州主簿,度支、兵部二侍郎,尚书右丞、开府仪同三司、杨(扬)州总管府长史、右庶子、黄门侍郎、寿光县公,赠御史大夫、大将军,谥曰元。"⑤《隋书》载何妥因纷争,奏苏威与礼部尚书卢恺、吏部侍郎薛道衡、尚书右丞王弘、考功侍郎李同和等共为朋党。⑥ 又《隋书》卷七三《辛公义传》载炀帝即位,"扬州长史王弘入为黄门侍郎,因言公义之短,竟去官"。而《炀帝纪》也记载大业元年黄门侍郎王弘、上仪同于士澄往江南采木。墓志所载王弘的历官与史书多相合,则赠官应该可信。

《唐薛矩墓志》载:"祖濬,隋考功侍郎、虞乡县开国侯。以至孝闻于天子(中略),赠使持节、夏州诸军事、夏州刺史,谥曰恭。"薛濬卒于开皇中,据《隋书》,其生前为正六品考功侍郎,本传中无赠官、谥号。据《薛濬传》,其父薛琰于北周时期仅任官渭南太守,而《薛矩墓志》却云"周内史,麟趾殿刊正图籍,骠骑将军,使持节、秦州诸军事、秦州刺史,简公",两者颇不同,墓志的真实性难以判断。又其子玄祐只是邢州司马,无大功勋,似乎不会追赠父祖。⑦

3. 赠还是追赠

因赠官中有部分是追赠的,故官员的卒年是一个很重要的问题。

《周书》卷一六《独孤信传附善传》:"天和六年,袭爵河内郡公,邑二千户。从高祖东讨,以功授上开府。寻除兖州刺史,政存简惠,百姓安之。卒于位,年三十八。赠使持

---

① 《隋书》卷四三《河间王弘传》,第 1212 页;《隋汇考》(三)262《河间恭王弘墓志》,第 231 页。
② 《隋汇考》(四)383《杨文思墓志》,第 334 页。
③ 《文馆词林》卷四五三《庄元始碑》,第 167 页。
④ 《文馆词林》卷四五五,第 173 页;熊清元:《〈文馆词林〉卷四五五阙题残篇碑铭碑主考》,《黄冈师范学院学报》,2006 年第 5 期。
⑤ 《秦晋豫搜佚续编》二○七《隋王仲卿志》,第 248 页。
⑥ 《隋书》卷四一《苏威传附子夔传》。
⑦ 《隋书》卷七二《薛濬传》,第 1664—1665 页;《唐薛矩墓志》,见洛阳市第二文物工作队等编:《洛阳新获墓志续编》,科学出版社,2008 年,第 51 页。

节、柱国、定赵恒沧瀛五州诸军事、定州刺史。"似乎独孤善死于北周末。然《隋书》卷七九《外戚·独孤罗传》隋朝建立下诏追赠独孤信"太师、上柱国、冀定等十州刺史、赵国公,邑万户","其诸弟以罗母没齐,先无夫人之号,不当承袭。上以问后,后曰:'罗诚嫡长,不可诬也。'于是袭爵赵国公。以其弟善为河内郡公,穆为金泉县公,藏为武平县公,陁为武喜县公,整为千牛备身"。《周书》与《隋书》有很多矛盾。

《周书》又载:"子罗,先在东魏,乃以次子善为嗣。及齐平,罗至。善卒,又以罗为嗣。罗字罗仁。大象元年,除楚安郡守,授仪同大将军。"《独孤罗墓志》也载:"大象元年授楚安郡守……开皇元年三月,除使持节、上开府仪同大将军……二年,袭爵赵国公,邑万户。"①显然,独孤罗不是开皇元年袭爵,原因只能是《周书》所说的"善卒,又以罗为嗣"。另外,据《独孤藏墓志》知其死于宣政元年八月,②可知《隋书·独孤罗传》相关事迹讹误很多,在卒年、赠官上问题较大。则独孤罗事迹当以墓志为准,即卒于开皇十九年,结衔是"大将军、赵国公,谥曰德";而非《隋书》载的"上柱国、蜀国公,谥曰恭"、"大业初卒"。

另据《万俟君妻独孤大惠墓志》载:"曾祖信……祖善,周使持节、柱国、定赵恒沧瀛德洺贝冀相齐魏十二州诸军事、定州刺史、河内郡开国公。父览,隋北海都卫(尉)、太原天水二郡通守、左翊卫将军。"③由上文知,独孤善卒于开皇初,一系列头衔也是隋朝赠的。

又景龙二年(708)《元府君夫人独孤氏志》载"曾祖藏,隋通议大夫、金州刺史、武平郡开国公"。④ 上引《独孤藏墓志》载其八岁以父功封武平县开国公、宣政元年赠金州刺史。隋文帝时通议大夫从六品,大业三年改为从四品。《隋书》载"炀帝即位,追念舅氏",被除名为民的独孤陁被追赠正四品的正议大夫,后又赠从三品的银青光禄大夫,以此推之,《独孤氏墓志》所指"武平郡开国公"很可能是炀帝的追赠。

三、授予头衔分析

以上用大量篇幅考订隋代赠官的相关史料,从中可以发现《隋书》、《周书》的相关记载总体是可信的。经过相关考订,本文共统计有隋代官员赠官116例(其中隋文帝时期44例,追赠25例,炀帝时期47例),对隋代庞大的高官总数来说是极少的,这反映隋代对官员获赠的控制。《隋代墓志铭汇考》收录杨坚上台到大业时期五品以上(包括散官)官员墓志97方(《李肃》墓志可疑,暂不考虑),有赠官仅16方;《大唐西市》收录五品以

---

① 《新出魏晋南北朝墓志疏证》,第474—477页。
② 《新出魏晋南北朝墓志疏证》,第295页。
③ 《碑林新藏续》三六,2014年,第108页。
④ 《全唐文补遗》5辑,三秦出版社,1998年,第249页。

上官员十人,均没有载赠官(只有库狄士文、扈志有谥号,算上留白的耿雄,仅三人);足以反映隋代赠官获得比例之低。由于并非所有高官、功臣都能获赠,也许这就需要我们详细分析其他官员是怎么获赠的。

1. 获赠官员的品级限制

刘长旭认为两晋南朝赠官依据卒前官而非一生仕宦最高位给予,但他又说卒前官可能是职事官也可能是散官。① 其依据有萧梁尚书左丞原先无赠、北魏末年尔朱荣上奏的几品官给对应的赠等资料,他的讨论很容易误导读者。因为赠官有的是在职事官基础上加赠,有的是基于最高品,即便在本品发达的隋唐时期这两种形式依旧存在。况且,他自己也无法确定卒前官的具体含义。不过,刘长旭所指出的两晋南朝受赠主体是五品以上官,这点是正确的。北魏前期一般是六品以上(包括七品太守)官员有资格获赠,宣武以后七品官获赠成为常态,②并深刻影响宇文周和高齐政权。③ 那么隋代是什么情况?

隋代本朝官员获赠91例,其中隋文帝时期44例,炀帝时期47例。隋文帝时期,五品是获赠官员生前是最低品级,有三例。

北齐灭亡,周武帝以王晞为仪同大将军、太子谏议[大夫],隋开皇元年卒于洛阳,赠仪同三司、曹州刺史。④《周书》卷五《武帝纪》载建德三年五月置太子谏议员四人,文学十人;皇弟、皇子友员各二人,学士六人。这几个官职同时创立,"太子谏议"可能和"亲王友"类似。隋初年亲王友从五品,太子属官历来比亲王高一阶,则太子谏议可能是正五命。乐逊"拜皇太子谏议,复在露门教授皇子……宣政元年,进位上仪同大将军"。⑤北周时期对官阶很重视,乐逊任太子谏议时本阶是"仪同大将军"。武帝建德四年增设上柱国、上大将军等戎秩后,原先旧命的仪同大将军实际已经掉到第八等。隋初仪同三司正五品,应该就是对应转化而来。寇奉叔生前是使持节、仪同大将军,开皇二年三月七十六卒。⑥ 世传儒学、博学多识的房晖远在隋初任太常博士,后升国子博士,仁寿中卒,"赙赗甚厚,赠员外散骑常侍"。⑦ 国子博士、员外散骑常侍都是正五品。

到了大业时期,由于战乱,隋炀帝出于"褒显名节"、鼓励"殉义亡身"的目的,导致五品官员获赠的比例增多但在整个获赠群体中仍处于少数,大部分获赠官员生前都是从三品以上,这也是隋代的基本情况。

目前所见炀帝时五品获赠的有这几位。源崇本是正五的仪同,"大业中,自上党赞治入为尚书虞部郎(从五品)。及天下盗起,将兵讨北海,与贼力战而死,赠正议大夫(正

---

① 刘长旭:《两晋南朝赠官研究》,北京师范大学2002年博士论文,第20—27页;
② 秦健:《北魏赠官获得者的资格与赠官授予方式考述》,吉林大学硕士学位论文,2008年。
③ 张小稳:《魏晋南北朝地方官等级管理制度研究》第七章,第185—235页。
④ 《北史》卷二四《王宪传附晞传》,第891页。
⑤ 《周书》卷四五《乐逊传》,第818页。
⑥ 《隋汇考》(一)015《寇奉叔墓志》,第21页。
⑦ 《隋书》卷七五《房晖远传》,第1717页。

四)"。① 还有并州总管司马、仪同三司皇甫诞,鹰扬郎将(正五品)梁文让,治书侍御史(正五品)荣毗、陆知命,朝请大夫、兼治书侍御史游元、冯慈明等。

和文帝一样,隋炀帝对官爵的授予控制很严。② 尽管炀帝后期战乱频繁,有一些五品官获赠,这应该是官员获赠的资格下限。生前不到五品的仅有任轨,"迁将作少匠,加建节尉……以大业三年六月二日卒……诏赠朝散大夫"。③ 将作少匠从四品,④任轨死后获赠了比正六品建节尉高一阶的从五品朝散大夫。仪同豆卢毓本为汉王谅妻兄、王府主簿,杨谅反叛时"深识大义,不顾姻亲,去逆归顺,殉义亡身",获赠大将军。⑤ 隋代亲王府主簿只是从六品,获赠正三的大将军,隋代赠官可能主要是从本品出发,而不是职位。阎毗是正五的朝请大夫,职务是从四品殿内少监。阎毗的职务高于本品,死后获赠正四品殿内监,没有提到散官,似乎说明官员获赠是就高不就低,当职务高于本品时,朝廷以高者为起点授予相应赠官。从赠官资格下限为五品这个角度看,似乎隋代在赠官底线的选择上受南朝影响更大。

学者可能会注意到北海松赟,他在大业时任队正"亡身殉节","赠朝散大夫、本郡通守"。⑥ 在府兵系统中,帅都督为旅帅、都督为队正,队正为正七品,但松赟的本品不一定就是七品。

2. 自身品级与赠官的对应关系

北朝经常有"赠本将军"的情况,经过西魏北周改革,将军号本品地位被替代,故隋代没有"赠本将军",不过隋代仍有赠本官的例子。如元翼赠本官加蒲晋怀绛邵汾六州诸军事、蒲州刺史,谥曰穆。王士良"诏赠使持节、曹沧许郑四州刺史,余官、封如旧,谥肃公",墓志标题"使持节上大将军本州并州曹沧许郑五州刺史行台三总管广昌肃公",其中"上大将军、并州刺史、广昌公"应该就是"余官、封"。

隋文帝时有16例生时为上柱国,只有韦孝宽例外,其他死后不再提及上柱国。追封中,李远、贺兰祥、独孤信在北周时是柱国,隋代追赠为上柱国。大业时稍有变化,隋初就是上柱国的观德王、河间王弘,大业初授光禄大夫郭衍,死后都没有再确认从一品散官;但生前为上柱国的杨素、大业十年授光禄大夫樊子盖,死后一个"赠光禄大夫、太尉公",一个是"赠开府仪同三司"。从这些例子可以看出,如果生前散官是最高阶,死后不再确认,因为没法再往高阶加了。由于隋炀帝将开府仪同三司设定为"位次王公"的一级,故炀帝时代又发生了一点变化,不过很少有获赠开府仪同三司的。

---

① 《隋书》卷三九《源雄附子崇传》,第1155页。
② 《隋书》卷六七《虞世基传》载雁门之围,"战士多败。世基劝帝重为赏格,亲自抚循……乃围解,勋格不行"。第1572页。
③ 《隋汇考》(三)287《任轨墓志》,第328页。
④ 《隋书》卷二八《百官志》载大业初,"光禄已下八寺卿,皆降为从三品。少卿各加置二人,为从四品";(第797页)"五年,又改大匠为大监,正四品,少匠为少监,正五品"。(第799页)
⑤ 《隋书》卷三九《豆卢通传附毓传》,第1158页。
⑥ 《隋书》卷七一《松赟传》,第1658页。

如果生前没有达到最高阶,死后一般都会加一阶,开皇时期对隋官赠官 40 例中有 6 例赠一阶。如王庆本为柱国,开皇元年晋爵平昌郡公,卒于镇,赠上柱国,谥曰庄;王韶为河北道行台尚书右仆射、柱国,死后赠上柱国;李德林开皇六年上仪同(从四),此后得罪高颎等人,"十余年间竟不徙级",开皇中卒,"赠大将军(正三)、廉州刺史,谥曰文"。大业时赠官 44 例,升一阶的 11 例(详见文末表格)。

也有特殊情况的,如仁寿元年战死的庄元始赠上大将军开府,他生前才是车骑将军、开府,散官升了三阶,由正四越升从二。① 皇甫诞本为仪同、并州总管司马,因杨谅反叛身死,赠柱国、左光禄大夫、宏义郡公,食邑五千户,谥曰明公。同样正五品的游元、冯慈明在隋末反叛中死节,获赠从三品的银青光禄大夫。

可以说在本品这点,赠官与生前的本品呈对应关系,在职官序列上也大体是升阶授予。如田仁恭为正二的太子太师、右武卫大将军,赠司空,谥曰敬。但上文提到王晞、寇奉叔、房晖远三人生前死后的品级都是五品,没有加级。② 这种情况属于少数。

唐代赠官时,如同品同阶则赠以在次序上略靠前或略高于原职的官衔。隋代也有这样的,如观德王雄曾任司空,死后赠司徒;杨素本为司徒,赠太尉;杨达为纳言领右武卫将军,赠吏部尚书;郭荣是正二品的左光禄大夫、右候卫大将军,死后赠兵部尚书,兵部尚书地位高于卫大将军。③

3. 赠官组合

隋文帝时代组合授 23 例,单授 21 例;炀帝时组合授 22 例,单授 20 例;基本持平。不过也有明显变化的地方,文帝时赠总管 8 例,"三公+总管"9 例,赠刺史 17 例;炀帝时代赠三公只有 4 例,赠地方头衔的减少到 6 例,都明显减少。另一方面是单授散官、授职事官的比例增多,文帝时单赠散官 7 例,炀帝时单赠散官 13 例,单赠职事官 7 例。

在文帝时代 43 例赠官都没有提到赠爵位,在 26 例追赠中有 8 例赠爵(另外,宗室、外戚 7 例④),分别是周惠达、苏绰、卢辩、李远、高宾、李敬族、冯盎、冯仆,显然周惠达、卢辩是"前代名德",李远、李敬族、高宾是因其后人在隋初的地位比较高,苏绰则兼具两种优势,而冯盎、冯仆靠的是冯家,确切地说是冼夫人在岭南的影响力。当然,文帝时代大批官员"赠"的过程中没有提到爵位并不是说爵退出了赠的体系,⑤原因可能是史书省略了。石刻材料对仁寿末年的情况有较好的反映。如仁寿四年,皇甫诞"赠柱国,封弘义公,谥曰明。赠柱国、左光禄大夫、宏义郡公,食邑五千户,谥曰明公"。大业元年,炀帝追赠王韶"上柱国、敬公,食邑三千户。大业三年,加赠司徒公、尚书令,灵幽丰夏银盐

---

① 《文馆词林》卷四五三《隋车骑将军庄元始碑》,第 167 页。
② 陆爽博学、有口辩,隋初任太子洗马,开皇十一年卒,赠上仪同、宣州刺史。从隋初任太子洗马到开皇十一年,这么长的时间,不清楚陆爽的有没有获升迁。
③ 《隋书》卷五〇《郭荣传》,第 1321 页。
④ 杨氏、吕氏、独孤氏 7 例,另有杨汪之父杨琛,可能是隋文帝时期追赠的。
⑤ 张小稳在研究北朝地方赠官时认为北朝早期官、爵并行,到太和后期变为以官为主。(前揭张小稳著作,第 211—214 页)。我觉得最大的可能性是史书省略,而不是爵位退出赠的体系。

尚庆云胜十州刺史,改谥明,上柱国如故,魏国公、食邑三千户"。这些事例发生在炀帝制度改革之前,显然是开皇制度的沿袭。

炀帝三年改制"唯留王、公、侯三等",五年"制魏、周官不得为荫",次年二月进一步申明"近代丧乱,四海未一,茅土妄假,名实相乖,历兹永久,莫能惩革。皇运之初,百度伊始,犹循旧贯,未暇改作,今天下交泰,文轨攸同,宜率遵先典,永垂大训。自今已后,唯有功勋乃得赐封,仍令子孙承袭"。① 则大业六年后的赠官、赠爵更多的是以个人的功绩来获得的。炀帝时期,47例赠官有17例提到爵位(另宗室3例,即观德王、河间王、房陵王),其中大部分是"散官+爵位"的组合或者是"散官+职务+爵"。如大业六年牛弘"赠开府仪同三司、光禄大夫、文安侯,谥曰宪";大业九年杨文思获赠"光禄大夫、尚书右仆射、平舒侯";麦铁杖在征辽中战死"赠光禄大夫,宿国公。谥曰武烈。子孟才嗣,寻授光禄大夫"。由于散官在隋代是本品,相比文帝时期,单授散官的例子明显增多,达到14例。如崔彭赠大将军,樊子盖赠开府仪同三司,姚辩赠左光禄。张琛认为隋代散官(唐代叫勋官)除少数幸臣外不轻易授人,得授者皆是勋贵重戚和死于王事者。显然这个看法需要修正。

以上叙述了隋朝赠官的形式以在隋代的变化,从授赠对象及形式看,炀帝较多继承了文帝的思路。如果说,炀帝上台初期整个国家的权力分配是沿袭文帝以来的局面的话,大业六年改革后,炀帝对身故官员授予爵位显然具有培育、巩固支持力量的意图,因为赠予的爵位可以由子孙承袭。

4. 赠官与赠谥

在古代中国,谥号的出现很早就有,魏晋以后赠官、赠谥在官僚体系中的地位同等重要,但两者的发展并不完全同步。如同赠官授予标准有变化一样,曹魏明帝时发生了给谥标准的讨论,最后讨论的结果是:"八座议以为:'太尉荀觊所撰定体统,通叙五等列侯以上,尝为郡国太守、内史、郡尉、牙门将、骑督以上薨者,皆赐谥。'"② 显然曹魏对官员给谥是要综合考虑爵位和个人表现。戴卫红将文意分为两部分,认为曹魏得谥官员的职官品级在五品以上(牙门将、都尉等为五品),并认为此规定在西晋流行。③ 朱华认为魏晋的官员给谥并不完全依据官品,又以刘晔、杜袭、华表以第七品太中大夫得谥说明魏晋给谥有"比附周代大夫"(作者称为"古爵")的做法。④ 其实,朱华把问题复杂化了。刘、杜、华二人都有爵位(刘为东亭侯,杜为平阳乡侯,华为观阳伯),且刘晔曾任光禄勋,华表还曾任太常卿,⑤以此来说三人死后得谥并不意外。从朱华所列两晋爵位不详获赠者的名单看,⑥有谥号的郡太守、内史本身品级是不高,但都有三品加官或将军

---

① 《隋书》卷三《炀帝纪》,第74—75页。
② 《通典》卷一〇四《礼六十四·凶礼二十六》"诸侯卿大夫谥议",中华书局,1984年,第2716—2717页。
③ 戴卫红:《魏晋南北朝得谥官员身分的重大转变》,《南都学坛》2010年第6期。
④ 朱华:《魏晋南北朝官员谥法、谥号研究》,南开大学博士论文,2015年,第58—65页。
⑤ 见《三国志》卷一四《刘晔传》,第488页;卷二三《杜袭传》,第667页;《晋书》卷四四《华表传》,第1260页。
⑥ 朱华博士论文,第65—69页。

号。可知《晋书·王导传》载:"'武官有爵必谥,卿校常伯无爵不谥,甚失制度之本意也。'从之。自后公卿无爵而谥,导所议也。"①其实是先赠三品,再给谥号。同样《南史》载裴子野死后,"赠散骑常侍,即日举哀。先是,五等君及侍中以上乃有谥,及子野特以令望见嘉,赐谥贞子"。②也是先获赠散骑常侍才有谥号。南朝三品以上获谥,这是学界的主流意见。

然戴卫红认为给谥号下限曾跌破五品。南朝是有不少五品郡守甚至五品以下的官员获谥号,如吴兴太守刘瑀、会稽太守张畅和褚淡之、太子右卫率庾杲之、第七品广威将军卜天舆等。也许是根据这些例子,有学者认为南朝有段时间给谥标准曾降到五品以下。然而张畅、褚淡之、庾杲之都曾任(兼)侍中,刘瑀曾任御史中丞、吏部尚书,卜天舆生前为关内侯、赠三品龙骧将军。由此看来,魏晋南朝获得谥者一直是三品官(赠官至少为第三品),而有爵位者获谥必须曾担任五品以上官,并不存在"南朝从五品上调至三品"的情况。朱华注意到这点,但他仍然认为部分无第三、四品的加官或将军号的郡太守、内史也有谥号,这点我不赞同。

北朝方面,戴卫红认为北朝给谥没有严格规定,甚至从七品下太学博士也能获谥。③朱华认为北魏前期基本延续了汉魏西晋以来"有爵乃谥"的传统,后期官爵泛滥以致下限降到第六品下。④戴卫红所用的资料为太学博士裴敬宪"永兴三年,赠中书侍郎,谥曰文",她没有考虑裴敬宪是先获赠从四上的中书侍郎,再配套以"谥曰文"。从这例子可知北魏前期并不存在"有爵乃谥"的传统。北魏后期无爵得谥大量出现这是事实,不过我认为获谥的下限依旧是五品。如议郎卢敏获赠从五品下威远将军、范阳太守、谥靖;尚书左外兵郎中、城阳王元鸾司马高观赠从五品上通直散骑侍郎、谥闵;裴仲规由六品上的司徒主簿得赠河东太守、谥贞,北魏中郡太守第五品,河东比较发达,太守应该是第五品。⑤这也说明北魏获谥的下限依旧是五品。戴卫红等人没有考虑裴敬宪等人是先获赠,再有赠谥的。

北齐方面,目前所见获谥最低品级为《新唐书·宰相世系表》载李希远的五品上散骑侍郎。然其父《李宪墓志》载李希远官"州主簿,少丧"。朱华注意到两者的冲突,认为散骑侍郎是赠官。⑥这样的话,仅是州主簿的李希远能获赠当是子孙的功勋了。《宰相世系表》李祖揖"北齐冀州别驾、忠公"似乎也是追赠。朱华认为东魏、北齐非公爵、无爵得谥官员的职官下限大约为三品。这点是可信的。

北周方面,朱华以申徽、郑孝穆由正六命官得赠州刺史为例,认为北周得谥官员的

---

① 《晋书》卷六五《王导传》,第 1750 页。
② 《南史》卷三三《裴松之传附曾孙裴子野传》,第 867 页。
③ 戴卫红:《魏晋南北朝官员得谥官员身分的重大改变——魏晋南北朝官员谥法、谥号研究(一)》,《南都学坛》,2010 年第 6 期。
④ 朱华博士论文,第 81 页。
⑤ 见《魏书》卷四七《卢玄传附》,第 1053 页;卷六九《裴延儁传附》,第 1533 页;卷六二《高道悦传附》,第 1402 页。
⑥ 朱华论文第 82—83 页。墓志见赵超《汉魏南北朝墓志汇编》,天津古籍出版社,2008 年,第 331 页。

实际职官下限或略高于正六命,即相当于三品的七命。这点我很赞同,因为申徽在西魏末年已经是骠骑大将军、右仆射、公爵;郑孝穆在北周初就是骠骑大将军。① 这两人获赠不是以生平最高品为依据,而是以死前的官职。戴卫红认为北周生前无爵死后有谥的官最低为七品,这点我是怀疑的。也许她在研究赠谥时是把谥号与临死前官职绑定,以此推断获谥号的官品下限,得出"破格赐谥"等结论。然而,谥号与赠官相连,赠官的获得并完全不取决于临死前的官职,谥号更是如此。

北周的情况有个特殊性,就是有的人在北周时代的本品和他在开皇时去世的品级是一样的,那么他所获的赠谥是究竟是杨坚基于北周传统(对北周老臣的优待)还是基于隋代的制度?

《隋书》卷四六《张煚传》载父张羡在北周任雍州刺史、仪同三司,赐爵虞乡县公,后年老致仕。隋初八十四岁卒,"赠沧州刺史,谥曰定"。仪同在北周九命,在隋代为五品,可是张羡是属于望德耆老,又是从一品县公,此例不能准确显示隋代给赠谥的官品底线。又寇奉叔在北周时授使持节、仪同大将军、昌国伯,开皇二年三月去世,诏遣员外散骑侍郎念豁临柩吊赙,又遣奉朝请陆彦衡祭以少牢。追赠使持节、仪同大将军、亳州诸军事、亳州刺史,赐谥曰惠。寇奉叔的"仪同大将军"也是北周授予的,隋朝赠予同样的头衔,然而寇奉叔又是正三品开国伯,这可能才是他获谥的原因。

如果说这两人的事例所代表的时代尚有疑问的话,那么下面几例则完全代表隋代制度。仁寿四年并州总管府司马、仪同皇甫诞在汉王谅反叛中死节,皇甫诞获赠柱国,封弘义公,谥曰明。同样死节的汉王妃兄、王府主簿、仪同豆卢毓获赠大将军、封正义县公、谥曰愍。这两人的本品为五品仪同,然赠官是二品、三品,给谥原则是就高不就低,其获赠当由此而来。又正议大夫伍道进在大业八年授左御卫将军,大业十一年二月十四日薨于东都,丧事所需,并蒙资给,谥曰恭公。② 伍道进本品为四品正议大夫,职务为从三品左御卫将军,墓志没有载赠官、爵位,从三品可能是隋代官员获谥的下限。

上文的例子说明,尽管炀帝上台后进行官制改革,废除了文帝时代的不少举措,但在给谥这点上是一脉相承的。

通过以上的梳理,可以发现魏晋南朝无爵获谥者赠官至少达到第三品,而有爵位者获谥必须曾担任五品以上官。北朝给谥没有那么严格,但北魏前期并不存在"有爵乃谥"的传统;后期无爵得谥泛滥,但获谥的下限仍保存在五品。随着政权趋于稳定,两魏、北齐、北周得谥下限又升到三品,这应该不是对北魏制度的继承。隋代给谥并不将爵位、官品挂钩,其三品得谥的下限当是源于南北朝后期的传统,并为唐代所继承。

前文已述隋代官员获赠在整个高官群体中的比例很低,这和隋代激烈的政争导致

---

① 《周书》卷三二《申徽传》,第 556 页;卷三五《郑孝穆传》,第 610 页。《周书》载唐瑾任正五命司宗中大夫兼内史,赠小宗伯,谥方;而《唐瑾碑》则是"转荆州总管,寻迁小宗伯,乃薨。谥懿"。碑、传不一,存疑待考。分别见《周书》卷三二,第 565 页;《金石录校证》卷二三,广西师范大学出版社,2005 年,第 403 页。
② 《隋汇考》(五)441《伍道进墓志》,第 159—160 页。

大批功臣被除名、诛杀有一定关系。奇怪的是隋代还有很大一部分官员死后只有谥号没有赠官。学界认为，赠谥因受众范围狭小又涉及一生的品行，相对于赠官而言有繁杂的程序。据我初步统计，隋代官员110余例赠官中有谥号的仅一半；近120例有谥号的官员中，①依据死亡、获谥时间大致可确定者：平陈前（开皇十一年）40例有谥，无赠官者16例；开皇中到仁寿有谥38例，24例无赠官；大业有谥31例，无赠官10例。这些有谥无赠的官员，有达奚长儒、李询、韦洸、周摇、贺若谊这样的战将，也有崔猷、斛斯徵、梁睿、赵芬这些元老，还有柳裘、皇甫绩、长孙平、庞晃、李安等元谋功臣，更有元孝矩、豆卢绩、豆卢通、独孤罗、杨处纲这些姻亲。这说明隋代赠官、赠谥除了程序不同，朝廷在赠谥上当有另外的考虑。

开皇初期，元老功臣去世后中央显赫的三公职位很少授予，给身故官员的赠官头衔分量也越来越轻；开皇中期隋朝的政争达到顶峰，"有谥无赠"竟然占当时总数的六成，那么大规模的"有谥无赠"应该和文帝时代朝廷对国家权力的重组有关，②毕竟给谥号仅是授予死者本身，不像给赠官那样会无意中给一个家族带来巨大的政治效益。③炀帝时代，"有谥无赠"比重大大减少，能够获得赠官的官员有很多是身死王事或者与炀帝有较亲密关系的（包括被赏识的），炀帝甚至还给部分官员赠予爵位。由此看来，利用赠官、赠谥对权利进行分配是文帝父子共同的策略。

5. 受赠原因

隋文帝时代获赠的官员中，主要是元老功臣、宗室、外戚。在杨坚夺权过程中，战功第一绝对是韦孝宽，遗憾的是他没有见证隋朝的建立就于大象二年十一月去世，为表彰其功勋，杨坚为首的朝廷"赠使持节、太傅、上柱国、怀衡黎相赵洺贝沧瀛魏冀十一州诸军事、雍州牧，谥襄公"。④与之对应，在前几天，杨坚追赠祖父"祯为柱国、太傅、都督陕蒲等十三州诸军事、同州刺史、隋国公，谥曰献；考忠为上柱国、太师、大冢宰、都督冀定等十三州诸军事、雍州牧"。⑤数月之后，隋朝建立，杨坚的岳父独孤信也不过太师、十州诸军事。从中可知韦孝宽的地位。

于翼在大象初任大司徒，及尉迟迥反叛时任幽州总管，面对尉迟迥的招诱，"翼执其使，并书送之"，后"又遣子让通表劝进，并请入朝"，开皇初，拜太尉。⑥窦炽亲历了北魏动乱，北周武帝时"朝之元老，名位素隆"，入隋拜太傅，加殊礼，赞拜不名，"其位望隆重，

---

① 朱华统计了包括追赠获谥的有110例，参看其博士论文311—325页。
② 关于隋文帝时代的政争，韩昇先生有精彩的论述。详参《论隋朝统治集团内部斗争对隋亡的影响》，《厦门大学学报》1987年第2期；《隋文帝的"雄猜"与开皇初期政局》，《史学月刊》，1999年第3期。
③ 《隋书》卷五三《达奚长儒传》载开皇二年达奚率军与突厥奋战，文帝褒赏，"其战亡将士，皆赠官三转，子孙袭之"。(1350页) 可见赠官对身故官员及其家族的荣典，对子孙后代来说是一种资源。在唐代，朝廷对这种政治资源的认可更明确，赠官减罪、赠官与正员官有同样的待遇。见长孙无忌等撰，刘俊文点校《唐律疏议》卷二"名例"条，中华书局，1983年，第40页。
④ 《新出魏晋南北朝墓志疏证》115《韦孝宽墓志》，第314页。
⑤ 《隋书》卷一《高祖纪》，第4—5页。
⑥ 《周书》卷三〇《于翼传》，第526页。

而子孙皆处列位,遂为当时盛族"。① 阎庆在大统三年投奔西魏,建德时就是"位望隆重",宣帝时被称"先朝耆旧,特异常伦"。杨爽是隋文帝亲弟,"献皇后之所鞠养,由是高祖于诸弟中特宠爱之",②在隋初与观德王雄、河间王弘是宗室里少有的获信任且可以独当一面的人物。杨素在杨坚任为丞相时就"深自结纳,高祖甚器之",在文帝后期权威日盛,杨素兄弟与宇文述、郭衍、张衡等人是隋炀帝得以成为太子的关键人物。尽管炀帝对杨素颇为猜忌,如史臣所说的"外示殊礼,内情甚薄",但死后赠予三公,是对其一生功绩的认可。王韶长期府佐晋王广,平陈后,杨坚对公卿说:"晋王以幼稚出藩,遂能克平吴、越,绥静江湖,子相之力也。"开皇十四年去世,隋文帝只赠"上柱国、敬公,食邑三千户";大业三年炀帝缅怀功绩加赠司徒公、尚书令、灵幽等十州刺史,改谥明,上柱国如故,魏国公、食邑三千户。③ 三公地位崇高,隋文帝刚上台为笼络勋旧,授予北周耆老三公,这些人死后仅观德王杨雄、杨素等得以担任(出于削弱权力的需要),死后获赠三公的超高待遇也充分体现他们在政权中的地位。

除了三公头衔,略低些的荣誉在隋代应该就是总管了,除上文提到的获赠"三公+总管"的人,其他获赠总管的还有独孤善、李穆、李崇、于义、元景山、窦荣定、窦毅、柳敏这几位。④ 窦毅在北周末年任大司马,与叔父窦炽一样在北魏孝武帝时期就参与政治。于义除了家世外,个人素质相当了得,王谦反叛时,问将于高颎,"于义素有经略,可为元帅",由于资历不及梁睿,于义没有挂帅,但在平定王谦的过程中,他居功至伟。

如果说上述几位是元老的话,那窦荣定等则是杨坚青年时代就结交的铁哥们,窦荣定既是杨坚姐夫,又"少小与之情契甚厚",杨坚自己也对群臣曰:"朕少恶轻薄,性相近者,唯窦荣定而已。"窦荣定薨,杨坚云:"吾每欲致荣定于三事,其人固让不可。今欲赠之,重违其志。"赠总管并不能完全体现窦荣定的功绩和隋文帝与他的情谊。

阴寿在杨坚辅政时"引寿为据。尉迥作乱,高祖以韦孝宽为元帅击之,令寿监军。时孝宽有疾,不能亲总戎事……三军纲纪,皆取决于寿。以功进位上柱国。寻以行军总管镇幽州,即拜幽州总管,封赵国公"。可以说,在周隋之际,阴寿和高颎、李德林等人一样是杨坚核心圈人物。

这里不得不提的是李德林。从杨坚辅政到隋统一南北,李德林都是智囊核心,在禅代前夕虞庆则劝杨坚尽灭宇文氏,"高颎、杨惠亦依违从之。唯德林固争,以为不可"。此事引起了杨坚的不满,"自是品位不加,出于高、虞之下,唯依班例授上仪同,晋爵为子",对比其他佐命功臣的品级,李德林上仪同是很寒碜。但开皇五年,隋文帝通过追赠李父敬族"开府仪同三司、定瀛恒易四州诸军事、定州刺史、安平县公,谥曰孝。以德林

---

① 《周书》卷三〇《窦炽传》,第520页。
② 《隋书》卷四四《卫昭王爽传》,第1223页。
③ 《唐汇编续》贞观008《王士隆墓志》,第12页。
④ 前文说到的庾信、乐逊、姚僧垣,不清楚是两个单州刺史还是小总管区。暂不考虑。

袭焉",①算是补偿。"德林自隋有天下,每赞平陈之计","及陈平,授柱国、郡公,实封八百户,赏物三千段。晋王广已宣敕讫,有人说高颎曰:'天子画策,晋王及诸将戮力之所致也。今乃归功于李德林,诸将必当愤惋,且后世观公有若虚行。'颎入言之,高祖乃止。"开皇九年平陈,李德林本该是第一勋,说是"有人说高颎",难保不是高颎等人的意思,不管怎么说有人从中阻挠,连已经"宣敕讫"的奖赏也没了下文,从中暗示了隋初勋贵阶层对朝政的强大影响力。此后李德林被文帝疏远,外放地方,死的时候才获赠"大将军、廉州刺史,谥曰文"。赠官也只给正三品的大将军,这和李德林的功绩完全不匹配。

和杨坚其他功臣相比,李崇在大象二年的表现不可靠,尉迟迥起兵时,"崇初欲相应",当得知叔父并州总管李穆向杨坚输诚时,他还发了一通"尽节殉义"的感慨。尽管此事真假难辨,但他后来追随杨坚是不争的事实,李崇死于开皇初和突厥的战事,赠总管更多的是对死于王事的褒奖。元景山赠总管,是因其震慑陈朝、稳定地方的功绩。冯氏父子显然和冯家、冼夫人在岭南地区的巨大影响力有关。张羡开皇三年八十四岁卒,赠沧州刺史,谥曰定。他在北周是九命的仪同,是当世所重的"旧齿名贤",其子张煚在杨坚辅政时"深自推结,高祖以其有干用,甚亲遇之"。② 张羡获赠和张煚受亲遇绝对有关系。

当然,也有部分人获赠完全是靠的是自身功绩。周惠达因"著绩前代"追赠萧国公,相比于苏威的显赫,周惠达子孙在隋代并无突出的贡献,这也许是真正意义的"著绩前代"而获赠。

房晖远博学,深得牛弘、杨坚等赏识,在仁寿中获赠员外散骑常侍;陆爽博学有口辩,又以文学为太子所亲,开皇十一年卒,赠上仪同、宣州刺史。③ 他们受赠更多体现了个人能力以及和权贵阶层的关系。又如寇奉叔、寇遵考两兄弟,④一个获赠一个没有,说明和家世关系不大,更多的是个人的功勋及与权贵的关系。

沈重是后梁散骑常侍、太常卿。大象二年,来朝京师,于开皇三年卒,隋文帝遣舍人萧子宝祭以少牢,赠使持节、上开府仪同三司、许州刺史。⑤ 沈重是附庸国的后梁太常卿,这可能带有优抚后梁君臣的目的。张盈以文学知名,曾任后梁御史中丞、廷尉卿,仁寿元年卒,诏赠朝散大夫。张盈和养育萧后的张轲是堂兄弟,⑥其获赠应该也有外戚的这层关系。

大业时期大批五六品官员获赠,这是因为隋朝逐步动乱,为表彰死于国事者,获赠和个人表现的联系越来越紧密,如前面提到的皇甫诞、豆卢毓、梁文让、游元、源崇、冯慈明等人。

---

① 《隋汇考》(一)042《李敬族墓志》,第173页;《隋书》卷四二《李德林传》,第1198—1208页。
② 《隋书》卷四六《张煚传》,第1262页。
③ 《隋书》卷七五《房晖远传》,第1716—1717页;《隋书》卷五八《陆爽传》,第1420页。
④ 《隋汇考》(一)015《寇奉叔墓志》"赠使持节、仪同大将军、亳州诸军事、亳州刺史,赐谥曰惠"(第61页);《隋汇考》(一)018《寇遵考墓志》仅载其封濩泽县开国伯,授翊师将军,除扶风太守,开皇三年七月六日薨(第76页)。
⑤ 《周书》卷四五《沈重传》,第810页。
⑥ 《隋汇考》(四)380《张盈墓志》,第320页;《隋汇考》(五)425《张轲墓志》,第88页。

四、结　语

　　通过文献的梳理，本文勾辑了大批不见于史书的赠官，尽可能还原赠官的完整头衔。尽管不能完全复原隋代赠官名单，但基本能反映隋代赠官的状况。

　　石刻材料所记录的隋代官员获赠在整个高官群体中的比例很低，这和史书的记载一致。说明隋代对赠官的慎重，也和隋代激烈的政争导致大批功臣被除名、诛杀有关。隋代还有很大一部分官员死后只有谥号没有赠官，这也应引起我们的注意，赠谥与赠官两者有没有相关性，还需要更细致的统计分析，再下判断。

　　赠官的授予是多方力量互动的结果。隋代赠官授予大体可以反映隋代的政治生态。如三公与实际政治操作一样，非大功勋不轻易赠予；总管也是如此。当然，赠官头衔不一定能反映个人功绩，最典型如有殊勋于国的李德林，因理念与其他权贵不合，生前只有上仪同的品阶，死后追赠也才到正三品大将军。到炀帝时期，死于王事或者带有姻亲关系的个人也能获赠，或许说明炀帝在整个朝廷中的话语权增强。联系炀帝抑制勋贵、废除西魏以来的门荫特权的一系列举措，炀帝无疑有通过赠官、赠爵培植支持自己的新力量的意图（唯有功勋，乃得赐封）。而相比于赠官，赠予的爵位是可以由子孙承袭的。尽管文帝也给功臣之父追赠，然其范围较炀帝小多了。

　　通过对获赠官员生前品级的统计，可以看到隋代官员获赠是以本品（散官）为基础。最低获赠资格为五品，大部分获赠官员生前都是从三品以上，这和唐代的情况基本一致。由于战乱，隋炀帝出于"褒显名节"、鼓励"殉义亡身"的目的，五品官员获赠的比例增多，但在整个获赠群体中仍处于少数。如果北魏周齐是以六、七品为界的话，那么在授官资格上，隋代显然没有沿袭北朝的传统。具体操作层面，如果生前散官是最高阶，一般死后不再确认；如果生前没有达到最高阶，死后一般都会加一阶授予，在职事官领域也大体如此。如果身死王事，规格比较高，甚至有擢拔三阶的。

　　北魏时将军号越来越具有本品的功能，西魏、北周的改革后，戎秩完全成为本品，隋代继承了这一成果，又经过隋炀帝的改革，单赠散官成为当时的一大特点。作为更始承新的一朝，隋代的赠官模式恰好体现了南北合一。不论是文帝还是炀帝，赠官双授予单赠的比例大致持平，不过炀帝时代赠三公、赠地方头衔的明显减少，另一方面是单授散官、授职事官的比例增多。炀帝时期，赠官中的地方头衔明显少于文帝时期，这点与南朝有契合。

　　从对后世影响这点看，唐前期赠官组合的简化，应该是继承隋代做法。隋代有"朝散大夫＋本郡通守"，唐初的赠官组合中有从五品"朝散大夫＋州（郡）司马"的组合，这个组合应该继承自隋炀帝。

　　魏晋南朝无爵获谥者赠官至少达到第三品，而有爵位者获谥必须曾担任五品以上官;北魏前期并不存在"有爵乃谥"的传统,后期无爵得谥泛滥,但获谥的下限仍保持在五品。随着政权的趋于稳定,两魏、北齐、北周得谥下限又升到三品。隋代给谥并不将爵位、官品挂钩,这当是继承北朝传统,但隋代三品得谥的下限说明其对南北朝后期传统的认可,并为唐代所继承。

总之,在制度层面,选择怎样的赠予模式也反映了王朝对前代遗产的继承、革新,如同法统一样是件很严肃的事情,隋代赠官模式充分体现了这一点。

(附记:北师大张美侨在本文写作中帮助复印资料,特此致谢。)

附表:隋代获赠官员简表

1. 文帝时代

对象	时代	生前	赠官	模式	本品	赠品	出处
韦孝宽	大象二年	上柱国	使持节、太傅、上柱国、怀衡黎相赵洺贝沧瀛魏冀十一州诸军事、雍州牧,谥襄公	散+三公+总管+牧	从一	正一	魏晋疏证,韦孝宽志
辛威	大象二年	上柱国、少傅、宿国公	司徒公、河凉秦渭甘瓜康七州诸军事、河州刺史,谥穆公	三公+总管	从一	正一	秦晋豫续390
杨爽	开皇七年	上柱国、纳言	太尉、冀州刺史。	三公+总管	从一	正一	隋书44
阴寿	开皇四年	幽州总管	司空公、幽安平营易蔚六州诸军事、六州刺史,谥武	三公+总管	从一	正一	隋汇考27
阎庆	开皇二年	大象二年,拜上柱国	司空、荆谯浙湖沣广蒙七州诸军事、荆州刺史,谥成	三公+总管	从一	正一	周书20
李和	开皇二年	上柱国、总管	使持节、司徒公、徐兖邳沂海泗六州诸军事、徐州刺史,谥肃	三公+总管	从一	正一	隋汇考007
窦炽	开皇四年	上柱国、太傅	本官、冀沧瀛赵卫贝魏洛八州诸军事、冀州刺史,谥恭	三公+总管	正一	正一	周书30
于翼	开皇三年	上柱国、太尉	本官、加蒲晋怀绛邵汾六州诸军事、蒲州刺史,谥穆	三公+总管	正一	正一	周书30
李穆	开皇六年	太师、上柱国、申国公	[本官?]使持节、冀定赵相瀛毛魏卫洛怀十州诸军事、冀州刺史,谥明	公?+总管	正一	正一	隋书37

续表

对象	时代	生前	赠官	模式	本品	赠品	出处
田仁恭	开皇初	上柱国、太子太师、右武卫大将军	司空,谥敬	三公	从一	正一	隋书54
于寔	开皇元年	大象二年,上柱国,大左辅	司空,谥安	三公	从一	正一	周书15;碑林续27
李崇	开皇三年	上柱国、幽州总管	豫息申永浍亳六州诸军事、豫州刺史,谥壮	总管	从一		隋书37
于义	开皇三年	总管,以疾免职	豫亳申息永会六州诸军事、豫州刺史,谥刚	总管	从一		唐汇续圣历19
窦荣定	开皇六年	上柱国、卫大将军	陈国公,冀赵沧瀛定五州诸军事、冀州刺史,谥懿公	总管	从一		碑林续53
元景山	开皇六年	安州总管	梁州总管,谥襄	总管	从一		隋书39
窦毅	开皇二年	上柱国、开皇初,拜定州总管	襄鄀等六州刺史,谥肃	总管	正一		周书30
柳敏	开皇元年	大将军、太子太保	五州诸军事、晋州刺史	总管	正三		周书32
独孤善	开皇二年	上开府、兖州刺史	使持节、柱国、定赵恒沧瀛五州诸军事、定州刺史	散+总管	从三	正二	碑林续36
茹洪	大象二年	开府	使持节、开府仪同大将军、纯永二州诸军事、纯州刺史	散+总管	正四	正四	隋汇考005
王士良	开皇三年	并州刺史	使持节、曹沧许郑四州刺史,余官,封如旧,谥肃	散+刺史+爵	从二	从二?	隋汇考022
王长述	开皇中	柱国、信州总管	上柱国、冀州刺史,谥庄	散+刺史	正二	从一	隋书54
李德林	开皇中	上仪同、怀州刺史	大将军、廉州刺史,谥文	散+刺史	从四	正三	隋书42
柳机	开皇中	纳言、冀州刺史	大将军、青州刺史,谥简	散+刺史	纳言:正三	正三	隋书47
尉迟崇	开皇三年	周仪同大将军	大将军、豫州刺史	散+刺史		正三	隋书63
庾信	开皇元年	开府。大象初,以疾去职	本官,加荆淮二州刺史	散+刺史	正四	正四	周书41
沈重	开皇三年	梁散骑常侍、太常卿	使持节、上开府仪同三司、许州刺史。	散+刺史	从三	从三	周书45

续 表

对象	时代	生前	赠官	模式	本品	赠品	出处
姚僧垣	开皇三年	上开府仪同大将军	本官,加荆、湖二州刺史	散+刺史	从三	从三	周书47
乐逊	开皇元年	东扬州刺史	本官,加蒲、陕二州刺史	散+刺史	正四	正四	周书45
王晞	开皇元年	仪同大将军、太子谏议	仪同三司、曹州刺史	散+刺史	正五	正五	北史24
寇奉叔	开皇二年	仪同	使持节、仪同大将军、亳州诸军事、亳州刺史,赐谥惠	散+刺史	正五	正五	隋汇考015
陆爽	开皇11年	太子内直监,寻迁太子洗马	上仪同、宣州刺史	散+刺史	洗马,从五	从四	隋书58
梁彦光	开皇中	上柱国、刺史	冀定青瀛四州刺史,谥襄	刺史	从一		隋书73
张羡	开皇三年	仪同	沧州刺史,谥定	刺史	九命?		隋书46
贺娄子干	开皇14年	上大将军,云州总管	怀、魏等四州刺史,谥怀	刺史	从二		隋书53
樊叔略	开皇14年	上大将军、司农	上悼惜久之,亳州刺史,谥襄	刺史	从二		隋书73
安罗		开府仪同三司,贵乡县开国公	石州刺史	刺史	正四		文馆词林455
王庆	开皇元年	右卫大将军、开府仪同三司、延丹隰汾四州诸军事、延州总管、平昌郡开国公	上柱国,谥庄	散	正二	从一	周书33;唐编续永淳003
韦洸	开皇11年	大象二年柱国,广州总管	上柱国,谥敬	散	正二	从一	隋书47
王韶	开皇14年	河北道行台尚书右仆射、柱国	上柱国、敬公	散	正二	从一	唐墓志续贞观008
韦世康	开皇17年	上开府、尚书、荆州等总管	大将军,谥文	散	从三	正三	隋书47
庄元始	仁寿元年	开府。授车骑将军	上大将军	散	正四	从二	文馆词林453
刘韶		父韶,隋时战没	上仪同三司	散		从四	旧唐书57刘文静
张盈	仁寿元年	开皇九年补学士	朝散大夫	散		正四	隋汇考380
房晖远	仁寿中	国子博士	员外散骑常侍	职	正五	正五	隋书75

2. 炀帝时期

姓名	时间	生前	赠官	模式	本品	赠品	出处
杨勇	仁寿四年		房陵王	爵			隋书45
河间王弘	大业初	炀帝嗣位,拜太子太保	大业六年追封郇王	爵	职正二		隋书43
郑译	大业初	开皇十一年卒,谥达	以译命元功,追改封译莘公	爵			隋书38
梁睿	大业六年	开皇15年卒	追改封戴公	爵			隋书37
王韶	大业三年追	河北道行台尚书右仆射、柱国。十四年卒,上柱国、敬公	加司徒公、尚书令,灵幽丰夏银盐尚庆云胜十州刺史,改谥明,上柱国如故,魏国公、食邑三千户	三公+职+刺史+勋+爵	正二	从一	唐汇编续贞观008
观德王	大业八年	辽东之役,检校左翊卫大将军	司徒,襄国武安清河上党河间济北高密济阴长平等十郡太守	三公+刺史+爵		正一	隋书43
宇文述	大业12年	开府仪同三司、左翊卫大将军、光禄大夫、许公	司徒、尚书令、十郡太守,谥恭	三公+职+刺史	从一	正一	隋书61
杨素	大业二年	拜司徒,改封楚公	谥景武,光禄大夫、太尉公、弘农河东绛郡临汾文城河内汲郡长平上党西河十郡太守	散+三公+刺史	正一	正一	隋书48
皇甫诞	仁寿四年	并州总管司马、仪同	柱国、左光禄大夫、宏义郡公,谥明公	散实(勋)+文散+爵	正五	正二	皇甫诞碑
牛弘	大业六年	右光禄、上大将军	开府仪同三司、光禄大夫、文安侯,谥宪。	散+文散+爵	从二	从一	隋书49
段文振	大业八年	右光禄、尚书、卫大将军	光禄大夫、尚书右仆射、北平侯,谥襄	散+职+爵	从二	从一	隋书60
杨文思	大业九年	民部尚书,左光禄大夫。七年卒	九年赠光禄大夫、尚书右仆射、平舒侯	散+职+爵	正二	从一	隋汇考383
钱士雄	大业八年	武贲郎将,正四	左光禄大夫、右屯卫将军、武强侯,谥刚	散+职+爵		正二	隋书64
刘方	大业初		上柱国、卢国公	散+爵		从一	隋书53
张定和	大业五年	柱国、左屯卫大将军	光禄大夫。时旧爵例除,复封武安侯,谥壮武	散+爵	正二	从一	隋书64
麦铁杖	大业八年	平杨谅,柱国	光禄大夫,宿国公。谥武烈	散+爵	正二	从一	隋书64

续表

姓名	时间	生 前	赠 官	模式	本品	赠品	出 处
李圆通	大业初	平陈,大将军。炀帝嗣位,拜兵部尚书	柱国,封爵悉如故	散+爵	正三	正二	隋书64
独孤整	大业初	官至幽州刺史	金紫光禄大夫、平乡侯	散+爵		正三	隋书79
豆卢毓	仁寿四年	仪同三司	大将军,封正义县公,谥愍	散+爵	正五	正三	隋书39
萧玚	大业七年	银青光禄大夫。五年,秘书监。六年,封陶丘侯。七年,检校左骁卫将军	左光禄大夫、陶丘简侯	散+爵	从三	正二	隋汇考362
周罗睺	仁寿四年	右武侯大将军、上大将军	柱国、右翊卫大将军,谥壮。	散+职	从二	正二	隋书65
元寿	大业八年	右光禄,七年,兼左翊卫将军	尚书右仆射、光禄大夫,谥景	散+职	从二	从一	隋书63
杨达	大业八年	纳言领右武卫将军,进位左光禄大夫	吏部尚书、始安侯。谥恭	职+爵	正二	职正三	隋书43
松赟	大业中	队正(都督)	朝散大夫、本郡通守	散+职		从五	隋书71
王弘	大业初	开府仪同三司、右庶子、黄门侍郎	御史大夫、大将军,谥元	职+散	正四	正三	秦晋豫续编207
张须陀	大业12年	开府仪同三司使持节齐郡通守河南道讨捕盗贼大使	金紫光禄大夫、荥阳郡守	散+职	正四	正三	秦晋豫续388
樊子盖	大业12年	光禄大夫、尚书	开府仪同三司,谥景	散	从一	位次王公	隋书63
梁默	大业五年	讨平汉王授柱国	光禄大夫	散	正二	从一	隋书40
萧琮	大业初	柱国、内史令	左光禄大夫	散	正二	正二	隋书79
姚辩	大业七年	左屯卫大将军、右光禄大夫	左光禄大夫,谥恭公	散	从二	正二	隋汇考340
孟金叉	大业八年	武贲郎将,正四	右光禄大夫,子善谊袭官	散		从二	隋书64
崔彭	大业初	上开府,左领军大将军	大将军,谥肃	散	从三	正三	隋书54

续表

姓名	时间	生前	赠官	模式	本品	赠品	出处
柳䇕	大业二年	秘书监	大将军,谥康	散		正三	隋书58
独孤陁	大业初	开皇中卒	正议大夫。复赠银青光禄大夫	散		从三	
梁文让	大业九年	初封阳城县公,后为鹰扬郎将	通议大夫	散	正五	正四	隋书73
源崇	大业中	仪同。大业中,为尚书虞部郎	正议大夫	散	正五	正四	隋书39
游元	大业九年	朝请大夫、兼治书侍御史	银青光禄大夫	散	正五	从三	隋书71
冯慈明	大业末	朝请大夫、摄江都郡丞	银青光禄大夫	散	正五	从三	隋书71
任轨	大业三年	将作少匠加建节尉	朝散大夫	散	正六	从五	隋汇考287
郭衍	大业七年	大业初授光禄大夫。六年封真定侯	左卫大将军,谥襄	职	从一	职,正三	隋书61
郭荣	大业十年	左光禄大夫、右候卫大将军	兵部尚书,谥恭	职	正二	职 正三	隋书50
周法尚	大业十年	大业九年授右光禄大夫,将军如故	武卫大将军,谥僖	职	从二	职,正三	隋书65
豆卢毓	大业九年	六年诏授金紫光禄大夫	右候卫将军,谥威	职	正三	从三	隋汇考387
阎毗	大业九年	朝请大夫(正五)、殿内少监	殿内监	职	从四	正四	隋书68
荣毗	大业初	仁寿四年治书侍御史	鸿胪少卿	职	正五	从四	隋书66
陆知命	大业九年	大业初治书侍御史	御史大夫	职	正五	正四	隋书66

论唐代使职的功能与作用

薛明扬

唐代的政治制度具有中国封建专制主义中央集权统治的典型意义,后世多有因袭。中书、门下、尚书三省以及六部为中心,统领全国大政,九寺五监,分理群司庶务,秘书、殿中、内侍三者,则辅治文教、内务诸事,条分缕析,各有所司。然而,也正是唐代,国君直接命使普遍盛行,至玄宗时,几乎到了无事不设使的地步,从国家大政决策、财政经济管理、监察考课官吏,到对外礼仪以及一时一事造作,乃至瓜果蔬菜的栽种,都遣专使负责。部分使职逐渐成为长期化、固定化的职事官,自成系统,以致部司机构变为闲曹,而宦官充任的内诸司使更是成为南衙之外的又一庞大的行政班子。杜佑在《通典·职官序》中指出唐"设官以经之,置使以纬之",将使职放在重要的地位。而中唐以后的政治格局,基本上是以使职为中心而展开的。这一特殊的现象在《通典》《新唐书·百官志》以及《旧唐书·职官志》中大多语焉不详,所提到的也只不过有四十来种使职名称。然而,以笔者不完全统计,有唐一代先后设使达二百余种。若以名类繁多、莫能遍举,就一笔带过,则很难解释为何开元、天宝年间开始出现"为使则重,为官则轻"[①]的状况。遗憾的是,前人论及使职,常从有利于专制主义中央集权之加强这一方面做些概括,不免简单空泛。笔者浅见,有必要对使职本身的特点、作用进行深入分析,从整体上对使职制度有较清晰的认识,才能完整地理解唐代政治制度的内涵。

一

所谓使职,指的是代表中央朝廷,衔命出使四方的专门官员。若以其任务区分,可以划为对外与对内两大类:对外行交聘、订盟会、下战书、签和约,旨在沟通国与国之间

---

① 李肇:《国史补》卷下《内外诸史名》。

的联系和交往;对内则传宣诏命、督办专项事务、督察各级官吏,成为维系中央和地方的纽带。使职代表了朝廷的威望,所以常择容止可观、文学优赡之士为之,或以能秉公执法、折冲樽俎、不辱君命者充任,故必尽一时之选,不轻易授人。使职多为因事而置,事罢即省,因此,往往是短期的、暂设的,并未成为固定的官职。正因为它具有临时差遣的性质,所以,使职不必通过繁复的选拔、任用、考课程序,只需从职事官中选拔近臣、能人充任某一事务的专门大员,具有极大的灵活性。

因任用的灵活,故首先受到了君主的青睐。武则天以周代唐,玄宗靠政变起家,无不为自己的统治基础担忧。尽快利用一批心腹之臣,委以重任,随时掌握动向,设置分类使职是最为便捷的办法。所以,武后和玄宗几乎动辄设使。德宗是唐中后期"躬亲庶政,不委宰辅"的典型君主。势必借重使职,为其决策服务,因而成为继玄宗后设使最多的一位。唐代三省六部的行政体系,有一整套发令、封驳、执行的复杂程序,缺一不可。朱熹曾作过介绍:"唐制每事先经由中书省,中书做定将上,得旨,再下中书,中书又付门下,若可行,门下又下尚书省。尚书但主书撰奉行而已。"①如此繁复的程序,不仅牵制了中枢宰相,也给君主带来了诸多不便。况且日常政务中经常会出现一些事情,不一定有相应部门可以处理,或者需要几个部门协同解决。这时,正常的途径、规范的部司可能都无法办理,相互推诿亦随之而来。而任用使职却轻松地解决了这一难题,同时也摆脱了行政程序上的种种羁绊。君主欲集权于手也正是看中了这一点。德宗即位之初,杨炎、卢杞二人秉政,树朋党、摈贤良,卒致天下沸腾。面对朝廷威柄日削,方镇权重日增的尴尬处境,德宗不任宰相以事,人间细事,多所临决,"躬亲事务,不复委成宰相,庙堂备员,行文书而已"。② 因此,精力有限的皇帝欲了解各地详情,只有以更多的耳目之臣出使天下,"事无巨细,皆令访查"。③ 有时在群臣反对的情况下,皇帝甚至可以不降诏书,直接遣使外出。如奉天之乱后,德宗命中使宣付翰林院具录散失宫人姓名又命草诏赐浑瑊于奉天查访,不料遭到翰林学士陆贽等人的激烈反对,且不愿草诏。德宗遂直接遣使。④ 可见,使职的灵活任用确实给皇帝带来了极大的便利。

从充任诸使的官员身分上,也可以看出使职任用的灵活性。唐初的出使多以腹心耳目之臣如郎官、御史充任。但在高层官僚中,并不认为出使是件十分荣耀的事,常常是能推就推。宋璟为御史中丞,"则天朝以频论得失,内不能容,而惮其公正,乃敕璟往扬州推按。奏曰:'臣以不才,叨居宪府,按州县乃监察御史事耳。今非意差臣,不识其所由,请不奉制。'无何,复令按幽州都督屈突仲翔。璟复奏曰:'御史中丞非军国大事不当出使,……今敕臣,恐非陛下之意,当有危臣,请不奉制。'"⑤如果以宰辅充外使,更会被同僚所议论。景龙四年,金城公主出嫁吐蕃赞普,中宗命中书侍郎、同中书门下平章

---

① 《朱子语类》卷一二八。
② 《旧唐书》卷一三五《韦渠牟传》。
③ 《旧唐书》卷一二八《颜真卿传》。
④ 《旧唐书》卷一三九《陆贽传》。
⑤ 《大唐新语》卷二。

事赵彦昭为使。彦昭得知而不悦,司农卿赵履温私谓之曰:"公,国之宰辅而为一介之使,不亦鄙乎?"①因此,作为差遣的使职,尽管有时事系重大,却不一定强求军国重臣为之,官卑品低者都可以充任,反而起到了位卑权重,以小治大的作用。另一方面,唐代仍然讲究士庶的严格区分,清浊之流,界限分明。势门子弟瞧不起理财之臣,鄙视户部诸曹,居之者不悦。②宪宗元和十三年"以度之使皇甫镈、盐铁使程异同日为平章事,领使如故。议者以为异起钱谷吏,一旦位冠百僚,人情大为不可。异自知叨据,以谦虚自牧,月余日,不敢知印秉笔,而镈虽有吏才,素无公望,特以聚敛媚上,刻削希恩,诏书既下,物情骇异。"③虽然是唐后期,尽管当时的宰相已远非昔日可比,但出身钱谷吏的理财诸使充任宰相,竟会群情哗然,而对其所充使职确无异议。当国家急需有真实才能之士担当重任时,吸收一批既非势门大族子弟,又有吏能者,不拘官品,不问清浊,任以使职,委以实事,在制度上显然体现了极大的灵活性。

然而,唐代宦官干政,也正是借助了使职任用的灵活性。唐初宦官,官不过三品,不问政事,在制度上严格加以限制。况且,宦官的社会政治地位一向不高,与士人矛盾极深。若与宦官略有交往的士人则常受同僚谮毁,仕途上难以发展。华京极有赋名,"向游大梁,尝预公宴,因与监军使面熟。及至京师,时已登科,与同年连镳而行。逢其人于通衢,马上相揖,因之谤议喧然。后颇至沉弃,终太学博士"。④杨篆因失足落水,受中贵李全华所赐衣,"后除起居舍人,为同列谮,改授驾部员外郎,由是一生坎坷"。⑤淮南节度使李鄘,以刚严治下,时吐突承璀为监军使,"数称荐之,召拜门下侍郎、同中书门下平章事。鄘不喜由宦倖进……不肯视事,引疾固辞"。⑥可见,无论是制度还是官僚阶层,都不容许宦官有较高的社会政治地位。然而,不受官品、出身约束的使职差遣制却为宦官们提供了享受最高政治权力的机会。宦官充任的内飞龙使、内庄宅使、内闲厩使、内弓箭库使、军器使、内宫苑使、五坊使、内教坊使、梨园使、进食使、宫市使、官告使、十王宅使、少阳院使、内作使、中尚使、染坊使、花鸟使、监军使、观军容使、枢密使等,从管理宫内事务、督护太子皇子、监军队、典禁旅,到控制朝政、操纵皇帝,无不以使职的途径得以如愿。甚至唐末领有使职的宦官可以作为朝官的身分参加祭祀大典,⑦这在以前是不可想象的。

使职因需要而产生,这种需要也反映出唐代政治体制的缺陷,中央决策过程繁复,行文处事缓慢,延宕时机,某些行政事务无专人专职以司其事。不限资品,唯才是任的

---

① 《旧唐书》卷九二《赵彦昭传》。
② 《旧唐书》卷一七七《毕諴传》"……故事,势门子弟鄙仓、驾二曹,居之者不悦,惟諴受命,恬然恭逊,口无异言,执政多之。"
③ 《旧唐书》卷一三五《程异传》、《皇甫镈传》。
④ 《唐摭言》卷九。
⑤ 《唐摭言》卷九。
⑥ 《新唐书》卷一四六《李鄘传》。
⑦ 《旧唐书》卷一六五《殷侑附殷盈孙传》载昭宗龙纪元年郊祀,枢密使等皆请朝服。礼官殷盈孙以为"前代及国朝典令,无内官朝服制度"。昭宗不听,准枢密等所请。

使职制度,弥补了行政体制上的不足。君主利其便,百僚贪其权,宦官窥其隙,因而使职的地位日见提高,普遍设置以后,竟有不少久置不废,与部司机构分庭而抗礼。

二

使职常因事而专设,出使在外,君主许以便宜从事,处理政事极少掣肘。这种事权专一,有利于提高行政事务的效率。

唐初,太宗遣魏徵出使安辑河北,"许以便宜从事。徵至磁州,遇前宫(即李建成)千牛李志安、齐王(即李元吉)护军李思行锢送诣京师。徵谓副使李桐客曰:'吾等受命之日,前宫、齐王左右,皆令赦原不问。今复送思行,此外谁不自疑?……古者,大夫出疆,苟利社稷,专之可也。况今日之行,许以便宜从事。主上既以国士见待,安可不以国士报之乎?'即释遣思行等,仍以启闻。太宗甚悦"。① 显然,使者外出后的便宜从事是有历史传统的,只要有利于国家社稷,即使"先斩后奏",也是允许的。尤其在其职责范围之内的事务,明令其专一领导,全权处置。征辽之役,太宗诏太常卿韦挺知海运,"任自择文武官四品十人为子使,以幽、易、平三州骁勇二百人,官马二百匹为从,诏河北诸州皆取挺节度,许以便宜从事"。② 同时,"(副使崔)仁师又别知河南水运。仁师以水路险远,恐远州所输不时至海,遂便宜从事,递发近海租赋以充转输"。③ 这种在职责范围之内,因事而变,权宜处理政事的做法,并未违背遣使的初衷。况且,与事事请示,等待批覆后才行事相比,使职处理政事要主动得多,行政效率也比较高。

唐设使专辖陇右诸监牧是个十分典型的例子。太仆少卿张万岁初为勾当群牧,自贞观至麟德年间,牝牡三千已"蕃息至七十万六千匹。置八使以董之,设四十八监以掌之,跨陇右、金城、平凉、天水四郡之地,……更析八监,布于河曲、丰旷之野,乃能容之"。④ 正是从其短期效益中得到了启示,所以仪凤年间正式设置了群牧使。玄宗即位初,有牧马二十四万匹,"以太仆卿王毛仲为内外闲厩使,少卿张景顺副之。至是有马四十三万匹,牛羊称是"。⑤ 可见,这与设使专辖是分不开的。范祖禹对此曾大加评论:"唐之国马,惟得一能臣掌之,不数十年而其多过于二百倍,由其任职之专也。……凡欲制事,得其人而善其法,岂有不盛乎!"⑥一语道出了其中的奥秘。中国封建社会各朝,向来把马看作国家武备的主要力量,若"天去其备,国家危亡",⑦因而重视马政。通过使

---

① 《旧唐书》卷七一《魏徵传》。
② 《旧唐书》卷七七《韦挺传》。
③ 《旧唐书》卷七四《崔仁师传》。
④ 《唐会要》卷七。
⑤ 《唐鉴》卷五。
⑥ 《唐鉴》卷五。
⑦ 《新唐书》卷三六《五行三》。

职专掌此等大事,居然收效颇大,或许正是从群牧使、闲厩使掌马政数十年中得到启发,唐中后期的理财诸使都围绕着提高效率而展开工作,其先决条件即诸使能事权专一。使职的事权专一在制度上首先表现为有一整套直属机构,与中央部司以及地方府州不存在确认的隶属关系。度支、盐铁、转运三使,于诸道均设巡院为分支机构。作为诸使派出机构的巡院,除了本职事务之外,还负有对地方长吏的督察任务。在元和六年的诏令中,对转运使每道设巡院说得更为清楚,"转运重务,专委使臣,每道有院,分督其任"。① 至于度支巡院、盐铁巡院,在《新唐书》、《旧唐书》及《唐会要》中屡见记载。巡院由诸使自行"搜择能吏以主之",②与地方行政机构无涉,甚至还自备防院兵屯于巡院之侧,以防水火盗贼。③

自辟僚属,是使职事权专一的第二个表现。宇文融为覆田劝农使,奏慕容琦、韦洽等二十九人为劝农判官,"分按州县,括正丘亩,招徕户口而分业之。……事无巨细,先上劝农使,而后上台省,台省须其意,乃行下"。④ 德宗时,宰相窦参为度支使,班宏为副,在用人问题上各执己见,纷争不已,朝廷对此竟无可奈何。此例从侧面反映了朝廷对诸使用人不加干预。时至唐末,诸使用人之权更为清晰。杜晓,"崔胤判盐铁,辟(晓)巡官,……不起。崔远判户部,又辟巡官,……晓乃为之起"。⑤ 裴迪为人明敏,"善治财赋,精于簿书,唐司空裴遽判度支,辟为出使巡官"。⑥ 不光巡官由诸使自辟,下及驶足、盐铁小吏、转运纲吏等,均由其自择。盐铁使刘晏以"盐利为漕廪,自江淮至渭桥,率数十万斛廪七千缗,补纲吏督之。不发丁男,不劳郡县,盖自古未之有也"。⑦ 巡官、属吏既受长官辟除,自身利益往往都与其职掌直接挂钩,因此,"属吏在千里之外,奉教如目前。四方水旱,及军府纤芥,莫不先知焉"。⑧

第三,使职的事权专一还表现为权力的完整性,很少有牵制力量从中作梗。唐中后期兴起的理财诸使中,能人不少,如王播,"天性勤于吏事。使务填委,胥吏盈廷取决,簿书堆案盈几,他人若不堪胜,而播以此为适"。⑨ 若自己无暇外出,就令副使程异出巡江淮,凡州府上供钱谷诸事,一切勘问。程异自江淮返京,一次得钱一百八十五万贯以进。潘孟阳为盐铁转运副使,巡江淮,省财赋,"且察东南镇之政理"。⑩ 从行人员数百,前呼后拥,显赫之势较地方官员有过之而无不及。从诸使理财后的变化可以看出,使职的活动给衰弱的唐王朝注入了新的活力。安史之乱后,凶荒相属,"京师米斛万钱,官厨无兼

---

① 《旧唐书》卷一四《宪宗上》。
② 《唐会要》卷八七。
③ 《旧唐书》卷一五《宪宗下》:"元和十年三月,盗焚河阴转运院,……防院兵五百人营于县南,盗火发而不救,吕元膺召其将杀之。"
④ 《新唐书》卷一三四《宇文融传》。
⑤ 《新五代史》卷三五《唐六臣传》。
⑥ 《新五代史》卷三四《裴迪传》。
⑦ 《旧唐书》卷四九《食货下》。
⑧ 《旧唐书》卷四九《食货下》。
⑨ 《旧唐书》卷一六四《王播传》。
⑩ 《旧唐书》卷四九《食货下》。

时之食。百姓在畿甸者,拔谷授穗,以供禁军。洎(刘)晏掌国计,复江淮转运之制,岁入米数十万斛以济关中。代第五琦领盐务,其法益密。初年入钱六十万,季年则十倍其初。大历末,通天下之财,而计其所入,总一千二百万贯,而盐利过半"。① 大中年间,裴休为盐铁转运使,整顿漕运,"三岁漕米至渭滨,积一百二十万斛,无升合沉弃焉"。② 所以,朱泚反叛朝廷,占据长安时,竟可恃府库之富,遍行赏赐,以悦将士,甚至"公卿家属在城者皆给月棒。神策及六军车从驾及哥舒翰、李晟者,泚皆给其家粮;加以缮完器械,日费甚广"。③ 及至朝廷平朱泚,返回长安,府库尚有余蓄。由此可见,转运、盐铁、度支诸使的聚敛财富,为唐中央朝廷残喘于强藩之中,提供了物质条件。

必须指出,使职在行政事务上的高效率也是建立在对广大人民的搭克暴敛之上。兵荒马乱之际,百业俱废,民不聊生,而理财诸使却能源源不断地给朝廷输血,关键就在于聚敛有术。其次,这种高效率只能是因人因时而言,不可任意夸大,既有第五琦、刘晏等能人数年中可使财赋收入大大增加,亦有诸如裴延龄之流不通货殖之务,虚张声势而无实绩,徒乱政制。"得其人则有益于国家,非其才则贻患于黎庶"的随机性,给诸使理政的高效益多少打了些折扣,甚至处于一种难以逆料的状态。

三

使职设置的主要功能之一为维系中央与地方的联系,久置不废,渐成固定,对地方行政制度势必产生较大的冲击。地方行政机构上承中央指令,下辖广土民众,历来具有举足轻重的地位。因此,在机构的设置、人员的配备上,蕴含着国家兴衰的深意。然而,说的和做的完全不是一回事。由于京官接近权力中心,升迁较快,俸禄较丰,从唐初起就存在重京官、轻外任的现象。贞观年间"刺史多是武夫勋人,或京官不称职,方使外出……边远之处,用人更轻,其材堪宰莅,以德行见称擢者,十不能一"。④ 至高宗、武后时,这一状况并未得到根本改观,"京职之不称者,乃左为外任;大邑之负累者,乃降为小邑;近官之不能者,乃迁为远官"。⑤ 玄宗时,由地方官入为大理少卿的班景倩,竟被人羡称为"何异于登仙"。⑥

地方官的素质不高,朝廷可以不时遣使外出,加强巡视督察,加以补救,但使职分巡天下,无一固定治所,常常疲于奔命,顾此失彼。李峤在评论巡察使的得失时曾指出:"巡察使率是三月已后出都,十一月终奏事,时限迫促,薄书填委,昼夜奔逐,以赴限期。

---

① 《旧唐书》卷四九《食货下》。
② 《旧唐书》卷一七七《裴休传》。
③ 《资治通鉴》卷二二九,德宗建中四年。
④ 《旧唐书》卷七四《马周传》。
⑤ 《唐会要》卷六八。
⑥ 《明皇杂录》卷下。

面所逌所察文武官,多至两千余人,少者一千已下,皆需品量才行,褒贬得失,欲令曲尽行能,则皆不暇。此非敢堕于职而慢于官也,实才有限而力不及耳。请大小相兼,率十州置御史一人,以周年为限,使其亲至属县,或入闾里,督察奸讹,观采风俗,然后可以求其实效,课其成功。若此法果行,必大裨政化。"①武后同意李氏的说法,下诏分国为十二道,简择堪为使者出行,会有沮议者,遂不了了之。

李峤的建议虽未付诸实施,但是他已经把地方行政级制不合理的问题直接提了出来。玄宗时,采访使有了固定的治所,道的划分也已确定,道一级长官观察使(前身为采访使)、节度使正式行使对州县长官的管辖权力。刺史始见观察使,"皆戎服趋庭致礼",②其黜陟迁改,全由观察使审勘。会昌二年敕曰:"诸州刺史,委中书门下切加选择,……不得妄有除授。……又刺史交待之时,非因灾沴,大郡走失七百户以上,小郡走失五百户以上者,三年不得录用,兼不得更与治民官。增加一千户以上者,超资迁改。仍令观察使审勘,诣实闻奏。"③并且,将对地方官员的访察督责逐渐移至其他使职兼顾,"如闻诸州承本道节度、观察使牒,科役百姓,致户口凋敝,此后,委转运使察访以闻"。④大中三年二月,"中书门下奏:'诸州刺史到郡,有条疏,须先申观察使,与本判官商量利害,皎然分明,即许施行。'……仍委出使郎官、御史,常切询访举察"。⑤

道级长官的固定化,使职的地方长吏化,使得地方行政机构结构层次趋向合理。中国历来是一个大国,从地方机构级制的历史变化考察,三级制恐怕比两级制更为合理。秦汉行郡县以来,县的辖境变化相对稳定,全国县的数目也一直保持在一千五百左右,如西汉时,县(包括侯国)为一千五百八十七,而唐玄宗时共有一千五百七十三县。变化主要在州、郡级。西汉以郡(包括王国)统县,若以西汉末一百零三郡为准,中央直接管辖已觉力不从心,故有设州之举,并演化为一级行政机构。唐以州统县,天宝时有州三百二十八,⑥中央直接统辖州刺史,管理跨度远远超过了汉代,其管理难度可想而知。管理跨度与层次是一对矛盾,必须保持一种较为合理的配置。对唐朝这样一个统一的中央王朝来说,地方行政制度实行两级制显然是不合理的,尽管结构层次少了,但跨度过大,在实践中证明还是难以胜任承上启下的职责,中央的管辖也显得头绪纷繁,于是,道作为监察大区,对若干州县实行分察,逐渐被固定下来,并且演化为事实上的一级行政机构。每道大约辖二十州左右,比中央直辖三百余州更为有利,恐怕不言而明了。当然,唐中后期地方政制确实混乱,有节度使统道,也有观察使统道,甚至其区划亦时有变更。这是因为战乱的关系,并不能因此而归咎于道的设置,正如有人指出的,不能完全将安史之乱视为设节度使本身带来的。宋以后各朝,不再实行地方机构两级制,显然是

---

① 《旧唐书》卷九四《李峤传》。
② 《旧唐书》卷一四九《令狐垣传》。
③ 《唐会要》卷六九。
④ 《旧唐书》卷一一《代宗纪》。
⑤ 《唐会要》卷六九。
⑥ 所列州、郡、县数字参见《通典·州郡志》。

因为三级制使地方行政机构的结构层次趋向合理。而这一重大转变，正是在唐代以使职的途径得以完成的。

使职的地方长吏化，不仅使地方统辖层次分明，也有利于地方大规模的修建工程的展开。唐初，常由刺史、县令掌管修渠置堰。贞观十七年，河东刺史薛万彻开涑水渠，二十三年，龙门县令长孙恕凿十石垆渠、马鞍坞渠，永徽元年，曲沃县令崔翳开新绛渠等，①对当地减少水旱之患，增加粮食产量起了一定的作用。但是，从开元末年起，这一职掌多移入诸使手中，由刺史、县令主持的工程大大减少，鲜有记载。开元二十七年，采访使齐澣开广济新渠，"自虹至淮阴北十八入淮，以便漕运"。② 次年，采访使章仇兼琼开远济堰。③ 元和八年，观察使田弘正及郑滑节度使薛平开黎阳新河，"长十四里，阔六十步，深丈有七尺，决河注故道，滑州遂无水患"。④ 宝历二年，"监铁使王播自七里港引渠东注官河，以便漕运"。⑤ 修渠工程的规模扩大，主持者的规格提高，是与跨州越郡的转漕事务完全相适应的，也是使职演变为地方长吏的必然趋向。若以州县长官各主辖境内的一段工程，而无统一管理，整体上是极易出现混乱的。

当然，使职一头连着地方，一头连着中央，除了对地方机构带来变化，对中央部司寺监也有一定的冲击。尤其是使职固定化以后，临时之举成为久置不废的定制，加入国家机器的运行，但又未完全取代原有机构，遂使原有国家机构的职能范围缩小，功能萎缩。两种不同类型的机构，两套人马共同而又不很协调地作用于国家事务，其结果只能引起政治制度上的紊乱。

在中国古代政治制度史的研究中，人们往往将注意力放在现成定制上，这样恐怕很难跳出典章制度的窠臼。虽然制度本身是凝固化了的产物，但是，在其形成及演变的过程中，却始终充满着运动。这种运动，我们称之为政治制度中的非定制部分，在一般史书上很少有集中的记载。而事实上，非定制部分是政治制度中极其重要的内容。唐代使职的发展变化，就是一个十分典型的例子。探索唐代使职的变化途径，分析其功能与作用，有利于我们完整地把握整个唐代的政治制度，也有助于我们拓宽研究中国古代政治制度史的视野。

---

① 《新唐书》卷三九《地理三》。
② 《新唐书》卷三八《地理二》。
③ 《新唐书》卷四二《地理六》。
④ 《新唐书》卷三九《地理三》。
⑤ 《新唐书》卷四一《地理五》。

安史之乱的河北经济基础研究

赵剑敏

安史之乱,可谓是中国历史上最大的一场社会动荡,最大的一场灾难,它拦腰折断了大唐的黄金盛世,使中国文明遭到了万劫不复的大创伤。而当初这场动乱的始作俑者,是依据什么样的经济条件来启动战争轮子的呢?这是一个谈之甚少的问题,一个带有关键意义的问题。本文想从这三个方面入手:战争策源地的经济状况如何?战争发动者是否有外界资助?当地的经济关系又怎么样?

一

经济是一切社会生活的基础,无论什么形式的战争和军事行动,发动者必须有相应的经济力量为支撑。在战争初始阶段,战争策源地应当能提供充足的粮饷与兵员。安禄山的起兵也不例外。

安禄山发迹于河北,一身所系的河北及周围地区的职务有:平卢、范阳、河东节度使,柳城、云中太守,松漠、饶乐、渤海、黑水四府经略使,河北采访使,闲厩、陇右群牧使等。① 此多的要职在身,加上唐玄宗的宠信,他完全控制了这些地区的经济命脉。

此时唐已立国一百多年,政治环境相对稳定,河北经济在各方面都得到了长足的发展。农业是河北经济的主要成分。隋朝间,由于政府对农业的重视,河北清河、河间、博陵、恒山、赵郡等地的农民,已出现"务在农桑"②的普遍现象。李唐建立后,河北水利事业空前高涨,相州开高平渠、金凤渠、万金渠、菊花渠、利物渠,卫州开石堰,贝州开张甲河,镇州开大唐渠、太白渠、礼教渠,冀州开葛荣陂、赵照渠、通利渠、堂阳县渠、羊令渠,

---

① (宋)欧阳修、宋祁:《新唐书》卷二二五上《逆臣传·安禄山传》,中华书局标点本,1975年,第6412页。
② (唐)魏徵等:《隋书》卷三〇《地理志》,中华书局标点本,1973年,第859页。

赵州开广润陂、毕泓、新渠、澧水渠、千金渠、万金渠，沧州开毛氏河渠、漳渠、无棣河、通阳河、靳河，毛河，德州开新河，瀛州开二道长丰渠，蓟州开渠河塘、孤山陂，莫州开通利渠，等等。① 水利是农业的命脉，它主要有两大功能：一是灌田排水，抗旱抗涝；二是开拓荒地，将贫地变为良土，扩大耕地面积。因水网分布广泛，受用者大大增多。开元时，瀛州刺史卢晖在河间县开长丰渠，"自束城、平舒引滹河东入淇通漕，溉田五百余顷"。蓟州三河县孤山陂溉田可达3 000顷。莫州任丘令鱼思贤发民工开通利渠，"以泄陂淀，自县南五里至城西北而入滱，得地二百余顷"。②

大规模水利系统的建立，增加了耕地面积，改善了耕地质量，提高了河北的粮食产量。开元中，关中粮食匮乏，宰相裴耀卿从他地漕粮以济所需，征地有晋、绛、魏、濮、邢、贝、济、博八州，凡三年，运米7 000 000石。③ 其中魏、邢、贝、博四州位于河北道，占征地的一半。这充分说明河北已成为重要的产粮区，不但可自给自足，还可提供首都使用。

除农民个体生产外，政府组织的屯田生产，也收效甚大。屯官对屯田的态度及成绩，被列入唐考功制度："耕耨以时，收获成课，为屯官之最。"④开元中，营州都督宋庆礼，"开屯田八十余所"，张九龄赞为"其功可推"。⑤ 屯田是河北重要的农业经营方式，据天宝八载中央报告，天下屯田共收1 913 960石，河北占403 280石，⑥占总数21.07%。

粮食产量的提高，使河北成为唐列届政府要求建立义仓、常平仓的主要地方。唐玄宗于开元七年曾敕："河北……置常平仓。"⑦经历年积存，至天宝八载计量：河北道正仓粮1 821 546石，义仓粮17 544 600石，常平仓粮1 663 778石。除正仓粮属全国第三位外，义仓、常平仓粮均居全国第一位。

有了充足的粮食产量和储藏量，可支持安禄山起兵所需的巨额军粮。

随着农业生产的发展，河北经济作物的品类也渐增多，如怀州的茶，魏州的紫草，相州的胡粉，幽州的栗等，都是有名的特产。⑧

河北是著名的蚕桑之地，纺织业相当发达。其中以怀、魏、博、相、卫、贝、邢、洛、镇、深、赵、沧、德、定、易、幽、瀛、莫等州最为突出，产量占本道大半，织品有：平纱、平绸、丝布、油衣、春罗、细绫、瑞绫、两窠绫、独窠绫、二包绫、熟线绫、孔雀罗、瓜子罗、绫、纱、绢、绵、绅、罗等。⑨ 官方记录道：河北道，"厥赋绢绵及丝。相州调兼以丝，余州皆以绢绵。"⑩当地作坊规模较大，"定州何名远大富主，……家有绫机五百张。"⑪河北道仅土贡

---

① （宋）欧阳修、宋祁：《新唐书》卷三九《地理志》，第1012—1016页。
② （宋）欧阳修、宋祁：《新唐书》卷三九《地理志》，第1012—1016页。
③ （宋）欧阳修、宋祁：《新唐书》卷五三《食货志》，第1366页。
④ （宋）欧阳修、宋祁：《新唐书》卷四六《百官志》，第1191页。
⑤ （宋）欧阳修、宋祁：《新唐书》卷一三〇《宋庆礼传》，第4494页。
⑥ （唐）杜佑：《通典》卷二《食货》，中华书局影印万有文库十通本，1984年，第19页。
⑦ （宋）王溥：《唐会要》卷八八《仓及常平仓》，上海古籍出版社标点本，1991年，第1913页。
⑧ （宋）欧阳修、宋祁：《新唐书》卷三九《地理志》，第1010—1019页。
⑨ （宋）欧阳修、宋祁：《新唐书》卷三九《地理志》，第1010—1021页。
⑩ （唐）张九龄等：《唐六典》卷三《尚书户部》，三秦出版社影印广池本，1991年，第56页。
⑪ （唐）张鷟：《朝野佥载》卷三，三秦出版社注释本，2004年，第110页。

一项,每州织品多至1 270匹,少至10匹。① 河北织品质量,据《唐六典》记载,被列为全国的第三、四等。颜子推曾说:"河北妇人织纴组紃之事,黼黻锦绣罗绮之工,大优于江东也。"②意为河北妇人的纺织水平和工艺,比江南强得多。另外,毛织品也有所生产,如贝州的毡,有好几种样式。

河北的矿产、物产非常丰富,为手工业提供了大量的原料。除了纺织业,冶炼业也很发达,且有历史传统。战国时,赵国、中山国就有不少冶炼致富者,"邯郸郭纵以铁冶成业,与王者埒富","蜀卓氏之先,赵人也,用铁致富"。③ 入唐后,邢州龙冈县产铁矿,平州东北有千金冶,邢州的土贡有刀,④由此可见,兵器的制造已成为日常生产的一项内容。

其他手工业的技术也颇为精致高超。唐玄宗营建华清宫时,"安禄山于范阳,以白玉石为鱼龙凫雁,仍为石梁及石莲花以献。雕镌巧妙,殆非人工"。⑤ 另外邢州的瓷器,怀州的牛漆,沧州的柳箱,相州的凤翮席,易州的墨,幽州的角弓,平州的熊掌,妫州的麝香,檀州的人参,蓟州的白胶,营州的豹尾,均有很大的经济效益。

盐业,对国计民生至关重要,河北于此得天独厚。上古时,已说冀州是白壤,⑥明显是盐碱土无疑。河北东濒渤海,有丰富的盐池,汉代就在章武县设置盐官。⑦ 东魏在河北傍海诸郡设灶煮盐,岁收209 702.4斛,"军国所资,得以周赡"。⑧ 除海盐外,唐时还开了盐泉、盐井,这在巨鹿县、清池县不时可以看到。⑨ 与此同时,广泛开发了盐屯,幽州是其中主要之地,"幽州盐屯,每屯配丁五十人,一年收率满二千八百石以上准营田第二等,二千四百石以上准第三等,二千石以上准第四等"。⑩ 盐业所有权虽明文规定为中央政府掌握,然当战火燃起后,必落入安禄山手中。

若论河北的商业繁荣程度,当不及二京及广州、扬州、汴州、福州、成都等水陆辐辏的大城市,但通过渤海的海运,永济渠的漕运,贝、魏二州的市面也兴旺得很。一些边境之地,有大量胡商前来贸易,开设店肆。曾做过互市郎的安禄山,对该地的商业状况相当熟悉,战前几年,"潜遣贾胡行诸道,岁输财百万,……阴令群贾市绵采朱紫服数万为叛资"。⑪

衡量国家是否强盛的一个重要标志,是民户的数目,它决定着劳动力、赋税、兵役的规模。据天宝元年户口数的统计:河北道户数1 487 503,仅次于河南道,占全国总数

---

① (唐)杜佑:《通典》卷六《食货》,1984年,第33页。
② (隋)颜之推:《颜氏家训集解》卷上《治家篇》,上海古籍出版社标点本,1991年,第62页。
③ (汉)司马迁:《史记》卷一二九《货殖列传》,中华书局,1975年,第3277页。
④ (宋)欧阳修、宋祁:《新唐书》卷三九《地理志》,第1013—1021页。
⑤ (唐)郑处诲:《明皇杂录》卷下(《开元天宝遗事十种》之一),上海古籍出版社标点本,1985年,第25页。
⑥ (唐)孔颖达:《尚书注疏》卷五《禹贡》,中华书局影印十三经注疏本,1980年,第146页。
⑦ (汉)班固:《汉书》卷二八上《地理志》,中华书局标点本,1975年,第1579页。
⑧ (北齐)魏收:《魏书》卷一一〇《食货志》,中华书局标点本,1974年,第2863页。
⑨ (宋)欧阳修、宋祁:《新唐书》卷三九《地理志》,第1013—1017页。
⑩ (唐)杜佑:《通典》卷一〇《食货》,第59页。
⑪ (宋)欧阳修、宋祁:《新唐书》卷二二五上《逆臣传·安禄山传》,第6414页。

16.57%；口数10 230 972，为全国第一位，占全国总数20.09%。① 河北原属宽乡，户口并不太多，唐开国后，多次将人口稠密的狭乡之人迁来此地；无数次的边境战争，使得大批降户内附；宇文融检括逃户，收到一定的实效。有户籍者要上交赋税，而那些无所归属的降户成了自然的兵员补充对象。如"自燕以下十七州，皆东北蕃降胡散诸处幽州、营州界内，以州名羁縻之，无所役属。安禄山之乱，一切驱之为寇，遂扰中原"。②

二

安禄山起兵所依据的经济条件，不仅仅来自河北当地，更有中央政府对他的资助，及其他地区的供给。

杜佑曾说：

> 自开元中及于天宝，开拓边境多立功勋，每岁军用日增其费。籴米粟则三百六十万匹段（朔方、河西各八十万，陇右百万，伊西、北庭八万，安西十二万河东节度及群牧使各四十万），给衣则五百三十万（朔方百二十万，陇右百五十万，河西百万，伊西、北庭四十万，安西三十万，河东节度四十万，群牧五十万），别支计则二百一十万（河东五十万，幽州、剑南各八十万），馈军食则百九十万石（河东五十万，幽州、剑南各七十万），大几一千二百六十万（开元以前，每岁边夷戎所，用不过二百万贯，自后经费日广，以至于此）。而赐赉之费，此不与焉。③

河北是控制契丹、奚二蕃及室韦、渤海的重镇，是唐玄宗战略注目点之一；安禄山是唐玄宗的宠臣，有求几乎是必应。二者交错在一起，安禄山得到了大批的军费。按安禄山身领职务来看，在这军饷中，他的所得最多，大大超过了其他封疆大吏，米粟可得800 000石，占总数22%；军衣可得900 000，占总数17%；别支钱可得1 300 000，占总数12%；馈军食可得1 200 000，占总数63%。④

安禄山能大量接受外来物资，河北的地利对他提供了方便。河北处于当时漕运系统的北端，永济渠成西南往东北走向而纵贯其境，南经沁水过黄河，有通济渠接应，可直达江、淮。有这样一套水系，外面物资便可源源不断输入河北。尤其是处于永济渠西侧的贝州，武则天时就以此州为贮存军备之重地，以接济河北军，唐玄宗扩大了它的储藏量，富称"天下北库"。当地人李萼说："国家平日聚江、淮、河南钱帛于彼以赡北军，谓之'天下北库'。今有布三百余万匹，帛八十余万匹，钱三十余万缗，粮三十余万斛。昔讨

---

① 梁方仲：《中国历代户口、田地、田赋统计》，上海人民出版社，1980年，第86页。
② （后晋）刘昫等：《旧唐书》卷三九《地理志》，中华书局标点本，1975年，第1527页。
③ （唐）杜佑：《通典》卷六《食货》，1984年，第34页。
④ （宋）欧阳修、宋祁：《新唐书》卷三九《地理志》，第1009—1023页。

默啜,甲兵皆贮清河(即贝州)库,今有五十万事。户七万,口十余万。"①开元二十八年,魏州刺史卢晖发民工从永济渠石灰窠引流至魏州城西,名为西渠,直接与江、淮通货。同年,平州置海阳城,专为水运服务。② 经一段河面可直通海运的幽州,源源不断接受吴、楚、越的物产。杜甫曾赋诗说:"幽燕盛用武,供给也劳哉!吴门转粟帛,泛海陵蓬莱。"③"云帆转辽海,粳稻来东吴。越罗与楚练,照耀舆台驱。"④利用以永济渠为中心的漕运及渤海的海运,唐政府调拨了难以计数的军备物资,用于对付东北民族战争,但万万没有想到,这些物资竟然日后被安禄山倒过来用于反对中央政府。

唐玄宗一朝,权贵和使节在俸禄外,不断增加额外收入,这种状况在天宝期间尤为突出。欧阳修说:"自开元后,置使甚众,每使各给杂钱。宰相杨国忠身兼数官,堂封外月给钱百万。幽州、平卢节度使安禄山,陇右节度使哥舒翰兼使所给,也不下百万。"⑤额外的巨大收入,为安禄山设置了一个私人金库,使他能够轻易地收买他所需要的文武官员。

独裁一切的君主,对宠臣的私下赏赐,全凭心血来潮,有时被赐者一下就可暴富。唐玄宗对安禄山的赏赐,可谓天下之最,除京城的宏丽宅第外,各种财宝钱物从不间断。段成式记载的一小部分是:音色人两部、大锦、苏造真符宝舆、金平脱犀头匙箸、金银平脱隔馄饨盘、平脱着足叠子、金花狮子瓶、熟线绫接鞠、金大脑盘、银平脱破觚、八角花鸟屏风、银凿镂铁锁、帖白檀香床、绿白平细背席、绣鹅毛毡兼令瑶令光就宅张设、金鸾紫罗绯罗立马宝、鸡袍、龙须夹帖、八斗金渡银酒瓮、银瓶平脱掏魁织锦筐、银笊篱、银平脱食台盘、油画食藏等。⑥ 这些高级赏赐物,在战时,完全可被安禄山用来奖励部下。

对唐玄宗来说,一个很大的错误是把全国最大的牧马场——陇右牧场,拱手送给安禄山,这对提高河北军队的战斗力和加速行军速度起了关键的作用。安禄山深知军马与战争的意义,起事前一年,他"又请为闲厩、陇右群牧等都使,……既为闲厩、群牧等使,上筋脚马,皆阴选择之,夺得楼烦监牧及夺张文俨马牧"。⑦ 由此,唐境内的主要牧马场悉入安禄山之手。军力的强弱,向来是由敌对双方的力量对比来决定的,既然牧马场全为安禄山所掌握,那么,战争尚未打响,唐廷已先输一筹。渔阳烽烟燃起后,哥舒翰坚守潼关,不肯出击,一方面是扼险保关中,另一方面则是苦于无强大的骑兵。安禄山部队以席卷之势,直取洛阳,兵扣潼关,骑兵发挥了莫大的威力。

安史之乱前,社会经济紊乱的一大问题,是恶钱泛滥,从开元到天宝,一直未得到妥

---

① (宋)司马光等:《资治通鉴》,中华书局标点本,1956年,第6957页。
② (宋)欧阳修、宋祁:《新唐书》卷三九《地理志》,第1011—1021页。
③ (清)钱谦益:《钱注杜诗》卷七《昔游》,上海古籍出版社点断本,1958年,第219页。
④ (清)钱谦益:《钱注杜诗》卷三《后出塞五首》,第96页。
⑤ (宋)欧阳修、宋祁:《新唐书》卷五五《食货志》,第1399页。
⑥ (唐)段成式:《酉阳杂俎》前集卷一《忠志》,中华书局标点本,1981年,第3—4页。
⑦ (后晋)刘昫等:《旧唐书》卷二〇〇上《逆臣传·安禄山传》,第5369页。

善解决。在这状况下,安禄山被君主允准在境内铸钱,"诏上谷郡置五炉,许铸钱"。①上谷郡即易州,此五炉,加原定州一炉,合六炉。"每炉岁铸钱三千三百缗,役丁匠三十,黄铜二万一千二百斤、镴三千七百斤、锡五百斤。每千钱费钱七百五十"。② 据此统计,六炉铸钱每年共用铜 127 200 斤,镴 22 200 斤,锡 3 000 斤,役丁匠 30 人,铸钱 19 800 缗,减去费用之钱 4 500 缗,净利可得 15 300 缗。开元中,天下每年铸钱 327 000 缗,③姑且借此数为天宝每年铸钱数,那么,河北仅二州六炉的铸钱就达总数的 4%。如加上其他非正式的铸钱,可以估计,实际数当远远超过这里 4% 的比例。安禄山取得铸币权后,虽不能解决全部战争经费问题,但有了自己独立的经济命脉,对筹划成立军事政权有举足轻重的作用。

河北经济虽有相当的实力,然与关中、河南、江淮、陇右等富庶地相比,还差一截,仅属中上水平,形成了供安禄山军事集团准备战争有余,长期享受挥霍不足的格局。

三

我们在这里所探讨的经济条件,不单是河北单纯的生产状况,还包括此地区人们的生产方式及其经济关系。河北虽以汉族为主体居民,然掺杂着突厥、室韦、渤海、契丹、奚、黑水、靺鞨等大量少数民族。多民族混合,造成了复杂的经济状态:耕织业与游牧业的生产方式会于一地,经济与军事熔于一炉。

耕织业与游牧业的交会,使经济生活的流动性显著增加。以汉族为主体的耕织业,是以个体农业与家庭手工业相结合的自然经济,建立在土地基础上。由于土地不可移动,使这种生产方式有着很强的固定性。游牧业则不同,其要求"逐水草而居",如契丹是"射猎居无常处",奚是"逐水草畜牧",④基本原则是不受地域限制,随时移动到有生存条件的地方,谋取生产资料和生活资料。相对而论,耕织业是"静"的生产方式,游牧业是"动"的生产方式,二者相交,自然产生了不平静。

这种生产关系的融合,深刻影响到河北军队的民族成分的构成,游牧民族的成员大量布于军中。如安禄山"养同罗、降奚、契丹曳落河八千人为假子",⑤再"表请蕃将三十二人代汉将"。⑥ 从叛军的上层组织来看,安禄山本身是营州杂种胡人,史思明是营州突厥杂种胡人,孙孝哲是契丹人,安忠志是奚人,阿史那承庆是突厥人,严庄、高尚是汉人,这个结构完全是整个河北军队的缩影。

---

① (宋)欧阳修、宋祁:《新唐书》卷二五五上《逆臣传·安禄山传》,第 1386 页。
② (宋)欧阳修、宋祁:《新唐书》卷五四《食货志》,第 1010—1019 页。
③ (宋)欧阳修、宋祁:《新唐书》卷五四《食货志》,第 1386 页。
④ (宋)欧阳修、宋祁:《新唐书》卷二一九《北狄传》,第 2167—6173 页。
⑤ (宋)欧阳修、宋祁:《新唐书》卷二二五上《逆臣传·安禄山传》,第 6414 页。
⑥ (宋)欧阳修、宋祁:《新唐书》卷一一八《韦凑传》,第 4267 页。

这支来自耕织民族、游牧民族的混成军队,发动的战争也相当特殊,从其战争准备和战争目的上,可清晰反映两种民族的特色。在战争准备上:耕织民族长于步战,要求事先储备好充足的粮草、器仗,建立一个可靠的根据地;游牧民族擅于马战,惯于在秋高马肥时一举进攻,速战速决,因而需要大批的战马和器甲,对粮草和根据地不太重视。安禄山的战争准备,力求满足双方的要求:先"于范阳北筑雄武城,外示御寇,内贮兵器,积谷为保守之计,战马五千匹,牛羊称是",后再谋得各大牧马场的控制权。[①]

在战争形式和目的上:游牧民族因擅于马战,利于平地驰骋,拙于固守城隘,目的在于夺取人口和财物,事后多返回原地,呈现出很大的流动性;耕织民族因长于步战,善能攻坚,大面积快速度的进退有困难,目的在于土地,一旦占领他乡就不大愿意退出,表现出相当的稳定性。二者的战争形式和目的不同,从而产生了不同的战略意向。代表耕织民族者提出:兵分四路,一支经营朔方,一支取太原入关中,一支逼洛阳,一支南下江淮,齐头并进,夺取全国。[②] 安禄山没有完全采纳这条建议,他中和了二者的意见,决定先取河南,得手再图关中,然后视情况四面铺开。如此的战略布置,即可在富庶的二京地区掠夺财富、人口和土地,又便于退保河北。

时河北局面,因游牧和耕织两种生产方式的相互渗透,使经济和军事发生了密切的结合。

游牧部族,具有"国之大事,在祀与戎"[③]的性质,他们在放牧的同时,还要狩猎,作为对生活资料的补偿,久而久之,便认为:"可以用流血的方式获取的东西,如果以流汗的方式得之,未免太文弱无能了。"[④]从而军事掠夺成了他们生产的辅助手段,以解决生活所需,以至"进行掠夺在他们看来,是比进行创造的劳动更容易甚至更荣誉的事情"。[⑤] 处于这样的经济特征下,军事与经济无多大的区别,"猎则别部,战则同行"。[⑥]有很大游牧民族成分的军队,战斗力是强的,但掠夺性和破坏性也相应增强了。

回头再看看当地耕织民族,他们经济和军事组合得也非常严密。北魏、西周时就出现了兵农合一的萌芽。隋文帝规定:"凡是军人,可悉属州县,垦田籍账,一与民同。"[⑦]由此推广了兵农合一的做法,确定了军队和均田制相结合的原则。唐承隋制,这一做法得到了沿袭。河北是战略要地,置有庞大的军队,他们为了土地而来当兵,当战争的发动者许诺他们通过战争可获得更多的土地时,他们对战争的热情是可想而知的。边境地区普遍实行的屯田法,使军队和土地发生了密切的关系。屯田分军屯和民屯两种,开元中的文件说:"诸屯隶司农寺者,每三十顷以下,二十顷以上为一屯;隶州镇诸军者,每

---

① (后晋)刘昫等:《旧唐书》卷二〇〇上《逆臣传·安禄山传》,第5369页。
② (宋)欧阳修、宋祁:《新唐书》卷二二五上《逆臣传·安禄山传》,第6417页。
③ (晋)杜预等:《春秋左传注疏》卷二七《成公十三年》,中华书局影印十三经注疏本,1980年,第1911页。
④ 塔西陀:《阿古利可拉 日耳曼尼亚志》,三联书店,1958年,第67页。
⑤ 恩格斯:《家庭、私有制和国家的起源》,人民出版社,1972年,第162页。
⑥ (后晋)刘昫等:《旧唐书》卷一九九下《北狄传》,第5350页。
⑦ (唐)魏徵等:《隋书》卷二《高祖纪》,第35页。

五十顷为一屯。"①从天宝六载河北屯田收 403 280 石的数字来看,②此地的屯田数是可观的,屯兵数也是可观的。屯兵是一种典型的军农合一的阶层。为了全面控制河北及周围地区的屯兵,安禄山奏请高尚为屯田员外郎。③

从唐初以来,土地兼并从未停止,开天间,越演越烈,河北也盛行此风,如相州王叟"富有财,积粟近万斛,……庄宅尤广,客二百余户"。④ 土地兼并之风猛刮,迫使大量小农破产,一部分成为募兵的对象,他们在参军后,仍希望日后能获得一块土地,重新过上正常的田园生活。这批人对战争持肯定态度。

总之,河北经济与军事的高度结合,产生了一个严重的后果:当土地和物质不敷本地军民所需时,他们就想向外扩张开拓土地,掠夺财富,以补充生产资料和生活资料。当这种社会一般要求反映到河北地方政府中后,自然会被起兵反对中央的安禄山所利用。

---

① （唐）杜佑:《通典》卷二《食货》,第 19 页。
② （唐）杜佑:《通典》卷二《食货》,第 19 页。
③ （后晋）刘昫等:《旧唐书》卷二〇〇上《高尚传》,第 5375 页。
④ （宋）李昉等:《太平广记》卷一六五《王叟》,中华书局点断本,1961 年,第 1210 页。

唐太宗与东南文人

李福长

长期以来,学者们在探讨中国古代政治制度史时,对于历朝政权组织的沿革倾注了极大的心力,而对构成古代政治主体的"政治人"则缺乏通贯和具体的分析。① 毫无疑问,陈寅恪先生的《唐代政治史述论稿》在这方面起了开风气之先的划时代作用。但这仅是初步的,即便是该书所研究的唐代政治史也还存在不少值得进一步讨论的问题。除此断代史的研究之外,人们更少注意中国古代的政治主体走势究竟如何,这种研究视角上的欠缺大大降低了政治史研究的穿透力。通观中国历史,古代的政治主体走势呈现了与政治制度不尽同步的轨迹。如果从《诗经》时代算起,到本世纪初为止,在这长达三千年的时间里,中国的政治主体走向大致以唐代为分界线,前后经历了贵族政治和文人政治两大不同的历史阶段。尽管如此,古代中国的政治主体走向仍有一条或明或暗的主流,这便是文治主义的政治倾向,即使在形形色色的贵族政治时期,文治的精神仍如一股暗流不停地流动。② 这也许正是不少人将古代中国的政治说成是文官政治的一个理由。然而,历史展现给人们的古代文人政治则是一个沿着文治道路不断追求、曲折发展的过程。具体而论,中国的文人阶层真正成为肩负重任的政治主体则是在科举制度推行之后,确切地讲是在封建文人政治开始的唐代。那么,唐代的文人政治又始于何时呢?这是本文所要讨论的问题。不知因何缘故,自陈寅恪先生倡立"关中本位政策"说以来,官僚结构上的文武不分便被说成是唐朝前期政治的一个基本特点,却极少有人再去注意唐初李世民对"关中本位政策"的改革。基于对历史资料的考察,笔者不敢盲从旧说,以下试从唐初学士官的兴起论述李世民改革"关中本位政策"的趋势。随着武

---

① "政治人"的概念来自西方现代学术界,通常是指具有某种共同政治特征的一类人。国内近年来有学者著书介绍,如张明澍著《中国"政治人"》,中国社会科学出版社1994年1月版。本文借用"政治人"的名称,其真正含义等同于"政治主体",指古代的官僚阶层。
② 《诗·大雅·文王》曰:"济济多士,文王以宁。"意思是说周文王统治下的国家,因为有了众多威仪的文人,才得以安宁。足见那时社会的知识阶层(主要还是贵族)便被视为是关系国家兴衰治乱的政治主体因素,中国古代政治上的文治主义精神发轫于此。

德四年秦府文学馆的开设,李世民已着手在关陇军事贵族之外接纳山东、江南地区的文人学士,从而开始了他改革"关中本位政策"的尝试。进入贞观时期,大批非关陇集团的东南文人被奖拔作朝廷大臣,文人政治的局面已初步形成。以此为契机,中国古代的政治主体走向发生了根本性的变化。从这以后,以普通知识文人为主体结构的文人政治取代了先前形形色色的贵族政治,中国的封建政治由这里起步进入了文人政治的新纪元。于是,唐初的东南文人自觉不自觉地成了中国文人政治的首批弄潮儿,他们亦因此与开创文人政治的唐太宗结下了不解的缘分。

一、唐初的社会与秦府文学馆的建立

公元618年5月,李渊迫使杨侑禅位,登上皇帝宝座,大唐王朝宣告成立。李渊建唐从根本上扭转了隋朝短暂统一后出现的又一次分裂危机,但曾经存在于隋代的各种社会矛盾并未因此而消解,唐初的社会依然是动荡不稳的。就在李渊称帝长安的同时,东都洛阳又出了个隋朝旧臣拥立的杨侗"皇泰"政权。此前此后,一时间各地涌现出大小20多个割据政权,①北面又有突厥的威胁。东部平原自北而南兴起的反抗长安政权的热浪如同"祸切肌肤",切断了李唐王朝经济上的生命线,严重威胁着新生王朝的存亡。为此,李渊不得不"屈己求可汗之援,卑辞答李密之书",②历经数年的武力较量,最终完成了统一全国的任务。

李唐初年的社会何以如此不太平呢?这应从当时社会的深层矛盾谈起。众所周知,统一后的唐朝是一个综合了南北不同政治文化区域的广阔帝国,它的内部存在着区域间的巨大差异,有经济上的,更有政治文化上的。而作为唐初社会矛盾的综合体现,东、西部地区的矛盾则带有根本性的特点。东部的江南地区自六朝以来便是"良畴美柘,畦畎相望"的富庶之地,这里人才荟萃,更有着被视为是华夏正统的优秀文化。特别是先前安定环境中培育出的梁、陈文化,不仅深深吸引着隋唐二代的关陇统治者,也孕育了一大批高素质的知识文人,他们往往累世以文化传家,至唐初渐已形成了一支充满活力的文人队伍。华北平原是当时帝国的山东地区,包括今天的山东、河南、河北三省,这里有着发达的农业,是长安政权的经济命脉,唐初的财政收入主要靠的就是山东地区的租庸调。早在隋末,山东地区的农业人口已达460万户,占当时全国900万户的一半以上,③可见这一地区对唐朝有着重要的意义。倘若山东思乱,长安终难平安。政治上,山东地区又是自魏晋以来门阀士族强盛之地,隋末以后更有反抗关陇集团统治的传统。

---

① 《旧唐书》卷一《高祖本纪》。
② 《旧唐书》卷一《高祖本纪》。
③ 隋代的户数说法不一,今采汪篯先生意见。详唐长孺等编《汪篯隋唐史论稿》,中国社会科学出版社,1981年,第38页。

特别是唐初刘黑闼反唐后,"山东豪杰多杀长吏以应黑闼",这对李唐的巩固形成了威胁。关中地区是西魏、北周以来的政治中心,长安先后曾作为西魏、北周、隋、唐四朝都城。自西魏宇文泰以来,关陇军事贵族集团相继控制着长安的政治权力,日渐形成了陈寅恪先生所讲的"关中本位政策"。然而,隋末唐初"山东思乱"的社会公众心态一再向长安的统治者发出警告:政治上的关中本位政策不得人心。政治上的离心倾向无疑加剧了帝国之内固有的东、西矛盾,也给唐初的统一和稳定增加了难度。于是,如何处理关中作为政治中心与山东、江南等经济文化发达地区之间的矛盾,业已成为摆在唐初统治者面前的一项严峻的政治考验。而能否合理地协调东、西部之间的政治、经济利益又是解决矛盾的关键,关系着王朝的生存与发展。西魏、北周以来逐渐形成的"关中本位政策"则排斥了山东、江南等地的政治力量,因而受到了广泛的反对,隋末大量割据政权的存在正缘于此,这也是隋朝"中道崩殂"的一个根本原因。既是挑战,也是机遇,唐初严峻的社会现实需要有人出来进行政治上的大胆改革,因为"关中本位政策"已无法适应变化了的社会实际,尤其是面对已经崛起的东南文人集团。

众所周知,李渊的统治基础是关陇军事贵族集团,他实行的依然是先前的"关中本位政策",这使他付出了巨大的代价。李渊的统治是痛苦的,光是平定各地的叛乱便花去了他全部的精力。武德时期,最能体现李渊延续"关中本位政策"的地方莫过于他所用宰相的成员结构了,当时的朝廷宰相班底中只有两名南朝亡国的象征性代表陈叔达和萧瑀,其余为清一色的关陇军事贵族成员,偌大的山东地区竟无一人被引入宰相班列。陈寅恪先生正是据此用"关中本位政策"概括唐初这种文武不分的官僚结构的。但是,陈先生所言"关中本位政策"的衰落始于武则天革命,①却未尽符唐初的事实。长期以来,人们似乎忽视了唐初李世民对"关中本位"的改革,尤其忽视了唐初学士官兴起所产生的政治影响。

武德四年四月十一日,经过了三年的准备之后,唐高祖李渊正式颁令实施科举制,规定:"诸州学生及白丁,有明经及秀才、俊士、进士明于理体,为乡曲所称者,委本县考试,州长重核,取上等人每年十月随物入贡。"②我们知道,李渊这时尚未完全控制山东、江南地区,他的敕令未必真如期望的那样通行全国。事实上,武德年间的科举考试并未制度化,歇考是常有的现象,当时被朝廷录取的秀才、进士、明经的人数也少得可怜。李渊也决非是想通过科举制度改革关陇军事贵族垄断政治的局面。尽管如此,科举制度的推行无疑有着划时代的历史意义,它首次明确了文化素质在官吏选拔标准中的首要地位,并使之法律化,这为日后唐代文人政治的形成和发展提供了可靠的制度保证。

在李渊颁行科举令半年之后,即武德四年十月,李世民在他的秦王府内开设了文学馆,设学士以收天下文人。《旧唐书》卷二《太宗本纪》载此事如下:"于时海内渐平,太

---

① 陈寅恪:《唐代政治史述论稿》,上海古籍出版社,1982年版,第18页。
② 徐松:《登科记考》卷一。

宗乃锐意经籍,开文学馆以待四方之士,行台司勋郎中杜如晦等十有八人为学士,每更直阁下,降以温颜,与之讨论经义,或夜分而罢。"武德四年,李唐朝廷尚未彻底完成武力统一全国的任务,加上李渊仍实行着政治上的"关中本位政策",于是李世民开馆吸引文学之士(尤其是东南文人)的举动便有了不寻常的蕴意,很快便引起了关陇军事贵族集团的关注,甚至惊波四起,朝廷上下为之恐慌。太子李建成更是"甚恶之",最后竟通过高祖皇帝的敕令将秦府学士中最得李世民器重的房玄龄、杜如晦驱出了秦王府。① 本来学士一官并非李世民的独创,最早在南朝刘宋明帝泰始六年时已设置的"总明观学士",以后齐、梁、陈以及北周、隋历代相沿。② 那么,以李渊、李建成为首的关陇贵族集团何以对秦府学士的出现如此感到不安呢?这涉及唐初关陇统治集团的内部矛盾。武德四年十月早些时候,秦王李世民刚因擒获窦建德有功而被高祖皇帝册为天策上将,位在三公之上,官领司徒、陕东道大行台尚书令。此时的唐朝战事正紧,东都虽克,山东未平。身为总兵十数万的右元帅,李世民是没有多少闲暇披览坟典的,这时他开设文学馆来"讨论经义"似乎有些与时宜不合。因此,上引《旧唐书》所说文学馆为"讨论经义"而设,显然掩盖了许多真相,这种曲隐的说法应是贞观史臣的笔调。联系日后秦府学士的政治作为,不难发现秦府文学馆的开设是事出有因的,它实际上是李世民改革"关中本位政策"的一次大胆而又成功的尝试,促使李世民做出此举的直接原因则是他同太子李建成的矛盾。如上略述,武德四年十月东都之战的胜利,不仅扭转了唐朝平乱的战局,也使得李世民个人赢得了空前高的军功地位,富有政治雄心的李世民似乎不满足于这已有的荣誉,这引起了太子李建成的不安。于是双方展开了激烈的争斗,只是最初双方主要限于在关陇统治集团内活动以寻求各自的支持者,朝廷大臣是双方竞相联络的对象。但最后的结果却形成了一边倒的倾向,这是李世民始料不及的。太子李建成的正统地位使他获得了关陇统治集团一致的拥护,李世民的支持者只有他的姻兄长孙无忌。在后宫,太子也得到了多数的支持。面对如此不利的政治局面,李世民似乎没有更好的道路可以选择,摆在他面前的只有"华山一条道"了,即寻找新的政治伙伴,走联合非关陇集团势力的道路。所以说,李世民走上改革"关中本位政策"的道路也是唐初严酷的社会政治现实及统治集团内部矛盾交互作用的结果,是被形势所迫、不得已而为之的被动选择。唐初大量存在着的山东、江南文人,又为李世民提供了选择的客观目标。隋灭以后,许多迷惘中的东南文人三五成群,纷纷赶赴长安、洛阳等政治中心地,以图在乱世中寻找明主,建立个人功业。王世充、薛举、窦建德等割据政权一度都曾是东南文人投奔的目标,那里不存在"关中本位政策"的压迫。李唐兴起后,李世民首先看到了东南文人这支清新的政治力量。为自身政治前途计,这些东南文人也多愿投奔新的政治强人,他们成了李世民争取的最佳政治伙伴。

---

① 《旧唐书》卷六六《房玄龄传》。
② 赵翼:《陔馀丛考》卷二六。

从武德四年十月到九年八月,秦府文学馆在其存在的近五年中先后共吸收了 20 位学士,而非通常史书所说的"十八学士",他们分别是:房玄龄、杜如晦、杜淹、于志宁、苏世长、薛收、褚亮、姚思廉、陆德明、孔颖达、李玄道、李守素、虞世南、蔡允恭、薛元敬、颜相时、许敬宗、盖文达、苏勖、刘孝孙等。现根据两《唐书》传记编列他们的籍贯及家世如下:

地区	姓名	籍贯	家世	官职	备注
关中地区	杜如晦	京兆万年	关中郡姓	贞观宰相	
	杜淹	京兆万年	关中郡姓	贞观宰相	
	于志宁	雍州高陵	关陇世族	贞观宰相	
	苏世长	雍州武功	关陇世族	巴州刺史	贞观初卒
	薛收	蒲州汾阴	关陇世族	赠太常卿	武德七年卒
	薛元敬	蒲州汾阴	关陇世族	太子舍人	武德九年卒
	姚思廉	雍州万年	北迁南朝世族	散骑常侍	贞观十一年卒
	颜相时	雍州万年	北迁南朝世族	礼部侍郎	贞观中卒
	苏勖	京兆武功	关陇世族	太子左庶子	
江南地区	褚亮	杭州钱塘	南朝文学世家	拜通直散骑常侍	
	陆德明	苏州吴	家无名望	国子博士	贞观初卒
	虞世南	越州余姚	南朝文学世家	秘书少监	
	许敬宗	杭州新城	南朝世族	贞观宰相	
	蔡允恭	荆州江陵	南朝世族	太子洗马	贞观初卒
	刘孝孙	荆州	南朝世族	太子洗马	贞观初卒
山东地区	房玄龄	齐州临淄	山东世族	贞观宰相	
	孔颖达	冀州衡水	寒族	国子祭酒	
	李守素	赵州	寒族	仓曹参军	贞观初卒
	盖文达	冀州	寒族	国子司业	贞观十八年卒
	李玄道	郑州	寒族	常州刺史	贞观三年卒

显然,以上秦府学士的籍贯分布体现了李世民广泛联合非关陇军事贵族势力的倾向,尤重联合东南文人力量。这些被接纳的秦府学士有一个共同的特点,即他们大都有着良好的文化家学渊源。秦府学士的家世也颇具特点,除关中籍学士外,来自高门世族的并不多。山东 5 位学士中,只有房玄龄勉强算是二流士族家庭出身。其他 4 人均为不显之家或寒族出身。江南籍学士则多出自文学世家。① 以上秦府学士这种地区分布及家世

---

① 根据两《唐书》列传统计。

出身的特点颇与后来贞观时期唐太宗任用的宰相结构相似。

根据汪先生的统计，从武德九年六月太子总统事机起，到贞观二十三年五月逝世止，唐太宗君临天下23年，共任用宰相28人。除裴寂、萧瑀、陈叔达、封德彝、杨恭仁、宇文士及6人为高祖旧相外，其余22人中山东、江南人占16个，数过大半。关中人仅有6人。① 有趣的是，这些贞观宰相中江南人多出文学世家。山东宰相中绝大部分则出自卑贱或不显之家，最低的有来自畎亩的农民，只有个别（如房玄龄）来自并不算是高门的二流士族。关中籍宰相多是贵介子弟。② 这与前述秦府学士的结构特点何其相似耶！联系这两种情况，不难看出，从武德四年秦府学士的征选到贞观宰相的任用，其间贯穿着李世民注重联合山东、江南非关陇集团文人的政治倾向，也反映了他坚持改革"关中本位政策"的一贯性。这和李渊尽用太原旧僚形成了鲜明的对照。后来的事实表明，秦府学士参与并支持了李世民的政治改革。

诚然，如以上所述的那样，李世民联合东南文人是受政治形势所迫，他是逐步走上这种改革"关中本位政策"道路的。在社会东、西矛盾十分突出的武德初年，李世民并未放弃他作为关陇军事贵族成员所持有的政治优越感。曾几何时，他也是一个十足的歧视山东人的关中本位主义者。在武德初年的一次宴会上，当言及山东、关中人时，李世民颇有些党同伐异的偏见。正在侍宴的张行成跪而奏道："臣闻天子以四海为家，不当以东西为限；若如是，则示人以隘狭。"③这里，张行成是在劝说李世民放弃关中本位主义的狭隘立场，实行政治上不分畛域任用人才的政策。不想，他的建议竟成为后来李世民重造大唐政治机体的政策基础。武德初年的李世民还不能称为"天子"，而出身山东平民之家的张行成已为自己的主人规划了未来文人政治的蓝图。李世民确有知人善任的本领，张行成此次也因建议有功受到颇为丰厚的奖赏，以后每逢大政难决，张行成"常预议焉"，最后成为贞观宰相之一。以上这个故事虽系贞观史臣的追述，从中我们仍可看出李世民用人思想的变化。由一个先前的关中本位主义者转变为用人不分畛域的政治改革家，如此大的飞跃不仅是李世民个人主观认识上的进步，实亦是当时复杂的社会矛盾使然，更是东南文人参佐相仪的结果。如上所述，与太子李建成的矛盾直接促使了李世民走上改革"关中本位政策"的道路。而那些正苦于政治上找不到出路的东南文人，一旦遇上"知己明主"，必会发挥政治上的积极作用。这便是唐太宗与东南文人达成密切关系的社会原因。而传统的儒学教育又使得这些东南文人恪守知恩报德的信条，于是文人参政成了唐太宗统治时期政治的最显著特点。

在李世民收罗东南文人的过程中，房玄龄是一个得力助手。史称他与李世民初次见面便如旧识，此后"玄龄既遇知己，罄竭心力，知无不为。贼寇每平，众人竞求珍玩，玄

---

① 详见汪篯《唐太宗之拔擢山东微族与各集团人士之并进》，载唐长孺等编《汪篯隋唐史论稿》，中国社会科学出版社1981年1月版。
② 根据两《唐书》列传统计。
③ 《旧唐书》卷七八《张行成传》。

龄独先收人物,致之幕府"。① 又由于李世民能够"不以卑而不用,不以辱而不尊",②很快他的秦王府内云集了一批精明能干的文人学士,不少人是从王世充、薛举等降敌那里收来的"战利品"。③ 著名的江南才彦虞世南就是李世民从窦建德幕府中引来的,荆州名士刘孝孙、山东文人李守素和李玄道原本都是王世充的幕僚。这些漂泊无定的东南文人被引入秦府后受到了李世民的重用,成为唐初政坛上的一支新生力量。

二、秦府学士的职能及其政治意义

《新唐书》卷一九八《儒学传》云:"太宗政务繁忙,然锐精经术,即王府置文学馆,召名儒十八人为学士,与议天下事。"由于文学馆是在唐初错综复杂的矛盾斗争中诞生的,"议天下事"自然成了秦府文学馆学士其初的基本职能,带有强烈的参政色彩。本来,唐承隋制,诸亲王府各备有一辅弼的班底,内设王傅、谘议、友、文学、祭酒等文臣。其中,"王傅"职掌"傅相训导,匡其过失"。"谘议"掌"谋左右,参议庶事"。"友"掌"陪侍游居,规讽道义"。"文学"掌"雠校典籍,侍从文章"。"祭酒"掌"接贤良,导训宾客"。④ 有着如此完备的辅佐班子,秦王李世民为何又另外设置文学馆呢?显然,舍弃政治上联合非关陇集团势力的考虑,无以解释李世民创立秦府文学馆的真正原因。李肇《翰林志》沿用贞观史臣的说法,称秦府学士"皆以本官兼学士,享受五品珍膳,分为三番更直,宿于阁下,讨论坟典",同样回避了李世民创置文学馆学士的政治初衷。如前所述,在唐初社会动荡的形势下,秦府学士其初的职责决不在所谓的"讨论坟典"上。当时战事紧迫,加上与太子不断加深的矛盾,李世民首先需要的是能"与议天下事"的军政顾问,而不是坐堂论道的"经师"。事实上,秦府学士也未曾在"坟典"之上下什么功夫,至少武德时期是这样的。不然,何以两《唐书》均不见有秦府学士整理典籍的具体记载呢? 相反,充斥史乘的则是他们"谘议军政"的行事。在李世民率军东征西讨的日子里,秦府学士充当了他的军政谋士。例如,杜如晦常从征秦王,史称他"参谋帷幄,断事如流"。⑤ 褚亮从征也常"从容讽议",不忘时时提醒李世民该怎样做好。得益于秦府学士们的术谋相助,李世民取得了一次又一次军事上的重大胜利。著名的东都之战便是典型之例,此次战役中窦建德被生俘,据守东都的王世充不战而降。从此,唐军势如破竹,直捣山东、江南广阔地区。这一切巨大的胜利虽是参战将士的勇猛所致,但胜利的首功当归于最初向秦王献出"围城打援"计策的秦府学士薛收,事见史志,此不赘述。

---

① 《旧唐书》卷六六《房玄龄传》。
② 吴云、冀宇编注:《唐太宗集》,陕西人民出版社,1986年。
③ 《旧唐书》卷七二《薛收传》。
④ 《唐六典》卷二九。
⑤ 《旧唐书》卷六六《杜如晦传》。

武力平定天下之后，李世民与太子李建成的政治矛盾与日俱增，又是靠着秦府学士的集体智谋，李世民取得了玄武门兵变的最后胜利。《旧唐书》卷六九《尉迟敬德传》记述了秦府学士参预谋划政变的情形：

> 时房玄龄、杜如晦皆被高祖斥出秦府，不能复入。太宗令长孙无忌密召之，玄龄等报曰："有敕不许更事王，今若私谒，必至灭，不敢奉命。"太宗大怒，谓敬德曰："公且往，观其无来心，可并斩首持来也。"敬德又与无忌喻曰："王已决计克日平贼，公宜即入筹之。我等四人不宜群行在道。"于是玄龄、如晦着道士服随无忌入，敬德别道亦至。

同书卷六六《房玄龄传》也说："隐太子将有变也，太宗令长孙无忌召玄龄及如晦，令衣道士服，潜引入阁计事。"未雨绸缪，正是秦府学士与李世民共同制定了玄武门兵变的计谋。计策筹定，余下的只是尉迟敬德、秦叔宝、屈突通等一干武将的依计而行了。从来政治斗争，讲究权、势、术的交互运用，尤以术谋为上。李世民的高明之处不在他自身有什么过人的本领，而在于他懂得任用习知政道术谋的普通文人学士，这是他战胜敌手的致胜武器。相比之下，当时手握优势兵力的太子李建成虽占有权、势的上风地位，却逊于秦王的老谋深算，最后落了个惨败的结局。正所谓是"术以神隐为妙，道以光大为工"。① 后来李世民自己总结了政变成功的奥秘。实际上，这不仅是双方个人较量的输赢，也是新、旧两种政治机制的斗争，代表文人政治机制的秦王李世民必然战胜李建成，这是历史的选择。秦府学士辅佐李世民的功劳日后得到了应有的报偿，他们中的大多数成为贞观朝廷的大臣，受到了重用。秦府20位学士中，除9人死于贞观初年外，其余11人中有5人官居贞观宰相，他们是：房玄龄、杜如晦、于志宁、杜淹、许敬宗，东南文人占了2位，几乎与关中文人平分秋色，此外的6人也都历仕清显之职。这一切充分体现了唐太宗对昔日文学馆学士的倚重，更反映了李世民改革"关中本位政策"的连续性。贞观元年，唐太宗论功行赏，功列第一等的是房玄龄、杜如晦、长孙无忌、尉迟敬德、侯君集5人，他们正代表了四支李世民赖以进行政治改革的力量。两名秦府学士（房玄龄、杜如晦）各自代表着东南和关中地区的文人集团，尉迟敬德、侯君集则属追随李世民的武将。长孙无忌为太宗长孙皇后的兄长，代表着唐太宗的外戚势力。这四股势力都不属于正统的关陇集团核心成员，李世民靠着他们有效地实践着改革"关中本位政策"的计划。正如史载展现出的那样，面对李世民的改革举动，正统的关陇军事贵族集团并非无动于衷。尤其是李世民吸引东南文人的举措，曾引起唐高祖李渊及太子李建成的强烈反对，于是发生了上述驱斥秦府学士的事情。到了贞观元年，就在唐太宗论功封赏的时候，仍有他的从父淮安王李神通反对给文人学士记一等功。唐太宗毫不退让，回答道："今计勋行赏，玄龄等有筹谋帷幄、定社稷之功，所以汉之萧何，虽无汗马，指踪推毂，

---

① 《帝范·建亲》。

故得功居第一。"①言语中洋溢着他对昔日追随自己的秦府学士的感激之情。的确,李世民终其一生,与秦府学士结下了密不可分的关系。正如他在追念虞世南时说过的那样:"虞世南于我,犹一体也。"②

身为才彦名流,秦府学士不乏文章好手,他们的职责中也因此又添了一份政治秘书的色彩。秦府学士常被委以起草王府内的军书表奏,这也许便是后来学士官分守中书舍人草诏职权的制度源头。史称房玄龄在秦府数年,"常典管记,每军书表奏,驻马立成,文约理赡,初无稿草"。③ 难怪就连忌恨于他的唐高祖也称赞他"深识机宜,足堪委任"。薛收更是缀文能手,"秦府檄书露布多出其手"。④ 虞世南也曾与房玄龄"对掌文翰"。文学馆学士作为秦王李世民的私僚,虽不算是唐朝中央所置的学士官,但他们所发挥的政治作用已大大越过了秦府墙院。

三、弘文学士与太宗朝政治

武德九年八月,经过了紧锣密鼓的准备,李世民破例在长安的东宫显德殿即位,成为大唐第二代皇帝,开始了他的"贞观之治"。登极不久,甚至还未来得及封赏玄武门政变中的有功人员,唐太宗便在皇宫内弘文殿左侧开设弘文馆,置弘文学士作为他新的政治顾问。《旧唐书》卷一八九《儒学传》载此事曰:"太宗讨平东夏,海内无事。乃锐意经籍,于秦府开文学馆。……及即位,又于正殿之左,置弘文馆。⑤ 精选天下文儒之士虞世南、褚亮、姚思廉等,各以本官兼署学士,令更日宿直。听朝之暇,引入内殿,讲论经义,商略政事,或至夜分乃罢。"显然,弘文馆是由原先的秦府文学馆改置而来的,首批弘文学士中就有原来的文学馆学士,他们由昔日的秦府学士一变而为贞观天子的政治顾问,地位和作用得到了加强。缘于过去任用秦府学士的成功经验,李世民继续重视吸收东南文人为弘文学士,充分发挥他们政治上的积极性。正如唐人描述的那样:"太宗文皇帝敷文德,建皇极,始于弘文殿侧创弘文馆,藏书以实之,思与大雅闳达之伦切磨理道、金石王度。盛选重名虞世南、褚亮而下为之学士,更直密侍于其中,其论思应对或至夜艾,诞章远猷,讲议启迪,武德、贞观之泽洽元元,厥有助焉。"⑥

弘文学士初置常无定员,多视需要而定。后来到唐中宗景龙二年(708),曾明确置

---

① 《旧唐书》卷六六《房玄龄传》。
② 《旧唐书》卷七二《虞世南传》。
③ 《旧唐书》卷六六《房玄龄传》。
④ 《旧唐书》卷七二《薛收传》。
⑤ 中华书局标点本作"弘文学馆",《唐六典》为"弘文馆"。前者"学"字当为衍文。唐代弘文馆曾四易名称,即神龙元年易昭文馆、神龙二年易修文馆、景云二年复昭文馆、开元七年复弘文馆。
⑥ 《文苑英华》卷七九七权德舆撰《昭文馆大学士壁记》。

大学士4员,学士8员,直学士12员。① 由于是以在朝职官兼任弘文学士,它也和秦府学士一样具有差遣官的性质。学士例由五品以上官充任,直学士由六品官以下者充任,凡入选者不再领本司职务,仅食本官俸禄。笔者曾从两《唐书》人物列传中析出113名弘文学士、直学士(包括大学士),发现以贞观、永徽时期为多,这是由于中唐以后集贤学士、翰林学士相继兴起的原因。分析之后,令人惊奇的是,唐代弘文学士的籍贯分布竟然有着与先前秦府文学馆学士同样的特点,即东南文人占多数,为总数的2/3,现列表如下:

科目分类 \ 地区分类		总数 113	关中地区 35	比例 31%	东南地区 68	比例 60%	籍贯无考 10	比例 9%	备注
科举	进士	49	19	39%	28	57%	2	4%	根据两《唐书》人物传记及徐松《登科记考》统计。单位:人
	秀才明经制举	15	3	20%	12	80%			
杂途		17	8	47%	9	53%			
不详		32	5	16%	19	59%	8	25%	

以上弘文学士这种结构分布从一个侧面反映了同样的史实:贞观以后,东南文人仍不断地被吸收进入王朝的政治舞台,从而加速了唐代文人政治局面的形成。更具历史意义的是,大批东南文人的兴起使得唐朝的政治主体结构进一步发生着质的改变,西魏、北周以来文武不分的官僚主体结构遭到毁灭性的打击。不仅如此,唐太宗设置学士官,重用东南文人,犹如一针文人政治的催生剂注入了唐初死气沉沉的政治机体。以此为契机,文人政治的新机制从腐朽的贵族政治腹腔中脱胎而生。可以肯定地说,唐代"贞观之治"、"开元之治"的相继出现正是文人政治新机制充分展现活力的结果。

唐太宗是李唐王朝第一个倡行"用人不分畛域"的皇帝,他不仅敢于否定先前的贵族政治,而且能够身体力行,坚持对属于贵族政治范畴的"关中本位政策"进行彻底的改革。甚至到了贞观末年,在太子废立的问题上,唐太宗仍不忘建立文人政治的目标。李世民原本向往南朝文化,因而对爱好文学的魏王李泰喜爱有加,欲立泰为太子。最后,迫于以长孙无忌为首的新关陇贵族的压力,不得已而立了平庸的晋王李治。当时,要否立晋王的争论首先是在唐太宗与长孙无忌之间展开的,围绕在太宗身边参议此事的朝臣除长孙无忌外,还有房玄龄、褚遂良、李祐。显然,太宗皇帝召选这四人参议此事,是经过了精心考虑的。他们分别代表着一方政治力量,长孙无忌为新关陇贵族派代表(外戚),房玄龄代表着山东文人集团,褚遂良则代表势力相对较弱的江南文人,李祐为追随太宗的武将。他们的立场最终分成了两派,双方争论的焦点落在了是否以文学立嗣上,以长孙无忌为首的新关陇贵族派力主以较为模糊的"德行"标准立嗣,并以李治为首选

---

① 《旧唐书》卷四三《职官志》。

人,目的在于维护贵族政治的法统。唐太宗一边则站着以房玄龄为首的非关陇派(东南文人为主),他们主张文学立嗣,欲立魏王李泰。或是为了不致酿成身后的子弟相残,避免玄武门兵变的重演,更或为了调和当时依然占主导地位的东、西矛盾,唐太宗最终做了妥协,立晋王李治为太子。《旧唐书》卷六五《长孙无忌传》曾述及当时唐太宗受长孙无忌威逼而痛苦抉择的情状,表明当初唐太宗是在极不情愿的状况中立李治为太子的。难怪事隔不久,唐太宗便改了主意,又欲立吴王恪为太子,最后仍是长孙无忌"密争之,其事遂辍"。此番太子之争反映了贞观时期新、旧两种政治机制的对抗,当时新兴的文人政治机制已初步建立,并具有了与旧贵族政治力量对抗的能力。只是当时太宗年迈力竭,才有长孙无忌"取佩刀以授晋王"的威逼举动,否则太宗定会坚持立魏王泰的初衷亦未为可知。尽管如此,唐太宗日后还是采取了一些补救的措施,以贯彻他的文治政策。如在辅导太子的问题上,唐太宗坚持选调东南文人任太子的佐僚。后来应召辅导晋王的便是南朝陈氏旧僚袁宪的儿子袁承家、袁承序两兄弟,他们分别被授以弘文学士衔充当晋王友。① 由于太宗的大力任用,贞观时期弘文学士在王朝政治舞台上发挥了不容忽视的作用,以下结合史志,就弘文学士的职掌做具体的考察。

(一) 制礼设乐

古代中国,礼乐制度一向是立国的根本,因而它受到了特别的重视。秦汉时期,承担制礼定乐的往往是经学博士,那时的礼乐制度是以儒家礼治的理想为经,以维护等级化的政治制度为纬,构筑的是贵族政治的宪纲。魏晋以降,随着社会"礼崩乐坏",贵族政治日趋衰落,代之而兴的是悄悄崛起的文人政治。于是昔日经学博士们才有资格从事的制礼工作转由文人学士们承担,整个南北朝时期,学士修礼成为各国的政治时尚。学士们不再拘泥于儒家旧经典,而给礼制注加了新时代的规范。如隋炀帝时,由礼官、学士所修的《江都集礼》便体现了时变的时代特征。大唐之初,李渊未遑制作,郊祀享宴悉用隋制。到贞观初年,为适应社会变革的需要,唐太宗命令房玄龄和魏徵鸠集文人学士详考前代旧礼,经修改删除,终成著名的"贞观礼"。共分吉礼、宾礼、军礼、嘉礼、凶礼、国恤礼六部分,总计 138 篇,分为 100 卷。② "贞观礼"在政治上突出了文治主义精神,如有关祭祀方面的规定就是在"凡有益于人则祀之"的原则下制定的。这次修礼的成功便是在弘文学士们的积极参与下取得的,虞世南、褚亮、孔颖达、颜师古、朱子奢、刘伯庄、杜正伦等弘文学士更是修礼的主要参加者。他们无不是深谙礼制文化的东南文人。不仅如此,贞观时期,在日常的政治生活中,对于弘文学士礼制方面的具体建议,唐太宗总是言听计从。贞观九年五月,唐高祖去世,如何安葬这位李唐开国皇帝,大臣们意见颇异。李世民最终还是采纳了弘文学士虞世南的建议,实行薄葬——"园陵制度,务从俭约"。

---

① 《旧唐书》卷一九〇上《文苑传》。
② 《唐会要》卷三七。

(二) 奉敕撰述

自贞观开始,唐代学士官所掌撰述之任一改过去单纯整比文化典籍的成分,而被赋予了更多的政治职能,这突出体现在他们对历代治道政术的整理与总结上。整个贞观时期,总结历代政术治道的书籍占了学士撰述的很大比重。贞观五年,唐太宗"欲览前王得失",命令秘书监魏徵与弘文学士褚亮、虞世南、萧德言等人撰写《群书治要》,上自五帝,下迄晋代,"凡有关治道政术者莫不汇而辑之"。① 全书内容博而要,深受唐太宗赞赏。他曾亲手写下答谢诏,称"朕少尚威武,不精学业,先王之道,茫若涉海。览所撰书,博而且要,见所未见,闻所未闻。使朕致治稽古,临事不惑。其为劳也,不亦大哉"。② 贞观时期,由弘文学士奉敕撰述的类似的旨在弘扬文人政治的书籍还有许多,如《文思博要》、《东殿新书》、《文馆词林》、《文选注》等,它们甚至都曾被作为文教范本颁行全国。唐太宗如此支持弘文学士的撰述之任,有其政治思想上的原因,首先是建立文人政治机制的需要。就像上引"答谢诏"所流露的那样,唐太宗深知文化的贫乏是关陇贵族集团的先天不足,欲要实现对全国的有效统治,建立帝国的官僚体制有着至关重要的意义。为此,必须吸收东南文人进入帝国的政治主体结构中来,依靠他们完成政治文化上的重建工作,开创继往开来的新政治机制。为了完成这一艰巨的历史使命,唐太宗十分注重在实践中创造有利于贯彻文治主义政策的政治环境,史称他与学士们讨论政事常通宵达旦,相互之间能够推心置腹,久而久之形成了一种互相信赖的融洽关系。这种政治上畅所欲言的宽松气氛堪称古代中国政治民主化的典范。唐太宗虚心好学,不仅在殿堂上与学士文臣从容讨论,退朝之后亦有江南文学世家的才女徐惠陪侍于宫闱燕居之地。历史上,爱好犬马声色的君主比比皆是,喜爱文学的帝王古也有之,都不及唐太宗能施之于政。前后相距未远,梁武帝、陈后主、隋炀帝都曾是喜好文学的君主,而他们对待文人学士的态度却无不打着贵族政治时代特有的烙印。那些年代里,文人学士(特别是其中多数来自普通人家的文人)虽也被吸引入皇宫禁院,却不被尊重,有时还得冒生命危险"陪宴侍从"。曾几何时,隋文帝为发无名火就在呼唤着大臣鞭挞文人学士呢!③ 入唐以后,文人学士无论出身高低,均取得了应有的政治地位,这不能不归功于大胆改革"关中本位政策"的李世民。

奉敕撰述,不仅指总结历代政术治道,也包括参与修史,弘文学士在这方面同样做出了值得称道的贡献。贞观三年,唐太宗恢复修史工作,命弘文学士令狐德与房玄龄监修周、齐、梁、陈、隋等朝历史。弘文学士许敬宗、褚遂良、岑文本、姚思廉、崔仁师等都是此次修史的主要参加者。贞观时期,凝结着弘文学士汗水的修史工作取得了巨大成就,先后有8部正史相继完成,占了古代"二十四史"的1/3,如此大的修史成就古代只有贞观一朝,这似可作为唐太宗倡行文治政策的一个注脚。贞观时期,唐太宗开创了官修国

---

① 《唐会要》卷三六。
② 《唐会要》卷九。
③ 《隋书》卷六〇《段文振传》。

史的制度,对此以往的研究者似乎没有给予应有的注意。考察之后我们发现,官修国史的出现原来正是唐太宗政治改革的一项措施。贞观三年,太宗将原属于秘书省著作局的修史职权独立出来,另在皇宫禁中设置直属于皇帝控制的史馆,使之专掌国史。史馆开设后,唐太宗赋予它的第一件工作便是编修唐初二朝实录,弘文学士许敬宗、褚遂良被命令负责此事。① 唐太宗这么做的目的显然是出于政治上的考虑,他迫切需要制造有利于政治改革的社会舆论。从史载来看,许敬宗是完成此次政治任务的主要人物。许氏自幼受家庭影响,写得一手好文章,又精习礼乐典制。史称其人"好色无行",但太宗只用其长,嘱其修史。贞观十七年,许敬宗因修成《武德、贞观实录》被封为高阳县男爵,权检校黄门侍郎,三年后升登宰相,与高士廉等共知机要。《武德、贞观实录》原书今已佚失,但从保留在《旧唐书》等书中的内容来看,它无疑是贞观史臣呈献给后人的钦定国史,其中充满着对唐初史实的曲隐与回护。尽管如此,该书的政治史价值仍是不容忽视的,从中我们能够得知许多有关唐初李世民改革"关中本位政策"的史实。

(三) 教授生徒

从唐太宗开始,文教立国被定为一项基本国策。科举考试的制度化,更增强了教育在全民心目中的分量。上自皇族,下至百姓,无不被纳入科举教育的轨道。从贞观时期起,弘文馆与崇文馆承担了帝国最高阶层的贵族子弟的教育职能,当时被合称"二馆",它们与中央的国子学、太学、四门学同属帝国的高等学校,以区别于承担平民教育的地方州县学。我们知道,弘文馆并非单纯的教育机构,而弘文学士被赋予"教授生徒"的职掌显然是唐太宗出于推行文治政策的安排。他试图通过弘文、崇文二馆教育制度,彻底改造帝国最上层的贵族子弟,以便使他们尽快适应新的文人政治机制。从贞观开始,弘文馆例置学生30人,招收的生员来自帝国最高层的贵族家庭,分别是:皇宗缌麻以上亲,皇太后、皇后大功以上亲,散官一品、京官职事正三品、供奉官三品子孙,京官职事从三品、中书、黄门(门下)侍郎子。这些弘文生的年龄一般在14至19岁之间,他们须按规定学习经、史课目。经过考试后,每年有15名入仕的定额,考试的办法一如国子学。② 也许是登仕率过高的缘故(50%),或是因为弘文生高贵的出身,弘文馆往往难以履行有关的教学、考试条例。中唐以后,随着科举制的深入人心,进士登第成为包括贵族子弟在内的全体士子文人的向往。弘文馆教育愈加衰落,学生慵懒,替考丛起,朝廷不得不屡次颁令禁止此类舞弊现象。唐肃宗时,吏部侍郎魏玄同曾尖锐地批评了当时弘文馆贵族教育的弊端。他在给朝廷上的奏疏中说:"《传》曰:'我闻学以从政,不闻以政入学。'今贵戚子弟,例早求官,鬂龀之年已腰银艾,童丱之岁已袭朱紫。弘文、崇文(贤)之生,千牛辇脚之类,课试既浅艺能亦薄,而门阀有素,资望自高。……少仕则废学,轻试则无才,于此一流,良足惜也。"③显然,中唐时的弘文馆教育已背离了文治主义的政治

---

① 《旧唐书》卷八〇《褚遂良传》。
② 《唐六典》卷八。
③ 《旧唐书》卷八七《魏玄同传》。

精神。

（四）应召草制

唐承隋制，中书舍人"掌侍奉进奏，参议表章。凡诏旨、制敕及玺书、册命，皆按典故起草进画"。① 但是，自唐太宗重用学士官以来，朝廷诏敕的起草权不再为中书舍人专有。《新唐书·百官志》曰"太宗时，名儒学士时时召以草制"，讲的就是弘文学士分割中书舍人草诏权的事情。贞观中，弘文学士许敬宗曾编《文馆词林》，汇辑了汉魏以降各朝制敕诏书，为的就是给文臣学士们提供一个备查学习的参考范本。不过，贞观及永徽时期朝廷诏敕的起草权大体仍在中书舍人掌握之中，他们也是帝国的文臣，且地位显贵。那时，学士草诏仅属临时差遣，带有随意性，不同于中唐以后"专掌内命"的翰林学士。

总之，贞观时期受唐太宗吸引，作为非关陇贵族集团的代表，一批来自东南的文人学士以其高昂的政治热情，参预并支持了唐初李世民对"关中本位政策"的改革。他们也因此与太宗皇帝建立了个人间深厚的感情。正如唐人所记述的那样："（弘文学士）常入会于禁中，内参谋猷，延引讲习，出侍舆辇，入陪宴私，十数年间多至公辅。"② 关于东南文人与唐太宗的密切关系，元代史学家胡三省曾有洞悉，他说："唐太宗以武定祸乱，出入行间与之俱者皆西北骁武之士。至天下既定，精选弘文学士，日夕与之议论商榷者，皆东南儒生也。"③ 胡氏所言，不仅符合唐初学士参政的实际，也道出了李世民改革"关中本位政策"的线索，值得人们重视。

综上所述，武德、贞观时期，李世民通过开设秦府文学馆、弘文馆，不仅吸引了东南文人进入帝国的政治舞台，也在实践上改变着西魏、北周以来形成的"关中本位政策"。更有意义的是，李世民的改革打破了先前流行千余年的贵族政治，开创了唐代全新的文人政治机质，政治文化制度上的包容性以及政治主体构成上的"不分畛域"是这种新政治机质的特点。经过太宗的改革，以及高宗的继承和武则天的革命，到唐玄宗开元初年，"右职以精学为先，大臣以无文为耻"④ 早已成为唐朝上下一致的政治共识。至此，唐初仍流行的"男儿当提剑汗马以取公侯"的价值观不见了踪影，昔日文武不分的政治主体结构亦已不复存在。继往开来的是文治称最的盛唐"开元之治"，中国封建社会走上了发展的颠峰时期。这一切无不可以追溯到武德、贞观时期李世民对"关中本位政策"的改革上来。

---

① 《唐六典》卷九。
② 韦执谊：《翰林院故事》。
③ 《资治通鉴》卷一九二"武德九年九月"条胡三省注。
④ 《全唐文》卷二二五张说《唐昭容上官氏文集序》。

唐后期长江下游户口考

陈 勇

一、元和时期两浙、宣歙三道的户口升降

本文所说的长江下游,主要是指唐后期政府财赋倚重地东南八道中的浙西、浙东、淮南、宣歙4道23州之地。天宝十四年(755)是唐代人口增长的极点,《通典》卷七载当年国家所控制的编户为8 914 709,口为52 919 309。安史之乱打断了唐前期人口持续增长的势头,国家所控制的户口数直线下降。肃宗乾元三年(760),天下有户1 933 174,口16 990 386。① 此后历朝虽不断有所增加,但最多时也只达到了天宝十四年户数的一半。唐后期州郡户数见于记载的仅见于李吉甫的《元和郡县图志》(以下简称《元和志》)一书。是书成于元和八年(813),所记元和户当为元和前期的户数。不过元和一朝政府所掌握的在籍户大约都在240万左右,因而元和户实际上可代表元和一朝的户数。兹据《元和志》所记的元和户与《新唐书·地理志》所记的天宝元年户制成下表:②

元和时期长江下游户口升降表

道 名	州 名	天宝元年户	元和户	升降比例
浙西道	润州	102 023	55 400	-46.70%
	常州	102 633	54 767	-47.64%
	苏州	76 421	100 808	+31.91%
	湖州	73 306	43 467	-41.70%
	杭州	86 258	51 276	-40.56%

---

① 《通典》卷七《食货七·历代盛衰户口》。
② 关于《新唐书·地理志》户口数系年问题,学术界存在着开元二十八年说、天宝十一载说和天宝元年三种看法,本文从天宝元年说。

续 表

道 名	州 名	天宝元年户	元和户	升降比例
浙西道	睦州	54 961	9 054	−84.53%
	（合计）	495 602	314 772	−36.49%
浙东道	越州	90 279	20 685	−77.09%
	明州	42 207	4 083	−90.33%
	衢州	68 472	17 426	−74.55%
	处州	42 936	19 726	−54.05%
	婺州	144 086	48 036	−66.66%
	温州	42 814	8 484	−80.18%
	台州	83 868	缺	
	（合计）	514 659	100 640	−72.51%
宣歙道	宣州	121 204	57 353	−52.68%
	歙州	38 320	16 754	−56.28%
	池州		17 581	
	（合计）	159 524	91 688	−42.53%
淮南道	濠州	21 864	20 702	−5.32%
	扬、楚、和、滁和、庐、舒	268 704	缺	

由于《元和志》淮南道缺佚，故淮南七州户数的具体情况不可得知，所以这里我们首先来讨论两浙、宣歙三道的户数升降情况。从上表可知，天宝元年居于本区户口之首的浙东道（缺台州）下降幅度最大，平均下降率为 72.51%。① 其次为宣歙道，较天宝元年户下降了 42.53%。浙西六州下降速度相对缓慢，但仍下降了 36.49%。对于《元和志》所记本区元和户数大幅度下跌，确有许多可疑之处：

其一，在安史之乱中，由于张巡、许远死守睢阳，"使贼锋挫衄，不至江、淮"，②因而战乱对长江下游地区并无直接影响。在安史之乱中，本区虽然发生过永王璘、刘展之乱，但规模不大，时间较短，对长江下游区的社会经济也未造成大的破坏。在这样一个相对安定的环境里，人口却大幅度的下跌，确实有些让人难以相信。

其二，长达八年的安史之乱使北方经济遭到了空前绝后的破坏，为逃避战乱，北方人民纷纷向相对安定的南方迁徙。史称"两京蹂于胡骑，士君子多以家渡江东"，③"天

---

① 由于台州元和户缺，故浙东天宝元年户相应应除去台州户数，据此我们计算出浙东元和户（118 440）较天宝元年户（430 794）平均下降率为 72.51%。
② 《元和郡县图志》卷七《河南道四·宋州》。
③ 《旧唐书》卷一四八《权德舆传》。

下衣冠士庶,避地东吴,永嘉南迁,未盛于此"。① 长江下游地区远离战事中心,又加上北人南徙,按理说应使本区人口较前有所增长。退一步讲,即使不能使本区人口上升,但也可弥补其户口损耗,使户口保持先前水平,或者说大大延缓下降的速度。但《元和志》所载本区户口情况却恰好相反。以浙东越州为例,安史乱中北人多"避地于越",贤士大夫"登会稽者如鳞介之集渊薮",②但是越州元和户较天宝元年户非但没有上升,反而下降至四分之一,平均下降率为77.09%。

其三,更为重要的是,长江下游区自安史之乱后至元和时期,增户的记载不绝于书。先看浙西道。《旧唐书》卷一八五下《萧定传》载:"大历中,有司条天下牧守课绩,唯定(润州刺史)与常州刺史萧复、濠州刺史张镒为理行第一。其勤农桑,均赋税,逋亡归复,户口增加,定又冠焉。"这说明大历时浙西润州、常州,徐泗节度使下辖的濠州户口皆有增长,而其中又以润州的增长速度为最快。据李华《润州丹阳县复练塘颂》载,永泰初(765)润州丹阳、延陵、金坛3县"环地三百里,数合五万室"。当时润州共有6县,3县即达五万室,已达到了《元和志》所载的元和户数。建中二年(781)韩滉为润州刺史,"安辑百姓,均其租税,未及逾年,境内称理"。③ 可见在代宗、德宗时,润州的户口大致呈增长之势。代宗永泰元年(765),李栖筠任常州刺史,"时寇乱之后,旱暵仍岁,编户转徙,庐井半空。乃浚河渠,导江流,以资溉灌。是岁大稔,流民毕复"。④ 上引《旧唐书·萧定传》可知,大历中萧复任常州刺史时,常州户口有增长的记录。贞元前期韦夏卿出镇常州,据其《东山记》载:"贞元八年,余出守是邦,迨今四载,政成讼简,民用小康。"(《全唐文》卷四三八)。安史之乱后,"刺史以户口增减为其殿最"。韦夏卿典常州时既然"政成讼简,民用小康",这里的户口想必定有增长。代宗时,李清任湖州乌程令,为政清简仁惠,"弦歌二岁,而流庸复者六百余室,废田垦者二百顷,浮客臻凑,殆乎二千,种桑畜养,盆(盈)于数万"。⑤ 贞元初,独孤汜任睦州刺史,"下车数载,田畴始辟,桑柘初拱,人识廉耻,邑无逋亡"。⑥ 显然德宗贞元时,位于新安江流域的睦州人口在安史之乱后也有所恢复。

浙东衢州、越州也有增户的记载。宝应元年(762)殷日用出典衢州,招抚流亡,"凡增万余室而不为众"。⑦ 大历中,王士宽治理余姚,"营邑室,创器用,复流庸,辟菑畬,凡江南列邑之政,公冠其首"。⑧ 贞元时赵郡人李汲治理余姚,使境内"户口增倍"。⑨ 顾况

---

① 《李太白全集》卷二六《为宋中丞请都金陵表》。
② 《全唐文》卷七八三穆员《鲍防碑》。
③ 《旧唐书》卷一二九《韩滉传》。
④ 《册府元龟》卷六七八《牧守部八·兴利》
⑤ 《颜鲁公文集》卷一三《梁吴兴太守柳恽西亭记》。
⑥ 《全唐文》卷五三三李观《与睦州独孤使君论朱利见书》。
⑦ 《全唐文》卷三一六李华《衢州刺史厅壁记》。
⑧ 《白居易集》卷四二《唐扬州仓曹参军王府君墓志铭》。
⑨ 《唐故越州大都督府余姚县令李府君(汲)墓志铭》,周绍良主编:《唐代墓志汇编》,上海古籍出版社1992年,第1889页。

《晋国公赠太傅韩公行状》载,建中二年韩滉为镇海军节度使充浙江东西观察使,"管郡十五,户百万"。(《全唐文》卷五三〇)当时韩滉所管15州为浙西润常苏湖杭睦6州、浙东越明处温台婺衢7州,另加江西的饶、江二州。据《新唐书·地理志》天宝元年户数统计,两浙13州户数为1 010 261,饶(40 899)、江(19 025)二州户数为59 924,共计1 070 185户。据此可知建中时浙东、浙西户数已基本上恢复到了天宝元年的水平。然而据《元和志》载,较天宝元年,浙西户数由原来的495 602户下降到314 772户,平均下降率为36.49%。而浙东的户数下降更快,由430 794户下降到100 640户,平均下降率为72.51%,这确实不能不令人生疑。

再来看宣歙道。代宗大历时,柳均治理宣州溧阳,"奸豪屏气,茕嫠苏息。流民复,旷土辟"。① 贞元十二年(796)崔衍为宣歙观察使,"居宣州十年,颇勤俭,府库盈溢。及穆赞代衍(永贞元年),宣州岁馑,遂以钱四十二万贯代百姓税,故宣州人不至流散"。② 可见在德宗、顺宗时,宣州户口不至大降是可能的。据中唐人顾况《宛陵公署记》载:"夫宣户五十万,一户二丁,不待募于旁郡,而宣男之半,已五十万矣。"(《全唐文》卷五二九)宣州有户50万当系作者的夸大之辞,但天宝之乱后宣州保持了相当数量的人口,则是可以肯定的。③ 其实称誉中唐后宣州人口之多并非顾况一人。白居易称"陵阳(宣州)奥壤,土广人庶",④杜牧亦称宣州"赋多口众,最于江南"。可见唐后期宣州户口之多在当时人看来,是有目共睹的。所以对《元和志》所载宣州户数较天宝元年下降一倍,确可存疑。池州在中唐也有辟田增户的记录。李冉在《举前池州刺史张严自代状》中称:"自军兴以来,职役繁重,江淮百姓,多有流亡。张严在任三年,辟田加户。"(《全唐文》卷六二二)从如上记载看来,安史乱后到元和时期,宣歙池三州户口不会直线下降。

其四,唐代州分辅、雄、望、紧、上、中、下七级,县分赤、畿、望、紧、上、中、下七等。除辅州、赤县、畿县外,其余州县主要是依据户口多寡而定。高祖武德年间规定三万户以上为上州,五千户以上为上县,二千户以上为中县,一千户以上为中下县。玄宗开元十八年(730)因"太平时久,户口日殷",又提高了升等标准,规定"四万户以上为上州,二万五千户为中州,不满二万户为下州。……以六千户以上为上县,三千户以上为中县,不满三千户为中下县"。⑤ 兹据《唐会要》卷七〇《州县分望道》的记载,把本区两浙、宣

---

① 《唐故朝散大夫……柳府君灵表》,《唐代墓志汇编》,第1922页。
② 《旧唐书》卷一八八《崔衍传》。
③ 《宛陵公署记》文末署"庚辰年正月下旬日,前秘书著作郎顾况记",庚辰为贞元16年(800),依此记载,宣州户数多出元和户(57 350)九倍之多,故研究者对顾氏记载户数多持怀疑态度,文中所载两个"五十"之"十"字可能为衍文,若"十"字果为衍文,则与《元和志》所载户数相当。据严耕望先生考证,顾文所载宣州户数是实指而非虚数。严氏依据《全唐文》卷七九一韦焕《新修湖山庙记》一文作了如下考证:"考韦焕《新修湖山庙记》'今宛陵、泾县十八乡,户四万,民奉湖山神'。检《元和志》,宣州领户一百九十五,韦《记》云十八乡四万户奉此神,则一百九十五乡正当近五十万户,所以'五十'极正确,无衍文。如此一来,顾《记》作证的力量就大为增强,成为一条铁证,证明宣州在贞元元和间实际户数毫无疑问的为户籍簿中户数之八九倍。"参见氏著《治史答问》十三"无孔不入"、"有缝必弥"一节,收入《治史三书》中。
④ 《白居易集》卷五四《除范传正宣歙观察使制》。
⑤ 《唐会要》卷七〇《量户口定州县等第例》。

歙大历、元和时期州县升置情况列表如下：

州县等级名称	州 县 名 称	升 等 时 间
雄 州	苏州	大历十三年二月十一日升
望 县	润州丹徒县	大历十二年二月二十六日升
	常州武进县、无锡县	大历十二年二月二日升
	苏州长洲县 嘉兴县	大历十二年二月二十六日升 大历六年二月升
	宣州南陵县	大历五年三月升
	越州诸暨县、剡县	大历十二年二月九日升
	婺州东阳县、永康县	大历十二年正月一日升
	湖州乌程县	大历十二年二月二十一日升
	衢州信安县	大历十二年正月七日升
紧 县	越州萧山县	大历十二年正月升
	衢州龙丘县	大历十二年正月十九日升
	婺州兰溪县	大历十二年正月十九日升
上 县	杭州新城县	元和六年九月升
	睦州分水县	大历六年六月升
	歙州婺源县、黟县	元和六年九月升

据上表统计，德宗大历时和宪宗元和时两浙、宣歙三道升雄州1，升望县12，紧县3，上县4。如前所述，唐代州县升置的标准是"以户口多少，资地美恶为差"。① 既然大历、元和时本区有这么多的州县升级，那么这些州县户口的增殖也是必然的。按《元和志》所载，浙东道户数下降幅度最大。但从上表可知，浙东升级的县数最多，新升望县为6县，占三道的一半，新升紧县（3县）全在浙东。韩愈在《代张籍与李浙东书》中称"浙水东七州，户不下数十万"。（《全唐文》卷五五二）文中的李浙东即指李逊。李逊元和五年出任越州刺史、浙东观察使，九年离任。在任期间，"以均一贫富，扶弱抑强为己任，故所至称理"。② 元和九年孟简继任越州刺史、浙东观察使，"承李逊抑遏士族、恣纵编户之后，及简为政，一皆反之，而农估多受其弊"。③ 显然李逊在浙东"扶弱抑强"实以"抑遏士族"、优容编户为内容，因此他在任期间浙东户口的增加应是不成问题的，韩愈在文中称浙东"户不下数十万"当有一定根据。在两浙、宣歙三道中，浙东元和户数下降幅度最大，确实是最令人怀疑的。

综合如上记载不难看出，《元和志》所载本区户数，仅仅是当时政府所掌握的在册

---

① 《通典》卷三三《职官十五》。
② 《旧唐书》卷一五五《李逊传》。
③ 《旧唐书》卷一六三《孟简传》。

户,而且这些户口统计数与当时人的记载也有矛盾处,并不那么可靠、真实。同时由于本区还存在着大量的隐漏户(浮寄户、逃户),而这一批逃避税役的人口并不包括在内。因此《元和志》所载的本区户数,事实上是大大低于当时的实际户口数。关于长江下游地区存在着大量的浮寄户、逃户以及对本区实有人口的估算,下面还要专门论及,这里我们仍来讨论本区元和户的情况。

据梁方仲先生《中国历代户口、田地、田赋统计》甲表 27 统计,元和前期全国共有 2 368 775 户,长江下游地区所属的两浙、宣歙三道总户数为 524 900 户,占全国总户数的 22.16%,占东南八道 144 万户中的 36.45%。天宝元年本区占全国总户数 16.27%,到元和时本区仅两浙、宣歙三道的户数即占全国总户数的 22.16%,如果淮南道的户数不缺,本区在全国户数中所占的比例还将会上升许多。可见在唐后期,长江下游地区仍是全国名列前茅的重点人口区。

唐后期全国的户数普遍呈下降趋势,本区的情况也不例外。不过相比较而言,本区户数的下降程度比北方为低。北方两河地区的洛州(河南府)、汴州、宋州、魏州、冀州、沧州在天宝时都是 10 万户以上的大州,但元和时的户数较天宝时下降了 90% 以上。长江下游区户数下降 90% 以上的州只有浙东明州一州,其余各州下降幅度不尽相同,但下降程度比北方为低,确是事实。据王育民先生《唐代南北方户口分布比重的消长》一文统计,①元和时全国共有 2 373 435 户,天宝元年相当于元和时的府州户数为 6 854 276,据此可知元和时全国的户数平均下降率为 65.37%。长江下游的两浙、宣歙三道元和时有户 524 900,天宝元年的户数为 1 085 920,其平均下降率为 51.66%,显然低于全国的平均下降水平。可见,在唐后期全国人口普遍大幅度下降之时,长江下游地区凭借其较强的经济实力使其境内的户口下降速度大为减缓。

二、对淮南道户口的考察

由于《元和志》淮南道缺佚,故元和时期淮南七州的户口升降情况不可得知。这里我们试根据其他文献材料对该道的户口情况作一个大致考察。

《嘉庆扬州府志》卷二〇《赋役志》载有唐代扬州开元、天宝、贞元、元和四个时期的户口数,兹引述如下:

  扬州:开元户 61 417,丁口缺
    天宝户 77 105,丁口 467 850
    贞元户 73 000,丁口 469 594
    元和户 87 647,丁口缺

---

① 《上海师范大学学报》(哲社版),1992 年第 4 期。

如上的开元户出于《元和志》，天宝户出自两唐书《地理志》，只是口数较两志少5口。贞元户取于《通典·州郡典》，户数较《通典》少381户。《通典》是贞元十七年杜佑派人献于朝廷的，所以《扬州府志》的撰者把《通典》扬州户定于贞元，以贞元户名之。惟元和户，不知所据何书。如果是书所载的扬州元和户可信，那么元和时扬州的领户较盛唐天宝元年户非但没有下降，反而还上升了13.67%。所以在引用《扬州府志》所载的扬州元和户时，还有必要首先对这一数字的可信性进行一番考察。

晚唐诗人许浑《送沈卓少府任江都》诗称扬州"十万人家如洞天"。① 中唐后的扬州城虽然号称"天下繁侈之地"，但城内有户10万，则系诗人的夸张之辞。扬州城有户10万虽不大可能，但中唐后扬州7县保持了相当数量的人口则是确定无疑的。白居易有诗称苏州"人稠过扬府，坊闹半长安"。是诗虽然说的是苏州城区人口密度超过了扬州，事实上有唐一代苏州全境的人口一直都在扬州之上。苏州元和时有户10万余，且在大历十三年（788）就因户口众多而升为雄州，而"富甲天下"的扬州却不在升置之列，可见元和时扬州的户数当在苏州之下，即在10万户以下。那么扬州元和户较天宝时的77 000户是否有增长呢？回答是肯定的。在安史之乱中，由于扬州远离战区，故未受到战乱的直接影响。虽然在肃宗乾元二年（759）发生了刘展之乱，翌年田神功率平卢军进驻扬州平叛亦发生大掠之事，但刘展之乱很快平定，平卢军在乱平后也迅速撤出了扬州，故对扬州并未造成大的破坏。唐人贾至称"兵兴十年，九州残弊，生人凋丧，植物耗竭……独扬州一隅，人尚完聚"。② 杜牧亦称扬州"倚海堑江淮，深津横冈，备守坚险，自艰难以来，未尝受兵"。③ 由于安史之乱，"乱兵不及江淮"，扬州也成为北人南迁的重要之地。比如扶风平陵人窦常"百口漂寓……卜居广陵之柳扬西偏"。④ 兴元元年（784）淮南节度使杜亚称扬州，"侨寄衣冠及工商等多侵衢造宅，行旅拥弊"，足见侨居在扬州的流寓人口之多。综合唐后期扬州繁盛的情况来推测，元和时扬州户数要达到《嘉庆扬州府志》所载的87 647户，应当说是完全可能的。

和州在安史乱后有增户的记载。大历七年（772）穆宁为和州刺史，"理有善政"，"居一闻，人忘其伤；又一闻，人忘其化"，结果和州"增户数倍"。⑤ 刘禹锡在《和州刺史厅壁记》中说："初开元诏书以口算第郡县为三品，是为下州。元和中，复命有司参校之，遂进品第一。按见户万八千有奇，输缗钱六十万。"⑥刘禹锡的记载表明，元和时和州的在籍户不少，该州也正是在元和六年九月升为上州的。再来看舒州的户口情况。大历五年（770）独孤及任舒州刺史，当时舒州"属岁饥旱"，"百姓流窜，十不一存"。独

---

① 《丁卯集》卷上，又见《全唐诗》卷五三五。一作薛逢诗《送沈单作尉江都》，《全唐诗》卷五四八；又作赵嘏诗，见《全唐诗》卷五四九。
② 《全唐文》卷三六八贾至《送蒋十九丈奏事毕正拜殿中归淮南幕府序》。
③ 《樊川文集》卷一〇《淮南监军使院厅壁记》。
④ 《全唐文》卷七六一褚藏言《窦常传》。
⑤ 《新唐书》卷一六三《穆宁传》。
⑥ 《刘禹锡集》卷八；《全唐文》卷六〇六。

孤及到任后,与民休息,"劳来鳏寡,薄其徭赋,是以招携亡者,抚柔存者。庶经秋之后,赖或安集"。① 楚州"提兵五千,籍户数万,其事雄富,同于方伯",②也保持了相当数量的人口。庐州是在安史之乱中(乾元元年)由中州升为上州的③,升级的原因不知是该州的战略位置重要,还是户口较多之故,不过可以肯定在安史乱中和乱后该州的户口下降幅度不会太大。贞元中罗珦为庐州刺史,在此劝民耕织,"兴利除害","考课第一"。前述中唐后刺史"以户口增减为其殿最",罗珦典庐州时既然"考课第一",其治理庐州的业绩自然也应包括户口增长在内,不难想象大历时庐州的领户也不会较天宝盛时相差太远。晚唐时庐州的户口也有发展,故杜牧在《卢搏除庐州刺史制》中称"庐州五城,环地千里,口众赋重"(《樊川文集》卷一八)。大历六年李幼卿"以右庶子领滁州,而滁人之饥者粒,流者占,乃至无讼"。④ 既然流民咸归故里,滁州户口不会大降,甚至上升也不是没有可能,元和六年九月滁州正是因为人口较多而被升为上州的。

如上我们采用了一些描述性材料对唐后期淮南道户口发展情况作了一个大致的勾勒,下面我们拟对淮南道元和户数作具体考察。《资治通鉴》卷二三七元和二年条载:"是岁,李吉甫撰《元和国计簿》上之,总计天下方镇四十八,州府二百九十五,县千四百五十三。其凤翔、鄜坊……等十五道七十一州不申户口外,每岁赋税倚办止于浙江东西、宣歙、淮南、江西、鄂岳、福建、湖南八道四十九州,一百四十四万户。"据此可知,元和二年唐政府财赋倚重地东南八道共有户 144 万户。《元和志》成书于元和八年,李吉甫在书序中称:"前上《元和国计簿》,审户口之丰耗;续撰《元和郡县图志》,辨州域之疆理。"学术界一般认为《元和志》所载的元和户主要采用的是《国计簿》元和二年的在册户。《唐会要》卷八四载元和二年全国有户 2 440 254,《旧唐书·穆宗纪》载元和十五年全国总户数为 2 375 400,可见元和一朝政府所掌握的在籍户大约在 240 万左右。据此我们认为元和二年至元和八年间,东南八道的户数大约也保持在 144 万户左右。换言之,《元和志》所载东南八道的户数即使不缺淮南和浙东台州八州户数,其户数总和也不会较元和二年 144 万户高出许多。东南八道共 49 州,其户数见于《元和志》记载的有 41 州,兹据是书将这 41 州户数统计如下:

浙 西	浙 东	宣 歙	江 西	鄂 岳	湖 南	福 建	合 计
314 772	118 400	91 688	293 179	73 750	95 230	74 467	1 061 486

由上可知,《元和志》现存东南七道 41 州户数之和为 1 061 486 户,用 144 万户减去此数,余下者即为《元和志》所缺的 8 州户数,故可知这 8 州户数为 378 514。从《元和

---

① 《毗陵集》卷五《谢舒州刺史兼加朝散大夫表》。
② 《全唐文》卷七一六吕让《楚州刺史厅记》。
③ 《旧唐书》卷四〇《地理志三》。
④ 《毗陵集》卷一七《琅邪溪述并序》。

志》所载浙东 6 州户数来看，该道人口下降幅度甚大，元和时 6 州的户数较天宝时平均下降率为 72.51%。台州天宝时有户 83 868，若元和时下降率以 50% 计，该州户数约有 4 万余户。即便是台州元和户不下降，仍以天宝户计，那么淮南 7 州之户也有 294 646。据《新唐书·地理志》统计，天宝时这 7 州户数总和为 268 704 户，可知元和时淮南 7 州户数较天宝时有所上升。

如上所推算的淮南元和户，是一个大致而非精确的数据，在材料极为缺乏的情况下，采用这种推论大致是可以成立的。以濠州元和户为例，濠州"本属淮南，与寿阳阻淮带山，为淮南之险"。① 安史之乱后，濠州划归河南道徐泗节度使管辖，故该州的元和户得以保存。濠州元和户数为 20 702 户，较开元户 20 522 略有上升，较天宝户 21 864 户有所下降，但下降率仅为 5.32%。前考《嘉庆扬州府志》所载扬州元和户大致可信，扬州元和户较天宝户非但没有下降，反而还上升了 13.67%。再据《唐会要》卷七○《州县分望道》载，滁、和、舒、濠四州，元和六年九月并升为上州；扬州扬子县大历八年五月升为望县；楚州山阳、盱眙二县，贞元四年十二月二十八日升为上县；舒州太湖、宿松二县、寿州霍丘县、楚州盐城县并于元和六年九月升为上县。综合如上材料，我们认为淮南道元和户数较天宝时有所上升，是极有可能的。

中唐后，在全国人口普遍下降的情况下，个别地区或州府的人口因种种原因较先前有所上升，不是没有例证可寻的。以东南八道之一的江西道为例，元和时江西观察使所辖的洪、饶、虔、吉、江、袁、信、抚 8 州户数由天宝时的 258 549 户增至 293 179 户，平均上升了 13.39%。上推淮南 7 州的元和户数较天宝时略有上升，即使不上升，也大致与天宝时的户数相当。我们认为元和时淮南道户数的上升，主要与如下几个方面的原因有关。

其一，与北人南迁有关。

安史之乱起，中原沦为战场，北方人民为避战乱，纷纷南迁。从现有的文献记载来看，从安史之乱开始的这次北人南迁主要以迁往长江中游地区为主，是可以肯定的。就迁往长江下游地区的人口言，文献记载得较多的是两浙的苏州、越州，迁往淮南的，扬州记载稍多，其他州郡的记载甚少。不过根据我们的考察，迁往长江下游地区的北人并不以两浙为主，而是以淮南为多。就迁往的路线而言，主要是通过淮颍道南下的。淮颍道即指由颍水入淮河的水道，早在秦汉时就为重要运道。杜佑称秦汉运路"出浚仪（开封）十里入琵琶沟，绝蔡河，至陈州而合"。② 自隋开汴河，"利涉扬楚，故官漕不复由此道"，③淮颍道遂变为驿路交通。"开元时，江淮人走崤函，合肥、寿春为中路"，④可见盛唐时由庐寿取道淮颍而赴京洛的人为数不少。安史之乱，两河沦为战场，特别是东都洛阳所在的河南道，官军与叛军长期对峙，造成的破坏尤为严重。史载"东周之地，久陷贼

---

① 《元和郡县图志》卷九《河南道五·濠州》。
② 《新唐书》卷五三《食货志三》。
③ 《资治通鉴》卷二二七德宗三年。
④ 《全唐文》卷六一二陈鸿《庐州同食馆记》。

中,宫室焚烧,十不存一。百曹荒废,曾无尺椽,中间畿内,不满千户。井邑榛棘,豺狼所嗥,既乏军储,又鲜人力。东至郑、汴,达于徐方,北自覃怀,经于相土,人烟断绝,千里萧条"。① 因此洛阳周围地区的人民为避战乱,一部分由襄州经汉水南下荆、鄂,一部分则由淮颍道经寿州南下庐州,或沿淮河东进,再经邗沟(山阳渎)南下扬州,因而迁往淮南道的北人当有一定的数量。特别是张巡、许远死守睢阳,"使贼不能东进尺寸,以全江淮"。② 经过淮颍道南下的北人,除一部分继续渡江南下外,绝大部分当停留在淮南,因为这里离他们北返的家园最近。从现有的记载来看,迁往淮南扬州的北人较多,前已叙述,这里再举几例。

《唐故李府君墓志铭》:李举,字幼迁,魏郡元城人。……顷因中华草扰,避地江淮。……大历十三年腊月廿一日,卒于维扬瑞芝私第。(《唐代墓志汇编》,第1953页)

《唐故刘府君夫人杜氏墓志铭》:夫人姓杜……自魏晋以来,冠冕相继。中原盗贼奔突,避地东土……贞元十一年七月十八日终于江阳道仁坊之第。(同上,第1851页)

《唐故南阳张夫人墓志铭》:夫人张氏,其先陈留郡开封县人。令标时望,移家淮楚,今遂扬州江阳县人矣。(同上,第1884页)

迁往扬州的北人,有一部分就是通过淮颍道进入寿州,然后沿淮水东进达到楚州,再通过运河(山阳渎)南下进入扬州的。如上所谓"移家淮楚",大概走的就是这条路线。《唐朝散大夫……崔公夫人陇西县君李氏墓志铭》载:"夫人讳金,字如地,陇西成纪人也。……自洛入魏,久之盗起北方,凭陵中土,先公时为麟游县令,夫人提携孤弱,南奔依于二叔,自周达蔡,逾淮泝江,寓于洪州。"③从这条记载可以看出,李氏避乱南迁的路线就是通过淮颍道南下,再逆江而行达于洪州的。综合如上材料考察,我们认为唐后期迁往长江下游地区的北人,当以淮南道人数为多。元和时淮南道人口较盛唐天宝时有所上升,当与此有关。

其二,与淮颍道重开有关。

安史之乱,汴运受阻,淮颍道遂重新受到朝廷重视。肃宗上元时,庐、寿二州刺史张万福送租赋入京师,就是通过淮颍道北运的。④ 代宗大历末,陈州刺史李芃重开淮颍运路,"以通漕挽"。德宗建中二年(781)爆发了"四镇之乱",汴运阻断,"由是东南转输者皆不敢由汴渠,自蔡水而上"。⑤ 建中三年,江淮转运使杜佑提出了一个新的沟通黄淮长江的运道计划:疏通庐寿间的鸡鸣冈以通舟,然后陆行40里入泚水,经泚水入巢湖,再

---

① 《旧唐书》卷一二〇《郭子仪传》。
② 《樊川文集》卷一二《上宣州高大夫书》。
③ 《唐代墓志汇编》,第1881页。
④ 参见《册府元龟》卷六九四《牧守部·武功二》。
⑤ 《资治通鉴》卷二二九。

由巢湖经濡须水入长江,"江、湖、黔中、岭南、蜀、汉之粟可方舟而下,由白沙趋东关,历颍、蔡,涉汴抵东都,无浊河泝淮之阻,减故道二千余里"。① 杜佑的计划虽因藩镇之乱很快平定,汴运重开而未能施行,但从中也透露出时人对淮颍水道的高度重视。元和十一年(816)宪宗置淮颍水运使,"扬子院米,自淮阴溯淮入颍,至项城入溵,输于郾城,以馈讨淮西诸军,省汴运之费七万余缗"。② 元和十二年(817)淮蔡平,淮颍道更趋活跃。陈鸿《庐州同食馆记》载:

> 合肥郡城南门东上曰同食馆……东南自会稽、朱方、宣城、扬州,西达蔡汝,陆行抵京师。江淮牧守,三台郎吏,出入多游郡道。是馆成,大宾小宾,皆有次舍。开元中,江淮人走崤函,合肥寿春为中路。大历末,蔡人为贼,中道中废。元和中,蔡州平,二京路复出于庐。西江自白沙瓜步,至于大梁,斗门堰埭,盐铁税缗,诸侯榷利,骈指于河。故衣冠商旅,率皆直蔡会洛,道路不茀。

在唐代,大运河固然是政府转输东南财富的主要运道。但是当东南运河道在受骄藩威胁不能通漕时,具有临时性、替代性特点的淮颍道就显得十分活跃了。特别是唐后期,运河关卡林立,商旅由庐寿取道陈蔡而赴两京的更多,淮颍道的地位也就日趋重要。所以淮颍水道的重新通漕,对于运道周围的庐、寿、楚、濠等州的经济发展,特别是工商业的发展当有较大的促进作用。大历时庐州"隘关溢廛,万商俱来",③位于淮河与运河交汇处的楚州"弥越走蜀,会闽驿吴","商旅接舻",④"其事雄富,同于方伯"。寿州亦为"地雄人富"之区,工商业也极为发达。经济的发展必然会引起人口的增多,安史之乱后淮南道户口的增长主要当与此有关。

其三,与良吏的治理有关。

大历时穆宁为和州刺史,"理有善政","增户数倍"。独孤及治理舒州,"断狱岁减,流庸日归"。⑤ 李幼卿典滁州,"滁人之饥者粒,流者占",张建封对庐、寿等州百姓"悉心绥抚,远近悦附"。⑥ 可见良吏的治理,对于淮南道户口的增长也有较大的作用。

三、元和以后长江下游人口的发展

《元和志》所载的元和户仅仅反映了元和一朝国家直接控制的在籍户,这一组统计数字显然无法把唐后期100多年的人口变动反映无遗。而且这一组数据事实上也大大

---

① 《新唐书》卷五三《食货志三》。
② 《资治通鉴》卷二三九。
③ 《全唐文》卷四七八杨凭《唐庐州刺史罗珦德政碑》。
④ 《全唐文》卷二六三李邕《楚州淮阴县婆罗树碑》。
⑤ 《全唐文》卷五二二梁肃《金鱼袋独孤公行状》。
⑥ 《册府元龟》卷六九二《牧守部·招辑》。

低于当时的实际户口数。同时,元和以后全国的户口仍有增长,长庆、宝历、大和、开成、会昌年间国家所控制的编户都超过了元和时期的户数,文宗开成四年和武宗会昌年间国家所控制的户数均在 490 万以上,较元和户翻了一倍有余。特别是长江下游地区,元和时户数的下降速度就明显低于全国下降的平均数,元和以后其户口的增长速度较全国其他地区更为迅速。虽然元和以后各州郡的领户因无具体记载而无可详考,不过从其他文献材料中亦可窥见本区部分州郡户口的发展情况。下面试略作考察。

有唐一代,苏州的户口一直呈增长之势。元和时苏州领户由天宝元年的 76 421 户增至 100 808 户,上升了 31.91%。敬宗宝历元年(825)白居易任苏州刺史,常对辖区户口之多称颂不已。"阊门四望郁苍苍,始觉州雄土俗强。十万夫家供课税,五千子弟守封疆。"①像这类歌咏苏州地广人众的诗在白诗中不乏其例。元和以后,苏州户口仍处在持续增长之中。到唐末僖宗时,苏州户数增至 143 361 户,较元和户上升了 42.11%,较天宝户上升了 87.46%。当时苏州共有 7 县,其中吴、长洲、嘉兴、昆山四县皆为望县,海盐、常熟为紧县。孙奭称"天下之剧邑无若昆山者"。② 欧阳詹在《送常熟许少府之任序》中称常熟县为"紧中之美者"(《全唐文》卷五九六)。在欧阳詹看来,常熟县实为紧县之首,其户口之多亦可想见。在苏州 7 县中,惟华亭为上县,不过其户数也不少。据陆广微《吴地记》载,唐末该县有 12 780 户,比当时一般州郡的户数还要多。由于经济发达,人口颇众,早在德宗大历时苏州就升为了雄州。有唐一代,长江下游地区升雄州者,仅此一州,这足以反映苏州人口之多和经济实力的雄厚。所以《吴地记》称苏州"名标十望,地号六雄","地广人繁,民多殷富",决非虚言。入宋后,出现了"苏杭熟,天下足","苏湖熟,天下足"的谚语,应当说不是偶然的。

元和后湖州的人口增长较快。大中年间杜牧在《上宰相求湖州第一启》中称:"十万户州,天下根本之地,曰吏部员外郎不可为其刺史,即是本末重轻,颠到乖戾,莫过于此。"③从杜牧文中推知,宣宗大中年间湖州户数已达 10 万,这即是说当时的湖州领户较元和时增加了一倍有余,并超过了天宝盛时的户数。杭州的户数在元和以后也有较快增长。杜牧在《上宰相求杭州启》中明确指出:"今天下以江淮为国命,杭州户十万,税钱五十万,刺史之重,可以杀生。"④可见在武宗、宣宗时,杭州户数较元和时已增加了一倍。元和以后,睦州由于赋重吏贪,百姓流亡甚众。会昌二年(842),孙公义为睦州刺史,整顿吏治,减轻赋税,招抚流亡,"旬月之间,复离散之户万计","毕公之政,无有流亡他道者"。⑤ 既然流民回归以万户计,会昌时睦州的户口较元和时的 9 054 户,肯定会有大幅度的增长。元和后润州户数无具体记载,不过唐末诗人罗虬的《比红儿诗》可给我们提

---

① 《白居易集》卷二四《登阊门闲望》。
② 孙奭:《苏州昆山县令乐安孙公府君墓志铭并序》,载《唐代墓志汇编》,第 2419 页。
③ 《樊川文集》卷一六《上宰相求湖州第一启》。
④ 《樊川文集》卷一六《上宰相求杭州启》。
⑤ 冯牢:《唐故银青光禄大夫……孙府君墓志铭》,载《唐代墓志汇编》,第 2290 页。

供一个推证。是诗云:"京口喧喧百万人,竞传河鼓谢星津"(《全唐诗》卷六六六)。若以天宝元年润州每户平均口数6.50人计算,唐末润州当有153 846户。诗人言润州唐末有口百万确有夸大之处,但中唐以后润州长期为浙西观察使的治所,又是两浙漕粮转运的中心,其户口较其他州郡相对多些,也是可以理解的。杜牧称"京口繁重,游客所聚",韦庄《观浙西府相畋游》诗亦有"十万旌旗十万兵,等闲游猎出军城"(《全唐诗》卷六九七)之句,可视为唐末润州人口较多之一证。唐末润州户数虽达不到前推的153 846户,但较盛唐天宝时的领户似应有所增长。换言之,元和以后润州的户数亦应在10万户以上。

寿州在晚唐时亦为"地雄人富"之地,武宗会昌四年(844)该州就因户口较多而升为紧州。滁州早在元和六年就升为上州,文宗大和八年(834)滁州发生洪灾,所辖3县漂溺户"即达一万三千八百"。[①] 可见,晚唐时滁州也保持了相当可观的人口。扬州元和以后人口也有增长。扬州海陵、天长二县,会昌四年升为望县,六合县亦在同年升为紧县。文宗《罢海陵监牧勅》云:"海陵是扬州大县,土田饶沃,人户众多。"(《全唐文》卷七四)僖宗光启三年(887),杨行密惧怕孙儒攻取海陵,遂令部将高霸把海陵县数万户百姓迁往扬州城内。[②] 一次就迁徙数万户入城,晚唐时扬州的人口之多,于此不难窥见一斑。我们估计晚唐时扬州全境的户口至少在10万户以上。

在唐代,宣州户数之多,一直为时人所称道。元和以后宣州人口较前也有发展。杜牧在《唐故宣州观察使御史大夫韦公墓志铭》中称宣州"赋多口众,最于江南"。(《樊川文集》卷八)文中的韦公即韦温,会昌四年(844)出任宣歙观察使,可知在武宗会昌年间宣州的户口当有增长。前引韩愈《代张籍与李浙东书》可知,元和五年~九年李逊任浙东观察使时浙东道人口增长较快,元和以后这里的人口亦当有所发展。《唐会要》卷七〇《州县分望道》载有会昌年间全国州县升级情况,兹将本区情况列表如下:

州县等级名称	州 县 名 称	升 等 时 间
望 州	润州、宣州、越州、常州	会昌五年四月升
紧 州	寿 州	会昌四年五月升
上 州	池 州	会昌四年五月升
望 县	润州句容县 常州江阴县 苏州昆山县 杭州钱塘县 湖州长城县 台州临海县 扬州海陵县、天长县	会昌四年十一月升

---

① 《唐会要》卷四四《水灾下》。
② 《资治通鉴》卷二五七僖宗光启三年十一月条。

续表

州县等级名称	州县名称	升等时间
紧县	扬州六合县 楚州盱眙县 舒州桐城县 滁州全椒县 湖州安吉县 杭州盐官县 宣州宁国县 苏州海盐县 歙州歙县 池州秋浦县 濠州定远县、钟离县 庐州合肥县、庐江县、慎县 寿州安丰县、盛唐县、霍丘县	会昌四年十二月升

从上表可知,会昌年间本区升紧州1,望州4,上州1,望县8,紧县18。前述唐代州县升等标准是"以户口多少,资地美恶为差"。会昌年间本区有这么多州县升等,其户口的增殖亦不难想象。

四、唐后期长江下游的浮寄户与逃户

唐后期国家所掌握的在籍户远远低于当时的实际人口数,最主要的原因就是当时存在着大量的逃避国家赋役的隐漏户口。其实唐代存在着大量的隐漏户口并非自中唐始,唐前期这种现象就很严重。杜佑曾指出:"自武德初至天宝末,凡百三十八年,可以比崇汉室,而人户才比于隋氏,盖有司不以经国驭远为意,法令不行,所在隐漏之甚也。"并估计当时"天下人户,少犹可有千三四百万矣",①即是说盛唐天宝时期的隐漏户就达四五百万之多(天宝14年国家控制的编户为 8 914 709 户)。安史乱后"天下残瘁,荡为浮人,乡居地著者百不四五",②户口的隐漏现象更为严重。唐后期长江下游地区的户口隐漏,首先表现在地方州县控制大量的浮寄客户。大历时舒州刺史独孤及在《答杨贲处士书》中指出:

> 昨者据保簿数,百姓并浮寄户,共有三万三千。比来应差科者,唯有三千五百,其余二万九千五百户,蚕而衣,耕而食,不持一钱,以助王赋。……每岁三十一万贯之税,悉钟于三千五百人之家。③

---

① 《通典》卷七《食货七·历代盛衰户口》。
② 《旧唐书》卷一一八《杨炎传》。
③ 《毗陵集》卷一八《答杨贲处士书》。

从独孤及的记载我们不难看出,当时州县地方政府所掌握的户口与州县呈报中央的户口,实际上存在着很大的差距。在舒州地方政府所掌握的"保簿"中,登记在册的户数有33 000户。其中不纳赋税的浮寄户(即隐户)有29 500户,占"保簿"总数人口的89.39%,足见当时浮寄户之多。而这些众多的浮寄户并不包括在州县上报中央的户口数中。据天宝元年舒州有编户35 353户,大历时舒州上报的户数为3 500户,骤降至天宝元年的十分之一。实际上大历时舒州所掌握的户数为33 000,与天宝时相差无几。再以浙东区的越州为例,贞元十年(794),越州"进绫縠一千七百匹,至汴州,值兵逆叛,物皆散失",后越州刺史皇甫政上奏"请新来客户,续补前数"。① 这里的所谓"新来客户",即是越州地方政府新招来的浮寄户。这些新来的浮寄客户,既然有能力将越州进奉的1 700匹绫縠补足,其数量当不少于纳税户。贞元时,湖州刺史李词"开拓东郭门,置闉门,以门内空闲,招辑浮客,人多依之",②可见湖州的浮寄户数量不少。本区受庇于豪家的隐漏户口甚多,齐抗任苏州刺史时,境内"浮徭冒役,吏禁或弛,占著名数,户版不均。公乃阅其生齿,书其比要,强家大猾,不得盖藏"。③ 会昌初,池州刺史李方玄在境内"复定户税,得与豪猾沉浮者,凡七千户,衮人贫弱,不加其数"。④ 其实中唐后地方州县控制着大量的浮寄户,在当时是一个极为普遍的现象,并非本区独有。元和六年(811)衡州刺史吕温在《简获隐户奏》中称:"当州旧额户一万八千四百七……臣到后团定户税,次检责出所由隐藏不输税户一万六千七百。"⑤吕温检责出被官吏隐瞒的户数16 700户,与该州的在籍户数相当,足见衡州的浮寄户之多。实际上中央政府对地方州县所控制的大量浮寄客户也是心中有数的。长庆二年(822)盐铁度支张平叔鉴于"今所在户口,都不申明实数"要求朝廷派人赴州县简责户口,中书舍人韦处厚反对说:

> 自兵兴以来,垂二十载,百姓粗能支济,免至流离者,实赖所存浮户相倚,两税得充。纵遇水旱虫霜,亦得相全相补。若搜索悉尽,立至流亡。⑥

显然州县地方政府所掌握的户口(纳税与不纳税的浮寄户)远远超过了上报中央的户口,在唐后期已不是个别现象。从舒州、越州所存在的浮寄户数量来推测,长江下游的浮寄户估计不少于当时的在籍户口。

逃户是我国历代封建王朝经常出现的一种社会现象。唐前期逃户问题就十分严重。武则天时就有"天下户口,亡逃过半"⑦的记载。即便是玄宗开元盛世,逃户仍然不少。玄宗在《禁逃亡诏》中称"四海清晏,百年于此。虽户口至多,而逃亡未息"。(《全唐文》卷三五)安史之乱后,逃户数量激增,已成为严重的社会问题。中唐后,长江下游

---

① 《唐会要》卷八五《逃户》。
② 《嘉泰吴兴志》卷一九。
③ 《权载之文集》卷一四《唐故中书侍郎同中书门下平章事……齐成公(抗)神道碑铭》。
④ 《樊川文集》卷八《唐故处州刺史李君墓志铭》。
⑤ 《全唐文》卷六二七。《唐会要》卷八五《定户等第》作"不输税户一万六千七"。
⑥ 《全唐文》卷七一五韦处厚《驳张平叔粜盐法议》。
⑦ 《旧唐书》卷八八《韦嗣立传》。

地区的户口逃亡与本区赋税繁重有较大关系。早在安史之乱中,唐政府就加强了对江淮地区的盘剥、搜刮,所谓"上元官吏务剥削,江淮之人皆白著"的民谣,正是这种情况的反映。安史之乱后,唐政府的赋税收入仰给江淮,进一步加重了对这一地区的盘剥重压。所以江淮税重,屡见记载。"当今国用,多出江南。江南诸州,苏最为大。兵数不少,税额至多";①"江南列郡,余杭为大,征赋犹重,疲人未康";②"淮海之郡,庐为大,封略阔而土田瘠,人产寒薄井赋尤重"。③人民不堪忍受繁重的赋税,纷纷逃往他乡。州县官吏"惧在官之时,破失人户",往往不敢如实上报逃亡的户口数,以致"户部版籍,虚系姓名"。为了向政府交纳赋税,遂把逃亡农民的负担转嫁到邻近未逃户身上。宣宗在《赈恤江淮百姓德音》中称:"近者江淮数道,因之以水旱,加之以疾疠,流亡转徙,十室九空。……扬、润、庐、寿、滁、和、宣、楚、濠、泗、光、宿等州,其间或贞元以来旧欠,逃移后阙额钱物,均摊见在人户"(《全唐文》卷八一)。这种"于见在户中,分外摊配"之法,又迫使在籍户"流亡转多",可见摊逃已成为本区农民逃亡的主要原因。

  本区逃户的流向,大约有如下几种形式:

  其一,流入地主田庄。中唐后本区的地主田庄遍及各地,需要大量的劳动人手,那些在土地兼并中丧失了份地的均田农民纷纷进入地主田庄,成为他们的契约佃农。他们"依托豪强,以为私属,货其种食,赁其田庐",④成为地主田庄中的主要劳动力。这一批"避公税依强豪作佃家"的农民在当时逃户中占了相当的数量。

  其二,流入寺观。在唐代,江淮地区的寺观甚多,因而有不少逃户依附于寺院道观,或度为僧,或沦为佃客、奴婢。会昌五年(845)中书门下奏:"天下诸寺奴婢,江淮人数至多。"⑤武宗会昌法难时,"凡除寺四千六百,僧尼笄冠二十六万五百,其奴婢十五万,良人枝附为使令者,倍笄冠之数,良田数千万顷"。⑥这里的"良人枝附"即指寺院的各类依附人口,其数既然"倍笄冠之数",当在50万以上。再加上奴婢、僧尼41万,共达90万以上。长江下游地区是唐代寺院分布最为密集的地区之一,在这90万人口中,本区当占有一定比例。

  其三,流入城市。在唐代,特别是中唐后,长江下游地区城市经济发展较快,因而吸纳了不少流动性人口。流入城市的农民,或成为手工业作坊的雇工,或浮为商贩。另外随着本区运河沿岸运输业的发展,也吸收了一些流民加入运输队伍,成为水手、船夫。⑦

  其四,亡命山泽。如安史之乱后期,唐政府在江淮行"白著"之法,人们"相聚山泽为

---

① 《白居易集》卷六八《苏州刺史谢上表》。
② 《白居易集》卷五五《卢元辅杭州刺史制》。
③ 《全唐文》卷四七八杨凭《唐庐州刺史罗珦德政碑》。
④ 《全唐文》卷四六五陆贽《均节赋税恤百姓六条》。
⑤ 《唐会要》卷八六《奴婢》。
⑥ 《樊川文集》卷一〇《杭州新造南亭子记》。
⑦ 陈子昂《上军国机要事》:"江南、淮南诸州租船数千艘,已至巩洛,计有百余万斛。……其船夫多是客户、游手、惰业、无赖、杂色人。"(《全唐文》卷二二一)可见在本区运河沿岸充当船夫、水手的流民不少。

'群盗',州县不能制"。① 宝应元年(762)袁晁起兵浙东,"民疲于赋敛者争归之"。方清起兵前也曾"诱流俘为'盗',积数万,依黟歙间,阻山自防"。② 可见亡命山泽的逃户也占有一定数量。

综上所述,我们认为,唐后期长江下游地区的实际户数远远高于政府所掌握的在籍户,元和时官方统计户数的下降,并不意味着本区实际人口有真正地减少。日本学者加藤繁指出:"唐肃宗以后的户数,在统计中减少得非常多,这大都是因为人民频繁地流亡,而且朝廷的威令不行,地方行政废弛的缘故。所以并不是像数字表现的那样,有真正户数的减耗,而大约是把很多像庄园的佃农等人漏掉了,没有列在这个统计里。事实上,就是在唐代的后半期,恐怕户口也在慢慢地趋向增加。"③通过如上的考察,这一结论是符合实际的。

---

① 《资治通鉴》卷二二二。
② 《新唐书》卷一四六《李栖筠传》。
③ 加藤繁著、吴杰译:《中国经济史考证》第一卷,商务印书馆,1959年,第207页。

唐代浙南丘陵地区农业生产的特色

张剑光

唐代南方经济有了较大的进步，一个极为显著的表现是农业生产的发展从平原向山地丘陵推进。魏晋南北朝时期，浙江南部丘陵地区中的大部分地区属于初拓时期，农业生产比较落后，人口稀少，水利工程不多，但是这种局面到唐代发生了较大的改观。尽管浙南丘陵地区的发展与浙江北部的平原地区仍有不少差距，但农业生产在更广的区域内普遍发展却是一个不争的事实。限于资料，以往对浙江南部丘陵地区农业生产发展的专文研究不多，①即使有少量的研究文章，也是不够深刻全面，因此对这一课题的继续研究显然是十分有意义的。

本文所指的浙江南部丘陵地区，主要指唐代浙江西道的睦州和浙江东道的婺州、衢州、处州、台州、温州。浙西道杭州和湖州以及浙东道的越州、明州也有一些地区属于丘陵地带，但为了行文方便，我们在文中不加涉及，这些地区的农业我们以后会另外进行讨论。

一、塘堰工程的兴修和土地的开垦

农田水利事业是农业发展的基础之一，农业能够得以发展与农田水利建设密切相关。尽管唐代前期的水利建设主要集中在北方，但中唐以后南方不少地区出现了水利建设的高潮。浙南丘陵地区与南方许多地区一样，也兴修了许多水利工程。

唐朝以前，浙南地区已建有一些重要水利工程，数量虽不算很多，但对农业产生了积极的影响。如婺州有白沙堰等三十六堰，在汤溪县东三十里，相传是汉代卢文台所开，"溉田千万顷。其第十九堰阔一百余丈，水分六带，灌田尤多，因名曰第一堰"。三十

---

① 笔者仅见张泽咸先生有《汉唐间浙江丘陵农业生产述略》一文，载《杭州师院学报》2004年第2期。

六堰这样大规模的工程,肯定不大可能是一次性修建而成的,而是汉代以后多次兴修的结果。处州松阳和遂昌县交界处的通济堰,梁天监年间修成,"民蒙其利"。《大清一统志》卷二三六说这个工程能溉田二十余万亩,"蓄为陂湖以备旱潦"。这是一个由拦水大坝、通济闸、石函、渠道等组成的工程,是国内保存至今最早的立交水利工程,仍然发挥着它应有的作用。此外还有如睦州分水县的长林堰,梁天监初任昉"镇本郡时令筑坝堰以蓄水"。①

唐代浙南丘陵地区的各州兴修水利工程的数量明显比前代增多。

睦州城西南和义门外有西湖,"广袤五百四十二丈,唐刺史侯温开,中有宝华洲"。查《淳熙严州图经》卷二,侯温为睦州刺史在唐懿宗咸通年间,方干文集中有《侯郎中新置西湖》诗。同州寿昌县东也有一名叫西湖的湖泊,离县城不远,位于彭头山西,阔二百四十步,唐昭宗景福二年县令戴筠开,"蓄新塘坂之余水,东开暗沟五百余丈","引湖水从东门出,溉东郭之田"。② 桐庐县西三十里处原有个小湖泊叫孝子泉,传说董举居住在湖旁。后来董举"垒石障水以溉田。既而水涨,沙壅石,遂成圻,因名董举圻"。从这条记载来看,唐人经过简单的修筑,就可以用湖泊里的泉水灌溉农田了。《明一统志》卷四一《严州府》云:"清冷山,在桐庐县西北三十里,四面出泉,虽大旱不竭,溉田五十余顷。旧名钟山,唐改今名。"名字改在唐朝,将四面溢出的泉水归拢蓄积能溉田五十余顷的这个工程,有可能是在唐朝加以兴建的。在遂安县西南七里有马仪堰,堰东北一里左右另有新墅堰,均修筑于吴越国时期,共溉田一千七百余亩。

婺州有多个水利工程在唐后期得到了兴建。唐德宗建中年间,戴叔伦为东阳令,陆长源称赞他的政绩是"桑柘茂,堤塘修"。③ 虽不知修筑的堤塘名称为何,但作为政绩受到称赞,应该不是一个很小的工程。又《正德永康县志》卷四《名宦》云:"顾德藩,大中间领邑事,拳拳以养民为务,尝作三堰以防旱潦,高堰乃其一也。"据此可知,唐宣宗时期,永康县令顾德藩修建了高堰等三堰,其直接效果是解决了当地的旱潦问题。《浙江通志》卷五九《水利八》还谈到了东阳县的都督堰,"俗名社陂堰,长七百余丈,灌田百余顷,唐容州刺史厉文才所创。厉为都督,民感其惠,故以其官名堰。"同书还谈到了武义县的长安堰:"在县西二里湖山潭上。其下分而为三:(山)上堰、中堰、曹堰。唐光化元年乡民任留创筑,溉田万余亩。"至五代吴越国时,曹杲为婺州刺史,"即城隅浚三池,引湖水入城,以通舟楫"。忠懿王钱弘俶"嘉其功,赐池名曰涌金,立石池上"。④ 这项工程规模很大,虽不是主要为了农业而修筑,但对州城周围的农业必然产生较大的影响。

衢州城东五十里,唐开元中"堰涧成塘,溉田二百顷"。史书认为这是"风雷摧山"的

---

① (清) 四库馆臣:《大清一统志》卷二三一《金华府》,文渊阁四库全书本;(明) 李贤:《明一统志》卷四四《处州府》,文渊阁四库全书本;《大清一统志》卷二三四《严州府》。
② (清) 四库馆臣:《大清一统志》卷二三四《严州府》;(清) 嵇曾筠等:《浙江通志》卷一五六《名宦十一》,文渊阁四库全书本。
③ (清) 董诰:《全唐文》卷五一〇陆长源《唐东阳令戴公去思颂》,上海古籍出版社,1990年。
④ (清) 吴任臣:《十国春秋》卷八七《曹杲传》,中华书局,1983年。

缘故,估计在自然的作用下,人们又通过一些小的修筑建成了这个神塘。①

处州在唐代也修筑了多项水利工程。长庆元年,韦行立为处州刺史,"疏凿因殊旧",新开了南溪。② 南溪边上虽修建了亭台,但灌溉的作用在此后应当更加显现出来。丽水县东十五里左右有绿苗堰和好溪堰,是段成式为处州刺史时修筑。段成式为刺史在宣宗大中九年以后,两堰修筑后,能灌田数万余亩。③ 此外梁朝年间创立的通济堰,由于是用条木构筑的,所以到了冬春之际常常需要维护,唐五代之际这种维护应该是经常进行的。

沿海地区也兴修不少水利工程,如台州宁海县曾修健阳塘:"健阳塘在健跳所城外,唐僧怀玉筑堤,五百丈余。"④这个健阳塘从史书描述来看,应该是个海塘。

温州的水利工程似乎比台州更多,规模也大。唐德宗贞元年间,刺史路应曾经"筑堤乐成、横阳界中,二邑得上田,除水害"。韩愈为他作神道碑铭时说:"于虔洎温,厥绪既作。"对他在虔州和温州的政绩加以褒扬。⑤ 由于温州城西南地区"水为害",唐武宗会昌四年,刺史韦庸开浚了会昌湖。此工程筑于州城西南三十五里,将瞿溪、雄溪和郭溪之水蓄积起来,湖分南湖、西湖。在浦口还疏浚湖道修筑了堤坝,后人称为韦公堤。⑥《明一统志》卷四八谈到韦庸时说:"庸筑堤堰,凿湖十里溉田,郡人德之,名其湖曰会昌,堤曰韦公。"说明工程的规模是相当巨大的,不但筑堤造堰,而且还疏通了十里湖道。

浙南丘陵地区的水利建设从工程规模来看,以小型工程为多见。浙南丘陵地区的水利工程与浙北的宁绍和太湖周围的平原地区有较大的不同,平原地区的水利工程一般工程量很大,溉田面积很广,而山区的工程一般都是根据山区特点,凭藉地理山势,拦蓄来水,既可以解决下游的泛滥,又可以日后灌溉农田,其工程大多类似于今天的水库性质,因而唐代人建设的工程一般以筑塘修堰为主。这样的工程一方面节省了大量的劳动力,另一方面也是当时农业开发进一步深化的结果。清人认为:"金华地多高亢,惟赖塘堰以为潴蓄。然堰微塘浅,其修治开浚之功犹易为力,民间可自任之,无烦于官也,新旧《县志》所载无多。"⑦按照这种说法,金华地区的堰塘类水利工程建筑起来比较容易,规模不是很大,主要是因地制宜,因而有很多是民间兴修的工程,根本没有报告官府,史书不作记载也是十分正常的。金华地区如此,其他的一些州县其实也是相差不多,因此,实际在这些地区的水利工程数量远远不止我们见到史书上记载的这几个。

浙南丘陵地区水利工程的建设从时间上看,以中唐后半期为多,这和太湖地区中唐

---

① (明)李贤:《明一统志》卷四三《衢州府》。
② (清)彭定求:《全唐诗》卷五一五朱庆余《和处州韦使君新开南溪》,中华书局,1960年。
③ (清)嵇曾筠等:《浙江通志》卷六一《水利十》;(清)四库馆臣:《大清一统志》卷二三六《处州府》。
④ (清)嵇曾筠等:《浙江通志》卷六三《海塘二》。
⑤ (清)董诰:《全唐文》卷五六二韩愈《路公神道碑铭》。
⑥ (明)张孚敬:《嘉靖温州府志》卷二《山川》、卷三《名宦》,《天一阁藏明代方志选刊》,上海古籍出版社,1990年。同书卷一《坛庙》谈到龚将军庙,说将军"韦庸浚城南湖以利民,时为郡将,被旨董视"。说明韦庸有可能是动员了部队参加修建水利工程。
⑦ (清)嵇曾筠等:《浙江通志》卷五九《水利八》。

以后马上就掀起的建设高潮在时间上是有所不同的,总体上说要略晚于太湖地区和明越地区。从数量上看,以睦、婺两州为多,温州其次,而衢、处、台三州数量较少,这说明当时农业生产的发展是沿着钱塘江在向南一步一步地推进。不过浙南不少工程常常修建在州或县城附近人口较为集中的地区,也就是说当时修建的工程并没有很好地向丘陵的纵深地区推进。

随着越来越多水利工程的建设,浙南山区很多荒芜土地得以开垦,河流和山涧两旁的低洼地往往能成为旱涝保收的高产地,一些丘陵山地初步得到了开发,垦地面积有了较大的增加。

在唐代人的作品中,我们可以看到当时对土地的开发和利用,如山区一些江河沿岸的冲积沙土经过开垦后成为粮田,当时称为沙田。睦州寿昌诗人李频诗云:"魏驮山前一朵花,岭西更有几千家。石斑鱼酢香冲鼻,浅水沙田饭饶牙。"① 寿昌几千户百姓开辟了浅水沙田种稻,从诗意来看,作者将其作为家乡的特点在歌颂,说明沙田中水稻产量是比较高的。后代王祯《农书》卷一一对沙田有过详细的介绍:"沙田,南方江淮间沙淤之田也。或滨大江,或峙中洲。四围芦苇骈密以护堤岸,其地常润泽,可保丰熟。"他说的虽是元代的情况,唐代可能大体上也是这个样子的。《全唐诗》卷六五一方干有《送永嘉王令之任》云:"浮客若容开荻地,钓翁应免税苔田。"这儿说的荻地,大概就是和沙田相类似的芦苇密布的土地。

浙南各州山丘密布,耕地稀少,随着水利事业的发展,一些山地也开始垦挖。刘长卿有诗云:"火种山田薄,星居海岛寒。"② 丘陵上的土地虽不如平原上的耕地肥沃,但人们也开垦了不少。处州青田县西南一百五十里的南田山,"上有沃土,多稻田,岁旱也稔",唐广德中,袁晁之乱时,乡人都避难于山中,③ 说明青田县的深山中,有很多土地已经被开垦。睦州还淳县东北四十多里的蔗山,"山分八面,水注十派",山上开辟出平地约二顷,五代时宋齐丘在上面读书。④

沿海的荒地也日益开辟,成为优质的农田。温州的玉环山,一名木栖屿,《太平寰宇记》说:"在海,周围五百余里,去郡二百里。上有流水,洁白如玉,因以为名。按《登真隐诀》云,郁司空先立别墅于此中。自东晋居人数百家,至今湖田见在。"此书编于北宋初年,也即统一吴越之地的第二年,所说的沿海湖田,当是从东晋开始开垦,至唐末五代一直作为农田被人们在耕种。象山县有时划入明州,有时划入台州。《象山县志》卷一四引廉布《朝宗碶碑》说自唐以来,"象山县负环海,垦山为田,终岁勤苦,而常有菜色。县治东南洋有田有田四百余顷,邑人生生之具,与夫岁时之征敛,取足于此。故前人经理之甚备,畎浍渠川支分脉连,上枕大湖,以资灌溉,下接潮港,以决涨溢"。说明象山的土

---

① (清)彭定求:《全唐诗》卷五八七《及第后还家过岘岭》。
② (唐)刘长卿:《刘随州文集》卷一《送州人孙沅自本州却归句章新营所居》,四部丛刊本。
③ (清)四库馆臣:《大清一统志》卷二三六《处州府》。
④ (明)胡宗宪等:《嘉靖浙江通志》卷五《地理志第一之五》,《天一阁藏明代方志选刊》,上海古籍出版社,1990年。

地全是海边的山地,经过唐代及其后来的开垦,成为邑人的"生生之具"。今宁海县的南田岛,唐时设立了行政机构依仁乡,说明海岛的开发已达了相当高的程度了。①

据上,唐代浙南丘陵地区的土地垦殖成效十分显著,土地的开发与前代相比有了明显的扩大,利用率也开始提高。丘陵地区由于土地资源有限,而且土地不如平原肥沃,所以随着人数的增加和移入,在水利兴修的基础上,河流两边的低地和一些比较平缓的丘陵及沿海地区的土地开始进行了开垦。不过这些开垦其实是刚开始起步,与后代相比,开垦精细程度和地域上的广度,都是浅层次的,才刚刚起步。

二、以水稻为主的粮食作物生产

已有学者指出,两浙地区的水稻生产,西北起润州、南达杭州、西止江宁的太湖流域是唐五代水稻生产基地之一;浙东的水稻生产不及浙西昌盛,主要集中在越州附近,其他如温、台、处、衢诸州则不甚发达。② 由于地处山区,浙南丘陵地区的水稻生产量当然是无法与太湖流域和越州、明州地区相比,但在众多的河谷盆地,浙南的水稻种植仍可称得上面广量大。

今天的金衢盆地是浙南的最大盆地,种植水稻的条件十分优越,唐五代人们的粮食生产以水稻最为重要。早在唐玄宗开元十九年九月,婺州永康县就上报嘉禾一茎五穗。代宗大历六年十二月,婺州又上报嘉禾有一茎九穗和一茎十二穗。③ 姑且不论这一茎数穗的真假,但告诉了我们一个事实,婺州唐代前期很多地方是种植水稻的,而且产量比较高。诗人许浑的《送从兄归隐兰溪》诗中有"野碓春粳滑"句,可知兰溪地区以出产优质粳稻而出名。贯休和尚在《春末兰溪道中作》中说到"人担犁杷细雨歇",明显是描绘春末牛犁田后把土地平整要种稻的意思。④ 吴越天宝八年(915),婺州道士周某向钱镠献赤松涧米,钱镠"密遣张思敏按所产之地赐以紫衣金帛"。《十国春秋》卷七六谈到这件事时,说这种米是仙种,止五十区,穗重香浓。不过翻阅《新唐书》卷四一《地理志五》,得知在唐穆宗长庆贡中婺州已上贡"赤松涧米、香粳"。香粳产于兰溪等地区,而赤松涧米好像不是只有道士能生产,而是历史悠久的一种品种,以味道浓香出名。

衢州的水稻种植面积也十分广大。《全唐诗》卷七〇二张蠙《赠信安太守》云:"条章最是贫家喜,禾黍仍防别郡饥。"按照诗意理解,相邻的州县出现饥荒,粮食还得靠衢州调拨过去。同书卷六五七罗隐《寄三衢孙员外》云:"诸生徒欲恋旌旗,风高绿野苗千顷。"衢州的一些沿江平原比较开阔,秧苗绿油油连成一片。《吴越备史》卷一载衢州刺

---

① 符永才等:《浙江南田海岛发现唐宋遗物》,《考古》1990 年第 11 期。
② 华林甫:《唐代水稻生产的地理布局及其变迁初探》,《中国农史》1992 年第 2 期。
③ (宋)王钦若:《册府元龟》卷二四《帝王部·符瑞三》;卷二五《帝王部·符瑞四》,中华书局,1960 年。
④ (清)彭定求:《全唐诗》卷五二八;(五代)贯休:《禅月集》卷二二,四部丛刊本。又《全唐诗》卷六九七韦庄《稻田》云:"绿波春浪满前陂,极目连云䆉稏肥。"韦庄唐末曾在婺州居住,此诗可能是指婺州东阳的连片稻田。

史陈儒在城南看到百姓刈获不少后,才使主司"纳稼"收赋税。他在粮食仓库看到有关官吏"振衣以避糠秕","怒而罚之",对他们表示极大的不满。《弘治衢州府志》讲到常山县南五里出泉水,能溉田二百余顷,唐刺史陆仁灿在洞前刻石记述其事①。所溉之田,当然是稻田无疑。

睦州山区也种植水稻。方干《与桐庐郑明府》云:"莫道耕田全种秫,兼闻退食也适星。"②桐庐一带种植水稻是十分常见,耕田中的主要粮食作物是水稻。

温、台两州靠海的地方大多是低矮丘陵和平原,环境也有利于水稻的种植。《明一统志》卷四八《温州府》说温州是"地不宜桑而织纴工,不宜漆而器用备,不宜粟麦而粳稻足",粮食作物不宜种粟麦,但种植水稻十分常见,所谓"粳稻足"当指产量很大。《全唐诗》卷一三二李颀《送马录事赴永嘉》诗说:"炊粳蟹螯熟,下筯鲈鱼鲜。"永嘉地区是最为重要的水稻产地。同书卷五一五朱庆余《送元处士游天台》有"空山雉雊禾苗短"句,可知天台山地区的山谷低地中是种植水稻的。李皋为温州长史时,旱饥,"州有官粟数十万斛",遂开仓散粮于民。韩愈说当时是"悉弃仓实于民,活数十万人"③。虽有夸大的口气,但开仓赈济是事实。不过这里说的粟,怀疑是稻谷,不是北方的粟米。早在高宗总章二年(669)九月十八日,括州的安固、永嘉两县遭到暴风雨袭击,"损田苗四千一百五十顷"。④ 时温州还没有建立,两县属括州。由于灾害发生时间是九月,从时间上推断受损的当是水稻。唐肃宗上元二年,李嘉祐任台州刺史,有"水田飞白鹭"句,这水田应是稻田。不过山谷间的小块土地中种植的水稻产量不是很高,唐末寒山和尚的诗中就曾说过:"土牛耕石田,未有得稻日。"⑤

处州的山丘较高,但在一些地方也有水稻种植。《葆光录》卷二云唐末武义县有人在一个大坑中收得秫百斛,可以酿酒。《明一统志》卷四四《处州府》青田县南一百五十里的南田山,"上有稻田,岁旱则大熟,唐袁晁之乱,邑人多于此避难"。不过处州地区水稻种植可能还很有限。《嘉靖浙江通志》卷八《地理志第一之八》龙泉县说:"五代季农师墓,在县境。晋时兵荒,人多不知稼穑,农师导以播种,吴越王表其墓曰农师。"季农师真名叫季大蕴,吴越王派他进山传播技术,传授种植知识,可能主要是种植水稻的经验。最后季大蕴老于农,死在龙泉。因此,处州到了宋代,水稻种植情况大有改进。《宋史》卷五《太宗纪》记载至道二年(996)"大有年。是岁,处州稻再熟。"

看来,浙南丘陵地区水稻种植十分广泛,但由于自然条件的限制,各地种植数量多少不一。大体上说,婺州平地较多,自然条件较为优越,水稻种植的面积最广,品种最为丰富,已有特色品种远扬各地,而其他各州种植数量可能略为减少。由于受资料记载的

---

① 转引自嵇曾筠等编《浙江通志》卷一八《山川十》。
② (清)彭定求:《全唐诗》卷六五二。
③ (五代)刘昫:《旧唐书》卷一三一《李皋传》,中华书局,1975年;(唐)韩愈:《韩昌黎集》卷二八《曹成王碑》,古典文学出版社,1957年。
④ (五代)刘昫:《旧唐书》卷三七《五行志》。
⑤ (清)彭定求:《全唐诗》卷八〇六寒山诗三百三首。

限制,今天我们已无法很好地看到当时水稻种植的具体情况,不过仍有一些其他资料可以进行推测。如,唐宪宗元和六年四月,"浙江东道观察使李逊奏当道台、明、温、婺四州贞元五年准诏权加官健一千五十八人,今请停罢归农。其衣粮税外所征钱米,并请蠲放,从之"。① 很显然,政府一直是从浙东四州征收粮食的,从实际情况来看,应当是稻谷。

除水稻外,浙南地区另外还种植一些粮食作物。如有的地方继承了六朝的种植传统,播种麦子。华林甫先生认为睦州、台州及其以南地区,麦子分布是非常稀疏,②所言确凿,不过各州仍有一定量的种植。如李郢谈到睦州桐庐县:"麦陇虚凉当水店,鲈鱼鲜美称莼羹。"③说明钱塘江两岸有不少地区是种麦的。《全唐诗》卷六二六陆龟蒙《和袭美腊后送内大德从勖游天台》云:"铜瓶净贮桃花雨,金策闲摇麦穗风。"所言当是台州天台山区的麦类种植。同书卷八〇六寒山《诗三百三首》谈道:"麦地占他家,竹园皆我者。"天台山区确有很多地区是种麦的。这种情况一直延续到了宋代。《嘉定赤城志》卷二七《寺院》谈到临海县普济院附近,"白水隔田明,翠麦波涛动",种植的面积还不小。又《稽神录》卷一"金华令"谈到"得一新馒头而出";《太平广记》卷四八引《原化记》"郑册"谈到温州刺史郑册催家人"先令作蒸饼",婺、温等地日常生活中大量出现面食,推测当地有可能种植一定数量的麦子。在这些地区麦稻是否轮作,由于缺乏资料,我们不敢轻易作出断论。

三、桑麻和茶叶为主的经济作物生产

浙南山区不仅有着适合种植经济作物的优越自然环境,而且还有着合理的气候因素,种植经济作物具有良好的条件。随着商品经济的发展,城市经济力量的辐射和各级市场的建立,手工业发展需要不少原料,浙南地区经济作物的种植遂蓬勃兴盛起来。根据现有资料,我们可以看到,在浙南农村中,种桑养蚕、种麻、种茶叶、种甘蔗、种蔬菜、种果树的现象十分普遍。

1. 桑麻种植的普遍

浙南地区虽不是丝绸麻布纺织的重点地区,而且质量在江南处于一般水平,但作为农村重要的经济支柱,种桑植麻却是十分普遍。据《唐六典》、《通典》、《元和郡县图志》等书的记载,婺州、衢州、处州和温州在唐代前期都上贡绵,虽然数量有限,但作为地方特产贡给朝廷,质量肯定是得到保证的。而睦州要上贡交梭绫和丝,说明睦州的交梭织品质量上乘。绵的原料是蚕丝,所以在这些地区种桑养蚕应该是十分普遍。中唐以后,

---

① (宋)王钦若:《册府元龟》卷四九一《邦计部·蠲复三》。
② 华林甫:《唐代粟、麦生产的地域布局初探》(续),《中国农史》1990年第3期。
③ (清)彭定求:《全唐诗》卷五九〇李郢《友人适越路过桐庐寄题江驿》。

各州继续上贡丝织品。如睦州除原来的交梭以外,还要贡文绫,婺州贡纤纩和绵,处州贡绵、小绫、纱、绢、绵绸,品种越来越多。唐德宗建中年间戴叔伦为东阳令,"桑柘茂,堤塘修",①说明随着手工业技术的不断进步,对原料的需求量就越来越大,农民种植桑树的面积不断扩大。贞元时,睦州刺史独孤氾"下车数载,田畴始辟,桑柘初拱"。② 即使未见有贡品的衢州、温州和台州,蚕桑业的发展也是令人耳目一新。

衢州开元、天宝时贡绵,之后虽不见有贡品的记载,但农村养蚕种桑大量存在。贞元十七年,刺史郑式瞻进绢五千匹、银二千两。③ 衢州银矿在唐代很著名,这里银是衢州本地出产的,想来绢也是当地所产。温州开元间也贡绵,《太平寰宇记》卷九九《江南东道十一》云:"《郡国志》云永嘉为东瓯,郁林为西瓯,其地蚕一年八熟。"证明温州历来有丝织业。温州别驾豆卢荣妻母金河公主随婿居住在温州多年,宝应初,"时江东米贵,唯温州米贱,公主令人置吴绫数千匹",④这些吴绫可能是温州本地生产的。永嘉人丁氏女,居象浦,"日纺绩,夜钓渔,以给母衣食"。⑤ 日夜纺织的不是丝绸就是苎布。至五代,吴越国的温州继续存在蚕桑生产。《全唐文》卷八九八谢鹗《朱府君墓志铭》谈到朱氏在吴越时"亲载耒耜,遍植桑麻"。不过实事求是地说,温州蚕桑业发展速度与浙北越、明、杭等州是不可同日而语的。台州出现丝纺大概要在中唐以后,唐以前很少有资料记载。唐后期曾有人说台州是"蚕殷桑柘空",⑥看来养蚕种桑是比较普遍的。唐末主要生活在天台山区的寒山有诗云:"三月蚕犹小,女人来采花。"⑦说明台州也是蚕桑区。

唐代浙江南部地区大量出产苎麻布。根据《唐六典》卷三户部郎中员外郎和卷二〇太府卿记载,浙江南部出产苎布的地区很广,其中婺、衢二州的产品列全国第五等,台、括、睦、温为第七等,几乎每个州都有土布纺织。《通鉴》卷二一四开元二十五年云:"初令租庸调、租资课皆以土物输京师。"从这年开始,江南各州回造纳布,原来要输的租全部改成了土布,因而产量很大。其中婺州是全国麻织的中等发达区,20世纪60年代在新疆考古中发现了兰溪县脚布一端,布上有墨书题记:"婺州　　兰溪县归德乡　　□招里吴德吴护两人共一端作脚布　　鲍良□"⑧英国人斯坦因在阿斯塔那古墓盗走的唐代庸调布和租布中也有婺州布。其中庸调布上墨书题记云:"婺州兰溪县瑞山乡从善里姚君才庸调布一端　神龙二年八月　日"租布墨书题记云:"婺州信安县显德乡梅山里

---

① (清)董诰:《全唐文》卷五一〇陆长源《唐东阳令戴公去思颂》。
② (清)董诰:《全唐文》卷五三三李观《与睦州独孤使君论朱利见书》。
③ (宋)王钦若:《册府元龟》卷一六九《帝王部·纳贡献》。
④ (宋)李昉:《太平广记》卷二八〇引《广异记》"豆卢荣"条,中华书局,1982年。
⑤ (明)张孚敬:《嘉靖温州府志》卷三《列女》。
⑥ (清)彭定求:《全唐诗》卷四六九长孙佐辅《闻韦附马使君迁拜台州》。
⑦ (清)彭定求:《全唐诗》卷八〇六《诗三百三首》。
⑧ 新疆维吾尔自治区博物馆:《吐鲁番县阿斯塔那——哈拉合卓古墓群清理简报》,《文物》1972年第1期;王炳华:《吐鲁番出土唐代庸调布研究》,《文物》1981年第1期。

祝伯亮租布一端　　光宅元年十一月　日"①可知 7 世纪初叶,婺州兰溪县的瑞山、归德两乡有布的生产。信安县其时属婺州,但两年后划入新成立的衢州。唐朝后期,衢州白苎是有一定名气的。衢州刺史徐员外曾赠刘禹锡"缟苎",刘禹锡很高兴,有"远放歌声分白苎"之句②。沿海的台州麻布纺织在浙南较为落后。《嘉定赤城志》卷三六《风土门》云:"有葛、苎、麻三种,皆织其皮为之。"这是指宋代情况,唐五代可能也是如此。同书卷二五《水》云:"孝女湖在县西三十里平野中,……唐时有汪氏女,苦节不嫁,纺织以奉其亲。"这儿纺织的应是麻布,说明宁海县是出产布匹的。有麻布出产的州,必然是大量种植了苎麻,从种种迹象来看,浙南地区的土地中有相当一部分是种植了苎麻,呈规模种植的形式,否则麻布纺织是不可能这样普遍的。

2. 茶叶种植的兴旺

唐代中后期,南方的茶叶生产出现了飞跃发展的趋势。浙南的自然环境和气候条件,十分有利于茶叶生产,可以充分保证茶叶的质量,因此在许多低矮丘陵地区大面积地种植茶树。

睦州茶在唐代已相当著名。陆羽说睦州茶生桐庐县山谷。《咸淳毗陵志》卷一五《泉》云:"真珠泉,一名卓锡泉,在南岳唐裯锡和尚尝曰:'以此泉烹桐庐茶,不也称乎!'"看来桐庐茶相当有名气。施肩吾《过桐庐场郑判官》云:"荥阳郑君游说余,偶因榷茗来桐庐。……胡商大鼻左右趋,赵妾细眉前后直。……算缗百万日不虚,吏人丛里唯簿书。"③说明桐庐县的制茶业十分兴旺,还吸引了大鼻子胡商前来经营。《新唐书》卷四一《地理志五》云睦州贡中有细茶,应该是一种绿散茶,可能主要是桐庐县生产的。杨华《膳夫经手钞》云:"睦州鸠坑茶,味薄,研膏绝胜霍山者。"据《太平寰宇记》鸠坑茶也是土贡品之一,是一种绿饼茶,而鸠坑茶中的研膏茶更是精品。唐五代睦州各县几乎都出产茶叶,如鸠坑茶就出在淳安县。淳安县,唐称还淳县,也称清溪、新安县。明嘉靖《淳安县志》云:"鸠坑源,在县西七十五里,其地产茶,以其水蒸之,香味倍加。"④清《浙江通志》卷一〇六《物产六》云:"《严陵志》淳安县鸠坑茶,以鸠坑源水蒸之,香味另加倍。……《唐志》睦州贡鸠坑茶,属今淳安县。宋朝既罢贡后,茶也不甚称。"《甫里集》卷六陆龟蒙《和茶具十咏·茶鼎》云:"曾过赪石下,又住清溪口。赪石、清溪,皆江南出茶处。"据此,清溪茶是较为有名的。

婺州是浙南的另一个重要产茶地。陆羽云:"婺州东阳县东目山,与荆州同。"东阳县产茶在唐前期就已有名。《太平广记》卷三二引《纪闻》"王贾"条云婺州参军王贾"以事到东阳,令有女病魅数年,医不能愈,令邀贾到宅,置茗馔而不敢言"。王贾为参军,在

---

① 仁井田升:《吐鲁番发见唐代庸调布和租布》,载《东方学报》第十一册之一,转引自王永兴《隋唐五代经济史料汇编校注》第一编下,中华书局,1987年。
② (唐)刘禹锡:《刘禹锡集》卷二四《衢州徐员外使君遗以缟苎兼竹书箱因成一篇用答佳贶》,上海人民出版社,1975年。
③ 童养年辑:《全唐诗续补遗》卷六,载陈尚君《全唐诗补编》上册,中华书局,1992年。
④ 转引自吴觉农主编《茶经述评》,第 321 页,农业出版社,1987年。

开元以前,推测东阳产茶在时间上是比较早的。许浑赞东阳茶云:"秋茶垂露细,寒菊带霜甘。"①清《浙江通志》卷四七《古迹九》云:"茶院,《东阳山水记》:去东阳县治东五十里,曰独山,望如城郭,中为深坞。唐宋时有司常治茶于此,设茶院。"兰溪是另一个产茶县。许浑曾谈到兰溪县的农村"山厨焙茗香",②说明当地也有茶叶出产。《唐国史补》卷下云婺州名茶有东白品种的。五代毛文锡在《茶谱》中说婺州"有举岩茶,斤片方细。所出虽少,味极甘芳,煎如碧乳也"。举岩茶可能产于兰溪县。杨华《膳夫经手录》云婺州与歙州一样主要是方茶,"亦在顾渚茶品之亚列"。

台州有三个县出产茶叶。陆羽曰:"台州(始)丰县生赤城者,与歙州同。"始丰县,即后来的唐兴县,肃宗上元二年(761)改名,赤城山在县北六里。除赤城山外,县城北面11里的天台山也产茶。《天台记》云:"丹丘出大茗,服之羽化。"所以皎然有诗云:"丹丘羽人轻玉食,采茶饮之生羽翼。"③《嘉定赤城志》卷二八《寺院》云:"景福院,在县西二十五里。周显德七年建,俗呼茶院。"可见唐兴县西至越、婺州边界的山区都产茶。同书卷三六《风土门》云:"桑庄《茹芝续谱》云:天台茶有三品,紫凝为上,魏岭次之,小溪又次之。紫凝今普门也,魏岭天封也,小溪国清也。"这里的描述是北宋时的茶事,但肯定是在唐五代的基础上发展起来的。黄岩县五代时已见茶叶生产。《浙江通志》卷四六《古迹八》云:"于履宅,《台州府志》:后唐于履隐居不仕,居黄岩叶茶寮山,自号药林。"之后,黄岩茶叶生产发展较快,紫高山所产茶至宋代十分出名,《嘉定赤城志》认为"昔以为在日铸之上者也"。临海县盖竹山,在临海县南三〇里,"有仙翁茶园,旧传葛元植茗于此"。④葛玄,三国时东吴人。关于他种植茶树之事,的确还很难说,但盖竹山在唐五代时已有茶叶生产,应该是比较可信的。

《茶经》在谈到浙南地区的茶叶等级时认为,睦州茶在浙西地区质量属中等,仅处于湖、常两州之下,婺州在浙东仅次于越州属次等,台州属浙东中等茶。由于浙西茶比浙东茶质量高,所以实际上睦州茶的质量与婺州是不相上下的。

3. 其他经济作物

浙江南部丘陵地区种植着众多的经济作物,如蔬菜的种植十分普遍。像白菜类的叶菜有:"牛肚菘,叶最大厚,味甘;紫菘,叶薄细,味少苦;白菘,似蔓菁。"马湘从永康县"又南行,时方春,见一家好菘菜"。吴越时,文穆王第二子弘僎镇永嘉,"每食不过鲍鱼、菘菜而已"。⑤唐人有诗谈南方为"桑柘绕村姜芋肥",许浑谈到兰溪说:"移蔬通远水。"应是当时的实际情况。⑥此外还有蒜、韭、竹笋等各种蔬菜的种植,如台州贡品中有干

---

① (清)彭定求:《全唐诗》卷五三一《送段觉归东阳兼寄窦使君》。
② (清)彭定求:《全唐诗》卷五二八《村舍》。原注云"一作《送从兄归隐兰溪》"。
③ (清)彭定求:《全唐诗》卷八二一《饮茶歌送郑容》。
④ (宋)陈耆卿:《嘉定赤城志》卷一九《山》,《宋元方志丛刊》,中华书局,1990年。
⑤ (宋)李昉:《太平广记》卷三三引《续仙传》"马自然";(宋)钱俨:《吴越备史》卷四《大元帅吴越国王》,文渊阁四库全书本。
⑥ (清)彭定求:《全唐诗》卷五二许浑《村舍》;卷五四八薛逢《题独狐处士村居》。

姜。孟诜《食疗本草》卷上说:"淡竹上,甘竹次。……越有芦及箭笋,新者可食,陈者不可食。其淡竹及中田笋虽美,然发背闷脚气。"越州的笋可以食用,其他山区各州的情况可以想见,应是基本一致的。

一些地区种植制糖用的甘蔗。《本草纲目》卷三三引南齐人陶弘景的话说:"蔗出江东为胜。"当时甘蔗可能只是食用,还没有作为制糖的原料。到了唐代,随着制糖技术的传布,甘蔗用于制糖越来越广泛,农村种植的面积也越来越大。《本草纲目》引苏恭《唐本草》云沙糖"生蜀地,西戎、江东并有之,笮甘蔗汁煎成,紫色"。这里所说的"江东",当然是包括浙南地区在内的广大地区。温州的甘蔗在唐代十代有名。《新唐书》卷四一长庆贡中温州有甘蔗,应该是当地的特产,比较出名。《全唐诗》卷三〇七吕渭《状江南·仲冬》云:"江南仲冬天,紫蔗节如鞭。"同卷樊珣《状江南·仲夏》云:"江南仲夏天,时雨下如川。卢桔垂金弹,甘蔗吐白莲。"这些都可从侧面旁证浙南一些地区甘蔗的种植情况。

浙南有数州向朝廷贡漆,台州是贡漆时间最长数量最多的一个州。《唐六典》卷三户部员外郎条中说到台州贡金漆,证明开元时台州金漆已为朝廷青睐。《嘉定赤城志》卷二〇《山》引《临海记》说黄岩县东240里东镇山"有金漆木,用涂器物,与黄金不殊。永昌元年,州司马孟诜以闻。"武则天时孟诜发现了金漆的价值,至开元间已作为地方特产上贡。《通典》云天宝间台州供金漆五升三合,似乎数量不是很大。《新唐书》卷四一谈到长庆中台州继续在进贡金漆。宋朝《元丰九域志》谈到台州供金漆30斤,数量上较唐代大增。可知,自唐五代至宋朝,台州一直在贡金漆,数量也渐渐增加。所谓金漆,其实是一种天然的树脂,《嘉定赤城志》卷三六《风土门》云:"金漆,其木似樗,延蔓成林。种法,以根之欲老者为苗,每根折为三四,长数寸许,先布于地,一年而发,则分而植之。其种欲疏不欲密,二年而成,五年而收。收时,每截竹管,锐其首,以刃先斫木寸余,入管。旧传,东镇山产之,以色黄,故曰金漆云。"所谓金漆,指漆的颜色金黄。至于上引金漆树的种植,所引资料是宋朝的,但推测唐代已是如此。《新唐书》卷四一谈到长庆时婺州也贡漆,但未见其他史书记载,估计唐五代时进贡的数量不是很大,然作为一种重要的经济作物在山区地带得到推广。

浙南果树种植品种多,地区广。主要品种有桔、柑柚、桃、柿、李、杏等。《新唐书》卷四一《地理志五》的各地贡物中,温州有柑和桔,台州有乳柑,说明两州的柑、桔类种植历史悠久。唐人认为台州是"烟林聚桔柚,云海浩波流潮"。①《说郛》卷七五引宋韩彦直《桔录》说:"按开宝中陈藏器《补神农本草书》,桔类则有朱柑、乳柑、黄柑、石柑、沙柑,今永嘉所产实具数品,且增多其目,但名小异耳。"开宝为宋太祖年号,为公元968至976年,离开五代很近,可以想象,唐末五代时期,温州的柑桔类水果品种肯定也是十分的丰富。处州龙泉县的湖台山,在县西南八十里,"五代梁时邑人丘鼓采樵入山,忽遇澄湖桔

---

① (清)彭定求:《全唐诗》卷三一六武元衡《送吴侍御司马赴台州》。

林,杳非人间"。① 桃、李的种植也十分常见。贯休在睦州时,寄诗给刺史冯岩说:"满郭桃李熟,卷帘风雨香。"戴叔伦在婺州兰溪,遇到了"兰溪三日桃花雨"。许浑在天台县东的东横山,"时见碧桃花"。②《嘉定赤城志》卷三六《风土门》谈到桃时说:"多种,以天台水南为胜,皆夏熟,惟紫桃,一名昆仑桃,以秋熟。更有名寒桃,以十月熟。又有实小如梅者,曰御爱桃,又有水蜜桃、绵桃、饼子桃。"唐人将南洋国家传过来的一些东西冠以昆仑的名称,如奴婢叫昆仑奴,茄子叫昆仑茄,因而这儿的昆仑桃想必就是唐代留传下来的名称。

浙南山区还大量种植竹子。睦州桐庐县定安乡的长乐院,唐乾符间,吴村一吴姓村民舍水竹园为院基而建造,说明睦州一些百姓家是有竹园的。婺州东阳县东五十里的天竹山,"多产修竹"。③《通典》天宝贡、《元和郡县图志》元和贡、《新唐书》长庆贡,谈到睦州唐宋一直贡竹簟,也就是今天的竹席子。北宋《严州旧经》和《元丰九域志》谈到每年要贡竹簟10领,说明从唐至宋,睦州地区是大量种植竹子的。衢州的贡物为簟和扇,看来也是大量产竹的地方。

四、浙南农业生产的特色

由上可知,唐代浙江南部丘陵地区承接了六朝的初步开发,农业经济向前跨出了扎实的一步。总结农业生产的发展特色,我们可以看到:

第一,浙南农业生产较快发展的迹象首先表现在农田水利上,各州都因地制宜地建起了一些水利工程,筑塘建堰成了当时发展丘陵农业生产的重要手段。山区的水利工程虽然规模比较有限,但建堰蓄水,农业灌溉的功用十分有效。而且这些水利建设很少与交通运输有关,纯粹是为了农业用水而兴修的,这说明农业生产的发展已渐渐向浙南全境渗透。当然从总体上说,浙南水利工程的数量还不是很多,灌溉的面积也有限,工程分布的地区不是很广,大多在河谷平原和丘陵的交界地区,真正为丘陵纵深地区的水利工程还很难见到。

浙南越来越多的土地得到开垦,沿江、沿河和沿海的低地纷纷变成了农田,这不但说明当时的耕地面积在不断增加,同时也说明农垦技术的提高。我们还应看到,一些地区的农作物已种上了低山丘陵,这在以前是很少见到的。

第二,浙南丘陵地区粮食作物的种植以水稻为主,水稻是南方地区的主粮,在有灌

---

① (清)嵇曾筠等:《浙江通志》卷二一《山川十三》。
② (清)彭定求:《全唐诗》卷八二九贯休《寄冯使君》;卷二四七戴叔伦《兰溪棹歌》;(宋)陈耆卿:《嘉定赤城志》卷二一《山》。
③ (宋)郑瑶等:《景定严州续志》卷七《寺观》,《宋元方志丛刊》,中华书局,1990年;(明)李贤:《明一统志》卷四二《金华府》。

溉保证的沿江沿河盆地我们看到了大片的水稻种植。水稻种植的面积，与当时平原的大小相关。浙南农业发达的一些地区，水稻种植已初具特色。陈尚君《全唐诗补编》下册《全唐诗续拾》卷四五引明州僧契此诗云："手捏青苗种福田，低头便见水中天。六根清净方成稻，退步原来是向前。"契此虽然是以种福田作偈语来说明道理，但使我们看到明州种植水稻时是全面实行了插秧技术的，手捏秧苗在向后退，是插秧的主要动作。明州的这种技术，推测在浙南丘陵地区也得以推广，对水稻的增加产量和生长时间的宽裕带来了较大的益处。可以作这样的推断，由于钱塘江流域平原相当广阔，而且先进农业技术的传入，婺州是浙东道最为重要的稻米产地之一。

不过我们也必须看到，由于种植面积的限制，浙南农业主粮种植的产量还很有限。广德初，袁晁在浙东起兵，永嘉令薛万石认为当时"十日家内食尽，食尽时我亦当死，米谷荒贵"。当时的永嘉的确是"米贵斗至万钱"，薛万石只能到录事等官吏家里"求米有差"。① 虽说是兵荒马乱时期粮食的价格有点特殊，但县令家里只有十日粮食储备本身就说明粮食供应不甚丰富，这与当时粮食的生产水平或多或少是有些关系的。

第三，浙南山区农业经济发展的一个很重要的表现是经济作物的大量种植。总体来看，桑树和苎麻的种植很有地方特色，虽然浙南的纺织品质量不是很高，但产品丰富，数量较大，说明大田种植桑树和苎麻是十分普遍的。茶叶的种植范围十分广泛，以睦州和婺州的质量较高，成为当地农业生产的重要支柱产业。此外一些地方还种植漆树、水果树、竹子、甘蔗等，与前代相比，种植品种越来越丰富，很多经济作物种植在丘陵和山地上，山区的有利条件越来越显现。

从上面这些经济现象中我们不难看到，唐代浙南丘陵地区农业的发展与前代相比，发展速度较快，尤其是到了中唐后半期，发展的增速更为明显。浙南农业呈现出了粮食作物和经济作物同时并重的发展特色，展现了山区农业经济的发展面貌。

不可否认，唐代浙南丘陵地区农业的发展其实有一定的局限。具体来说，在横向的比较上，浙南农业与同时期的太湖流域和宁绍地区相比，还有很大差距，由于人口密度较低，农作物的种植面积相对较小，粮食总产量有限，不少地区的粮食还难以满足本地的需要。除婺州粮食向外地输出外，其他各州恐无余粮运向别处。从纵向上说，农业生产发展的深度和广度也无法与宋代相比，无论是水利工程的数量和密度，还是农业生产技术的传播，都是还有不少差距。从总体来看，我们认为魏晋南北朝的浙南农业生产还处在初拓时期，唐五代刚刚处于初步发展时期。

---

① （宋）李昉：《太平广记》卷三三七引《广异记》"薛万石"条。

权力与观众：德政碑所见唐代的中央与地方[*]

仇鹿鸣

> 当地人对建筑多半不大感兴趣，当我说我对文物感兴趣时，他们就会带我去看古代的石碑。
>
> ——梁思成（费慰梅：《中国建筑之魂》）

自宋以降，中国便已形成了金石学研究的传统，①至清受乾嘉朴学之风的激荡而臻于全盛；而 20 世纪以来随着各地大量基本建设的展开，新出碑志层出不穷，受到学界的广泛关注，构成了中古史研究前进的一大动力。这一绵延千年的伟大学术传统，自然是当代学人所必须继承、弘扬的宝贵财富。但亦需指出，传统金石学的研究侧重于将出土碑志与传世文献相比勘，以当代的学术眼光而论，其不足之处大约有二，一是其研究视域多局限于校史、考史、补史的框架之内，大体上仍将出土碑志视为传世文献之附庸。二是学者所重者乃是石刻上所存之文字，即无论是传世文献还是新出的甲骨、青铜器、简帛、碑志、文书，不过视之为文字的不同载体，因而甚少有人关注碑志这一物质形态本身在古人的生活世界中究竟居于何种地位。②

尽管传统中国没有出现金字塔、帕特农神庙、凯旋门这样规模宏大的纪念碑式建筑，但在中国的土地上并不缺少纪念碑。③自秦汉以降直至近世，各种以石质为媒介，以述德、铭功、纪事、篆言等为目的的公共纪念碑，④以及神道墓碑、造像经幢、摩崖题名等

---

* 本文系上海市晨光计划项目"晚唐河北政治文化研究——以制作巨碑的风气为中心"、复旦大学"985 工程"三期人文学科整体推进重大项目"中古中国的知识、信仰与制度的整合研究"的成果之一。本文初稿曾在"从地域史看唐帝国：边缘与核心"晚唐五代社会文化转型研究工作坊上报告过，得到与会各位师友的批评指正。

① 关于宋代金石学的兴起与业绩，可参读叶国良：《宋代金石学研究》，台湾书房，2011 年。

② 近年来艺术史研究的繁荣对此不足多少有所弥补，但艺术史家关注的更多是图像，对于石刻的景观效应及其在政治空间中的作用尚探讨不多。

③ 巫鸿：《中国古代艺术与建筑中的"纪念碑性"》，上海人民出版社，2009 年。

④ 以上四种分类大体据叶昌炽著、柯昌泗评《语石 语石异同评》卷三"立碑总例"条，中华书局，1994 年，第 180—182 页。按叶氏此条并未述及最为常见的神道碑，盖其所论范围为公共性的石碑，故不及神道碑、墓碑等私碑。

较具私人性的纪念物,数目巨大,早已被天然地视为中国文化的重要景观,其中历经千年而留存于世者亦不稀见。这些纪念碑的撰述、兴造、存废无疑构成了古人特别是士人精英生活世界中的重要组成部分。因而,若我们尝试稍稍偏离传统金石学指引的方向,索隐碑铭兴造、磨灭、重刻背后的政治角逐,探究石刻安置场域中展现出的权力关系,发掘碑文的撰者与读者之间互动与张力,以此作为介入往昔的新入口,或许能发现不一样的历史。

一、作为政治景观的纪念碑

目前常见的碑志中,按其公共性的强弱,大体可分为德政(纪功)碑、①神道碑、墓志等三类,其中墓志在数量上占了存世石刻文献之大端,而且多有近年来之新发现者,故最为学者所重视。但就古人的世界而言,墓志尽管并非完全是私密性的文献,特别是中唐以后,邀请名人撰、书墓志渐成风气,使其更有机会通过文集、传抄等手段流布于世,②但大体而言仍具有较强的私人性,特别是普通士人的墓志,其读者当不出至亲好友的范围。而且由于墓志在葬礼之后便被埋于地下,空间上的隔断,使其物质形态不再与生者的世界发生联系。神道碑在文体上可以认为与墓志有互文关系,我们已经在不少墓志中注意到"至若门风世德,积行累仁,王业之本由,臣节之忠孝,已见于中书侍郎范阳公府君神道碑矣"之类的文字,③由于神道碑与墓志一般撰作于同时,两篇文字在表达上当有不同侧重与分工。从撰者的身分而论,墓志的作者一般与志主有着亲戚、僚佐、同年这样较为密切的私人关系,而神道碑的作者更多的是著作郎、中书舍人、翰林学士这样具有官方身分的大手笔,从而可以窥见尽管同样是追叙逝者生平的文字,但依然有读者对象设定的不同。据隋唐制度,七品以上官员据品级不同可立规制不等的神道碑,④由著作郎掌其事。⑤ 据此可知,神道碑的获得与士人官僚身分的保有有着直接的关联,是

---

① 按诚如柯昌泗所论,纪功碑与德政碑之间有时较难区分,严格意义上纪功碑当以纪一时之功者为限定,《语石 语石异同评》卷三,第182页。尽管德政碑和纪功碑在性质和颁授制度上有所不同,但当时人对两者便已混淆,如下文所引圆仁《入唐求法巡礼行记》中提到的仇士良碑,圆仁记作德政碑,《旧唐书》则云是纪功碑。因而本文所取的德政碑范围较下引刘馨珺文稍宽,纪人臣生平功业之碑,如李宝臣纪功碑、仇士良纪功碑,本文有时将其纳入广义的德政碑范围内加以讨论。而刘文研究的范围是生祠立碑,故所论者皆是官员生前所立之碑,未将官员去任、去世后所立的遗爱碑纳入讨论,然唐人封演云:"颂德碑,亦曰遗爱碑。"两者本属一类,故本文亦一并讨论。见封演撰,赵贞信校注:《封氏闻见记校注》卷四,中华书局,2005年,第40页。另本文第一部分讨论碑铭的政治景观效应时所取用的是"纪念碑"的概念,故所取材的史料范围并不仅限于德政碑。
② 相关的讨论有卢建荣:《北魏唐宋死亡文化史》,麦田出版社,2006年,第49—50页。
③ 《严复墓志》,拓片刊齐运通编:《洛阳新获七朝墓志》,中华书局,2012年,第270页。
④ 《唐会要》卷三八:"旧制碑碣之制,五品已上立碑,螭首龟趺上高不过九尺,七品已上立(碑)[碣],圭首方趺上高不过四尺。"上海古籍出版社,1991年,第809页;《唐六典》卷四略同,中华书局,1992年,第120页。按所谓旧制,盖指这一规定渊源于隋制,见《隋书》卷八《礼仪志》,中华书局,1973年,第157页。
⑤ 《唐六典》卷一〇:"著作郎掌修撰碑志祝文祭文。"第202页;《通典》卷二六:"著作郎掌修国史及制碑颂之属。"中华书局,1988年,第737页。

官僚等级身分的重要标识之一，①因而神道碑文的撰述体现了朝廷对于官员一生功业的臧否，具有盖棺论定的意味，是体认天子-大臣关系的重要一环，也是朝廷政治权威的象征之一，于是一些富有争议人物的神道碑的撰述往往会发酵成朝廷中的政治纷争。例如名臣张说死后，议谥不定，朝野纷然，玄宗亲自为张说制神道碑文，御笔赐谥文贞以平息争议。② 文贞之谥，素为唐人所重，封演云："太宗朝，郑公魏徵，玄宗朝，梁公姚崇，燕公张说，广平公宋璟，郇公韦安石，皆谥为'文贞'二字，人臣美谥，无以加也。非德望尤重，不受此谥。"③张说一生几经沉浮，政治上树敌颇多，不乏争议，故"文贞"之谥，为左司郎中阳伯成所驳，但玄宗个人对其的信任始终不衰，故力排众议，亲撰神道碑以定其身后之评。④ 即使在朝廷权威下降的中晚唐时代，获赠神道碑依然是河北藩镇政治合法性的重要来源。因而神道碑较之于墓志无疑是一种更具公共性的政治景观，是士人社会精英身分的一种界定物，碑文也拥有更多的读者与更大的传播范围。⑤ 但由于神道碑被置于逝者的墓侧，尽管唐人在行旅中往往有各种机会路过、凭吊古圣今贤的冢墓，⑥但从空间上而言，置于郊外墓侧的神道碑能真正能被"看到"的机会并不太多。

与神道碑同时兼具公私两种属性不同，本文所欲讨论的德政碑，虽然也以记述个人生平事迹为中心，通过天子对于臣下功业的表彰，展现政治权力关系的纽带，⑦但无疑是一种公共性的纪念碑，这从德政碑精心选择的设立地点中便可窥见一斑。

> 初（贾）敦颐为洛州刺史，百姓共树碑于大市通衢，及敦实去职，复刻石颂美，立于兄之碑侧，时人号为"棠棣碑"。⑧

贾敦颐碑全称《唐洛州刺史贾公清德颂》，是典型的德政碑。赵明诚在《金石录》中便有著录，时其弟贾敦实之碑已亡，而此碑仍存。⑨ 立碑于通衢要路之旁，使其能为更多人所睹。弘教化之任，成为各种纪念碑选择立碑地点时的首要考虑。如韦抗为永昌令

---

① 《唐六典》卷四："若隐沦道素，孝义著闻，虽不仕，亦立碣。"第120页。略为变通，然所参照者，仍仅是五品以下官的待遇。
② 《旧唐书》卷九七《张说传》，中华书局，1975年，第3057页。
③ 《封氏闻见记校注》卷四，第33页。
④ 关于唐代官员身后的议谥，可参读唐雯：《盖棺论未定：唐代官员身后的形象制作》，《复旦学报》2012年第1期，第85—94页。
⑤ 仇鹿鸣：《从〈罗让碑〉看唐末魏博的政治与社会》，《历史研究》2012年第2期，第27—44页。
⑥ 按《文苑英华》卷三〇六收录南北朝以降文人过冢墓所作诗歌55首，其中可注意的是徐彦伯《题东山子李适碑阴》诗序："嘻嘻，李公生自号东山子，死葬东山，岂其谶哉。神交者歌《薤露》以送子归东山焉，人三章，章八句，合一十五章，镌于碑阴云。"中华书局，1966年，第1567页。
⑦ 目前学界对德政碑有较多关注的是台湾学者刘馨珺，其研究的着眼点主要在于德政碑颁授的制度及与官员考课之间的关系，其最初发表《从生祠立碑看唐代地方官的考课》一文，收入高明士编：《东亚传统的教育与法制研究（二）》，台大出版社中心，2005年，第241—284页；后又对此文做了较大增补，改题为《从唐代"生祠立碑"论地方信息法制化》，刊于《法制史研究》第15期，第1—58页；复又增加了对于宋代的讨论，题作《〈职制律·长吏辄立碑〉与地方官考课》，收入氏著：《"唐律"与宋代法文化》，嘉义大学，2010年，第71—186页。
⑧ 《旧唐书》卷一三五上《良吏贾敦颐传》，第4788页。
⑨ 赵明诚著，金文明校证：《金石录校证》卷二五，广西师大出版社，2005年，第426页。可以留意的是赵明诚在跋尾中关心的是据碑文考证贾敦颐是否为贾敦赜之讹，并未述及两碑的位置与存废情况，可见传统金石学家的学问取向。

时,治绩卓著,"人吏诣阙请留,不许,因立碑于通衢,纪其遗惠",①亦循此例。② 至于具体的立碑地点,在两京与地方则稍有不同。长安、洛阳城市规模宏大,衙署密布,因而在立碑时往往有更大的选择空间。玄宗时候的两位权相李林甫、杨国忠颂德之碑选立的地点便颇有讲究:

> 开元中,右相李林甫为国子司业,颇振纲纪。洎登庙堂,见诸生好说司业时事。诸生希旨,相率署石建碑于国学都堂之前。后因释奠日,百寮毕集,林甫见碑,问之祭酒班景倩,具以事对。林甫威然曰:"林甫何功而立碑,谁为此举。"意色甚厉,诸生大惧得罪,通夜琢灭,覆之于南廊。天宝末,其石犹在。
>
> 林甫薨后,杨国忠为左相,兼揔铨衡。从前注拟,皆约循资格,至国忠创为押例,选深者尽留,乃无才与不才也。选人等求媚于时,请立碑于尚书省门,以颂圣主得贤臣之意。敕京兆尹鲜于仲通撰文,玄宗亲改定数字。镌毕,以金填改字处。识者窃非之曰:"天子有善,宰相能事,青史自当书之。古来岂有人君人臣自立碑之礼! 乱将作矣。"未数年,果有马嵬之难。肃宗登极,始除去其碑。③

李林甫碑是其入相之后,国子生中谄媚之徒欲博其欢心,私自立于国学都堂之前。选择此地,盖是由于李林甫尝为国子司业,故立碑于其旧任所以彰其劳绩。而国子监作为国家养士之所,风教所系,自然亦是便于士民观瞻的良选。睿宗时的儒者尹知章曾为国子博士,卒后,"门人孙季良等立碑于东都国子监之门外,以颂其德",④其选择立碑地点时的考量与李林甫碑接近。

较之于李林甫碑为国子生私自所立的颂德碑,杨国忠碑建立的程序则更符合唐代德政碑需经过朝廷审核批准的法律规定。

> 凡德政碑及生祠,皆取政绩可称,州为申省,省司勘覆定,奏闻,乃立焉。⑤

而生性谨慎的李林甫之所以对国子生私立碑之事大为震怒,大约亦是惧于法条,生怕此事成为政治对手攻讦的把柄。杨国忠碑建于天宝十二载(753)二月,同月玄宗下诏追削李林甫在身官爵,⑥李、杨易势,其立碑时机的选择颇值得玩味。其立碑地点选择尚书省门外,为百官日常出入之要津,亦与当时杨国忠兼领文部、改革诠选的身分与功绩有关。

除了长安城内,长安郊外亦不乏立碑之处的佳选,克定奉天之难的名将李晟的纪功碑便被立于东渭桥边。

> 上思(李)晟勋力,制纪功碑,俾皇太子书之,刊石立于东渭桥,与天地悠久,又

---

① 《旧唐书》卷九二《韦抗传》,第 2963 页。
② 类似的例子尚有五代赵昶"陈、许将吏耆老录其功,诣阙以闻,天子嘉之,命文臣撰德政碑植于通衢,以旌其功",《旧五代史》卷一四《赵犨传附赵昶传》,中华书局,1976 年,第 196 页。
③ 《封氏闻见记校注》卷五,第 40—41 页。
④ 《旧唐书》卷一八九下《儒学尹知章传》,第 4974 页。
⑤ 《唐六典》卷四,第 120 页。
⑥ 《旧唐书》卷九《玄宗纪》,第 226 页。

令太子书碑词以赐晟。①

东渭桥位于灞水入渭之处,桥极壮丽,有赤龙之称,在长安东北四十里,位于长安通往渭北的交通要道之上,不但是唐人饯别亲友的胜地,亦是东南租粟会聚转运之所,置有河运院,四方辐辏,行旅往来,络绎不绝,②立碑于此处,自然能让李晟之功业随着往来行人之口,传播至帝国四裔。另一方面,李晟是自东渭桥以薄京城,经过一路激战,最终克复长安,立下不世之功,因而东渭桥在李晟平定朱泚之乱的过程中有着特别的意义。③ 立碑于城郊,大约在当时亦算是一个特例,但无论是从表彰李晟之功,还是获得公众的瞩目、扩大传播范围而言,东渭桥都是树立李晟纪功碑最理想的空间。

地方上立碑地点的选择似乎没有长安那么多样,主要当集中在节度使衙、州衙、县衙这些官署门旁,这也符合德政碑表彰去任节度使、刺史、县令治绩,鼓励在任官员克尽职守的政治功能。例如后唐庄宗被弑后,其弟李存霸亡奔太原,军士杀之于府门之碑下。④ 河东节度使府门旁的这块碑当是德政、纪功之碑。而钱镠"建功臣堂于府门之西,树碑纪功,仍列宾寮将校,赐功臣名氏于碑阴"。⑤ 朱玉麒在研究汉唐西域的纪功碑时已注意到,唐代西域的纪功碑并不一定树立在战争爆发的地点,而是会被移动到唐在西域的一些重要据点如都护府、四镇、州县等地。⑥ 纪功碑从人迹罕至的战场到区域政治中心的地域移动,无疑是为了寻找一个更有效率的传播空间,使其能被更多的民众所观看,强化这一政治景观的传播效应,进而达成威慑西域、怀柔远人的目的。如果说西域纪功碑是通过空间的转移来扩大其传播的范围,而玄宗御制的华岳庙碑则是藉助对碑文物质性的延展来达成目的:

> (开元)十二年十一月四日,幸东都。十日,至华州,命刺史徐知仁与信安王祎,勒石于华岳祠南之通衢,上亲制文及诗。至十三年七月七日,碑成,乃打本立架,张于应天门,以示百僚。⑦

玄宗生于乙酉岁,故以华岳当本命,继位后便封华岳神为金天王,⑧其后封祀不绝,故有唐一代华山信仰极盛,华岳祠已非人迹罕至之地。⑨ 华岳庙碑"高五十余尺,阔丈余,厚

---

① 《旧唐书》卷一三三《李晟传》,第 3671 页。
② 严耕望:《唐代交通图考》,上海古籍出版社,2007 年,第 22 页。另可参考东渭桥的考古发现与研究,王翰章《唐东渭桥遗址的发现与秦汉以来的渭河三桥》,中国考古学会编《中国考古学会第三次年会论文集》,文物出版社,1984 年,第 265—270 页。
③ 关于此点德宗御撰的《西平王李晟东渭桥纪功碑》中有明确的表达:"东渭桥抵王城东北四十里,而国之廪积在焉。始晟于此驻孤军,纠群帅,俟时而动,一举成功。予是用扬其美而纪其功,以明事之有因,谋之有素也。"《文苑英华》卷八七一,第 4595 页。
④ 《通鉴》卷二七五,第 8979 页。
⑤ 《吴越备史》卷一,收入傅璇琮等编:《五代史书汇编》,杭州出版社,2004 年,第 6198 页。
⑥ 朱玉麒:《汉唐西域纪功碑考述》,《文史》2005 年第 4 期,第 146 页。
⑦ 《唐会要》卷二七,第 606 页。
⑧ 《旧唐书》卷二三《礼仪志》,第 904 页。
⑨ 李德辉:《唐代交通与文学》,湖南人民出版社,2003 年,第 150—161 页。

四五尺,天下碑莫比也。其阴刻扈从太子王公以下百官名氏。制作壮丽,巧无比伦"。①此碑高度约15米以上,②营建耗时九月,是整个唐代官方所立规模最为宏大的纪念碑,如此巨碑立于华岳祠南的通衢之上,自足以使往来行旅之人屏息停步,深受震撼。但玄宗仍不满足,更命制作拓本,张架立于应天门上,供文武百官观览。玄宗虽无法移动巨碑这一物质形态本身,但通过拓本复制的方式完成了这一移动,扩张了碑文传播的空间。应天门是洛阳宫城的正南门,其地位与长安的承天门相当,皆是举行国家重大典礼的礼仪空间,玄宗本人便曾在此接受过献俘,③无疑是整个洛阳城市的视觉中心。当时,玄宗正在洛阳筹备当年十一月的封禅大典,同时营建如此规模的华岳庙碑,并特别安排在应天门上张架展示巨碑拓本,广其传布,无疑与玄宗崇信华岳为其本命的观念有关,配合封禅大典的举行,宣扬自己天命与功业。

  中国传统中对文词、书法的重视,使碑铭自可藉助抄写、传拓等手段化身万千,流传四方,而高明的政治人物往往如玄宗一般,巧妙地利用这一文化传统,传播塑造自身政治权威的文本。如下文还将进一步讨论的高宗御制慈恩寺碑,由于"帝善楷、隶、草、行,尤精飞白。其碑作行书,又用飞白势作'显庆元年'四字,并穷神妙",故树立之后"观者日数千人,文武三品以上表乞摸打,许之",④此事或许是当时正处于政治困境中的玄奘的有意安排,在结欢高宗的同时,藉助碑文的广泛传播,巩固玄奘及慈恩寺译场的地位。⑤ 宪宗平定淮西之后,则将韩愈所撰的《平淮西碑》"各赐立功节将碑文一通,使知朝廷备录劳效",⑥这大约是唐廷笼络功臣的惯例,上文所举李晟纪功碑之例,德宗更特意令"太子书碑词以赐晟"。除了恩遇功臣之外,皇帝有时也会将前任节度使的德政碑别赐一本给现任节度使,鼓励其见贤思齐,如文宗曾赐段嶷李德裕德政碑碑本。⑦ 我们亦可以找到德政碑文传播的物质证据,如敦煌文献中有韩逊生祠堂碑残页,此碑作为彰显地方节度使政治合法性的文献虽具有相当强的地域特征,但仍流布到了邻近的敦煌地区。⑧

  作为一种通过刻意的空间组合,进而向观众传递政治讯息,展示国家权威的政治景观,德政碑往往建有附属的楼台亭阁之类的建筑来凸显这种景观功能。

    先是,(王)处直自为德政碑,建楼于衙城内,言有龙见。或睹之,其状乃黄幺蜥蜴也。⑨

---

① 《开天传信记》,收入《唐五代笔记小说大观》,上海古籍出版社,2000年,第1224页。
② 按唐一尺约折合公制29.5—29.6厘米,参见郭正忠:《三至十四世纪中国的权衡度量》,中国社会科学出版社,2008年,第191页。
③ 《旧唐书》卷八《玄宗纪》,第198页。
④ 慧立、彦悰:《大慈恩寺三藏法师传》,中华书局,2000年,第191页。
⑤ 关于玄奘晚年与高宗的矛盾可参读刘淑芬《玄奘的最后十年》及笔者下文的讨论,《中华文史论丛》2009年第3期,第1—97页。
⑥ 韩愈:《谢许受韩弘物状》,刘真伦、岳珍校注:《韩愈文集汇校笺注》,中华书局,2010年,第2892页。
⑦ 《赐李德裕立德政碑敕》,《全唐文》卷七四,上海古籍出版社,1990年,第338页。
⑧ 吴其昱:《薛廷珪朔方节度使韩逊生祠堂碑敦煌残卷考》,《庆祝潘石禅先生九秩华诞敦煌学特刊》,文津出版社,1996年,第63—73页。
⑨ 《旧五代史》卷一四一《五行志》,第1886页。

碑楼作为一种大型建筑,在古代城市天际线普遍较低的情况下,无疑强化了石碑作为一种政治象征在城市空间中的地位。碑楼有时在立碑之前便已预先修造。宪宗时代的权阉吐突承璀尝"奏立圣德碑,高大一准华岳碑,先构碑楼,请敕学士撰文。且言'臣已具钱万缗欲酬之'",宪宗命李绛撰写碑文,被李绛以"尧、舜、禹、汤,未尝立碑自言圣德"为由谏止。吐突承璀选择立碑的地点是与李唐皇室关系密切的安国寺,此碑规制原拟与上文所讨论过的华岳庙碑相当,故吐突承璀所预置的碑楼极为高大,拆除时"凡用百牛曳之,乃倒"。①

其他一些巨碑的碑楼,往往成为地方上的标志性景观,甚至逐步演化为名胜所在,如目前所知存世规模最大的唐碑,高达12.55米的何进滔德政碑,宋代位于大名府留宫门街东,"碑楼极宏壮,故岁久而字不讹缺",②其碑楼至北宋时尚存。③又王武俊德政碑的碑楼规模亦极壮观,至宋时蔡京知真定府,拆王武俊德政碑楼,利用其木料在府治之后的谭园内建熙春阁,成为当地的游观的胜景之一。④另一方面,唐宋时代德政碑往往与生祠并置,⑤而这些生祠随着时间的推移,其中相当部分逐渐演变成当地民间信仰的渊薮,其供奉的那些富有治绩的能臣有些在后世被神格化,成为祭祀、崇拜的对象,演变为地域文化的一部分,魏州狄仁杰祠的兴废便是一个生动的个案。⑥而后梁割据灵武的韩逊,善于为理,部民请立生祠堂于其地,梁太祖诏薛廷珪撰文以赐之,其庙至宋初犹存。⑦因而德政碑及其附载物成为一个政治景观的过程并不是一次性的,而是通过地方记忆的多次构建与重写而逐步成型的。⑧如果说德政碑最初的建立,作为一个政治事件,体现了当时中央与地方之间的权力关系,而在此之后,作为存在于地域社会中的政治景观,德政碑逐步脱离了最初的语境,嵌入为地方性知识的一部分。

当然除了规模较大的碑楼,亦有一些纪念碑不过仅建有碑亭,但由于石碑本身已经占据了城市空间中心的位置,加之其所附有的政治景观功能,使得石碑及碑楼所在,往往成为一个城市中重要公共事件展演的舞台。

> 时节度王承业军政不修,诏御史崔众交兵于河东。众侮易承业,或裹甲持枪突入承业厅事玩谑之。光弼闻之素不平。至是,交众兵于光弼。众以麾下来,光弼出

---

① 《通鉴》卷二三七,第7661页。
② 吕颐浩:《燕魏杂记》,丛书集成初编,商务印书馆,1936年,第3页。颇可玩味的是对于何进滔德政碑被改刻为五礼记碑,《金石录》云:"进滔事迹固无足取……此碑尤为雄伟。政和中,大名尹建言摩去旧文,别刊新制,好古者为之叹惜也。"仅从学问家的立场上表示惋惜。第515—516页;而《燕魏杂记》则云:"按唐史,进滔治魏十余年,民安之,后累迁检校司徒、同中书门下平章事。宣和年间,内侍谭稹奉使河朔,遂磨灭此碑,邦人愤恨,可惜也。"其对何进滔的评价与赵明诚迥异,似乎透露出直到宋代,河北地域内部对于藩镇割据的历史仍有自身独特的认知。
③ 陈思:《宝刻丛编》卷六引《集古录目》,丛书集成初编,中华书局,1985年,第131页。
④ 吕颐浩:《燕魏杂记》,第4页。
⑤ 刘馨珺:《〈职制律·长吏辄立碑〉与地方官考课》,《"唐律"与宋代法文化》,第71—186页。另作者特别指出唐代德政碑多于生祠,而至宋代则生祠多于德政碑。
⑥ 雷闻:《郊庙之外——隋唐国家祭祀与宗教》,北京三联书店,2009年,第227—240页。
⑦ 《旧五代史》卷一三二《世袭韩逊传》,第1745页。
⑧ 目前关于唐代地方记忆、地方知识的讨论尚不多见,仅廖宜方《唐代的历史记忆》一书有较多的涉及。台大出版中心,2011年,第269—333页。

迎，旌旗相接而不避。光弼怒其无礼，又不即交兵，令收系之。顷中使至，除众御史中丞，怀其敕问众所在。光弼曰："众有罪，系之矣！"中使以敕示光弼，光弼曰："今只斩侍御史；若宣制命，即斩中丞；若拜宰相，亦斩宰相。"中使惧，遂寝之而还。翌日，以兵仗围众，至碑堂下斩之，威震三军。命其亲属吊之。①

在当时动荡的政治局面中，李光弼必须维护其节制一方的绝对权威，自恃朝官身分而妄自骄矜的崔众于是便成为牺牲品。但我们留意到李光弼特地选择将崔众引至碑堂下斩之，而非直接斩之于军中或府中，无疑是在寻找一个能让更多人观看到的"剧场"，藉助悠悠众口，进一步增强这场体现李光弼个人权威政治演剧的效果，以达成"威震三军"的目的。

李光弼选择行刑的碑堂，很可能便是太原城中的起义堂，开元十一年（723），玄宗巡狩北都，为纪念唐高祖太原起兵之业，"亲制起义堂颂及书，刻石纪功于太原府之南街"，②南街即乾阳门街，唐太宗贞观二十二年（648）巡幸太原时御制的晋祠碑亦位于此街之上，③此碑后俗称起义堂碑，至宋时犹存。④ 这一对于李唐政权合法性极具象征意义的纪念碑无疑占据了太原城市空间中的中心位置，中唐名将马燧镇河东时还曾特别上请，在起义堂颂碑旁另立一碑，刊勒德宗御赐《君臣箴》、《宸扆台衡铭》，以彰盛德，亦是看中其优越地理位置所带来的传播便利。⑤ 而起义碑堂在此刻临时扮演了刑场的角色，"刑人于市，与众弃之"，传统儒家的观念中强调刑罚的公开性与正义性之间的关联，因而刑场是古代城市中特殊的公共空间，作为少数能让庶民窥见高层政治变动的场所，同时亦是传播政治消息的重要渠道。⑥ 当然，李光弼本无意对抗朝廷，故处斩崔众之后，立刻允许其亲属赴丧，以免传递出错误的政治讯息。

更可注意的是，除了碑楼、碑亭这些永久性的建筑之外，在碑落成的时候，往往伴有盛大的迎碑仪式，纪念碑被有意安排在城市的主要街道中巡游展示，这场典礼则成为点燃整个城市的节日。

> 高宗御制慈恩寺碑文及自书镌刻既毕。戊申，上御安福门楼，观僧玄奘等迎碑向寺。诸寺皆造幢盖，饰以金宝，穷极瑰丽，太常及京城音乐，车数百两。僧尼执幡两行导从，士女观者填噎街衢，自魏晋已来，崇事释教未有如此之盛者也。⑦

> 夏四月八日，大帝书碑并匠镌讫，将欲送寺，法师惭荷圣慈，不敢空然待送，乃率慈恩徒众及京城僧尼，各营幢盖、宝帐、幡花，共至芳林门迎。敕又遣大常九部乐，长安、万年二县音声共送。幢最卑者上出云霓，幡极短者犹摩霄汉，凡三百余

---

① 《旧唐书》卷一一〇《李光弼传》，第3304页。
② 《旧唐书》卷八《玄宗纪》，第185页，另详《旧唐书》卷九七《张说传》，第3054页。此点蒙管俊玮博士提示，特此致谢。
③ 《元和郡县图志》卷十三，中华书局，1983年，第366—367页。
④ 《宝刻类编》卷一，丛书集成初编，商务印书馆，1936年，第3页。
⑤ 《为河东副元帅马司徒请刻御制箴铭碑表》，《文苑英华》卷六〇八，第3153—3154页。
⑥ 侯旭东对于市作为刑场时所展现出的公共政治空间功能曾有所讨论，氏著：《北朝村民的生活世界》，商务印书馆，2005年，第209—223页。另参张荣芳：《唐代长安刑场试析》，《东海学报》第34期，第113—122页。
⑦ 《太平御览》卷五八九，中华书局，1960年，第2652页。

事,音声车百余乘。至七日冥集城西安福门街。其夜雨。八日,路不堪行,敕遣且停,仍迎法师入内。至十日,天景晴丽,敕遣依前陈设。十四日旦,方乃引发,幢幡等次第陈列,从芳林门至慈恩寺,三十里间烂然盈满。帝登安福门楼望之甚悦,京都士女观者百余万人。①

显庆元年(656),玄奘请求高宗为慈恩寺撰写碑文,刘淑芬认为当时玄奘与高宗之间的关系已发生微妙的变化,玄奘求碑之举,盖是为了弥缝与高宗之间的矛盾,以庇护其译经事业。②但这些隐藏着的矛盾并未影响到盛大迎碑仪式的举行,精心选择的游行路线从宫城西北的芳林门出发,高宗本人则亲自在安福门楼观览盛况,迎碑队伍一路浩浩荡荡,沿途观者如云,经行三十余里,方至慈恩寺所在长安东南隅的晋昌里,士女观者百余万人的描述或许不无夸张,但轰动全城则绝无疑义。"碑至,有司于佛殿前东北角别造碑屋安之。其舍复拱重栌,云楣绮栋,金花下照,宝铎上晖,仙掌露盘,一同灵塔",③复建筑碑楼崇重其事,强化其景观效应,使之成为皇权护佑佛法、玄奘恩宠犹在的重要象征物。

而武宗时访问中国的日本僧人圆仁在著名的《入唐求法巡礼行记》中则为我们留下了另一段亲身经历的盛况:

(四月)九日,开府迎碑,赞扬开府功名德政之事也。从大安国寺入望仙门,左神策军里建之。题云"仇公纪功德政之碑"。迎碑军马及诸严备之事不可计数。今上在望仙楼上观看。④

圆仁所见的当是仇士良纪功碑,武宗会昌元年(841)二月壬寅"赐仇士良纪功碑,诏右仆射李程为其文",⑤这次游行线路的选择反映了盛唐以后长安政治中心向大明宫一侧的转移,游行的出发点是位于大明宫南长乐坊的安国寺,安国寺在中晚唐与皇室、宦官皆有密切的关系,游行线路并不长,经大明宫东南的望仙门入宫,立碑于左神策军中,武宗本人则亲登望仙楼观看。在圆仁旅行的经历中,帝国之都长安城中各种各样的礼仪活动所有意呈现、塑造的政治权威在这位异域人的脑海中留下了深刻的印象,因而在书中得到了详细的记录,⑥而迎立仇士良功德碑的盛大仪式无疑便是其中之一。

营造纪念碑作为一项功费不小的工程,将作监下专门置有甄官署掌其事,"甄官令掌供琢石陶土之事。凡石磬碑碣、石人兽马、碾硙砖瓦、瓶缶之器、丧葬明器,皆供之"。⑦即便如此,若需建造大型碑碣时,似乎仍需另征发民夫。如开元二年(714),玄宗欲为其

---

① 《大慈恩寺三藏法师传》,第189页。
② 刘淑芬:《玄奘的最后十年》,《中华文史论丛》2009年第3期,第39—40页。另《大慈恩寺三藏法师传》叙立碑前后交涉事甚详,可参读,第178—191页。
③ 慧立、彦悰:《大慈恩寺三藏法师传》,第191页。
④ 白化文等修订校注:《入唐求法巡礼行记校注》卷三,花山文艺出版社,1992年,第384页。
⑤ 《旧唐书》卷十八上《武宗纪》,第586页。
⑥ 参读妹尾达彦《长安:礼仪之都——以圆仁〈入唐求法巡礼行记〉为素材》,《唐研究》第15卷,北京大学出版社,2009年,第385—434页。
⑦ 《旧唐书》卷四四《职官志》,第1896页。

生母窦氏于靖陵建碑,征料夫匠。韦凑以"自古园陵无建碑之礼,又时正旱俭,不可兴功,飞表极谏,工役乃止",①可见其工程规模相当可观。而在地方上,特别是唐中期之后,河北藩镇兴建巨碑的风气逐渐兴起,营制巨碑便成了扰动地方的苦役:

> 魏帅杨师厚于黎阳山采巨石,将纪德政,制度甚大,以铁为车,方任负载,驱牛数百,不由道路。所至之处,或坏人庐舍,或发人丘墓,百姓瞻望曰"碑来"。碑石才至而卒,魏人以为应"悲来"之兆。②

从目前发现石碑来看,除了个别立于战场的纪功碑,因陋就简,采用天然石材稍作加工之外,③大多石碑都是经过仔细刻琢而成的标准形制。但在古代的物质条件下,大型碑材并不容易获得,因而无论是姜行本磨去班超纪功碑旧文,"更刻颂陈国威德",④还是宋人将何进滔德政碑改刻为五礼记碑,石材难得无疑是其中重要的原因。而对地处河北平原南部的诸藩镇而言,黎阳山似乎是其制作碑志的重要石材来源。除了前引杨师厚碑外,后周沧州节度使李晖,"州民张鉴明等于黎阳山采石,欲为晖立德政碑"。⑤ 黎阳山位于黄河北岸,黎阳县城居其北,属卫州,不但与沧州悬隔甚远,与魏州距离亦不近。据严耕望的考订从黎阳至魏州、沧州,可利用永济渠通航,⑥若走水道,或可利用冬季河流结冰,则相对较易运输,但从杨师厚碑的例子来看,似仍选择自陆路搬辇。但无论如何,在古代的交通条件下运输巨型石材,其艰难自可想见。⑦

无论是纪念碑这一建筑本身,还是围绕其产生的碑楼、游行等附载之物,甚至建造巨碑时对地方的扰动,都会转化为地方文化与记忆的一部分。而巨碑兴建前后的一切事件集聚在一起,共同强化了纪念碑的政治景观效应,诱导人们注目于其上,关注巨碑的兴造,捕捉其中透露出的政治讯号,传播碑碣上的文字与故事。因而,纪念碑远不仅是一种静止的景观,同样是一种被反复言说的流动性的知识与记忆。

二、德政与秩序

占据城市中心位置的德政碑,天然地是民众注目的焦点,特别是在两京以外的城市

---

① 《旧唐书》卷一〇一《韦凑传》,第3146页。
② 《太平御览》卷五八九,第2653页。按《旧五代史》卷二二《杨师厚传》亦载此事,第298页,唯《御览》所记稍详。按"悲来",原作"碑来",据《旧五代史》改。
③ 马雍:《新疆巴里坤、哈密汉唐石刻丛考》,《出土文献研究》,文物出版社,1985年,第197—203页。
④ 《旧唐书》卷五九《姜行本传》,第2334页。按马雍认为此碑上刻有永和五年等字,时班超已死,非班超纪功碑,见《新疆巴里坤、哈密汉唐石刻丛考》,《出土文献研究》,第201—202页。
⑤ 《册府元龟》卷八二〇,第9747页。
⑥ 严耕望:《唐代交通图考》,第1606—1625页。
⑦ 如据报道,著名的安重荣德政碑,仅赑屃部分就重达107吨,即使使用现代起重机械,运输亦颇具难度,一般碑铭虽无此规模,但对于当时的技术条件而言亦极富挑战,梁勇:《正定巨碑主人及被毁原因初探》,《文物春秋》2000年第5期,第35—38页。

中,没有了壮阔雄伟的宫殿庙堂,巨大规整的城坊布局,在一个被简化与缩小的空间尺度中,德政碑所占据的位置更为耀眼。我们暂且将目光移出两京这样的礼仪之都,设想在前现代的物质条件下,一个长期身处帝国边缘的庶民如何来感知到国家权力的存在。改易正朔、大赦改元、颁历授时、避讳更名、诞节国忌这些国家典制上的变化,无疑会通过诏命的传达及对民众日常生活的渗透,①使人们感受到国家权力的无所不在。而分布于帝国各地,可以被民众阅读、观看到的德政碑,②则作为一种物质性的存在,展现出国家对地方社会的关注与引导。德政碑这不仅是帝国体制下理想政治秩序的象征物,同样也成为让普通民众感知国家权威存在的重要渠道之一。

为去任地方官员立碑颂德的传统,至少可以追溯到汉代,但到了唐代,这一最初或渊源于地方社会,带有民间自发性质的立碑纪念活动,面貌已经发生了深刻的变化。其中最关键的是立碑的性质发生了从"私"到"公"的转变,汉代颂德去思之碑,往往是地方耆老故旧自发聚集所立,其间并无国家权力的身影。尽管唐代德政碑请立的过程中仍保留了民众上请这一要件,但必须经过有司覆按政绩,得到批准之后,方许立碑,而且重要官员的德政碑往往由朝廷差官撰文,整个颁授程序已被纳入国家的行政体制之中,成为考课、奖励地方官员治绩的一种手段,③具有鲜明的官方性质,德政碑成为国家权力渗入地方社会的象征物。从唐代德政碑颁授的实况来看,其背后反映的往往是地方与中央之间的权力关系,并非是地方社会的自发产物。

从目前掌握的史料来看,唐代德政碑的颁授可能更多地授沿袭北朝以来传统的影响,在将这些惯例制度化的同时,强化了中央对于地方官员立碑颂德行为的控制。

> 丁亥,以牧守妄立碑颂,辄兴寺塔;第宅丰侈,店肆商贩。诏中尉端衡,肃厉威风,以见事纠劾。④

正光三年(522)的这一诏令,透露出官员妄立碑颂在北魏后期已成为地方吏治中常见的弊病之一,这一风气的形成或许与十六国以降中央对地方控制的松弛有关,积弊由来已久,自非一日可以荡涤,因此在编修《唐律疏议》时,已对如何限制、惩处官员妄立德政碑做出了详密的规定:

---

① 国家权力如何渗透到庶民日常的生活世界中是一个让人饶有兴味的话题,例如玄宗时千秋节的设立,使皇帝生日变成了一个公共性的节日,日后新帝继位,诞节日期随之变化,进而国家政治的变化可以轻易地被庶民所感知。而笔者曾以避讳更名为例,对国家权力如何向下渗透有简要的讨论,参读仇鹿鸣:《新见〈姬总持墓志〉考释——兼论贞观元年李孝常谋反的政治背景》,《唐研究》第17卷,北京大学出版社,2011年,第225—228页。
② 笔者在这里试图用"阅读"、"观看"两个概念来区分德政碑知识传播的两种途径,"阅读"是指德政碑上的文字通过传拓、抄写、阅读等途径的流传,这些具有文字阅读能力的知识精英,无疑是德政碑最重要的预设读者,但其传播的范围恐相当有限。而德政碑对于一般民众而言更重要的意义可能是作为一种可以被"观看"到政治景观而存在,国家权威通过德政碑这一象征物的中介被投射到地方社会之中。在这一脉络下,德政碑外在物质性、景观性一面变得更为重要,这也可以解释为何在唐代中后期,河北等区域出现了制作巨碑的倾向。
③ 关于德政碑颁授制度及在官员考课体系中的作用,刘馨珺《〈职制律·长吏辄立碑〉与地方官考课》一文已做了较多的讨论,读者可看看"唐律"与宋代法文化》,第71—186页。因而笔者本文的讨论更多地涉及德政碑制度在唐代前后期的变化及其实际运作所展现出中央与地方之间的权力关系。
④ 《魏书》卷九《孝明帝纪》,第233—234页。

> 诸在官长实无政迹辄立碑者，徒一年。若遣人妄称己善。申请于上者，杖一百。有赃重者，坐赃论。受遣者，各减一等。虽有政迹，而自遣者，亦同。
> 【疏】议曰："在官长吏"，谓内外百司长官以下，临统所部者。未能导德齐礼，移风易俗，实无政迹，妄述己功，崇饰虚辞，讽谕所部，辄立碑颂者，徒一年。所部为其立碑颂者，为从坐。若遣人妄称己善，申请于上者，杖一百。若虚状上表者，从"上书诈不实"，徒二年。"有赃重者，坐赃论"，谓计赃重于本罪者，从赃而断。"受遣者，各减一等"，各，谓立碑者徒一年上减，申请于上者杖一百上减。若官人不遣立碑，百姓自立及妄申请者，从"不应为重"，科杖八十。其碑除毁。注：虽有政迹，而自遣者，亦同。
> 【疏】议曰：官人虽有政迹，而自遣所部立碑，或遣申请者，官人亦依前科罪。若所部自立及自申上，不知、不遣者，不坐。①

这一法律条文虽形成于唐初，但可以被视为对南北朝以来强化中央权威，限制地方长官擅自立碑颂德的各项行政、制度经验的总结，其关键点在于将立碑的最终审批权收归中央，②"制州县长吏，非奉有敕旨，毋得擅立碑"，③这一基本原则在整个唐代被多次重申，并大体得到了严格的贯彻，④因而，中唐时封演在定义德政碑时，已将"恩敕听许"视为必备条件：

> 在官有异政，考秩已终，吏人立碑颂德者，皆须审详事实，州司以状闻奏，恩敕听许，然后得建之，故谓之"颂德碑"，亦曰"遗爱碑"。⑤

根据封演的定义，并结合对唐代德政碑申请过程中一系列制度规定和运作惯例的考察，笔者认为德政碑的颁授大约有以下几个程序要件构成：吏民诣阙上书请留不许→官员任满离任→州司申省，省司勘覆定→奏闻，许立德政碑。

这一看上去并不十分复杂的申请程序，却为地方官员与朝廷之间的博弈提供了相当的空间。中国古人素有"立德、立功、立言"三不朽之说，立德者近乎圣，非常人所能企望，立言在于著述，而德政、纪功之碑则是立功最直观的体现，因而士人精英对于立碑颂德、志之不朽之事具有强烈的文化认同与心理需求，这构成了地方官员追逐德政碑的内在驱动力。张籍《送裴相公赴镇太原》诗云"明年塞北清蕃落，应建生祠请立碑"，⑥便反

---

① 刘俊文：《唐律疏议笺解》，中华书局，1996年，第846—849页。
② 将立碑的批准权收归中央，这一制度渊源或来自南朝，我们可以注意到在南朝大量立碑的实例中，大都经过了"诏许之"这一程序，北朝则较为罕见。德政碑之名可能也来源于南朝，较早使用这一名称的是梁代萧楷德政碑，见《梁书》卷四七《孝行谢兰传》，中华书局，1973年，第658页。
③ 《资治通鉴》卷二〇六，中华书局，1956年，第6540页。另参顾炎武：《日知录集释》卷二二《生碑》，上海古籍出版社，2006年，第1269—1270页。
④ 刘馨珺统计了114个唐代立德政碑及生祠的案例，其中明确记载非法所立者，仅4例，在这4例中，1例发生在武德四年，时法令可能尚未齐备，另三例分别是周智光、董昌、李彤，其中周智光、董昌两人本为叛臣，且其所立者为生祠，而非德政碑，盖藉巫祝以蛊惑人心。李彤后因此事被柳公绰弹劾而遭贬官，故可以判定这一规定在整个唐代基本上都得到了遵循，刘馨珺：《〈职制律·长吏辄立碑〉与地方官考课》，《"唐律"与宋代法文化》，第125—133页。
⑤ 《封氏闻见记校注》卷四，第40页。按封演此处所云"遗爱"盖是指官员去任，而非去世，恰好反映出"去任请碑"是唐代德政碑的基本要素之一。
⑥ 徐礼节、余恕诚校注：《张籍集系年校注》卷四，中华书局，2011年，第421页。

映出唐代士人对建功立碑的普遍希冀。而唐人墓志中普遍将获立德政碑作为一生中重要的事功郑重地加以记录,如《崔泰之墓志》:"政刑具举,风泽斯洽,州人立碑硕颂德,于今存焉。"而因贬逐而客死岭外的张九龄,其简短的墓志中亦有"序夫官次,存乎事迹,列于中原之碑,备诸良史之笔矣"一语,①多少透露出对平生功业的自负与最终遭际的不平。甚至在传奇小说中有尚书李文悦之魂托进士赵合求取德政碑的故事,而在著名的南柯一梦中,"风化广被,百姓歌谣,建功德碑,立生祠宇"亦作为唐代官僚仕宦成功的重要标志被特别举出,②由此可见士人群体对德政碑的热衷心态。

前引唐律条文所欲抑制的便是官僚群体因企羡而产生的自利取向。另一方面,我们则可以注意到,在制度实际的运作中,德政碑的颁授往往是和地方吏民诣阙请求官员留任未许联系在一起的。

  无几,(韦抗)迁右台御史中丞,人吏诣阙请留,不许,因立碑于通衢,纪其遗惠。③

  (元结)既受代,百姓诣阙,请立生祠,仍乞再留。观察使奏课第一,转容府都督兼侍御史本管经略使,仍请礼部侍郎张谓作《甘棠颂》以美之。④

  寻上疏请归乡拜墓,州人诣阙请留(王)晙,乃下敕曰:"彼州往缘寇盗,户口凋残,委任失材,乃令至此。卿处事强济,远迩宁静,筑城务农,利益已广,隐括绥缉,复业者多。宜须政成,安此黎庶,百姓又有表请,不须来也。"晙在州又一年,州人立碑以颂其政。⑤

以上所举三例,前两例吏民诣阙请留,皆未获许,官吏如期受代,而德政碑(生祠)不过是作为官员留任未果之后的一个替代品出现的。第三例虽乞留成功,但有两点值得注意,第一,王晙留任时间很短,不过一年。揆诸史籍,我们确实能找到个别唐代吏民上书乞留成功的案例,但留任时间皆不长,一般不过一年。⑥ 第二,王晙这一个案较为特殊,其本人是因归乡拜墓而自请离任,并非任满受代。从以上案例中我们可以发现唐代中央一直有意识地抑制地方官员的长任倾向,严格执行地方官员任满受代的制度,强化了官员的流动性,⑦其中的根本原因或许便是汲取南北朝以来地方势力坐大的教训,巩固中央对于地方的控制力。但刚性的制度规定与德政留任的文化观念及官员长任的自利取

---

① 《崔泰之墓志》、《张九龄墓志》,分见周绍良编:《唐代墓志汇编》开元 174、开元 525,上海古籍出版社,1992 年,第 1277、1517 页。
② 两事分见《太平广记》卷三四七、卷四七五,中华书局,1961 年,第 2749—2750、3913 页。
③ 《旧唐书》卷九二《韦抗传》,第 2963 页。
④ 颜真卿:《唐故容州都督兼御史中丞本管经略使元君表墓碑铭并序》,《全唐文》卷三四四,第 1546 页。
⑤ 《旧唐书》卷九三《王晙传》,第 2985—2986 页。
⑥ 如李蔚"咸通十四年,转扬州大都督府长史、淮南节度副大使知节度事。乾符三年受代,百姓诣阙乞留一年,从之",见《旧唐书》卷一七八《李蔚传》,第 4627 页。
⑦ 因而宦游成为影响唐代士人生活非常重要的一个因素,参读胡云薇:《千里宦游成底事,每年风景是他乡——试论唐代的宦游与家庭》,《台大历史学报》第 41 期,第 65—106 页。

向之间往往会产生各种矛盾,于是颁授德政碑成为化解矛盾的一种有效方法。① 作为官员离任替代物的德政碑,一方面因其所具有的纪念碑性,自可满足士人精英对于政治声望与不朽声名的追求,进而抑制了官僚群体暗藏的长任自利取向,另一方面在德政碑制度的运作过程中,国家藉助对治吏楷模的塑造,向民众展示了中央对地方吏治的关切,强化了国家权力在地方社会中的存在感,当然同时也有效地维护了官员任满受代的制度。因而,"去任请碑"成为确保唐代德政碑制度有效运作最关键的一个齿轮,这一制度规定在安史之乱后并无实质性变化,只是为了适应普遍各地设立藩镇的新形势略有调整:

> (贞元)十四年十一月十二日,考功奏:"所在长吏请立德政碑,并须去任后申请,仍须有灼然事迹,乃许奏成。若无故在任申请者,刺史、县令,委本道观察使勘问。"②

综上所述,朝廷通过地方官员不得自遣所部吏民上请、去任后方得请碑、有司覆按政绩、惩处无政绩辄立碑的官员等一系列周详的制度规定,牢牢掌握了德政碑颁赐过程中的主导权,并通过这一制度的有效运作,构筑起了理想化的中央—地方关系的图景。

三、控驭之道:德政碑的政治学

这一颇具理想色彩的制度在唐代前期仰赖统一有力的中央政权的支持自可运转自如,成为政治秩序的重要象征,那么在安史乱后,随着中央权威的下降,这一制度是否仍能有效运作? 在中晚唐的政治格局中,德政碑制度欲要维持不坠,其关键取决于两点,首先,朝廷是否仍能主导德政碑的颁赐;其次,德政碑这一纪念性建筑对于地方节镇、特别是桀骜不驯的河北强藩是否仍具有足够的吸引力。以下笔者便以"顺地"、"强藩"这两种中央控制力不同的区域形态为例,③对中晚唐德政碑制度运作的实况分别加以讨论。

与一般想象中,随着唐王朝中央权威的衰弱,德政碑制度逐渐趋向瓦解或变得无关紧要不同,中唐以后德政碑颁赐运作并没有发生本质性的变化,其对地方政治的象征意

---

① 需要说明的是本文并无意追究史籍中各种关于德政或吏民诣阙请留记载的情实真伪,只是假设同为政治理性人,国家在制度设计中如何既保持德政碑的"政绩激励"效用,又同时抑制官僚群体的自利取向,而官僚群体又是如何在制度规定的空隙中寻找逐利空间。
② 《唐会要》六九,第1437页。
③ 中晚唐中央与藩镇的关系一直处于动态变化的过程中,即使如河朔三镇之属亦有不少时候对中央态度恭顺,特别是在唐廷承认河朔故事时,很难进行精确、稳定的分类,因而本文试图用"顺地"、"强藩"这两个概念来描述各藩镇在不同时段内与中央的关系。

义甚至变得更为强烈,成为节度使权力合法性的重要来源之一。首先,在唐王朝控制较为有力的"顺地",德政碑制度基本维持了原有面貌。新近刊布的韦及墓志为我们提供了中唐时代这一制度运作的实例:

> 一州□然,蒙惠饮化,思所以报德者,咸请诣阙,以彰仁政。公谦退不伐,必固遏之。朝廷以良二千石,佥可褒升,拜蕲州刺史。蕲之政如邵。离邵三载,人切去思。以政绩三十余条,终见上闻。有司□□校能,阅其能,伏奏于君前曰:邵有贤守,宜从刻石。帝曰:俞。乃篆碑纪德,传之无□。①

韦及元和十四年(819)八月卒于蕲州刺史任上,其早年刺邵时政绩卓著,当时所部吏民便欲诣阙请碑,为其所阻,任满受代,由下州(邵州)刺史迁上州刺史(蕲州),可见韦及治邵之劳绩,已得到朝廷肯定。但直到他离开邵州任上三年之后,其德政碑在邵州吏民的一再上请之下,才最终获立。墓志中提到"以政绩三十余条,终见上闻",可知所谓有司覆按,绝非虚文,需要提供翔实可信的政绩资料,方有可能获准立碑。刘禹锡《高陵县令刘君遗爱碑》一文中对立碑申请的程序记载得更为详尽:

> 大和四年,高陵人李士清等六十三人思前令刘君之德,诣县请金石刻。县令以状申府,府以状考于明法吏,吏上言:谨按宝应诏书,凡以政绩将立碑者,其具所纪之文上尚书考功,有司考其词宜有纪者乃奏。明年八月庚午,诏曰:可。②

文中所提到的宝应诏书,史文阙载,不得其详,但据此可知在安史乱后,唐廷仍在不断完善德政碑请立复核的程序,以防官员虚冒政绩,而据碑文,这位被批准立碑的高陵令刘仁师,曾有抑制豪强,疏通白渠,邑人"生子以刘名之"这样切实可考的政绩。

若未经允许,私立德政碑,一旦行迹败露,则会受到严厉的惩处:

> 柳公绰为山南东道节度观察使,司农少卿李彤前为邓州刺史,坐赃钱百余万,仍自刻石纪功,号为善政碑。公绰以事闻,贬吉州司马同正。③

在中晚唐德政碑颁授程序中,如前引贞元十四年(798)奏,观察使负有监察道内县令、刺史是否有妄立碑之事的责任,李彤虽已转为司农少卿,但其在邓州刺史任上私立德政碑一事,恰在柳公绰的监察权限之内,故招致严厉弹劾。纵观整个唐代,地方官员胆敢冒天下之大不韪,私立德政碑的案例极少,更多的则是通过虚报政绩或暗中驱迫吏民上书,求取德政碑。这对观察使和吏部考功这两级官员的监察能力提出了很高的要求。若观察使为治下所欺瞒,尚书考功则必须做进一步的覆按,以察其实情,郑澣为考功员外郎时,"刺史有驱迫人吏上言政绩,请刊石纪政者。澣探得其情,条责廉使,巧迹遂露,

---

① 《韦及墓志》,拓片刊西安市长安博物馆编《长安新出墓志》,文物出版社,2011年,第240—241页。
② 瞿蜕园:《刘禹锡集笺证》,上海古籍出版社,1989年,第55页。
③ 《册府元龟》卷六九五,第8287页。

人服其敏识",①多少能反映出这一审查制度运作的有效性。

而在中晚唐朋党林立复杂的政治环境中,德政碑的颁授有时不免失去了奖励政绩的本意,受中央政治变化的牵连:

> (令狐)绪以荫授官,历随、寿、汝三郡刺史。在汝州日,有能政,郡人请立碑颂德。绪以弟绹在辅弼,上言曰:"臣先父元和中特承恩顾,弟绹官不因人,出自宸衷。臣伏睹诏书,以臣刺汝州日,粗立政劳,吏民求立碑颂,寻乞追罢。臣任随州日,郡人乞留,得上下考。及转河南少尹,加金紫。此名已闻于日下,不必更立碑颂,乞赐寝停。"宣宗嘉其意,从之。②

我们很难判断令狐绪德政碑之请,是否存在着地方官员借机讨好执政令狐绹的用意,但从白敏中对令狐绪"小患风痹,不任大用"的评价来看,③所云政绩的可靠性不免令人有所怀疑。而令狐绪所以坚辞德政碑,则与宣宗一朝的政治特点有关。宣宗登基之后虽立刻放逐李德裕,重用令狐绹等人执政,表面看起来令狐兄弟风光无限,但辅政群体中仍旧纷争不断,加之宣宗本人性格猜忌多疑,好察察之明,并不信任宰辅,政治局势仍颇不稳定。④ 因而令狐绪上言特别强调其弟令狐绹未蒙父荫,得以入相盖"出自宸衷",全赖宣宗本人的拔擢,自己已经"闻于日下",不必更立碑颂,句句皆是针对宣宗本人的疑心病而发,以免宣宗怀疑其兄弟并居高位,内外勾连,藉立德政碑以自高声望。

方镇作为中晚唐最重要的地方权力建制,无疑是主导唐代历史走向的关键因素,藩镇节帅获颁德政碑的事例比比皆是,亦导致唐代德政碑制度发生了一些微妙的变化。如果说中晚唐县令、刺史两级德政碑的颁授运作,较之唐前期基本没有变化,依然是以评定"政绩"为基本导向,而方镇一级的德政碑颁授,则要复杂得多,主要受制于两个因素,一是朝廷内部的权力构造,其二则是中央与藩镇之间的互动与制衡,考虑"政治"因素远多于"政绩"因素,是"政治"导向而非"政绩"导向的,上文所讨论的汝州防御使令狐绪德政碑便是一例,以下以杜佑淮南遗爱碑为例做进一步的讨论。

> 初,公之入辅也,制诏副节度使、兵部尚书王公为左仆射,代居师帅。州壤乡部,鳏孤幼艾,蒙公之化也久,感公之惠也深,郁陶咏叹,愿刻金石。王公累章上请,公辄牢让中止。至是复以邦人不可夺之诚,达于聪明,且用季孙行父请史克故事,故德舆得类其话言,而铺其馨香云。⑤

---

① 《旧唐书》卷一五八《郑澣传》,第4167页。
② 《旧唐书》卷一七二《令狐绪传》,第4465页。
③ 《东观奏记》上卷,中华书局,1994年,第86页。
④ 参读黄楼:《唐宣宗大中政局研究》,天津古籍出版社,2011年,第79—97页。
⑤ 权德舆:《大唐银青光禄大夫检校司徒同中书门下平章事太清宫使及度支诸道盐铁转运等使崇文馆大学士上柱国岐国公杜公淮南遗爱碑》,《权德舆诗文集》,上海古籍出版社,2008年,第179页。

杜佑于贞元十九年(803)三月入朝拜相,"检校司空、同中书门下平章事、太清宫使",离开淮南任上,而淮南遗爱碑立于元和元年(806)宪宗即位之后,①两者间隔三年,虽不能算太长,但恰好经历了从德宗去世到永贞革新、顺宗内禅直至宪宗即位这一系列的政治风浪。德宗去世,以杜佑摄冢宰,但顺宗登基之后,重用王叔文等潜邸旧臣,招致朝野不满,杜佑虽名望崇高,但并无实权,且与王叔文等人不睦。其后,在内外朝的压力之下,顺宗被迫内禅,宪宗入继大统,而退位为太上皇的顺宗在元和元年正月突然病故,杜佑再摄冢宰。②我们已很难确知身处漩涡中心的杜佑在此阶段的政治活动,但其立场较为倾向于宪宗一方当无疑问,特别是顺宗之死,宪宗内怀惭德,③对其得位的合法性构成了严重挑战。而杜佑以元老重臣的身份摄冢宰之位,安定政局,"中外之重,必归于公",帮助宪宗度过了元和初年最为艰难的一段时光,故受封岐国公。同样,杜佑淮南遗爱碑之立,并不是为了表彰他出镇淮南时的治绩,更多的是酬庸其对宪宗的政治支持,因而碑文中特别表彰杜佑"弼亮三圣,谟明九功,当冢宰总己之任,护崇陵因山之制"的劳绩。④

进一步考察杜佑淮南遗爱碑的颁授过程,我们尚可注意到德政碑制度在中晚唐的一个重要变化,上书为杜佑申请立碑的是在任的淮南节度使王锷,王锷的上书虽仍以淮南的民意诉求为基础,"州壤乡部,鳏孤幼艾,蒙公之化也久,感公之惠也深,郁陶咏叹,愿刻金石",但"诣阙上书"这一原来德政碑颁授过程中的要件无疑已被大大弱化了,由在任节度使或监军上表为离任节度使请立碑在唐中后期逐步形成了制度惯例,如李德裕德政碑由监军使田全操与在任节度使段嶷联名上表,⑤李巽遗爱碑则由继任团练使吕谓上奏,⑥而高承简德政碑由监军使宋守义奏闻,⑦皆是其例,其中特别可以注意的是监军使在德政碑请立过程中起到了关键的作用,显示出代表皇帝私人的监军在藩镇权力结构中的显赫地位。⑧当然仍有吏民诣阙请碑的例子,但这些案例往往是与强藩跋扈联

---

① 刘禹锡有《为杜司徒让淮南去思碑表》一文,见《刘禹锡集笺证》,第326—327页。按刘禹锡永贞元年九月被贬为连州刺史,离开长安,故此文当作于永贞元年九月前,但遗爱碑云杜佑为司徒,杜佑检校司徒在元和元年四月,故刘禹锡代杜佑所拟让者是王锷较早的立碑之请,碑文中对此亦有交代,"王公累章上请,公钲牢让中止",《权德舆诗文集》,第178—179页。
② 《旧唐书》卷一四七《杜佑传》,第3979页。
③ 顺宗之死是宪宗一朝极为敏感的政治话题,元和十四年,"群臣议上尊号,皇甫镈欲加'孝德'两字,(崔)群曰:'有睿圣则孝德在其中矣。'竟为镈所构,宪宗不乐,出为湖南观察都团练使",便是著名的例子。《旧唐书》卷一五九《崔群传》,第4189页。须知当时元和中兴之业已成,宪宗威望正处如日中天之时,尚对"孝德"两字如此敏感,更何况其继位之初,不过是一个在一连串的政治动荡后、内外朝平衡之下被拥戴上帝位的弱势皇帝,之前舒王谊一直被视为呼声更高的太子人选。
④ 《权德舆诗文集》,第178—179页。
⑤ 贾餗:《赞皇公李德裕德政碑》,《全唐文》卷七三一,第3342页。
⑥ 《大唐湖南都团练观察处置等使朝散大夫检校左散骑常侍持节都督潭州诸军事兼潭州刺史御史中丞云骑尉赐紫金鱼袋李公遗爱碑铭并序》,《权德舆诗文集》,第193页。
⑦ 崔郾:《唐义成军节度郑滑颍等州观察处置等使金紫光禄大夫检校尚书右仆射持节滑州诸军事兼滑州刺史御史大夫上柱国袭封密国公食邑三千户高公德政碑并序》,《全唐文》卷七二四,第3300页。
⑧ 可以注意的是李德裕德政碑碑文叙事中监军田全操排名尚在节度使段嶷之前,"监军使田内侍全操令节度使段尚书嶷继以事闻",《赞皇公李德裕德政碑》,《全唐文》卷七三一,第3343页。至于高承简德政碑为何由监军使宋守义单独奏闻,从上下文意推测可能是由于新任节度使尚未到任的缘故。高承简其人颇善获致德政碑,其之前澥州刺史任满,亦曾获立德政碑,见《宝刻丛编》卷五,第117页。

系在一起的,如田承嗣德政碑盖由"缁黄耋耆诣阙陈乞,请颂德褒政,列于金石"。① 在唐中后期,藩镇分化成"顺地"与"强藩"两种不同的形态,因而演化出了两种德政碑颁授模式,顺地模式是节帅离任→继任官员上表请碑,强藩模式则是驱迫吏民诣阙请碑→节帅不离任,但后一种形式是中央权威衰弱时的权宜之计,并不代表德政碑制度变化的主流。我们可以看到至宋初,吏民诣阙上书这种形式干脆被明文禁止:

> (乾德四年)秋七月乙丑诏自今诸州吏民不得即诣京师举留节度、观察、防御、团练使,刺史、知州、通判、幕职州县官。若实以治行尤异,固欲借留,或请立碑颂者,许本处陈述,奏以俟裁。②

这一制度变化一方面固然反映了宋初总结晚唐五代以来治乱的经验教训,强化对地方官员驱迫吏民诣阙上书自利取向的防制,但更重要的则昭示着自汉代以来德政碑传统中"民间性格"的一面被进一步地削弱,已被完全被整合到国家的行政体制之中。

在"顺地"之外,如何来绥抚以河朔三镇为代表的"强藩",则是中晚唐中央与地方关系中极富挑战性的一面。我们可以注意到尽管唐廷中央已不能如前期一样,完全主导德政碑的颁授,中央与强藩之间的博弈给这一制度增加了很多弹性。但桀骜不驯的藩帅似乎更亟须德政碑来强化其权力来源的合法性,于是德政碑的颁授反倒为唐廷中央重新定义与藩镇之间的关系提供了一种有效的象征武器。

> 敕(卢)从史,杨乾至,省所奏今月七日到潞城县降雪尺余,兼奏耆老等诣阙请欲立碑,并手疏通和刘济本末事宜者,具悉。卿分朕之忧,求人之瘼,时降大雪,丰年表祥。岂惟泽及土田,将使物无疵厉。休庆斯在,慰望良深。耆老等远诣阙庭,请立碑记。寻已允许,当体诚怀。以旌政能,无至陈让。知卿协比其邻,翼戴为意。陈此手疏,发于血诚。忠恳弥彰,嘉叹不已。永言臣节,何日忘之?想宜知悉。③

昭义节度使卢从史是元和初年颇让朝廷头痛的藩帅,其戏剧性的坐拥节钺,本缘于德宗晚年对藩镇的姑息,但由于昭义军战略位置极为重要,是维持中央与河朔之间均势的关键,因此当元和之初宪宗试图重张朝廷声威之时,卢从史便成为横亘其中的一大障碍。卢从史本人似乎也感受到这样的压力,试图通过出兵山东来博取宪宗的好感,④其立德政碑之请,便发生在这一背景下。杨乾作为卢从史的使者,进京所言三事:瑞雪之应、德政碑之请、通和刘济,此三事皆是投合宪宗所好,以巩固卢从史的地位。上言瑞雪之兆在于歌颂宪宗之治,而通和刘济则是为了联络卢龙攻打成德的王士真,卢从史希望通过这一系列表达忠心的举动来换取颁赐德政碑,从而巩固他在宪宗心目中的地位。笔者上文已考唐廷主导德政碑制度的关键在于"去任请碑",卢从史当然无意离开昭义,只是

---

① 裴抗:《魏博节度使田公神道碑》,《文苑英华》卷九一五,第 4816 页。
② 《续资治通鉴长编》卷七,中华书局,1979 年,第 173 页。
③ 白居易:《与从史诏》,《白居易文集校注》,中华书局,2011 年,第 1107 页。
④ 参读卢向前:《卢从史出兵山东与唐宪宗用兵河朔三镇之关系》,《中华文史论丛》2007 年第 3 辑,第 323—353 页。

希望藉助德政碑,彰显朝廷对他的恩宠,强化其在昭义军中的合法性。"在任请碑"还是"去任请碑",是中晚唐中央和强藩之间围绕着德政碑颁授展开博弈的关节点,亦是衡量朝廷对于藩镇控制能力的重要标尺。此时宪宗尚无力处置卢从史,故立刻答应其立德政碑之请,并优诏答之,"卿男从史,为国重臣,自领大藩,厥有成绩。公忠茂着,政理殊尤。勒石所以表勋,赐文所以褒德",卢从史之父卢虔进而上请移籍京兆,以表忠心,亦获允准。① 表面上一副君臣合济的景象,但这一切不过是宪宗的缓兵之计,元和五年,宪宗终于抓住机会,命吐突承璀在讨伐成德的军前设计擒住卢从史,重新掌控了昭义军。②

尽管在唐中后期中央面对强藩时已无法完全恪守"去任请碑"的颁授原则,使得德政碑的本质从王朝理想政治秩序的象征,逐步演化为中央与地方之间权力关系的反应,但在这一过程中德政碑的象征意义反而得到了强化,藩镇节帅对于德政碑的渴求变得更为强烈,使得朝廷得以通过对德政碑颁赐时机的选择来调整其与藩镇之间的关系,从而巧妙地达成自己的政治意图。以下以义武军节度使张孝忠遗爱碑颁授时机的选择为例略作说明。

义武军节度使张孝忠本为成德军节度使李宝臣部将,后以易州归国,唐廷割易、定二州建义武军以授张孝忠。③ 义武军虽循河北故事,由张孝忠父子相袭,但在河北诸镇中,对朝廷最为恭顺。贞元七年(791),张孝忠卒,其子张茂昭嗣位。贞元二十年(804),张茂昭自请入朝,德宗以其子张克礼尚晋康郡主,赐赉丰厚。至顺宗继位后,方受命还镇。元和二年(807),张茂昭复请入觐,居数月,请留阙下,不许,遣归镇,④ 以上便是元和二年宪宗赐张孝忠遗爱碑的背景。因而碑文虽云"博陵上谷列侯、二千石、元僚、司武、从事、亚旅,上其故府太师贞武公功德,请铭于碑",⑤ 实际上是出自朝廷授意,宪宗选择此时为去世已有十六年之久张孝忠立遗爱碑,当然不是为了追念张孝忠镇义武时的业绩,而是意在嘉奖张茂昭对朝廷的恭顺态度,在河北藩镇中树立一个忠于朝廷的样板,因而在权德舆奉敕撰写的碑文中,对张孝忠父子两代忠于朝廷的表现及张茂昭两次主动入朝之事皆大加渲染。

至于宪宗为何选择立张孝忠遗爱碑而不直接褒奖张茂昭本人,赐其德政碑,根本原因便在于朝廷不愿意打破"去任请碑"的惯例,以此彰显义武军在河北藩镇中独特的"顺地"的特征。另一方面,志在削平藩镇的宪宗之所以此时没有顺势接受张茂昭束身归朝的请求,而是坚持命其归镇义武,其中原因或许与元和初年的政治形势有关。当时正值宪宗励精图治之初,首要的问题尚是处理浙西、昭义等处于中原腹地的骄藩,尚无暇顾

---

① 白居易:《答卢虔谢赐男从史德政碑文并移贯属京兆表》,《白居易文集校注》,第 1143 页。
② 值得注意的是宪宗条列卢从史的一大罪状是"讽朝廷求宰相",即求使相之衔,其实在卢从史看来,所谓使相与德政碑一样都是宪宗对其信任的象征物,其实未必有挟持朝廷之意,只是双方在交涉的过程中都有误判对方意图的一面,《旧唐书》卷一三二《卢从史传》,第 3652 页。
③ 按义武军初尚有辖含沧州,后沧州另置横海军。
④ 《旧唐书》卷一四一《张孝忠传》,第 3854—3858 页。
⑤ 权德舆:《唐故义武军节度使营田易定等州观察处置使开府仪同三司检校司空同中书门下平章事范阳郡王赠太师贞武张公遗爱碑铭》,《权德舆诗文集》,第 184 页。

及河北,宪宗恐不愿因张茂昭归阙而引起其他藩镇对中央有意改变河朔格局的警觉,恶化朝廷与河北之间的关系,故仍命谙熟当地情势的张茂昭归镇,同时特赐遗爱碑,表彰其父子忠心,彰显朝廷恩礼,巩固向化之心,使义武军成为唐廷打入河北的一个楔子。元和四年(809),宪宗始欲试图挑战河朔故事,不接受王承宗袭镇成德,命诸镇会讨,战事虽持续了近一年之久,最后无果而终。但宪宗先是在军前设计擒住卢从史,重新控制了昭义军,待战事甫一结束,元和五年(810)十月便接受了张茂昭束身归朝的请求,义武军改由中央直接掌控。这样经元和四年之役,宪宗虽未能达成平定成德的最初目的,但成功地在太行以北取得了两个重要的立足点。至元和七年(812),田弘正率魏博归顺,唐廷与河北藩镇之间的力量平衡终于被打破,宪宗获得了改变河北故事的历史性机遇。宪宗从元和二年赐张孝忠遗爱碑,坚令张茂昭归镇,至元和五年改变态度,接受张茂昭归阙之请,这三年间的前后变化,与当时政治形势的变化息息相关,皆服务于其逐步重建藩镇秩序的整体谋划。

李德裕尝云:"河朔兵力虽强,不能自立,须藉朝廷官爵威名以安军情",①此言颇道出中晚唐河北藩镇对中央既抗拒又依赖的矛盾心态。河北藩镇虽凭藉武力足可自立,且割据自立在当时河朔地区颇具民意基础,②但具体到每一任节度使个人,其统治地方的权力合法性却又源于中央的授予。唐廷君臣若能巧妙运用这一武器,便足以影响河朔局势乃至藩帅的废立。李德裕本人便深谙此道,会昌元年(841)九月,幽州军乱,陈行泰杀节度使史元超,上表自求节钺。

> 李德裕曰:"河朔事势,臣所熟谙。比来朝廷遣使赐诏常太速,故军情遂固。若置之数月不问,必自生变。今请留监军傔,勿遣使以观之。"③

果如李德裕所料,陈行泰因求节钺未果,无力稳定局面,复为牙将张绛所杀,张绛复求节钺,朝廷仍迁延不予,直至雄武军使张仲武起兵讨平张绛,朝廷方循成例,先"诏抚王纮遥领节度",至次年春方正授张仲武节钺。经此一役,张仲武终其一生皆对朝廷恭顺有加,并与中央密切配合,击退回鹘来犯。而中央颁授的纪念碑与节钺一样,皆具有赋予藩镇节帅统治合法性的功能,张仲武在击退回鹘之后,"表请于蓟北立纪圣功铭",④武宗命李德裕撰文赐之。

圣功铭、圣德碑之属是歌颂皇帝功业的纪念性石刻,在中晚唐颇为流行,柳公权书写的左神策纪圣德碑便是最著名一例,其性质与表彰地方官员治绩的德政碑有所不同。但由于德政碑需去任方得请立,与河北强藩追求久任一方、父子相袭的愿意相冲突,另一方面,唐廷方面自不愿意打破惯例,轻易赐予强藩德政碑,我们可以注意到除了田承

---

① 《资治通鉴》卷二四八,第 8010 页。
② 陈寅恪:《唐代政治史述论稿》,上海古籍出版社,1997 年,第 25—43 页。
③ 《资治通鉴》卷二四六,第 7955—7956 页。
④ 《旧唐书》卷一三〇《张仲武传》,第 4677—4678 页。

嗣、韩建等特殊案例外,几无节度使曾在任内获赐德政碑。① 因而,我们亦可理解如卢虔那样自求德政碑,几可被宪宗视为挑衅朝廷权威之举。而圣德碑作为一种变通形式,②一方面强藩可以藉为皇帝立碑颂德之请表达出对朝廷的恭顺之意,另一方面朝廷御赐之碑亦强化了节帅统治的合法性,李德裕撰写的《幽州纪圣功碑铭》中便对张仲武忠奉朝廷、击溃回鹘的功绩大加褒扬。③ 另一个例子则与成德王廷凑有关,王廷凑杀节度使田弘正自立,元和中兴之业因此中衰,唐廷虽无力讨平之,但深恶其人。王廷凑本人则极擅长在朝廷与邻藩之间合纵连横,因而不但自己保全善终,其家族更专制镇冀长达一个世纪之久,是中晚唐最成功的节度使家族。穆宗去世之后,王廷凑于敬宗宝历二年(826),"请于当道立圣德碑,是日,内出碑文赐廷凑",④意图通过对圣德碑这一政治景观的修建,将成德重新纳入以唐廷为中心的天下秩序中,缓和自长庆以来与朝廷之间的紧张关系。

综合以上讨论,我们可以注意到德政碑之属的颁授已演变为中晚唐中央与藩镇间博弈的重要道具,而这一博弈的结果又进一步强化了德政碑的政治景观功能,使之从"政绩激励"工具变为"政治权威"象征,成为节度使统治一方权力合法性的重要来源。因而在唐末五代群雄割据的局面中,围绕德政碑的展开博弈,虽因朝廷一方力量的衰落而变得容易获得,如唐昭宗因受韩建挟持,被迫"为建立德政碑以慰安之"。⑤ 但作为中央定义与地方政权关系的重要手段,其颁授制度一直运转有序:

> (天祐三年)闰十二月己酉朔,福建百姓僧道诣阙,请为节度使王审知立德政碑,从之。⑥

> 及太祖郊禋,(冯)行袭请入觐,贡献巨万,恩礼殊厚。寻诏翰林学士杜晓撰德政碑以赐之,累官至兼中书令,册拜司空。⑦

> 马殷为武安节度使,开平四年,潭州录事参军马琳、军府官吏、僧道等进状,称

---

① 稍有特殊的是李载义德政碑,李载义在幽州任上,一反前任朱克融父子对于朝廷跋扈的态度,颇为恭顺,且协助唐廷平定沧景李同捷之乱,故大和五年文宗特赐德政碑以奖其忠勤,然其部将杨志诚借中使颁赐碑文之机,于球场起兵谋乱,逐李载义,自立为节度使。李载义入朝后,先后转山南东道节度使、河东节度使,"会吏下请立碑纪功,诏李程为之辞",《新唐书》卷一三七《李载义传》,中华书局,1975年,第5978—5979页,《旧唐书》卷一三〇《杨志诚传》,第4675页。按此碑之立,文宗多少有补偿之意。而且从记载上看,我们尚不能判断此碑是德政碑还是纪功碑,若是纪功碑,不需离任便可获得,亦是朝廷安抚强藩的一种变通之法,韦皋、李宝臣、刘昌等皆曾获赐纪功碑。
② 除了前注中提到的纪功碑,另一种变通形式则是死后颁赐遗爱碑,一方面可不违背"去任请碑"的原则,另一方面由于河北藩镇父子相袭,表彰其父之功,本身就强化其子统治的合法性,其例除了上文讨论过的张孝忠遗爱碑,尚有魏博的田绪遗爱碑。
③ 李德裕:《幽州纪圣功碑铭》,《文苑英华》卷八七一,第4597—4599页。
④ 《旧唐书》卷十七上《敬宗纪》,第519页。
⑤ 《新五代史》卷二八《韩建传》,中华书局,1974年,第435页。按韩建德政碑是在昭宗被挟持的特殊情况下颁给的,这在司空图所撰的碑文中亦有暗指:"臣侨居郡境,备听人谣。"《全唐文》卷八一〇,第3777页。
⑥ 《旧唐书》卷二〇下《哀帝纪》,第808页。按于兢所撰《琅琊忠懿王德政碑》与一般德政碑的叙事有所不同,特别彰显了朱温在朝中专权的地位:"元帅梁王以公如河誓着,匪石情坚,累贡表章,显陈保证。朝廷冀弘劝诱,特示褒扬,将建龟趺。"见《全唐文》卷八四一,第3921页。
⑦ 《旧五代史》卷十五《冯行袭传》,第210页。

殷自到所著功庸政绩,合具上闻,伏乞许于本道以德政立碑并生祠堂事。太祖优诏许之,并令翰林学士封舜卿撰碑文。①

晋安重荣为成德军节度使,天福二年副使朱崇节奏镇州军府将吏、僧道、父老诣阙请立重荣德政碑。高祖敕:"安重荣功宣缔构,寄重藩维。善布诏条,克除民瘼,遂致僚吏、僧道诣阙上章,求勒贞珉,以扬异政,既观勤功,宜示允俞。"其碑文仍令太子宾客任赞撰进。②

从以上四个典型案例中我们可以看到,无论是地处王朝腹地的河北强藩还是远在南方的割据政权,皆有追逐德政碑的现实需求,而且其在形式上仍严格遵循了地方吏民上请,朝廷批准并差官撰文的唐旧制,即使如安重荣德政碑,虽因其巨大的形制,往往被人们视为晚唐五代藩镇跋扈的象征,但其立碑的整个申请过程依旧不踰规矩,③只是"去任请碑"这一维系中央主导德政碑颁授的关键齿轮,此时已完全失效了。

这一时期唯一可以找到自立德政碑的个案是易定节度使王处直,④但此碑有特殊的因缘。朱温篡位之后,王处直仍尊奉唐正朔,行用天祐年号,并与晋王李存勖结盟抗梁。而其自立德政碑的时间根据《王处直墓志》的记载推测,⑤当在天祐十八年(921)为其子王都所废前不久,其时唐亡已久,对于割据易定的王处直而言,并无一个合法的中央政权存在,因而,其自立德政碑不过是特殊情况下的从权之举。

作为一种象征接中央与地方之间秩序的政治景观,唐代德政碑制度在其整个颁授程序变化不大的表象下,本质上已从最初中央褒奖循吏的"政治激励"工具,一变为中晚唐中央与藩镇间博弈过程中地方节帅的政治权威象征物,再变为唐末五代中央羁縻地方的礼仪道具。其制度演化的主要动力,肇源于唐廷应对安史乱后藩镇林立特殊政治格局的需要,因而,一旦当宋代重新建立了有效的中央权威,德政碑的颁授便复归中央掌控。⑥ 但我们亦需注意到,德政碑制度的变迁虽然大体与唐代中央与地方间强弱对比的变化轨迹同步,⑦但唐廷在相当长的时间内一直颇为成功地运用了这一象征工具,来调整、界定其与藩镇之间的关系。以往我们在检讨中晚唐中央与藩镇的关系时,往往侧重于讨论双方军事、经济实力的对比,但事实上,在中国传统政治中,天命的观念赋予天子及朝廷意识形态上的权威,使其天然地具有政治、文化的合法性,这一权威往往并不需要通过武力来展现,本文所讨论德政碑的颁赐便是其呈现的方式之一。藉助政治景

---

① 《册府元龟》卷八二〇,中华书局,1960 年,第 9747 页。
② 《宋本册府元龟》卷八二〇,中华书局,1989 年,第 3037 页。
③ 安重荣德政碑已在正定发现,规制巨大,仅残存赑屃部分就长 8.4 米、宽 3.2 米、高 2.5 米,梁勇《正定巨碑主人及被毁原因初探》,《文物春秋》2000 年第 5 期,第 35—38 页。
④ 《旧五代史》卷一四一《五行志》,第 1886 页。
⑤ 拓片刊《五代王处直墓》,文物出版社,1998 年,第 64—66 页。
⑥ 关于宋代德政碑的制度,可参读刘馨珺《〈职制律·长吏辄立碑〉与地方官考课》,《"唐律"与宋代法文化》,第 85—96 页。
⑦ 因而笔者倾向于认为中晚唐德政碑颁授过程中中央与地方互相博弈形态是德政碑制度中的一种"变态",而非常态,我们并无必要在唐宋变革的框架中讨论这一制度的变化。

观的兴造,朝廷赋予节帅以统治的合法性,但亦使强藩依赖于朝廷的权威让渡,方可维系其统治,从而达成中央与地方之间新的政治平衡。

四、结　　语

将长城、故宫视为传统中国的标志性景观这一现代人普遍接受的观念无疑是近代以来民族国家建构过程中的发明,正如本文开头的引语所提示的那样,当梁思成夫妇1930年代在华北调查古迹的时候,当地人对于什么是古建筑懵懂无知,在他们心中只有石碑才是唯一不朽的象征。这种对于建筑的忽视或许与中国传统木构建筑不易保存的特性有关,但我们已足以窥知石碑这一景观在古人的世界中占据了何等重要的地位。

正缘于此,古人可以非常熟练地藉助这些石质的景观来传递政治变化的讯号:

> 蔡州既平,宪宗命道士张某至境,置醮于紫极宫。宫本吴少诚生祠也,裴令公毁之为宫。有道士院,阶前种麻,生高如墉,道士葺为藩屏。其醮日,霹雳麻屏两片,下有穴五寸已来,有狸迹。寻之上屋,其踪稍大如马,亦如人足,直至屋上而灭。其韩碑石,本吴少诚德政碑,世与狄梁公碑对立。其吴碑亦流汗成泥,狄梁公碑如故。不十日中使至,磨韩之作而刊改焉。①

平定淮西是宪宗一生所经历的最为艰难的战斗,此役的胜利奠定了元和中兴的基础。而淮西重归王化的重要标志便是蔡州城市景观的改变,作为吴少诚家族统治淮西合法性的两个重要的象征,吴少诚生祠被改为紫极宫。李唐以老子为祖先,天宝二年(743)"改西京玄元庙为太清宫,东京为太微宫,天下诸郡为紫极宫",②紫极宫作为唐代官方所立的道观,平定淮西之后得到重建,其象征意义不言而喻。而吴少诚德政碑则被磨灭,改刻为韩愈撰文的《平淮西碑》,③唐廷之所以特别选择用吴少诚德政碑的旧石来摹勒新碑,正是要藉助对于碑铭这一永久性景观的重新定义,向已有三十年未霑王化的淮西军民宣示这场战争的正义性,进而重建朝廷在淮西的政治权威。

我们更为熟悉的则是初唐名臣魏徵的例子,魏徵去世之后,太宗为其亲自撰书神道碑,并许其子魏叔玉尚衡山公主,哀荣备至。但不久便对魏徵心生嫌隙,遂停婚仆碑,魏家恩宠转衰。后太宗远征辽东无功而返,念及魏徵旧日谏诤之劳,以少牢祠其墓,复立碑。④ 魏徵神道碑的立与仆,与吴少诚德政碑的磨灭与重刻一样,都无声地向观看者传递着政治变化的讯号。在古人的生活世界中,石碑作为一种重要而常见的景观,象征着

---

① 《刘宾客嘉话录》,收入《唐五代笔记小说大观》,第799页。
② 《旧唐书》卷九《玄宗纪》,第216页。
③ 关于韩愈淮西撰写的经过及争议,可参读黄楼《〈平淮西碑〉再探讨》,《魏晋南北朝隋唐史资料》第23辑,2006年,第116—132页。
④ 《新唐书》卷九七《魏徵传》,第3880—3881页。

秩序与权力，是一般民众观察政治变化的重要窗口，这构成了古人知识系统的一部分。于是，景观更易成为政治秩序变动的象征，古人重视碑铭，无疑看重其不朽性的纪念性。而一旦权力更迭，这些不朽的象征，往往首先会被重塑或废弃。欺孤儿寡母而得天下的隋文帝对此倒是有着异常清醒的认识：

> （秦王）俊所为侈丽之物，悉命焚之。敕送终之具，务从俭约，以为后法也。王府僚佐请立碑，上曰："欲求名，一卷史书足矣，何用碑为？若子孙不能保家，徒与人作镇石耳。"①

附记：拙文定稿之后，笔者才注意到敦煌文献中的《敕河西节度兵部尚书张公德政之碑》，此碑立于节度使衙之侧。据荣新江研究，唐廷一直未正式授张淮深节钺，此碑无疑是归义军擅自撰制，却仍自称奉敕所立，可见唐廷与归义军虽仅是羁縻关系，但朝廷恩敕的德政碑仍是归义军节度使合法性的重要来源之一。另可注意的是此碑钞本于正文之中多用双行小字笺释典故与史事，如"盘桓卧龙"下注曰："卧龙者，蜀将诸葛亮也，字孔明，能行兵，时人号曰卧龙是也。""宣阳赐宅，廪实九年之储"下注曰："司徒宅在左街宣阳坊，天子所赐粮料，可支持九年之实。"如本文所论，德政碑是地方节度使合法性的重要象征，因而笔者推测这一详注古典与今典的钞本当是向归义军中文化程度不高的节将士卒宣讲碑文所用。另荣新江指出北图芥91《大方等大集经》卷第八写本背面有"敕河西节度兵部尚书张公德政知碑"一行（参荣新江《敦煌写本〈河西节度兵部尚书张公德政之碑〉校考》，收入《归义军史研究》，上海古籍出版，1996年，399—410页），又史睿见告 S.1291 写本上有"（上缺）节度兵部尚书张公德政之碑"字样（《英藏敦煌文献》第2卷，261页），均当是学童习书文字，可知张淮深德政碑文曾是敦煌学童习书的资料之一。这两个例子多少可以使我们窥见德政碑在地域社会中传播的实态，而无论是宣讲还是习书，其目的皆是藉助各种手段，扩展碑文的传播范围，将其作为强化节度使政治权威的宣传品。

---

① 《隋书》卷四五《秦王俊传》，第1240页。

论唐后期宣武军节度使韩弘

张现国

唐德宗建中二年(781)宣武军设立后,长期辖有汴(今河南省开封市)、宋(今河南省商丘市)、亳(今安徽省亳州市)、颍(今安徽省阜阳市)四州之地,是全国交通和漕运的枢纽地区,战略地位非常重要。其节度使历经刘玄佐、刘士宁、李万荣、董晋、陆长源、刘全谅等,刘玄佐后的节度使大多继承了刘玄佐重赏士卒的治汴策略,且大多统治时间不长,在节度使除代时多引起动乱。这种局面到德宗贞元十五年(799)韩弘任节度使时才得到改变,韩弘从德宗贞元十五年(799)到宪宗元和十四年(819)节度宣武军,长达二十一年。

宣武节度使韩弘是唐宪宗"元和中兴"不可回避的一个重要历史人物,对其进行研究,对研究唐宪宗时期的中央政策及中央与地方的关系意义很大。但从古至今,史学界对韩弘评价贬多褒少,①程遂营先生在《唐后期汴镇节帅韩弘》②一文中虽然认为韩弘一生贡献居多,但仍然认为韩弘在平定淮西等战役中是消极抵抗的;陈勇先生结合韩愈《平淮西碑》碑文对韩弘的评价,在《关于淮西之役的几个问题》③一文中认为韩弘是唐廷淮西平叛取得胜利的关键人物,陈先生的评价客观公允,比较符合客观历史事实。在此基础上,笔者排列史料,力争对韩弘进行一个客观系统的评价,以期达到正本清源,还历史人物本来面目的目的。

一、韩弘的功绩

(一)诛杀叛乱分子与经营宣武军

汴州自贞元八年(792)至十五年(799)仅八年时间便发生了五次较大的变乱,运河

---

① 《旧唐书》卷一五六《韩弘传》及王寿南先生《唐代藩镇与中央关系之研究》附录一《唐代藩镇总表》中的宣武军表。王寿南先生把整个宣武军节度使分为恭顺和跋扈两类,而跋扈者只有韩弘和朱温。
② 程遂营:《唐后期汴镇节帅韩弘》,《史学月刊》2000年第5期。
③ 陈勇:《关于淮西之役的几个问题》,《军事历史研究》2004年第1期。

交通处于毫无保障的状态。贞元十五年(799),董晋卒,陆长源知留后事,"欲以峻法绳骄兵",引起镇兵不满而哗变,执杀陆长源。不久,朝廷指派的新任节帅刘逸准(全谅)又死去。在这种情况下,"汴军怀玄佐之惠,又以弘长厚,共请为留后,环监军使请表其事"。① 朝廷迫于情势,遂以韩弘为汴州刺史、宣武军节度副大使知节度事。韩弘到任后所采取的第一项措施,就是整顿军纪,将作乱首领及其党羽绳之以法,此后二十多年,汴州没有发生变乱,运河畅通无阻,这就为宪宗时期平定淮西等叛镇提供了有利的条件。

《资治通鉴》卷二三五载:

> 宣武军自刘玄佐薨,凡五作乱,士卒益骄纵,轻其主帅。韩弘视事数月,皆知其主名,有郎将刘锷,常为唱首。三月,弘陈兵牙门,召锷及其党三百人,数之以"数预于乱,自以为功",悉斩之,血流丹道。自是至弘入朝二十一年,士卒无一人敢欢呼于城郭者。②

宣武军自从刘玄佐以后,所任节度使都厚赏士卒以取得支持,对这些受河朔化影响比较大的军人集团,特别是宣武军牙兵,厚赏只能换来一次次的军乱,而韩弘从小就跟随舅舅刘玄佐生活,长大以后又在宣武军内任武将,对宣武军比较了解,因此他上任后,一改以前所任节度使的统兵政策,以严厉镇压为主,树立节度使的威严,逐渐削弱了宣武军士卒的河朔化习俗。史书只是记述了韩弘刚上任时的这次诛杀刘锷等多次鼓动军乱的叛乱分子,而事实上韩弘在其统治宣武军二十多年内对宣武军内部的不稳定分子和叛乱势力都是以严刑峻法为主的。

韩弘诛杀骄兵所起到的积极作用是非常大的。首先,它直接维护了宣武军地区的长期稳定和发展。诛杀骄兵,一方面表明韩弘善于用人,知人善任。贞元年间,宣武军五次动乱,节度使都没有找到动乱的组织者和发动者,反而一味的厚赏,使骄兵更骄,而韩弘一上任就能发现这批人,并予以消灭,就等于向宣武军广大将士宣传一个信号:节度使对军队内部是非常了解的,只有和节度使站在一边才是唯一正确的选择。《资治通鉴》也载:"弘将兵,识其材鄙勇怯,指顾必堪其事。"③另一方面就是向反叛势力宣战,极大地削弱和打击了宣武军内部的河朔化势力,使宣武军以后除了穆宗时期的短暂军乱外,一直处于稳定状态,军队的稳定直接促进了宣武军地区的社会稳定,有利于经济的发展,保证了运河漕运的安全,为唐宪宗平定淮西、淄青军乱以及为"元和中兴"局面的出现奠定了基础。其次,严刑峻法压制骄兵,就可以节省大量的过去用于厚赏骄兵的经费,增强宣武军的后勤储备和勤王战争的军费。最后,诛杀骄兵对宣武军邻镇的反叛势力也起到了一定的威慑作用,为朝廷在以后平定淮西、淄青叛乱的过程中起到了支持的

---

① 《旧唐书》卷一五六《韩弘传》,中华书局,1975年5月第1版,第4134页。
② 《资治通鉴》卷二三五德宗贞元十六年(800)条,中华书局,1956年6月第1版,第7586页。
③ 《资治通鉴》卷二三五德宗贞元十五年(799)条,第7584页。

作用。宣武军的邻镇皆惮其威,就是指韩弘不向反叛势力妥协,对叛乱实力严厉镇压的威严,邻近的淮西、淄青叛乱势力当然害怕。后来李师道多次利诱和威胁,①韩弘不为所动,韩弘的态度使淮西和淄青的反叛势力没有联合起来,使中央军队各个击破,取得了元和平叛战争的胜利。

除了在军事上严格控制宣武军外,在经济上,韩弘也是非常重视的,这样使宣武军军费充足,储备充裕,逐渐壮大了宣武军的军事实力。虽然由于史料的缺乏,现在还难以弄清楚韩弘在任宣武军节度使期间所采取的具体经济措施,但和刘玄佐任节度使时经济状况相比较就能看出来,②刘玄佐由于财政经济的匮乏,厚赏士卒只能靠借口相国寺佛流汗骗取钱财来实行。③ 他在韩滉的劝说下想入朝觐见皇帝,在韩滉资助"钱二十万缗,备行装"④后才得以成行。由此可见,刘玄佐节汴时期,宣武军的经济实力是非常有限的,很多事情由于经济的原因无法完成。而到了韩弘时期,他先后三次向皇帝进奉,曾一次献马三千匹、绢五十万、锦彩三万、金银器千件,而宣武的府库仍有厩钱百余万缗,绢也有百余万,马七千匹,粮食三百万斛,兵械铠甲不可胜数。⑤ 这足以看出,在韩弘的治理下,宣武军地区经济的发展情况。

(二)助唐廷平定淮西、淄青叛乱,维护了中央权威

唐后期藩镇林立,魏博、成德、卢龙、淄青、淮西诸藩都有明显的割据性质,"喜则连衡而叛上,怒则以力而相并",⑥严重削弱了中央政府的权威。宣武军处于山东诸侯与东都洛阳之间,除了保障漕运通畅的任务外,还明显具有"王室屏藩"的作用。韩弘上任后也深知这一点,因此韩弘上任后采取的第一项重要措施就是站在唐中央政府一边,向叛镇宣战,以后韩弘一直坚持实行这一政策,这为唐宪宗平定淮西吴元济及淄青李师道的叛乱奠定了基础。

德宗贞元十五年(799),忠武节度使曲环病死,割据淮西的吴少诚曾与刘全谅合谋袭取陈、许二州,计划事成之后,陈州割给宣武军,许州割与淮西。韩弘上任时,淮西使者仍在馆驿中。为表示忠于朝廷,"弘悉驱出斩之。选卒三千。会诸军击少诚于许下。少诚由是失势"。⑦ 韩弘从一开始就表现出不与割据诸侯沆瀣一气,能够以国家大局为重的态度,改变了原来节度使刘全谅的淮西政策,这对吴少诚的打击非常大,增强了以后唐宪宗平定淮西的信心。

顺宗永贞元年(805),平卢节度使李师古屯兵曹州,企图占领郑、滑等州,被韩弘吓退。

---

① 《资治通鉴》卷二三六顺宗永贞元年(805)条,卷二三九宪宗元和七年(812)条,第7608—7609、7697页。
② 当然要扣除刘玄佐厚赏士卒所多花费的费用而韩弘严法镇压所省的费用这一因素。
③ 《新唐书》卷二一四《刘玄佐传》,中华书局,1975年2月第1版,第6000页。
④ 《资治通鉴》卷二三二德宗贞元二年(786)条,第7474页。
⑤ 《新唐书》卷一五八《韩弘传》,第4945页;又见《资治通鉴》卷二四一宪宗元和十四年(819)条。
⑥ 《新唐书》卷六四《方镇表一》,第1759页。
⑦ 《资治通鉴》卷二三五德宗贞元十五年(799)条,第7584页。

《资治通鉴》卷二三六详细叙述了这件事：

> 李师古发兵屯西境以胁滑州。时告哀使未至诸道，义成牙将有自长安还得遗诏者，节度使李元素以师古邻道，欲示无外，遣使密以遗诏示之。师古欲乘国丧侵噬邻境，乃集将士谓曰："圣上万福，而元素忽传遗诏，是反也，宜击之。"遂杖元素使者，发兵屯曹州，且告假道于汴。（九域志：曹州西北至滑州一百二十里。汴州北至滑州界一百里，东北至曹州界一百三里。三州之界，盖犬牙相入）宣武节度使韩弘使谓曰："汝能越吾界而为盗邪！有以相待，毋为空言！"元素告急，弘使谓曰："吾在此，公安无恐。"或告曰："翦棘夷道，兵且至矣，请备之。"弘曰："兵来，不除道也。"不为之应。师古诈穷变索，且闻上即位，乃罢兵。
>
> 吴少诚以牛皮鞋材遗师古，师古以盐资少诚，潜过宣武界，事觉，弘皆留，输之库，曰："此于法不得以私相馈。"师古等皆惮之。①

此后韩弘在宪宗元和七年（812）又一次抵制了淄青李师道的利诱，《资治通鉴》卷二三九载：

> 李师道使人谓宣武节度使韩弘曰："我世与田氏约相保援，今兴非其族，又首变两河事，亦公之所恶也！我将与成德合军讨之！"弘曰："我不知利害，知奉诏行事耳。若兵北渡河，我则以兵东取曹州！"师道惧，不敢动。②

唐宪宗元和九年（814），朝廷诏严绶为申、光、蔡等州招抚使，韩弘遣子韩公武率军三千从征。元和十年（815）严绶讨伐淮西失败，朝廷以韩弘为淮西诸军行营都统，让他指挥大将李光颜、乌重胤等军攻击叛军。韩弘听命，多次联系李光颜、乌重胤商讨联合进讨，如《资治通鉴》卷二三九记载：元和十一年（816）"壬申，韩弘请命众军合攻淮西，从之……壬午，宣武军奏破郾城之众二万，杀二千余人，捕虏千余人"。③ 但由于朝廷的猜忌，并没有让韩弘到前线指挥。④ 可见韩弘是想行都统职责的，由于朝廷的猜忌使其都统有名无实，但韩弘除了抱怨朝廷外，仍然坚持自己原来的立场，并没有做出对朝廷平定淮西不利的举动，后来在裴度、韩弘、李光颜、乌重胤、李愬等的配合下，平定了淮西，韩弘因功被加授为侍中，封许国公。

后韩弘又联合魏博节度使田弘正、忠武节度使李光颜等平定了淄青李师道，在平定过程中，韩弘非常卖力，"吴元济既平，韩弘惧；九月，自将兵击李师道，围曹州……春，正月，辛巳，韩弘拔考城，杀二千余人"。⑤ 李师道的叛乱平定后，韩弘表请入朝，被册拜司徒、中书令，因足疾，见驾时唐宪宗命中人搀扶他参拜，韩弘表示愿意留在长安。宪宗元

---

① 《资治通鉴》卷二三六顺宗永贞元年（805）条，第7608—7609页。
② 《资治通鉴》卷二三九宪宗元和七年（812）条，第7697页。
③ 《资治通鉴》卷二三九宪宗元和十一年（816）条，第7719、7724页。另外《新唐书》卷一七一《李光颜传》也提到"都统韩弘约诸军攻贼"，第5184页。
④ 《资治通鉴》卷二三九宪宗元和十年（815）条，第7717—7718页；又见《新唐书》卷二一四《吴元济传》。
⑤ 《资治通鉴》卷二四〇宪宗元和十三年（818）条、宪宗元和十四年（819）条，第7752、7757页。

和十五年(820)六月,朝廷又起用韩弘以本官兼河中尹、河中晋绛节度观察等使。时弘弟充为郑滑节度使,子公武为鄌坊节度使。父子兄弟,皆秉节钺,人臣之宠,冠绝一时。穆宗长庆二年(822)韩弘因为年老多病乞罢戎镇,于此年十二月病逝。①

总之,结合以上史料可以看出,尽管韩弘有时心生抱怨,他和宣武军仍然是唐宪宗平定淮西和淄青战役的主力之一。

二、韩弘的消极表现

作为一个地方节度使,拥有强大的兵力,又生活在唐后期中央权力衰落,藩镇割据自立、节帅飞扬跋扈的时代,韩弘在当时的有些行为也有很大的负面影响,总结起来主要有下面几个方面:

(一)专权好杀,峻法树威

李肇《唐国史补》卷中:"张圆者,(宣武节度使)韩弘旧吏,初弘秉节,事无大小委之。后乃奏贬,圆多怨言,乃量移诱至汴州,极欢而遣,次八角店杀之。"②对自己昔日的心腹,韩弘对他贬官还不解恨,非要杀之而后快,这就体现了韩弘睚眦必报,缺乏宽宏大量的心胸。另外比较韩弘和他的弟弟韩允处置骄卒的办法也可看出韩弘好杀的个性。韩弘和韩允初任宣武节度使的背景很相似,都是在宣武军军乱之后,韩弘"尽斩之(刘锷等三百多叛乱者),以徇,血流道中,弘对宾僚言笑自若"。③ 而韩允"既安堵,密籍部伍间,得尝构恶者千余人。一日下令,并父母妻子立出之,敢逡巡境内者斩。自是军政大理,汴人无不爱戴"。④ 韩允把构恶者驱逐出汴州,割断了其动乱的基础和根据地,用和平的办法解决了尝构恶者千余人,赢得军民的爱戴;相反,韩弘诛杀刘锷等三百人,且"言笑自若",使用杀戮恐吓,宣武军民并不一定从内心真心拥护他的统治。《新唐书》卷一五八载"弘峻法,人人不自保"。⑤ 卷一六六《令狐楚传》亦载"汴军以骄故,而韩弘兄弟务以峻法绳治,士偷于安,无革心。楚至,解去酷烈,以仁惠镌谕,人人悦喜,遂为善俗"。⑥ 可见,韩弘峻法绳治使宣武军暂时维持了和平的局面,吓怕了宣武军地区的军民,并不能从根本上使宣武军地区达到长期和平安定。

(二)贪污行贿,骄奢淫逸

《新唐书》卷一六六《令狐楚传》载:"始,汴、郓帅每至,以州钱二百万入私藏,楚独

---

① 《旧唐书》卷一五六《韩弘传》,第4136页。
② 李肇:《唐国史补·因话录》,上海:上海古籍出版社,1957年4月版,第43页。
③ 《旧唐书》卷一五六《韩弘传》,第4134页。
④ 《旧唐书》卷一五六《韩弘传》附《韩允传》,第4138页。
⑤ 《新唐书》卷一五八《韩弘传》附《韩允传》,第4946页。
⑥ 《新唐书》卷一六六《令狐楚传》,第5099页。

辞不取。"①《旧唐书》卷一五六《韩弘传》亦载,宣武节度使韩弘,据汴州二十余年,"四州征赋,皆为己有,未尝上供"。② 宣武军节度使以公谋私,贪污行贿由来已久,到韩弘节汴时期达到顶峰。《新唐书》卷二一四《刘悟传》载:"(刘悟)被病去,还东都,全谅积缗钱数百万在焉。"③刘全谅仅仅做了几个月宣武节度使,他贪污的钱财存在洛阳的就达到数百万。韩弘做了二十多年的节度使,贪污的钱财简直是无法统计。刘士宁是史料记载第一个公开向朝中大臣行贿的宣武军节帅,"(士宁)饷(窦)参绢五千,湖南观察使李巽故与参隙,以状闻,又中人为之验左,帝大怒,以为外交戎臣,欲杀参"。④ 刘士宁仅仅是"饷参绢五千",而韩弘向朝中大臣行贿,动辄千万,其行贿的总体数字是无法统计的。⑤这种节帅带头贪污行贿的行为,对整个宣武军地区的影响是极坏的,难怪宣武军的每次军乱都和骄卒的逐利有关。

韩弘贪污宣武军的财赋收入,他平时自然也是花钱如流水。在淮西战争最为紧要的时候,他花费数百万盛装一美妇人进献给李光颜,使者即赍书先造光颜垒曰:"本使令公德公私爱,忧公暴露,欲进一妓,以慰公征役之思,谨以候命。"⑥被李光颜婉拒。此时韩弘的形象和李光颜形成了鲜明的对比,他是以小人之心度君子之腹,也说明了韩弘平时生活糜烂,骄奢淫逸。

(三) 地方保护主义严重

在唐代交通史上,交通水利与农业税利之争由来已久。唐中央政府为确保运河通航水量,往往禁止附近农民或兵营及节度使私自截水灌田,二者时有冲突发生,尤其是在涸水季节。⑦ 例如贞元二年(786)五月,汴河"多被两岸田菜,盗开斗门,舟船停滞",国家于是命令沿汴河的各州府,控制斗门,控制田地用水,改变船只难以通行的状况。⑧到了德宗后期,汴州的韩弘和徐州的张愔不愿"筑塞两岸斗门"。

《全唐文》卷七三六载:

> 大梁、彭城控两河,皆屯兵居卒,食出官田。而畎亩颇夹河,与之俱东,仰泽河流,言其水温而泥多,肥比泾水,四月农事作,则争为之派决而就所事,视其源绵绵,不能通槁叶矣。天子以为两地兵食所急,不甚阻其欲。舟舻曝滞,岁以为常,而木文多败裂。自四月至七月,舟佣食尽不能前。⑨

从这种情况,可以看出军屯对于运河线路的影响之大,使漕运几乎处于停滞状态,

---

① 《新唐书》卷一五六《令狐楚传》,第5099页。
② 《旧唐书》卷一五六《韩弘传》,第4136页。
③ 《新唐书》卷二一四《刘悟传》,第6012页。
④ 《新唐书》卷一四五《窦参传》,第4731页。
⑤ 《新唐书》卷一七四《牛僧孺传》和卷一七七《钱徽传》记载,韩弘子公武向牛僧孺行贿千万,向钱徽行贿二十万,二人不纳。
⑥ 《旧唐书》卷一六一《李光颜传》,第4220页。
⑦ 《新唐书》卷五三《食货志三》载:"是时,汴宋节度使春夏遣官监汴水,察盗灌溉者。"第1370页。
⑧ 《唐会要》卷八七《漕运》,北京:中华书局,1955年,第1598页。
⑨ 《全唐文》卷七三六沈亚之《淮南都梁山仓记》,北京:中华书局,1989年,第7640页。

而停滞时间又是漕运最为繁忙的7月。韩弘作为地方节度使,他却不明白维护中央政府的利益高于一切,唐中央政府设立宣武军的目的之一就是保护运河漕运的畅通,韩弘的这一做法显然阻遏了运河漕运,难怪韩弘经常会被唐中央政府猜忌和怀疑。

(四)傲慢少礼,争权夺利,抱怨不断

《新唐书》卷一五八《韩弘传》载:韩弘"诏使至,或骜侮不为礼"。① 对皇帝的使者怠慢,就会被认为对皇帝的不忠,自然就会引起皇帝的反感和猜忌。《资治通鉴》卷二三九载:"宪宗元和十年(815)春,正月,乙酉,加韩弘守司徒。弘镇宣武,十餘年不入朝,颇以兵力自负,朝廷亦不以忠纯待之。王锷加同平章事,弘耻班在其下,与武元衡书,颇露不平之意。朝廷方倚其形势以制吴元济,故迁官,使居锷上以宠慰之。"② 韩弘对有名无实的检校官都斤斤计较,抱怨中央,难怪对淮西战争爆发后,朝廷任命资历和实力都不如自己的严绶为淮西招讨使,韩弘对中央的抱怨就更大,直到最后朝廷被迫任命韩弘为都统才作罢。

三、一些对韩弘贬义评价的史料的辨析

综上所述,韩弘的一生功绩很大,但也有一些消极的行为,但在一些重大问题上始终是和中央站在一边的。但史学界往往在一些重大事件上例如平定淮西之役上对韩弘贬多褒少。③ 他们认为韩弘在唐中央政府平定淮西的过程中采取了消极甚至阻挠的态度。韩弘虽不像河北、山东诸藩那样,有十分明显的割据倾向,但淮西、淄青一平,汴镇便也不再会有显赫的军政地位。所以,韩弘虽名为统帅,却不愿淮西速平,实际上只派其子韩公武带领三千汴军参战。由于唐宪宗讨伐决心坚定,将领李光颜、乌重胤、李愬有勇有谋,元和十二年(817)七月,李愬夜袭蔡州,生擒吴元济;十四年(819),又诛杀李师道,官军一举荡平山东诸藩。他们显然认为韩弘在平定淮西、淄青战争中消极,作用非常有限。持这种观点的人是根据史书对韩弘的消极态度的一些记载得出这种观点的,如:

《新唐书》卷二一四《吴元济传》载:

> 李师道馈盐,出入宁陵、雍丘间,韩弘知而不肯禁。④

《旧唐书》卷一五六《韩弘传》载:

> (韩弘)方镇汴州,当两河贼之冲要,朝廷虑其异志,欲以兵柄授之,而令李光

---

① 《新唐书》卷一五八《韩弘传》,第4945页。
② 《资治通鉴》卷二三九,宪宗元和十年(815)条,第7707页,又见《新唐书》卷一五八《韩弘传》。
③ 参见《旧唐书》卷一六一《李光颜传》、卷一五六《韩弘传》;《资治通鉴》卷二三九;程遂营《唐后期汴镇节帅韩弘》。
④ 《新唐书》卷二一四《吴元济传》,第6005—6010页。

颜、乌重胤实当旗鼓。乃授弘淮西诸军行营都统。弘虽居统帅,常不欲诸军立功,阴为逗挠之计。每闻献捷,辄数日不怡,其危国邀功如是。①

《资治通鉴》二三九卷载:

> (韩弘)乐于自擅,欲倚贼自重,不愿淮西速平……李光颜在诸将中战最力,弘欲结其欢心,举大梁城索得一美妇人,教之歌舞丝竹,饰以珠玉金翠,直数百万钱,遣使遗之,使者先致书。光颜乃大飨将士,使者进妓,容色绝世,一座尽惊。光颜谓使者曰:"相公愍光颜羁旅,赐以美妓,荷德诚深。然战士数万,皆弃家远来,冒犯白刃,光颜何忍独以声色自娱悦乎!"因流涕,座者皆泣。即于席上厚以缯帛赠使者,并妓返之,曰:"为光颜多谢相公,光颜以身许国,誓不与逆贼同戴日月,死无贰矣!"②

《旧唐书》卷一六一《李光颜传》载:

> 都统韩弘令诸军齐攻贼城,贼又径攻乌重胤之垒。重胤御之,中数枪,驰请救于光颜。光颜以小溵桥贼之堡也,乘其无备,使田颖、宋朝隐袭而取之,乃平其城堑,由是克救重胤。韩弘以光颜违令,取颖及朝隐将戮之。颖及朝隐勇而材,军中皆惋惜之。光颜畏弘不敢留。会中使景忠信至,知其情,乃矫诏令所在械系之。走马入见,具以本末闻。宪宗赦忠信矫诏罪,令即往释颖及朝隐。弘及光颜迭以表论。宪宗谓弘使曰:"颖等违都统令,固当处死。但光颜以其袭贼有功,亦可宥之。军有三令五申,宜舍此以收来效。"及以诏谕弘,弘不悦。③

实际上根据这些史料来判断韩弘消极抗敌是站不住脚的。首先在史书中记载韩弘对淮西和淄青之间的军事物资互相支持"知而不肯禁"就此一次,而这一次的时间是唐宪宗元和九年(814),朝廷诏严绶为申、光、蔡等州招抚使,而其实早在顺宗永贞元年(805)韩弘就严厉打击叛镇之间的走私行为,《资治通鉴》卷二三六载:"吴少诚以牛皮鞋材遗师古,师古以盐资少诚,潜过宣武界,事觉,弘皆留,输之库,曰:'此于法不得以私相馈。'师古等皆惮之。"④此后韩弘还多次打击淮西和淄青之间的走私行为。那么为什么唐宪宗元和九年(814)却"知而不肯禁"呢?显然韩弘长期忠于朝廷,而朝廷却对其大加猜忌,在平定淮西这样重要的大事中,对实力雄厚的宣武军不加重用,却诏严绶为申、光、蔡等州招抚使,韩弘心生怨望,结果实践证明严绶也没有这样独当一面的才能和实力,大败而归,最后朝廷才任命韩弘为都统,但对其还是不放心,猜忌不断,韩弘之所以有都统之名而无其实,完全是朝廷的猜忌造成的,即使是这样,韩弘心生怨望也是正常的,但并没有所谓的消极、阻挠对淮西用兵。

---

① 《旧唐书》卷一五六《韩弘传》,第4134页。
② 《资治通鉴》卷二三九宪宗元和十年(815)条,第7717—7718页,又见《旧唐书》卷一六一《李光进传附弟光颜传》。
③ 《旧唐书》卷一六一《李光颜传》,第4221页。
④ 《资治通鉴》卷二三六顺宗永贞元年(805)条,第7608—7609页。

针对《旧唐书》记载的韩弘"常不欲诸军立功,阴为逗挠之计。每闻献捷,辄数日不怡,其危国邀功如是"。① 胡三省就进行了反驳,他说:"按弘承宣武积乱之后,镇定一方,居强寇之间,威望甚著。若有异志,与诸镇连横跋扈,如反掌耳。然观其始末,未曾失臣节。朝廷若疑其有异志而更用为都统,则光颜、重胤更受其节制,非所以防之也。且数日不怡,有何状可寻,恐毁之过其实耳。"②

另外关于《资治通鉴》第二三九卷所记韩弘向李光颜进献美妇人一事,用于表彰李光颜为国忠诚,不为美色所动则可,用于说明韩弘"乐于自擅,欲倚贼自重,不愿淮西速平"则显得牵强,这与韩弘后来多次向当朝的王公大臣行贿的目的是一样的,韩弘也看出李光颜作战勇敢,后必显贵,这也是巴结李光颜的一种行为。实际上在刘玄佐任宣武军节度使时,也这样做过,史书反而表扬和肯定了其行为。"初,李纳遣使至汴,玄佐盛饰女子进之,厚馈遗,皆得其阴谋,故纳最惮之。"③可见盛饰女子是宣武军节度使的惯常做法,可以迷惑敌人,也可讨好友军,并不是什么大问题。

至于《旧唐书》卷一六一《李光颜传》所载的韩弘要斩李光颜的大将,最后唐宪宗也站在李光颜一边向韩弘施压,更体现出韩弘是以令行事,行使都统职权。以唐宪宗为首的唐中央政府却对韩弘极度不信任。写史者肯定要站在唐中央政府的角度,对韩弘下一个消极抗敌的结论。

其实结合当时平淮西之役的背景和宣武军的重要战略地位就能看出韩弘在平定淮西战争中的作用是多么的重要。④ 对这一点曾在宣武军幕府任过职的韩愈是最了解的,韩愈在《平淮西碑》中无一字之贬,称颂韩弘"责战益急",甚至在后来所写的诗中把他与宰相裴度并列,并称为"两府元臣"。显然从战略上韩愈认识到了宣武军地处"水陆要冲",为"王室藩屏"。⑤ 如果宣武军为朝廷所有,不仅可以"扼制淮夷,保障楚甸",还可以隔断两河,以备恒郓。假如宣武军失控,则平卢、成德将与淮西连成一片。如此,则徐州失去屏障,中央王朝对东南地区也必将失控。宣武"当两河冲要"、"处强寇之间"的形势和宪宗"因其形势以临淮西"的战略,足以显示宣武军在用兵淮西中的重要作用。所以,在淮西之役中,争取宣武节度使韩弘的支持,使他能站在朝廷一边,就显得格外重要了。在战争之初,朝廷"虑其异志",而授韩弘都统之职以示笼络。韩愈对宣武镇在平淮西中的重要作用有比较清醒的认识,对朝廷联合韩弘平淮西寄予了厚望。他以行营司马的身份随裴度赴淮西行营时,就提出了"请先乘遽至汴说韩弘,使协力"的主张,得到了裴度的赞同。皇甫湜在为韩愈撰写的墓志铭中称:"先生以右庶子兼御史中丞、行军司马,宰相军出潼关,请先乘遽至汴,感说都统,师乘遂和,卒擒元济。"⑥在《韩愈神道

---

① 《旧唐书》卷一五六《韩弘传》,第4134页。
② 《资治通鉴》卷二三九宪宗元和十年(815)条,第7717—7718页。
③ 《新唐书》卷二一四《刘玄佐传》,第6000页。
④ 陈勇:《关于淮西之役的几个问题》,《军事历史研究》2004年第1期。
⑤ 《全唐文》卷六六四白居易《与韩弘诏》,第6754页。
⑥ 《全唐文》第687卷皇甫湜《韩文公墓志铭》,第7040页。

碑》中也有"出关趋汴,说都统弘,弘悦用命。"①的记载。韩愈在《送张侍郎》一诗中称:"司徒东镇驰书谒,丞相西来走马迎。两府元臣今转密,一方逋寇不难平。"②显然,在韩愈眼中,促成韩弘与朝廷的合作,对于淮西的平定起了极为重要的作用。事实上,在淮西之役后期,韩弘积极督战,对淮西之役的取胜还是起了一定作用的。韩诗中有"两府元臣今转密,一方逋寇不难平"的期待,也就不难理解了。结合前面提到的胡三省在《通鉴》注中对韩弘的评论,胡三省为韩弘辩诬叫屈,不是没有道理的。其实,在平定淮西之役中,韩弘还是比较卖力的,"都统弘责战益急,颜、胤、武战益用命。……乃敕颜、胤、愬、武、古、通:'咸统于弘,各奏汝功。'三方分攻,五万其师"。③ 另外在平定淄青之战中,韩弘也非常卖力,"吴元济既平……九月,自将兵击李师道,围曹州……春,正月,辛巳,韩弘拔考城,杀二千馀人"。④

四、韩弘和唐中央政府的关系

结合前面的分析,可以看出韩弘对唐中央的态度可以分为三个时期。

韩弘任职宣武军初期(799—814)对中央极为恭顺。韩弘之所以能担任宣武军节度使,是靠士卒的拥立然后得到了中央政府的同意和任命,他刚上任后要极力赢得中央政府的信任,因此他诛杀叛卒、杀掉吴少诚的使节,派兵帮助中央军队进攻吴少诚目的就是如此。顺宗永贞元年(805)韩弘吓退淄青李师古袭击滑州的图谋,接着又断绝淮西吴少诚和缁青李师古的经济交往。⑤ 宪宗元和七年(812)吓退李师道干涉魏博的图谋。⑥ 元和八年(813),韩弘进所撰《圣朝万岁乐谱》,共三百首。⑦ 纵观这一段时间内,无论是在防御淄青问题上,还是在防御淮西问题上,韩弘的态度是何等的坚决,没有丝毫的犹豫。另外也找不到韩弘对中央诏使傲慢或不礼的记载,反而亲自写乐谱歌颂皇帝和朝廷。

朝廷讨伐淮西吴元济前期(814—816),韩弘对中央心生抱怨,逐渐变为对中央傲慢、不为礼。此时宣武军在韩弘的经营下实力大增,韩弘又在平定淮西、淄青的过程中立下了大功,但朝廷却对其猜忌不断,讨伐吴元济初期,朝廷任命严绶为淮西招讨使,在严绶失败后,虽然朝廷任命韩弘为都统,名义上李光颜、乌重胤、李愬等都受韩弘节制,实际上这些大将是中央直接指挥,并不听韩弘的号令,即使韩弘想行使都统职权来讨伐

---

① 《全唐文》卷六八七皇甫湜《韩愈神道碑》,第7038页。
② 《全唐诗》卷三四四,中华书局,1960年,第3855页。
③ 《新唐书》卷二一四《吴元济传》,第6010、6011页。
④ 《资治通鉴》卷二四〇宪宗元和十三年(818)条、宪宗元和十四年(819)条,第7752、7757页。
⑤ 《资治通鉴》卷二三六顺宗永贞元年(805)条,第7608—7609页。
⑥ 《资治通鉴》卷二三九宪宗元和七年(812)条,第7697页。
⑦ 《旧唐书》卷一五《宪宗纪下》,第447页。

吴元济,中央也出面干涉。① 显然在中央的干涉下,韩弘无法行使都统的职权来有效的组织军队讨伐吴元济,平叛的唐朝军队还是各自为战,唐军尽管浴血奋战,还是无法消灭吴元济,最后朝廷任命裴度统一指挥,"裴度这次出征,名虽宣慰,实际是代韩弘为统帅,对于统一号令,鼓舞士气,起了很大的作用"。② 最后才取得胜利。以前仆固怀恩、李怀光都有大功于朝廷,反受到朝廷的猜忌,最后都被迫反叛朝廷。在此背景下,韩弘心生怨望是可以理解的,但他并没有反叛朝廷,也没有割据意向,实在是难能可贵。韩弘"诏使至,或骜侮不为礼",③和王锷争班高下,④"李师道馈盐,出入宁陵、雍丘间,韩弘知而不肯禁"。⑤ 这些事件都发生在这一阶段。

从朝廷讨伐吴元济后期到韩弘去世(817—823),对朝廷非常忠心。此一阶段开始,韩弘认清形势,一改前一阶段对中央傲慢、无礼、抱怨的态度,在平定了淮西吴元济的叛乱后,接着又在平定淮西李师道叛乱过程中,尽力作战,做出了很大的贡献。后又自请罢镇入朝,向朝廷"进奉"了巨额财富。被任命为河中节度使,不顾年老多病而去上任,可见其忠心。

从朝廷方面来看,主要是唐中央政府对韩弘由猜忌到信任。韩弘在任职宣武军初期,虽然对中央忠心耿耿,但他毕竟是由军队拥立而不是中央直接任命的节度使,再加上韩弘以前的宣武军节度使大多跋扈,因此唐中央政府对其是有很大的戒心的。后来在讨伐淮西战争期间韩弘心生抱怨,朝廷自然对其猜忌不断,但鉴于宣武军特殊的战略地位,朝廷需要韩弘在元和战争中出力,又害怕他和淮西、淄青相勾结,因此朝廷对他是利用、笼络又不信任的政策。例如朝廷"累授(韩弘)检校司空、同中书门下平章事"、⑥"春,正月,乙酉,加韩弘守司徒。弘镇宣武,十余年不入朝,颇以兵力自负,朝廷亦不以忠纯待之"。⑦ 朝廷对韩弘的多次加官,并不是出于真心,而是笼络韩弘的措施,权德舆在元和五年(810)曾经说过"宰相非序进之官。唐兴以来,方镇非大忠大勋,则跋扈者,朝廷或不得已而加之"。⑧ 当时朝廷不会认为韩弘有大忠大勋,是"不得已而加之"。

淮西吴元济被平定后直到韩弘觐见皇帝,朝廷看到了韩弘并没有反叛中央的意图,因此不再对其猜忌,转为信任和尊宠。"元济平,以功加(韩弘)兼侍中,封许国公。李师道诛……因请入朝,册拜司徒、中书令,以足疾,命中人掖拜,固愿留京师。帝崩,摄冢宰。俄出为河中节度使。以病请还,复拜司徒、中书令"。⑨ 此时韩弘被册拜为司徒、中书令,应该是朝廷真实意图的表达,是对韩弘极大的褒奖。

---

① 《旧唐书》卷一六一《李光颜传》。
② 陈光崇:《关于淮西之役的几个问题——兼评罗思鼎〈评淮西之捷〉》,《学习与批判》1975 年第 2 期。
③ 《新唐书》卷一五八《韩弘传》,第 4945 页。
④ 《资治通鉴》卷二三九宪宗元和十年(815)条,第 7707 页。又见《新唐书》卷一五八《韩弘传》。
⑤ 《新唐书》卷二一四《吴元济传》,第 6005—6010 页。
⑥ 《新唐书》卷一五八《韩弘传》,第 4944 页。
⑦ 《资治通鉴》卷二三九宪宗元和十年(815)条,第 7707 页。
⑧ 《资治通鉴》卷二三八宪宗元和五年(810)条,第 7680 页。
⑨ 《新唐书》卷一五八《韩弘传》,第 4945 页。

总之,韩弘和中央的关系的和谐与否主要取决于唐中央政府的处置是否得当。裴度说:"天下安否系朝廷,朝廷轻重在辅相。今承宗削地,程权赴阙,韩弘舆疾讨贼,非力能制之,顾朝廷处置能服其心也。"①

五、是"忠"还是"奸"?——兼论史书对韩弘的评价

我们通过对以上韩弘在宪宗时期行为的多角度考察,已经对韩弘有了比较明确和全面的认识。然而,千百年来,史学界之所以对韩弘的认识存在着分歧,就在于史书对韩弘的记载有很多矛盾的地方。

《旧唐书》对韩弘的评价比较低。例如《旧唐书》卷一五六《韩弘传》对韩弘的评价多贬义和批评:

> 韩(弘)、王(智兴)二帅,乘险蹈利,犯上无君,豺狼噬人,鸱鹗幸夜,爵禄过当,其可已乎?谓之功臣,恐多惭色。赞曰:于(頔)子清狂,轻犯彝章。韩(弘)虐王(智兴)剽,专恣一方。元和赫斯,挥剑披攘。择肉之伦,爪距摧藏。②

《旧唐书》把韩弘和于頔、王智兴列为一卷,实为不妥。于頔慢上陵下,有割据汉南之志。

《资治通鉴》卷二三五载:

> 山南东道节度使于頔因讨吴少诚,大募战士,缮甲厉兵,聚敛货财,恣行诛杀,有据汉南之志,专以慢上陵下为事。上方姑息藩镇,知其所为,无如之何。頔诬邓州刺史元洪赃罪,朝廷不得已流洪端州,遣中使护送至枣阳。頔遣兵劫取归襄州,中使奔归。頔表洪责太重,上复以洪为吉州长史,乃遣之。又怒判官薛正伦,奏贬峡州长史。比敕下,頔怒已解,复奏留为判官。上一一从之。③

而王智兴逐朝廷所任武宁节度使崔群后自任武宁军节度使,"掠盐铁院缗币及汴路进奉物,商旅赍货,率十取七八,逐濠州刺史侯弘度"。④ 朝廷力不能治而被迫受之武宁节度使,跋扈和蔑视朝廷之状可见一斑。

说于頔、王智兴"犯上无君"、"爵禄过当"、"谓之功臣,恐多惭色"是可以的,显然说韩弘过于冤枉。

正是由于《旧唐书》对韩弘的评价明显不当,《新唐书》在对韩弘做传时做了明显的改变:

---

① 《新唐书》卷一六七《皇甫镈传》,第 5113 页。
② 《旧唐书》卷一五六,第 4141 页。
③ 《资治通鉴》卷二三五德宗贞元十六年(800)条,第 7588 页。
④ 《旧唐书》卷一五六《王智兴传》,第 4139 页。

《新唐书》卷一五八《韩弘传》：

> 赞曰："(韦)皋、建封、弘本诸生,震兴田亩间,未有以异人,及投隙龙骧,皆为国梁楹,光奋一时。使不遭遇,与庸夫汩汩并骭而腐可也。皋、弘虽阴鸷,卒能以诚言自解,长没天年,宜哉！"①

把韩弘和韦皋、张建封、严震放在一起列为一卷,韦皋在治理蜀地、防御吐蕃、南诏等方面立有大功;张建封"治徐凡十年,躬于所事,一军大治。善容人过,至健黠亦未尝曲法假之。其言忠义感激,故下皆畏悦。性乐士,贤不肖游其门者礼必均,故其往如归"。② 另外张建封在防御淮西李希烈和淄青李纳中立有大功,多次受到朝廷的嘉奖。严震"好兴利除害。建中中,剑南黜陟使韦桢状震治行为山南第一,乃赐上下考"。③ 在朱泚之乱中,严震多次保护危难中的德宗,使之转危为安。韩弘和韦皋、张建封、严震放在一块列传,比较恰当。《新唐书》说韩弘"为国梁楹……长没天年,宜哉",这样对韩弘的评价和《旧唐书》"犯上无君,豺狼噬人……谓之功臣,恐多惭色"的评价可谓天壤之别。综合来看韩弘确实是"股肱心膂之臣",④是唐代中后期的元老之臣。⑤

---

① 《新唐书》卷一五八,第4947页。
② 《新唐书》卷一五八《张建封传》,第4941页。
③ 《新唐书》卷一五八《严震传》,第4942页。
④ 《全唐文》卷六五九白居易《裴度韩宏等各赐一子官并授侄女婿等制》,第6702页。
⑤ 《全唐文》卷六五七白居易《韩公武授左骁卫上将军制》中说"韩公武,我元老之令子也"。第6690页。

从"刘展之乱"看唐肃宗的江淮政策

李碧妍

天宝十四载(755)十一月,安禄山起兵反唐,拉开了历时七年有余的安史之乱的序幕。安史之乱的爆发,促成了唐肃宗李亨的提前即位,从而结束了唐玄宗长达四十余年的执政生涯。肃宗于叛乱发生后的第二年即位,改元至德(756),于宝应元年(762)去世,在位七年。肃宗一朝可以说是战争的一朝,因为其时唐廷与安史叛军始终处于交战状态中。然而,由于叛军一直没有渡淮南下,所以严格地说,南方并没有受到安史乱军的直接冲击。当然,这并不意味着此时南方就没有大的政治动荡发生,比如在玄、肃之交的江淮,其实就发生过以玄宗、肃宗父子争夺最高统治权力为实质的"永王李璘叛乱"一事。有关永王一事,由于学者的探讨,现已基本得到了廓清。① 但对继"永王之乱"后的另一事件——"刘展叛乱",却鲜见有学者对此加以讨论。因此本文的目的,就是要对安史之乱时期发生在江淮地区的这一起重要事件进行细致分析。并且希望能够透过此事件,来理解肃宗时代江淮政策的实质。

一、刘展势力的形成与相州之役后河南的军事部署

有关刘展事迹,除了其"叛乱"的情况外,史料留下的资料很少。关于他乱前的仕宦经历,据刘展本人言:

> 展自陈留(即汴州)参军,数年至(宋州)刺史,可谓暴贵矣。②

我们推测,刘展应该是在安史之乱中崭露头角的一名河南地方将领。他最早以陈留

---

① 有关永王起事及所反映的玄肃矛盾,可参见贾二强《唐永王李璘起兵事发微》,《陕西师大学报》1991年第1期。另外袁英光、王界云《关于唐玄宗李隆基的几个问题》一文也认为玄宗在逃亡途中任命永王璘等三王是为了牵制太子李亨(收入中国唐史学会编:《唐史学会论文集》,陕西人民出版社,1986年,第129—154页)。
② 《资治通鉴》卷二二一上元元年十一月条,中华书局1956年标点本,第7098页。

参军的身分参与勤王,后因作战有功,在乾元二年(759)五月前,已任至试汝州刺史。乾元二年夏秋之际,正值唐廷遭遇相州之役失败,重新规划河南方面军事部署的时期:

> (五月)壬午,(唐廷)以滑、濮节度使许叔冀为汴州刺史,充滑、汴等七州节度使;以试汝州刺史刘展为滑州刺史,充副使。①

许叔冀统辖的滑、汴一带是唐廷防范乘相州之役胜利而即将南下的史思明部众的前沿阵地,而濒临黄河的滑州又是这前沿中的桥头堡。因此作为滑州刺史的刘展其时还兼领"副使"之职,可见其地位并不低。不过刘展很快就被调往稍南的另一重镇宋州,因此我们在九月史思明南下的战事中并未看到刘展。

刘展的仕宦经历在安史之乱时期的河南很具代表性。因为由于安禄山叛乱初期,唐朝在河南地区的两支主要军事力量——河南节度使张介然统辖的陈留唐军以及封常清招募的镇守东京的军队——就都已经迅速瓦解,所以安史之乱初期与叛军对抗的河南军队几乎都是河南当地的州县军队或义军。而统领这些军队的人物也基本上都是河南地方将领,如刘展、许叔冀、尚衡等。其实我们熟知的抗贼名将张巡、许远也是如此。只不过后者在相州之役前就已经殉国了,而前几位河南将领却在乱中逐渐壮大了自己的军事实力,并成为唐廷此后在河南与叛军对抗的主要力量。

我们知道,发生在乾元元年(758)底到乾元二年初的河北相州之役是朝叛战争的一个重要转折点。叛军方面,相州之役结束了安禄山父子统治的时代,就此转入史思明的时代。而在唐军方面,由于九节度兵溃相州,使得唐军之前积累的优势损失殆尽。原本已收复的东京、河南地区将第二次面临南下叛军的冲击。在相州之役结束,到乾元二年九月史思明率大军渡河南下前的这段时间里,朝、叛双方都各自在河南、河北为即将重启的对决进行战略部署。

在这段时期的唐一方,除了我们关注的刘展任职外,还有几个与此后"刘展之乱"有关的任命也值得注意。一个是在乾元二年七月,肃宗任命李光弼代郭子仪出任朔方节度使、兵马副元帅,知诸节度行营,赴镇东都。九月,唐廷又任命王仲昇充申、安、沔等州节度使,李抱玉为郑、陈、颍、亳四州节度使。王仲昇与李抱玉二人都是早征疆场且与朔方军有渊源的将领。显然,为了即将开始的与史思明的战斗,唐廷有意提高了淮西与河南西部这两个地区的战略地位,并派重将出镇这两个地区。实际上,当不久后史思明率大军南下时,他像之前的安禄山一样,并未措意江淮,而是西进洛阳,也企图由洛阳再进入长安。不过也就在洛阳一带,史思明遭遇了来自李光弼、李抱玉的强烈反击,并且,双方在洛阳周近对峙了一年多的时间。而也正因为朝叛双方的主力一直集中在东都一带,所以自乾元二年九月到上元二年(761)二月这段时间里,王仲昇统领的淮西、刘展所

---

① 《资治通鉴》卷二二一乾元二年五月条,第7077页。

在的宋州,甚至河南中东部地区其实都没有受到叛军太大的冲击。① 而我们所讨论的"刘展之乱"正发生在上元元年(760)底到上元二年正月这段不算长的时间里。

二、"刘展之乱"的起因与肃宗的江淮政策

关于"刘展之乱",史料称,其时身为宋州刺史的刘展"握兵河南、有异志",②似乎刘展早有反意。但据对此事论述最详的《资治通鉴》记载,上元元年,时为宋州刺史的刘展与曾破永王李璘军的李铣同为淮西节度副使,"铣贪暴不法,展刚强自用,故为其上者多恶之"。③ 节度使王仲昇先奏铣罪而诛之,又使监军使、内左常侍邢延恩入奏肃宗,请除刘展。之后,肃宗听信邢延恩的建议,因刘展方握强兵,乃计除展江淮都统,代李峘,拟俟其释兵赴镇,中道执之,密敕旧都统李峘及淮南节度使邓景山图之。

刘展与李铣都是对肃宗而言有功的将领,并早在王仲昇任使前就在河南一带领兵作战。但也可能正是因为这个原因,导致他们为人处事上有刚愎自用的特点,与其时的上级淮西节度王仲昇关系不佳。

安史之乱爆发后,身任各军监军的宦官是当时政治舞台上极为重要的一个群体。作为君主的耳目,他们在监临地方高级将领的同时,也常常左右着这些将领的命运。从史料反映的情况看,当时不少勤王将领都与监军的关系不协,比如众所周知的郭子仪、李光弼等都是如此。但王仲昇却恰恰是一个与宦官关系很不错的地方节帅。在刘展一事中,他与监军邢延恩携手向肃宗禀奏了刘展的"不臣"之状。

这样看来,刘展"刚强自用"或是事实,而心怀反状倒未必见得。史称当邢延恩以肃宗制书授刘展时,刘展对此也颇有疑虑,曾曰:

"展自陈留参军,数年至刺史,可谓暴贵矣。江、淮租赋所出,今之重任,展无勋劳,又非亲贤,一旦恩命宠擢如此,得非有谮人间之乎?"因泣下。④

直至邢延恩驰之广陵(即扬州),解李峘之印节以授展,刘展才上表谢恩,并悉举宋州兵七千趣广陵赴任。可见刘展本人对无功而突授江淮都统一事也深感疑惧,唯恐是中央的政治骗局,故也执意要以印节为据,方敢起身赴任。而当刘展此后率军来到淮南时,也曾使人问于陈兵以待的淮南节度使邓景山:"吾奉诏书赴镇,此何兵也?"⑤因此,所谓

---

① 史载到上元元年十一月的时候:"史思明遣其将田承嗣将兵五千徇淮西,王同芝将兵三千人徇陈,许敬江将二千人徇兖郓,薛鄂将五千人徇曹州。"(《资治通鉴》卷二二一,第7099—7100 页)不过李光弼已在此时收复了河南西部的重镇怀州,所以尽管叛军出击的范围有所扩大,但这对河南整体战局的影响并不大。
② 《旧唐书》卷一一二《李峘传》,中华书局 1975 年标点本,第 3343 页。
③ 《资治通鉴》卷二二一上元元年十一月条,第 7097 页。
④ 《资治通鉴》卷二二一上元元年十一月条,第 7098 页。
⑤ 《资治通鉴》卷二二一上元元年十一月条,第 7098 页。

刘展心怀异志,看来是史家为回护肃宗等人而对刘展的诬枉。

接下来我们来谈一下刘展事件中的另一个关键人物李峘,及其所领江淮都统一职。按江淮地区自至德二载(757)二月"永王之乱"平息后,由于肃宗的战略部署重点在北方,以收复两京为主,而南方自损失了永王这支重要的军事力量后,得赖张巡、许远等人近十月的死守睢阳(宋州)一线,使叛军不敢南下,所以当时政局粗安的江淮地区似乎还没有受到肃宗太多的关注。江淮地区重新被肃宗所重视,是两京收复后的乾元元年。而其被重视的标志就是江淮都统一职的设立。

江淮都统一职设置于乾元元年十二月,以户部尚书李峘"都统淮南、江东、江西节度、宣慰、观察、处置等使",①驻扬州。同样在当月,史又称,置浙江西道节度使,领苏、润等十州,置浙江东道节度使,领越、睦等八州。② 显然,新设的江淮都统就是为了统辖与监督同样新设的江淮诸节镇的。江淮都统是肃宗的独创,③不仅肃宗之前无此职务,在肃宗之后的百多年里,江淮地区也只设有管辖各自辖区的节度使或观察使。

按重新规划江淮诸节镇及设置江淮都统的乾元元年十二月,正是唐军与安庆绪在相州激战的时候。我们并不特别清楚肃宗此时对江淮地区进行军政设置调整的明确用意,比如它是否为了呼应北方的九节度围攻相州。不过两点是很清楚的,首先,肃宗现在开始重视并系统规划所谓"兵食所资,独江南两道耳"④的江淮军事布防了。史载,到乾元二年的时候,肃宗又于江东设立润州丹阳、昇州江宁、苏州长洲、杭州余杭以及宣州采石五军,并于江西治所洪州设立南昌军。⑤ 显然,肃宗已有意增强军事力量单薄的江南两道的军事实力。其次,为了加强中央对江淮地区的控制,肃宗在江淮各节度之上又加置了江淮都统这层统治。并且我认为,江淮都统设置的目的即便不是为在军事上或经济上支援北方,至少监督与防范在江淮地区再次出现永王式人物及"永王之乱"这样的变故,也必然是其一项重要任务,尤其是当时唐朝大军正在北方与叛军鏖战之时。因为当年"永王之乱"发生时,北方的朝叛战争也正进行得如火如荼。

江淮都统既然负有替中央监督与控制江淮诸镇的使命,那么担任此职的人物则必

---

① 《唐会要》卷七八《诸使中·都统》,中华书局,1955年,第1424页。两《唐书·李峘传》(第3343、3569页)及《新唐书》卷六《肃宗纪》(中华书局1975年标点本,第161页)之记载相同。而《旧唐书》卷一〇《肃宗纪》称乾元元年十二月"以户部尚书李峘充淮南、浙西观察使、处置节度使"。二年正月则又称"以御史中丞崔寓都统浙江、淮南节度处置使"。(第254页)《资治通鉴》卷二二〇乾元元年十二月条"以户部尚书李峘为之(浙东节度使),兼淮南节度使"(第7063页)均有讹误。
② 《旧唐书》卷一〇《肃宗纪》(第254页)、《资治通鉴》卷二二〇乾元元年十二月条(第7063页)、《新唐书》卷六八《方镇表五·江东条》、《浙东条》(第1903页)所载略有不同,现参校而录之。另据《新唐书》卷一九二《忠义中·张巡传》"肃宗诏中书侍郎张镐代进明节度河南,率浙东李希言、浙西司空袭礼、淮南高适、青州邓景山四节度掎角救睢阳"(第5540页)及《资治通鉴》卷二二〇至德二载十月条"张镐闻睢阳围急,倍道亟进,檄浙东、浙西、淮南、北海诸节度及谯郡太守闾丘晓,使共救之"(第7039页),两浙节度使也可能在至德二年就已设置了。
③ 《唐会要》卷七八《诸使中·都统》:"都统之号始于此。"1424页。
④ 《全唐文》卷三二三萧颖士《与崔中书圆书》,中华书局,1983年,第3271页。
⑤ 《新唐书》卷四一《地理志五》,第1056、1057、1058、1059、1066、1067页。《新唐书》卷六八《方镇表五·江东条》载"乾元元年置浙江西道节度兼江宁军使……副使兼余杭军使"(第1903页),时间误。

然不同一般。史载当时担任此职的是户部尚书李峘。有关李峘的事迹,《旧唐书》本传称:

> (天宝)十四载,入计京师。属禄山之乱,玄宗幸蜀,峘奔赴行在,除武部侍郎,兼御史大夫。俄拜蜀郡太守、剑南节度采访使。上皇在成都,健儿郭千仞夜谋乱,上皇御玄英楼招谕,不从,峘与六军兵马使陈玄礼等平之,以功加金紫光禄大夫。时(峘弟)岘为凤翔太守,匡翊肃宗,兄弟俱效勋力。从上皇还京,为户部尚书,岘为御史大夫,兼京兆尹,封梁国公。兄弟同制封公。

李峘是唐宗室,也是玄宗的护驾功臣,安史之乱中曾担任玄宗行在蜀郡的太守。不过上述史料更有意义的一点,却在于李峘之弟李岘的事迹。李岘在安史之乱前正担任长沙太守。天宝十五载(756)七月,也就是玄、肃二帝经马嵬之变分道扬镳后不久,玄宗颁布了寓有抑制太子李亨(即肃宗)意味的《幸普安郡制》。此制又称《命三王制》,即在任命太子李亨为天下兵马元帅的同时,又同时任命永王璘、盛王琦、丰王珙三人为三路节度采访等都大使。由于盛、丰二王并未出阁,所以真正赴任的其时只有永王璘一人。永王当时所任之职为"山南东路及黔中、江南西路等节度支度采访都大使,江陵大都督"。而在制文中,被任命辅佐李璘的人就是李岘,他被授予"副都大使,江陵郡大都督府长史兼御史中丞"①之职。不过李岘显然是个有政治头脑的人物,史称其"辞疾赴行在,上(肃宗)召高适与之谋"。② 李岘不仅推辞了入幕李璘的军队,而且立刻奔赴肃宗行在,并效节于后者,成为匡翊肃宗的功臣。③ 凤翔在肃宗由灵武(灵州)回驾长安的途中一度是行在之地,而且紧邻京畿,因此不是肃宗亲信者是不会被授予凤翔太守一职的。

在长安收复、玄肃二帝双双还京后,李氏兄弟也因着战乱初期效力二帝的特殊功绩,"同时为御史大夫,俱判台事,又合制封公"。④ 乾元元年十二月,李峘被肃宗任命为江淮都统。而次年三月,已为礼部尚书兼京兆尹的李岘又被肃宗任命为吏部尚书,同时升任同中书门下平章事。《资治通鉴》又称:

> 上于岘恩意尤厚,岘亦以经济为己任,军国大事多独决于岘。⑤

于是,李氏兄弟一在外镇,一在朝廷,成为还京后的肃宗极为重用和信任的人物。

现在让我们回到李峘与刘展的关系上来。从上文的分析来看,挑起刘展一事的是淮西节度使王仲昇,但处理这一事件的却是江淮都统李峘。考虑到刘展手握强兵,而王仲昇又要防备史思明的军队,如果唐廷要求王仲昇来惩治刘展的话,则很可能引起刘、史的联手夹击淮西。同时,在当时的河淮与江淮地区,除了王仲昇外,只有李峘是唐廷

---

① 《全唐文》卷三六六贾至《玄宗幸普安郡制》,第3719页。
② 《资治通鉴》卷二一九至德元载十一月条,第7007页。
③ 有关李岘事,可参见林伟洲《安史之乱与肃代二朝新政权结构的开展》,台北:花木兰文化出版社,2009年,第50—51页。
④ 《新唐书》卷一三一《宗室宰相·李岘传》,第4506页。
⑤ 《资治通鉴》卷二二一乾元二年三月条,第7072页。

的亲信力量,其余如在河南东部的田神功、尚衡诸人,不是投降唐廷的河北军人,就是河南当地的义军,肃宗显然不能依靠他们来收拾刘展。这样看来,将惩灭刘展的重任寄予李峘身上就是很容易理解的事了。

三、"刘展叛乱"前后的江淮军事情形

上元元年十一月,刘展奉旨率兵南下,李峘与邓景山则发兵拒之,两者的军事冲突就此爆发。不过很快,江淮军队就发现他们根本不是"素有威名,御军严整"①的刘展的对手。在一个月的时间里,刘展不仅攻克了淮南的治所扬州,派兵横扫了淮南境内的濠、楚、舒、和、滁、庐诸州,迫使邓景山与邢延恩逃往更西的寿州。而且成功打破了李峘与浙西节度使侯令仪设置在长江南岸的防线,在歼灭李峘部众的同时,也顺利拿下了浙西的军政中心润州和昇州。到十二月的时候,连浙西的上游门户宣州都落入了刘展之手。李峘一行,连同宣歙节度使郑炅之等都只能再次逃往更南的洪州(江西节度使治所)。

当时曾有士人把唐军在江淮地区一溃千里的惨败归结为李峘对颜真卿的弃用。据说唐廷本在乾元二年六月,任命此前在河北地区领导义军与叛军对抗的著名人物颜真卿为浙西节度使。据殷亮《颜鲁公行状》的记载:

> (乾元)二年六月,拜昇州刺史,充浙江西道节度使兼宋亳都防御使(?江宁军使)。刘展反状已露,公(颜真卿)虑其侵轶江南,乃选将训卒,缉器械为水陆战备。都统使李峘以公为太早计,因密奏之。肃宗诏追,未至京,拜刑部侍郎。及刘展举兵渡淮,峘败绩奔江西,淮南遂陷于展。议者皆多公而怨峘焉。②

相似的记载也保留在令狐峘的《颜真卿墓志铭》中。我们知道,刘展引兵南下乃是上元元年十一月的事,而颜真卿担任浙西节度事在乾元二年六月至上元元年正月这半年。行状和墓志撰文当然有褒颜贬刘的意味,但上述的史料却也隐约透露出这样一个信息,即肃宗可能在乾元二年就有除掉刘展的计划。

我们这样判断,并不表示我们赞同行状和墓志所说的,颜真卿也知道这一计划。虽然颜氏在接受浙西节度使的任命时自己也曾上表称:

> 臣以今日发赴本道,取都统节度观察使李峘处分讫,即赴昇州,即当缮修甲兵,抚循将士,观察要害,以备不虞。假陛下英武之威,遵陛下平明之理,一心戮力,上

---

① 《资治通鉴》卷二二一上元元年十一月条,第7098页。
② 《全唐文》卷五一四殷亮《颜鲁公行状》,第5228—5229页。行状所谓"兼宋亳都防御使"一职误,据令狐峘颜真卿墓志,以及颜氏本人在接到任命后所作的《谢浙西节度使表》中都未提到此职。谢表中称其职为"昇州刺史充浙西节度使兼江宁军使"。(《颜鲁公集》卷二,文渊阁《四库全书》本)江宁军是驻于浙西治所昇州的军队。

答天慈。①

但我们认为，颜氏的水路战备不一定就像行状和墓志所说的，是早有先见之明地预见了刘展将反的事实，并且为此做了军事上的布防。我们知道，在颜真卿被任命为浙西节度使时，唐军已经遭遇了相州之败，并且正在为即将开打的与史思明的战斗作准备。虽然江东地区离即将进行战斗的河南还有一定距离，但以颜真卿的为人，及其此前在河北组织军队与叛军对抗的表现来看，他对于唐廷的任命以及防范叛军的工作向来是尽心尽力的。因此我更倾向于认为，颜真卿的豫饬备战不是为了防备刘展，倒更可能是为了防备叛军而采取的未雨绸缪的举措。当然，由于后来李峘奏遣了颜真卿，颜氏的军事措施没有被继续贯彻，而在不久后的"刘展之乱"中，江淮军队又迅速崩溃，因此士人将失败的罪责归于李峘弃用颜真卿，并赞誉后者具有先见之明就是一种很自然的心态。尤其在为颜氏颂功的行状和墓志中，这种心态当然就表现地更为明显，甚至有意造成了颜真卿早已洞察刘展将反的一种假象。

不过，姑且不论颜氏是否也觉察或知晓中央已留意刘展的这一事实，但作为肃宗亲信的李峘，却是很清楚地明白中央对刘展的态度的。因为如果颜真卿的"饬偏师，利五刃，水陆战备，以时增修"②是为了应对叛军南下的威胁，那么李峘恐怕没有必要密奏肃宗，诏追颜氏为刑部侍郎。当然，我们也可以说，肃宗诏追颜真卿入朝是担心颜氏在江东发展军事力量。但颜氏是文人不是武将，其与兄杲卿在抗击叛军中的事迹以及忠贞的为人，和在当时勤王人士中所享有的声誉，都不至于让人想象肃宗会对颜真卿也产生猜忌和怀疑。所以行状和墓志称，都统使李峘是因为颜氏此举"为太早计"，③有"过防骇众"④之嫌，才将其调离浙西，应该还是可信的。而肃宗也在次年（上元元年）正月以杭州刺史侯令仪为昇州刺史，代替颜真卿充任浙江西道节度兼江宁军使。⑤

我们在上文说过，"刘展之乱"的诱因源于他与上级淮西节度使王仲昇间的矛盾，而江淮都统李峘对刘展所采取的军事行动，似乎只是在贯彻肃宗的决意而已。不过我们从颜真卿调任一事来看，李峘对中央疑忌刘展的态度其实早在上元元年前就洞晓了。不仅如此，李峘与王仲昇一样，在关于如何处理刘展的问题上，似乎都能主动对肃宗施加影响，而并非一味被动地接受肃宗的安排。我们认为，如果李峘不是肃宗特别亲信的人物，要对后者产生这样的影响是不容易的。所以正如后来刘展对邢延恩所说的，江淮都统乃一"重任"之职，若此人既无勋劳，又非亲贤，"以江、淮为忧"⑥的肃宗何以会授予其该职呢？

---

① 《颜鲁公集》卷二《谢浙西节度使表》。
② 《全唐文》卷三九四令狐峘《光禄大夫太子太师上柱国鲁郡开国公颜真卿墓志铭》，第 4012 页。
③ 《全唐文》卷五一四殷亮《颜鲁公行状》，第 5228—5229 页。
④ 《全唐文》卷三九四令狐峘《光禄大夫太子太师上柱国鲁郡开国公颜真卿墓志铭》，第 4012 页。
⑤ 《旧唐书》卷一〇《肃宗纪》，第 257 页。
⑥ 《资治通鉴》卷二二一上元元年十一月条，第 7098 页。

其实我们从宦官邢延恩在此事中的表现,也能察觉到一种很微妙的关系。邢延恩在当时所担任的"监军使"当指"淮西监军使"无疑。但我们从刘展一事中来看,他与江淮都统李峘的关系也很密切。也就是说,同样身为肃宗亲信,并且站在同一立场上的王、邢、李三人,他们不仅相互交流和分享着有关刘展的消息,并且共同构划和贯彻着肃宗对刘展的政策。

现在回到"刘展叛乱"的过程中来。在淮南节度使邓景山失利、江淮都统李峘、浙西节度使侯令仪、宣歙节度使郑炅之相继弃城逃跑后,江淮地区唯一继续坚持对刘展作战的只有江淮都统副使李藏用一人。史载:

> 李峘之去润州也,副使李藏用谓峘曰:"处人尊位,食人重禄,临难而逃之,非忠也;以数十州之兵食,三江、五湖之险固,不发一矢而弃之,非勇也。失忠与勇,何以事军! 藏用请收余兵,竭力以拒之。"峘乃悉以后事授藏用。藏用收散卒,得七百人,东至苏州募壮士,得二千人,立栅以拒刘展。①

李藏用后因"外援不至,众寡悬绝,遂移师就险,退保杭州"。② 所以到了上元元年十二月的时候,不仅是沿江流域的润、昇、宣三州,包括太湖流域的常、苏、湖三州都已为刘展占领。由于此时浙西、宣歙两节度的溃逃,且刘展之将傅子昂已屯兵南陵(属宣州),"将下江州,徇江西"。③ 上元二年正月,中央特命时为温州刺史的前永王大将季广琛为宣州刺史,充浙江西道节度使。④ 但宣州此时也已为刘展之将所占,故实际上宣州能否成为治所很成问题。这极有可能是中央为了防止刘展继续西进而设置的,目的是希望季广琛能尽快率兵收复宣州,以免沿江及太湖流域的战事进一步向江西等地蔓延。

季广琛是否及时赶赴宣州与刘展军队作战,由于缺乏史料的记载已不得而知。而且此时中央已敕令驻守河南东部任城县(属兖州)的平卢都知兵马使田神功率精兵南下讨伐刘展。上元二年正月,已于淮南击溃刘展的平卢军渡江追讨刘展,并于该月将刘展擒获,⑤而刘展在杭州的余部则为李藏用所击破。"刘展之乱"始告平息。

"刘展之乱"是继"永王之乱"后江淮地区所遭受的又一场大的战事,而其影响实又远甚于后者。因为江淮十余州不仅直接沦为官军与刘展军队交战的战场,更遭受了南下平叛的河北军队平卢军的大肆掠杀,史称:

> 初,上(肃宗)命平庐(卢)[都知]兵马使田神功将所部精兵五千屯任城;邓景

---

① 《资治通鉴》卷二二一上元元年十二月条,第7100页。
② 独孤及:《毗陵集》卷五《为杭州李使君论李藏用守杭州功表》,文渊阁《四库全书》本。
③ 《资治通鉴》卷二二一上元元年十二月条,第7101页。
④ 《旧唐书》卷一〇《肃宗纪》:"(上元二年春正月)辛卯,温州刺史季广琛为宣州刺史,充浙江西道节度使。"(第260页)《新唐书》卷六八《方镇表五·江东条》则言上元二年"浙江西道观察使徙治宣州"(第1904页)。不知季广琛此时所任竟为"节度使"还是"观察使",抑或其间有过改置。
⑤ 李廷先先生指出:"两《唐书·田神功传》皆言神功生擒刘展送京师,而《资治通鉴》卷二二八(? 二二二)据《刘展乱纪》以为系被神功军所杀。考《文苑英华》卷五五六、独孤及《毗陵集》卷五皆收有《为江淮都统贺田神功平刘展表》,中云:'神功等一战而陷阵,再战而逐北,三战而擒其渠魁,系颈以索。'可见刘展确系被擒,司马温公失考。"(李廷先:《唐代扬州史考》,江苏古籍出版社,2002年,第145页)确。

山既败,与邢延恩奏乞敕神功救淮南,未报。景山遣人趣之,且许以淮南金帛子女为赂,神功及所部皆喜,悉众南下,及彭城,敕神功讨展……神功入广陵及楚州,大掠,杀商胡以千数,城中地穿掘略遍。①

所以史官言:"安、史之乱,乱兵不及江、淮,至是,其民始罹荼毒矣。"②

"刘展之乱"打破了肃宗在"永王之乱"后对江淮所进行的军事部署。面对素有威名、御军严整的刘展之军,"江、淮人望风畏之"③正是江淮军队当时的真实写照。浙西等地新置的五军在乱中也丝毫未见有任何有效的抵抗,反而在乱时出现了"昇州军士万五千人谋应展,攻金陵城,不克而遁"④的哗变情形。而江淮都统副使李藏用用以抵抗刘展的官兵,史载仅有散卒七百而已,其余则为临时招募的士兵,⑤战斗力自然不强。因此也可以说,"刘展之乱"的发生,其实也是宣告了肃宗江淮政策的彻底失败。

四、"李藏用之反"与肃宗江淮政策的实质

在平息"刘展之乱"后,肃宗开始对江淮地区的军事政策与人员安排进行新的调整。其中最重要的是废除江淮都统一职,并以太子詹事崔圆为淮南节度使。但江淮都统停置后,却又出现了一个新的问题,那就是如何安置都统副使李藏用及其军队。当时的杭州刺史李某曾委笔于独孤及向中央上书,称:

> 今都统使停,本职已罢。孤军无主,莫知适从,将士嗷嗷,未有所隶。天听高邈,无人为言,遂使殊勋见委,忠节未录,口不言赏,赏亦不及。伏恐非圣朝旌有德、表有功之意。今逆寇虽殄,人心犹携,山洞海岛,往往结聚。睦州草窃,为蠹犹深,惟惮藏用之兵,是以未敢进逼。若此军一散,必群盗交侵,则臣此州,危亡是惧。伏望早降恩旨,以答其勤,锡之勋策,委之戎政,俾总统所领,以镇遏江表,实江东万姓禺禺之望。⑥

观杭州刺史李氏所上《论李藏用守杭州功表》之意,一则深慨李藏用"殊勋见委,忠节未录,口不言赏,赏亦不及"的处境,二则也是指出当时"刘展之乱"虽被平定,但两浙一带

---

① 《资治通鉴》卷二二一上元元年十二月条,第7101—7102页。
② 《资治通鉴》卷二二二上元二年正月条,第7104页。
③ 《资治通鉴》卷二二一上元元年十一月条,第7098页。
④ 《资治通鉴》卷二二一上元元年十一月条,第7099页。按江宁军于乾元二年置于昇州,故《资治通鉴》所谓"昇州军士万五千人谋应展"中的"军士",当指江宁军。
⑤ 关于李藏用当时招募的士兵数量,《资治通鉴》卷二二一上元元年十二月条称李藏用东至苏州募壮士,得二千人。(第7100页)独孤及的《为杭州李使君论李藏用守杭州功表》(《毗陵集》卷五)有"旬月之内,致死士三千"之语,而这三千士兵,恐怕是在退守杭州时所招募的。
⑥ 《毗陵集》卷五《为杭州李使君论李藏用守杭州功表》。

的农民起义颇有燎原的迹象,尤其是邻近杭州的睦州"为蠹犹深"。① 李氏显然是希望李藏用之军留驻杭州,因为仅凭杭州刺史的兵力无法对抗农民起义,甚至将陷入"若此军一散,必群盗交侵,则臣此州,危亡是惧"的境地。或许是接受了杭州刺史的请求,史载上元二年七月,肃宗以李藏用为浙西节度副使。②

但实际上李藏用此后并未就任该职,而是被北调进驻淮河沿岸的楚州(属淮南),担任楚州刺史,着实令人奇怪。《刘展乱纪》记载此事称:

> 初,刘展既平,诸将争功,畴赏未及李藏用,崔圆乃署藏用为楚州刺史,领二城而居盱眙。③

《通鉴考异》以为:"按实录,藏用已除浙西节度副使。盖恩命未到耳。"④当时的著名诗人李白曾为李藏用移兵淮南作《饯李副使藏用移军广陵序》一文,其文曰:

> 夫功未足以盖世,威不可以震主。必挟此者,持之安归。所以彭越醢于前,韩信诛于后。况权位不及于此者,虚生危疑,而潜包祸心,小拒王命。是以谋臣将啖以节钺,诱而烹之,亦由借鸿涛于奔鲸,鲙生人于哮虎。呼吸江海,横流百川。左萦右拂,十有余郡。国计未及,谁当其锋。我副使李公,勇冠三军,众无一旅。横倚天之剑,挥驻日之戈。吟啸四顾,熊罴雨集。蒙轮扛鼎之士,杖干将而星罗。上可以决天云,下可以绝地维。龠振虎旅,赫张王师。退如山立,进若电逝。转战百胜,僵尸盈川。水膏于沧溟,陆血于原野。一扫瓦解,洗清全吴。可谓万里长城,横断楚塞。不然,五岭之北,尽饵于修蛇,势盘地蹙,不可图也。而功大用小,天高路遐。社稷虽定于刘章,封侯未施于李广。使慷慨之士,长吁青云。且移军广陵,恭揖后命。组练照雪,楼船乘风。箫鼓沸而三山动,旌旗扬而九天转。良牧出祖,列将登筵。歌酣易水之风,气振武安之瓦。海日夜色,云帆中流。席阑赋诗,以壮三军之士。白也笔已老矣,序何能为。⑤

文中既称颂了李藏用平定浙西的功绩,同时也流露出对李氏"功大用小"的不平。从"移军广陵,恭辑后命"几字来看,此文所作之时李藏用还未被任命为楚州刺史,只是暂时从浙西移镇扬州。其后则为淮南节度使崔圆署为楚州刺史。⑥

---

① 另据《全唐文》卷五〇七权德舆《太中大夫守国子祭酒颍川县开国男赐紫金鱼袋赠户部尚书韩公行状》的记载:"乾元中,江淮凶饥,相扇啸聚,而新安郡(睦州)负山洞之阻,为害特甚。"(第5157页)。
② 《资治通鉴》卷二二二上元二年七月条,第7115页。
③ 《资治通鉴》卷二二二上元二年十月条《考异》,第7116页。
④ 《资治通鉴》卷二二二上元二年十月条《考异》,第7116页。
⑤ 《李太白全集》卷二七《饯李副使藏用移军广陵序》,中华书局,1977年,第1282—1288页。
⑥ 《资治通鉴》卷二二二上元二年条称"冬,十月,江淮都统崔圆署李藏用为楚州刺史"。(第7116页)按当时"江淮都统"已废,崔圆所任当为淮南节度使。据《唐会要》卷七八《诸使中·都统》的记载,任江淮都统者仅李峘一人。(第1424页)另据《通典》卷三二《职官十四·州郡上》"都督"条注:"上元末,省都统。"(中华书局1988年校点本,第896页)《旧唐书》卷四四《职官志三》亦云:"都统。乾元中置,或总三道,或总五道。至上元末省。"(第1923页)我认为皆指"江淮都统"被废之事。

然而诗人未曾料想到,李藏用远调楚州后的命运,正如他所讨平的刘展一样,最终也成了"彭越"、"韩信"诸人命运的翻版。据《资治通鉴》记载,李藏用任楚州刺史后,

> 会支度租庸使以刘展之乱,诸州用仓库物无准,奏请征验。时仓猝募兵,物多散亡,征之不足,诸将往往卖产以偿之。藏用恐其及己,尝与人言,颇有悔恨。其牙将高干挟故怨,使人诣广陵告藏用反,先以兵袭之,藏用走,干追斩之。崔圆遂簿责藏用将吏以验之,将吏畏,皆附成其状。①

李藏用之死,固然直接源于其与牙将高干之间的故怨,但中央体恤不当也是重要原因。李藏用虽为平叛功臣,但既未得到名副其实的褒奖与任命,又担忧遭遇卖产偿物的境遇,可谓名利双失,其"颇有悔恨"自可想见。其死后更被诬以造反的名目,实可说与韩信诸人命运相垺。而节度使崔圆不能鸣其冤,反而责成其状,可见大乱之后刑赏多谬。

李藏用死后,其将孙待封的一番话颇令人深思。孙待封原为刘展之将,刘展败后降于李藏用。当节度使崔圆簿责藏用将吏以验其反时,

> 独孙待封坚言不反,圆命引出斩之。或曰:"子何不从众以求生!"待封曰:"吾始从刘大夫,奉诏书来赴镇,人谓吾反;李公起兵灭刘大夫,今又以李公为反。如此,谁则非反者,庸有极乎! 吾宁就死,不能诬人以非罪。"遂斩之。②

孙氏此语,充分表明了当时的将领对中央反复无常态度的困惑与不满,"谁则非反者,庸有极乎"一语正是对刘展被逼反与李藏用被诬反两事件最恰当的注解。

不过我们不要以为孙待封所感受到的这种看似反复无常的态度,是唐廷缺乏是非判断或者缺乏施政主导原则的一种体现,恰恰相反,其背后所隐藏的主导理念其实既明确又实际。那就是依靠着地方将领平息叛乱、重振唐室的肃宗政府,其实并不信任、甚至充满怀疑和猜忌地时刻提防着这些手握兵权的地方将领。在必要的时候,唐廷甚至会不惜削弱本方的军事力量而对后者进行打压。因此,虽然从表面上看,刘展与李藏用"叛乱"的直接导火线都是军将之间的矛盾,但归根结底,恐怕还在于肃宗担忧地方势力坐大,因此极力遏制他们的这种心态。

遗憾的是,在刘展一事中,无论是"叛乱"的主角刘展,还是另外两位当事人李藏用、孙待封,他们对于肃宗这种试图遏制地方军事力量发展的心理却并不完全了解,对于自身所处的尴尬境地更无法清晰地认识,因此当具体的状况发生时,常常流露出困惑和不解,其悲剧命运便也由此产生。而如果连这些直接卷入事件中的各级将领们都无法理解当时中央政策实质的话,也就无怪乎当刘展率兵南下,江淮都统李峘、淮南节度使邓景山移檄州县,言展反,刘展亦移檄言峘反时,会出现"州县莫知所从"③的局面了。

就在"刘展之乱"平息的次月,在洛阳一带与叛军交战的唐军主力遭遇邙山之败,战

---

① 《资治通鉴》卷二二二上元二年十月条,第7116页。
② 《资治通鉴》卷二二二上元二年十月条,第7116—7117页。
③ 《资治通鉴》卷二二一上元元年十一月条,第7098页。

事终于由河南西部向四周扩散开来了。宝应元年(762)初,叛军战至申州城下,淮西节度使王仲昇兵败被俘。因此,唐廷对于能在邙山之败前平息"刘展之乱",或许还应该感到庆幸。不过,正如当时一些地方官员已经指出的,经过肃宗后期战乱的破坏,江淮一带的农民起义已经有燎原的趋势。于是,军事布防的瘫痪与农民起义的风起云涌俨然已成为又一道摆在政府面前的棘手难题。而更严峻的问题还在于,唐军与安史乱军间的战斗此时仍在继续。南北战局的双重压力,必将迫使政府为此寻求新的对策。然而,此时的肃宗李亨已近弥留之际,于是如何来应付江淮地区的这种困局,就只有留待此后的代宗李豫来解决了。

摧残与复兴：安史之乱时期成德镇人口问题略论

秦中亮

安史之乱作为整个中古史无法回避的课题，自中唐以降就备受学者关注。为了对祸乱的根据地河北进行历史原貌复原，户口问题就成为安史之乱研究的重中之重。[①] 然而，由于史料的缺席，诸多与河北户口问题相关的讨论仍然没能达到万豰息响的效果。也正是基于此，随着石刻资料的刊布，诸多问题有了再次被研讨的可能。

从地缘层面而论，成德镇所辖的土门一直是官军与叛军的激烈争夺之地。因此，讨论安史之乱对河北的破坏，以成德人口问题为讨论点就具有了一定的典型性。本文以墓志研究为中心讨论成德镇人口的流失，从吸纳亡命角度来计算成德人口的复原，以期对战乱八年成德的人口作出一些有意义的结论。不确之处，期待同行指正。

一、安史之乱对成德镇境内破坏的三个时期

就时间上而言，安史之乱虽前后共八年，但对成德镇境内的冀、恒、赵、深、易、沧六州的破坏，[②]则不可统而论之，可分为三个时期：微创期、重创期、恢复期。

[①] 冻国栋：《唐代人口问题研究》，武汉大学出版社，1993年，第178—182页；翁俊雄：《唐后期政区与人口》，首都师范大学出版社，1999年，17—26页。
[②] 《新唐书》卷六六《表第六·方镇三》载："宝应元年，置成德军节度使，领恒、定、易、赵、深五州，治恒州；广德元年，成德军节度增领冀州；永泰十年，成德军节度增领沧州。罢成德军节度，置恒、冀都团练观察使，治赵州；兴元元年，废恒冀、深赵二观察，复置成德军节度使，领恒、冀、深、赵四州，治恒州。贞元元年，成德军节度增领德、棣二州。元和四年，德、棣二州隶宝信军节度。元和五年，成德军节度复领德、棣二州。元和十三年，德、棣二州隶横海节度。长庆元年，置深、冀节度治深州，寻罢，复以深、冀隶成德军节度。"此处讨论安史之乱对成德镇之破坏，主要是言李宝臣统治时，成德镇所辖的冀、恒、赵、深、易、沧六州。另，据吴泽考证，《新唐书》卷六六《表第六》有关成德镇之记载多有"分栏表地，跳栏脱误"之处。《新表》宝应元年成德栏谓：'置成德军节度使，领恒、定、易、赵、深五州，治恒州。'定州与恒、易、赵、深毗邻，原属成德。到建中二年，义成栏才有'置义武军节度，领易、 （转下页）

第一个时期——微创期。这一时期,从天宝十四年十二月到至德元年正月。安禄山于天宝十四年十二月九日领所部兵及同罗、奚、契丹、室韦凡十五万众,号二十万,反于范阳。由于"时海内久承平,百姓累世不识兵革",外加"河北皆禄山统内",叛军未遭到有效的抵抗,所至之处,"州县发官铠仗,皆穿朽钝折不可用,持梃斗,弗能亢,吏皆弃城匿,或自杀,不则就禽,日不绝"。① 在短短的一个月时间,安禄山所领叛军,便穿过河北,直抵潼关附近。正是由于这一时期河北境内鲜有抵挡叛军者,成德镇辖区几乎没有发生王师与叛军的大型军事冲突,故而这段时间成德镇境内所遭破坏较小。

第二个时期——重创期。这一时期,从至德元年正月到至德元年九月。在这九个月时间内,以史思明、蔡希德统领的叛军与郭子仪、李光弼统帅的官军反复争夺常山地区。这段时间,对成德镇境内之破坏极其严重。除了战争中伤亡的兵士外,将领的家属也多遭屠杀,如颜杲卿一门死于刀锯者三十余人。"贼纵兵杀万馀人"、"所过残灭"、②"贼每破一城,城中人衣服、财贿、妇人皆为所掠。男子,壮者使之负担,羸、病、老、幼皆以刀槊戏杀之"③则直接反映了战争对平民的杀伤。值得注意的是,此时,由于叛军过于残暴,河朔之民,"所在屯结,多至二万人,少者万人,各为营以拒贼"④以致叛军"累其兵力不能进尺寸之地"。⑤ 这种地方自发的民众聚集,对于成德境内乡里免受叛军破坏应该发挥了一定的作用。

第三个时期——恢复期。这一时期,从至德元年十月到广德元年正月。至德元年十月,河北诸郡皆被安史叛军所克,主战场转移至两京一带。成德镇所辖之范围皆为安史叛军之大后方。从此及至广德元年正月,安史之乱结束。在李宝臣治理之下,成德镇境内"庐庐旅旅,以晏以处。士驯业,农力穑,工就务,商通货。四者各正,尔下日用",⑥俨然一副安乐景象。虽然《李宝臣纪功碑》在记载李宝臣事迹时,难免有溢美之词,但是,在这几年里,未遭战争破坏的成德镇,能在战争中有所恢复,还是可以肯定的。

据以上划分可知,前后历时八年的安史之乱,真正对成德镇的破坏不过数月,安史之乱结束时,成德镇辖区内已经在战乱的破坏中逐渐恢复。

(接上页)定、沧三州,治定州'。成德栏和义武栏未见'定州隶永平节度'文。且,义武和成德二镇在河北道,泾原在关内道,永平或义成在河南道。定州先属成德后属义武,均属河北道,其与永平既不同镇,亦不同道,相距甚远,'永平'何以'增领定州'?'定州'何以'隶永平'?"(吴泽:《〈新唐书·方镇表〉考校记》,《史学史研究》1992年第1期)。

① 《新唐书》卷二二五《逆臣传(上)》。
② 《资治通鉴》卷二一七唐纪玄宗天宝十四年十二月条。
③ 《资治通鉴》卷二一九唐纪肃宗至德元年十月条。
④ 《资治通鉴》卷二一七唐纪肃宗至德元年四月条。
⑤ 《安禄山事迹》卷上。
⑥ 沈涛:《常山贞石志》,《历代碑志丛书》第12册,南京:江苏古籍出版社,1998年,第613—622页。另参《全唐文》卷四四〇,《成德军节度使开府仪同三司检校尚书右仆射兼御史大夫恒州刺史充管内度支管田使清河郡王李公纪功载政颂(并序)》。除了所引宏观概括李宝臣治理成德镇功绩外,《李宝臣纪功碑》还有关于李宝臣对成德镇治理的微观、具体记载——治理滹沱河:"二年春,群吏更告公曰:滹沱会流,暨于城下,天雨淫降,鸿涌泄川。波积如阜,奔贯乃雉,胥恐为鱼,其日固久。公以聚人欲经□□,启导流,□□天造层城□□,居人坦坦,庶□德合于无疆。"

二、墓志所见安史乱中成德镇境内人口之南迁

安史乱起,中原陷于兵燹,北方人口纷纷南迁,史称:"天宝末,安禄山反,太子去蜀,多士奔吴为人海"。① "三川北虏乱如麻,四海南奔似永嘉"。② "中国新去乱,仕多避地江淮间,尝为显官得名声以老故自任者以千百数"。③ "天下衣冠士庶,避地东吴,永嘉南迁,未盛于此"。④ "时缙绅先生,多游寓于江南"。⑤

基于以上史实,很多学者将安史之乱的"北民南迁"中的"北",简单地理解为北方地区。换句话说,他们以为"北民南迁"中的北民,既有大量两京地区的民众,也有众多河朔地区的百姓。为证是论,所用有关成德镇辖区墓志资料,主要是以下五方:

序号	墓志名称	人名	原居地	迁居地	资料出处
1	唐前濮州录事参军陈公故夫人赵郡李氏墓志铭并序	李氏	原籍赵郡	越州	《唐代墓志铭汇编》乾元〇一二
2	唐濮州临濮县尉宝公故夫人崔氏墓志铭并序	崔缊	原籍博陵安平	洪州	《唐代墓志铭汇编》大历〇一四
3	唐魏州冠氏县尉卢公夫人崔氏墓记	崔严爱	原籍博陵安平	吉州	《唐代墓志铭汇编》大历〇一五
4	唐故潭州湘潭县尉崔府君墓志	崔倚	原籍博陵安平	潭州	《唐代墓志铭汇编》元和一四九
5	唐故处士崔府君墓志	崔偃	原籍博陵安平	湘潭	《唐代墓志铭汇编》元和一五〇

第一方墓志略云:

夫人赵郡人也。……曾祖弘节,皇并、雍二京长史。……祖朴,皇庆、商、黄、朗等州刺史;……父铣,皇朝请大夫,郑州新郑县令。……年廿九,终于越州旅第,因避地也。粤自江服,旋还故里,……以乾元二年十月十六日葬于汝州顺义乡之原礼也。⑥

第二方墓志略云:

夫人讳缊,字□□,博陵安平人也。……年廿二,归扶风窦氏,所奉之主曰叔

---
① 《全唐文》卷五二九《送宣歙李衙推八部使东都序》。
② 《李太白全集》卷八《永王东巡歌》。
③ 《韩昌黎集》卷二四《考功员外卢公墓铭》。
④ 《全唐文》卷三四八《为宋中丞请都金陵表》。
⑤ 《权载之文集》卷一四《唐故太子右庶子集贤院学士王公神道碑铭》。
⑥ 周绍良、赵超编:《唐代墓志铭汇编》,上海:上海古籍出版社,1992年,第1742页。

华,识微通变之士也。顷属时难流离,迁徙江介,夫人攻苦食淡,罄心劳力,绸缪牖户,以成其家;抚育支庶,荐慰嫔妾,不忌不刻,得其欢心。……窦公尝檄崇仁尉,不再周而罢。夫人连丁二尊忧,泣血终丧,免而犹瘠;又丧二子,积忧伤神,加之以疠气薄而为疾疹,医药不之能救,以宝应二年四月三日终于洪州妙脱寺之尼舍,春秋卅有九。呜呼!善人为善定无报耶?无男,有女一人,年方龆龀,攀援而泣,罔昼夜无常声。其时中原寇猾未平,权殡于丰城县。大历四年,国难方弭,窦公宦未及,介弟南昌县丞犹奉以还洛,时岁次己酉十月乙未朔廿日甲寅,改窆于北邙陶村之北原依于父母之茔权也。故克石而志之。①

第三方墓志略云:

夫人字严爱,博陵安平人也。……年十六,归于范阳卢氏,所奉之主,即河内县令庭言之嫡长子讳招,仕为冠氏县尉,无禄早世。属中夏不宁,奉家避乱于江表,弟祐甫为吉州司马。以乾元二年九月七日寝疾,终于吉州官舍,春秋卅有三。……顷以时难未平,权殡于吉州庐陵县界内。今宇内大安,弟吏部郎中兼侍御史祐甫勒家人启殡还洛,以大历四年岁次乙酉,十一月乙丑,廿日甲申,窆于河南县平乐乡杜郭村之北原。②

第四方墓志略云:

公讳倚,字□□,博陵安平人也。系于炎帝,世为齐卿,至穆伯食邑崔城,因以为氏。自兹厥后,仁贤继轨,备于简册,固可略而言也。曾祖旺,青州司马;祖涛,颖王府司马;父诚甫,泽州晋城县令;珪组承家,才屈于命。公即府君之嫡长也。自幼遭罹世乱,虏尘犯于两京,漂寓江淮,优游道德。故浙东观察使中丞陈少游特表荐闻,因授潭州湘潭县尉。俛俯从事,才终考秩。南方地卑,因遘疾不起,春秋□□。有一子名季则,未冠而卒;一女适弘农杨巽,巽卒,孀独无子,依于季父。尝闻积善余庆,令则反是。埋厄世故,沦没异乡,息男早丧,莫祀无主,存没之苦,可胜恸耶?公从父弟尚书户部侍郎倰,顷廉问湖南,因命犹子季长,扶护灵榇,归于旧国。以元和十五年十月十六日,葬于河南府洛阳县平阴乡邙山南原礼也。③

第五方墓志略云:

府君姓崔氏,博陵安平人也。名偃,字□□。自受氏历周秦汉魏晋,爰及圣唐,珪组相承,仁贤接武,布在惇史,备于家谍,不可殚载。曾祖旺,青州司马。祖涛,颖王府司马;父诚甫,泽州晋城县令;俱蕴才行,屈于时命,天道与善,斯为谬欤!公少遭离乱,久违京阙,以道自适,优游过时,罕趋于名,禄亦不及。因伯氏尉于湘潭,公

---

① 周绍良、赵超编:《唐代墓志铭汇编》,第1769页。
② 周绍良、赵超编:《唐代墓志铭汇编》,第1769—1770页。
③ 周绍良、赵超编:《唐代墓志铭汇编》,第2054—2055页。

亦从焉。长沙地卑,蒸湿为疠,年遘疾,终于□所。有女一人,适贵溪县令张儇;无子,一子名季长,以早卒。先人未克归附,不忍远离坟茔,荏苒岁时,逮卅祀从父弟俊蒙恩廉问湖上,问于著龟,以元和十五年十月十六日吉,遂命迁护,归于故乡。单旐悠扬,行路凄感,况于伯仲,恩匪他人,追想平素,痛切骨髓。以元和十五年十月十六日葬于河南府洛阳县平阴乡邙山之南原礼也。①

这五方墓志中,有四方墓主籍贯为博陵崔氏,一方为赵郡李氏。从地理上来讲,皆属于成德镇辖区。但是细析之,皆不能成为安史乱中成德镇人口南迁之证据。第一方墓志中的李氏"曾祖弘节,皇并、雍二京长史……祖朴,皇庆、商、黄、朗等州刺史……父铣,皇朝请大夫,郑州新郑县令"。李氏虽本籍为赵郡,但是世代为宦,其父为郑州新郑县令,她所嫁陈氏有可能是在新郑县附近,笔者推论李氏应该是在郑州新郑县附近迁居越州。第二方墓志中的崔缊,"年廿二,归扶风窦氏""介弟南昌县丞炕奉以还洛""改窆于北邙陶村之北原依于父母之茔礼也"。安史乱时,崔缊恐已不在博陵安平,最有可能是由洛阳地区迁往洪州。第三方墓志中的崔严爱,"年十六,归于范阳卢氏,所奉之主,即河内县令庭言之嫡长子讳招,仕为冠氏县尉"。安史乱时,崔严爱应不是从博陵安平迁出,最有可能是从冠氏县迁往吉州。第四、第五方墓志中的崔倚、崔偃两兄弟。从"公少遭离乱,久违京阙""扶护灵榇,归于旧国""遂命迁护,归于故乡""葬于河南府洛阳县平阴乡邙山之南原礼也",可知他们从小就生活在洛阳地区。战乱时的迁徙,应是从洛阳迁往湘潭地区。若以《唐代墓志汇编》、《唐代墓志汇编续集》为考察中心,②可印证安史乱时成德镇辖区民众南迁的墓志例证比较鲜见。墓志材料中的"北民南迁"多为两京地区,特别是洛阳地区向江南、荆南地区迁移。

安史乱时,两京地区为战争的主战场,是受战争破坏最严重的地区。史称"诸郡人相食,城邑榛墟",③"人悉以纸为衣"。④ 为避战乱,两京地区民众迁往江南、荆南地区自然容易理解。由于两京地区战乱,同时张巡、许远在雍丘、宁陵、睢阳一线与叛军作战致使成德镇地区民众没有举族南下的客观条件,此外,战争微创期、重创期乡民自发屯结对自身的保护,战争恢复期李宝臣对成德地区的有效治理,也使成德地区民众没有南迁的必要。

综上所述,安史乱后的"北民南迁"主要是从两京一带移往江南、剑南、荆南和岭南

---

① 周绍良、赵超编:《唐代墓志铭汇编》,第2055页。
② 除《唐代墓志汇编》、《唐代墓志汇编续集》以外,《白居易集》卷六九《唐故湖州长城县令赠户部侍郎博陵崔府君神道碑铭》常被学者引用。碑铭文云:"公讳孚,……今博陵安平人……公幼以门阴子补太庙齐郎,初调授汝州叶县尉,再调改宋州单父卫。时天宝末,盗起燕蓟,毒流梁宋,屠城杀吏,如火燎原。单父之民,将坠涂炭。公感激奋发,仗顺兴兵,挫败贼徒,保全乡邑,拳勇之旅,归之如云……京观群盗,金汤一方。本道节度使奇之,将议上闻,会有同事者争功,阴相倾夺……公超然脱屣,遂以族行,东游江淮,安时俟命。"从碑铭中看,崔孚的举族迁徙,应从梁宋地区迁往江淮。
③《新唐书》卷二二五《逆臣传上》。
④《旧唐书》卷一九五《回纥传》。

地区。① 北民南迁中的"北民"主要是两京地区的民众。安史乱中,成德镇地区的民众南迁较少,北民南迁所导致的人口流失对于成德镇的影响不大。

三、招纳"亡命"对成德镇境内的影响

据《新唐书》卷二百一十一载:

> 思明死,忠志不肯事朝义,使裨将王武俊杀万宝,挈恒、赵、深、定、易五州以献。雍王东讨,开土门纳王师,助攻莫州。朝义平,擢礼部尚书,封赵国公,名其军曰成德,即拜节度使,赐铁券许不死,它赉与不赀,赐姓及名。于是遂有恒、定、易、赵、深、冀六州地,马五千,步卒五万,财用丰衍,益招来亡命,雄冠山东。

李宝臣归降后,之所以能雄冠山东,是与他"招来亡命"分不开的。此处"亡命"可作两种解释。第一种:"'亡'了'名(命)'籍的人"。② 第二种:即所谓铤而走险不顾性命的人。

第一种亡了名籍的人。依据北村一仁的划分,可为多类。第一类,杀人犯罪者。诗人刘叉"少放肆为侠行,因酒杀人,亡命";③ 杜伏威因偷盗被郡县通缉,被迫与辅公祐亡命;④ 泽潞镇节度使刘玄佐,早年因为犯法,亡命军中;⑤ 第二类,政治斗争失意者。唐末,王珪因受汉王谅反叛之事牵连,"遂亡命于南山,积十余岁"。⑥ 贞元初陕虢兵马使达奚抱晖政治斗争失意后,只能选择亡命。⑦ 第三类,叛乱失败者。骆宾王随徐敬业叛乱,反对武曌统治,敬业失败后,"宾王亡命不知所之"。⑧ 第四类,破产而流浪者。庞勋之乱时,庞勋招亡命二十万,号"霍锥"。⑨ 第五类,逃役者。隋末刘弘基等人逃亡晋阳,皆避辽东之役亡命。⑩ 等等。

以上所述五类亡籍的人,除破产流浪者外,其他四类皆以个人逃亡为主,家族迁徙

---

① 冻国栋:《唐代人口问题研究》,武汉大学出版社,1993年,第279页。
② 具体地说,由于某种理由,不能在某个政权立足的人物逃到该政权的边缘,或者逃入另外政权的行为。"亡"的理由各种各样,"亡命"的社会身分也不尽相同,例如有政治斗争的失意者,有叛乱失败者,有被压制者,有犯罪者,有破产而流浪者等等。参北村一仁:《论南北朝时期的"亡命"——以社会史侧面为中心》,《魏晋南北朝隋唐史资料》,2005年。
③ 《唐诗纪事》卷三五,另参《全唐诗话》卷二:"刘叉,节士也。少放肆,为侠行,因酒杀人亡命。"
④ 《旧唐书》卷五六《杜伏威传》。
⑤ 《旧唐书》卷一四五《刘玄佐传》。
⑥ 《旧唐书》,卷七〇《王珪传》。
⑦ 《容斋四笔》卷一六载:"唐贞元初,陕虢兵马使达奚抱晖杀节度使张劝,代总军务,邀求旌节。德宗遣李泌往,欲以神策军送之,泌请以单骑入,上加泌观察使。泌出潼关,鄜坊步骑三千布于关外,曰:'奉密诏送公。'泌乃宣以却之,疾驱而前。抱晖不使将佐出迎,去城十五里方出谒。泌称其摄事保城壁之功,入城视事。明日,召抱晖至宅,语之曰:'吾非爱汝而不诛,恐自今有危疑之地,朝廷所命将帅,皆不能入,故丐汝余生。'抱晖遂亡命。"
⑧ 《新唐书》卷二一〇《文苑上·骆宾王传》。
⑨ 《旧唐书》卷一九《懿宗本纪》。
⑩ 《旧唐书》卷五八《刘弘基传》。

的可能性比较小,这些个体不能对某个大地域的户口数产生较大影响。破产流浪者是较大规模的人口,但是钩稽史籍,尚未发现安史乱时,有大量破产流浪者逃往成德镇。故而即使此处"亡命"理解为"亡了名籍的人"对于成德镇的影响也不大。

关于"亡命"意为铤而走险不顾性命的人,最早记载可上溯至西汉,吴王刘濞为增强自身实力、谋夺皇位,广招天下亡命之徒。① 前汉及隋,对亡命的招募与蓄养散诸史籍。晋代孙恩,"合亡命得百余人,志欲复仇";②梁朝临贺王正德,"招聚亡命";③隋代周罗睺,"任侠放荡,收聚亡命"。④ 至唐,关于亡命的记载,更是不胜枚举。

历代招聚亡命的人数,少则数十人,西汉济东王彭离,"私与其奴、亡命少年数十人行剽杀人,取财物以为好"。⑤ 稍多则数百人,隋末平阳公主,"招引山中亡命,得数百人起兵";⑥唐中期李邕,"好客养亡命数百人,所在攻劫,事露则杀之";⑦唐末乐从训,"召亡命之徒五百余辈,出入卧内,号为'子将'委以腹心"。⑧ 最多可达万人,唐永泰年间周智光,"聚亡命不逞之徒,众至数万,纵其剽掠,以结其心"。⑨

李宝臣所招纳的亡命,其来源有二,一是安史乱中,其他地区向成德镇迁移的亡命之人。墓志资料中成德将石神福便是一例:"生于雄武,长在蔚州,□岁从师,弱冠好武,事亲唯孝,训弟唯和,五郡亲仁,六亲谈美,遇安史作乱,漂泊至恒阳,尊父早亡,哀荣葬毕,及乎攻武,便得传杨。"⑩二是安庆绪溃败后,从两京地区向河朔地区溃逃的兵士:"安庆绪走保邺郡,改邺郡为安成府,改元天成;从骑不过三百,步卒不过千人,诸将阿史那承庆等散投常山、赵郡、范阳。"⑪这一次大溃败除阿史那承庆等将领投常山、赵郡外,应该会有相当一部分的士卒也投往该地,待时局稍稳,阿史那承庆等将领有条件再投安庆绪,但是低级士卒,则可能成为亡命之徒,生活在常山、赵郡地区,最终被李宝臣所招纳。除此溃败以外,安庆绪回邺郡后,张通儒杀蔡希德时,其麾下数千人皆逃散,以及史朝义取代史思明后的范阳内乱和史朝义最后的大溃败,皆可能有河朔它镇士卒逃往相对安定的成德镇地区。

李宝臣招纳亡命主要的来源应该是安史之乱过程中逃亡成德镇的兵卒,这些兵卒

---

① 《史记》卷一〇六《吴王刘濞列传》载:"吴所诱皆无赖子弟,亡命铸钱奸人,故相率以反"、"吴王濞倍德反义,诱受天下亡命罪人,乱天下币"、"会孝惠、高后时,天下初定,郡国诸侯各务自拊循其民。吴有豫章郡铜山,濞则招致天下亡命者铸钱,煮海水为盐,以故无赋,国用富饶"。
② 《晋书》卷一〇〇《孙恩传》。
③ 《梁书》卷五五《临贺王正德传》。
④ 《隋书》卷六五《周罗睺传》。
⑤ 《史记》卷五八《梁孝王世家》,另参《汉书》卷四七《济东王彭离传》:"济东王彭离立二十九年。彭离骄悍,昏暮私与其奴亡命少年数十人行剽,杀人取财物以为好。"
⑥ 《唐会要》卷六,另参《太平御览》卷一五四《皇亲部二十》:"公主于鄠县庄,散家资,招引山中亡命,得数百人以应高祖。"《隋唐嘉话》卷上载:"平阳公主闻高祖起义太原,乃于鄠司竹园,招集亡命以迎军,时谓之'娘子兵'。"
⑦ 《太平广记》卷二四三引唐牛肃《纪闻》。
⑧ 《旧唐书》卷一八一《乐从训传》,另参《新唐书》卷二一〇《乐从训传》:"聚亡命五百人,号'子将',出入卧内,军中藉藉恶之。"
⑨ 《旧唐书》卷二一四《周智光传》。
⑩ 周绍良、赵超编:《唐代墓志铭汇编》,第1991页。
⑪ 《资治通鉴》卷二二〇唐纪肃宗至德二年十月条。

能够成为李宝臣雄冠山东的条件之一,其人数应该不会太少。招纳的这些亡命之徒,在军事上有利于提高成德军的战斗力,在经济上也会在一定程度上加快成德镇从战争的破坏中恢复。

综合以上三节所论,安史之乱对成德镇辖区的破坏仅仅只有数月而已,即使在重创期民众的自发集结也在一定程度上减轻了战乱对乡里的破坏。在安史之乱结束前成德镇在李宝臣治理下已经有了长达数年的恢复。此外,受主客观因素的限制,在安史之乱期间,成德镇向外流动人口较少,李宝臣对亡命的招纳,在一定程度上使得成德镇以外的人口流入到成德镇内,对于成德镇经济、军事实力产生一定的正面影响。总而言之,安史之乱虽然对成德镇有较大的破坏,但是这种破坏并未有传统观点所说的那么大。李宝臣土门纳王师,安史之乱接近尾声时成德镇已经较好地从战乱的影响中恢复过来。

唐代都畿研究新论
——以产生时间与统辖范围为线索

杨孟哲

"道"字作为带有行政区划含义的出处，应发端于汉代。而继其后真正使得"道"有地方行政序列意涵的时代，则可归于唐。唐代"道"制意蕴宏大，既涉及地理空间的演变，也带有唐中央与地方权力的纷争。正因如此，学界对唐代"道"制问题的讨论未曾断绝，这其中既有涉及宏观层面的地方行政制度考察，[1]也有微观视域下"道"制演化的释读。[2] 总体来说，这些成果多是涉及道制设置整体性的探讨，而针对各道更为细致的个案探究仍罕为难寻。在开元年间所设的十五道监察区中，京畿和都畿的地位卓殊，若不分畛域，将其与诸"道"同等看待，则难免滋生舛杂谬误。京畿尚无甚争议，而都畿则因述宣其演化历程的史料匮乏，加之学界对其认知尚难一致，实为唐代"道"制变革的驳杂区域。以往囿于传统视角和史料的限制，关于都畿的个案研究几近空白。近来虽已有

---

[1] 程志、韩滨娜：《唐代的州和道》，三秦出版社，1987年，第75—105页。翁俊雄：《唐初政区与人口》，北京师范学院出版社，1990年。曹尔琴：《隋唐时期行政区划的演变》，中国历史地理论丛1992年第1辑。翁俊雄：《唐后期政区与人口》，首都师范大学出版社，1999年。郭锋：《唐代道置改革与三级制地方行政体制的形成》，《历史研究》2002年第6期。周振鹤：《中国地方行政制度史》，上海：上海人民出版社，2005年，第157—163页。夏炎：《唐代州级行政体制研究》，博士学位论文，南开大学，2005年。陈志坚：《唐代州郡制度研究》，上海：上海古籍出版社，2005年，第131—138页。孔明丽：《唐"道"研究述略》，《中国史研究动态》2006年第2期。荆明霞：《浅论道制在唐代的演变》，硕士学位论文，云南师范大学，2007年。罗凯：《唐前期道制研究——以民政区域性质的道为中心》，硕士学位论文，复旦大学，2009年。宋亚平：《唐代郡县制》，《中国县域经济报》2010年第3版。张达志：《唐代后期藩镇与州之关系新解》，《学术月刊》2010年第42卷。周振鹤主编，郭声波著：《中国行政区划通史》（唐代卷），上海：复旦大学出版社，2012年。罗凯：《隋唐政治地理格局研究——以高层政治区为中心》，博士学位论文，复旦大学，2012年。

[2] 田尚：《唐代十道和十五道的产生和性质》（《中国古代史论丛》），福建人民出版社，1982年，第3辑。史念海：《论唐代贞观十道和开元十五道》（《唐代历史地理研究》），中国社会科学出版社，1998年，第27—62页。贾云：《唐贞观诸道的产生及其使职的作用》，《汉中师范学院学报》2002年第3期。岑仲勉：《唐史余沈·置十道采访使》，北京：中华书局，2004年，第102—103页。贾玉英：《唐宋时期"道""路"制度区划理念变迁论略》，《中州学刊》2006年第6期。严耕望：《景云十三道与开元十六道》（《严耕望史学论文集》），上海：上海古籍出版社，2009年，第661—670页。张小稳：《唐代道制建设与改革三题》，《兰州学刊》2010年第2期。罗凯：《十五采访使始置于开元二十二年论》，《中国历史地理论丛》2011年第1辑。罗凯：《唐十道演化新论》，《中国历史地理论丛》2012年第1辑。

些学者关注到都畿的迥别之处,但其分析与所得结论仍有相当大的回旋余地。① 如都畿的设置时限问题、统辖范围问题,这些未尽透辟的研究,使得具体问题又有了重新研讨的空间。本文对都畿的试探性抉发,或能引起学界对此问题的进一步关注。

一、对都畿产生时间的思考

都畿本析自河南道,若欲探都畿之发端,则不得不先言唐代"道"的形成历程。唐代最早创设以"道"字命名的区划单位肇端于武德初年,如太宗李世民就曾领陕东道大行台尚书令,②但这种"道"为战时特殊需要所设,武德后期战乱得到弭平,旋即废撤。随后,贞观元年,太宗即因山川形便,划天下为十道,分别为:关内、河南、河东、河北、山南、陇右、淮南、江南、剑南、岭南。此十道尚无固定员额和治所,只为临时性的使职巡察而置。唐初的一百余年间,并未设正式的地方监察官。直至开元年间,唐廷方设十五道采访处置使,而以往传统观点多认为都畿正是诞生于开元年间的十五道。

既然有人认为都畿肇始于开元十五道,不妨先考辨十五道的分置时限。按照诸多史料所述,对开元十五道的设置时间,学界以往多认为始于开元二十一年。近来也有学者指出,开元十五道的设置时间应为开元二十二年。③ 除此之外,还有开元二十年之说。若不厘清开元十五道的设置时间,则都畿的创制时间亦难获取。

唐代十五道采访处置使的设置发轫于玄宗开元二十一年(733),有多处史料可循。先以基础文献为据,对于十五道的分置,《通典》云:"开元二十一年,分为十五道,置采访

---

① 宓三能先生最早提出对都畿统辖范围的异议,阐发都畿既然与京畿并称,但京畿统辖达二府四州之地,而引《新唐书》所录都畿仅辖一府一州,于理不合,恐有讹误,并认为黄河以北之怀州必不属都畿。(见氏著:《唐代都畿道的属郡》,《中国历史地理论丛》1991年第4辑。)罗凯先生着重从名讳考辨、设置时间、统辖范围三点论述了京畿与都畿问题;但史料引用所述重在京畿,直观所见关于都畿的内容却不多,仅以类推而论,有待补证。(见氏著:《盛唐京畿都畿考论》,《历史地理》2008年第23辑。)
② 见《旧唐书》卷一《本纪第一·高祖》,卷二《本纪第二·太宗上》;《新唐书》卷二《本纪第二》;《唐大诏令集》卷二七《皇太子》,卷三五《诸王》。
③ 郭锋先生认为开元二十一年设十五道,但又指出"在规划分道、固定治所驻地的同时,置诸道采访处置使,规定由大州刺史或大都督府长史等地方高级官员兼任,即对传统的使职概以京官为之的用人旧法进行改革,这件事发生在开元二十二年",见氏著:《唐代道制改革与三级制地方行政体制的形成》,《历史研究》2002年第6期。周振鹤先生认为"开元二十年(732)始置十道采访处置使,检察非法,有如西汉13部刺史之职,成为定制。第二年又分十道为十五道。至开元二十二年二月十九日,诏发十道采访处置使(实则十五道,但沿用十道贯称),正式开始监察工作;三月二十三日,诏准诸道采访处置使印",见氏著:《中国地方行政制度史》,上海人民出版社,2005年,第158页。严耕望先生认为景云二年即有十三道设立,而各道设置的时间应为开元二十二年二月十九日,见氏著:《景云十三道与开元十六道》(《严耕望史学论文集》),上海:上海古籍出版社,2009年,第663页。罗凯先生认为"真实的情况是,张九龄任宰相时,建议设置十道采访使,并于开元二十二年二月十九日,执笔起草了《置十道采访使敕》,接着唐皇朝正式任命了十五个采访使……李唐开元年间设置十五采访使,不在二十一年,更不在二十年或二十三年,而是二十二年",见氏著:《十五采访使始置于开元二十二年论》,《中国历史地理论丛》2011年第1辑。郭声波先生认为开元四年即置都畿按察使,并认为开元二十一年设都畿直属中央,开元二十二年置都畿采访处置使,见周振鹤主编、郭声波著:《中国行政区划通史》(唐代卷),复旦大学出版社,2012年,第293页。

使,以检察非法:京畿(理西京城内)、都畿(理东都)、关内(多以京官遥领)、河南(理陈留郡)、河东(理河东郡)、河北(理魏郡)、陇右(理西平郡)、山南东(理襄阳郡)、山南西(理汉中郡)、剑南(理蜀郡)、淮南(理广陵郡)、江南东(理吴郡)、江南西(理章郡)、黔中(理黔中郡)、岭南(理南海郡)。"①十五道的名称与治所,皆有所录,都畿亦在其中。先看此书的来源,刘秩曾采摭诸史,撰三十五卷《政典》,而杜佑看后以为条目不够清晰,加以开元礼、乐,遂成《通典》一书。杜佑将《通典》于"贞元十七年,自淮南使人诣阙献之",②成书时间较开元二十一年不过70年上下,且杜佑"资嗜学,虽贵犹夜分读书",③"人惮其辩而伏其博,设有疑误,亦能质正",④其又曾居于相位,对唐代典章制度不会轻易出现讹误,从史料的时间和根据上看,可信度较高。又见《旧唐书》载:"开元二十一年,分天下为十五道,每道置采访使,检察非法,如汉刺史之职:京畿采访使(理京师城内)、都畿(理东都城内)、关内(以京官遥领)、河南(理汴州)、河东(理蒲州)、河北(理魏州)、陇右(理鄯州)、山南东道(理襄州)、山南西道(理梁州)、剑南(理益州)、淮南(理扬州)、江南东道(理苏州)、江南西道(理洪州)、黔中(理黔州)、岭南(理广州)。"⑤《旧唐书》所录也是开元二十一年分置十五道,与《通典》几近一致,唯有异处,乃是各道治所名稍有不同,但都畿仍在其列。《新唐书》亦载:"开元二十一年,又因十道分山南、江南为东、西道,增置黔中道及京畿、都畿,置十五采访使,检察如汉刺史之职。"⑥这自然是针对贞观十道的情况,另行增设了五道,增加的五道中包含都畿,设置时间上所载亦为开元二十一年。

不独于上述史籍,记载开元二十一年设置十五道的情况,还有多处,如《资治通鉴》:"开元二十一年(癸酉,公元733年)……是岁,分天下为京畿、都畿、关内、河南、河东、河北、陇右、山南东道、山南西道、剑南、淮南、江南东道、江南西道、黔中、岭南,凡十五道,各置采访使,以六条检察非法;两畿以中丞领之,余皆择贤刺史领之。"⑦其记载为开元二十一年分天下为十五道,各置采访使,但唯两畿所置主官为御史中丞,而其他各道则为州刺史。还有《六典通考》载:"景云二年,以江山阔远,奉使者艰难,乃分江南、山南皆为东、西道,又分陇右为河西道。开元二十一年,又分关内,置京畿道;分河南,置都畿道;又分江南西,置黔中道;而并河西于陇右:为十五。"⑧景云二年即有十三道分置,⑨而开元二十一年又增京畿、都畿,合为十五道,其录所置时间仍为开元二十一年。其他记载

---

① 《通典》卷一七二《州郡典二》。
② 《旧唐书》卷一四七《列传第九七·杜佑》。
③ 《新唐书》卷一六六《列传第九一·杜佑》。
④ 《旧唐书》卷一四七《列传第九七·杜佑》。
⑤ 《旧唐书》卷三八《地理一》。
⑥ 《新唐书》卷三七《地理一》。
⑦ 《资治通鉴》卷二一三《唐纪二九》。
⑧ 阎镇珩:《六典通考》卷一六八《职方考》。
⑨ 可参见严耕望:《景云十三道与开元十六道》(《严耕望史学论文集》),上海古籍出版社,2009年,第661—670页。但罗凯先生依靠成书于高宗末年孙思邈所著《千金翼方》,有《药出州土》篇,认为景云二年并非初置十三道,十三道的设立实际上应上溯始于永徽初年(650),见氏著:《唐十道演化新论》,《中国历史地理论丛》2012年第1辑。

开元二十一年设采访处置使的史籍实繁,不再逐一援引。仅以《通典》、两《唐书》、《通鉴》等可信价值较高的史料来看,开元二十一年设置十五道采访使似应确切,而都畿应与其同时而立。

然《唐会要》却言:"开元二十二年二月十九日,初置十道采访处置使,以御史中丞卢绚等为之。至三月二十三日,诸道采访处置使、华州刺史李尚隐等奏,请各使置印,许之。"①这里为何记载为开元二十二年设置十道采访使,难于解释,但把十道采访处置使的设置时间明确为开元二十二年二月十九日,如此精确的日期,在上述诸史籍中是未曾有过的。不仅如此,其还有:"开元二十二年三月,置京畿采访处置使,以中丞为之,自是不改。(其时大夫是李尚隐,不充使,以中丞卢绚为之。至永泰元年以后,遂以大夫王翊、崔涣、李涣、崔宁、卢杞等为使)。"②既然京畿采访使置于开元二十二年,其又属于十五道之一,就意味着十五道的出现不可能早于此时间限定。如《唐大诏令集》中载录玄宗开元二十二年置十道采访使敕"其天下诸道,宜依旧逐安便置使,令采访使置"。③依此来看,开元二十二年设采访处置使又有了些许证据。最为有利的证据就是《册府元龟》卷一百六十二《帝王部·命使第二》的载录:"(开元二十三年)辛亥,初置十道采访处置使,命御史中丞卢绚为都畿采访使,御史中丞裴旷为京畿采访使,国子祭酒、汴州刺史、嗣鲁王道坚为河南道采访使,华州刺史李尚隐为关内道采访使,太原尹崔隐甫为河东道采访使,礼部侍郎兼魏州刺史宋瑶为河北道采访使,太常卿兼广州事、岭南经略使李朝隐为岭南道采访使,扬州长史韦虚心为淮南道采访使,太仆卿兼判凉州都督、持节河西节度等副大使牛仙客为河西道采访使,益州长史、持节剑南节度副大使王昱为剑南道采访使,荆州长史韩朝宗为山南道采访使,润州刺史刘日正为江南道采访使,秦州刺史裴敦复为陇右道采访使,梁州刺史宋询为山南西道采访使,宣州刺史班景倩为江南道采访使。"④这是极为少见的能够记载分置十五道时,各道官员名讳的史料。罗凯先生评价:"这是流传至今的惟一一份系统的详细记载十五采访使的具体姓名、本官以及各部名称的史料,其史料价值是其他各种材料所远远不及的。"⑤《册府元龟》这条记载的稀缺性是毋庸置疑,但有两点重大疑问:一是其记载时间为开元二十三年,二是其史料来源及佐证问题。

第一点,此条的时间记载为开元二十三年。把十五道的设置时间延迟至开元二十三年,这一点上与其他任何史籍均不相符。严耕望先生认为此条前一件事所叙为开元二十一年四月,立刻跳转到开元二十三年二月不符常理,"三"应为"二"之讹误,笔者对

---

① 《唐会要》卷七八《诸使中·采访处置使》。
② 《唐会要》卷六〇《御史中丞》。
③ 《唐大诏令集》卷一〇〇《政事官制上·置十道采访使敕》。
④ 《册府元龟》卷一六二《帝王部·命使第二》。
⑤ 罗凯:《十五采访使始置于开元二十二年论》,《中国历史地理论丛》2011 年第 1 辑。实际上,《玉海》亦有与此类似的载述,考虑到其他史籍均未察见,《玉海》成书又晚于《册府元龟》,或为对照抄录而已,详见《玉海》卷第一三二《官制》。

此实难苟同。《册府元龟》此条前件事确为"(二十一年)四月,以久旱,命太子少保陆象先、户部尚书杜暹等七人,往诸道宣慰赈给",①但严先生却不察《册府元龟》并非是以逐年记载史实的编纂形式,开元二十一年四月的此次记载,其前一件事为开元十六年九月。而在载述开元二十三年设置十五道采访使之后,其又接着载:"十一月,诏令给事中韦虚心巡关内道,中书舍人李彭年巡河南道,并与本道采访使及所由长官商量,回日奏闻。二十九年五月,命大理卿崔翘,尚书右丞席豫,工部侍郎郭虚己,御史中丞张倚,中书舍人孙逖,给事中赵安贞,太尝卿韦虚,班景倩分行天下。"故而《册府元龟》本卷所载开元二十三年设采访使前后的数件事件时间顺序依次是:

开元十六年九月→开元二十一年二月、四月→开元二十三年二月(即载设十五道时间)、十一月→开元二十九年五月

从这里可以清楚地看出《册府元龟》并不是严格按照逐年记载史实的方法,而是记事不限时间跨度。若因开元二十三年与其前条所录相隔一年多,并不连贯,就认为其讹误,岂非整部《册府元龟》讹误甚多?存在开元二十三年这样记载时间的差别,只可能是版本问题。笔者所引此段《册府元龟》版本为明刻初印本,罗凯先生曾引用宋刻本认为此处为开元二十二年。但若因流传版本而至舛误,版本问题本身就已难于深究,后人传抄岂能一笔一画精准无误?即便不谈其时间上的讹误,其内容来源亦缺乏有力的史料支撑。

第二点,假使将其看做"三"为"二"之讹误,但仍缺乏旁证。正史对比上,《唐会要》、《唐大诏令集》及《册府元龟》载开元二十二年,《通典》、两《唐书》和《通鉴》载开元二十一年,前者效力显然难及后者。又所置的十五道采访处置使中,崔隐甫"二十一年,起复太原尹,仍为河东采访处置使"。② 可见崔隐甫是在开元二十一年任采访处置使的。还有许多学者反复引用过陈简甫的《宣州开元以来良吏记》所载:"开元癸酉岁,国家以天下久平,四海繁富,虑吏之不率,人之不康,乃诏分十道署廉察以督之。此州统江南之西,包潭衡十有六州,而班公景倩始受命焉。"③按陈垣《二十史朔闰表》,开元癸酉岁确为开元二十一年。④ 班景倩正是宣州采访使,而陈简甫所记似无疑义。而罗凯先生却认为"陈简甫此文并非'信史',引之以为铁证时须慎而又慎"。⑤ 若果如此,岂非引用此类典籍均为不真?那么单就正史记载比较而言,开元二十二年之说岂不是处于下风? 开元二十二年置十五道采访处置使一说虽有一定史实佐证,最有力的就是《册府元龟》那份罗列十五道采访使姓名、本官及所巡察道的奏表。但《册府元龟》所引原始史料必然是唐代典籍,即便史料本身有其稀缺性,但修撰人数众多,卷帙浩繁,也很难完全排除其传抄讹误的可能。况且其所记还为开元二十三年,即便勉强将其纳入二十二年范畴,单

---

① 《册府元龟》卷一六二《帝王部·命使第二》。
② 《旧唐书》卷一八五下《良吏下·崔隐甫》。
③ 《文苑英华》卷八三〇,《全唐文》卷四三八《陈简甫》。
④ 陈垣:《二十史朔闰表》,上海古籍出版社,1956年,第95页。
⑤ 罗凯:《十五采访使始置于开元二十二年论》,《中国历史地理论丛》2011年第1辑。

就一份证据就验证采访使的设置时间,未免草率。故尽管对开元十五道的探讨莫衷一是,但并无明显证据排除开元二十一年设采访使的事实。可以肯定的是,开元二十一年是必有采访处置使出现的,至于其各道分立的先后顺序、采访使置印时间、具体员额分配则有待进一步的考察。

关于开元十五道的设置时间问题已简略疏证于上,因都畿属于十五道之内,似乎它的产生最早也应是开元二十一年。然十五道的设置时间,并不能验证都畿的产生时间。正如十五道之中有十道皆出于贞观元年所设,后来增加的五道或是渐次析出的,并非同时而立。

比如,《新唐书》云"(开元)十七年复置十道京、都两畿按察使",①且《资治通鉴》有一则载述:"(玄宗开元十七年,729年)五月,壬辰,复置十道及京、都两畿按察使。"②按《新唐书》、《通鉴》所言开元十七年即已设都畿按察使,至于此处"复置"是否含都畿按察使在开元十七年或之前即已有,尚未可知。但见"统志云:河南,古豫州地。汉置豫州刺史,察举颍州河南等郡,而不常所治。东汉置司隶校尉治洛阳,而别置豫州于谯郡。唐于此置河南道,开元中置都畿、河南、河北三道采访处置使,而都畿道治东都,河南道治陈留,河北道治魏郡"。③ 此处录开元中置都畿,但难于判断开元中指代是开元年间还是开元年号的中间点。开元年号时间为公元713—741年,若以开元中间点计量,中间的时间点则是公元727年附近,与《通鉴》所录时间相去不远。此言虽属猜测,并无直接实证,但开元二十一年之前即有都畿则是言之有据的。《册府元龟》有诏令:"(开元)十三年正月制,天下见禁囚徒死罪降至流,流已下悉原之。都城内委中书门下,当日疏决处分;京城委留守,制到日处分;仍令中丞蒋钦绪往河南;大理少卿明珪往关内;刑部郎中张樽往河东;兵部郎中崔恂往山南东道;右庶子高仲舒往江南西道;职方郎中郑续之往剑南道;秘书丞张履冰往淮南道;殿中侍御史孙济往陇右道;赞善大夫张景幽往河西道;右谕德李林甫往山南西道;主客郎中张烈往江南东道。"④诏令发布时间显示是开元十三年(725),事件为大赦囚徒,为了保证赦宥的顺利进行,分派13人前往各道巡察。除都城和京城外,其余相继出现了河南、关内、河东、山南东道、江南西道、剑南道、淮南道、陇右道、河西道、山南西道、江南东道,共11个部分。而此时的京城(都畿)与其他诸道并立,加上都城,共十三个部分。倘都畿此时尚未处于与"道"同一级建制单位的话,恐怕此处断难如此表述。当然,这仍难以作为都畿即设于此时的有力佐证。

除此之外,尚有记述唐代崔沔的陋室铭一文,其记:"公讳沔,字若冲,博陵安平人。……开元初,摄御史中丞,或讼吏曹之不平,公与崔泰之衔命详理,多所收拔,俄而

---

① 《新唐书》卷四九下《志第三十九下·百官志》。
② 《资治通鉴》卷二一三《唐纪二十九》。
③ 朱熹:《通鉴纲目》卷二七。还可参雷礼:《国朝列卿纪》卷一二〇《巡抚河南序》。李贤:《明一统志》卷二六《河南布政司》。王士俊:《(雍正)河南通志》卷三《沿革上》。
④ 《册府元龟》卷八五《帝王部·赦宥第四》,卷一六二《帝王部·命使第二》。

即真兼都畿按察使。……二十一年迁秘书监,修撰如故,属耕耤田为居守,赐绢百匹,迁太子宾客,出兼怀州刺史。二十四年,罢州,又以本官充东都副留守,累加通议大夫。二十七年冬十一月十有七日,寝疾,薨于位,春秋六十有七。"① 崔沔开元初年摄御史中丞,没过多久就兼任都畿按察使,二十一年迁秘书监,二十四年充东都副留守,死于开元二十七年。一下子,都畿出现的时间又提前至开元初年,但这个开元初年到底是哪一年? 既然说崔沔兼都畿按察使,就必须廓清唐代按察使的置废时间。

对唐代按察使设置演变载述最为仔细的是《新唐书》,"贞观初,遣大使十三人,巡省天下诸州水旱。……景云二年置都督二十四人,……置十道按察使道,各一人。开元二年曰十道按察采访处置使,至四年罢。八年复置十道按察使,秋冬巡视州县,十年又罢。十七年,复置十道京、都两畿按察使,二十年曰采访处置使,分十五道。天宝末,又兼黜陟使。乾元元年,改曰观察处置使"。② 看来按察使在开元年间的设置情况,是直到开元二年才设立。但实际上,在玄宗先天二年即有按察使,"景云三年二月二日,废右台。先天二年九月一日,又置右台,停诸道按察使;其年十月二十五日,又置诸道按察使,废右台"。③ 这里言先天二年十月二十五日即已经设立诸道按察使,而先天二年玄宗已即位。先天二年与开元二年之间又未见按察使被废除,所以玄宗先天二年至开元二十一年的按察使设置情况可表示如左图,而崔沔个人生平大事可表示为右图:

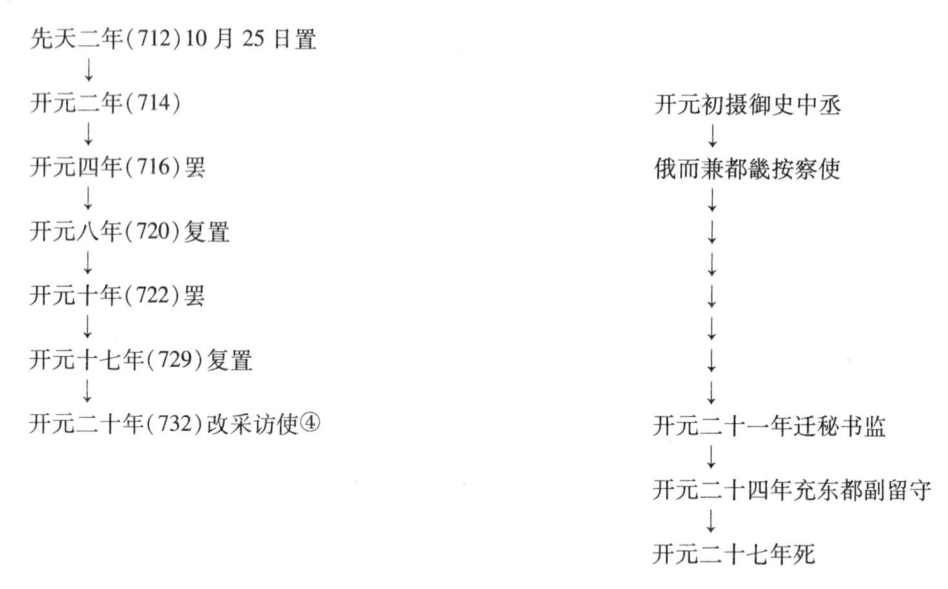

先天二年(712)10月25日置
↓
开元二年(714)
↓
开元四年(716)罢
↓
开元八年(720)复置
↓
开元十年(722)罢
↓
开元十七年(729)复置
↓
开元二十年(732)改采访使④

开元初摄御史中丞
↓
俄而兼都畿按察使
↓
开元二十一年迁秘书监
↓
开元二十四年充东都副留守
↓
开元二十七年死

首先需要指出的是自玄宗先天二年至开元四年是均存置有按察使的,而崔沔任按

---

① 颜真卿:《颜鲁公文集》卷五。《全唐文》卷三三八《颜真卿三》。另外,郭声波先生在页下注部分也引用过此段史料,标明引自"《颜鲁公集》卷一四";见周振鹤主编,郭声波著:《中国行政区划通史》(唐代卷),复旦大学出版社,2012年,第293页。
② 《新唐书》卷四九下《志第三九下·百官志》。
③ 《唐会要》卷六〇《御史台上》。
④ 此言开元二十年改按察使为采访处置使,与之前诸史籍记载所记置采访使时间有出入,笔者以为不甚牢靠,或取开元二十一年为宜,此处暂不对其加以修改。

察使的时间是开元初之后,"俄而"兼授的。开元十七年实不能算入开元初的概念范畴,所以根据两图,其可能的时间段就是:① 开元元年至开元四年,② 开元八年至开元十年。罗凯先生认为崔沔这个都畿按察使当是在开元二年至四年之间,①而郭声波先生拟以开元四年为宜。② 但两位先生并不能确定这个"俄而"的具体时间问题,所以笔者所论的两个时间段都是有可能出现的。还不能忽略的是,早在"景云二年,御史中丞韦抗加京畿按察使"。③ 都畿与京畿一般是同时并称的,京畿在景云二年就已出现按察使之职,那么都畿似也应有出现的可能性。但从史料凭据而言,则无从确证。必须以谨慎的态度讲,都畿的产生时间当始于开元元年,不晚于开元十年。

二、都畿统辖范围问题再讨论

历来传统史籍对都畿的统辖范围,记载不一。如《新唐书》载录都畿道的统辖范围仅含河南府河南郡、汝州临汝郡两个府州。④ 而同时期的京畿则有京兆府京兆郡、凤翔府扶风郡、华州华阴郡、同州冯翊郡、商州上洛郡、邠州新平郡,多达二府四州之地。⑤ 京畿与都畿同为唐代两都区域,统辖州府数目不应相差如此悬殊。史念海先生亦指出,都畿"所辖除河南府外,仅有一汝州,似与京畿道所辖的六府州不侔"。⑥ 实际上,已有不少学者注意到了这一现象,但对都畿统辖范围的争议却并未止息。⑦ 尽管各个区划在不同的历史阶段,其统辖范围是不断变化的。但作为监察区而命名的都畿,其正式设立采访处置使后,理应有固定的监察区域。

谭其骧先生编著的《中国历史地图集》中,所绘制的都畿统辖范围地图,实与《通典》记载同,即"大唐因循旧制,一为郡县,又分天下为十五部:京畿(京兆、华阴、扶风、冯

---

① 见氏著:《盛唐京畿都畿考论》,《历史地理》2008 年第 23 辑。
② 参见周振鹤主编,郭声波著:《中国行政区划通史》(唐代卷),复旦大学出版社,2012 年,第 293 页。
③ 《唐会要》卷七五《选部下》。《册府元龟》卷五一二《宪官部》。
④ 《新唐书》卷三八《志第二十八·地理二》。
⑤ 《新唐书》卷三八《志第二十七·地理一》。
⑥ 史念海:《唐代历史地理研究》,中国社会科学出版社,1998 年,第 38 页。
⑦ 谭其骧先生持《通典》说,认为唐代都畿道应含河南府、陕州、汝州、郑州、怀州,共一府四州之地。见氏著:《中国历史地图集》(第五册"隋唐五代十国时期"),中国地图出版社,1982 年,第 44—45 页。宓三能先生认为都畿道的属郡应包含河南府、陕州、汝州、郑州,一府三州之地,不应把靠近河北的怀州列入都畿之内,其对谭其骧先生主编的《中国历史地图集》把黄河以北的怀州纳入都畿道之属州的说法,持有异议。见氏著:《唐代都畿道的属郡》,《中国历史地理论丛》1991 年第 4 期。周振鹤先生认为都畿仅含有河南府河南郡、汝州临汝郡两个府州,而把陕州陕郡、郑州荥阳郡,列入河南道范围之内,把怀州河内郡列入了河北道的管辖范围,见氏著:《中国地方行政制度史》,上海人民出版社,2005 年,第 103 页。罗凯先生指出都畿应包含河南府、陕州、郑州、怀州,而不应包含等级仅为望的汝州。其共有三篇文章表达过此意,《盛唐京畿都畿考论》(历史地理),上海人民出版社,2008 年,第 23 辑;《唐前期道制研究——以民政区域性质的道为中心》,硕士学位论文,复旦大学,2009 年;《隋唐政治地理格局研究——以高层政治区为中心》,博士学位论文,复旦大学,2012 年。郭声波先生认为至天宝十三年,都畿直属地区有河南府及荥阳、临汝、陕、河内四郡,见周振鹤主编,郭声波著:《中国行政区划通史》(唐代卷),复旦大学出版社,2012 年,第 296 页。

朔、新平、上洛、安康郡是），都畿（河南、陕郡、荥阳、临汝、河内等郡地是）。"①《通典》此说，将都畿的统辖范围划定为河南府河南郡、陕州陕郡、郑州荥阳郡、汝州临汝郡及怀州河内郡，达 5 个府州，远多于《新唐书》所载。

河南府治地在洛阳，隶属都畿并无问题。但时下所存争议较大之处在于剩余诸州府的分属上。先从地理方位角度来看，都畿治地在洛阳，而陕州位于洛阳正西侧，属京畿与都畿最近交通路线的必经之地；郑州则位于洛阳正东侧，恰属东都与汴州之间的中间位置；汝州位于洛阳正南部偏东一侧；而怀州则位于洛阳正北部偏东一隅，处黄河以北。按严耕望先生依《通典》、《元和志》、《太平寰宇记》、《旧唐书》著《唐代交通图考》中所考，除河南府外，另外四州最远的陕州取南道距都畿洛阳尚不足 350 里，按书中所述，四州距都畿治地洛阳的距离汇总如下表：②

州郡名称	距洛阳之里数	所属卷数/页数
陕　州	陕州东至洛阳，分南北两道：取北道 300 里，取南道 350 里。	第一卷京都关内区（第 20—21 页）
怀　州	由东都东北行 140 里至怀州；怀州至东都按《通典》、《元和志》、《寰宇记》分别记为 140 里、150 里、140 里。洛阳至怀州按《通典》、《元和志》、《寰宇记》、《旧志》分别为 140 里、150 里、140 里、140 里。	第一卷京都关内区（第 129 页）、（第 130 页）；第五卷河东河北区（第 1514 页）
郑　州	《通典》、《元和志》、《寰宇记》、《旧志》所考洛阳与郑州距离分别为 270 里、280 里、270 里或 280 里。	第六卷河南淮南区（第 1846—1817 页）
汝　州	《通典》、《元和志》、《寰宇记》、《旧志》所考汝州距洛阳为 150—180 里、170 里、170 里、180 里。	第六卷河南淮南区（第 1846—1817 页）

监察区划定然需考虑距离问题，不然，监察幅度太大或太小都不利于行政监察效能的正常发挥。以距离而论，洛阳距陕州最远为 350 里，最近为 300 里，距郑州大致为 270—280 里之间，而距怀州和汝州则在 140—180 里之间。怀州至洛阳的距离与其他三州相较属最近，最远者乃陕州，虽怀州与都畿有黄河之隔，但以行政监察管辖的幅度和效率而言，当有可能。但宓三能先生则以怀州位黄河以北之由，剔除其属都畿的可能。这就引出了自贞观年间就盛行的以山川形便为划道标准的传统说法。都畿析出于河南道，而依传统山川形便说，河南道与河北道应以黄河为界，黄河以北不该有河南道的州县。先以唐代所撰《元和郡县图志》为事例，据《元和志》所录河南道与河北道所辖州县，笔者绘有一表：③

---

① 《通典》卷一七二《州郡典二》。
② 此表据严耕望先生考证各地交通距离所制，见氏著：《唐代交通图考》，上海古籍出版社，2007 年。
③ 此表制作依照李吉甫：《元和郡县图志》，北京：中华书局，1983 年。

称 谓	统 辖 州 郡	所属卷数/页数
河南道	河南府(尚有缺)、陕州、虢州、汝州、汴州、宋州、亳州、颍州、滑州、郑州、许州、陈州、徐州、宿州、泗州、濠州、蔡州、申州、光州、郓州、兖州、青州、齐州、曹州、濮州、密州、海州、沂州、莱州、淄州、登州	卷第五河南道一(第129页)、卷第六河南道二(第155页)、卷七河南道三(第175页)、卷第八河南道四(第197页)、卷第九河南道五(第223页)、卷第十河南道六(第257页)、卷第十一河南道七(第291页)
河北道	怀州、魏州、相州、博州、卫州、贝州、澶州、恒州、冀州、深州、赵州、德州、棣州、定州、易州、沧州、景州(有缺)、河北道四阙	卷第十六河北道一(第443页)、卷第十七河北道二(第477页)、卷第十八河北道三(第509页)、卷第十九

事实上《元和郡县图志》所罗列各道的范围并非开元年间的十五道区域,而是以唐贞观元年十道为底本的。其叙述的范围包括关内道、河南道、河东道、河北道、山南道、淮南道、江南道、剑南道。因《元和志》早已无图且缺失六卷,今沿用之宋本只能见之于此。《元和志》全书未见开元其后始有的京畿、都畿、山南东、山南西、黔中等新置诸道。再从此表可看出河南、河北两道的区划,河南道确有河南府、陕州、汝州、郑州,唯缺怀州;而怀州正属河北道内。可是不能否认,以贞观年间的十道分图来生套开元年间才分置的十五道,无异于张冠李戴,《元和志》所寻道制区划并不具备说服力。

再者而言,《旧唐书》河南道载:"河南府,隋河南郡。(武德)九年,罢行台,置洛州都督府,领洛、怀、郑、汝等四州,权于府置尚书省。……显庆二年,置东都,官员准雍州。是年,废谷州,以福昌、长水、永宁、渑池等四县,怀州之河阳、济源、温、王屋,郑州之汜水来属。"①武德年间,洛州都督府就曾领洛、怀、郑、汝等四州,②虽都督府并不能与其后的道制混淆,但亦有所属先例。显庆二年言怀州之河阳、济源、温、王屋等县曾归属东都。观怀州所"管州一,怀州。县十:河阳,汜水,温县,济源,河清等五县,事具河南府。……管县五:河内,武陟,武德,修武,获嘉"。③《元和志》所记虽为贞观底本,但其言河阳,汜水,温县,济源,河清等五县亦曾属河南府。④ 而这五县中,除汜水县外,其余四县均处黄河以北,⑤而河南府系出于河南道,若按山川形便说,岂不谬矣?其从河南道析出后属于都畿,所以都畿辖怀州当有渊源。

考虑到怀州属河北道的传统思维定式根深蒂固,不妨看其是否从属,"大唐分置十五部,此为都畿(河南府、陕郡、临汝、荥阳等郡),河南道(陈留、睢阳、济阴、谯郡、颍川、

---

① 《旧唐书》卷三八《志第十八·地理一》。同见《唐会要》卷七〇《州县改置上·河南道》。
② 李泰曾撰《括地志》一书,但未得见传本。严耕望先生根据徐坚的古香斋本《初学记》、孙星衍辑录的《括地志》以及中华书局点校本《初学记校勘表》和岑仲勉先生的《括地志序略新诠》,开列各都督府所管州表列河南道境内有徐州都督府、齐州都督府、洛州都督府,并言洛州都督府所辖有:洛、怀、郑、汝,且言贞观十三年所管当仍有此四州。见严耕望:《括地志序略都督府官州考》(《严耕望史学论文集》),上海古籍出版社,2009年,第642页。
③ 李吉甫:《元和郡县图志》卷一六《河北道一》,中华书局,1983年,第443—444页。
④ 对于此数县的割属时间,《旧唐书》记载为显庆二年(657),见《旧唐书》卷三八《志第二八·地理一》。
⑤ 可对照谭其骧:《中国历史地图集》(第五册·隋唐五代十国时期),北京:中国地图出版社,1982年,第44—45页。

淮阳、汝阴、汝南等郡),兼分入山南东道(淮安、南阳、襄阳、汉东、武当)及河东道(弘农)"。① 杜佑很明确的记载十五道分置时,都畿囊括河南府、陕郡、临汝郡、荥阳郡等,而河南道辖下未含以上诸州。《通典》又录:"河南(陈留、睢阳、灵昌、颍川、谯郡、濮阳、济阳、北海、淮阳、汝南、东平、淄川、济南、鲁郡、彭城、临淮、汝阴、济阴、琅琊、高密、东海、东莱、东牟郡是)。"② 记载中关于河南道未见辖有陕州、汝州、郑州及怀州,此时都畿必已从河南道析出,似乎验证怀州只可能属于河北道无疑。但在载有河北道的详细州县却言:"大唐因循旧制,一为郡县,又分天下为十五部:京畿、都畿、关内、河南、河东、河北(范阳、魏郡、汲郡、邺郡、广平、清河、信都、平原、饶阳、河间、景城、常山、博陵、赵郡、巨鹿、博平、文安、上谷、乐安、北平、密云、妫川、渔阳、柳城、归德、顺义、归化、安东郡)、陇右、山南东、山南西、剑南、淮南、江南东、江南西、黔中、岭南。"③ 这里显示唐代开元十五部的分区十分明朗,定是开元年间事。且河北道的州县罗列并未有怀州,怀州此时又不在河北道统辖之列。有《通典》的进一步佐证:"大唐分置十五部,此为河北道(范阳、汲郡、邺郡、广平、饶阳、河间、常山、博陵、信都、赵郡、巨鹿、文安、上谷、北平、密云、妫川、渔阳、柳城、归德、顺义、归化等郡)、河东道,兼分入都畿(河内郡)、关内道(单于)。"④ 此处河北道不仅未含怀州河内郡,还点出怀州河内郡属都畿。如此,便出现怀州既不属于河南道,又不属于河北道的事例,那只有可能属于都畿。同卷中亦载:"怀州今理河内县。……后魏置怀州,兼置河内郡。隋初郡废,而怀州如故;炀帝初州废,复置河内郡。大唐因之,亦为东畿内之郡。"⑤ 东畿即都畿洛阳,河内郡怀州实属于都畿内,而且"开元二十一年,分京畿(京兆、华阴、扶风、冯翊、新安、上洛、安康等是也)、都畿(河南、陕郡、荥阳、河内、临汝等是也)"。⑥ 开元二十一年的划道,河内郡怀州属都畿内之郡,确凿无误。总结对怀州的从属问题:第一,河南府曾有统辖黄河以北数县的先例,而后河南府又划归都畿;第二,开元十五道中的河南道、河北道统辖州县中均无怀州在内;第三,都畿辖有怀州有史料依据;而怀州属于都畿则与以上结论相契合,更可证谭其骧先生所绘地图不虚。

排除了怀州问题的疑云,来看汝州的从属。本节开篇即已援引《新唐书》所录都畿辖下仅有河南府、汝州。而仅含两个府州,正是众多学者认为与都畿地位不符的缘由。罗凯先生曾以汝州为望州,与都畿其他诸州府地位不称为由,质疑其属都畿范畴。唐代州一级建制的等级共分八等:府、辅、雄、望、紧、上、中、下。而若以都畿所辖的河南府、陕州、郑州、怀州、汝州等级而论,依《元和志》载,汝州确属望州,开元户数为26 052。⑦

---

① 《通典》卷一七七《州郡七·古荆河州》。
② 《通典》卷一七二《州郡二·序目下》。
③ 《通典》卷一七二《州郡二·序目下》。
④ 《通典》卷一七八《州郡八·古冀州上》。
⑤ 《通典》卷一七八《州郡八·古冀州上》。
⑥ 《玉海》卷一六《地理》。
⑦ 李吉甫:《元和郡县图志》卷六《河南道二》,中华书局,1983年,第165页。

而以《新唐书》却载:"汝州临汝郡,雄。本伊州襄城郡,贞观八年更州名,天宝元年更郡名。土贡:绝。户六万九千三百七十四,口二十七万三千七百五十六。"①这里汝州不仅变为了雄州,而且户数为69 374。《元和志》与《新唐书》两者记载的户数差距竟达4万余户,而唐代州的人口正是对其定级的标准之一。据此,只有一种可能,即二者记载的年代不同,《新唐书》所录当为唐玄宗天宝十四年安史乱前的顶峰数字,而《元和志》所录或为开元初年的数目。都畿人口的实时变化,必然又会影响其州的等级,这就带来了罗凯先生所谈的汝州属望州的疑问,首先不对汝州的时间限定上进行确定,又何谈汝州不属都畿? 人口发展的问题,或亦应是唐代道制变革中的一个因素。② 对比而论,若从京畿所属州府等级来看,京兆府属于府一级,华州华阴郡属上辅,同州冯翊郡属上辅,商州上洛郡属望,凤翔府扶风郡属赤上辅,邠州新平郡属于紧。③ 商州与邠州二州的等级地位亦低于其余四州府,岂不是商州、邠州亦不属于京畿? 单纯以六雄、十望州的传统等级之说排除汝州从属都畿的说辞,实难令人信服。再从开元以前汝州的分置区划传统上看,引文多次证明其曾属于河南道,并从未脱离过。而此前引文中又已证实河南道在设置开元十五道之时辖州内并无汝州,汝州属于都畿是言之有据的。

前文已详述过都畿治地洛阳距陕州,分南北两道,南段为350里,北段为300里,在可能从属都畿的州府中路程最远。单以距离来讲,陕州不属都畿的可能性最大。实则不然,先看陕州的等级和属县,陕州为雄州,所辖县六:陕、硖石、灵宝、夏、芮城、平陆。④ 更值得注意的是陕州的芮城完全位于黄河以北,而平陆县,则"黄河,在县南二百步",⑤ 其余陕、硖石、灵宝、夏四县则位于黄河以南。陕州境内有两县位黄河以北,四县位黄河以南,并未严格以黄河为界限。所以单就这一点上讲,陕州无论从属于河东道还是都畿,都将打破传统的山川形便说。陕州位处都畿通往京畿的最便路径,北部和西部与河东道相邻,东面为都畿,南与虢州接壤。参照其区位因素,属河东道又似可能,但笔者以为不甚牢靠。《唐六典》说:"河东道,古冀州之境。今太原、潞、泽、晋、绛、蒲、虢、汾、慈、隰、石、沁、仪、岚、忻、代、朔、蔚、云等州或属河南,凡十有九州焉。"⑥《六典》于开元十年开始修撰,成书于开元二十六年,而开元十五道分置在开元二十一年已有定议。河东道共辖19州,且河东道又并无析出其他任何道,至少在《六典》完书时,即开元二十六年,其辖下仍未见陕州之名。《元和志》中河东道的属州为:河中府、晋州、绛州、慈州、隰

---

① 《新唐书》卷三八《志第二十八·地理二》。
② 据史念海先生统计,至唐天宝元年,都畿道所管县数为27,所辖的户数和口数分别为264 120和1 456 848,平均每县户数为9 782.22户,每户的口数为5.52。并指出增加京畿道和都畿道是为了拱卫京师,并非是人口有所增加,可参见史念海:《唐代历史地理研究》,中国社会科学出版社,1998年,第51—52页。
③ 《新唐书》卷三七《志第二七·地理一》。
④ 《新唐书》卷三八《志第二十八·地理二》。《元和郡县图志》所载属县与此略有不同,"管县八:陕、硖石、灵宝、夏、安邑、平陆、芮城、垣",但考虑到此篇开文为陕虢观察使,观察使为乾元元年改自于采访处置使,其设必然晚于天宝,故不征引,见李吉甫:《元和郡县图志》卷六《河南道二》,中华书局,1983年,第55页。
⑤ 李吉甫:《元和郡县图志》卷六《河南道二》,中华书局,1983年,第160页。
⑥ 《唐六典》卷三《尚书户部》。

州、太原府、汾州、沁州、仪州、岚州、石州、忻州、代州、蔚州、朔州、云州。① 共计16州府，与《六典》记载的州府数字上虽有出入，但亦不见陕州之名。《通典》所录河东郡辖有蒲州、绛州、晋州、泽州、潞州、仪州、沁州、隰州、慈州、并州、石州、岚州、代州、忻州、蔚州、朔州、云州。②《通典》载录的河东道所辖州府数目为17个，与《六典》《元和志》均不同，但也不见陕州存于河东道。除了上述三部唐人所修典籍外，在宋代编撰的史籍中也未见河东道曾辖有陕州：

《新唐书》载：河中府、晋州、绛州、慈州、隰州、太原府、汾州、沁州、辽州、岚州、宪州、石州、忻州、代州、云州、朔州、蔚州、武州、新州、潞州、泽州、蒲州。③

《太平寰宇记》载：并州、汾州、岚州、石州、忻州、宪州、晋州、泽州、辽州、潞州、蒲州、绛州、慈州、代州、云州、蔚州、朔州。④

《太平御览》载述：蒲州、绛州、晋州、泽州、潞州、辽州、沁州、隰州、慈州、汾州、并州、石州、岚州、代州、忻州、蔚州、朔州、云州。⑤

《舆地广记》：河东道：河中、绛、慈、隰、太原、汾、沁(今威胜)、辽、岚、宪、忻、代、云、朔、蔚、武(今毅州)、新、潞、泽。⑥

此四书对河东道的所辖州府，虽记载数目不一，《新唐书》所录多达22个，《寰宇记》记为17个，《御览》言18个，《舆地广记》又说19个。诸史籍对河东道所辖州府记载数目的差异，可能缘于不同时期道的区划变迁问题。但不管哪部史籍，记载的不同历史时期中，均未见陕州曾属河东道。前文对汝州的叙述中所引史料又证开元十五道设置时，河南道中并无陕州，而都畿辖内确有陕州。所以，陕州直属都畿是十分妥当的。

再看郑州荥阳郡，北部为怀州，西部是都畿，东部和南部为河南道。这种情况，其归属只能在都畿与河南道二者之间。可惜，记载开元十五道分置以后两道具体统辖范围的史籍不多，但亦无碍对其考察，最为有利的即是前已引述过的《通典》所论："大唐分置十五部，此为都畿(河南府、陕郡、临汝、荥阳等郡)，河南道(陈留、睢阳、济阴、谯郡、颍川、淮阳、汝阴、汝南等郡)，兼分入山南东道(淮安、南阳、襄阳、汉东、武当)及河东道(弘农)。"⑦开元十五道分置以后，河南道中的郑州荥阳郡就已经归属于都畿，而这一点并不是孤证。《玉海》载："开元二十一年，分京畿(京兆、华阴、扶风、冯翊、新安、上洛、安康等是也)、都畿(河南、陕郡、荥阳、河内、临汝等是也)。"⑧这一点上对时间限定非常清晰，开元二十一年都畿的统辖范围内包括荥阳郡，即郑州。所以，对郑州荥阳郡属都畿

---

① 李吉甫：《元和郡县图志》卷一二至一五《河东道》，中华书局，1983年，第323—442页。
② 《通典》卷一七九《州郡九》。
③ 《新唐书》卷三九《志第二十九·地理三》。
④ 《太平寰宇记》卷四〇至五一《河东道》。
⑤ 《太平御览》卷一六三《州郡部九》。
⑥ 欧阳忞：《舆地广记》卷三《唐十五道采访使》。
⑦ 《通典》卷一七七《州郡七·古荆河州》。
⑧ 《玉海》卷一六《地理》。

统辖州府的疑义应属最小的。况且相比之下,以军事战略而言,京畿北部有渭河,东、西两侧又都有州府作为缓冲地带。都畿北部为黄河,西部为陕州,若无郑州荥阳郡,东部直接毗邻河南道,岂不是丧失缓冲带?固然作为行政监察区的都畿在划设时考虑因素繁杂,但并不能绝对排除其军事战略的意图。

综合而言,唐代在划道创设十五道监察区的时候,考虑的因素是多方面的。并非仅仅局限在固有观念中的山川形便之论,在都畿的统辖范围中,就证实了这一点。在开元以前,道的划分并不是固定的,监察区划按传统的山川形便之分,只是大致如此,未言没有调整。唐廷调派的使臣巡察各道也多是临时性差遣,比如太宗时曾派过13人、16道、22人巡察地方,而武则天时更有遣九道巡察大使的事例。① 但当时只有十道,这些人数不均的巡察大使定然是无法按十道分配的。而且早在高宗时期,河南府就有统辖黄河以北数县的先例,怀州属于都畿的考察也破除了山川形便说。开元十五道的分置很可能另外还引入了以人口、经济、军事及统属传统为依据的划分因素。不管如何,《新唐书》所载的都畿仅辖一府一州的情况,于情于理均不合宜,应秉持《通典》所论都畿囊括一府四州之地,这也与谭其骧先生所绘都畿范围暗合。不过应该指出,任何区划的变迁都有其时间概念的限定,不同时段的区域范围是有差异的。但安史乱前,唐代并无大的政治或军事波动,假使都畿范围进行大规模分割调整,则是不现实的推定。根据笔者所考,都畿统辖州府的真实状况应该含有河南府、汝州、郑州、怀州、陕州。

三、结　语

唐代十五道的设置,一般传统观念认定始于开元二十一年,即便对其存有争议,但这并不妨碍都畿的产生时间。十五道中有十道出于贞观元年,后来析出五道的产生时间,事实上也不是同时并立的。根据史料所陈,都畿在开元十七年即有呈现,崔沔的都畿按察使产生时间更将时段前推至开元初年。都畿在开元初年已见端倪,但崔沔的按察使是在开元初又再加一个时间定语"俄而"方授予的,这种情形按察使存在的时间状况实际有两种:① 开元元年至开元四年,② 开元八年至开元十年。但在尚无其他史料佐证的情况下,都畿的产生时间始于开元元年、不晚于开元十年是较为中肯的结论。关于都畿的统辖范围,传统说法仅有一府一州之地,是不甚允洽的。都畿既与京畿并称,为何京畿尚有两府四州,而都畿却连其半数都未达,二者地位实难相侔。有鉴于此,笔者对除河南府外的怀州、汝州、陕州、郑州进行逐一考辨。怀州虽处黄河以北,但这种山川形便说已难以信实。有学者质疑汝州的等级之说,更是忽略了唐代对州府定级的人口因素,而人口则是时时变化的,至少在开元天宝之际,都畿就已经升格为雄州。至于

---

① 《唐会要》卷七七《诸使上·巡察按察巡抚等使》。

陕州,既不属于河东道,又不属于河南道,其属于都畿是无误的。同理,郑州的从属也是存在都畿与河南道二者之间。但很明显在开元二十一年以后,河南道都并未曾包含郑州。故笔者持《通典》之说,都畿囊括河南府、陕州、郑州、汝州及怀州一府四州之地,当是切实可信的。笔者不揣浅陋,对都畿产生时间和统辖范围的重新爬梳剔抉,仅为抛砖引玉,更深层次的研究有待学界同仁的共同探讨。

论唐代宦官的主要来源

刘永强

对于中国古代宦官的来源，余华青指出有五种来源，即施刑、抢掠、进献、招募、投充，并认为这些来源使得中国历代王朝都能保持一支规模客观的宦官队伍。① 周良霄认为"宦官的来源主要是遭受腐刑的罪犯或者是出身低贱的人奴"。② 这是余、周二先生对中国古代宦官来源的整体概括，并未深入分析。关于唐代宦官的出身和来源，陈寅恪先生依据对两唐书宦官传记及《全唐诗》所载顾况诗的分析认为"唐代阉寺多出自今之四川、广东、福建等省，在当时皆边徼蛮夷区域"，并由此怀疑唐代宦官多是蛮族或蛮夷化的汉人。③ 唐长孺先生同意这一观点，并进一步指出唐代宦官多出于南方，与"南口掠卖"有着密切关系。④ 杜文玉《唐代宦官的籍贯分布》则认为唐代宦官的主要来源有诸道进献、良胄入侍、宦官养子以及其他方式等。⑤ 陈、唐二先生的研究对唐代宦官来源进行了细致深入的探讨，具有启发意义。杜文玉先生的研究则对唐代宦官的主要来源进行了更为广泛的探讨，但该文的主要目的在于探讨唐代宦官的籍贯分布，对于唐代宦官的主要来源所做的探讨有限。本文旨在前贤研究的基础上进行更为系统、更为深入的探讨，以期对唐代宦官的主要来源有更为全面的认识。

一、唐代以前宦官的来源

依据史料记载，唐代以前宦官的主要来源主要是对特定对象实施宫刑，既而进入宫

---

① 余华青：《中国宦官制度史》，上海人民出版社，1993年，第10—11页。
② 周良霄：《皇帝·皇权》，上海古籍出版社，1999年，第144页。
③ 陈寅恪：《隋唐制度渊源略论稿 唐代政治史述论稿》，商务印书馆，2011年，第209页。
④ 唐长孺：《唐代宦官籍贯与南口进献》，《山居存稿续编》，中华书局，2011年，第359—366页。
⑤ 杜文玉：《唐代宦官的籍贯分布》，《中国历史地理论丛》1998年第1期，第161—174页。陈弱水基本同意杜文观点，并着重宦官多出身于关中一点。（见陈弱水：《唐代长安的宦官社群》，《唐研究》第15卷，北京大学出版社，2009年，第171—198页。）

廷充作宦官。宫刑，又称腐刑、淫刑、阴刑、下蚕室等。隋唐以前，宫刑是一种正式刑罚，甚至在某些时候五刑之中亦有宫刑，历代受宫刑（或因宫刑之名）而成为宦官者和关于宫刑的法令不绝于书。

先秦时期，即有刑人，据《左传·襄公二十九年》载：

> 吴人伐越，获俘焉，以为阍，使守舟。吴子馀祭观舟，阍以刀弑之。①

东汉人审忠谓此为"吴使刑人，身遘其祸"。② 所谓刑人，即受宫刑后的阉人，从中可知战俘会受到宫刑的惩罚。

又有楚王欲以韩起、叔向为司宫辱晋事，据《左传·昭公五年》载楚王语：

> 今其来者，上卿、上大夫也。吾若以韩起为阍，以羊舌肸（叔向）为司宫，足以辱晋，吾亦得志矣，可乎？③

此事虽未实施，从中可知敌国被俘者即使地位比较高，也有可能成为宦官。

又有吕不韦为避祸使嫪毒入宫假作宦官，据《史记·吕不韦列传》载：

> 始皇帝益壮，太后淫不止。吕不韦恐觉祸及己，乃私求大阴人嫪毒以为舍人，时纵倡乐，使毒以其阴关桐轮而行，令太后闻之，以啗太后。太后闻，果欲私得之。吕不韦乃进嫪毒，诈令人以腐罪告之。不韦又阴谓太后曰："可事诈腐，则得给事中。"太后乃阴厚赐主腐者吏，诈论之，拔其须眉为宦者，遂得侍太后。④

嫪毒虽为假宦官，从中亦可知秦国有罪犯因宫刑而为宦官的规定，而且入宫程序相当严格。

秦汉时期，秦有赵高及其昆弟因罪皆为宦官，据《史记·蒙恬列传》载："赵高者，诸赵疏远属也。赵高昆弟数人，皆生隐宫，其母被刑僇，世世卑贱。"⑤《索引》刘氏注谓："盖其父犯宫刑，妻子没为官奴婢，妻后野合所生子皆承赵姓，并宫之。故云'兄弟生隐宫'，谓'隐宫'者，宦之谓也。"⑥从中可见，罪犯之子亦会受宫刑的惩罚。

西汉时期，汉景帝有以宫刑作为减死之刑的诏令，《汉书·景帝纪》载："赦徒作阳陵者，死罪欲腐者，许之。"⑦东汉时期亦有类似的诏令，《后汉书·光武帝纪》载："（建武二十八年）冬十月癸酉，诏死罪系囚皆一切募下蚕室，其女子宫。"⑧

汉时因宫刑而为宦官者，有司马迁因李陵事下狱，"被刑之后，为中书令，尊宠任

---

① 杨伯峻编著：《春秋左传注》（修订本），中华书局，2009年10月第3版，第1157页。
② （宋）范晔撰，（唐）李贤等注：《后汉书》卷七八《宦者列传》，第2526页。
③ 《春秋左传注》，第1267页。
④ （汉）司马迁撰：《史记》卷八五《吕不韦列传》，第2511页。
⑤ 《史记》卷八八《蒙恬列传》，第2566页。
⑥ 《史记》卷八八《蒙恬列传》注，第2566页。
⑦ （汉）班固撰，（唐）颜师古注：《汉书》卷五《景帝纪》，第147页。
⑧ 《后汉书》卷一下《光武帝纪》，第80页。

职"。① 张贺"本卫太子家吏,及太子败,贺坐下刑",后为掖庭令。有李延年"坐法腐刑,给事狗监中"。② 石显、弘恭皆"皆少坐法腐刑,为中黄门,以选为中尚书"。③ 武帝赵婕妤父"坐法宫刑,为中黄门"。④ 汉宣帝许皇后父许广汉有死罪,"有诏募下蚕室,后为宦者丞。"⑤西汉承秦制,东汉接西汉,在"中兴之初,宦者悉用阉人,不复杂调他士"。⑥ 这里的阉人,实际上是因各种原因而被施以宫刑之罚。宦者即全为阉人,故对特定对象实施宫刑成为东汉宦官的主要来源。

北魏时期,除仇洛齐"生而非男"⑦外,几乎皆为受宫刑之罚而为宦官,根据《魏书·列传阉官》记载:

宗爱,不知其所由来,以罪为阉人,历碎职至中常侍。⑧

段霸,雁门原平人。父乾,慕容垂广武令。太祖初遣骑略地至雁门,霸年幼见执,因被宫刑。⑨

王琚,高平人,自云本太原人。高祖始,晋豫州刺史。琚以泰常中被刑入宫禁,小心守节,久乃见叙用。⑩

赵黑,字文静,初名海,本凉州隶户。……海生而凉州平,没入为阉人,因改名为黑。⑪

孙小,字茂翘,咸阳石安人。父瓒,姚泓安定护军。……小没入宫刑。⑫

张宗之,字益宗,河南巩人,家世寒微。父孟舒,刘裕西征,假洛阳令。……初缑氏宗文邕聚党于伊阙谋反,逼胁孟舒等。文邕败,孟舒走免,宗之被执入京,充腐刑。⑬

张祐,字安福,安定石唐人。父成,扶风太守。世祖末,坐事诛,祐充腐刑。⑭

抱嶷,字道德,安定石唐人,居于直谷。……幼时,陇东人张乾王反叛,家染其逆。及乾王败,父睹生逃逸得免,嶷独与母没内京都,遂为宦人。⑮

王遇,字庆时,本名他恶,冯翊李润镇羌也。……遇坐事腐刑,为中散,迁内行

---

① 《汉书》卷六二《司马迁传》,第 2725 页。
② 《汉书》卷九三《佞幸传》,第 3725 页。
③ 《汉书》卷九三《佞幸传》,第 3726 页。
④ 《汉书》卷九七上《孝武钩弋赵婕妤传》,第 3956 页。
⑤ 《汉书》卷九七上《孝宣序皇后传》,第 3964 页。
⑥ 《后汉书》卷七八《宦者传序》,第 2509 页。
⑦ 《魏书》卷九四《列传阉官》,第 2013 页。
⑧ (北齐)魏收撰:《魏书》卷九四《列传阉官》,第 2012 页。
⑨ 《魏书》卷九四《列传阉官》,第 2014 页。
⑩ 《魏书》卷九四《列传阉官》,第 2015 页。
⑪ 《魏书》卷九四《列传阉官》,第 2016 页。
⑫ 《魏书》卷九四《列传阉官》,第 2018 页。
⑬ 《魏书》卷九四《列传阉官》,第 2018 页。
⑭ 《魏书》卷九四《列传阉官》,第 2020 页。
⑮ 《魏书》卷九四《列传阉官》,第 2021 页

令、中曹给事中,加员外散骑常侍、右将军,赐爵富平子。①

苻承祖,略阳氐人也,因事为阉人。②

王质,字绍奴,高阳易人也。其家坐事,幼下蚕室,颇解书学。③

李坚,字次寿,高阳易人也。高宗初,因事为阉人。④

白整者,亦因事腐刑。少掌官掖碎职,以恭敏著称,稍迁至中常侍。⑤

刘腾,字青龙,本平原城民,徙属南兖州之谯郡。幼时坐事受刑,补小黄门,转中黄门。⑥

贾粲,字季宣,酒泉人也。太和中,坐事腐刑。⑦

杨范,字法僧,长乐广宗人也。高宗时,坐宗人劫贼被诛,范宫刑,为王琚所养,恩若父子,往来出入其家。⑧

成轨,字洪义,上谷居庸人。少以罪刑,入事官掖,以谨厚称。⑨

王温,字桃汤,赵郡栾城人。父冀,高邑令,坐事被诛。温与兄继叔俱充宦者。⑩

孟鸾,字龙儿,不知何许人。坐事充阉人。⑪

平季,字稚穆,燕国蓟人。祖济,武威太守。父雅,州秀才,与沙门法秀谋反,伏诛。季坐腐刑,入事官掖。⑫

封津,字丑汉,勃海蓚人也。祖羽,真君中为薄骨律镇副将,以贪污赐死。父令德,娶党宝女。宝伏诛,令德以连坐从法。津受刑,给事官掖。⑬

刘思逸,平原人。父直,武邑太守。与元愉又于信都,伏诛。思逸少充腐刑。⑭

宗爱等人,有因罪受宫刑而为宦官者,亦有因战俘而受宫刑成为宦官者。故北魏时期,因宫刑而成为宦官者更为显著,亦是宦官的主要来源。

宫刑既为正式刑罚,则实施者必为官方,具有明显的强制性。除宫刑之外,亦有一些通过自宫而成为宦官者,如春秋时期齐桓公宠臣竖刁,"自宫以适君"⑮而成为宦官,到东汉时期,宦官势力兴盛,"其有更相援引,希附权强者,皆腐身熏子,以自衒达"。⑯

---

① 《魏书》卷九四《列传阉官》,第2023页。
② 《魏书》卷九四《列传阉官》,第2025页。
③ 《魏书》卷九四《列传阉官》,第2025页。
④ 《魏书》卷九四《列传阉官》,第2026页。
⑤ 《魏书》卷九四《列传阉官》,第2026页。
⑥ 《魏书》卷九四《列传阉官》,第2027页。
⑦ 《魏书》卷九四《列传阉官》,第2029页。
⑧ 《魏书》卷九四《列传阉官》,第2029页。
⑨ 《魏书》卷九四《列传阉官》,第2030页。
⑩ 《魏书》卷九四《列传阉官》,第2031页。
⑪ 《魏书》卷九四《列传阉官》,第2032页。
⑫ 《魏书》卷九四《列传阉官》,第2032页。
⑬ 《魏书》卷九四《列传阉官》,第2033页。
⑭ 《魏书》卷九四《列传阉官》,第2034页。
⑮ 《史记》卷三二《齐太公世家》,第1492页。
⑯ 《后汉书》卷七八《宦者列传》,第2510页。

但唐以前的自宫行为是追逐富贵者们的极端手段，属于特例，史籍中并不多见。

此外，部分士人亦是宦官队伍的来源之一。自秦汉至隋，宦官管理机构所用官员并非全为阉人。汉承秦制，宦官职位亦不例外。秦时管理宦官之将行，西汉景帝时改名大长秋，"或用中人，或用士人"，①秦之中常侍，西汉沿袭，"秩千石，并用士人"。② 这种情况，到了东汉时期有了明显变化，即宦官职位一般由中人担任。光武帝是这一变化的推动者，史载"世祖中兴，悉任宦者"，③不过并不太准确，如前所述大长秋虽"常用宦者"，④但依然有士人任职宦官的情况存在，到了邓太后时期，"以女主称制，不接公卿，乃以阉人为常侍、小黄门，通命两宫，自此以来，悉用阉人，不调他士"。⑤ 宦官才全部由阉人担任，如后汉掌管后宫贵人、采女的掖庭令和掌管官婢的永巷令"皆宦者"；又如秦、西汉之中常侍，至此"悉用宦官"。⑥ 但是自此以后直至东汉灭亡，亦非一直全用阉人，袁绍大诛宦官以后，"永巷、掖庭复用士人"，⑦到了汉献帝时，发生了董卓之乱，"自是诸宦署悉用士人"。⑧ 不过这种恢复士人任宦官的情况，是在特殊政治背景下发生的，不具有普遍意义。到了魏晋时期，"并有掖庭令、黄门令，而非宦者"，⑨仍可见宦官亦非全部由阉人担任。隋置内侍省，有内侍、内常侍等官，即为汉之大长秋、中常侍，炀帝大业三年改为长秋监，置令、少令各一人，丞二人，"并用士人"，⑩后又罢内谒者员，省去内仆局、内谒者局，所领惟掖庭、宫闱、奚官三署而已，亦"参用士人"，⑪可见直至隋代仍有士人担任宦官情况的存在。到了唐代，又做了改革，"武德初，改为内侍省，皆用宦者"。⑫ 至此，内侍省所有官员才全部任用中人，士人任宦官的情况不复见诸史籍。故在唐代以前士人亦是宦官的来源之一，但是需要注意，唐代以前虽时有士人充任宦官，但多为高级宦官，人数较少，多为特例，史籍中所记载的宦官，绝大多数是以阉人的形象出现的，因此士人充任宦官与部分自宫以求富贵者一样，在唐代以前的宦官来源中并不占主要地位。

因此，既有宫刑这样正式的刑罚，则不烦其他方式来作为选取宦官的主要方式，故对特定对象实施宫刑为历朝宦官主要来源。此所谓特定对象，一为战俘，如吴阍者、韩起、叔向、段霸、赵黑、张宗之、抱嶷等；二为罪犯，如嫪毐、赵高及其昆弟、司马迁、宗爱之类。至此，可以说隋唐以前，对战俘或罪犯实施宫刑为历代宦官的主要来源，而其他如

---

① 《汉书》卷一九上《百官公卿表》，第734页。
② （唐）李林甫等撰，陈仲夫点校：《唐六典》卷一二《内官宫官内侍省》，中华书局，1992年1月，第356页。
③ 《册府元龟》卷六六五《内臣部总序》，第7662页。
④ 《唐六典》卷一二《内官宫官内侍省》，第355页。
⑤ （唐）杜佑撰，王文锦、王永兴、刘俊文、徐庭云、谢方点校：《通典》卷二七《职官九》，中华书局，1988年12月，第755页。
⑥ 《唐六典》卷一二《内官宫官内侍省》，第356页。
⑦ （唐）杜佑撰：《通典》卷二七《职官九》，第756页。
⑧ 《唐六典》卷一二《内官宫官内侍省》，第356页。
⑨ 《唐六典》卷一二《内官宫官内侍省》，第358页。
⑩ 《唐六典》卷一二《内官宫官内侍省》，第355页。
⑪ 《唐六典》卷一二《内官宫官内侍省》，第355页。
⑫ 《通典》卷二七《职官九》，第756页。

通过自宫等其他方式为宦官者,或以士人充任宦官者,人数极少,多为特殊情况,并不占重要比例。

二、唐代宦官的来源

司马迁曾谓"最下腐刑,极矣",对于士人来说,以受宫刑为奇耻大辱,而对于普通人来说,宫刑也是一种惨无人道的刑罚,故宫刑的存废及争论也时见史册。如汉文帝曾除肉刑,从文帝十五年晁错在的对策中"除去阴刑,害民者诛"①以及汉景帝诏令中"除宫刑,出美人,重绝人之世也"②的记载来看,废除的肉刑应当包括宫刑,但从景帝中元四年中"死罪欲腐者,许之"来看,宫刑已经恢复,司马迁等人受宫刑的事例更证明宫刑并没有被废除。东汉末年,曹操曾下令议复肉刑,其中有以宫刑可否代替死刑的询问,陈群以为"若用古刑,使淫者下蚕室,盗者刖其足,则永无淫放穿窬之奸矣",③钟繇以为"古之肉刑,更历圣人,宜复施行,以代死刑",④而其他人则多反对,而当时曹操以军事为重,并未施行。这似乎可以证明宫刑曾被废除过,但是应考虑到自黄巾起义失败后东汉王朝已经名存实亡,且战乱频繁,东汉政府已经不具备相应的权力,故宫刑也就无从实施。曹操所谓复肉刑,应当是延续东汉的传统做法,此后魏文帝、魏明帝时期又议论此事,⑤只是当时军政为急务,无暇顾及而已。北朝西魏在大统十三年(547)二月下诏:"自今应宫刑者,直没官,勿刑。"⑥北齐在天统五年(569)二月也诏令:"应宫刑者普免为官口。"⑦这两条诏令将应受宫刑者改为官口,并非废除宫刑,而且可以确定在西魏、北齐仍有宫刑的存在。由此可见,宫刑作为一种法定刑罚一直存在,并未被正式废除。至隋文帝时,正式废除宫刑,则宫刑不再作为宦官的主要来源。

隋文帝即位初,令大臣高颎、杨素等重新制定刑律:

其刑名有五:一曰死刑二,有绞,有斩。二曰流刑三,有一千里、千五百里、二千里。应配者,一千里居作二年,一千五百里居作二年半,二千里居作三年。应住居作者,三流俱役三年。近流加杖一百,一等加三十。三曰徒刑五,有一年、一年半、二年、二年半、三年。四曰杖刑五,自五十至于百。五曰笞刑五,自十至于五十。而蠲除前代鞭刑及枭首轘裂之法。⑧

---

① 《汉书》卷四九《晁错传》,第2297页。
② 《汉书》卷五《景帝纪》,第137页。
③ (宋)司马光编著,(元)胡三省音注:《资治通鉴》卷六六汉献帝建安十八年十一月条,中华书局,1956年6月,第2124页。
④ (晋)陈寿撰,陈乃乾点校:《三国志》卷一三《钟繇传》,第397页。
⑤ 《资治通鉴》卷七〇魏明帝太和元年十二月条,第2237页。
⑥ (唐)李延寿撰:《北史》卷五《魏本纪》,中华书局,1974年10月,第180页。
⑦ 《北齐书》卷八《后主纪》,第102页。
⑧ (唐)魏徵、令狐德棻撰:《隋书》卷二五《刑法志》,中华书局,1973年8月,第710—711页。

五刑之中已不存在肉刑,宫刑作为肉刑的一种,又曾作为五刑之一,也自然随之废除。唐代基本沿袭隋律,故隋唐时期,宫刑作为一种法定的刑罚已经退出历史舞台,则对战俘、罪犯及其家属施以宫刑这样的方式自然也不复为宦官的主要来源。

（一）进献

如此,唐代宦官来源必有它途,根据史料记载,进献是重要的来源方式。所谓进献,就是将特定人员强制阉割以后进贡朝廷的行为。早在隋朝,隋文帝之子蜀王杨秀就曾"多捕山獠充宦者",①即掠夺山民充当宦官为己所用。到了唐代,进献甚至已经有了法律上的规定,据《唐律疏议》载：

> 依令："诸州有阉人,并送官,配内侍省及东官内坊,名为给使。诸王以下,为散使。"多本是良人,以其官闱驱使,并习业已成。②

《唐律疏议》为长孙无忌在高宗时期主持编纂,可见唐朝前期宦官的来源就已经有进献这种方式了,而且应该是很普遍的情况,否则不会以法律的形式加以规定。不过,最初的进献是中央强制地方所为的,而且所进献者多为平民百姓,后来的"阉儿"、"白身"进献多属地方官的自愿行为,所进献对象也发生了变化。

唐代关于南方特别是闽、岭地区进献阉儿的记载尤多,如顾况有诗《囝一章》诗文如下：

> 囝生闽方,闽吏得之,乃绝其阳。为臧为获,致金满屋。为髡为钳,如视草木。天道无知,我罹其毒。神道无知,彼受其福。郎罢别囝,吾悔生汝。及汝既生,人劝不举。不从人言,果获是苦。囝别郎罢,心摧血下。隔地绝天,乃至黄泉,不得在郎罢前。③

该诗所述闽吏绝"囝"之阳,是为将其进献宫中充做宦官,之后父子相隔,身如草木,其悲苦只有自己知道了。

除顾况所言闽吏进献闽囝外,还有地方官李千里进献高力士、金刚二阉儿事,据《新唐书》记载：

> 高力士,冯盎曾孙也。圣历初,岭南讨击使李千里上二阉儿,曰金刚,曰力士,武后以其强悟,敕给事左右。④

吐突承璀亦是闽人,据其本传记载：

> 是时,诸道岁进阉儿,号"私白",闽、岭最多,后皆任事,当时谓闽为中官区薮。咸通中,杜宣猷为观察使,每岁时遣吏致祭其先,时号"敕使墓户"。宣猷卒用群宦

---

① 《资治通鉴》卷一七九文帝仁寿二年三月条,第5591页。
② （唐）长孙无忌等撰：《唐律疏议》卷三《工乐杂户》,中华书局,1983年11月,第75页。
③ （清）彭定求等编：《全唐诗》卷二六四《囝一章》,中华书局,1999年1月,第2922—2923页。
④ （宋）欧阳修、宋祁撰：《新唐书》卷二〇七《高力士传》,中华书局,1975年2月,第5858页。

力徙宣歙观察使。①

可见吐突承璀也是被地方以"阉儿"的形式进献,而后成为宦官的。从"诸道"、"岁进"等词可以看出,在唐代地方官进献阉儿充当宦官已经成为常态。到咸通时期,杜宣猷甚至因为每年祭拜宦官祖先而得宦官力量迁为宣歙观察使。

圣历为武则天年号,顾况生卒年不详,至德年间为进士,其主要活动时间为肃宗、代宗、德宗时期,吐突承璀为唐宪宗时期著名大宦官,而咸通时期杜宣猷因岁祭宦官祖先得以升迁,可知地方至少是闽、岭地区,进献"阉儿"的行为一直存在,因此地方进献"阉儿"成为唐代宦官的重要来源。

唐代亦有许多关于白身进献的记载。所谓白身(或内给使),即未有品级的宦官,多为私家所养,唐朝统治者曾予以禁止或限制,据《唐会要》记载:

> 天宝八载(749)六月十八日敕:"京畿及诸郡百姓,有先是给使在私家驱使者,限勒到五日内,一切送付内侍省。其中有是南口及契券分明者,各作限约,定数驱使。虽王公之家,不得过二十人。其职事官:一品不得过十二人,二品不得过十人,三品不得过八人,四品不得过六人,五品不得过四人,京文武清官、六品、七品不得过二人,八品、九品不得过一人。其嗣郡王郡主县主国夫人诸县君等,请各依本品。同职事及京清资官处分。其有别承恩赐,不在此限。其荫家父祖先有者,各依本荫职减,比见任之半。其南口请禁蜀蛮及五溪岭南夷獠之类。"②

> 宝历二年十一月,诏朝官及方镇之家,不得私置白身。③

但似乎并未起太大作用,除前所述诸道岁进"私白"以外,白身也经常随地方官员的贡品一道进献朝廷,如韩弘进贡白身五人、王起进贡其兄王播白身三人事,据《册府元龟》记载:

> (长庆元年,821)十二月,韩弘、孙绍宗进亡祖白身廿五人、马十四、橐驼十头、绢五千疋、银二千锭及器物、刀剑、弓箭等。④

> (太和)四年(830)二月,尚书左丞王起进亡兄播银壶瓶、百枚玉及通天犀带各一条,刀剑各一口,器杖一副,马二匹,私白身三人。有诏止令受银瓶、刀剑、器杖及马,其白身却还。翌日重进,复不受。旋命中使就宅宣白身三人更不用进来。⑤

此外,与高力士齐名的大宦官杨思勖,本身罗州石城人,"少给内侍省",⑥但他却出身于少数民族首领之家,据墓志记载:

---

① 《新唐书》卷二〇七《吐突承璀传》,第5870页。
② (宋)王溥撰:《唐会要》卷八六《奴婢》,中华书局,1955年6月,第1570页。
③ 《唐会要》卷六五《内侍省》,第1133页。
④ (宋)王钦若等编纂,周勋初等校订:《册府元龟》卷一六九《纳贡献》,凤凰出版社,2006年12月,第1877页。
⑤ 《册府元龟》卷一六八《却贡献》,第1870页。
⑥ 《新唐书》卷二〇七《杨思勖传》,第5857页。

其先本扶风苏氏。……五代祖密,守于河内……高祖彝、曾祖寻、祖业、考历等,皆为大首领于罗州。①

亦应是由于某种原因进献而来。

总之,地方进献,无论是强制还是自愿,无论是良人进献还是阉儿进献、白身进献,贯穿了整个唐朝,是唐代宦官的重要来源。

(二) 部分中下级文武官员之子充任宦官

从宦官墓志等资料中可以清楚地看到,唐代宦官有时出身并非为进献,亦非为宦官养子,而是出身于部分中下级文武官员之家。在唐代,中下级武官、文官之子充任宦官之例并不鲜见,根据墓志资料,第一代宦官出身于中下级武官、军人家庭者,列表如下:

表一 中下级文武官员之子为宦官表②

姓 名	父 祖	资 料 来 源
李 憨	曾祖李良周,上开府南宁州同起县令;祖李朗,同乐县公,南宁州刺史;父李钦,隋仪同三司,郎州刺史。	《补编》卷五,57—59页。《补遗》第一辑,17—19页。
段伯阳	曾祖段莫,隋朗州刺史;祖段就,隋览州长史;父段晖,隋昆州同起县令。	《补遗》卷三,378页。
费智海	曾祖费超群,后周□□郡守;祖费怡,隽州□藜县令;父费朗,皇朝本州博士。	《续集》上元021,223—224页。
冯士良	祖冯兴,隋嘉州司马;父冯振,唐始州参军。	《续集》光宅002,270—271页。
成 忠	曾祖成逊,周镇远将军;祖父成宽,幽州司马;父成德,强山县丞。	《汇编》垂拱003,729—730页。垂拱051,764页。
王 晛	高祖王忻,隋任播州司马;祖王斌,□朝桂州长史;父王旻,唐衡州司录参军。	《续集》开元121,536—537页。
苏思勖	祖苏璩,皇检校南昌郡周罗县令;考苏忠,赠夜郎郡太师。	《续集》天宝021,595—596页。
刘奉芝 刘奉进	曾祖刘宝,右领军尉折冲都尉;祖刘敬,左卫果毅都尉;父刘柱,右武卫长上折冲左羽林军宿卫。	《汇编》天宝274,1722—1723页。
常无逸	父常智满,鄜州杏林府左果毅都卫。	《补遗》卷三,13页。
霍玄琛	父,爱州刺史。	《补遗》卷八,406页。
刘光顺 刘光珌	祖刘元福,华州下邽县令;父刘仲邱,僧人。	《汇编》大历031,1780—1781页。

---

① 周绍良主编:《唐代墓志汇编》开元515《唐故骠骑大将军兼左骁卫大将军知内侍事上柱国虢国公杨公墓志铭并序》,上海古籍出版社,1992年11月,第1509页。
② 本表依据陈弱水所做"碑志所见第一代宦官的阶层、职业、地域背景"表改制,有增删,原表见《唐代长安的宦官社群》,第177—179页。为行文方便,资料来源一栏中,《汇编》为《唐代墓志汇编》之简称,《续集》为《唐代墓志汇编续集》之简称,《补遗》为《全唐文补遗》之简称,《萃编》为《金石萃编》之简称,下表亦作如此安排。另外,有墓志重复存于《汇编》《续集》《补遗》《萃编》《全唐文》中者,亦同时标明,以便检索。

续表

姓 名	父 祖	资料来源
孙常楷	父孙庭玉,右金吾卫中侯。	《全唐文》卷四二九,4372—4373页。卷四九八,5075—5077页。
焦希望	曾祖焦跃,绛州凤庭府果毅都尉;祖焦法满,朝散大夫、绛州司马;父不仕。	《全唐文》卷四八一,4919—4921页。
俱慈顺	祖俱智仙,匡城府折冲都尉;考俱宪章,左龙武将军致仕。	《续集》贞元020,747页。
刘奇秀	祖刘思宾,皇澧州司马;烈考刘志远,皇潭州别驾。	《续集》贞元044,764—765页。
张明进	考张承悫,侍卫禁军。	《续集》贞元072,786页。
李辅光	父,泾州仁贤府左果毅;祖,泾王府长史;曾祖,华原县令。	《汇编》元和083,2006—2008页。《全唐文》卷七一七,7374—7375页。
董 秀	父董琳,皇太子洗马赠扬州大都督。	《续集》元和062,844—845页。
乐辅政	父,辽城府折冲;祖,以忠勋入侍。	《续集》长庆009,863—864页。
梁守谦	曾梁祖晟,左清道率府长史;祖梁希倩,宁远将军、翊卫中郎将;父梁庭,不仕。	《汇编》大和012,2102—2104页。
杨延祚	父杨待宾,绥州义合府折冲。	《汇编》大和033,2119—2120页。
刘弘规	曾祖刘愬,同州白水县令;祖刘信,凉州汉川府折冲;父刘英,左武卫翊府中郎将。	《汇编》咸通072,2434—2436页。《续集》大和005,882—884页。《全唐文》卷七一一,7294—7297页。
马存亮	祖马瑾,皇银青光禄大夫;父马操,朝议郎、房州长史。	《全唐文》卷七一一,7297—7300页。
王志用	曾祖王仙,字彦之,辕门老效;祖王羔,字从一;父王俊,字朋方,试太常寺大祝。	《续集》开成013,932页。
武自和	曾祖不仕;父王温,累有官秩,不显于位。	《续集》会昌007,947—948页。
焦奉超	父焦大冲,皇房州刺史。	《续集》会昌019,957—958页。
王公素	父王进,奉天定难功臣云麾将军昭武校尉守右翊卫府中郎将上柱国。	《汇编》大中148,2366—2367页。
魏孝本	曾祖魏进诚,弓箭库过益;祖魏惟彦,如京判官。	《续集》咸通061,1080—1081页。
李仲璋	父李清,右神策军兴元元从定难功臣、金紫光禄大夫、检校工部尚书,上柱国。	《汇编》光化001,2536—2537页。

表中李愍,"大业中,起家事元德太子",①元德太子即隋炀帝长子杨昭,可见李愍曾

---

① 吴钢主编:《全唐文补遗》第1辑《大唐故上柱国内给事李君之碑》,三秦出版社,1994年5月,第18页。

为隋朝宦官。段伯阳卒于龙朔元年(661),年八十,而墓志载其"以龆年成器,故得弱冠登朝",①二十岁左右即为宦官,此时属于隋文帝仁寿(601—604)时期,故他亦曾为隋朝宦官。前朝宦官为后朝所接收,这是历代宦官来源最直接的一种方式,但这毕竟属于过渡形式,不是主要来源方式。此二人资料也表明,至少在隋代,宦官有出身于中下级武官、文官家庭者。冯士良、成忠、王晛、苏思勖则是表明了唐初,宦官出身于中下级武官、文官家庭的现象存在。但根据墓志资料,中下级武官、文官之子为宦官者更多地多在开元以后,这与唐玄宗时期宦官势力的发展密切相关。唐玄宗时期,宦官势力开始兴盛,许多宦官直接或间接参与军事活动,如高力士、杨思勖等人随玄宗诛灭韦氏,杨思勖更是亲自领兵讨伐叛乱,与军队发生了密切联系,又有许多宦官开始参与政务,其势可从如下史料看出:

> 玄宗尊重官闱,中官稍称旨,即授三品将军,门施棨戟,故杨思勖、黎敬仁、林招隐、尹凤祥等,贵宠与力士等。杨则持节讨伐,黎、林则奉使宣传,尹则主书院。其余孙六、韩庄、杨八、牛仙童、刘奉廷、王承恩、张道斌、李大宜、朱光辉、郭全、边令诚等,殿头供奉、监军、入蕃、教坊、功德主当,皆为委任之务。监军则权过节度,出使则列郡辟易。其郡县丰赡,中官一至军,则所冀千万计,修功德,市鸟兽,诣一处,则不啻千贯,皆在力士可否。故帝城中甲第,畿甸上田、果园池沼,中官参半于其间矣。②

既有中下级武官、基层文官之子为宦官之先例,而上层士人在文化上一直排斥宦官,自不会让自己的儿子去充当宦官,且宦官势力已兴,开始掌握军政之权,所谓"权势所在,必由附丽以进",③故而中下层的官员,尤其是武官,包括一部分基层文官之子入宫为宦官顺理成章。德宗以后,宦官开始掌握禁军,宦官与军人建立联系的方式有两种,一种为中下级武官将自己的儿子送至宫中充当宦官,故而德宗以后军人之子成为宦官者为数亦不少。

据此,似乎可以确定进献、部分文武官员之子充任宦官等方式为唐代宦官的主要来源,但光化三年(900)十一月,宦官刘季述等发动政变,不久失败,昭宗反正,大权归于崔胤。天复元年(901)六月,崔胤欲尽诛宦官,韩偓极力反对,对昭宗言道:"今此曹在公私者以万数,岂可尽诛邪!"④此处"公私"二字,据胡三省所注,"公,谓有职名于官者。私,谓乞丐携养于宦者私家未有名籍在于官者。"⑤韩偓所言"万数",是唐代宦官人数的顶峰。然而,唐代宦官能"有职名于官者"毕竟有限,在这万数之中,"乞丐携养于宦者私家"者当占据大部分比例。所谓"乞丐携养",其实就是宦官养子现象,由此可见,相较于

---

① 吴钢主编:《全唐文补遗》第3辑《大唐故内侍省内寺伯段君墓志铭》,三秦出版社,1996年5月,第378页。
② 《旧唐书》卷一八四《高力士传》,第4757页。
③ (清)王昶撰:《金石萃编》卷七三《吴文碑》,《历代碑志丛书》,第五册,江苏古籍出版社,1998年,第475页。
④ 《资治通鉴》卷二六二昭宗天复元年六月条,第8454页。
⑤ 《资治通鉴》卷二六二昭宗天复元年六月条,第8454页。

唐代以前的宫刑和唐代前期的地方进献,在唐末宦官养子是宦官的重要来源甚至可以说是主要来源。

(三) 宦官养子

元人曾总结道:"东汉以来,宦者养子以继世。唐世,继者皆为阉人。"① 清代王昶也有"内侍之养子恒为内侍"②的类似观点。这反映了唐代宦官养子的一个首要特点,即养子也作宦官。依据墓志及正史相关资料,宦官养子为宦官者,可列表如下:

表二 宦官养子为宦官表③

姓　名	养　子	资　料　来　源
李辅光	李希宴,掖庭局宫教博士;李希暹,内养、守内府局丞。	《汇编》元和 083,2006—2008 页。
西门进	西门珍,威远军监军,宫闱令;西门珍四子中有名参密侍者。	《汇编》元和 119,2032—2033 页。
梁守谦	梁承敏,掖庭局令;梁承度,宫闱局令,充沂海监军;梁承义,内府局丞。梁延甫,内宫闱令;梁延义,内谒者。	《汇编》大和 012,2102—2104 页。《续集》贞元 053,771—772 页。《补遗》第四辑,122—124 页。《补遗》第三辑,133 页。
刘汉润	刘仕仟,行内府局丞;刘仕侗,行内府局丞。	《汇编》大和 033,2119—2120 页。
朱　公	朱朝政,宫闱局令充閤门使。	《汇编》大和 079,2153 页。
王　忠	王英进,内侍、内弓箭库使。	《汇编》会昌 037,2237—2238 页。《金石萃编》卷一一三,六册,490—492 页。《全唐文》卷七六四,7938—7939 页。
王意通	王守琦,内府局丞。	《汇编》大中 032,2274—2275 页。《萃编》卷一一《唐文拾遗》卷三一,10723 页。
同国政	同景信,掖庭局宫教博士。	《汇编》大中 062,2297 页。《补遗》第三辑,228 页。
王公素	王惟昇,武德都判官掖庭局监作;王惟赞,牛羊判官内仆局丞。	《汇编》大中 148,2366—2367 页。《补遗》第三辑,239—240 页。
刘弘规	刘行立,宫闱局令;刘行深,内给事;刘行方,内府局丞;刘行宣,内府局丞。	《续集》大和 005,882—884 页。《补遗》第二辑,45—47 页。《全唐文》卷七一一,7294—7297 页。
刘遵礼（刘行深第五子）	刘重易,内给事内府局丞;刘重胤,宣徽库家、内侍省奚官局丞。	《汇编》咸通 072,2434—2436 页。据《金石萃编》卷一一七,六册,573—575 页。《全唐文》卷七四七,7742—7744 页。

---

① (元) 脱脱等撰:《金史》卷一三一《宦者传》,中华书局,1975 年 7 月,第 2807 页。
② (清) 王昶撰:《金石萃编》卷七三《吴文碑》,《历代碑志丛书》,第五册,江苏古籍出版社,1998 年,第 475 页。
③ 本文所做表,多受陈弱水《唐代长安的宦官社群》一文中制表形式影响。

续 表

姓　名	养　子	资料来源
吴　晏	吴晏子士偘,义昌军监军使、行内仆局令。士偘子德郎,荆南监军使、内常侍。德郎子全缋,内府局令,全略、全绍,行内仆局丞。全绍子承泌,内枢密使、知内侍省事。全缋子彦方、彦璥,行内侍省掖庭局宫教博士。	《汇编》乾宁005,2532—2533页。《萃编》卷一一八,六册,593—595页。《续集》咸通018,1046—1047页。《补遗》第六辑,181—182页。《续集》乾符019,1131—1132页。《补遗》第二辑,76—78页。
李仲璋	李从遂,内府局令,其子李令崇为内仆局令。	《汇编》光化001,2536—2537页。《补遗》第一辑,428—429页。
韦楚璩	韦光闰,内给事。	《续集》乾元004,676—677页。《补遗》第五辑,404—405页。
程　会	程宗,内给事,其子程希诠为行内给事大盈库副使。	《续集》大历026,709—710页。《补遗》第六辑,96—97页。
杨延祚	杨志廉,其子杨钦济为高品;杨钦则、杨钦政、杨钦穆、杨钦义为内养。钦义子玄略,掖庭局令,玄略子复均,行内仆局丞,充左神策军□小使,复璪,白身为左神策军副使小使。	《续集》元和002,799—801页。《补遗》第二辑,35—37页。《续集》咸通020,1048—1049页。《补遗》第三辑,253—254页。
假延信	假文政,崇城等镇监军使、内府局令。	《续集》元和004,802页。《补遗》第三辑,145页。
董　秀	次子董文夒,幽州卢龙节度监军、掖庭局令。董文夒子董承悦,内侍省内府局丞兼殿前内养。	《续集》元和062,844—845页。《补遗》第三辑,1168—169页。
许进运	许遂忠,行内侍省内侍。	《续集》大和024,898—899页。《补遗》第三辑,194—195页。
王明哲	王□,湖南监军使、行内侍省内府局丞。其子王守洪,行内仆局丞。	《续集》大和025,899—900页。
祁宪直	宪直子祁再谦,行宫闱局丞,祁再光,行内府局丞。	《续集》大和034,907页。《补遗》第三辑,196—197页。
丁门雅	丁承义,行奚官局令。	《续集》大和047,917页。《补遗》第七辑,109—110页。
姚　宪	姚存谷,内常侍,其子姚公允为内府局丞。	《续集》大和053,921—922页。《补遗》第三辑,200—202页。
李瑛琦	李德义,行内府局丞。	《续集》开成023,939页。《补遗》第三辑,210页。
武自和	武宗礼,行内侍省宫教博士。	《续集》会昌007,947—948页。《补遗》第二辑,53—54页。
刘光奇	刘溁浰(第四子),行内侍省内常侍。	《续集》会昌008,948—949页。《补遗》第三辑,212—213页。

续 表

姓　名	养　子	资　料　来　源
刘幽严	刘士环,宫教博士。	《续集》会昌009,949页。《补遗》第三辑,213—214页。
梁崇仙	梁元翰,奚官局令。	《续集》会昌018,956—957页。《补遗》第三辑,216—217页。
焦仙芝	焦惟彦,行内府局丞。	《续集》会昌019,957—958页。《补遗》第二辑,55页。
李从义	李敬实,军器使、内给事;李敬实子李昇荣,行内寺伯,李昇荣子李孝钧,掖庭局监作。	《续集》会昌029,964—965页。《补遗》第六辑,156—158页。《续集》大中078,1028—1029页。《补遗》第一辑,第378—379页。
高秀琪	高忠政,内府局丞,其子高克从为掖庭局令,高克从子高公玙,行内侍省云骑尉。	《续集》大中006,《补遗》第三辑,220—221页。
乐□	乐维弁,给事郎、守内侍省掖庭局宫教博士、充内养。	《续集》大中010,976—977页。《补遗》第二辑,58—59页。
仇文义	仇师约,左神策军云阳镇监军、掖庭局博士。	《续集》大中024,986—987页。《补遗》第二辑,61—62页。
孟秀荣	孟再丰,行内府局令、东都总监判官;孟公楚,充高班小判官;孟公浩,充仗内曹院。	《续集》大中035,993—994页。《补遗》第六辑,477—478页。
间重光	间忠干,行内侍省掖庭局宫教博士,其子间知诚,右神策军护军副使、行内掖庭局令。	《续集》大中063,1015—1016页。《补遗》第三辑,236—237页。
杨居实	杨处约内养,宫教博士。杨处絪,宫教博士。	《续集》咸通009,1039—1040页。《补遗》第三辑,242—243页。
牛义	牛宝诠,行宫闱局令其子牛维直行内仆局丞;牛维直子牛存周,掖庭局宫教博士。	《续集》咸通016,1045—1046页。《补遗》第二辑,67页。
师全介	师季彰,宫教博士。	《续集》咸通019,1047—1048页。《补遗》第三辑,252—253页。
魏□	魏国珍,奚官局丞,国珍子士珍为内侍省丞,士珍子文绍为奚官局丞。	《续集》咸通049,1071页。《补遗》第三辑,262页。
魏公乃	魏孝本,内仆局令。	《续集》咸通061,1080—1081页。《补遗》第三辑,266页。
张元振	张叔遵、张叔建,宫教博士。	《续集》咸通086,1099—1100页。《补遗》第三辑,271—273页。
间从敏	间克磧,内养、宫教博士。	《续集》咸通104,1116页。《补遗》第八辑,222—223页。
马公度	马师埠,行内寺伯;马师璠,行内府局丞;马师球,守内府局令;马师瑨、马师玙、马师瑀,行宫教博士。	《续集》乾符001,1118—1119页。《补遗》第三辑,277—278页。

续表

姓　名	养　子	资　料　来　源
王公操 （王志用孙）	王存礼、王可度,宫教博士。	《续集》乾符022,1134页。《补遗》第三辑,281—282页。
刘士准	刘重约,内外客省使掖庭局丞;孙彦复,行内仆局丞。	《补遗》第三辑,226—227页。
王怡政	王景宣,宫教博士。	《补遗》第三辑,231页。
韩朝宪	韩国信,内给事,其子秀宽,尚食内外副使、内府局令。	《补遗》第六辑,141—142页。
似逸义	似元约,内府局令;似元锡,内仆局丞;似元绰,宫教博士。	《补遗》第七辑,124—127页。
杨　□	杨遵念,右神策军引驾承旨、行内仆局丞;杨遵海,行内仆局令;杨遵谟,内常侍、枢密院承旨;杨遵让,宫教博士。	《补遗》第八辑,223—224页。
霍玄琛	霍顺仪,内谒者监,其子霍遊盛亦为内谒者监。	《补遗》第八辑,406页。
朱孝诚	朱士俛,行掖庭局监作。	《萃编》六册,250—253页。《全唐文》卷七三〇,7525—7526。
刘　□	刘复礼,威远监军使、行内仆局丞;刘全礼,内仆局丞充内养。	《萃编》六册,515—517页。《全唐文》卷七九一,8293—8294页。
孙知吉	孙荣义,内侍省少监。	《全唐文》卷四九八,5075—5077页。
彭令俊	彭献忠,内侍、护军中尉。献忠子希昭,奚官局丞;希贞、希晟,内侍省员外置同正员。	《全唐文》卷六四四,6522—6524页。
马存亮	马元某,奚官局令;马元贯,幽州监军使、内仆局令;元偿,奚官局丞;元真,守内府局丞。	《全唐文》卷七一一,7297—7300页。
仇上客	仇奉诠,内常侍,其子仇文晟,赠左监门卫将军。文昇子士良,仕士良子从广,宣徽使、行内给事赐;从源,阁门、行内府局丞;从渭,邠宁监军使、行内侍局丞。	《全唐文》卷七九〇,8271—8274。
田令孜	田匡祐,曾宣慰河中。	《新唐书·宦者传》,5887页。
杨复恭	养子六百人,为诸道监军。	《资治通鉴》卷二五八昭宗龙纪元年十一月条胡注,8390页。
刘季述	刘希度,刘季述叛乱时曾遣其往朱温处求得支持。	《资治通鉴》卷二六二昭宗光化三年十二月,8541页。

据表可知,唐德宗以后宦官养子为宦官者为数众多。玄宗诛灭韦氏得宦官助力颇多,宦官势力得以兴盛,安史之乱后宦官逐渐从幕后走向前台,在唐代政治舞台上扮演

重要角色,由此宦官养子现象也随之兴盛起来。故宦官来源除第二章所论进献一途外,宦官养子也成为唐代宦官的重要来源,甚至在唐末成为主要来源方式。

(四)其他方式

在唐前期,似乎有根据需要将部分有技能的人阉割充作宦官的做法,如罗黑黑因善弹琵琶被太宗阉割后以教宫人,到武则天时有大臣劝其将薛怀义阉割后进宫,亦是此意。据《资治通鉴》记载:

> 太后托言怀义有巧思,故使入禁营造。补阙长社王求礼上表,以为:"太宗时,有罗黑黑善弹琵琶,太宗阉为给使,使教宫人。陛下若以怀义有巧性,欲官中驱使者,臣请阉之,庶不乱宫闱。"表寝不出。①

拥有特殊技能阉割充作宦官使用者为少数,故此种宦官来源方式并非普遍存在。

结　语

唐代以前,宫刑是由政府实施的正式刑罚,具有强制性。既然有宫刑这样的法定刑罚存在,则对罪犯、俘虏等特定对象实施宫刑就成为宦官的主要来源。隋文帝重订五刑,五刑之中已无肉刑,宫刑作为肉刑的一种便不复存在,则宦官的主要来源发生了新的变化。依据史籍记载,无论主体是中央还是地方,进献的方式贯穿了整个唐代,是唐代宦官的重要来源。唐代是宦官专权最为严重的时期,伴随着这一形式,唐中后期的宦官养子现象非常兴盛,唐末宦官在"公私者以万数",其中"乞丐携养于宦者私家"者占据大多数,因此唐中后期宦官养子是唐代宦官的重要来源,至唐末甚至成为唐代宦官的主要来源。除进献、宦官养子之外,唐代宦官多有出身于部分中下级文武官员之家者,因此部分中下级文武官员也是唐代宦官的一种来源。其他方式如将有技能的人阉割充作宦官者,不为常例,数目极少,非普遍方式。因此,在整个唐代,宦官的主要来源有三种,一是进献,二是宦官养子,三是部分中下级文武官员之子充任宦官。

---

① 《资治通鉴》卷二〇三则天后垂拱二年四月条,第6441页。

从吐鲁番出土文书看
唐代西域①馆驿制度

刘夏欣

学界关于邮驿、馆驿的著述、文章颇为丰富,如《中国邮驿发达史》、②《中国古代的邮驿》、③《中国古代邮驿史》④等,又有学位论文《中国古代旅馆流变》、⑤《唐代邮驿与信息传递》⑥等。《高昌史稿·交通编》⑦则是一部高昌的交通史,其中部分章节涉及西州的馆驿制度。本文则拟从吐鲁番出土文书来看西域馆驿制度的实施情况。

一、唐代西域馆驿建制

馆、驿有别,驿主要指唐廷在驿道上所设立的中转、给养站,传递往来文书,接待驿使与官员。⑧ 馆则主要有两种,其一设于州县境内,其二设于非驿道之上,所谓"非通途大路则曰馆"。⑨ 驿又可称为馆驿、驿亭等,但馆一般指客馆,不可称馆驿。

(一)行政建制

中央建制。馆驿制度是邮驿制度的一部分,唐代邮驿系统的最高行政机构为尚书

---

① 本文所用西域之概念,取狭义西域之范畴,包括今新疆全境,甘肃西部与青海北部少部分地区。时间跨度则主要起于贞观十四年(640)安西都护府之设立止于贞元六年(790)唐朝势力正式退出西域。所述之馆驿制度乃是作为唐朝邮驿制度之一部分之体察。
② 楼祖诒:《中国邮驿发达史》,台湾:天一出版社,1975年。
③ 马楚坚:《中国古代的邮驿》,上海:商务印书馆国际有限公司,1997年。
④ 刘广生、赵梅庄编著:《中国古代邮驿史》,人民邮电出版社,1999年第2版。
⑤ 郑向敏:《中国古代旅馆流变》,厦门大学1999年博士学位论文。
⑥ 李玉峰:《唐代邮驿与信息传递》,陕西师范大学2011年学位论文。
⑦ 王素:《高昌史稿·交通编》,文物出版社,2000年。
⑧ 唐代的驿实现了驿、传合一,基本取代了过去的传舍,功能有所扩大。参见刘广生、赵梅庄编著《中国古代邮驿史》,人民邮电出版社,1999年第2版,第226页。
⑨ (唐)李林甫等撰,陈仲夫点校:《通典》卷三三《职官十五》,中华书局,1988年,第924页。

省兵部下辖驾部司，最高长官是驾部郎中，①"掌舆辇、车乘、邮驿、厩牧、司牛马驴骡、阑遗杂畜"。《唐六典》对此有详细记载：

> 驾部郎中一人，从五品上；员外郎一人，从六品上；主事三人，从九品上。驾部郎中、员外郎掌邦国之舆辇、车乘，及天下之传、驿、厩、牧官私马牛杂畜之簿籍，辨其出入阑逸之政令，司其名数。凡三十里一驿，天下凡一千六百三十有九所……若地势险阻及须依水草，不必三十里。每驿皆置驿长一人，量驿之闲要以定其马数……凡马三名给丁一人……凡驿皆给钱以资之，什物并皆为市。凡乘驿者，在京于门下给券，在外于留守及诸军、州给券。若乘驿经留守及五军都督府过者，长官押暑；若不应给者，随即停之。②

这段材料记载了驾部诸员的品秩、执掌，此外，驾部司还有令史十人，书令史二十人，掌固四人。③

西域建制。贞观元年（627），唐太宗将全国分为十道，西域之地基本处于陇右道范围之内。西域馆、驿在地方的最高长官是陇右节度使下辖的馆驿巡官，共四员。④ 西域所属州如瓜州、沙州、伊州、西州、庭州等，在州一级的长官是兵曹、司兵参军，"掌武官选举，兵甲器仗，门户管钥，烽候传驿之事"。⑤ 至于县一级，则由县令总领，所谓"若籍帐、传驿、仓库、盗贼、河堤、道路，虽有专当官，皆县令兼综焉。县丞为之贰"。⑥ 县令之下，则每驿设有驿长，"以州里富强之家主之，以待行李"，但"自至德之后，民贫不堪命，遂以官司掌焉"。⑦ 如此，从中央到地方层层推进，馆驿制度甚为完善。

（二）监察系统

开元十六年（728），太宗敕令巡查传驿，由是便有陆续检校馆驿之事，至于大历十四年（779），"两京以御史一人知馆驿，号馆驿使"⑧，但馆驿使即设便以他官兼领，未有专官。⑨ 州县一级的监督则主要由西域各刺史、县令负责。

刑部"司门郎中、员外郎掌天下诸门及关出入往来之籍赋，而审其政"，⑩对往来出入之过所进行查验。如有违犯，受罪有差。⑪ 就吐鲁番出土文书来看，过所的签发，勘验

---

① 驾部郎中设一人，"武德三年，加'中'字。龙朔二年，改为司舆大夫，咸亨初复旧。天宝中，改驾部为司驾，至德初复旧"。俱见于《通典》卷二三《职官五》，中华书局，1988年，第642页。
② （唐）李林甫等撰，陈仲夫点校：《唐六典》卷五《尚书兵部》，北京，中华书局，1992年，第162—163页。
③ 《旧唐书》卷四三《职官二》，中华书局，1975年，第1836页。
④ 《新唐书》卷四九《百官四下》，中华书局，1975年，第1309页。
⑤ 《唐六典》卷三〇《三府督护州县官吏》，中华书局，1992年，第749页。
⑥ 《唐六典》卷三〇《三府督护州县官吏》，中华书局，1992年，第753页。
⑦ 俱见于《通典》卷三三《职官十五》，中华书局，1988年，第924页。
⑧ （宋）王溥撰：《唐会要》卷六一《御史台中》，中华书局，1955年，第1059页。
⑨ 《通典》卷二三《职官五》驾部郎中一条云"自（开元）二十年以后，常置馆驿使，以他官为之"，中华书局，1988年，第643页。
⑩ 《唐六典》卷六《尚书刑部》，中华书局，1992年，第195页。
⑪ 《唐六典》卷六《尚书刑部》末云："若私度关及越度，至越所而不度，不应度关而给过所，若冒名请过所与人及不应受而受者，若家人相冒及所司无故稽留，若领人、兵度关而别人妄随之，若赍禁物私度及越度缘边关，其罪各有差。"

亦有明确制度,各级官吏都需照章行事。①

(三) 考课制度

元和五年(810),考功司奏称:"诸道节度使观察等使,各选清强判官一人,专知邮驿。如一周年无违犯,与上考;如有违越,书下考者。伏以遵守条章,才为奉职,便与殊考,恐涉太优。今请不违敕文者,书中上考;其违越者,依前书下考。仍请永为常式。"②宪宗批允。此时西域已非唐廷势力范围所及,但从有司奏疏所称,可佐证此前邮驿诸官吏考课不甚严密,至有"太优"之嫌,推及西域,当亦有之。

二、唐代长安通西域驿道上的馆驿设置

唐代长安通西域的驿道里数,史籍并无专载,资料散见于各卷,赖楼祖诒先生将其辑录起来,兹录《中国邮驿发达史》中所述上都通西域之驿路:

> 上都至陇右道鄯州驿路 三百里至邠州,一百八十里至泾州,三百三十里至原州,三百九十里至会州,三百八十里至兰州,四百里至鄯州。
>
> 自鄯州东北行五百里至凉州,又西北行五百里至甘州,又西行四百里至肃州,又四百八十里至瓜州,又三百里至沙州,又北行七百里至伊州,更西南行七百三十里达于安西都护府。③

该驿道上的馆驿设置,史籍明载与出土文献有可相呼应者:

> 伊吾……南六十里有陆盐池。自县西经独泉、东华、西华驼泉,渡茨萁水,过神泉,三百九十里有罗护守捉;又西南经达匪草堆,百九十里至赤亭守捉,与伊西路合。
>
> 西州交河郡……自州西南有南平、安昌两城,百二十里至天山西南入谷,经磲石碛,二百二十里至银山碛;又四十里至焉耆界吕光馆;又经盘石百里,有张三城守捉。④

神泉馆见于《唐天宝十四载申神泉等馆支供(封)大夫帖马食䬧历请处分牒》⑤等,达匪驿见于《武周达匪等驿申报马数文书》⑥等,磲石馆见于《唐天宝十三载磲石馆具七至闰

---

① 参见王仲荦:《试释吐鲁番出土的几件有关过所的唐代文书》,《文物》1975年第7期。对于唐代过所制度的规定与实施情况可参见程喜霖《唐代过所研究》一书,中华书局,2000年。
② 《唐会要》卷六一《御史台中》,中华书局,1955年,第1062页。
③ 楼祖诒:《中国邮驿发达史》,台湾:天一出版社,1975年,第150页。
④ 《新唐书》卷四〇《地理四》,中华书局,1975年,第1046页。
⑤ 国家文物局古文献研究室、新疆维吾尔自治区博物馆、武汉大学历史系编:《吐鲁番出土文书》第十册,文物出版社,1991年,第238页。
⑥ 《吐鲁番出土文书》第七册,文物出版社,1986年,第96页。

十一月帖马食历上郡长行坊状》①等,银山馆见于《唐天宝十三载天山县具银山馆闰十一月郡坊帖马食历上郡长行坊牒》②等文书之中。

此外,文书中有宁戎驿③、狼泉驿④、济弱馆⑤等,史籍并无记载,可能是处于驿道要处而专设。

三、从吐鲁番出土文书看唐代西域馆驿制度的实施情况

(一)唐律中对驿马之规定与西域的实施情况

《唐六典》中记载了唐廷馆给驿马须"以'驿'字印印左肘,以州名印印项左",⑥且需标注每匹马的性别、肤色、年齿、壮、弱等情况。吐鲁番出土文书中明确属于唐廷管辖时间内的馆驿马帐目前并未见到,但从以下两件文书的部分内容可以约略了解驿马的大致情况:

唐苏致德等马帐⑦
1 苏致德等二人马一匹,留、父、七岁
2 张憙德等二人马一匹,赤、草、六岁
3 樊仕迁等二人马一匹,赤、草、五岁
4 安末奴等二人马一匹,青悆、敦、五岁
〔略〕

这件文书为民间饲养马匹的马帐,唐廷在西域鼓励民人饲养马匹,并予一定奖励,这里也得到确证。其中,留即"骝",乃黑鬃黑尾的红马;青悆,即青骢,乃毛色青白相间之马;敦,即骟,乃去势之马,此文书中均将马字偏旁简去。父即牡,草即牝。⑧ 文书中统计了马匹的肤色、性别及年齿。

唐某府旅帅杨文俊等马匹簿⑨

---

① 《吐鲁番出土文书》第十册,文物出版社,1991年,第92页。
② 《吐鲁番出土文书》第十册,文物出版社,1991年,第119页。
③ 《吐鲁番出土文书》第六册,文物出版社,1985年,第568—570页;《吐鲁番出土文书》第七册,文物出版社,第96、97页。
④ 《吐鲁番出土文书》第四册,文物出版社,1983年,补遗第40页等。
⑤ 荣新江、李肖等主编:《新获吐鲁番出土文献》,中华书局,2008年,第343、349页。
⑥ 《唐六典》卷三〇《三府督护州县官吏》,中华书局,1992年,第749页。
⑦ 《吐鲁番出土文书》第五册,文物出版社,1983年,第275页。
⑧ 具体解释见刘戈、郭平梁:《"大宛汗血天马"揭秘——兼说中国家畜家禽阉割传统》,《敦煌学辑刊》2008年第2期。
⑨ 国家文物局古文献研究室、新疆维吾尔自治区博物馆、武汉大学历史系编:《吐鲁番出土文书》第九册,文物出版社,1990年,第163页。

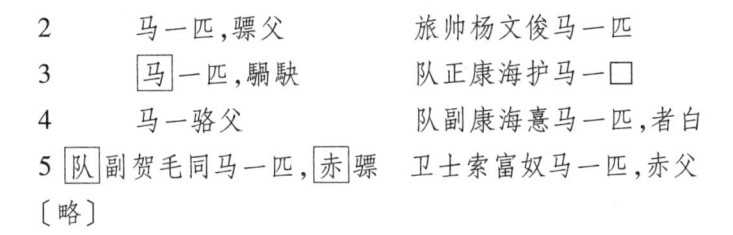

2　　　马一匹,骠父　　　　　旅帅杨文俊马一匹
3　　　马一匹,䯛駃　　　　　队正康海护马一□
4　　　马一骆父　　　　　　队副康海惠马一匹,者白
5　　队副贺毛同马一匹,赤骠　卫士索富奴马一匹,赤父
〔略〕

这件文书为某军府的乘马登记簿,与上件类似,登记了马匹的性别、肤色,但整件文书未见有马匹年齿记录。从两件文书大致可以推知西州地区驿马须登记性别、肤色、年齿等。

武周某馆驿给乘长行马驴及粟草帐①
1　　右肆□
2　　判官等乘往柳谷回
3　　粟一斗八升(同达)草一十二束(同达)
4　　右同　给高昌县长行驴一十二头,秦惠等乘往柳谷回,一日料。
5　　粟二斗三升(同达)草十束(同达)
6　　右同　给高昌县长行马四匹,驴两头,使人王波护等乘往而
7　　山一　料。
8　　粟五斗六升五合(同达)草二十七束(同达)
9　　右同　给高昌县长行马八匹,驴一十一头,使人骨利干乘往
10　　胡城回,一日料。
11　　粟八升(同达)草四束(同达)
12　　右同□给高昌县长行马一匹,驴两头,使人刘嘉福乘往柳谷
13　　回□　料。
14　　粟□□□升五合(同达)草五束(同达)
15　　□五　二　给柳谷长行马两匹,驴一头,使人宋怀乘往州一日　料
〔略〕

这件文书是西州某馆驿记录的供给驿乘与饲料的草帐。《唐律疏议》中规定驿长不得擅自将驿乘借出,否则受刑有差,②不得诈乘驿马。③ 此件文书中将使用驿乘的数量、时间、使人名称,所给草料具行登记,均是按照唐律的规定。

(二) 吐鲁番出土馆驿文书中与马料相关的文书

出土文书中与马料相关的文书很多,可以确定是馆驿文书的大部集中于阿斯塔那506号张无价墓中,由其纸棺中拆出。该文卷实为交河郡长行坊及所属诸馆往来之牒状,其中文卷的第一至第六、一五至一七编号文书详细记载了各馆的马料账目,包括私

---

① 《吐鲁番出土文书》第七册,文物出版社,1986年,第465—466页。
② 《唐律疏议》卷一五《厩库律》第208条"诸监临主守"疏,中华书局,1983年,第287页。
③ 《唐律疏议》卷二五《诈伪律》第379条"诈乘驿马",中华书局,1983年,第470页。

供、被侵夺的马料账目。

唐天宝十三载后请处分诸馆马料牒①

1 □出使马料麦粟七百五十九硕二斗一升七□
2 □被勘天□　　　　料，将填天十二载以前帖马事由者。
3 依验天十二载诸馆帖马斛斗二千石，前　太
4 守药　用充和籴添将市马，至天十三载
5 诸馆□□马斛斗　并　是　前　太　守□
6 等处分，　判　案均给前件斛斗，与　馆　家
7 　　　□案　分　明。伏　听　处　分。
〔后缺〕

此件文书应该是长行坊致都督府之文牒，可能是被问及马料之事无以与制度合，而进行的解释。

另有一则文书，节录如：

唐天宝十四载某馆申十三载三至十二月侵食当馆马料帐历状②

1 □□□　　　　　状上
2 □□馆从天十三载三月已后至十二月卅日已前，郡坊帖马及北
3 □□马并焉耆新市马等，共侵食当馆青麦、糜总一百五十八硕一斗三升
4 　　　一　百　一　十　八　硕　七　斗　五　升　青　麦
5 　　　三　十□　□　三　斗　八　升　糜
6 　　　　　　　坊牒交河县给
7 　　　　　　　　　　　　硕
8 　　　糜　粟　　　　　　　　　硕
9 　　　一　十　硕　　　　　　　请青　麦
10 　　　一　十　硕　同　□　日　于　□
11 　　　二　十　硕　九　月　于　交
12 　　　二　十　□　□　月
13 　　　　　　　　　　　　　　请　青　麦
14 　　　五　十　硕　闰十一月于交河仓请　粟
15 　　一　十　八　硕　一　斗　三　升　便　县　仓　物合坊填还
16 　　右件　斛斗　郡　坊等帖　马　共食，计　欠　数，请支给。

此件文书是某馆"讨要"被侵食马料的上行状。

---

① 《吐鲁番出土文书》第十册，文物出版社，1991 年，第 153—154 页。
② 《吐鲁番出土文书》第十册，文物出版社，1991 年，第 166 页。

从相关文书记载来看,唐廷下辖的西域之地对于马料的使用有着严格的规定,支给多少要有明确记载,特殊情况下甚而会有"侵食"的事情发生,但馆驿会即情索要。有时也会出现马料缺少的情况,如《唐天宝某载三月二十一日交河郡长行坊典张温璟牒兵曹司为济弱馆䐱料事》①就记载了坊典张某请求马料之事,然此事可能是一再申说,文书中称"先频申状,未蒙处分",如是则"马到曾不得食",加之每月所配的驿丁不能到位,所以"交见艰辛"。吐鲁番文书中有多件提到马料不足之事,此件文书称一再申说但未得到解决可能也是马料不足,无以配给所致。

(三) 文书中所见追勘驿丁之事

驿丁,又称驿夫,是唐廷赋役制度的一部分,其征发原则是"凡差科,先富强,后贫弱;先多丁,后少丁"②。吐鲁番出土文书中有多件涉及缺丁、追勘驿丁之事。

唐开耀二年狼泉驿长竹□行牒为驿丁欠缺事③
1 下 县
2 准令给庸,情不愿丁。被问□□谨 牒
3 　　　　开耀二年三月　日狼泉驿长 竹 □ 行 牒
4 　　狼泉驿丁欠缺竹行□
5 　　不知,下蒲昌、柳中两县□追
6 　　勘欠缺所由上谘 亨 白

这件文书是682年狼泉驿长上报欠缺驿丁之事。大概是以庸代役之后,"情不愿"为驿丁,所以出现缺额,驿长由是上报。

唐开耀二年宁戎驿长康才艺牒为请处分欠番驿丁事④
1　丁舁德　左辰欢　翟安住　令狐呼末　氾朱渠
2　龙安师　竹士隆
3 牒:才艺从去年正月一日,至其年七月以前,每番
4 各欠五人,于州陈诉。为上件人等并是缺官白
5 直,符下配充驿丁填数,准计人别三番合上。其
6 人等准两番上讫,欠一番未上,请追处分。谨牒。
7 　　开耀二年二月　日宁戎驿长康才艺牒
〔后缺〕

此件文书记载了丁某等人原应服役三番,但实际均只行两番,驿长由此追请服役。从这

---

① 荣新江、李肖等主编:《新获吐鲁番出土文献》,中华书局,2008年,第349页。
② (唐)长孙无忌等撰:《唐律疏议》卷一三《户婚》第173条《差科赋役违法》,中华书局,1983年,第251页。
③ 《吐鲁番出土文书》第四册,文物出版社,1983年,补遗第43页。
④ 《吐鲁番出土文书》第六册,文物出版社,1985年,第570页。所录文书为残卷之一部分,其中行2、3人名之后有押"昌"字,因于文意无碍,故未录。

件文书看来,西州地区驿丁服役一般是三番,这从该驿长的另一件文书《唐开耀二年宁戎驿长康才艺牒为请追勘违番不到驿丁事》①可得到佐证:该文书在所应服役的驿丁名单后标注番次,止于第三。

(四)文书中所见馆驿修缮之事

唐律中明确规定,若有所兴造,须"料请财物及人功多少""不以实者,笞五十"②。

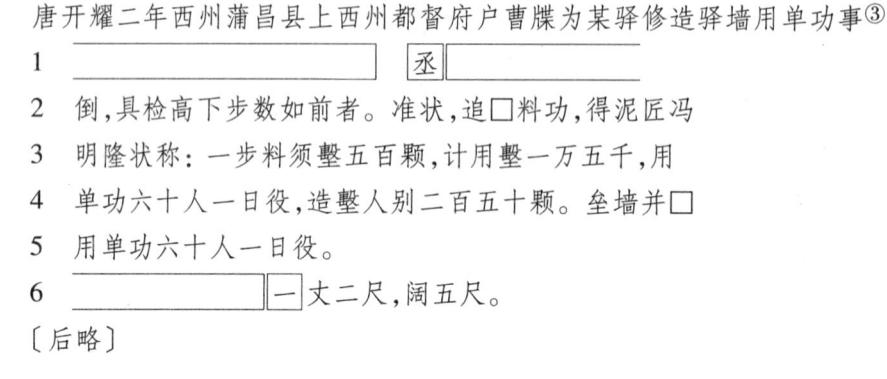

唐开耀二年西州蒲昌县上西州都督府户曹牒为某驿修造驿墙用单功事③

1 ▢▢▢▢▢▢▢▢▢ 丞 ▢▢
2 倒,具检高下步数如前者。准状,追▢料功,得泥匠冯
3 明隆状称:一步料须墼五百颗,计用墼一万五千,用
4 单功六十人一日役,造墼人别二百五十颗。垒墙并▢
5 用单功六十人一日役。
6 ▢▢▢▢▢▢▢一丈二尺,阔五尺。

〔后略〕

文书中详细记载了所要修缮驿墙的高下步数、用料多少,以及预计使用的单功人数。文书《唐天宝年间交河郡某曹府段明牒为济弱馆修理事》④与此相类,乃是段某请修客馆的残卷。

唐代西域馆驿的最高行政机构是尚书省驾部司,地方长官则是陇右节度使下辖的馆驿巡官。西域通长安道路上设置的馆驿众多,且有许多见诸史籍的馆驿名称在吐鲁番文书中有记载,正史与出土文献可以互相呼应。从出土文书的内容来看,馆驿对于驿马、马料的使用与调拨有着严格的规定;驿丁缺失的情况也经常出现,追勘驿丁便成为地方长官的另一项职责;文书中对于馆驿修缮也有所规定,甚至具体到用料与人工多少。总之,吐鲁番文书为研究唐代西域的馆驿制度提供了一手资料,可以起到证史、补史的作用。

---

① 《吐鲁番出土文书》第六册,文物出版社,1985 年,第 568 页。
② 《唐律疏议》卷一六《擅兴》第 240 条《兴造不言上待报》,中华书局,1983 年,第 313 页。
③ 《吐鲁番出土文书》第四册,文物出版社,1983 年,补遗第 40 页。
④ 荣新江、李肖等主编:《新获吐鲁番出土文献》,中华书局,2008 年,第 343 页。

唐宰相源乾曜及其与开元政局关系考论

胡忠兵

源乾曜是唐玄宗开元年间任职时间最长的宰相，在其任相的近十年间，先后与姚崇、张嘉贞、张说、李元纮、杜暹等宰相秉政共事，因而其对开元前中期的中枢政局影响颇深。然学术界研究唐玄宗开元时期的宰相多聚焦于姚崇、宋璟、张说、张九龄等所谓名相，对源乾曜的关注不多，只是在研究源乾曜所在之源氏家族时，略有提及。① 因此，本文拟在前人研究的基础之上，钩沉诸种史籍，对源乾曜的出身、仕宦履历、政治作风等进行详细梳理，同时就其任相时所反映的玄宗的任相方略及其对开元政局的影响等问题进行初步考释。

一、源乾曜出身考

源乾曜（？—731），相州临漳（今河北临漳）人，唐代玄宗朝开元年间宰相，出身于官宦世家，为北魏太尉源贺之后裔，高宗朝司刑太常伯（即刑部尚书）源直心之子。

首先，讨论一下源乾曜的生卒年问题。关于源乾曜之卒年，《旧唐书》中有确切的记载，其卒于唐玄宗开元十九年（731）十一月，史载："甲子，太子少傅源乾曜薨。"②可知源乾曜于731年卒于太子少傅任上。而其生年，则史无明确记载，只能根据零星史料大致推算。据史载，源乾曜入仕较晚，直到四十余岁才以进士登第步入仕途。③ 然源乾曜之仕宦有确切纪年可考者始于唐中宗神龙二年（706）。是年，源乾曜以殿中侍御史出任江

---

① 学术界关于源乾曜的研究，参见郭锋：《北朝隋唐源氏家族研究——一个少数族汉化士族家族门第的历史荣衰》，《中国社会经济史研究》2002年第3期；高然：《北朝隋唐鲜卑豆卢氏、源氏家族比较研究》，周伟洲主编：《西北民族论丛》（第九辑），中国社会科学出版社，2013年。
② 刘昫等：《旧唐书》卷八《玄宗纪上》，中华书局，1975年，第197页。
③ 欧阳修等：《新唐书》卷一二七《源乾曜传》，中华书局，1975年，第4451页。

南道巡察使。《新唐书》卷一二七本传载：

> 神龙中，以殿中侍御史黜陟江东，奏课最，频迁谏议大夫。①

另据《资治通鉴》卷二〇八云：

> （神龙二年二月）选左、右台及内外五品以上官二十人为十道巡察使，委之察吏抚人，荐贤直狱，二年一代，考其功罪而进退之。易州刺史魏人姜师度、礼部员外郎马怀素、殿中侍御史临漳源乾曜、监察御史灵昌卢怀慎、卫尉少卿滏阳李杰皆预焉。②

由以上可知，源乾曜自706年为殿中侍御史黜陟江南开始，一直到其于731年卒于太子少傅任上，时间达26年。从源乾曜四十余岁入仕，到其可考的有确切纪年的任官履历26年，两者相加近于70年。而殿中侍御史这一职位是其经过多次迁转而得，其在进士登第后肯定还经历过多任官。据此，可以大致估计源乾曜可能生于660年前后，具体年份待考。

其次，关于源乾曜之家世问题。《旧唐书》卷九八本传云："隋比部侍郎师（民）之孙也。父直心，高宗时为司刑太常伯，坐事配流岭南而卒。"③源乾曜之祖父源师民，字践言，河南洛阳人，仕途历经北齐、北周、隋三朝，其以通晓儒家礼法、明于吏治著称。入隋之后，源师民"朝章国宪，多所参定"，至炀帝时其更是以精擅刑律而"拜大理少卿"，后"转刑部侍郎"，卒官。④又源乾曜之父亲源直心为源师民次子，"相州临漳人，高宗时为周王府长史，擢（司刑）太常伯，流死岭南"，⑤龙朔二年（661），曾参与修订永徽律令。⑥上溯源乾曜家族之源流，据《新唐书》卷七五上《宰相世系表》载：

> 源氏出自魏圣武帝诘汾长子疋孤。七世孙秃发傉檀，据南凉，子贺降后魏，太武见之曰："与卿同源，可改为源氏。"位太尉、陇西宣王。生侍中冯翊惠公怀，怀二子：子邕、子恭。子恭字灵顺，中书监、临汝文献公，周、隋之际，居邺郡安阳。生彪，字文宗，隋莒州刺史、临颍县公，生师民。⑦

由此观之，源氏当是出自鲜卑后裔，其远祖可以追溯到北魏圣武帝拓跋诘汾。而源氏家族真正的第一代应始于北魏太尉源贺，至源乾曜时已为第七代，这样源乾曜这一支系的脉络就比较清晰了。而源乾曜在玄宗开元年间曾两次拜相，是唐代源氏家族唯一的一名宰相。另外，据史载，源乾曜生有四子：长子源复，官至华州刺史；次子源弼，官至工部

---

① 欧阳修等：《新唐书》卷一二七《源乾曜传》，第4450页。按：唐自贞观元年（627），分天下为十道，即关内道、河南道、河东道、河北道、山南道、陇右道、淮南道、江南道、剑南道、岭南道，此处之江东应当为江南道。
② 司马光编著，胡三省音注：《资治通鉴》卷二〇八《唐纪二十四》神龙二年二月条，中华书局，1956年，第6598页。
③ 刘昫等：《旧唐书》卷九八《源乾曜传》，第3070页。按：源乾曜之祖应为源师民，这里为避唐太宗讳而省称。
④ 魏徵等：《隋书》卷六六《源师（民）传》，中华书局，1973年，第1552—1553页。
⑤ 董诰等编：《全唐文》卷一八九"源直心"条，中华书局，1983年，第1913页。
⑥ 刘昫等：《旧唐书》卷五〇《刑法志》，第2142页。
⑦ 欧阳修等：《新唐书》卷七五上《宰相世系五上》，第3361页。

郎中；三子源洁，官至河南县令；四子源清，拜驸马都尉。① 其中第四子源清娶唐玄宗之女真阳公主，而拜驸马都尉。② 自北魏迄于唐，源乾曜这一支系可谓极其显赫，在源氏家族中独领风骚。

此外，这里再谈一下源氏的姓氏源流问题。如上所引，源氏是鲜卑族拓跋诘汾之长子疋孤（即秃发匹孤）之后裔，秃发匹孤的七世孙秃发傉檀之子源贺在南凉国灭后，降于北魏，北魏太武帝拓跋焘认为源贺与其同源同宗，因此由秃发改姓源氏。又据《魏书》卷四一《源贺传》载：

> 源贺，自署河西王秃发傉檀之子也。傉檀为乞伏炽磐所灭，贺自乐都来奔。贺伟容貌，善风仪。世祖素闻其名，及见，器其机辩，赐爵西平侯，加龙骧将军。谓贺曰："卿与朕源同，因事分姓，今可为源氏。"③

可知，源氏之得姓是源于"拓跋"与"秃发"同源同姓，经由北魏太武帝拓跋焘赐姓而来。关于这一说法还有一个典故，唐人郗昂性情十分直率，源乾曜因其姓"郗"，曾经引用东晋谢安嘲笑郗超为入幕之宾的典故戏弄他，然而郗昂却也以源乾曜之姓反讽道："犹胜以氏为秃发。若不遇后魏道武（应为"太武"之讹），称曰同源，赐之源氏，岂可列《姓苑》乎？"于是源乾曜感到理屈词穷了。④ 可知，源姓在当时应当很知名，难怪郗昂能准确说出源姓之源流。另外，近人吕思勉先生还有另一说法，其认为"秃发、拓跋，明系同音异译"。⑤

最后，关于源乾曜之籍贯问题。两《唐书》本传均载其为"相州临漳人"，⑥但这不是源氏家族所在之祖籍。关于源氏家族之籍贯问题，殷宪先生曾有过较为详细的考证，据其考：北朝时期源氏的籍贯为西平乐都（今青海乐都），其中源贺、源子恭、源彪等籍贯均为此，入唐之后源氏家族之籍贯除极少数仍贯旧籍之外，大多以河南或者河南洛阳为籍贯。⑦ 源乾曜之祖父源师民就为"河南洛阳人"，⑧至于源氏家族入唐以后为何多以河南或者河南洛阳为籍贯，这应当与太和十七年（493）年北魏孝文帝拓跋宏迁都洛阳相关。据《魏书》卷七下《高祖记下》载：太和十九年（495）六月，"丙辰，诏迁洛之民，死葬河南，不得还北。于是代人南迁者，悉为河南洛阳人。"⑨这样源氏后裔多贯以河南或河南洛阳，就不足为奇了。

---

① 欧阳修等：《新唐书》卷七五上《宰相世系五上》，第3362—3363页。
② 欧阳修等：《新唐书》卷八三《诸帝公主》，第3659页。
③ 魏收：《魏书》卷四一《源贺传》，中华书局，1974年，第919页。
④ 王谠：《唐语林》卷五，古典文学出版社，1957年，第166页。
⑤ 吕思勉：《两晋南北朝史》，上海古籍出版社，2005年，第220页。
⑥ 分别参见刘昫等《旧唐书》卷九八《源乾曜传》，第3070页；欧阳修等《新唐书》卷一二七《源乾曜传》，第4450页。
⑦ 参见殷宪：《〈源模墓志〉书迹以及志文所及北魏源氏的几个相关问题》，西安碑林博物馆编：《第七届中国书法史论国际研讨会论文集》，文物出版社，2009年，第260—261页。
⑧ 魏徵等：《隋书》卷六六《源师（民）传》，第1552页。
⑨ 魏收：《魏书》卷七下《高祖记下》，第178页。

但是史载源乾曜为相州临漳人,其父源直心、源氏家族后裔源休①也以此为籍贯,这应当与天平元年(534)高欢拥立的孝静皇帝元善见建立的东魏政权以邺城(今河北临漳县西、河南安阳市北)为都城相关。史海钩沉,考察东魏时期源氏家族与邺城相关的史料,据《魏京畿府司马源君(刚)志铭》载:墓主源刚为源贺之曾孙,源纂之子,死于东魏武定五年(547),"以其月权窆于邺城之北二里"。②又有《源磨耶圹志》载:墓主源磨耶死于东魏武定八年(550),其为临漳县人。③由此可知在东魏时期就有源氏族人以临漳为籍贯,而临漳在唐代属于相州管辖,相州临漳应为东魏迁邺后源氏的居处地之一,源乾曜以此为籍贯亦当是如此。

二、源乾曜仕宦考

前文已述,源乾曜出仕较晚,直到四十余岁始以进士登第步入仕途,其仕宦有确切纪年可考者始于唐中宗神龙二年,是年,源乾曜以殿中侍御史出任江南道巡察使。但在这之前其生平事迹今已无从确知,唯在一些零星史料中有点滴反映。

据唐刘禹锡所撰之《夔州刺史厅壁记》载:"故相国安阳公(源)乾曜尝参军事,修《图经》,言风俗甚备。"④又李贻孙《夔州都督府记》云:"城东北约三百步有孔子庙,赤甲山之半,庙本源乾曜廨,常为郡参军,著《图经》焉,其后为宰相。今其地又为孔子庙,传者称为盛事矣。"⑤这两则史料都有源乾曜出任夔州参军事的记载,且其在任时曾编纂《图经》,对夔州的风俗记载甚为详备,但其任职时间今已不可详考。又严耕望先生早已指出"大抵士人出身无论由科第或由荫任,其始外官,类多为县尉与府州参军事"。⑥赖瑞和先生也认为"未冠职名的'参军',是最低层的一种参军,也是士人释褐最常任的一种官。在唐史料中,这种参军又以州府参军和王府参军最常见"。⑦据此推测夔州参军事可能为源乾曜进士及第后之释褐官,详情待考。此外,《太平广记》卷三八九"源乾曜"条引《戎幕闲谈》中有"监察御史源乾曜"⑧字样,但其担任此职之时间亦不明确。

自唐中宗神龙二年二月,源乾曜以殿中侍御史黜陟江南后,其仕途履历就比较清晰了。史载,神龙二年,唐中宗下诏"选左、右台及内外五品以上官二十人为十道巡察使,委之察吏抚人,荐贤直狱,二年一代,考其功罪而进退之",源乾曜以殿中侍御史出任江

---

① 刘昫等:《旧唐书》卷一二七《源休传》,第3574页。
② 李永强、余扶危主编:《洛阳出土少数民族墓志汇编》,河南美术出版社,2011年,第355页。
③ 陆增祥:《八琼室金石补正》卷一九《东魏三》,文物出版社,1985年,第117页。
④ 刘禹锡:《刘禹锡集》卷九《记下》,上海人民出版社,1975年,第81页。
⑤ 董诰等编:《全唐文》卷五四四《夔州都督府记》,第5515页。
⑥ 严耕望:《严耕望史学论文集》,上海古籍出版社,2009年,第383页。
⑦ 赖瑞和:《唐代基层文官》,中华书局,2008年,第159页。
⑧ 李昉等编:《太平广记》卷三八九《冢墓一》,中华书局,1961年,第3109页。

南道巡察使,由于其"奏课最",即奏报考核优秀,政绩十分突出,在景云年间,经过多次升迁为谏议大夫。① 关于其任江南道巡察使时之政绩,有一例可以证明。据张景毓《县令岑君德政碑》载:宰相岑文本之孙岑植任润州句容县令时,政绩十分突出,"达于时事,明于政理,政不严而自肃,化不令而人从",时任江南道黜陟使的源乾曜就以其贤能而向朝廷举荐他。②

源乾曜升为谏议大夫之后,最为人称道的一件事是其于唐睿宗景云二年(711)二月,③针对朝廷"久废公卿百官三九射礼"的行为,向睿宗上奏道:

> 夫圣王之教天下也,必制礼以正人情,人情正则孝于家,忠于国。此道不替,所以理也。所以君子三年不为礼,礼必坏;三年不为乐,乐必崩。窃以古之择士,先观射礼,以明和容之义,非取一时之乐。夫射者,别正邪,观德行,中祭祀,辟寇戎。古先哲王,莫不递袭。臣窃见数年已来,射礼便废,或缘所司惜费,遂令大射有亏。臣愚以为所费者财,所全者礼。故孔子云:"尔爱其羊,我爱其礼。"今乾坤再辟,日月贞明,臣望大射之仪,春秋不废,圣人之教,今古常行,则天下幸甚。④

源乾曜针对朝廷出现的问题,向皇帝建言主张恢复荒废的射礼,这是其作为谏议大夫之职责所在,但从这亦可看出作为鲜卑后裔的源乾曜通晓儒家礼法,其汉化程度也就可想而知。之后不久,源乾曜又出任梁州都督,⑤而其出任此职之事迹,史不详载。另在太极元年(712),睿宗"诏举文可以经邦国者",时任宣劳使的源乾曜曾向朝廷举荐独孤楷,后独孤楷与荥阳郑少微特冠科首。⑥ 可知源乾曜还曾担任过宣劳使一职。

开元元年(713)可以说是源乾曜政治生涯中的一个转折期。是年,章怀太子李贤次子邠王李守礼下属僚佐犯法,玄宗下诏要求大臣推举可以出任王府长史的人,太常卿姜皎以源乾曜"清有吏干"而举荐之,玄宗与之谈话后,以其"神气爽澈,占对有序"而十分赏识他,将其由梁州都督擢为少府少监、兼邠王府长史。⑦ 关于其任王府长史这一职之原因,《新唐书》卷八一《李守礼传》有更为具体的记载,其云:

> 开元初,(李守礼)累为州刺史。时宁、申、岐、薛王同为刺史,皆择僚首持纲纪。守礼惟弋猎酣乐,不领事,故源乾曜、袁嘉祚、潘好礼皆为邠府长史、州佐,督检之。⑧

源乾曜与袁嘉祚、潘好礼皆为邠王府长史,共同监督辅佐邠王。由以上可知,源乾曜可

---

① 刘昫等:《旧唐书》卷九八《源乾曜传》,第3070页。
② 董诰等编:《全唐文》卷四〇五《县令岑君德政碑》,第4145—4147页。
③ 王钦若等编:《册府元龟》卷五八八《掌礼部·奏议一六》,中华书局,1960年,第7026页。
④ 刘昫等:《旧唐书》卷九八《源乾曜传》,第3070页。
⑤ 刘昫等:《旧唐书》卷九八《源乾曜传》,第3070页。
⑥ 独孤及:《毘陵集》卷一〇《唐故朝散大夫颍川郡长史赠秘书监河南独孤公灵表》,上海古籍出版社,1993年,第76页。又据徐松《登科记考》言,此独孤公为"独孤楷"。(参见徐松撰,赵守俨点校:《登科记考》卷五,中华书局,1984年,第158页。)
⑦ 参见刘昫等:《旧唐书》卷九八《源乾曜传》,第3070页;欧阳修等:《新唐书》卷一二七《源乾曜传》,第4450页。
⑧ 欧阳修等:《新唐书》卷八一《李守礼传》,第3591—3592页。

以说是简在帝心了,开始逐渐步入唐代高级官员行列。

不久之后,源乾曜步入了仕途快车道,史载:"寻迁户部侍郎、兼御史中丞。无几,转尚书左丞。"①而其任户部侍郎、尚书左丞的具体事迹不详,但可以从《文苑英华》所载的两篇制书中窥见其升任这两种职位的原因。源乾曜因"思总事端,言思政要,外则经通成务,内则周密知微,其识也清,以文守法"②而以正议大夫行少府监升任户部侍郎,不久又因"清深密静,有弥纶之识"③由户部侍郎兼御史中丞迁为尚书左丞。从这里可以看出源乾曜性格周密严谨,精通政务。这里值得注意的是源乾曜是以少府监升任的户部侍郎,而如上所述在此之前其曾任少府少监,那么据此推测其在任户部侍郎以前可能曾担任过少府监一职,另有史料可证。《文苑英华》卷四六二《劝农制》载,源乾曜曾以少府监的身分往河北道安抚存问、赈恤灾民。④

开元四年(716)十一月,"甲午,⑤尚书左丞源乾曜为黄门侍郎、同紫微黄门平章事",⑥从此源乾曜拜相,正式步入玄宗朝权力中心。据《唐大诏令集》卷四四《源乾曜平章事制》云:

> 门下:轩梦三相,舜举八元,必伫人杰,以宣邦政。尚书左丞上桂国安阳县开男源乾曜,博文强学,达识周才。贞白可以励时,道义可以宏物,虚怀同于抱月,悬镜不疲利器。比于成风,刺钟无滞,固可充左曹之驳议,翊中禁之谋猷,用参金铉之副,兼践玉台之制。可黄门侍郎、紫微黄门平章事,勋封如故。⑦

源乾曜因博学多才被玄宗拜为黄门侍郎、同紫微黄门平章事,其自殿中侍御史至拜相仅历时十年有余,可谓速矣。但源乾曜此次拜相时间并不长,于开元四年闰十二月己亥日,被罢为京兆尹、西京留守,时间差不多两个月左右。⑧ 关于源乾曜这次被罢相还有一个轶事典故,张鷟《朝野佥载》卷六载:

> 源乾曜为宰相,移政事床。时姚元崇归休,及假满来,见床移,忿之。曜惧,下拜。玄宗闻之而停曜。宰相讳移床,移则改动,曜停后元崇亦罢,此其验也。⑨

当然,这只是笔记小说之言,其可信度有待考证,毕竟玄宗不可能因源乾曜"移政事床"这么一件小事而将之罢免,将军国大事视为儿戏。

源乾曜罢相后,又担任了三年京兆尹、京师留守,其在任时政令简约宽大,始终如

---

① 刘昫等:《旧唐书》卷九八《源乾曜传》,第 3071 页。
② 李昉等:《文苑英华》卷三八八《授源乾曜户部侍郎制》,中华书局,1966 年,第 1977 页。
③ 李昉等:《文苑英华》卷三八五《授源乾曜等尚书右丞等制》,第 1964 页。
④ 李昉等编:《文苑英华》卷四六二《劝农制》,第 2357 页。
⑤ 欧阳修:《新唐书》卷五《玄宗纪》(第 125 页);司马光编著,胡三省音注:《资治通鉴》卷二一一《唐纪二十七》开元四年十一月条(第 6723 页),均言"丙申"。
⑥ 刘昫等:《旧唐书》卷八《玄宗纪上》,第 176 页。
⑦ 宋敏求:《唐大诏令集》卷四四《源乾曜平章事制》,商务印书馆,1959 年,第 219 页。
⑧ 司马光编著,胡三省音注:《资治通鉴》卷二一一《唐纪二十七》开元四年闰月条,第 6724 页。
⑨ 张鷟:《朝野佥载》卷六,中华书局,1985 年,第 84 页。

一。《旧唐书》卷九八本传云:

> 乾曜政存宽简,不严而理。尝有仗内白鹰,因纵遂失所在,上令京兆切捕之。俄于野外获之,其鹰挂于丛棘而死,官吏惧得罪,相顾失色。乾曜徐曰:"事有邂逅,死亦常理,主上仁明,当不以此置罪。必其获戾,吾自当之,不须惧也。"遂入自请失旨之罪,上一切不问之,众咸伏乾曜临事不慑,而能引过在己也。在京兆三年,政令如一。①

由此可见,源乾曜任京兆尹时施政宽简,不严厉苛刻而得以治理,且遇大事而不恐慌,并能主动将过失揽于自身,还是很有担当的。

开元八年(720)正月己卯,②源乾曜由京兆尹复迁为黄门侍郎同中书门下平章事,五月丁卯,又升为侍中。③ 其升官速度可以说是很快了,缘何升官如此之快,李德裕《次柳氏旧闻》载:

> 源乾曜因奏事称旨,上悦之,于是骤拔用,历户部侍郎、京兆尹,以至宰相。异日,上独与(高)力士语曰:"尔知吾拔用乾曜之速乎?"曰:"不知也。"上曰:"吾以其容貌、言语类萧至忠,故用之。"力士曰:"至忠不尝负陛下乎,陛下何念之深也?"上曰:"至忠晚乃谬计耳。其初立朝,得不谓贤相乎?"上之爱才宥过,闻者无不感悦。④

另外,《大唐新语》卷六、《唐语林》卷五、《新唐书》卷一二三《萧至忠传》也有类似记载。⑤ 这样看来,玄宗任用提拔源乾曜这么快的原因在于其相貌以及言谈举止很像萧至忠,玄宗认为萧至忠晚年虽犯错误,但其以前之所作所为都足有称道,可以称之为贤相,因此一见到类似萧至忠的源乾曜,加之其上书言事甚合玄宗心意,于是就快速起用他。源乾曜成为侍中之后,最为后人所称道的是,开元九年(721)四月其向玄宗建言上疏,出自己的两个儿子到地方做官。⑥ 关于此,《旧唐书》卷九八本传有详细记载,其云:

> (源乾曜)上疏曰:"臣窃见形要之家并求京职,俊乂之士多任外官,王道平分,不合如此。臣三男俱是京任,望出二人与外官,以叶均平之道。"上从之,于是改其子河南府参军弼为绛州司功,太祝絜⑦为郑尉。因下制曰:"源弼等父在枢近,深惟谦挹,恐代官之咸列,虑时才之未序,率先庶僚,崇是让德,既请外其职,复降资以授。《传》不云乎:'晋范宣子让,其下皆让。''晋国之人,于是大和。'道之或行,仁岂云远!"因令文武百僚父子兄弟三人并任京司者,任自通容,依资次处分,由是公

---

① 刘昫等:《旧唐书》卷九八《源乾曜传》,第3071页。
② 欧阳修等:《新唐书》卷五《玄宗纪》(第127页);司马光编著,胡三省音注:《资治通鉴》卷二一二《唐纪二十七》开元八年正月条(第6739页),均言"辛巳"。
③ 刘昫等:《旧唐书》卷八《玄宗纪上》,第181页。
④ 李德裕编:《次柳氏旧闻》,中华书局,1985年,第3页。
⑤ 参见刘肃撰,许德楠、李鼎霞点校:《大唐新语》卷六,中华书局,1984年,第97页;王谠:《唐语林》卷五,第166页;欧阳修等:《新唐书》卷一二三《萧至忠传》,第4373页。
⑥ 王溥:《唐会要》卷五三《杂录》,中华书局,1955年,第921页。
⑦ "絜"古同"洁"。

卿子弟京官出外者百余人。①

源乾曜作为侍中,高居宰辅之职,以身作则,出爱子为外官,堪为百官之表率,其后又有"公卿子弟京官出外者百余人",乃其功矣。又据《唐会要》卷五三《崇奖》载:

> 开元十年(722)八月,有上书者,以为"国之执政,同其休戚,若不稍加崇宠,何以责其尽心?"至十一月二十八日,敕曰:"侍中源乾曜、中书令张嘉贞、兵部尚书张说等,忠诚辅弼,以致升平,褒德赏功,先王制也。自今已后,中书门下宜供食实封三百户。自我礼贤,为百代法,仍令所司,即令支给。"②

此事例,两《唐书》本传皆有载。③ 唐宰相食实封自源乾曜、张嘉贞始,其得玄宗荣宠之甚,可见一斑。此外,开元十一年(723)十一月,玄宗大赦天下,封赏文武百官,侍中源乾曜与中书令张说、兵部尚书同中书门下三品王晙各赐物五百匹。④

开元十三年(725)十一月,玄宗封禅泰山,"庚寅,祀昊天上帝于山上封臺之前坛,高祖神尧皇帝配享焉。辛卯,享皇地祇于社首之泰折坛,睿宗大圣真皇帝配",并令"中书令张说撰《封祀坛颂》、侍中源乾曜撰《社首坛颂》、礼部尚书苏颋撰《朝觐坛颂》以纪德"。⑤ 源乾曜撰《社首坛颂》云:"灵具醉,杳熙熙。灵将往,眇禩禩。顾明德,吐正词。烂遗光,流祯祺。"⑥在壬辰日,玄宗"御帐殿受朝贺,大赦天下,流人未还者放还。内外官三品已上赐爵一等,四品已下赐一阶,登山官封赐一阶,褒圣侯量才与处分,"而源乾曜由侍中加为尚书左丞相兼侍中。⑦ 由此可知,源乾曜因扈从玄宗封禅泰山,而被加为尚书左丞相兼侍中。

源乾曜任尚书左丞相兼侍中一直到开元十七年(729)六月才被停兼侍中,但其仍然担任尚书左丞相一职。⑧《全唐文》卷二三《停源乾曜侍中制》云:

> 尚书右丞相(此应"尚书左丞相"之讹)兼侍中源乾曜,十载持衡,一心自牧,台鼎斯重,管综维繁。虽功力在公,而暮年微疾,俾司端揆,罢剧中枢。宜停侍中,其尚书左丞相如故。⑨

可见,源乾曜任宰相近十载,在任期间兢兢业业,勤于政事,但终因年老多疾,而不堪重负,故停兼侍中一职。是年八月乙酉日,尚书左丞相源乾曜被拜为太子少傅。⑩ 源乾曜开始本来是被任命为太子少师的,但其为避祖父隋刑部侍郎源师民之讳,坚决推辞不

---

① 刘昫等:《旧唐书》卷九八《源乾曜传》,第 3071—3072 页。
② 王溥:《唐会要》卷五三《崇奖》,第 917 页。
③ 参见刘昫等:《旧唐书》卷九八《源乾曜传》,第 3072 页;欧阳修等:《新唐书》卷一二七《源乾曜传》,第 4451 页。
④ 李昉等编:《文苑英华》卷四二四《南郊赦书》,第 2147—2148 页。
⑤ 杜佑撰,王文锦等点校:《通典》卷五四《礼十四》,中华书局,1988 年,第 1520—1522 页。
⑥ 刘昫等:《旧唐书》卷三〇《音乐志三》,第 1119 页。
⑦ 刘昫等:《旧唐书》卷八《玄宗纪上》,第 188 页。
⑧ 刘昫等:《旧唐书》卷八《玄宗纪上》,第 193 页。
⑨ 董诰等编:《全唐文》卷二三《停源乾曜侍中制》,第 267 页。
⑩ 刘昫等:《旧唐书》卷八《玄宗纪上》,第 193 页。

受,于是又改授太子少傅之职,并封爵安阳郡公。① 源乾曜授任太子少傅这一日,张说与宋璟分别被拜为尚书左、右丞相,一时被传为美谈。是日,玄宗"诏太官设馔,太常奏乐,会百官尚书省东堂",仪式十分隆重,并且"帝赋《三杰诗》,自写以赐"。② 诗云:

> 赤帝收三杰,黄轩举二臣。由来丞相重,分掌国之钧。
> 我有握中璧,双飞席上珍。子房推道要,仲子讶风神。
> 复辍台衡老,将为调护人。鹓鸾同拜日,车骑拥行尘。
> 乐聚南宫宴,觞连北斗醇。俾予成百揆,垂拱问彝伦。③

玄宗将源乾曜与张说、宋璟两人共同视为"三杰",足可见玄宗对源乾曜之宠信程度。

开元十九年(731),玄宗驾临东都,源乾曜奏报自己年老有病,不能随侍扈从,而留在京师养病。④ 是年十一月,"甲子,太子少傅源乾曜薨",⑤玄宗下诏赠与其幽州大都督,并在洛阳城南门举哀悼念,为此还辍朝两日,可见玄宗对源乾曜之褒宠。⑥

三、源乾曜与开元政局

源乾曜在唐玄宗开元年间,前后两次任相近十年之久,是开元年间任职时间最长的宰相。其在任期间先后与姚崇、张嘉贞、张说、李元纮、杜暹等宰相秉政共事,因而其对开元前中期的中枢政局影响颇深。通过对源乾曜任相时的政治作风以及其与诸位宰相的关系的考察,我们不仅可以窥见开元年间唐玄宗选任宰相的方略,也能发现源乾曜的主要功绩及其对稳定开元政局的贡献。

唐代之中枢政局经过武则天、中宗、睿宗三段时期的政局动荡,已变得十分混乱。玄宗即位之后,为稳定政局,于先天二年(713)任用姚崇为兵部尚书、同中书门下三品。据《资治通鉴》卷二一〇载:

> 元之(姚崇字)吏事明敏,三为宰相,皆兼兵部尚书,缘边屯戍斥候,士马储械,无不默记。上初即位,励精为治,每事访于元之。元之应答如响,同僚皆唯诺而已,故上专委任之。元之请抑权幸,爱爵赏,纳谏诤,却贡献,不与群臣亵狎。上皆纳之。⑦

---

① 刘昫等:《旧唐书》卷九八《源乾曜传》,第 3072 页。
② 欧阳修等:《新唐书》卷一二四《宋璟传》,第 4393 页。
③ 曹寅等编:《全唐诗》卷三《左丞相说右丞相璟太子少傅乾曜同日上官命宴东堂赐诗》,中华书局,1980 年,第 38 页。
④ 刘昫等:《旧唐书》卷九八《源乾曜传》,第 3072 页。
⑤ 刘昫等:《旧唐书》卷八《玄宗纪》,第 197 页。
⑥ 刘昫等:《旧唐书》卷九八《源乾曜传》,第 3072 页。
⑦ 司马光编著,胡三省音注:《资治通鉴》卷二一〇《唐纪二十六》开元元年十月条,第 6690 页。

又《旧唐书》卷九六《姚崇传》云：

> 是时，上初即位，务修德政，军国庶务，多访于（姚）崇，同时宰相卢怀慎、源乾曜等，但唯诺而已。（姚）崇独当重任，明于吏道，断割不滞。①

可见，姚崇处理政务聪明练达，玄宗处理军国事务多向其征询，并让其独当专任，时人称为"救时之相"，②而其他宰相如卢怀慎、源乾曜等都只是唯唯诺诺卑恭顺从而已，这既反映出姚崇超强的能力，但也说明其是一个个性极端强势之人。于是为了保证政局的稳定，防止宰相应性格不合而导致政局动荡局面的出现，玄宗先后任命卢怀慎、源乾曜为相与姚崇配合。

开元元年十二月卢怀慎为相，其间"与紫微令姚崇对掌枢密，怀慎自以为吏道不及崇，每事皆推让之，时人谓之'伴食宰相'"。③可见卢怀慎自认为自己的为政之道比不上姚崇，才往往听从姚崇裁决。姚崇与卢怀慎共事约四年，而正是因为卢怀慎的谦让与配合，不与之发生政争，这就更好地保证了姚崇的政治、经济革新的顺利进行。对于此事，司马光赞之曰："（姚）崇，唐之贤相，（卢）怀慎与之同心戮力，以济明皇太平之政，夫何罪哉！"④

开元四年，卢怀慎逝世之后，玄宗又任命源乾曜为黄门侍郎、同紫微黄门平章事。而源乾曜则与卢怀慎政治作风极其类似，遇事都是"唯诺而已"。史载：

> 于是，帝方躬万机，朝夕询逮，它宰相畏帝威决，皆谦惮，唯独（姚）崇佐裁决，故得专任。崇第赊僻，因近舍客庐。会怀慎卒，崇病痁移告，凡大政事，帝必令源乾曜就咨焉。乾曜所奏善，帝则曰："是必崇画之。"有不合，则曰："胡不问崇？"乾曜谢其未也，乃已。⑤

由此可知，源乾曜任宰相之时，每凡遇到重大政事，玄宗都要让其询问姚崇的意见，否则还会受到玄宗的责骂。可见，源乾曜虽与姚崇同居宰辅之职，但玄宗还是以姚崇为主参决军国大事，源乾曜只是配合姚崇施政而已。卢怀慎与源乾曜均处于辅助地位，相继配合姚崇为相，李鸿宾先生认为，"这对于治理开元初期的政治十分有利。由此看来，这种人事安排并非出自偶然，玄宗任用姚崇为主辅全面治政，还注意为他配备一个性格协调、同心戮力的班子，以防止宰相之间人事摩擦而妨碍决策和施政。观开元前玄宗的择相，确是贯穿着这一用人方略。"⑥总之，源乾曜此次之任相延续的是姚崇与卢怀慎开创的相互配合、和衷共济的淳良政风，体现了开元年间唐玄宗注重宰相的主从搭配、协调共事这一选任宰相的方略。而之后姚崇、源乾曜罢相，宋璟与苏颋继之为相，配合施政

---

① 刘昫等：《旧唐书》卷九六《姚崇传》，第3025页。
② 司马光编著，胡三省音注：《资治通鉴》卷二一一《唐纪二十七》开元三年正月条，第6708页。
③ 刘昫等：《旧唐书》卷九八《卢怀慎传》，第3068页。
④ 司马光：《资治通鉴》卷二一一《唐纪二十七》开元三年正月条，第6709页。
⑤ 欧阳修等：《新唐书》卷一二四《姚崇传》，第4385页。
⑥ 李鸿宾：《唐玄宗择相与开元天宝年间中枢政局》，《文献》1995年第3期，第72页。

也是玄宗这一任相策略的延续。

开元八年正月,源乾曜再次拜相,而这一次拜相其在宰臣之间始终居于辅助地位,将玄宗注重宰相的主从搭配、协调共事这一选任宰相的方略发挥得淋漓尽致。史载:"(源)乾曜在政事十年,时张嘉贞、张说相次为中书令,乾曜不敢与之争权,每事皆推让之。及李元纮、杜暹知政事,乾曜遂无所参议,但唯诺署名而已。"①《资治通鉴》卷二一三也说:"初,张说、张嘉贞、李元纮、杜暹相继为相用事,源乾曜以清谨自守,常让事于说等,唯诺署名而已。"②可见,源乾曜这一次任相,虽先后与张嘉贞、张说、李元纮、杜暹共事,但其依然是不与他们争权,在政事上也不发表意见。如开元十年,曾向玄宗举荐源乾曜为官的姜皎,受到张嘉贞的排挤,而源乾曜竟然没有相救,时人都以此谴责他。于此,《旧唐书》卷五九《姜皎传》有详细记载,其云:

> (开元)十年,坐漏泄禁中语,为嗣濮王峤所奏,敕中书门下究其状。峤,即王守一之妹夫;中书令张嘉贞希守一意,构成其罪,仍奏请先决杖配流岭外。下制曰:"秘书监姜皎,往属艰难,颇效诚信,功则可录,宠是以加。既忘满盈之诫,又亏静慎之道,假说休咎,妄谈官掖。据其作孽,合处极刑,念兹旧勋,免此殊死。宜决一顿,配流钦州。"皎既决杖,行至汝州而卒,年五十余。皎之所亲都水使者刘承祖,配流雷州,自余流死者数人。时朝廷颇以皎为冤,而咎嘉贞焉。源乾曜时为侍中,不能有所持正,论者亦深讥之。玄宗复思皎旧勋,令递其柩还,以礼葬之,仍遣中使存问其家。十五年,追赠泽州刺史。③

由此观之,姜皎因所谓的泄露宫中事务,为嗣濮王李峤举奏,而张嘉贞亦参与此构织姜皎的罪状,致使姜皎受杖刑而卒。当时朝廷中的人都认为姜皎是冤枉的,而时任侍中的源乾曜竟没有纠正此案,颇为时人所诟病。从这个事例就可看出源乾曜确实不与张嘉贞争权夺利,连推荐其任官的恩主遭到构陷都不发表意见纠正。也是这一年夏天,伊水、汝水泛溢成灾,民众损失惨重,中书舍人许景先向源乾曜建言赈灾。史载:

> (开元)十年夏,伊、汝泛溢,漂损居人庐舍,溺死者甚众。景先言于侍中源乾曜曰:"灾眚所降,必资修德以禳之。《左传》所载'降服出次',即其事也。诚宜发德音,遣大臣存问,忧人罪己,以答天谴。明公位存辅弼,当发明大体,以启沃明主,不可缄默也。"乾曜然其言,遽以闻奏,乃下诏遣户部尚书陆象先往赈给穷乏。④

面对这样事关国计民生的灾难性大事,源乾曜闭口不言政事,还要在许景先的提醒之下,才向玄宗建言上疏,足见其"缄默"之甚。此外,在开元十二年(724),时任中书令的张说首先向玄宗建议封禅,且态度坚决,群臣也多次上表附和其言,源乾曜本来赞成此

---

① 刘昫等:《旧唐书》卷九八《源乾曜传》,第3072页。
② 司马光编著,胡三省音注:《资治通鉴》卷二一三《唐纪二十九》开元十七年五月条,第6785页。
③ 刘昫等:《旧唐书》卷五九《姜皎传》,第2336—2337页。
④ 刘昫等:《旧唐书》卷一九〇中《许景先传》,第5033页。

事,因此与张说不和。① 但是后面还是同张说一起向玄宗上书请求封禅,②这说明源乾曜与张说虽然有所争论,但是在国家大事层面依然顺从张说。而等到李元纮、杜暹为相秉政时,史书更是几乎没有关于这一时间源乾曜参与政事的记载,可见源乾曜虽为相,但居于从属辅助地位。

如上所论,源乾曜两次任相,先后与姚崇、张嘉贞、张说、李元纮、杜暹等宰相秉政共事,似乎都是始终"不争锋、不表态,给人以唯诺的印象"。③ 源乾曜在玄宗开元年间任相近十年之久,笔者认为这与玄宗选任宰相注重主从搭配、协调共事的方略是分不开的,也是玄宗为了减少宰相之间因相互争权夺利而导致的议政和施政过程中的摩擦,保证政局运行通畅的政治策略的体现。因此,任命一个遇事唯唯诺诺的源乾曜为相,与其他个性强势、精于吏道的宰相配合施政,在某种程度上也可以这样说,源乾曜为相保证了开元前中期中枢政局的平稳发展,也与"开元盛世"清明政治的出现不无关系。史家评价源乾曜"性谨重",为相"清慎恪敏"、"务为宽平惇大,故鲜咎悔"。④ 玄宗也曾下诏赞赏他"謇謇匪躬,谦谦自牧,正身率下,直道事人。无闻伐己之功,每立致君之节。顾问则出纳斯允,左右则启沃居多",⑤"十载持衡,一心自牧,台鼎斯重,管综维繁"。⑥ 可知,源乾曜其德行还是值得称赞的,玄宗尤其赏识他,史家也对其评价颇高。而可能正是因为源乾曜这种清慎恪敏、看似唯诺的政治作风才让其得到玄宗的青睐,让其为相多年配合其他宰相施政以保证政令的通畅和政局的稳定。

此外,源乾曜任相除了保证政局的稳定之外,其还有两件事值得称道。一是其对唐代吏治革新起过一定作用。关于此笔者在前文论及源乾曜仕宦时,已经提到过。开元九年,源乾曜向玄宗进谏道,如今官宦世家子弟多在京师任职,而其他贤德之人多在地方为官,这不合乎公平之道,并主动让自己的两个儿子到地方任官。于是玄宗下诏文武百官学习源乾曜之举,一时之间,公卿子弟从京官出任外官者多达百余人。⑦ 因此,源乾曜的策略对于开元年间的吏治整顿及其革新有一定积极意义。二是源乾曜支持宇文融的括户运动。早在源乾曜任京兆尹时,源乾曜就对时任富平县主簿的宇文融十分器重,"贤其人,厚为礼"。⑧ 到了开元九年之后,时任监察御史的宇文融向玄宗上言,"天下户口逃移,巧伪甚众,请加检括",而源乾曜"素爱其才,赞成之"。⑨ 但是宰相张说却"嫌其扰人不便,数建议违之",⑩始终不赞成宇文融的括户政策。如此看来,源乾曜坚决赞成

---

① 司马光编著,胡三省音注:《资治通鉴》卷二一二《唐纪二十八》开元十二年闰月条,第6762页。
② 参见王钦若等编:《册府元龟》卷三六《帝王部·封禅二》,第396—397页。
③ 郭锋:《北朝隋唐源氏家族研究——一个少数族汉化士族家族门第的历史荣衰》,《中国社会经济史研究》2002年第3期,第5页。
④ 欧阳修等:《新唐书》卷一二七《源乾曜传》,第4451页。
⑤ 董诰等编:《全唐文》卷四一《赐源乾曜张说侍中上词》,第450页。
⑥ 董诰等编:《全唐文》卷二三《停源乾曜侍中制》,第267页。
⑦ 刘昫等:《旧唐书》卷九八《源乾曜传》,第3071—3072页。
⑧ 欧阳修等:《新唐书》卷一三四《宇文融传》,第4557页。
⑨ 司马光编著,胡三省音注:《资治通鉴》卷二一二《唐纪二十八》开元九年正月条,第6744页。
⑩ 刘昫等:《旧唐书》卷九七《张说传》,第3054页。

宇文融的括户运动,对保证该项政策的顺利实施还是有一定积极意义的,不然无宰辅大臣在政事堂与玄宗面前为宇文融说话,那括户运动的实施恐怕就会更加横生枝节了。

总而言之,源乾曜之任相有利于保持开元前中期中枢政局的稳定,对"开元盛世"清明政治的出现起过一定积极作用,其整顿吏治的政策与支持宇文融括户的举动也对开元政局产生过影响,值得称赞。

道统之争与政统之争
——两宋时期的一桩公案

汤勤福

一、韩、程道统论：一个虚拟的命题

元丰八年，在儒学发展史上是一个极其重要的时间。该年三月，神宗死，哲宗立，召程颢为宗正卿，然程颢未行而卒。其弟程颐为其撰墓志时称："周公没，圣人之道不行；孟轲死，圣人之学不传。道不行，百世无善治；学不传，千载无真儒。无善治，士犹得以明夫善治之道，以淑诸人，以传诸后；无真儒，则贸贸焉莫知所之，人欲肆而天理灭矣。先生生于千四百年之后，得不传之学于遗经，以兴起斯文为己任，辨异端，辟邪说，使圣人之道焕然复明于世，盖自孟子之后，一人而已。然学者于道不知所向，则孰知斯人之为功；不知所至，则孰知斯名之称情也哉。"①

这就是宋代儒学史上极为著名的"道统论"，此后，为争道统，儒家诸派之间一度展开了激烈的交锋，引出了一桩桩公案。

"道统"是儒学史上一个极为重要的概念，它是指儒学传承的统绪。孟子虽然说过"乃所愿，则学孔子也"，②虽有自命继孔子之学的含义，但并未说孔子如何继尧舜禹之道统以及自己如何继孔子之统绪，因此道统之绪阐述不甚明朗。然至少在唐代，韩愈提出过一个比较明确的道学统绪：尧、舜、禹、汤、文、武、周公、孔子、孟子，他说：

> 博爱之谓仁，行而宜之之谓义；由是而之焉之谓道，足乎己无待于外之谓德。仁与义为定名，道与德为虚位……夫所谓先王之教者，何也？博爱之谓仁，行而宜之之谓义，由是而之焉之谓道，足乎己无待于外之谓德。其德（一作文），《诗》、

---

① 《宋史》卷四二七《程颢传》，中华书局，1985年，第12717页。
② 杨伯峻：《孟子译注·公孙丑章句上》，中华书局，1960年，第63页。

《书》、《易》、《春秋》；其法，礼、乐、刑、政；其民，士、农、工、贾；其位，君臣、父子、师友、宾主、昆弟、夫妇；其服，麻丝；其居，宫室；其食，粟米、果蔬、鱼肉。其为道易明，而其为教易行也……是故生则得其情，死则尽其哀，郊焉而天神假，庙焉而人鬼飨。曰：斯道也，何道也？曰：斯吾所谓道也，非向所谓老与佛之道也。尧以是传之舜，舜以是传之禹，禹以是传之汤，汤以是传之文、武、周公，文、武、周公传之孔子，孔子传之孟轲。轲之死，不得其传焉。①

这是韩氏的道统论，他以继孔孟之道统自居。

但是，对韩氏以道统自居，宋代二程子则不以为然。二程以"道学"、"理学"自我标榜，程颢甚至还说："吾学虽有所受，'天理'二字却是自家体贴出来。"②问题在于，虽然二程不同意韩愈有继承道统资格，但他们都深信圣学（即儒学）传承自有道统可寻。上述程颐所称："周公没，圣人之道不行；孟轲死，圣人之学不传"便是明确证据。只是他们强调自孟子后，圣学道统中断，仅存于儒家经典之中，而程颢则"得不传之学于遗经"，于是"使圣人之道焕然复明于世，盖自孟子之后，一人而已"，道统得以断而复续。由此，二程将韩愈排斥在道统之外，而将自己置入道统之内。

学术会有传承关系，在学术传承过程中，由于学者各自所处的历史条件不同、各人的思想观点不同，即使是同一学派的学者，学术观点也会出现一些变异，这种变异实质上是促进学术发展的内在因素。儒学自然也不例外。自孔子创立儒家学派，此后学者继承孔子学说者多矣，学说纷呈，观点迥异。坦率说，在宋之前，历代学者对儒家思想的丰富与发展都作出过自己贡献，并非只有少数人有资格"正宗"地继承它，这种否认其他学者的"继承权"的观点并不客观。值得强调的是，历代学者对儒家思想的丰富与发展，并不是继不继道统问题，事实上也不存在一个所谓"道统"。

在这里需要分析的是韩愈及二程对"圣学统绪"传承问题的看法。

韩愈鉴于儒学不振、佛老泛滥于世，于是强调儒学是中华唯一正统学术，正如他在《原道》中说的那样圣人之道"非向所谓老与佛之道"，而是由尧舜禹一直传到孟子的圣贤之道。但是，韩愈强调的"博爱之谓仁，行而宜之之谓义；由是而之焉之谓道，足乎己无待于外之谓德。仁与义为定名，道与德为虚位"，这一仁义为准则，道德为虚位的观点，遭到二程及其门人的批评。

尽管二程也承认"韩愈亦近世豪杰之士，如《原道》中言语虽有病，然自孟子而后能将许大见识寻求者才见此人"，③不过，在二程看来，道即天理，道与天理都是实，"万物皆只是一个天理"，④天理"不为尧存，不为桀亡，人得之者故大行不加，穷居不损"，⑤因

---

① 《详注昌黎先生文集》卷一一《原道》，续修四库全书本，第556页至第559页。
② 《二程外书》卷一二《传闻杂记》，文渊阁四库全书本，第338页。
③ 《二程遗书》卷一《端伯传师说》，文渊阁四库全书本，第10页。
④ 《二程遗书》卷二上《元丰己未吕与叔东见二先生语》，第30页。
⑤ 《二程遗书》卷二上《元丰己未吕与叔东见二先生语》，第31页。

此,它是个实实在在存在的物事,并非"虚"。由此,二程虽对韩愈力赞儒学,诋诃佛老不无赞赏,但以为韩愈之学不纯,不能入继道统。程氏说道:"韩退之言:'博爱之谓仁,行而宜之之谓义,由是而之焉之谓道,足乎己无待于外之谓德。'此言却好。只云'仁与义为定名,道与德为虚位',便乱说。"①程门高足杨时也批评道:"韩子曰:'仁与义为定名,道与德为虚位。'其意盖曰由仁义而之焉,斯谓之道;仁义而足乎己斯谓之德。则所谓道德云者,仁义而已矣。故以仁义为定名,道德为虚位。《中庸》曰:'天命之谓性,率性之谓道。'仁义,性所有也,则舍仁义而言道者固非也。道固有仁义,而仁义不足以尽道,则以道德为虚位者亦非也。"②

值得强调的是,程颐否认韩愈承继道统,认为孟子之后道统断裂,只是程颢"得不传之学于遗经",强调孟子之后由程颢继承了圣学道统。我们知道,道统确实是儒学中极其重要的一个问题,作为儒家学者研讨它自然有其合理性,然而我们不得不强调,这种道统论确实是虚幻之说。因为韩、程都无法在理论上或事实上证实自己是如何继道统的,他人为何不能继道统。

二、熙丰政见之争:道统与学统之争出现的背景

自然,辨析韩、程两者在道统问题上的同异并不是本文的目的,笔者认为要透过程颐提出的"道统"命题,去考察出现这一命题的背景,以了解道统之争与政见之争、学统之争的关系,从而从更深刻的层面来剖析宋代政局的演变以及理学的趋向。

在笔者看来,程颐提出道统命题是有深刻的政治背景的,两宋道统之争,既是政见之争,也是学统之争,它贯穿着神哲之后到南宋高宗时期的百余年,它对程朱理学最终确立"正统"地位有着不可否认的极其关键的作用。

如果说韩愈的道统论是在佛教流行、儒家学者为维护儒学的正统地位而产生的话,那么两宋"道统"之争的出现则是当时政治斗争的反映。如上所述,北宋首先对"道统"问题进行强调的是程颐。实际上,这是熙丰政争的反映。关于熙丰政争,学界研究极多,在此不作论述,笔者仅对当时学术分歧与政争关系作一阐述。

众所周知,王安石创立"新学",其学术观点与二程迥然不同。由于王氏得到神宗的支持,其政大行,其新学也一度独领风骚,风行一时,王氏著述也被作为国子生必读的课本。

二程对王安石新学是极其反感的。前辈学者已经指出程颐的一些观点"其实是针对王安石新学而说的"③ 笔者完全同意这一结论。其实,二程从道统角度对新学进行

---

① 《二程遗书》卷一九《杨遵道录》,第212页。
② 杨时:《龟山集》卷一七《答吴仲敢》,文渊阁四库全书本,第275页。
③ 侯外庐等主编:《宋明理学史》上卷,人民出版社,1984年,第129页。

过激烈地批判：

> 道之不明，异端害之也。昔之害近而易知，今之害深而难辨。昔之惑人也乘其迷暗，今之惑人也因其高明。自谓之穷神知化，而不足以开物成务，言为无不周遍，实则外于伦理，穷深极微，而不可以入尧、舜之道。天下之学，非浅陋固滞，则必入于此。自道之不明也，邪诞妖妄之说竞起，涂生民之耳目，溺天下于污浊，虽高才明智，胶于见闻，醉生梦死，不自觉也。是皆正路之蓁芜，圣门之蔽塞，辟之而后可以入道。①

应该指出，上述所称"异端"不仅仅是指佛老，也指与程氏学术观点不同的新学，因为"昔之惑人也乘其迷暗，今之惑人也因其高明。自谓之穷神知化，而不足以开物成务，言为无不周遍，实则外于伦理，穷深极微"一句中，"穷神知化""开物成务"并非是指佛老之学。这并非是作者的臆测，因为程颐还有更为明确的话语反对新学：

> 臣以为今日至大至急，为宗社生灵长久之计，惟是辅养上德而已。历观前古，辅养幼主之道，莫备于周公。周公之为，万世之法也。臣愿陛下扩高世之见，以圣人之言为可必信，先王之道为可必行，勿狃滞于近规，勿迁惑于众口。②

此话讲于哲宗刚上台的元祐元年，显然是针对王安石新政与新学的。

二程的弟子乃至再传弟子们也对新学力加抨击，目之异端邪说，否认王安石有继承道统的权力。如朱光庭在元祐元年，向哲宗上奏称"息邪说，距诐行，正风俗，明吾尧、舜、禹、汤、文、武、周、孔之道，以开天下之惑"，③杨时也曾对王安石新政、新学大加批判，④杨时弟子陈渊甚至称王荆公"于儒者之道未尝深造，故溺焉，而不即悟耳。是以为世大害，自元祐以来世之贤者多攻之"。⑤ 显然，朱光庭、杨时、陈渊等人批判王安石新政与新学，称其"于儒者之道未尝深造"，斥之"为世大害"，他们把王安石排斥在道统之外的心态一目了然。如果联系程颐所称其兄"得不传之学于遗经"一语，程门后学为程氏之学争道统的心态是一目了然的。

对此，北宋末年李若水曾说过一段话，大致可见时人对熙丰交争的看法："熙丰间王安石以辩诈之才，摇神考之听，假先王之道，行商鞅之术，乃取祖宗良法美意，变弄求新，庙堂纷争，道路窃议，骨鲠大臣如文彦博、韩琦、司马光之徒，亦莫能回其说。于是铨新进小生数十辈之附己者，行新法于天下。又出己意作《三经新义》《字说》以笼学者，以困天下英豪之气。"⑥李若水虽非二程后学，但他从政争到学术之争作了一个概括，贬王氏，斥新学，其态度是十分明显地尊崇洛学。

---

① 《宋史》卷四二七《程颢传》，第12717页。
② 《二程文集》卷七《上太皇太后书（元祐元年）》，文渊阁四库全书本，第656页。
③ 赵汝愚：《宋朝诸臣奏议》卷八四朱光庭《上哲宗乞戒约士大夫传异端之学》，上海古籍出版社，1999年，第908页。
④ 参见杨时：《龟山集》卷一《上钦宗皇帝（第七书）》，第116页。
⑤ 陈渊：《默堂集》卷一七《攻王氏一章（行状不载墓志载之）》，文渊阁四库全书本，第449页。
⑥ 李若水：《忠愍集》卷一《上何右丞书》，文渊阁四库全书本，第669页。

其实，从哲宗到钦宗之间，王氏新学并未退出历史舞台。如哲宗之时一些官员主张毁《资治通鉴》版，发司马光等人之冢；徽宗时期，王氏新学一度死灰复燃，据《清波杂志》载："薛昂、林自之徒为正录，皆蔡卞之党也，竞尊王荆公而挤排元祐，禁戒士人不得习元祐学术。"① 然而随着北宋王朝倾覆，南宋初年起便出现一股彻底清算王氏新学之风，② 建炎二年夏，"久阴不解。诏百官（原脱）执事赴都堂给札，条具时政阙失"，司勋员外郎赵鼎言："自绍圣以来，学术、政事败坏残酷，致祸社稷，其源实出于安石。今安石之患未除，不足以言政"，③ 于是罢安石配飨神宗庙庭，寻诏以富弼配飨神宗庙庭。从此，新学退出历史舞台，被排除在道统序列之外。

熙、丰至元祐，另一政见、学统之争在二程洛学与以苏轼为首的蜀学之间展开。洛、蜀两派在学术上虽有不同见解，但他们对王安石新学则一致持反对态度。元祐更化，新学受到批判与压制，而洛、蜀两派之间的矛盾则上升为主要矛盾，史称"初，颐在经筵，归其门者甚众，而苏轼在翰林，亦多附之者，遂有洛党、蜀党之论。二党道不同，互相非毁"，④ "（王）觌在言路，欲深破朋党之说。朱光庭讦苏轼试馆职策问，吕陶辩其不然，遂起洛、蜀二党之说"，王觌后罢为"右司员外郎，未几，拜侍御史、右谏议大夫。坐论尚书右丞胡宗愈，出知润州，加直龙图阁、知苏州"。⑤ 此为元祐三年事。对王觌罢为外职一事，王存曾在奏疏中称："去年（元祐二年）因张舜民被贬，自此议论之人分为二党，亦互相诋毁……今虽其势颇沮，而余风未殄。"⑥ 二党交争，延续至徽钦时期，章奏迭上，不可开交。⑦ 值得指出的是，洛、蜀之争，并非仅是政见之争，其中包含着学统之争，他们互相攻击对方学术的核心问题，如朱熹曾说到洛蜀之争时，蜀学曾攻击洛学核心概念："东坡所记云：'几时得与他打破这敬字！'"⑧ 众所周知，"敬"是程朱一派理论基石之一，苏轼要打破"敬"字，即要彻底批倒洛学，将其排斥在圣贤道统之外。而洛学一系则批评蜀学轻浮放肆，有违圣贤之道，如王觌奏称苏轼"习为轻浮，贪好权利，不通先王性命道德之意，专慕战国纵横捭阖之术……轼胸中颇僻，学术不正，长于辞华而暗于义理"。⑨ 后来朱熹亦批评苏轼"平时读书，只把做考究古今治乱兴衰底事，要做文章，都不曾向身上做工夫"，⑩ 斥责其"放肆"⑪ 之行，对其憎恨不在王氏新学之下：

> 如王氏者，其始学也，盖欲凌跨扬、韩，掩迹颜、孟，初亦岂遽有邪心哉？特以不

---

① 周煇：《清波杂志》卷九《毁〈通鉴〉》，中华书局，1994年，第400页。《编年备要》卷二四亦载此事，第601页。
② 两宋之际，一些学者上奏章批判王安石，如吕好问就上过批判王安石的奏章，参见《宋朝诸臣奏议》卷一一九吕好问《上钦宗论绍述》，第1312页。
③ 徐松辑：《宋会要辑稿》礼11之4，中华书局，1957年，第556页。
④ 李焘：《续资治通鉴长编》卷四七一，哲宗元祐七年三月丁亥，中华书局，1992年，第11240页。
⑤ 《宋史》卷三四四《王觌传》，第10943页至第10944页。
⑥ 《宋朝诸臣奏议》卷七六王存《上哲宗乞明论朋党所在》，第829页。
⑦ 可参见《宋朝诸臣奏议》卷七六所录有关朋党的奏疏，《宋史》相关传亦载录一些。其中亦不乏批评王安石者。
⑧ 黎靖德：《朱子语类》卷一三〇，中华书局，1986年，第3110页。
⑨ 《续资治通鉴长编》卷四〇八，哲宗元祐三年正月丁卯，第9923页。
⑩ 《朱子语类》卷一三〇，第3113页。
⑪ 《朱子语类》卷一三〇，第3109页。

能知道,故其学不纯,而设心造事遂流入于邪。又自以为是,而大为穿凿附会以文之,此其所以重得罪于圣人之门也。苏氏之学虽与王氏若有不同者,然其不知道而自以为是则均焉。学不知道,其心固无所取则以为正,又自以为是而肆言之,其不为王氏者,特天下未被其祸而已。其穿凿附会之巧,如来教所称论成佛、说老子之属,盖非王氏所及。而其心之不正,至乃谓汤、武篡弑而盛称荀彧,以为圣人之徒。凡若此类,皆逞其私邪,无复忌惮,不在王氏之下。①

显然,王觌、朱熹把蜀学视为"不通先王性命道德之意"、"学术不正"、"暗于义理"的学问,朱熹甚至称蜀学之害"不在王氏之下",言下之意蜀学不但为学有害,而且为政亦有害,如此也就剥夺了蜀学继承道统的权力,并从政治层面对蜀学进行打击。北宋后期,洛、蜀两派都被禁止传播,尽管南宋之后党禁开放,两派可以自由传播各自学说,但蜀学偏重文词,轻于义理,其后学亦无佼佼者,因此蜀学衰微不振;而洛学则由于从杨时到朱熹诸儒的大力推广,成为一时之"显学"。②

其实,南宋伊始,批王安石已经不再新奇,加之蜀学也萎靡不振,因此洛、蜀、新三学已也不是当时儒学诸派争斗的主要焦点,当时诸儒之间道统之争更多的是学争而非政争。③ 这从朱陈之辩,叶适道统论,真德秀、黄震等人对朱熹的推崇便可以看出。陈亮曾说:

> 昔祖宗盛时,天下之士各以其所能自效,而不暇及乎其他。自后世观之,而往往以为朴陋,而不知此盛之极也。其后文华日滋,道德日茂,议论日高,政事日新,而天下之士已不安于平素矣。众贤角立,互相是非,家家各称孔孟,人人自为稷契,立党相攻以求其说之胜。最后章蔡诸人以王氏之说一之,而天下靡然,一望如黄茅白苇之连错矣。至渡江以来,天下之士始各出其所能,虽更秦氏之尚同,能同其讳而不能同其说也。二十年之间,道德性命之说一兴,迭相唱和,不知其所从来。后生小子读书未成句读,执笔未免手颤者,已能拾其遗说,高自誉道,非议前辈,以为不足学矣。世之为高者,得其机而乘之,以圣人之道为尽在我,以天下之事无所不能,能麾其后生以自为高;而本无有者,使惟己之向,而后欲尽天下之说一取而教之,顽然以人师自命。虽圣天子建极于上,天下之士犹知所守,吾深惑夫治世之安有此事乎,而终惧其流之未易禁也。④

陈亮所说北宋"众贤角立,互相是非,家家各称孔孟,人人自为稷契,立党相攻,以求其说之胜",是混合了学统之争与政见之争的;而南宋之初的"二十年之间,道德性命之说一兴"一语,则是指南宋朱、吕诸儒的学术,尤其对"顽然以人师自命"的朱熹表示

---

① 《朱熹集》卷三〇《答汪尚书》,四川教育出版社,1996年,第1276页。
② 此显学仅指信服而从之者较多、影响大而言,并非指它已经成为统治思想。
③ 庆元党禁并非是学争,因为韩侂胄一党虽然打击所谓的"道学",但他们并未争道统。其他如林栗等人批朱熹,也没有争道统之意。他们之间的争论与道统无关,因此虽是政争,但与熙丰政争、学争不同。
④ 陈亮:《陈亮集》卷一五《送王仲德序》,中华书局,1974年,第178页至第179页。

不满。

笔者认为：就南宋而言，学争仍然在继续，政争则不显于时。究其原因，程氏一系的主要卫道者朱熹，长期不在庙堂，而陈亮也未能入仕，吕祖谦、陆九渊、陈傅良、薛季宣、叶适等人对朱熹的政见提出批评意见并不多见，因此政争不显，而学争则在继续。

吕祖谦虽为朱熹好友，但朱熹对吕祖谦批评甚多，而吕氏则很少回应。他们同编《伊洛渊源录》，虚构宋代道统传承统绪，朱熹以继道统自命，而吕氏虽未声明自己继道统，但他并非不在意这一道统。这可从其门人之语看出。吕祖谦于淳熙八年去世，其门人的祭文、祭诗中有诸多称颂吕氏继道统之"信息"，兹略举数例：

郑唐卿等："先生之学，道统正传。精粗本末，浑然大全。发明经旨，默契昔贤。"

丁少瞻："孔孟之道，既千载湮没而不明；伊洛之学，又一时兴起而未备。非特与俗而多迕，虽欲救时而莫济。盛哉！先生出乎斯世，皇帝王霸之道，无所不明其旨；隐显小大之书，无所不揽其粹。以是为天下之师，总学者之会。"

赵煜："道统谁传授？源流易失真。滔滔皆四海，亹亹独斯人。"①

这些吊唁诗文如此称颂吕祖谦，强调吕氏继孔孟道统，乃至号称"亹亹独斯人"，因此我们很难作出吕氏平日会闭口不谈道统继承问题的结论，恰恰相反，应该说吕氏平日与弟子们谈论中也或多或少谈及道统之事，甚至自认为是继孔孟道统者，否则吕氏弟子们的吊唁诗文就难以理解。自然，张栻、吕祖谦、陆九渊诸儒先后去世，而朱熹又以一代宗师为人称颂，故张、吕、陆诸门人与朱熹争道统便不存在可能。②

然而，"为人才气超迈"、③"视毁誉如风而不恤"、④喜讽议品评人物的陈亮则与朱熹爆发过一场有关道统的论辩。⑤ 这场论辩最终不了了之，但朱熹占据上风则是十分明显的。⑥

叶适之生稍晚于朱熹，两人又有同事之谊，虽学术上并不相同，但两人之间从未产生直接冲突。叶适为人正派，在林栗、韩党攻击朱熹道学时，他曾挺身而出，为朱熹辩白。但他对朱熹自命继道统则有所不满，如前所说，他在文章中表达了自己的观点，亦有继道统的思想倾向。实际上，我们仍可以说，叶适的道统论仍是自北宋以来学统之争的体现。然而，由于朱熹于庆元六年去世，朱熹后学为恢复朱熹名誉而奔波不止，至宁宗嘉定初，朱熹等道学人士已经受到褒赠，至理宗淳祐元年正月，"诏周敦颐、张载、程颐、程颢、朱熹从祀夫子庙庭，黜王安石从祀"，⑦理宗还御制《圣贤十三赞》，"宣示诸生，

---

① 吕祖谦：《东莱集·附录》卷三，文渊阁四库全书本，第473、484页。另有黄人杰、高元晦、巩叔子、邵津、邵浩等人祭文祭诗，参见同书第487、471、473、484页。
② 陆氏去世后，其门人曾与朱熹论辩，然处于下风则是十分明显之事。因此，陆氏门人转而投朱熹为师者有之。
③ 《宋史》卷四三六《陈亮传》，第12929页。
④ 《陈亮集》卷一八《谢罗尚书启》，第243页。
⑤ 参见拙作《有关"朱陈之辩"的几个问题》，《中国哲学》第21辑，辽宁教育出版社，2000年；《道统之辩：再论"朱陈之辩"》，《中国思想与社会研究》第一辑，中国社会科学出版社，2007年。
⑥ 陈傅良称陈亮"无修辞之功"，参见《陈亮集》卷二一附陈傅良《致陈同甫书》，第331页。
⑦ 佚名：《宋季三朝政要》卷二，文渊阁四库全书本，第164页。

厘正从祀,黜五贤,黜安石",①景定二年正月,"皇太子释奠于国学,奏请以南轩张栻及东莱吕祖谦从祀大成殿。上从之",②从而确立了以程朱一系为道学传承的法定统绪,如此,无论何人再作争辩,也难以改变这一法定事实了。

三、叶适与朱熹：道统承继顺序的分歧

虽然叶适争学统已经无法改变法定事实,但对朱、叶两人的道统论进行一些比较仍是有意义的,因为这可以看出当时学者的道统论的主要观点究竟如何。笔者曾撰文分别对朱熹、陈亮、叶适的道统论进行过研讨,③故在此略述主要观点。

自二程起,程朱一系儒学家一直推崇子思及孟子;朱熹更将孔子、子思与孟子这一道统视为自己学术理论的生命线,他将周程诸儒归于思、孟这一道统,理所当然地把自己也纳入了这一统绪之中："宋德隆盛,治教休明。于是河南程氏两夫子出,而有接乎孟子之传……然后古者大学教人之法、圣经贤传之指,粲然复明于世。虽以熹之不敏,亦幸私淑而与有闻焉。"④朱熹尊子思与孟子,也就必然重视四书,他甚至排定《大学》《中庸》《论语》《孟子》的次序,并置于六经之前,强调四书是学者入德之门。显然,朱熹抬高了思孟学派的地位。

朱熹对道统有极为明确的论述：

> 盖自上古圣神继天立极,而道统之传有自来矣。其见于经,则"允执厥中"者(笔者按：见《论语·尧曰》),尧之所以授舜也。"人心惟危,道心惟微,惟精惟一,允执厥中"者,舜之所以授禹也。尧之一言,至矣尽矣,而舜复益之以三言者,则所以明夫尧之一言必如是而后可庶几也。⑤

在朱熹看来,圣学统绪是从尧、舜、禹、汤、文、武、周公、孔子、曾子、子思而到孟子,其传道秘诀就是上述16字。他一直以此来教育学生,反复阐明这一道统,这在《朱子语类》中极多,此列数例以证之：

> 问窦从周云："如何是伊尹乐尧舜之道？"窦对以"饥食渴饮,凿井耕田,自有可乐"。曰："龟山答胡文定书是如此说。要之不然。须是有所谓'尧舜之道'。如《书》云：'人心惟危,道心惟微,惟精惟一,允执厥中！'此便是尧舜相传之道。"⑥

---

① 王应麟：《玉海》卷一一三《淳祐视太学》,广陵书社,2007年,第2083页。
② 马光祖、周应合：《景定建康志》卷四七,南京出版社,2009年,第2094页。
③ 参见《有关"朱陈之辩"的几个问题》《试论叶适的道统论》(《中州学刊》2001年第3期)、《道统之辩：再论"朱陈之辩"》,此三文均收入拙作《半甲集》,上海三联书店,2010年。
④ 朱熹：《大学章句序》,见《四书章句集注》,中华书局,1983年,第2页。
⑤ 《朱熹集》卷七六《中庸章句序》,第3994页。
⑥ 《朱子语类》卷五八,第1361页至第1362页。

> 舜禹相传,只是说"人心惟危,道心惟微,惟精惟一,允执厥中"。只就这心上理会,也只在日用动静之间求之,不是去虚中讨一个物事来。①

> 《书》曰"人心惟危,道心惟微,惟精惟一,允执厥中":圣贤千言万语,只是教人明天理,灭人欲。天理明,自不消讲学。②

可见,朱熹对这一道统是十分强调的,在他看来,孟子之后这一道统断而不续,到宋代则由周敦颐继之,他在《书濂溪光风霁月亭》中宣称"惟先生承天畀、系道统,所以建端垂绪,启佑于我后之人者",③称誉他"心传道统,为世先觉"。④ 尽管二程承认受学于周敦颐,但程颢自称"'天理'二字却是自家体贴出来"、程颐称程颢"得不传之学于遗经",显然自命直接承继孔孟而否认是继周敦颐而得道统。朱熹之论明显与二程有差异,因为他明确地把周敦颐作为宋代继孔孟道统之第一人,朱熹与吕祖谦编纂《伊洛渊源录》,将周氏列入首卷的原因也在这里。说得再清楚一些,程朱一派对道统本来就有不同看法,但在严格区别天理与人欲,"明天理,灭人欲"上则是完全一致的。

叶适与朱熹的看法有所不同。他认为:虽然"世有差降,德有出入,时有难易,道有屈伸",⑤但存在着自尧、舜、禹、皋陶、汤、伊尹、文、武、周公到孔子这样一个连贯的道统次序。汉唐宋代诸儒尊子思、孟子,尤其是宋儒"标颜、曾、孟子为之传,揭《大学》《中庸》为之教,语学者必曰:'不如是,不足达孔子之道也。'然后序次不差而道德几尽信矣"。⑥ 这里可以看出,叶适认为宋儒揭示尧舜禹到孔子的道统系统的功绩应归于二程、张载、朱熹及吕祖谦等数人,尤其对朱熹"极辨于毫厘之微,尤激切而殷勤,未尝不为之叹息也"。⑦ 同时,叶适却强烈反对将子思、孟子纳入道统系统之内。他明确说过:"然自周(公)召(公)既往,大道厘析,六艺之文,惟孔子能尽得其意,使上世圣贤之统可合。自子思孟子犹有所憾,"⑧否认思、孟继承道统的权力。叶适表示:"自孔氏之高弟不足以知之,各因其质之所安而谓道止于如此;况于后世。"⑨即自孔子之后道统就断而未续,如此既排斥了子思、孟子的道统继承权,也否认宋儒周敦颐、二程、张载、朱熹等人的道统继承权。叶适批评子思、孟子,将《大学》《中庸》《孟子》三书排斥在"经"之外,甚至嘲笑道:"学者不足以知其统而务袭孟子之迹,则以道为新说奇论矣。"⑩自然,叶适批评子思、孟子的某些学术观点,反对将他们纳入儒家道统继承人的行列,但并非完全否定子

---

① 《朱子语类》卷七八,第2015页至第2016页。
② 《朱子语类》卷一二,第207页。
③ 《朱熹集》卷八四《书濂溪光风霁月亭》,第4363页。
④ 《朱熹集》卷九九《又牒》,第5055页。
⑤ 《习学记言序目》卷五《总论》,中华书局,1977年,第60页。
⑥ 《叶适集》卷一○《同安县学朱先生祠堂记》,中华书局,1961年,第167页。
⑦ 《叶适集》卷一○《同安县学朱先生祠堂记》,第167页。
⑧ 《习学记言序目》卷八《经解》,第105页至106页。
⑨ 《习学记言序目》卷一七《孔丛子》,第246页。
⑩ 《习学记言序目》卷四九《皇朝文鉴三·序》,第739页。

思、孟子,其实叶适对他们仍有许多赞美之词。① 笔者以为,夸大叶适"非孟"思想是有欠缺的,但叶适在更多的场合则表示子思、孟子不应继道统也是明显的事实。叶适学生孙之弘也曾明确指出:叶适认为"以孟轲能嗣孔子,未为过也,舍孔子而宗孟轲,则于本统离矣"。② 可见,叶适反对的主要是"舍孔子而宗孟子"的观点,实际是批评宋儒中特别尊崇思孟而自命继道统的理学家,即二程朱熹等人,由此也就把程、朱一系排斥在道统之外。叶适也不同意把曾子列入道统之内:"若孔子晚岁独进曾子,或曾子于孔子后殁,德加尊,行加修,独任孔子之道,然无明据。又按曾子之学,以身为本,容色辞气之外不暇问,于大道多所遗略,未可谓至。"③

当然,叶适同样坚信儒家存在着道统:"不能言统纪者固非,而能言者亦未必是也,"④这一道统便是《尚书》所称的"人心惟危,道心惟微,惟精惟一,允执厥中",他强调"道之统纪体用卓然,百圣所同","此道常在,无阶级之异,无圣狂、贤不肖之殊"。⑤ 显然可见,叶适所谓存在"道统"与二程朱熹等理学家的看法毫无两样。然而叶适与程朱的观点有明显的不同,主要表现在两个方面:其一,二程朱熹一系的理学家强调自己继承了圣学道统,否定其他学者也有继承道统的权力,而叶适则激烈反对之;其二,二程朱熹认为圣学密传便是天理人欲之别,因此他们都赞同汉儒董仲舒提出的"正其谊不谋其利,明其道不计其功";⑥而叶适则不谈天理人欲,坚持王道功利论。⑦

四、道统继承权:朱、叶的异同

如上所述,朱熹强调孟子之后由周敦颐、二程继承了道统,否认其他学者的道统继承权。对此,叶适批评道:"时诸儒以观心空寂名学,徒默视危拱,不能有论诘,猥曰'道已存矣'",⑧"古圣贤之微言,先儒所共讲也;然皆曰:'至二程而始明。'凡二程所尝讲,皆曰:'至是止矣。'其密承亲领,游、杨、尹、谢之流,而张、吕、朱氏后时同起,交阐互畅,厥义大弘,无留蕴焉。窃怪数十年,士之诣门请益,历阶睹奥者,提策警厉之深,涵玩充

---

① 在叶适著作中赞美子思孟子仍不少见,甚至有时仍视孟子为道统继承人,如:"周衰而天下之风俗渐坏,齐晋以盟会相统率;及田氏六卿吞灭,非复成周之旧,遂大坏而不可收,戎夷之横猾不是过也。当时往往以为人性自应如此……而孟子并非之,直言人性无不善,不幸失其所养使至于此,牧民之罪,民非有罪也,以此接尧舜禹汤之统……此孟子之功所以能使帝王之道几绝复续,不以毫厘秒忽之未备为限断也……而后世学者,既不亲履孟子之时,莫得其所以言之要,小则无见善之效,大则无作圣之功,则所谓性者,姑以备论习之一焉而已。"《习学记言序目》卷一四《告子》,第206页。
② 《习学记言序目》附录孙之弘《习学记言序目序》,第759页。
③ 《习学记言序目》卷四九《皇朝文鉴三·序》,第738页至第739页。
④ 《习学记言序目》卷一七《孔丛子》,第246页。
⑤ 《习学记言序目》卷八《中庸》,第109页。
⑥ 《汉书》卷五六《董仲舒传》,中华书局,1962年,第2524页。
⑦ 参见拙作《试论叶适的道统论》。
⑧ 《叶适集》卷二五《宋厩父墓志铭》,第490页。

溢之久,固宜各有论述,自名其宗,而未闻与众出之以扶翼其教,何哉?岂敬其师之所以觉我,而谦于我之所以觉人欤!"① 显然,叶适不但批评二程、朱熹,甚至对张栻、吕祖谦等理学家也不无贬词。

在叶适看来:"道者,天下共由之途也。使有人焉,以为我有是物也,将探而取之,而又曰我能得之矣,则其统已离矣。"② 显然,叶适认为二程、朱熹等人自命继承了道统,实际上已经离开了道统。自然,叶适也断然否认陈亮所说的汉唐帝王、英雄豪杰也能继承道统的观点。在叶适看来,孔子之后虽然没有具体的人来继承道统,但是道统存在于六经之中,六经始终存在于世,那么道统也就存在于世,而不是朱熹等人所说的儒家道统密传几绝,因此只需从源头六经开始钻研,把握六经的含义,同样能获得儒家道统。可见,叶适对道统的认识近似于陈亮而与程朱不同。

其实,叶适也有继道统者自命的倾向:

> 生于数千载之后,既不及亲见圣人之行事,循其言语动作而可以得其心,与接闻其风声而可以知其人矣,其所以学为圣贤者,独其言在耳。是故孔子录之为经以示后世,其意反复深切,将使学者因是言而求之,而可以得尧、舜、禹、汤、文、武、周公之心,与知其为人而无疑也……达者知其言也而至于道,不达者不知也,则众人而已矣,今其载于书者皆是也。③

叶适以为可以通过"学其(圣人)言"而达其道,即能够通过钻研六经来继承圣人的道统,由此,叶适对曾以续六经为己任的王通不无恻隐之心:"以续经而病王氏者,举后世皆然也,夫孰知其道之在焉"、④"善哉乎王通氏,其知天下之志乎! 其有能为天下之心乎! 何以知之? 以其能续经而知之"。⑤ 对王通的赞美,曲折地体现出叶适欲继道统的心理趋向。

叶适还从学理上对程朱一派进行批判。上文提及,程朱"敬"字工夫是他们学术上最为突出之处,是他们理学体系的最重要基石之一。朱熹继承二程"识道以智为先,入道以敬为本"⑥的观点,强调"'敬'字工夫,乃圣门第一义,彻头彻尾,不可顷刻间断"、"敬则万理具在"。⑦ 叶适则对程朱"以敬为始"的观点予以彻底否定,认为:"学必始于复礼,故治其非礼者而后能复。礼复而后能敬……未能复礼而遽责以敬,内则不悦于己,外则不悦于人,诚行之则近愚,明行之则近伪;愚与伪杂,则礼散而事益繁,安得谓无! 此教之失,非孔氏本旨也。"⑧他批评道:"近世之学,虽曰一出于经,然而泛杂无统,

---

① 《叶适集》卷二九《题陈寿老〈论孟纪蒙〉》,第607页。
② 《叶适集》卷二二《故运副龙图侍郎孟公墓志铭》,第431页。
③ 《叶适集·别集》卷六《孔子家语》,第709页至第710页。
④ 《叶适集·别集》卷八《王通》,第743页。
⑤ 《叶适集·别集》卷八《王通》,第742页。
⑥ 杨时《二程粹言》卷上《论学篇》,文渊阁四库全书本,第367页。
⑦ 《朱子语类》卷一二,第210页。
⑧ 《叶适集》卷一〇《敬亭后记》,第163页至第164页。

洄洑失次,以今疑古,以后准前,尊舜文王而不知尧禹,以曾子子思断制众理,而皋陶伊尹所造,忽而不思,意悟难守,力践非实"。① 叶适虽未明确指出"近世之学"是何人之学,但显而易见是程朱一派,由此可见叶适认为程朱一派核心观点"非孔氏本旨",自然也就强调程朱一派没有继承圣学道统的权力。

其实在宋代,王霸之辩与道统问题密切相关,朱熹与叶适在王霸问题上也有诸多不同。众所周知,朱熹严格区分王道与霸道,认为三代行王道,汉唐行霸道,王霸之间便有天理人欲之区分,行王道者便是天理,能得道统;行霸道者为人欲,失去继承道统资格。因此,朱熹与陈亮对此进行过十分激烈的争辩,否认汉唐诸君有继承道统的权力。②

叶适同样认为三代行王道,后世以霸道(叶适也称之霸力)。他认为霸道是"以势力威令为君道,而以刑政末作为治体",因此,"汉之文宣、唐之太宗,虽号贤君,其实去桀纣尚无几也"。③ 正由于此,叶适批判欧阳修赞美唐太宗:"欧阳氏《策问》……其言则虽以三代为是,而其意则不以汉唐为非;岂特不以为非,而直谓唐太宗之治能几乎三王,则三代固不必论矣;故其制度纪纲,仪物名数,皆以唐为是而详著之。以余观太宗之治,曾不能望齐桓之十一也,而何三王之可几哉!然则欧阳氏之学,非能陋汉唐而复三代,盖助汉唐而黜三代者也。"④ 显然,叶适认为三代王道远胜于汉唐霸政,因此对欧阳修"助汉唐而黜三代"极为反感。在他看来,破坏三代的王道是始于管仲而成于商鞅等人:"王政(王道政体)之坏久矣,其始出于管仲。管仲非好变先王之法也,以诸侯之资而欲为天子,无辅周之义而欲收天下之功,则其势不得不变先王之法而自为,"⑤而后世"凡为管仲之术者,导利之端,启兵之源,济之以贪,行之以诈,而天下之乱益起而不息","数百年之间,先王之政,隳坏亡灭","盖王政之坏,始于管仲而成于(商)鞅、(李)斯",⑥"三代之下,道远世降,本王心行霸政,以儒道挟权术,为申商韩非而不自知"⑦。可见,叶适赞美王道而贬斥霸道,强调三代之后王道废黜,人心散坏,争霸求利,世道衰坏而一蹶不振。就这一点而言,叶适与朱熹相去不远。

然而,叶适与朱熹不同的是,叶适强调经世致用的功利之效,笔者概括为王道功利论。⑧ 叶适很不满意"古今异时,言古则不通于今"之说,认为这是"摈古于今,绝今于古",因为叶适以为"不言古,则无所斟酌,无所变通,一切出于苟简而不可裁制矣"。⑨ 他曾举例道:"(汉)文帝接秦之敝,本欲有所为;惜乎当时无知治明道之士,而其间既已空缺数百年,高则有慕古之迂,卑则有循俗之陋,故其事止于如此。后世去文帝时虽远,

---

① 《习学记言序目》卷五《总论》,第60页。
② 参见拙作《有关"朱陈之辩"的几个问题》、《道统之辩:再论"朱陈之辩"》。
③ 《习学记言序目》卷六《国风幽》,第71页。
④ 《习学记言序目》卷五〇《皇朝文鉴四》,第753页。
⑤ 《叶适集·别集》卷六《进卷·管子》,第705页。
⑥ 《叶适集·别集》卷六《进卷·管子》,第706页。
⑦ 《习学记言序目》卷二八《蜀志》,第402页。
⑧ 《论叶适的历史哲学与功利思想》,《云南社会科学》2000年第1期。
⑨ 《叶适集·别集》卷一二《法度总论一》,第786页。

然其君臣议论执碍不行处,亦不过如此,盖未见有实能通之者",在叶适看来,"行之可否,百世一理,何论古今哉"!① 即王道是放之百世皆为准的绝对真理,只有在王道的基础之上由"知治明道之士""有所为"(即经世致用),那么三代王道是一定可以恢复的。

值得注意的是,叶适对"多识前言往行,以畜其德"极感兴趣,这与吕祖谦观点极为相近,叶说:

> 世方相竟于作,则不知而妄为固亦无怪。自孔子回作为述以开天下,然后尧舜三代之事不至泯绝,性命道德有所统纪。如使作而未已,舍旧求新,无复存者,则人道废坏,散为鬼蜮,又如羲黄之时矣。百圣之归,非心之同者不能会;众言之长,非知之至者不能识。故孔子教人以多闻多见而得之,又著于大畜之《象》曰:"多识前言往行,以畜其德。"②

也就是说,要通过对历史经验教训的总结来增长自己德行,如此便能使三代王道得以实现,自尧舜三代的道统"不至泯绝,性命道德有所统纪",显然,叶适的王道功利论与道统问题是紧密联系在一起的,与朱熹"明道正谊"的观点有较大差异。

叶适曾撰《汉阳军新修学记》一文,其中说道:"考正古今之俗,因野夫贫女之常性,而兴其俊秀豪杰之思,一其趋向,厚其师友,畜其闻知,广其伦类,极夫先王道德之正,文献渊源之远,而一归于性命之粹,"③"考正古今之俗"、"畜其闻知,广其伦类,极夫先王之道德之正,文献渊源之远",正是"多识前言往行,以畜其德"的注脚。显然,这种思想接近于吕祖谦在天理论基础上的畜德致用的功利思想,而与陈亮、陈傅良等王霸并用的功利思想有较大差异。④ 自然,叶适的功利论也与吕祖谦的功利论有差别,这一差别具体说来是吕祖谦还持"霸亦假王"的观点,而叶适则不同意霸道能借王道而行,这在他评论齐桓公、晋文公的功业时已经清楚地表达出来:"修德者以为无事于功,责功者功成而德日削矣。"⑤显然,他认为追求功利而轻视道德的修养,必然会产生"功成而德日削"的结果,因此霸道不可能借助王道而行。另外也应该强调指出,叶适的以王道为基础的功利思想与朱熹思想也有较大不同。因为朱熹虽然不乏经世致用的思想,尽管在他任官期间也做了大量有实效的事情,但他站在比叶适更为正统的儒家立场上,强烈地反对霸道与功利,要求明确区分义利王霸,反对直接谈论功利。⑥ 而与陈亮的王霸义利观点相比,叶适的论述确实大为逊色。

总而言之,圣学道统是一个虚幻不实的概念。两宋时期的道统之争是发生在儒学内部的争斗,实际含有政见之争与学统之争两个内容,大致说来始于熙丰年间,主要是

---

① 《习学记言序目》卷二〇《史记二》,第289页。
② 《习学记言序目》卷一三《述而》,第186页至187页。
③ 《叶适集》卷九《汉阳军新修学记》,第141页。
④ 参见拙作《朱熹史学在宋代史学上的地位》、《有关"朱陈之辩"的几个问题》等文。
⑤ 《习学记言序目》卷一二《国语·周语》,第165页。
⑥ 参见拙作《朱熹历史哲学的层次分析》,《朱子学刊》第2辑,福建人民出版社,1990年;《朱熹是个空谈义理的理学家吗?》,《安徽史学》1999年第2期;《朱熹治史价值论阐微》,《江海学刊》1998年第5期。

洛学、蜀学与新学,洛学与蜀学之间的争斗;元祐之后仍存在这些学派的争斗;北宋末年,新学基本上退出争斗舞台;南宋初年蜀学虽一度复苏,但后继乏人而最终退出学统之争。南宋道统之争主要是学统之争而非政见之争,朱陈之辩、叶适的道统论,都是南宋学统之争的重要内容。庆元党禁虽对程朱一系及其他学派进行打击与压制,但宁宗嘉定年间程朱等人恢复名誉及从祀孔庙,程朱学统才被"法定"为圣学正统的传承统绪。程朱一系道统论的核心是否认学术的变异与发展,将所谓的圣学(即儒学)看作是一种隐秘传承、私下授受的"秘密武器",从而最终导致一种僵化的、反对一切变革的观念。而后世尊崇程朱一系,无视其他学派,唯程朱马首是瞻,这不仅束缚了儒学思想的进一步发展,还促使它逐渐走向衰弱,这也是南宋之后儒学几乎停止发展的主要原因。还须指出的是,在南宋朱陈之辩、叶适道统论的阐述中,实际上对活跃当时思想、促进儒学发展是有一定的积极意义的。不过,无论何种道统论都是虚幻不实的。

略论谱牒文化对后世的启迪

邢蒂蒂

1984年11月,文化部、教育部、国家档案局联合向全国各图书馆、博物馆、档案馆发出《关于协编好〈中国家谱综合目录〉的通知》,对谱牒文化开始了解冻,为其正名,研究迎来了春天。这二十多年来,无论对新家谱的修纂,还是旧家谱的探讨、研究,其成果如雨后春笋,这是我国政治稳定、经济发展的一个反映,也是文化领域内由国家直接组织的一项全国性文化遗产的抢救与开发利用的新项目。中国文化源远流长,"国有史、方有志、家有谱牒",这是我国不同于世界各国的一大文化特色。藉上海图书馆将于今年七月召开"中国家谱文献价值及开发利用"学术研讨会之际,有感于谱牒文化对后世的启迪,笔者在此作一探讨,提出一些粗略的见解,错误和不当之处,诚请与会专家、学者批评指正。

一

家谱是中国历史文化的特点之一,它与国史、方志共同构成历史文化大厦的三大支柱。从国史讲,中国历代王朝十分重视国史的编著,从《史记》、《汉书》到《清史稿》等二十六史的定位;从《资治通鉴》到《续资治通鉴》的问世;从《通典》、《通志》到《通考》等三通的出现,无论从数量还是质量上说,迄今为止,世界上任何一国均不能与中国相媲美。可以说,中国史学的发达、史籍的浩繁、史鉴的丰富,实为世界之最。国史,一般来说是后一王朝为前代王朝所修的一朝之史,由专职史官秉笔。客观反映前代王朝各帝王的史事,称本纪;又为王侯、将相、后妃、佐臣立传,称列传。要求真实可靠,评价客观,经当朝皇帝钦定,为正史。方志,是指某一行政区域内,由地方组织专人编纂的反映该地区疆域、土地、人口、物产、风习的官修志书,如东汉的《南阳风俗传》、唐代的《元和郡县图志》,以及明清时期编纂的府、州、县志等,均为地方志书。它要求真实无误,以备一方掌政者了解该地实况,并针对时弊加以改进,作为地方官日后向中央王朝报告政绩的重要依据,其数量远远超过国家正史。而家谱指具有血缘关系的同姓、同宗的若干代人的家族发展史、世系延续史、仕宦功业史、支系迁徙史,以及各代墓葬、祠图、祭田等史实的记载。它是以一个家庭姓氏为单位的直系传承;它是国史、方志的社会基础,是组成中国社会的一个细胞。要了解一个国家,应具体了解一方土地;要了解一方土地,则该剖析一个家族。从这一意义上讲,家谱具有存史的作用,连伟大的史学家司马迁都承认国家修史中引用家谱的史实,"维三代尚矣,年纪不可考,盖取之谱牒旧闻"。① 不难看出,家谱可谓修史、修志的基础。中国家谱保存至今,其数量之大已无法估算,从成书于周代的《世本》算起,已有三千年历史。随着历史的变迁,不少家谱因战乱被焚于战火,或在人们的颠沛流离中散失;不少家谱因年久霉烂、虫蛀、纸裂而不堪保存;还有不少家谱在极左思潮下被视作"封建糟粕"而打入冷宫几十年,今已残缺不齐,这是中国文化的极大损失。今天我们在国家的号召下,重新研究它、开发它,恢复其应有的历史地位。据上海图书馆原党委书记王鹤鸣先生所著《中国家谱知多少》②一文知,中国及美日所收集到1949年以前的中国家谱原件共 33 357 种,其中中国共存 28 060 种,外国共存 5 297 种,上海图书馆为保存家谱最多的单位,共有 11 700 部,计 10 万册,仅就这一数字就已十分可观。这是中国地方志编纂的重要基础,是我国存史的重要宝库,中国取之不尽的重要文化遗产,更是我国千万文人对后世文化的重要贡献。

二

家谱的功能是记载祖先的功业、事迹,让后世子孙牢记祖先的社会地位及道德品行,从而激励子孙后代传承、发扬,并进而再创家族辉煌;同时,通过寻根认祖,以加强同姓、同宗之间的亲缘关系,增强家族的凝聚力。

请看以下三部家谱:

例一是上图馆所藏浙江海宁《洛塘周氏家承》十二卷,续修四卷。此谱为道光七年(1827)至光绪十四年(1888)海宁白堂刻本,共十六册,由清周怀帮等修纂,周荣棣等续修,记载了自汉相周勃起至第五十代孙肇允的世系,及肇允于宋末迁海宁长平乡洛塘里的家族史,计有序、跋、诰敕、像赞、亲约、家规、世系图、世系表、行传、祠墓、艺文等;《续修谱》载续系图、续行传等。另有宋程迈、程元凤、陆秀夫等为周氏先祖题词。该谱记载始祖周勃,河南人,徙沛,从汉高祖刘邦起事,屡立战功,封绛侯,为右丞相,谥武侯。传至宋周敦颐为第三十七代世孙。历史上有唐司马贞题、宋米芾书"汉绛侯勃像赞",有宋

---

① 《史记·太史公自序》。
② 王鹤鸣主编:《解冻家谱文化》,上海古籍出版社,2002年,第57—79页。

韩琦为徽猷阁待制文次公周焘题像赞,曰"仰止我翁,立心忠恕,学博才俊,政勤绩著,黼黻皇猷"。① 该谱特点:留下不少濂溪先生及其后裔的诗文即历代名宦为其家族的题词,如岳飞称其家谱为"世珍";资政殿大学士姚希得称其家谱为"忠贤遗书,道统流芳";范仲淹题"周氏家谱,可珍可藏";文天祥书"濂溪后裔,将相名家";右丞相梁克家书"文华钜斡,谱牒辉光";翰林院侍讲朱熹题匾额"光风霁月";清雍正朝浙江督抚盐权节制江南使李卫题"湖山光霁",等等。由此可见,周氏一族在上自汉初,下至清雍正朝约一千九百多年中,代有闻人,博得了历代名宦的赞誉。从这一意义上讲,家谱记载了历代祖先的光辉业绩,为社会做出贡献,也为后世树立了榜样。后世子孙为纪念先辈的业绩,兢兢业业地编纂家谱,也反映了后世不忘先祖的社会功业,以期继承他们的遗志、品德,为家族再创辉煌。

　　例二是上图馆藏浙江上虞《古虞金罍范氏宗谱》十四卷。本谱为清光绪十年(1884)上虞芝本堂木活字本,共十四册,由清范德俊等修纂、范继昌续纂,记载始迁祖宗明,宋末于姑苏迁上虞金罍,载谱序、敕命、像赞、凡例、源流略、世系、行传、跋、诗文、墓志铭、家训、祭文、宗祠略等。谱载范氏家承原序,由时任资政殿学士、金紫光禄大夫、行尚书户部侍郎、知青州等事兼管内权农事、充青淄怀登莱沂密齐等州及淮阳军安抚使的范仲淹于皇祐二年(1050)正月八日亲自所述。谱序载范氏为刘累之后,历世为晋上卿,子孙散处。又载其先祖唐相履冰,河南怀州人,唐高宗显庆元年(656)登第。历官鸾台天官、春官尚书、同凤阁平章事兼修国史。天授二年(691)武后反唐,改国号为周,公欲回唐,被武后获,武后云:"汝为宰相,何欲反也!"公云:"先帝国号唐,何谓周耶?"武后怒,即命斩之,公神色不变,云:"臣得从先帝。"后来,武后叹曰:"范子真忠臣也。"恩荫其子,宋赠太师开府仪同三司、尚书令兼史书令。② 又载文正公父讳墉,始为吴越王臣,宋太平兴国三年(978)从王归宋,历任武德、武信、武宁三军节度掌书记,淳化元年(990)卒于任,累赠尚书刑部郎中。仁宗庆历三年(1043)七月,以子仲淹拜枢密副使,赠太子少师,八月拜参知政事加赠太子太师;元祐元年(1086)三月,以孙范纯仁加同知枢密院事,恩赠太师苏国公等。文正公仲淹,墉第五子,字希文。宋太宗端拱二年(989)生于徐州节度掌书记官舍,历官资政殿学生、金紫光禄大夫、尚书户部侍郎、护军汝南郡开国公、赐推诚保德功臣。仁宗庆历六年(1046)九月十五日,作《岳阳楼记》,写下了"先天下之忧而忧,后天下之乐而乐"的千古名言,仁宗皇帝以"卿尽心国事,或有所顾忌,公辨吏部,考察朝中勾其半"相鼓励。又皇祐三年(1051),吴大饥,殍殣枕路,公领浙西粜募民存饷为备,……皆以有余之财惠贫民。皇祐四年壬辰夏五月二十日甲子薨于徐州,年六十四,赠兵部尚书,谥文正,葬河南府河南县尹樊里万安山下。仁宗皇帝亲为其篆"褒贤之碑",赐资政殿大学士、金紫光禄大夫、户部尚书、护军及汝南郡开国公,食邑二千五百

---

① 见上海图书馆藏浙江海宁《洺塘周氏家承》。
② 浙江上虞《古虞金罍范氏家谱》。

户,食实封六百户,赠兵部尚书,累赠太师中书令兼尚书令,追封楚、魏二国公。文正公留下四子(纯佑、纯仁、纯礼、纯粹),他们及后世子孙多在朝为官,可以说人才辈出。此谱还记有"宋文正、忠宣(指纯仁)父子相继,传四世至文穆公成大为名宰相,号石湖居士"等等,对范氏子孙的功业记载详尽。此例可知:家谱为后世提供了无穷的精神食粮。

例三是上图馆藏江苏无锡《秦氏家谱》八卷,清秦玉川等纂修,清宣统二年(1910)无锡世德堂木活字本八册。该谱记载氏族秦观,字少游,宋高邮武宁乡左厢里人,载谱序、诰敕、像赞、源流序、服制图、墓记、祠记、家训、宗训、凡例、行传、淮海先生年谱、统宗世系、毗陵无锡分支世系等。据《秦氏族谱》载:秦村秦氏,晋陵望族也,以秦观季子湛为一世祖。秦观,即淮海先生,宋翰林学士。其祖讳咏,字海宇,宋儒林郎,赠右朝议大夫;父讳定,字元化,开封人,进士,任朝议大夫;观子渊,字处静,登绍兴十八年(1148)状元王休榜进士。秦观兄弟四人,皆以文学称著,时称"文采风流为时冠,学者钦慕之,及继得用,能尽其才",尤其秦观被称为"生而隽敏,英气奇卓",①留下《文集》三十卷、《淮海闲居集》十卷、诗三卷。重辑《晋陵新塘家谱》源流总序载:吾秦本颛顼之后,伯益佐禹治水,舜赐姓嬴氏,唐虞之侯伯也,其后居西戎,子孙以秦为姓。春秋时,秦祖、秦冉、秦非俱封爵;汉代秦氏属编户;唐初秦琼破尉迟恭有功,太宗敕黄金瓶,封翼国公;天宝之乱,有称东海豹者,徙避高邮武宁乡左厢里;到宋嘉祐间(1056—1063),元化公"睦族厚邻,德潜弗耀天",生少游等四子,尤以少游文采过人,时与苏轼、黄庭坚相媲美。少游官至翰林院国史编修,绍圣四年(1097)遭贬斥,出任杭州通判,建中靖国(1101)初,诏复其官放还,至藤州伤重,卒,葬高邮。世人评论:"观长于议论,文丽而思漂。及死,轼闻之叹曰:少游不幸死道路,哀哉,世尚复有斯人乎!"也有其他士大夫为其怀才不遇、没有受到应有重用而不平,其像赞称"卓绝文章堪华国,轩昂磊落"。② 季子湛,字处度,"咸笃厚谨懿以承上志而世其家",③时为常州别驾,受其山水风土淳古之诱,迁其家于常,后又迁至武进新塘,并迁葬其父于锡之璨山,再徙武进新塘。自此至明万历间(1573—1620)约五百来年,其后裔约有十五至二十代散居于此,子孙繁多,家声振奕,诗礼相传,代有显者。谱载"吾秦自宋元以来,或蜚声于朝,或树望于野,或师模当代,或垂于后昆,代不乏人,若不有谱以志之,则鸿光骏誉湮灭无闻"。④ 该谱谱序还留下颇多对家谱意义的论述,至今尚有现实意义。

以上三谱有共同特点。一曰:谱系完整,源远流长。上下几十代,无论周勃到周敦颐,或是秦琼到秦少游,又或是履冰公到范仲淹及其后世,人才辈出,代有俊才,每一家族先祖的辉煌业绩,都是激励后世奋进的无形力量和榜样,家谱即起到这样的宣教作用,正如《秦谱》说得好:"家之有谱,犹国之有史也,家而无谱,则无以记何为对何为错,

---

① 见上图馆藏《江苏无锡·秦氏家谱》。
② 见上图馆藏《江苏无锡·秦氏家谱》。
③ 见上图馆藏《江苏无锡·秦氏家谱》。
④ 见上图馆藏《江苏无锡·秦氏家谱》。

何以分是非,明道理。"①二曰:忠君爱国,严于职守,善恶分明,大义凛然。如履冰公回武后说:"先帝国号唐,何谓周耶?"公神色不变,云:"臣得从先帝。"寥寥数言,生动刻画出一位老臣的忠心报国、死而何惧的铮铮铁骨和大义凛然的英勇气节,可敬可佩。尤其范文正公的"先天下之忧而忧,后天下之乐而乐"的为官格言,千百年来,为世人所仰慕、赞誉,成为鼓励后学为国效力的座右铭。由此可见,古代家谱中蕴藏着极大的精神财富,这种精神财富,正是中华民族千百年来不畏权势、勇于奋斗、生生不息的民族气概的体现,也是东方雄狮永远立于民族之林的源泉。三曰:寻根问祖,发挥同姓同宗血缘纽带作用,增进团结,增强凝聚力。家谱产生于宗法时代,不免被打上时代的烙印。但时至今日,港澳台同胞及海外侨胞,多少人为了实现数代人的寻根夙愿,远渡重洋,千里寻根来华祭祖,毕竟血浓于水,中华子孙源一家,这正是家谱的纽带作用。因此要进一步开发、利用家谱,使其在团结、凝聚中华子孙方面发挥更大的作用。

三

家训、族规是家谱的重要内容之一,我国古代不少家谱反映了这一特点,现以上述《金罍范谱》和《锡山秦谱》、②《文巷黄谱》、③《旌阳李谱》、④《太宁邢谱》⑤为例,《锡山秦谱》即秦少游家谱,载家训十九条;《金罍范谱》即范仲淹家谱,载家训四章;《文巷黄谱》载家规九条;《旌阳李谱》载家训约言二十六条。其中《太宁邢谱》最具代表性,特作《家训三十则》,并附以《圣贤古训格言》相对照。这些家训内容包括:修谱牒、遵祖训、祭祖宗;孝父母、敦手足、别夫妇;睦宗族、恤孤寡、和邻里;慎婚姻、正嫡庶、重生子;训子弟、择交游、勤本业;勉读书、广学术、急国赋;明礼让、尚节俭、辨义利;谨壸范、培元气、严内外;绝鸦烟、勿渔色、毋赌博;戒酗酒、息争讼、黜异端等,对其后世子孙的教诲,有其独到见解。现以上述五谱为例,加以对照、互补,进行剖析、探讨。

以上五谱均将"孝父母"、"敦手足"列为首条,指出"孝悌为人伦之首,百行之原",⑥"人有父母,犹如天地恩深罔极,若不能竭力以事亲,不可为子,即不可为人",⑦并列举

---

① 见上图馆藏《江苏无锡·秦氏家谱》。
② 《锡山秦谱》为上图馆藏 JP950《锡山徙门秦氏宗谱》简称,无锡归厚堂木活字本 28 册,六修本,民国十年(1921)由秦世铨等纂修。以秦观为始祖,其十四世孙于明洪武间(1368—1398)自晋陵新塘秦村迁无锡万安乡陡门里,其后裔析为十四房。
③ 《文巷黄谱》为上图馆藏 920973-1014《江西崇仁文巷黄氏九修族谱》的简称,崇仁黄氏木活字本 42 册,清宣统二年(1910)由黄祖培等纂修。始迁祖为南齐扬州廉访使黄嵩,其三十世孙黄济时正值南宋,此为黄济一派之谱。
④ 《旌阳李谱》为上图馆常 914693-704《安徽旌阳李氏宗谱》的简称,清乾隆四十九年(1784)刻本 12 册,由清李世兆等纂修。始迁祖份,南宋绍兴十九年(1149)任旌阳县令。
⑤ 《太宁邢谱》为上图馆藏 925687-98《江阴太宁邢氏支谱》的简称,桐里世家六修本,民国二十五年(1936)木活字本二十四卷(12 册),由邢阮遂等总纂。
⑥ 《文巷黄谱·家规》。
⑦ 《旌阳李谱·家训约言》。

王祥卧冰得鱼、孟宗哭竹求笋等古人孝父母的典故以教育子女。尤其邢谱指出，人的一生，父母为之付出不可估量，当孩子"未离怀抱，饥不能哺，寒不能衣"时，"父母者察音声伺颜色，不顾自己之饥寒而哺之、裹之，而抚摸、保抱之"；一旦能行走时，则"出入而扶持之，有病而呼嚎求救之，笑则喜，啼则忧，以养以诲，迄于成人；设非父母，何有今日"，①简短一席话，生动、实际地描绘了父母抚育子女的艰辛。为子女者不忘父母养育之恩，可谓天经地义！

至于兄弟关系，古人比作手足之情。《锡山秦谱》卷二指出："兄弟者，乃一气所生也，幼则相扶携，长则同师友，何所不至。"至长大成人，"或因财利，或因田产不均，彼此逐生争竞之心，小则有嫌于家庭，大则致讼于官府"，甚至"转为阋墙操戈之变，呜呼！此非兄弟也"！故告诫后人："凡吾子孙当知，谦让，义也；贫富，命也。谓之义，则无可弃之道；谓之命，则无可强之理。今反欲弃不可弃之义，以争不可强之财，财未能得而情已大伤矣！起可如此？"②由此可见孰是孰非，态度十分明确。

在"睦宗族、和邻里"中，《旌阳李谱》载"睦族者，敦本之道也，古者同乡共井，疾病相扶，守望相助"，并举"昔范文正公置义田千亩，以赡族人婚姻丧葬之资，其恤夫族人者，乃念吾祖宗之一脉也"，愿吾子孙"尊不凌卑，卑不慢尊，强不侮弱，弱不忿强，贫贱莫忌妒富贵，富贵莫欺虐贫贱"。反映了前代祖先对后世子孙的殷切期望。此段在《锡山秦谱》中也有类似记载如下，无论"分而散居于各处，或迁于远乡，务宜探本溯源，而亲属视为一体"，"患难则相与救之，忿争则相与劝之，内变则相与息之，外侮则相与御之，贫困则相与济之"。《秦谱》纂于20世纪20年代，即使今天，对构建和谐社会，也是极有教益的。所引范文正公置义田一事是北宋前期史事，距今近千年。千年古贤尚有如此仗义济人之胸怀，这种精神风貌，实应为我们今天的后人传承发扬。

上述五谱对子孙的"勉读书、广学术、勤本业"也十分重视，其中《锡山秦谱》指出："子弟无论资禀智愚，皆当教以诗书。"《旌阳李谱·家训约言》指出："读书以明理……读《书经》则知政教之盛衰，读《礼经》则知吾身之得失，读《春秋》则知百世之褒贬，读《易经》则明天地之终始，读史则知古今之事变，读诸子则探学问之渊博。"《文巷黄谱·家规》则强调："士子为四民之首，人才乃一族之望。"故对子孙上学者更有具体奖励，办法如下："若子孙上学者，给贺银五两……明经贺仪八两……乡科贺仪十二两，甲科倍于乡科，鼎甲倍于会榜，其有异路考职者，九品贺银二两，八品贺银三两，七品贺银六两……"尤其对"未进而潜心苦读者，每季公祠家课首选者赏银三钱，以充纸笔之资"，亦作鼓励人才之意。可见考虑得十分周详、细致，反映了族人对勤读书者以及取得功名者的厚爱和殷切期望，对子孙走读书—功名—仕途道路的重视。而《太宁邢谱》对"勉读书、广学术"则另有独到分析，指出："子孙虽愚，经书不可不读。"把读经书当成"天下第

---

① 《太宁邢谱·家训三十则》。
② 《旌阳李谱》。

一等事",更指出:"业精于勤,荒于嬉,若不自奋励,嬉于安乐……求生意外之妄想,则一事无成!"因而理应"修身谨行"、"服习诗书"、"退为有本之学,进为有用之材",尤其对少年子弟,应量才选业,不可使闲居无事,"必须察其才力,无论士农工商,习了一业,让其经意谋划,自然无暇他想,若任其终日游荡,废时失事,必流入花酒嫖赌之类,后悔无及"。可见邢氏祖先对子孙的择业是从实际出发,"量才求业",勉其子孙奋力而为,可以改变自身面貌,这一方法是可取的。

在"急国赋、明礼让、尚节俭"中,道理分析得十分清楚,《文巷黄谱》载:贡赋之法自古有,"今功令森严,考成所系,虽值时势维艰,亦宜多方设措,倘任意延挨,而累及里甲者,不惟官法重惩",因此,"凡我子孙务须照限早完,以见急公之义"。而《太宁邢谱》讲得更加直接:任土作贡赋,以下奉上,这是民之责也,国家所以"制官禄、给兵饷",是为了保护百姓,"若能人人急公,户户早完赋,则地方有治","妻孥晏然"。反则将造成"官府不得不严加追捕","胥吏受鞭挞之苦","多方索取,势所不免,无名之费反而超过正赋",更可怕的是"上下串通,一旦骑虎难下,祸不及身,必殃及子孙"。一席话,深明大义,晓以利害,理解政府向社会征国赋的道理,表现了一位正值国民对国家征税的积极响应和理解、支持的坦荡心态。在"明礼让"中《太宁邢谱》指出:"礼为天地之经,万物之序,道德仁义,非礼不成,尊卑贵贱,非礼不定。"因此"兄弟有友爱之情,朋友有信义之交","亲族有欤治之谊",明白了这些道理,才不至于有纵恣纷争及逞忿之患,告诫子孙要牢记孔子之言:"礼之用,和为贵"、"满招损,谦受益"。《旌阳李谱》载"礼行于家而家庭以豫。礼行与乡……乡党以和。礼行于族……宗族以睦。以礼义为耕耘",家谱所载的这些道理,教育人们要相互谦让,处理人与人之间的关系要以和为贵,这是构建和谐社会的意识基础,重温这些古训,对今天社会的人际关系不无裨益。至于"尚节俭、恤孤寡、息争讼"等等,均为克己济人、克己尊人的一种行为准则和社会道德。若能人人遵循,则也是构建和谐社会的促进因素。

最感人的是上述五谱中均提到"禁鸦烟、勿渔色、毋赌博"这人生三大禁区,《金罍范谱》指出:子孙"无学赌博,无好争斗"应"有无相资,怨仇莫构,宁守清贫,勿贪浊富……"《文巷黄谱》载:"赌博为破家之数,将来萌不轨之源,为盗为窝,渐次而及也。"故大声疾呼:"倘有不肖子孙,不顾家业掷骰呼卢者,公送官究治,更有赌尽而家贫,遂至为非作歹、不法等事者,一经确据,送官处死不贷。"言词之严厉,态度之坚决,不言而喻。宁将不法子孙送官,绳之以法,也不能轻饶其行为。《太宁邢谱》更指出:"吸鸦烟者莫不成瘾……久之神疲形惫,懒惰自甘,以昼作夜,废时失事,富者倾家,贫者乞盗,一旦与淫近,其害不可胜言。"并以"淫为万恶之首,轻则坏人名节,重则将有用之精神日消月耗,若飞蛾投火"之言告诫"子孙断断不可";警示后世"有以赌博而败家,而未有以赌博而致富者"。言词肯定,斩钉截铁。

综上所知,古代的家训、族规,有如下积极意义:

其一,从内容讲,上至忠君爱国,下至亲宗睦族,告诫后人如何处理父子、兄弟、夫妇、朋友关系；告诫子孙读书明理，习得一技之长，成为养家之本，更希望通过科考，进入仕途，成为国家栋梁之材。

其二，从目的讲，反映了各姓祖宗对后世子孙的成长、人品、交友、择业、学业、仕途等既寄予无限期望，又忧虑后人"心存逸乐"而酿成"触目惊心"[1]的事端。因此以"家规、族约"的性质，规定后世子孙必须遵循：什么是该做的，什么是不该做的；什么是远离的，什么是严禁的；什么是将被逐出家门，甚至送官法办等等，即便不能光宗耀祖，干一番事业，也必须做一个遵纪守法的良民。

其三，最让人担忧的是鸦烟、酒色、赌博这人生三大祸害。谁一旦跌入这深渊，其结果将"神疲形惫""倾家荡产""卖儿鬻女""家破人亡"，故大声疾呼："切记，切记！""断断不可！""必须远离！"并告诫子孙："传家两字曰耕与读，兴家两字曰勤与俭，安家两字曰忍与让，亡家两字曰赌与淫！"（《太宁邢谱·家训琐言》）言词之恳切，说理之透彻，感人肺腑。

其四，从期望讲，祖宗们希望后世子孙和谐、安乐，上孝父母、下爱子女，兄弟谦让、睦邻友好。"有患相救，有喜相庆，有丧相吊，有争相劝"，使之"自然雍睦成风，为乡里模式"。（《旌阳李谱》卷二）为后世子孙描绘了一幅和睦相依的美好社会蓝图。我们今天要建成一个和谐社会，当然不是古代家谱所述那个时代的意义，但对于我们今天的后人有很好的借鉴意义。从某种意义上讲，家谱起到了法律所不能代替的约束、指导作用。

诚然，在古代家训中还夹杂着不少男尊女卑、三从四德等封建迷信的消极因素，这并不奇怪，毕竟它们绝大多数是封建时代的产物，难免打上时代烙印。只要我们正确对待，去其糟粕，取其精华，仍然对当今社会有借鉴作用。一个民族的社会意识、文化特征，都是在继承前代成果基础上不断发展、演变的，不可能在一夜之间，跃过漫长的历史变迁。家谱文化也不例外，同样应该在传承的同时摒弃某些不合时宜的内容，加入新时代的内涵，让其在新时代发挥应有的作用，所以我们不仅要重视它，更要加快开发、利用它的步伐。

---

[1] 《太宁邢谱·家训三十则》。

清代的公文制度及其演变

丁之方

公文,在我国秦汉以降的大一统封建帝国中,一直起着沟通信息、指导行政的重要作用。而清代的公文制度,又可谓是集其大成者。当时人称内外各衙门的工作,不过是"行一文书,出一告示"。其影响更迄于民国不绝。因此,我们研究清代公文制度,不能仅仅局限于史料学或档案学的角度,实际上它是与清代政治制度密切相关的,必须从整体上考察其演变与特点。

一、清初公文制度的改革

清王朝入关之初,立即引用"明时旧例",①对前朝的公文制度加以继承。然而,满洲以异族入主中原,对这套烦琐复杂的制度尚待适应。大量留用的前明官吏,更是把明代浮华空洞的文风,极端低下的行文效率,以及胥吏专权不法等流弊引入新王朝。对此,清初顺康雍诸帝厉行改革,建立起了一套完整严密、独具特色的新制度。

清初对公文制度的改革,是从调整中央中枢机构和地方行省机构的行文上着手的。关于前者,经历了从议政王大臣会议——内三院到军机处——内阁的变化。与以往历代的内外朝变化不同,清初政务中枢的演变主要着眼于使公文处理结构更趋于合理。议政王大臣会议原是满洲部落首领合议大事的旧制,入关后则成了处理重大政务的最高决策机构。所谓"国初定制,设议政王大臣数员,以满臣充之,凡军国重务不由阁臣票发者,皆交议政王大臣会议"。而朝政大事一经"诸王大臣会议即定,虽至尊无如之何"。② 这无疑侵夺了皇帝的最高决策权,为清初那几位权力欲极强的皇帝所不能容忍。

---

① 蒋良骐《东华录》顺治元年元月。
② 昭梿《啸亭杂录·议政大臣》,谈迁《北游录·纪录下》。

与此相对应的内三院（国史、秘书、弘文）亦设于关外，分掌公文档案，以及侍讲经史等事。入关后其事骤增，重要本章"俱赴内院转奏"，①旧机构难以适应新的要求。因此，康雍二帝逐渐从其内朝中，找到了军机处来"掌军国大政，以赞机务"。② 这个新机构人员精干，行文迅速，能秉承皇帝意图行事，很快就取代了议政王大臣会议而成为皇帝处理重要公文的助手。早在顺治年间，曾改内三院为内阁，康熙初废之，直到康熙九年内阁才固定下来。随着军机处的建立，内阁虽然仍被称为"掌议天下之政，宣布丝纶，厘治宪典，总均衡之任，以赞上理庶务"，③其实际地位则远在军机处之下，只能处理皇帝日常普通的往来公文。这种以军机处负责重要特殊文书；内阁处理普通日常文书的军机处——内阁制，使皇帝的各种上下往来公文得到了较好的分类管理，提高了行文效率。

在地方公文制度上，随着南明及三藩等割据势力被剿灭，康雍二帝立即着手改善层次不清、混乱迟缓的行文秩序。清初地方官吏上达于皇帝的公文共有三种：题本、奏本、奏折。题本、奏本为法定正式文种，其缺点一是使用面过广。所谓"内外题本、奏本，各有格式。……在外督抚按，下至府州县卫所衙门，俱画一遵行"，④从督抚到州县，大小官吏均可以题奏上达于皇帝，不免造成上下事权重叠。二是办文手续烦琐。题奏都必须依照定式书写，交通政使司转送，稍有失误，辄被驳回，而通政司接收的本章，还须先经内阁票签后才送交皇帝裁定。层层转递，不仅流转缓慢，而且易于失误，难保机密。尤其是内阁先行拟具处理意见，无形中使皇帝受制于臣下，更为康雍二帝所不容。因此，清初的一种非正式上行文种——奏折应运而兴。⑤ 由于奏折是官吏受皇帝特命直接上奏，可径送宫中，交皇帝亲自审阅后发军机处处理，具有流转快、效率高、保密性强等多种优点，为康熙帝所乐于使用。但与题本、奏本相比，奏折在使用时流转层次不清，上下侵权的毛病更为突出。从现存康熙朝奏折实物来看，具折的地方官员多为提督、总兵等包衣、旗人或亲信，巡抚即不多，总督更少见。布按提镇一旦有权折奏，无疑或多或少地挟制了未获折奏权的督抚上级。更有甚者，以李煦、曹寅织造等下职，越督抚布按多级长官而直接密奏皇帝，加剧了地方官吏上下职权划分的混乱。雍正帝即位后，立即对题本、奏本、奏折的使用权进行了一系列限制，确立了凡地方督抚提镇才有权直接向皇帝上行题本、奏本与奏折的制度。⑥ 其下官吏如有重大事件，可交由长官代题、代奏，使地方官吏职权有了明确的分工。那些具有题奏权的高级官员主要的职责是管理一省或数省要务，而其余没有题奏权的众多下级官吏，则是秉承上级意旨对百姓实施直接的统治。由于奏折为督抚所广泛使用，遂渐形成了以奏折上奏重大特殊政务，题本、奏本上

---

① 蒋良骐《东华录》顺治二年三月。
② 《清史稿·职官志》。
③ 光绪《大清会典》卷二《内阁》。
④ 《清世祖实录》顺治元年八月癸亥。
⑤ 光绪《大清会典事例·内阁》顺治十三年谕："向来科道及在京满汉各官奏折，俱先送内院，今后悉照部例径送宫门陈奏。"
⑥ 参阅光绪《大清会典》卷十三《内阁》雍正三年谕，《雍正上谕》元年二月十六日。

奏一般事务的行文秩序。这对于提高地方公文流转的效率有很大的作用。

清初顺康雍诸帝,还力图清除明末文风空洞、拖延推诿的积习。早在入关之初,摄政王多尔衮就曾谕令官民人等:"一应章奏勿得拘牵文义,撷拾浮词,但将时宜事务,明切敷陈。"①废弃明末那种拘于形式,辞藻华丽空洞的文风,提倡简洁明晰的朴实文风。此后,康雍二帝又多次重申:"凡进奏本章,……应切实陈奏。若于事理之外,牵引比拟,多用繁词,事情正理,反不明悉。嗣后外一切本章,须直据事理,明白敷陈,不得用浮泛之词,尔(吏)部即传谕内外大小衙门,一体遵行。"②后人对清代公文简练实用的文风,每每推崇备至。③ 对于拖延、推诿公文的积习,清初诸帝则以严立办文期限的方法加以清除。顺治帝反复强调上对下应"作速具复",下对上务"刻期施行",以收"内无留滞,外无推诿"④的实效。康熙时又议定"凡题奏之事与部内完结之事,俱在一月限内"。⑤雍正八年十一月起,设稽察钦奉上谕事件处,专司监督皇帝交办之事。清初确立的限期处理公文的法则,在日后得到了完善,办文期限的遵守与否,成为考察清代公文制度运转情况的一个重要的客观尺度。围绕着以上"实"与"速"两方面的基本要求,清初诸帝还建立了一系列撰写、处理、保存公文的规章制度,为后代所遵循。

清初顺康雍诸帝不仅要求各级官吏要办文敏捷,而且自己也能做到"未尝一有稽留",使公文能以较快的速度流转。⑥ 同时,又强调"须协情当理,可永远遵行者",方准行文,⑦更使公文的数量少而质量精。因此,清初史籍中,经常可以看到"近日政务简"或"三日一送本"、"两日一送本"之类的记录。行文速而批答勤,文书简而质量精,是这一时期公文制度的特点。

二、清代典型的公文制度

乾隆朝中期以后,清代公文制度趋于固定,直到光绪末年没有大的变化。其中,乾嘉二朝,又是清代公文制度最典型、最标准的时期。

乾隆帝即位之后,着重对前代制定的公文制度加以整理和确立。军机处自设立以来,其工作效率一直受到雍正,尤其是乾隆帝的赞许,多次下令嘉奖。"为军机大臣者皆亲臣、重臣,于是承旨出政,皆在于此矣"。⑧ 而议政王大臣则日益成为无事可做、有名无实的虚衔,终于在乾隆五十六年被取消。这标志着军机处——内阁制的最终确立。与

---

① 《清世祖实录》顺治元年八月癸亥。
② 《清圣祖实录》顺治十八年三月。
③ 参阅许同莘《公牍学史》卷八。
④ 参阅《清世祖实录》顺治十年正月庚辰、五月庚午诸条。
⑤ 《康熙起居注》廿二年七月廿九日。
⑥ 参阅蒋良骐《东华录》康熙四十六年十月,《康熙起居注》廿三年十月诸条。
⑦ 阮葵生:《茶余客话》卷七《康熙禁各衙门出示》。
⑧ 赵翼:《檐曝杂记》卷一《军机处》。

军机处——内阁相对应的,还有乾隆帝确立的奏折——题本上的奏制。奏折尽管在雍正时已经广为中央和地方官吏所使用,但一直未能成为正式公文的一种。具体的表现是雍正帝仍沿袭旧制,随意下令那些不具备上奏权的地方官吏直接以奏折上奏。① 乾隆即位之后,将奏折以及题本、奏本的上奏权逐渐扩大到地方布政使、按察使与学政,并同时杜绝了官吏越级上奏的现象,使奏折作为一种正式的文种而确定下来。乾隆十三年,又谕令:"向来各处本章有题本、奏本之别:地方公事则用题本,用印;一己之事则用奏本,不用印。……究之同一入告,何必分别明色?着将向用奏本之处概用题本,以示行简之意。"② 废奏本而专用题本,既简化了行文,又加快了文书传递。总之,军机处——内阁以及奏折——题本制的最终确立,使乾嘉二朝的公文流转效率达到了顶峰。

典型的清代公文流转,分为决策、管理、执行三个层次。决策层是上行公文的终点与下行公文的最高始点,其权力来源于皇帝的最高行政、立法和司法权。清代的皇帝们,一向以唯一的决策者自居。所谓"我朝列圣相承,朝纲独揽,……一切纶音宣布,无非断自宸衷,从不令臣下阻挠国是"。③ 然而统治一个如此政务纷繁的庞大帝国,实难单靠皇帝一人来"独揽"。顺治帝在回忆其亲政之初的情形时说:"阅诸臣奏章,茫然不解。"④ 为了解决这一朝矛盾,不得不设立以军机处——内阁为主体的中枢机构,辅助皇帝处理公文。军机处在这一体系中居于首位,其日常工作是根据皇帝的朱批,处理上行公文奏折,并接受皇帝的指示与命令,撰拟谕、旨等下行公文发下执行。由于它人员精干(定员约四十人),承旨出政,迅速保密,起了皇帝代言人的作用。与之相对应的内阁,主要是依据例案,撰拟制、敕、诏、诰等公文下行,同时接收处理表、笺、题本等上行公文。其中,最为经常性的工作是审阅题本,根据情况票拟(签)一至四种处理意见(单签、双签、三签、四签),上交皇帝最后选定。由于事务繁多,内阁不得不划分为满汉蒙本房、满汉票签处、诰敕房、批本处等多个分支机构(定员共约一百七十人),对公文分类处理。因此,它的工作效率也远逊于军机处。决策层是清代公文的总汇所在,各类公文上下流转繁忙,因而清廷特别设立了专门机构来维持公文流转的畅通。如通政使司负责接收题本送交内阁,奏事处往来于皇帝与军机处、内阁之间传递各类公文,中书科专司抄写,稽察钦奉上谕事件处则监督办理谕旨特交之事。决策层在清代公文处理的三个层次中,办公效率最高,其下的两个层次都是围绕着它而组织并运转的。

具有直接上奏题本与奏折权的高级官员与机构,组成了清代公文处理的第二个层次管理层。大凡满蒙王公以下,在京部院堂官、八旗都统、地方督抚布按以及将军、提督、总兵、学政等都属于这一层次。⑤ 本层次明显地分为中央和地方两大部分。前者是按照专业分工的原则组织的,可以六部为代表。其主管官员是满汉尚书、侍郎(堂官),

---

① 参阅《朱批谕旨》雍正元年八月黄叔琬奏、七年六月鄂昌奏朱批。
② 光绪《大清会典事例》卷十三《内阁》。
③ 梁章钜《枢垣记略·训谕》。
④ 弘觉禅师《北游录》。
⑤ 参阅乾隆《大清会典·通政使司》,光绪《大清会典·奏事处》注。

他们代表各自所在的部,并有直接上奏权。下属则包括郎中、员外郎(司官),及笔帖式、司务、主事等书吏。在日常工作中,堂官审定与签署公文,司官专司撰拟,书吏则负责查取案例、抄写与传递、保存公文。六部之外,其余在京府院寺监等机构的工作程序都与之大同小异。中央管理层行文的最大特点是照例。它们按照例案以札行布按、牌行道府以下直接指导行政,或将依例应办之事平咨督府,又以题本依例向上报告日常庶务,遇有疑问或无例可循才以奏折请旨。与中央管理层相比,地方管理层在结构上与决策层更为相似。总督、巡抚衙门有吏无官,规模不大、组织精干,主要处理一省或多省的地方大政。遇有突发事件,督抚可以不拘例案行事,①或者越过部院、内阁直接以奏折向皇帝、军机处请示。督抚之下,布政使、按察使、学政以及提督、总兵等分别为一省行政、司法、学校、军队的长官,其日常工作主要是依照例案处理各自分管的省务。因此,他们所上多是题本,除了赴任、离任、谢恩等事之外,奏折极少。② 地方管理层的各类行文十分频繁,上行则以题奏等达于御前,平行则咨于部院或邻省同僚,下行则可以告示等直发到科县以下的官绅百姓。同时,还转发上级的讯、令、谕、旨等下行文,接收并处理下属的申、详、禀、呈等上行文,起着承上统下的作用。

  清代公文处理的第三个层次是执行层,由地方府厅州县等机构的长官及其佐吏组成。这些低级官吏都无权直接上奏皇帝,但他们是负责直接统治百姓的亲民之官,位卑而事繁。其日常工作略仿于布按,主要是依照例案行事。一遇有重大、特殊事件,立即行文向上级请示,史称"地方要政白督抚,允乃行"。③ 执行层的官吏们所使用的公文文种,上行、下行、平行俱备。上行可用申、详、禀、呈等向督抚藩臬汇报请示,下行则将皇帝的谕旨、上级的训示,以及自己的决定以布告等传达到士绅百姓之中;平行文如移、关、牒等使用较少,多由上级以下行文的形式传递各自间的信息。

  乾隆朝确立的公文处理三层次的典型流转模式是这样的:决策层以下行公文直接指挥管理层。而管理层的两部分中,中央管理层负责拟定规章制度平行(部分下行)发往地方,以为日常办事的规则,地方管理层大事上行请示决策层,小事或自己依例处理或平行向中央管理层询问章程。两者互相牵制,以免政策发生混乱。执行层则主要接受地方管理层的指示,对百姓实施直接的统治。公文在此三层次间循环往复,凡是违反这个模式,扰乱现有行文秩序者,都会受到严厉的处罚。

  乾嘉二朝公文的数量已趋于饱和,尽管"章奏绝少"之类的记载仍时常可见。④ 但乾嘉以后历朝皇帝都不能亲自详阅所有上达御前的章奏,朱批御旨也多简化作"知道了"、"奉旨依议"之类寥寥数字,绝无雍正帝那种动辄数十、数百字的精妙批语。与此相应,乾嘉时期公文迟延逾期,造成积案的情况也剧增,某些公文甚至拖延了八年、十年之

---

① 参阅光绪朝《东华录》九年四月庚申等条。
② 参阅光绪朝《东华录》十五年十月壬辰等条。
③ 《清史稿·职官三》。
④ 参阅《清高宗实录》乾隆四年十二月,《清仁宗实录》嘉庆九年十一月诸条。

久。① 对此清政府还是能够加以有效疏导的。如通过增加各机构的官吏人数，下令地方官员多雇请幕友书吏为助手等，②来加速公文的处理。由于受到官吏定额，尤其是财力的限制，所能增加的人数是极其有限的。因此，清廷把更多的精力集中在改进公文制度本身上。随着例案的积累，以及会典等政书的编纂，乾嘉以后公文处理趋于划一，重复行文、用错文种等简单技术性失误大为减少。针对上达御前的章奏过多、处理缓慢等情况，乾嘉二帝都试图通过改变公文流向的方法，使各类文种都能充分发挥作用。如将某些重要的公文由行文过慢的题本改为奏折，③或者将不重要的公文改奏折为题本。同时，凡是能在部院府寺与督抚藩臬之间协商解决的政务，就将使用频繁的上行文题奏，改为平行文咨，④以减轻袂策层文书过多的压力。又由于各级官吏往往不重视咨文，任意拖延、驳回，还屡次严订并重申咨文之限。⑤ 这些措施，保证了公文能以更为合理的状态流转，也使乾嘉二朝的公文流转成为整个清代公文制度的典范。

嘉庆帝即位之初，爆发了川楚白莲教起义。这次起义历时久，波及面广，战火所及，各地驿递与行文秩序都被打乱，对清代公文制度直接、间接的冲击很大。整个公文制度不仅要应付战争时期纷繁的军报，而且必须清理战后大量的钱粮、刑狱积案。但从当时的记载来看，嘉庆后期展限（延期）办理之事并不多，大多数公文还是依限完成了，可见乾嘉朝处理公文的行政效率确实较高。

三、清代公文制度的破坏

道光以后，清代公文制度不断地遭到破坏，越来越运转不灵。这首先表现在公文的数量激增，而处理速度却趋于缓慢。由于内乱外患不断，政治、军事、外交等公文大量地涌入各级官署，清廷的统治机构也随之飞速膨胀。其结果不仅使皇帝改变了惯例，在万寿等大节日也审阅章奏，而且使上下所有官厅都充斥了等待处理的公文。"月计几千案，月累牍万件"，⑥就是这一时期公文数量众多的一个缩影。与此相应的，便是公文处理的低效率与拖延积压。往往是"四五日之久未获清理公事，而案之积压者至数百千起之多"，使经办官吏们"精力疲困，苦不能支"。⑦ 这自然不能不降低办文效率，造成积压。由于战争、外交等突发事件增多，决策层以下很难靠以往积累的例案自行迅速处理，更加剧了公文的积压。而积压又不能通过正常手段加以疏导，只能展限办理。往往

---

① 参阅《清仁宗实录》嘉庆廿二年十月，《清高宗实录》乾隆十四年九月。
② 参阅《清高宗实录》乾隆三十九年四月条。
③ 参阅《上谕档》嘉庆十七年七月初三日。
④ 参阅《清高宗实录》乾隆三十二年七月、六十年元月，《清仁宗实录》嘉庆十年六月、十一年十一月诸条。
⑤ 参阅《清高宗实录》乾隆十四年八月、五十四年四月诸条。
⑥ 《清宣宗实录》道光九年九月。
⑦ 《郭嵩焘日记》同治二年十一月廿六日。

一展再展其势难止,形成恶性循环。值得注意的是,道光以后清廷上下互讦之风盛行,官吏们使用公文互相攻讦,甚至挟制上司,使大量无谓的行文阻滞了公文的正常流转,吏治的败坏直接影响了公文制度。

加之,连年战争的冲击,使各地的邮驿越来越难以承受传递数量如此庞大的公文的压力。清代传递公文的邮驿制度,本来具有极好的组织与较高的效率,在全盛时能做到"尺一所传,亦星驰电掣于数千里之外",①毫无阻碍。然而,道光以后"文报不通"之类的记载充斥于史。甚至连道光帝本人在谈及"文报尤为要紧"时,也只是指示臣下"不必查点(驿站),遇有文报迟延者参奏一二员,自然知所儆惧"。② 此时驿站已百弊丛生,光靠处罚几个"文报迟延"的官吏,实难使驿递恢复正常。这反映了最高统治者对整顿驿传不仅缺乏办法,而且毫无信心。同光间,电报、轮船与铁路运输等先进邮政手段先后被引入清代邮驿制度。对此,郑观应曾提出:"邮政既行,异务自废,无足虑也。盖电报设而驿差轻其半,轮船通而驿差轻其七八,若铁路之干枝渐次告成,而驿传势难再留。"③然而,事实却是迨至清亡,旧式驿站仍与新式的邮政同时并存。新式邮政,需要周密的管理,而清政府的官吏们对此却难以称职,时常发生铁路受损或电杆被毁,不得不仍旧动用驿递之类的事情。④ 这时的驿站,由于新式邮政的冲击,又日趋破败,形成了另一个恶性循环。当然,清末邮政制度的建立,使公文传递的速度增快,但最终并未对改善公文的流转有多大的裨益,反而进一步加剧了公文数量与处理速度的矛盾,使清代公文制度面临着前所未有的危机。

清后期公文制度败坏的集中表现,是决策、管理、执行三个公文流转层次结构的破坏。这最先发生在管理层,并逐步向另外两个层次,特别是决策层蔓延。道咸以后,清代官僚机构从管理层开始急剧膨胀。咸丰十一年二月初一日,主管洋务的总理各国事务衙门正式成立。随着洋务运动的开展与深入,它很快就超出了一个负责海外通商与外交机构的功能,举凡外交、军事、经济、文化等大政无所不统。由于总理衙门仿军机之制而由朝中重臣兼领,势不得不侵蚀其他中央管理机构如部院等的权力,还在外交、通商等方面分散了部分内阁、军机处的决策权。与此相应,在地方管理层则有南、北洋通商大臣的设立。南、北洋大臣总揽南北洋务,职掌也不限于通商、外交,还兼管邮政、路矿、海防等诸多事务。其职虽多由两江、直隶总督兼任,而实际地位则远在一般地方督抚之上,对朝廷的决策以及中央、地方的管理、执行机构有广泛的影响,这也不能不扰乱地方既定的行文秩序。咸同之后,随着连年战火而崛起的地方督抚,也开始侵蚀中央部院同僚,甚至上级决策机构的权力,使清代公文制度面临着更大的危机。督抚在道光以来的历次内外战争中,取得了很大程度上的自由征兵、征饷权。同治之后战争稍息,朝

---

① 《平定三藩方略》。
② 张集馨:《道咸宦海见闻录》道光二十七年八月。
③ 郑观应:《盛世危言·驿站》。
④ 参阅光绪朝《东华录》二十四年十一月丁卯。《筹笔偶存》中也有许多类似的记载,可参看。

廷想收回这些权力,多次行文令各省申报兵额,都被视作具文而不予执行。① 对于其不断扩张的财权,督抚们更是想尽办法免受中央的监督与控制。号称中兴名臣的曾国藩,曾致书江西巡抚敏科:"银项应奏应题者,须倍加慎重,以少奏为是。或挚列衔先行寄稿函商定妥,再行拜发。或称江浙向以全力供给,向帅、和帅大营,今江西以全力供曾某大营云云,或可少免于大农之驳诘。"② 公然私下串通,以官样文章应付中央。督抚之权重者往往绕过决策层,"朝有大政,咨而后行"。③ 而部院以至于内阁、军机处遇事也"每以情形难以遥度,仍请交督抚酌议"。④ 日久之终成尾大不掉之势。庚子之变,以两江总督刘坤一、湖广总督张之洞为首的督抚们居然拒不执行清廷所下的宣战诏令,发起了"东南互保"。其中,为首的张之洞就是借口诏书中用"仰",而非惯用的"着"字,称之为"矫诏",不予理会。⑤ 对此,清政府竟降旨承认此诏确系"乘间矫擅,非出朝廷之意",命内阁将其"提出消除,以重纶音而昭信史"。⑥ 如此正式行文认可地方与中央的对抗,可见清末公文流转的全面失控。

总之,决策层的优柔寡断,管理层的敷衍了事(中央部分)与侵权犯上(地方部分),执行层的手足无措,是道咸同光四朝公文流转的共同特点。种种迹象表明,清代公文制度的运转不灵,至此已经到了不可收拾的地步,变革迫在眉睫。

四、清末公文制度的瓦解

从光绪二十七年(1901)新政到宣统三年(1911)清亡,是清代公文制度的大变革时期。在这短短的十余年间,清代公文制度经历了彻底更新重组的巨变。变化之剧、牵涉面之广,为前所未有,但其最终结果却是收效甚微。

早在光绪二十六年,八国联军占领北京,清廷内迁西安,部院、内阁等在京机构的档案不能随同带往。这些依照定例行事的机构,在例案全无的情况下,处理日常公文极为困难。因此,清廷内外大臣纷纷要求暂时改题为奏或改咨为奏,绕过部院、内阁直接行文军机处。对于这些请求,光绪帝大多批示同意。返京后,在京各官署仍因档案被毁被盗,散失破坏严重,难以立即恢复正常的工作,故改题为奏的请求依然不断,以至于军机处不得不奏准"紧要事件,准其改题为奏"。⑦ 由于大量地改题为奏,此时的题本已经完全成为依样行事的官样文章。不惟办理缓慢,且徒增案牍,于实政无补,朝野废题改奏

---

① 参阅《清续文献通考·兵一》及《康南海文集》卷四。
② 《曾文正公书札》卷十二。
③ 《清史稿·曾国藩传》。
④ 光绪朝《东华录》八年二月张观准奏。
⑤ 徐珂:《清稗类抄·明智类·张文襄不奉伪诏》。
⑥ 光绪朝《东华录》二十六年十二月。
⑦ 参阅《清德宗实录》卷四七○、四七二及光绪朝《东华录》二十七年八月戊申。

的呼声渐起。光绪二十七年六月刘坤一、张之洞会奏变法折提出:"我朝雍正年间,谕令臣工将要事改为奏折,简述易览,远胜题本。五十年来,各省已多改题为奏之案。上年冬间,曾经行在部臣奏请将题本暂缓办理。此后批请查核详议,永远省除,分别改为奏、咨。"①两个月后,清廷正式下令:"废内外各署题本,除贺本外,均改为奏。"②题本的被废,使流向决策层的公文集中于奏折一途,更加剧了公文流转的紧张状态,连素以高效率著称的军机处也难以招架。于是,改奏为咨,以平行分流上行之法又被不断提出。然而,正如奕劻所奏:"光绪二十七年奏准改题为奏以后,外省循例各件一律改奏,其改咨者什无一二。于是入告之疏,批答之旨,数倍于前……无分巨细,悉列封章,一有驳难,奏且数至。"③大量公文不分轻重缓急壅塞于决策层等待处理,清廷对此束手无策,及至清亡仍未能改变。

由于题本被废,那些主要处理题本的机构,如通政司、内阁等成了无事可做的闲曹。这迫使清廷对处理公文的官署也作出相应的变动。先后撤销了通政使司、内阁满汉本房以及詹事府等机构。随着清末新政官制改革的深入,在决策层上,经历了从设(督办)政务处,到废内阁、军机处,改设责任内阁与弼德院、资政院的巨变。与此相应,在管理层则仿照欧美之制于中央设外务、民政、度支等部院,并改各省按察使为提法使,改学政为提学使。④ 就连一向较为稳定的执行层,也有设立议会、地方自治等改革之议。⑤ 短短的十几年内,上下各机构如此剧烈、频繁地变化,势不能不扰乱清代立国二百五十多年来形成的固有行文秩序,使各级官吏一时难以适应。且新官制"集权于长官一人之身,自次官以下,皆不负责任",⑥使官不分高下都为琐事所扰,难有大的作为,从而影响了处理公文的行政效率的提高。对此,清廷一方面极力整顿例案、裁汰书吏,令内外各官署长官躬亲政事,以明各自之责;另一方面则大办官报,公布政府办事的文案章程,以沟通上下。⑦ 光绪三十三年,清廷创办了《政治官报》用以"专载国家政治文牍",并规定"无论官民,皆当购阅"。⑧ 各省也先后举办了类似的官报。同时,还编定公布了大量现有法规,作为内外各级机构、大小官吏为政办文的指导。⑨ 种种措施,不可谓不力。但未及见效,清朝已亡。

清末光宣二朝新政,对公文制度产生的冲击,使公文的流转更趋缓慢,行政效率日益低下,政府难以控制。辛亥革命一起,清代众制度便立即不堪文报纷繁的重压,而土

---

① 《张文襄公文集》卷五三。
② 《清史稿·德宗本纪》。
③ 中国第一历史档案馆馆藏《朱批奏折·内政类》宣统二年九月十四日,转引自《清史论丛》第三辑《清代题奏文书制度》。
④ 有关清末新官制的情况,可参阅《清史稿·职官·新官制》。
⑤ 梁启超:《饮冰室合集·城乡自治章程质疑》。
⑥ 孙宝瑄:《忘山庐日记》光绪三十四年正月二十七日。
⑦ 参阅光绪朝《东华录》三十一年二月,三十三年三月、十二月诸条。
⑧ 《大清光绪新法令》第十八册《官报》。
⑨ 参阅《内阁官报》宣统三年七月《编纂现行法规章程》。

崩瓦解了。

  清代公文制度,经历了从初期公文简约、流转迅速,中期公文饱和、流转有序,到后期公文壅塞、流转失灵,终至灭亡的演变过程。尽管人们往往着眼于清代公文流转中的文牍主义、书吏专权等种种弊端,而斥之为吏治败坏的渊薮。然而,在实际政务中,公文处理却是当时各级官署及大小官吏最重要的日常工作。随着清代国家行政能力所及,公文几乎渗入一切领域,无所不包。因此,清代公文制度的演变,可以看作是清代政治制度史的一个重要组成部分。

西式牛痘接种在上海的传播与影响
——以公共租界工部局为中心

马长林

天花在世界历史上很长一段时间里是一种烈性传染病,死亡率极高,被传染者的死亡率通常在25%—40%之间,即使幸运者免遭死亡,也会留下可怕的后遗症——在脸上留下点点瘢痕,这是感染天花病毒患者发病期间身上发出的疱疮结成痂后留下的痕迹,俗称"麻点"。我国在16世纪(明代)就发明了用接种人痘的方法来预防天花感染,到17世纪,经过多年实践和提炼形成的痘浆、旱苗、水苗、痘衣等接种人痘的方法已很成熟,在全国推广,并传入日本、俄国以及东南亚、中亚、欧洲、北非等地。古代中国发明的人痘接种曾经作为预防天花流行的最好方法,在世界各地抵御了天花的恶性传染,挽救了不计其数的生命。但是人痘接种也有其局限性,由于对接种痘苗的毒性与剂量尚未能以科学的方法予以控制,接种失败甚至因接种引起感染天花而死亡的仍有一定的比例。正是这种情况,促使英国医生爱德华·琴纳在1796年发明了安全的牛痘接种方法,使人类对天花的预防完全进入了科学的境界。

琴纳的牛痘接种方法发明后7年,1805年,便由英国东印度公司外科医生皮尔逊传到中国广州,后经当地中国医生、华商共同努力,出资"于洋行会馆种洋痘局,广为传种,乃渐遍及各省"。① 特别是当时精通中医的邱熹长年在种洋痘局传种,"风雨无改","于是种痘者源源而来",西式种痘法大获信于社会。② 从广州开始,西式牛痘接种方法逐渐在中国各地传播。从已有的研究成果可知,其传播基本上是由接受牛痘接种方法的传统中医所进行的。③ 上海也是西式牛痘接种传入较早的城市之一,但情况有所不同。据目前掌握的资料,在上海最早进行西式牛痘接种是由英国伦敦会传教士雒魏林1844年

---

① 彭泽益:《西洋种痘法初传中国考》,《科学》1950年7月。
② 汪敬虞:《中国现代化黎明初期西方科技的民间引进》,《中国经济史研究》2002年第1期。
③ 参阅廖育群:《牛痘法在近代中国的传播》,《中国科技史料》1988年第2期。

在上海创办的仁济医馆开始的。① 西式牛痘接种,在最初对上海本地人来说是一种全新的事物,但在半个多世纪后,上海人口中接种牛痘的比例在全国最高。牛痘接种作为一种源自西方的现代免疫方法,如何在上海得到传播、推广乃至普及,这是个很有意义的问题,因为它涉及近代西方卫生防疫理念和技术方法如何在上海引进和推广的问题,实际上反映了近代以来中西文化如何在上海、在中国发生碰撞和融合的问题。有关西式牛痘接种在上海的传播,以前不被学者所注意,2001年出版的《上海租界志》首次对上海公共租界工部局和法租界公董局如何推广牛痘接种作了比较详细的叙述。② 尽管如此,西式牛痘接种在上海的传播推广仍然是个值得深入研究的问题,因为至今有些过程和细节还不是很清楚,对一些问题的认识也需进一步深化。笔者曾参与编纂《上海租界志》,拟在此基础上进一步挖掘有关史料,对此问题作一研究,以求教于方家。

一、西式牛痘接种的第一次高潮

1844年英国伦敦会传教士雒魏林在上海创办仁济医馆后,在对本地病人用西医进行诊治的同时,也拉开了西式牛痘接种在上海传播的序幕。在这过程中,如同19世纪初叶的广州一样,中国本地医生功不可没。有资料表明,一个叫黄春甫的中国医生起了重要作用。黄春甫是娄县人,祖籍江西,17岁来到上海,学习西医,曾受洗为基督徒。黄春甫在1852年入仁济医馆,在那里经雒魏林亲自培训指导,掌握了西式牛痘接种方法,开始与雒魏林一起给周围的华人儿童接种牛痘,并主持上海城厢分诊所的工作,在这里广为培训西式种痘的医务人员,分别到其他地方为儿童种牛痘。③ 1868年4月,上海道台应宝时出资在县城城隍庙后面的豫园开设专门接种牛痘的诊所,指派黄春甫主持,免费为市民种牛痘。对于在上海县城出现的这一新事物,当时唯一的中文报纸《上海新报》曾报道说:"若照中国种痘法,又有出有不出之虞,惟西国牛痘一法,极稳极妙,尽人而知之矣。苏藩应方伯前在上海道任内于城隍庙豫园设立牛痘局,聘华士黄春甫先生按期至局,按名施种,每期不下百十人,至少亦有数十名,无不得心应手,远近咸感之。凡有小孩未出天花者,贫家赴局待种,有余之家尽可请黄春甫先生到门,其谢金不拘多寡,君子自重可而,幸勿失此好机会也。"④尽管西式牛痘接种已在上海开始出现,但多少年来盛行的中国传统的人痘接种依然广泛流传,直到1870年上海地区才出现接种牛痘的第一次高潮。

---

① 张敏:《西医输入与晚清上海医学变革》,《上海研究论丛》第13辑,上海社会科学院出版社,2001年。
② 参阅《上海租界志》第五篇第二章卫生管理,第四节卫生防疫"一、防疫注射",上海社会科学院出版社,2001年,第509—510页。
③ 张敏:《西医输入与晚清上海医学变革》。
④ 《上海新报》1869年5月6日。

这次高潮的兴起主要源于天花的流行。1869年11月4日,上海公共租界内外国侨民中发现首例天花病人,10天后,在外侨中又发现第二例天花病人,此后陆续有外侨被传染上天花,被传染者主要是停泊在黄浦江上外国船只上的水手,其中有5人死亡。而在同一时期,租界内华人居民和老城厢地区发病率更高,公济医院在1869年11月到1870年2月,每月收治的天花病人平均为12例。外侨天花病例中有一个三十来岁的英国人,据说此人在幼年时已经出过天花,没想到到三十岁时在上海会再次感染,当时就有人猜测:"因洋泾浜华民中有小孩广行种痘,该英人由传染所致。"① 持这种看法的还有当时担任公共租界工部局卫生官的亨德森医生,他在1869年12月30日向工部局提交了一份备忘录,就租界内天花流行的原因发表了看法,并提请外国驻沪领事团注意问题的严重性。

医学博士出身的亨德森作为工部局聘任的卫生官,在探寻租界内天花流行的原因时,对租界内及华界普遍流行的中国传统的种人痘十分重视,他对中国传统的这种种人痘进行了深入的观察和分析,因此所提交的这份备忘录的主题就是"上海及周围华人中种痘"。他在备忘录中指出:"我从不同方面获得下列关于上海和周围本地人进行这种种痘的信息:1. 种痘几乎是普及的,除了幼年时患过这种病和无力支付费用者,均参加预防种痘。2. 在上海和周围地区,十二月、一月和二月为种痘期,目的是使以后的发病期处于冬季。3. 只对儿童种痘,年龄从二岁到六岁不等,但出生第二年或者第三年为最经常的选择期。4. 据认为,体质上的充分表现是十分重要的,不发病不付钱。5. 是正规的医疗专业的一部门进行。6. 去年(1868)冬天,本租界、本城和周围村庄有30—40名本地医生或传教士从事此工作"、"这种种痘的结果是使天花年年光临租界。" 亨德森引用了当时仁济医院的报告来证明他的结论:1859年仁济医院报告,春季上海最可怕的疾病是天花;1864年仁济医院报告,在一、二月份,许多天花病人住进医院;1867年仁济医院报告,收住49例天花病人,是年初发病最多的一次。亨德森把中国传统的种人痘与牛痘接种作了比较,发现两者有几大区别:1. 牛痘接种能阻止天花发病和传播,而种人痘产生并使天花存在,有利于疾病的扩展。2. 牛痘接种绝对不会危及生命,而种人痘据中国人说死亡率很少超过1%或2%,但从其作为传染的复合来源并引发传染这一点来看,它是引起许多死亡的间接原因。3. 牛痘接种在英国由法律规定推广,而种人痘则为英国法律所禁止。4. 有关费用,牛痘接种由道台给每个小孩300文制钱,100文是到接种站接种时给,另外200文在脓疱形成小孩再次前来时给,种人痘的费用则差别很大,最低的费用是男孩1元,女孩0.5元。5. 牛痘接种所能达到的削弱天花病毒毒性的效率比种人痘高得多。亨德森还指出"中国人显然不存在对牛痘接种的严重偏见",因为他从一些同行了解到,不少中国人到外国人办的医院等处去接种牛痘,如据约翰斯顿博士称,1868年在他的医院和城市诊疗所接种牛痘者为750人,1869年则增至1 400人。在

---

① 《上海新报》1870年1月20日。

叙述了上述情况后，亨德森最后提出："鉴于上述情况，我希望提请贵委员会讨论的问题仅仅是这样的：难道还有什么事情比之鼓励参加牛痘接种更有助于驱除我们中间的邪恶吗？宣布在外国租界内种人痘为非法将是一个重要步骤。"①

不到一个月，即1870年1月24日，亨德森又致函公共租界工部局总董，此函本意是为了对"拟议中由领事团就种牛痘问题写给道台阁下的一份公函事"等问题作补充说明，实际上对租界内怎样预防天花传染提出了更为具体的意见。亨德森在他的信函中再次强调，当前最突出问题仍然是中国传统的人痘接种在华人圈内盛行，它是引发天花流行的潜在危险。

中国传统的种人痘技术，在16世纪下半叶发明后，到17世纪已经推广到全国，技术也相当完善。当时比较流行的种痘方法，是吹鼻种痘法，一般分为两种：一种是"旱苗法"，即将天花患者身上所发疱疮结成的痘痂研成粉末，混合樟脑或冰片后吹入儿童的鼻孔；另一种是"水苗法"，用天花患者身上的痘痂加入人乳或水，用棉花浸之，塞入儿童的鼻孔。② 这种种痘方法，是通过将天花患者身上的天花病毒植入儿童体内，使其轻微感染天花而产生对天花的免疫力。但是由于这种方法对天花病毒的毒性无法通过科学的方法予以控制，因此无论对于被接种者还是对于其他群体，都存在一定的危险性，甚至在一定条件下是天花得以传染的源头。因此亨德森在给工部局总董的信中指出：天花的出现和蔓延对上海来讲在相当大的程度上是由于进行了人痘接种，在流行性传染病本身足以诱发天花的年月里，由于传染病病源的成倍增加，为预防而进行的人痘接种反而有利于天花的蔓延。亨德森十分尖锐地说："我坚信在中国使用的诱导天花的方式较英国以前采用的方式要危险得多"，"在狭窄的街道和拥挤不堪的中国住房内，在那里并没有什么保健的措施，用这种方法来接种疫苗（人痘疫苗）定会造成特殊的令人生畏的后果。"为此他表示："我相信为了中国人的安全以及我们的利益，禁止在外国租界内进行接种的时日业已来到"，"那些对不管采取什么方法只要能保护他们的孩子免出天花就行的本地人，在很多情况下可能会同意种牛痘的。"为了给市民接种牛痘提供方便，亨德森建议："在租界内某中心地带开设一家诊所。在这一诊所内必须做到四点：第一，对当地居民免费种痘；第二，对提出申请的人进行登记，并通知居民什么地方可以种痘；第三，指导中国开业医生如何正确接种；第四，准备好并继续提供疫苗。"③

其实关于中国传统的预防天花方法种人痘存在的危险性，在亨德森之前已经有人提出过。1869年9月，詹姆森（Jamieson）医生在他提交的关于洋泾浜、虹口租界卫生状况的一份报告中，第一次提请工部局注意人痘接种的危险性，他曾在报告中说道："这种非常致命、令人生厌的疾病（天花）在西人范围内持续不断地发生"，"我将毫不犹豫地说

---

① 上海市档案馆藏公共租界档案，U1-2-607。
② 李翰洋编著：《恐怖年代——人类历史上的传染病灾难》，中国长安出版社，2003年，第64页。
③ 上海市档案馆编：《工部局董事会会议录》第4册，上海古籍出版社，2001年，第686—687页。

发布废除人痘接种的规定是统治政体的责任。"①亨德森同詹姆森相比,问题提得更加彻底,通过备忘录加信函的方式,同时由于他身兼工部局卫生官的身分,使他的意见很快引起租界当局和外国驻沪领事团的重视。詹姆森和亨德森看法的不约而同,也表明了从西方医学科学来观察,中国传统的人痘接种同西方新式的牛痘接种相比较,前者的危险性是显而易见的。

亨德森的意见以及天花在租界流行的实际情况,引起了外国驻沪领事团的高度重视,在亨德森1869年12月30日的备忘录提出不久,驻沪外国领事即纷纷表示支持亨德森的意见,领事团很快达成一致意见并向上海道台致函,要求在租界内禁止采用传统的人痘接种方法,推行西式牛痘接种。1870年2月6日,上海道台涂宗瀛发出布告,宣布在租界内禁止人痘接种,鼓励推行牛痘接种。布告称:"道台认为在中国采用西人接种牛痘的方法意义重大……我要做的是为了预防各阶层的人得天花而发布此布告,特此奉告那些希望接种牛痘者从经济与安全考虑自由选择到城隍庙医院或到租界外国机构,中国人用的那种种痘方法在租界是被断然禁止的,因为那种方法对西人有害。"②

这大概是中国近代史上地方官员关于禁止中国传统人痘接种的第一份布告,这份布告虽然内容不多,但对于西式牛痘接种在上海的传播和推广来说意义重大,它反映了中国地方官府对西方新生事物的鲜明态度。道台本人对西方新事物表现出的理解和接受这一态度,对于居住在上海的本地居民来说无疑具有一定的影响,这在一定程度上为这次牛痘接种高潮的兴起起了推波助澜的作用。

这次牛痘接种高潮最明显的表现是租界当局开设了免费的牛痘接种机构,并想方设法吸引儿童来接种。

1870年9月19日,根据亨德森的提议,经过一番筹备,公共租界当局工部局在南京东路开设了一个接种牛痘的诊所,由工部局卫生官亨德森主持,詹姆森担任助手,主要为租界内华人儿童进行牛痘接种。为吸引市民前来接种,工部局在报纸上连续多天刊登了广告。1870年9月15日《上海新报》刊登工部局牛痘局开设的消息云:"天花之厄,华人多不免,即或种本地痘子亦易传染,往之带出天花,总不若牛痘万无一失,故法国界有施种牛痘局之设也。本馆接得英医生来信云,英美两界工部现开牛痘局,央请英国哲医生韩医生二位在局施种,于下礼拜一两点钟开局至三点钟止,自此之后每逢礼拜一礼拜四两点钟起至三点钟止,华友欲为子女种痘,赴局请种不取分文,西医好善乐施,华友勿失此机会。"③两天后《上海新报》连续刊登题为"大英工部牛痘局"的广告:"本局开设洋泾浜大马路,于本月二十四日开种,系请英国哲医生韩医生每逢礼拜二礼拜四两日自两点钟起至三点种止,凡华友有男女欲种者按期按时来局,不取分文。如果系极贫之

---

① 上海市档案馆藏上海公共租界档案,1871年卫生官致工部局总办函,U1-2-609。
② 上海市档案馆藏上海公共租界档案,1870年工部局年报;又见《上海新报》1870年2月19日。
③ 《上海新报》1870年9月15日。

家,照城中邑庙豫园牛痘局规例,每名给钱三百文,以为种后补养之费。特此布闻。"①

实际上在工部局这一接种牛痘的机构开设之前,法租界接种牛痘的工作已经开展起来。早在这年5月中旬,《上海新报》刊登消息说:"闻上海法国租界内,欲令居住华商凡有小孩之家,嗣后俱种牛痘,即准在界内居住,否则令其迁徙,或必欲种内地痘子宜将小孩暂迁界外,俟种痘事毕再行入界,其所以然者,恐气味传染,致有天花之症。"②6月23日,法租界公董局在《上海新报》头版刊登"告白",通告说:"法租界工部议定实施种牛痘,其局设在回春堂内,除礼拜日外,每日下午半天,五点钟起至六点钟止,凡华人有幼女幼孩欲种者,请至回春堂便是,分文不取,特此布闻。"③法租界的这一通告在《上海新报》上登了好长一段时间,直至9月中旬工部局牛痘局广告刊登时,依然还在刊登,于是在一段时间内《上海新报》同时刊登了两租界当局关于施种牛痘的广告,这在上海历史上恐怕也是绝无仅有的。当时舆论对牛痘接种也表示了不同寻常的关注,《上海新报》除了刊登两租界当局开设机构施行牛痘接种的广告,还发表了推介牛痘接种的文章。如1869年12月28日《上海新报》发表文章称:"按种痘一法,莫妙于牛痘,既平稳无虞又不传染,中外人俱获大益。殷实之家可延西医如法而种,贫穷之子无力延医可赴沪城内城隍庙后豫园局中,分文不取,且极为稳当,愿保婴儿者毋稍观望可也。"④

从法租界公董局在《上海新报》上刊登的告白可以看出,法租界当局是租用了某一私人医生的场所,委托其进行牛痘接种,而工部局则是专门开设的机构。工部局施种牛痘的诊所开设后,一开始并没有很多的人前来接种,到1870年年底,接种的人数超过200人,而在同一时期,设在老城厢的宏恩医院1870年有1861名华人儿童到那里接种了牛痘。尽管如此,西式牛痘接种作为预防天花传染的一项重要措施,在上海整个地区,无论是华界老城厢,还是公共租界和法租界,都开展起来。1871年光豫园内种痘局即为1563名小孩接种了牛痘。⑤据统计,1878年上海租界及其附近地区有1295名儿童接种了牛痘,其中原英租界区域705名,虹口原美租界区域及附近郊区为353名,法租界237名。与此同时,工部局开设的这一机构还向位于山东路的仁济医院和一些教会团体提供天花疫苗,包括徐家汇修道院也是利用这里提供疫苗的机构之一。⑥ 工部局甚至还向周边江苏省一些城市送去牛痘疫苗,使这些地区得以开展牛痘接种。⑦

始于1870年的接种牛痘高潮,显然对天花的传染起了明显的抑制作用,天花传染的被抑制,使那些公共卫生观念不强的决策者逐渐将牛痘施种放到次要地位。本来在讨论筹备设立工部局专门的牛痘接种机构时,工部局董事会中就有不同的声音,1871年4

---

① 《上海新报》1870年9月17日。
② 《上海新报》1870年5月17日。
③ 《上海新报》1870年6月23日。
④ 《上海新报》1869年12月28日。
⑤ 《上海新报》1872年4月4日。
⑥ 上海市档案馆藏租界档案,工部局卫生处处长演讲记录,U1-16-212。
⑦ 《上海租界志》,第509页。

月13日工部局董事会召开会议听取有关接种牛痘的汇报时,就有一些董事提出此事最好由华洋医院来承担,而不必由工部局单独的机构来承担。① 5月1日工部局董事会召开会议时,董事会总董和一名董事仍表示此项事务由本地医院来做效果会更好。② 在这种工部局董事会董事有不同看法,而天花传染的威胁又大为减弱的情况下,牛痘接种的高潮逐渐消退,其最明显的表现就是至1880年,工部局施种牛痘的机构被撤销,工部局进行的接种牛痘工作完全停止。直到十几年后,再次由于亨德森的呼吁,工部局才重新恢复牛痘接种,在上海兴起了第二次牛痘接种推广的高潮。

二、西式牛痘接种的第二次高潮

上海牛痘接种的第二次高潮开始于1893年,其动因也是那几年天花流行逐渐加剧。1887年至1892年,共有500多人死于天花传染。1893年天花流行似乎进入高潮,这年头四个月,公共租界内有11名外国侨民死于天花,这也是公共租界有死亡登记以来外国侨民死于天花病的最高纪录,而华人因患天花死亡的人更多,达184人。③ 这一情况再次引起工部局医官亨德森的注意,他感到"这些数字本身就告诉我们,天花在目前是已知的流行病中最为严重的一种",④为此他向工部局接连提交了多份备忘录和报告,就天花流行及如何防治提出了自己的看法。

亨德森再次提出了禁止中国传统的人痘接种问题。他在1893年2月14日递交给工部局的备忘录中指出:"在大清帝国都以种人痘方法来预防天花,显然这是产生和传播该病的重要因素。尽管我不敢说目前在租界内发生的天花流行是由此造成的,但我始终认为相当一部分确实是由此引起的。"⑤1893年3月20日,亨德森在给工部局的报告中再次写道:"现今在整个大清帝国种人痘是一件很普通的事情。在欧洲,虽然在一个时期也实行过,但到本世纪初就被接种牛痘所替代了","在欧洲,就是把从处于平稳状态下的病人身上的小脓包的提取物通过皮肤输入的办法,我们现在就是用同样的办法输入牛痘疫苗。总体上讲,这一做法挽救了很多人的生命,否则他们将成为天花的牺牲品。在中国,干燥而成为粉状的痂皮也是从这种处于平稳状态的病人身上获取,通过原棉塞进鼻孔内。这种方法在中国的效果如何,很少统计,但华人非常肯定地断言,他们的方法危险性几乎为零,而且是挽救很多人生命的一种途径。由于没有统计资料,缺乏实践证据,就不可能确定……是限制天花流行的一种'自然'的办法。"而中国的这种

---

① 《工部局董事会会议录》第4册,第790页。
② 《工部局董事会会议录》第4册,第792页。
③ 上海市档案馆藏租界档案,1893年工部局年报。
④ 《字林西报》1893年4月5日。
⑤ 《字林西报》1893年2月15日。

种痘方式,"也是最危及生命的方法","在今天仍然被广泛应用,将直接危及人的生命"。① 为此亨德森在向工部局提交的备忘录中再次提出了广泛推行牛痘接种的意见,并重提了24年前上海道台为禁止中国人痘接种发布布告一事。他说"现在我们仍然忍受着天花传染病的流行及其致命的后果",为此"以接种牛痘为替代手段是决不能再予以忽视了,即使工部局在寻求在外国租界内禁止种痘的行动中受到限制,但这是工部局必须承担的责任,需要认真研究。我相信住在上海与邻近的华人基本上都会接受接种牛痘的。"②

除了竭力主张禁止人痘接种和大力推行牛痘接种,亨德森还提出了对天花病人采取隔离和消毒等措施。他指出:"在上海有那么一种人,他们对天花隔离均取不在乎、无知或者不介意的态度,这种现象很普遍。"他主张对染上天花的病人进行全身消毒,包括已经痊愈的天花病人,并对其用过的物品进行消毒或者销毁,对死于天花的尸体进行安全转移和处理。

同24年前相比,亨德森对牛痘接种的机理认识更加深入了,他提出:不能把接种一次牛痘就视为能够终身免疫,要有效预防天花,牛痘通常要接种几次,但是实际情况是"在经常出天花的华人中接种牛痘是很困难进行的,因为很少有未成年者再次接种牛痘,成年人也很少有人再次接种",特别是由于疫苗质量和接种方法的缘故,在初次接种牛痘的华人中"很多没有达到预期的效果",而在这过程中,采用新鲜的有质量的天花疫苗将是避免接种失败的保证。为此亨德森提出了推广牛痘接种一个更关键性问题:高质量的牛痘疫苗的充足供应问题。

多年来在上海地区进行的牛痘接种,其疫苗大多从英国等地进口,以这些进口疫苗为母苗,此后很多时候是采用手臂对手臂的方法予以解决,但这种方法的实施常常受到一定的限制。亨德森说:"从很多华人接种牛痘的实践来看,很难找到在接种的第八天(接种后的第八天小疱已经化脓)的孩子回来,提供足够的疫苗。这是南市道台施药局黄医生所遇到的最大难题,他发现当天气潮湿时只有很少的孩子到他那里接种,多数情况是没有可提供的手臂而使接种无法进行。目前这是给孩子们接种牛痘的唯一难题","如果接种的天花疫苗的供应仅限于以孩子手臂对手臂的办法获取的话,接种牛痘确实不可能在大范围内进行。"③他提出:"要为上海大量的华人提供疫苗,不能再靠进口天花疫苗,必须在当地培养疫苗。"为此亨德森提出了建立一个天花疫苗机构的设想,他在给工部局的报告中写道:"几年前我曾经大胆建议工部局在上海设立一所巴士德研究院,并得到一些人的赞许,但最终因种种原因……无法实施","但现在我不得不建议工部局建一个比较来说最划算的机构,即在上海建一所培植小牛疫苗的研究院。建一处这样的研究院费用很少,我想不久它就会自给自足。"亨德森在提议建立一个疫苗机构

---

① 《字林西报》1893年4月5日。
② 《字林西报》1893年4月5日。
③ 《字林西报》1893年4月5日。

的时候,说到了当时日本的情况,他说:"在日本,管理机构发现建立疫苗研究院很有必要,他们称之为'农场'的研究院,遍及全国。"①

在亨德森的呼吁下,工部局停顿了十几年的牛痘接种工作被再次恢复起来,同时,为解决接种所需要的疫苗,建立疫苗机构也开始进行筹划。这年5月亨德森回英国休假,根据工部局的委托,他顺便在英国对制作天花疫苗的机构进行了考察。8月,亨德森根据所作调查,向工部局提交了一份报告,详细报告了他在英国考察的有关疫苗站的情况。他说:"在伦敦,这种配备最完善而且管理最好的疫苗站,我认为,就是蓝波斯·康丢特大街上的那个机构,人们称之为动物疫苗站,由罗伯特·克里医生管理,汤马斯·S·斯托特协助,该站1882年4月起在那里开始工作,受当地政府管辖,该机构的运作细节相当有代表性,它是目前在英国的这类机构中最好的……我手上有当地政府机构1890—1891年的工作报告,从中可以看到当年在蓝波斯·康丢特大街上的疫苗站,有280头小牛被接种疫苗,有7 200名儿童接种牛痘,478人再次接种牛痘。"亨德森并将这个疫苗站人员的配备和职责、房屋建筑构成、所有的各种物质和设备,以及政府下拨的经费等都作了汇报。② 亨德森的报告得到工部局的肯定,9月,工部局董事会决定授权在英国的亨德森采购并运回他认为建设一个疫苗站所必需的设备和物质。③ 10月,亨德森选购了各种必要的设备和物质,在离开英国前将它们运往上海。

1894年8月,由亨德森担任负责人的工部局卫生委员会召开会议,专门对牛痘疫苗站的建设进行了讨论。会议讨论了这一疫苗站设置的地点、应该配备的人员和需要开展的工作,计划从9月开始对一头小牛和未生育过的母牛进行接种,同时建议从西贡获得疫苗,在租界各处设立适当的场所为华人免费接种牛痘。11月,卫生委员会召开会议时又起草了关于接种牛痘的中文通告,其内容是:"工部局已决定建立两处牛痘接种站,一处在山东路医院,另一处在虹口医院,华人的成年人和儿童在那里可以免费接种牛痘。工部局请所有华人居民利用这个机会以免患天花。上述医院每周二和周五上午10点至12点接种牛痘。"④委员会决定将此通告夹在华人报纸中散发,并印成大幅通告张贴在租界各处。

在亨德森采购的这些设备和物质的基础上,工部局开始进行制作天花疫苗的试验。经过筹备,这个制作和提供小牛疫苗的机构在1896年10月正式开张,一开始条件十分简陋,在虹口工部局牛棚的一所房子里进行了天花疫苗的采集,同时开始向租界内各医院免费提供天花疫苗。⑤ 不久疫苗站的工作被整合到工部局实验室。⑥ 此后经过不断

---

① 《字林西报》1893年4月5日。
② 上海市档案馆藏公共租界档案,1893年工部局年报。
③ 《工部局董事会会议录》第11册,1893年9月26日,第577页。
④ 上海市档案馆藏公共租界档案,1894年卫生委员会会议记录,U1-1-122。
⑤ 上海市档案馆藏公共租界档案,1896年工部局年报。
⑥ 关于天花疫苗站是如何整合到工部局实验室的,由于资料的关系,这一过程目前还不清楚,从已经掌握的资料看,1898年斯坦利担任工部局卫生处处长后,工部局实验室成为卫生处正式的附属机构,从事微生物研究和各项化验工作,并承担天花疫苗的制作和供应任务。

的实践和经验积累,有关人员熟练地掌握了天花疫苗的生产技术,疫苗生产开始显出成效。1899年,实验室制作了5 000试管的小牛天花疫苗,1900年制作了6 000试管的小牛天花疫苗,能够满足1.8万人进行接种。1901年,制作了2.2万试管的小牛疫苗,1904年送出3.4万试管天花疫苗,[①]解决了开展牛痘接种所需要的新鲜疫苗供应问题。

三、影响与效果

1870年和1893年在公共租界范围兴起的两次牛痘接种高潮,对上海地区牛痘接种的推广和普及产生了重要影响。尽管在1870年之前,西方新式牛痘接种已经在上海出现,但作为一种最新的传染病预防方式,其影响是相当有限的,特别是华人居住圈内多少年来盛行的人痘接种,对新式牛痘接种的推广和普及是极大的障碍,关键是人们很难从理论上来认识新式牛痘接种的优越性。1870年兴起的牛痘接种高潮,特别是由上海道台出面发布的禁止人痘接种的布告,以官方方式宣布了传统的人痘接种的"死刑",对华人民众具有一定的影响。1893年兴起的牛痘接种高潮,在工部局恢复免费接种制度的同时,开始了自制疫苗的历程,这对于牛痘接种作为一项传染病预防制度长期存在,起到了十分重要的保证作用。可以想象,即使租界当局主持的牛痘接种开展得很热烈,但是没有充足而有效的疫苗作保证,其是否能够持续存在肯定是有问题的。而如果因为所供应的疫苗质量不高,影响接种的效果,这对正在逐渐消亡的传统种人痘会有一种反弹和刺激作用,一旦牛痘接种的效果发生问题,很有可能许多人又会回过头去寻求人痘接种。所以从上海牛痘接种的发展历史来看,1893年后亨德森提出并逐渐实施的天花疫苗制作,是一个非常重要的转折,它既为上海地区牛痘接种作为一项常规的防疫制度得到坚持提供了充足的物质基础,同时也表明上海地区天花预防进入到一个新的阶段。从历史事实看,工部局实验室不仅承担了牛痘疫苗的制作,并且采用新的技术,使疫苗的质量不断提高。据资料记载,工部局实验室在1898年开始批量供应牛痘疫苗后,便成为一项制度。1899年,工部局实验室在制作牛痘疫苗的同时,还制造了抗天花的疫苗血清用于治疗天花病人。1907年,实验室用甘油对天花疫苗进行处理,使疫苗质量进一步提高。第二年,经过甘油处理的疫苗可以维持长时间的有效,因此疫苗不但供应本地,还被发送到远东各地,说明工部局实验室生产的抗天花疫苗在远东开始产生影响。20世纪20年代初,工部局实验室制作天花疫苗的技术更加精细,所生产的每一批疫苗在向外发送之前,都要经过非常严格的测试,主要测试其效能,这些测试都按照最严格的标准进行。

---

① 《上海租界志》,第514页。

1898—1928 年工部局实验室制作供应天花疫苗数量表　　（单位：试管）

年份	1898	1900	1901	1902	1903	1904	1905	1906	1907	1908	1909
数量	5 000	6 000	22 000	13 000	12 000	34 000	28 500	21 432	15 958	19 995	16 879
年份	1910	1911	1912	1913	1914	1916	1918	1919	1920	1921	1928
数量	17 460	10 044	10 993	20 005	19 801	23 488	300 846 单位①	89 600 单位	126 505 单位	228 357 单位	289 943 单位

资料来源：上海市档案馆藏租界档案,有关公共卫生的历史资料（化验室）,U1－16－4695。

　　充足的疫苗供应保证了工部局牛痘接种工作能够持续进行,同时也给周边地区牛痘接种开展提供了方便。当时工部局卫生处所属的实验室在"牛痘疫苗制成后,用蜜水封裹,发往东亚大陆,遍地销行",后来制作的牛痘疫苗"逐年改良,凡化学室制成之发往他埠者,概用玻璃管装储,每管可种五人,管面标明上海牛痘苗所字样 Shanghai Municipal Laboratory,再将某时发出,某号牛身种出,一一注明,深恐苗性变劣,得以随时检查。凡牌上标列日期,若置于适宜地位,本局可担保在一月内种出之牛痘苗,定能有效。本局又用橡皮塞头之瓶,将苗存放,运销外埠"。②

　　20世纪初,工部局卫生处在公共租界内各地段设立牛痘接种机构,有的在菜场,有的在戏院,也有在寺庙,主要考虑这些地方有一定的人流量,如1908年工部局设立的接种牛痘机构达二十多处,其中有虹口菜市、爱而近路菜市、丹凤戏院、红庙、北四川路守真学堂、北山西路典业内等,当年免费接种4 649人。③而工部局卫生处为便于管理,将公共租界分为东、西、中、北四个区域,分别在这四个区域内按照3万居民为单位设立卫生分处,到20世纪初,共设立了16个卫生分处。各卫生分处配备了专职卫生员,开展公共卫生方面的事务,其中一项重要的事情就是"为华人及无力西人,施种牛痘,不取苗费"。因此在工部局卫生分处设立后,牛痘接种都在卫生分处进行,牛痘接种地点相对固定,工部局覆盖整个公共租界的牛痘接种网络由此建立起来。1912年,工部局各卫生分处接种牛痘人数为6 108人,④1913年接种牛痘人数为13 000人,数量翻了一倍,⑤同卫生分处的设立不无关系。1927年,因上海工人举行三次武装起义,施种牛痘有所影响,接种人数比上一年减少了25%,但工部局各卫生分处仍为32 686名中外居民接种了牛痘,其中婴幼儿占91%,此外工部局监狱和巡捕医院也分别为5 877人和858人接种了牛痘。⑥

　　由此,牛痘接种在公共租界内几乎普及化。我们从1918年工部局用中、日、俄、英四种文字印发的布告中可以看到当时工部局接种牛痘机构的分布情况。其中专门为华人

---

① 一个试管包含5个单位的疫苗,正常情况下可供5人接种。
② 上海图书馆藏《上海工部局医官卫生清册》,1912年。
③ 台湾"中央图书馆"藏《工部局卫生清册(一千九百零八年造)》。
④ 上海图书馆藏《上海工部局医官卫生清册》,1912年。
⑤ 台湾"中央图书馆"藏《上海工部局医官卫生清册(民国二年造)》。
⑥ 上海图书馆藏《上海工部局卫生处报告》,1927年。

接种的地方有14处,分别是树浦路679号、熙华德路1581号、熙华德路2668号、东汉壁礼路534号、虹口菜场、吴淞路42号、伯顿路797号、福建北路567号、西藏北路200号、福建路462号、汉口路23号、新闸路1622号、马霍路385号、麦根路1019号,接种时间是周一或周二、周五的下午;为西人接种的地方分别是熙华德路1581号、虹口菜场、吴淞路42号和汉口路23号,接种时间是周二或周四下午。① 据统计,在20世纪前25年中,大约有50万人免费接种了牛痘,在此期间工部局实验室制造和提供了425万份疫苗,在1911年至1930年的20年中,经工部局卫生处免费接种牛痘的人数超过100万。②

对于工部局卫生处在普及牛痘接种方面所做的工作,中国海关十年报告也给予了重视,在介绍20世纪初至30年代三个十年中上海牛痘接种的情况时报告指出:在1902年至1911年的十年中,"为了卫生保健工作的需要,现在租界里在18个地区分别设立了卫生分支机构,在这些机构里,除了其他有助于卫生保健的活动外,还广泛展开免费接种牛痘的活动"。"由于采用了接种牛痘的办法,因天花死亡的人数已逐渐减少";在1912年至1921年的十年间,"1919年和1920年是天花在本地居民中完全绝迹的两年,后来因放松了种痘,1921年又发现天花病例多起……但在开始大规模的种痘之后,疫情很快被控制住了";在1922年至1931年的十年间,"种痘的范围更加广泛。1931年上海市种痘人数达185 781人,公共租界种痘的有106 847人,法租界种痘的有25 000人……1931年秋冬,长江沿岸洪水为患,难民麇集上海,天花重又流行,租界内普遍种痘,在最近日军入侵后在沪定居的难民中,幸未发生重大的疫情"。③

牛痘的普遍接种,使上海这个人口高度集中的城市基本上免遭天花恶性流行的厄运,20世纪初至二三十年代,曾经有各种烈性传染病在上海流行,如1918—1919年世界范围的流行性感冒袭击上海,1919年霍乱流行等,而天花流行再也没有出现过,其中甚至有几年天花病人死亡为零,应该说这都同当时上海开展了持续而普遍的牛痘接种有十分密切的关系,换句话说,正是坚持开展了普及性的西式牛痘接种,使天花传染在上海得到了有效控制。

余　论

近代中国为预防天花而产生的西方新式牛痘接种的传播、推广和普及,从某种意义上讲,是西方文化对中国传统文化发生影响的结果,也是中国传统文化吸收西方优质文化的具体表现。如果深入地对西方新式牛痘接种传播推广的路径进行考察,可以发现

---

① 上海市档案馆藏公共租界档案,U1-2-832。
② 《上海租界志》,第510页。
③ 徐雪筠等译编,张仲礼校订:《上海近代社会经济发展概况(1882—1931)——〈海关十年报告〉译编》,上海社会科学院出版社,1985年,第167、170、234、304页。

存在着由西方人士为主导推进和由中方人士为主导推进的两条路径，上海地区西式牛痘的传播与推广路径，显然属于前者。这种路径有其独特的特点。

一是牛痘接种的推广主要由精通西方医学的西方侨民为主导。我们看到，上海地区，主要是公共租界区域内牛痘接种推广，同担任工部局卫生官的亨德森的提倡有密切关系。亨德森本人出身医学博士，受过严格的西方医学训练，他又来自英国本土，对英国国内牛痘接种推广的形势以及学界有关牛痘接种机理的科学研究了解深入，担任工部局卫生官的身分，使他对公共卫生方面传染病防治有着与一般人不同的理解，因此他在 19 世纪 70 年代和 90 年代初两次对牛痘接种所提建议，都涉及到关键问题。他对中国传统人痘接种危害性的认识，对牛痘接种相对于传统中国人痘接种的优点，有着深刻的认识，特别是 19 世纪 90 年代初他提出的制造牛痘疫苗机构的设想以及在英国对生产牛痘疫苗机构所进行的深入考察和物资采购，为工部局后来自己生产牛痘疫苗奠定了基础。由此可以说，在上海西式牛痘接种传播和普及上，亨德森是功不可没的。

二是牛痘接种推广所需要的疫苗主要靠本地自行解决。在中国牛痘接种传播和推广的早期，牛痘疫苗基本上都来自海外，其中相当一部分是在引进牛痘疫苗进行接种后，再通过手臂对手臂的办法来采集疫苗，以满足接种的需要。特别是早期牛痘接种在没有大批牛痘疫苗供应的情况下多"以舟载小儿为传播载体"，"长途度苗需雇带小儿多人同行"。① 如 1830 年前后在内地对传播牛痘接种有功的王新吾，自叙其在将牛痘接种从湖南输入湖北等地时，"由湖南买舟雇婴渡洞庭，传浆至湖北"，"由楚雇乳妇携群婴飞渡长江接种"。② 为什么要携群婴？实际就是刚接种牛痘疫苗不久的婴儿，是他们担当了牛痘疫苗的功能，所以当时文人对此有诗描述道"一阵凫舟飞楚北，满船牛痘下江南"，③把一船群婴形象地比作牛痘疫苗了。而上海公共租界工部局推行牛痘接种使用的疫苗，早期来自向海外专门机构的采购，后期则完全由自己制作，同由中方人士为主导推广牛痘接种相比，这是一个十分明显的差别，它反映了西方新式牛痘接种在上海推广的一大特点。

上海地区西式牛痘接种的传播和推广，在华人群体中基本上没有遇到什么阻力，这与其他西方新技术引进后遭到不同程度的误解和抵制不同，也同一些地区视牛痘接种为邪法而进行排斥形成极大的反差。当时上海煤气、自来水、电灯等西方新技术输入过程中因一部分华人包括官员的误解，进行愚昧的抵制而产生过不少笑话，而在北京的一些居民对免费为儿童接种牛痘也曾加以拒绝，其理由是"此痘疮乃孩儿之疫病，非患一次不可，故人为预防乃违天理"。④ 在上海我们没有看到视牛痘接种为邪法的事例，这也许同一开始上海地方官府对牛痘接种采取支持的态度有关。19 世纪 60 年代末上海道

---

① 廖育群：《牛痘法在近代中国的传播》。
② 上海图书馆藏《牛痘新书》，"前牛痘序"。
③ 上海图书馆藏《牛痘新书》，"前牛痘序"。
④ 荷小莲：《论中国公共卫生事业近代化之滥觞》，《学术月刊》2003 年第 2 期。

台在老城厢设立牛痘接种机构,70年代初又颁布告示宣告在租界内禁止中国传统种人痘,这些言行实际上都对牛痘接种的传播起了很好的宣传和推动作用,加上当时报纸的宣传,此后当人们实实在在地看到牛痘接种对天花预防的好处后,其自觉地接受也就不奇怪了。由此也反映出上海这个城市的居民在接受西方新事物方面的积极态度。

全球海洋国家涉海管理体制变迁特点分析*

王 杰

海洋发展是影响社会变迁的一个综合变量,从人类与海洋的互动中去探究涉海管理体制与海上执法力量建设的变迁,为认识海洋与人类社会发展的关系展开了一个新的研究视角,也为涉海管理体制及海上执法力量建设变迁方向找到了一个新的维度。涉海管理涉及海洋国家各级政府代表国家履行对本国领海、海岸带和专属经济区海洋权益管理、资源使用管理和海洋环境管理等基本职责,在涉海管理体制变迁的多个世纪中,涉海管理体制逐渐呈现体制内容丰富化、机制多元化等特点。

一、涉海管理体制建设内容日益丰富

在古代和近代,人类对海洋资源的利用程度较低,仅限于捕捞、晒盐、航运等传统利用方式。进入现代社会,随着人类征服自然的能力不断提高,海洋已经成为人类开发利用的重要领域和重要资源,人类开发海洋、使用海域的方式,已扩大到海水养殖、海洋油气、滨海旅游等多个行业,还涉及军事、外交、科研调查等诸多部门,关系错综复杂。其中,中央政府管理的事项主要有:国家海洋权益的维护,海域使用管理,重要的海洋资源的开发利用,如石油天然气资源、重要海洋矿产资源和渔业资源的开发利用;大型国有盐场、核电站及大型港口建设;海洋环境保护;海上交通安全保障和救助;面向全国服务的统一网络系统及基础设施,如海洋监测、信息系统等;海洋军事设施及活动等。此外,还有测绘、文物保护、海关、公安、卫生等领域相关工作。海域的利用方式也具有多样性

---

* 本文系教育部哲学社会科学研究重大课题攻关项目《世界主要海洋国家涉海管理体制及海上执法力量建设研究》(项目批准号 13JZD040)。

特点,海域既为捕捞、航行等海洋利用方式提供具有高度机动的可能,也为港口、养殖、晒盐、旅游、矿产资源勘探、开采等海洋开发活动提供必要的空间基础。① 海洋管理逐渐成为国家自然资源利用和管理领域的热点问题。

值得注意的是,1897 年,美国人以栈桥连陆方式在加利福尼亚距离海岸 200 多米处用木栈桥打出了第一口海上油井,该举标志着海上石油工业的诞生。此后,1947 年世界第一座近海石油平台在墨西哥湾上建成,标志着世界海洋活动由原来以渔业和海运业为主的传统海洋利用模式向更高级的海洋资源开发与利用转变。为了进一步规范海洋石油开采活动,1953 年美国《外大陆架土地法》颁布,美国海洋石油开采正式兴起。该法案详细规定了海湾资源的所有权和使用模式,规定私人公司开发海上石油资源时需要集体竞价,然后租赁土地的使用开采权。此外,美国还于 1982 年,通过内政部成立了矿产管理局,以负责管理矿产收入以及外大陆架近海土地。由此可见,人类探索海洋的过程中,新兴海洋活动和海洋产业应运而生,伴随着海洋活动和海洋产业的增多,涉海管理的内容也日益拓展和丰富,随之而来的还有涉海管理相关机构的成立和法律法规等的出台。

二、涉海管理由单一分散管理向综合管理发展

纵观各国海洋管理的发展史,随着经济的不断发展,海洋战略地位变得越来越重要,世界各国对海洋的需求越来越多样化。传统的单一化、分散化的海洋管理体制,已难以应对当今海洋事业多极发展的趋势,综合化、多元化的涉海管理体制将成为世界海洋管理体制发展的主要潮流。

(一)涉海管理体制的科技管控内容不断加大

科技与涉海管理进步相辅相成。科技推动了涉海管理的发展,同时涉海管理要求进步的动机又为科技发展提供了契机。因此,科技与涉海管理的发展轨迹基本一致,海洋科技更是如此。在涉海管理的变迁过程中,海洋科技形成了特有的运动轨迹,并先后经历了萌芽、早期积累、体系形成、蓬勃发展四个时期,形成了自身发展演变的基本路线图。②

与陆上管理不同,海洋管理的难度极大,复杂多变的自然环境也阻碍了人们管理手段的实施。没有一定的海洋科技条件,涉海管理及海上执法活动将无法进行,现代各类涉海管理及海上执法活动几乎都是依赖通用、专用和高技术组成的装备系统来完成的,如海洋调查。使用船舶进行海洋观测研究的历史已久,而一艘现代海洋调查船,不仅船

---

① 徐春燕:《海域使用管理法律制度研究》,大连海事大学,2006。
② 倪国江、韩立民:《海洋科技发展演变的影响因素及规律探析》,《科技与经济论坛》2009 年第 3 期。

体集中了造船的主要技术,而且为了执行不同海区和各种调查勘探任务,在普通船舶技术的基础上,还加装了动力定位系统、高精度导航系统、全球通信和信息传递系统等。①正是随着科学技术的不断进步与发展,人们的涉海管理与海上执法活动才能顺利开展并在管理范围与管理内容上不断深化。

自近代工业革命后,各国越发重视科学技术在管理当中的应用,先进的技术手段已成为管理效率最大化的决定因素之一。以日本为例,在涉海管理和海上执法活动中积极运用信息技术手段,力求在宏观和微观两个层面上为涉海管理和海上执法提供保障。具体来看,一是公共部门在海洋规划、管理和宏观决策时需要海域各种比例尺的海洋地理基础信息,包括海洋空间元数据信息、基础数字化地理信息以及海洋资源与环境空间信息。二是海洋产业部门、涉海经济机构和企业以及海洋工程建设单位需要海洋信息管理部门及时提供标准化、规范化的海洋信息产品,以保障行业发展的效益评估。三是选择适用信息技术,建设涉海部门的内部信息系统和网络,确定海洋信息加工处理、贮存、检索和传递方法,建立组织或机构内部的高效保障体系。四是海上军事活动、海洋权益和海域管理需要高度精确数字化海洋信息与相应的网络技术。五是由于日本海洋灾害频繁,加之全球环境变化对海洋经济的影响已经日趋明显,提高海洋灾害预测预报能力需要现代化的信息技术给予支持。

(二) 涉海管理体制由行业向综合过渡

从涉海管理体制的变迁来看,可以说一直以来,除了少数国家,大多数国家在涉海管理上采取的都是一种以行业管理为基础的分散化管理体制。虽说这种传统的管理体制涉及的部门多,职责分割复杂,部门冲突频繁,忽略了海洋问题的整体性,然而从根本上符合过去海洋管理的客观规律。随着海洋管理新情况的不断出现和调整,基于实践而形成的综合管理概念应运而生,涉海管理体制不断由行业管理向综合管理过渡。

从世界范围来看,一般海洋国家的涉海部门众多,数量约在 15—20 个之间,其中澳大利亚国家拥有涉海机构 14 个,美国内阁部有一半以上涉及海洋,可以说行业管理在涉海管理体制变迁过程中根深蒂固,随着部门管理实务增多,行业管理的问题逐渐暴露,部门间冲突也日益增多。针对这一问题,1992 年联合国环境与发展大会通过的《21 世纪议程》指出:"每个沿海国家都应考虑建立,或在必要时加强适当的协调机制(例如高级别规划机构),在地方一级和国家一级上,对沿海和海洋区及其资源实施综合管理,实现可持续发展。"

据 2006 年"海洋、海岸与岛屿全球会议"统计,全世界约有 100 个沿海国制定了海洋综合管理计划并实施了海洋综合管理。此外,为探索"呵护、认识和明智利用海洋"的目的,澳大利亚海洋政策的总体目标和措施之一是"建立综合的海洋规划和管理机制"。美国的海洋政策部分内容阐述了通过渐进方式对联邦涉海机构进行重组,即"统一三步

---

① 王琪:《关于海洋价值的理性思考》,《中国海洋大学学报(社会科学版)》2004 年第 5 期。

曲"：首先加强现有联邦涉海机构（特别是像国家海洋大气局这样的机构）的职责；其次合并现有各联邦机构的同类海洋计划，形成合力，减少重复；第三步待时机成熟后再考虑组建统一的海洋管理部门，如自然资源部（将所有的海洋工作都并入该部）；加强对海洋的统一管理。加拿大21世纪海洋战略的三大原则之一是"综合管理"，制定的第一个紧急目标就是"把现行的各种各样的海洋管理方法，改为相互配合的综合的管理方"。日本在新世纪海洋政策基本框架中提出政策导向：制定综合性海洋政策，联合有关省厅共同实施。①

由上可见，由于综合管理的极大利好，涉海管理体制由行业管理向综合管理过渡的进程迅速。其实，无论发展至何种类型的海洋管理体制，实施何种程度的海洋综合管理，都离不开行业管理，且必须以行业管理为基础。海洋综合管理也是一种对海洋行业管理的协调，只不过这种协调更加权威，更加常态。

（三）涉海管理手段由单一行政手段向多手段过渡

涉海管理的管理方式包括行政手段、经济手段和法律手段。涉海管理的行政手段包括出台各种海洋政策、海洋规划以及行政命令、指示、决议、决定等行政文件。行政手段实际上就是行使行政权威，具有强制性和垂直性。它是我国传统涉海管理的主要管理方式，具有成本低、效率高等优点。但是行政手段由于没有充分考虑下级的利益，因而经常遭受下级"上有政策、下有对策"的消极抵制。而且，它对资源的调配没有充分考虑被调配人的一元，因而经常出现资源配置失当的情况。尤其是随着社会经济的发展，政府很难掌握充分的信息，因为行政手段造成资源配置失当的情况就与日俱增。

涉海管理的经济手段是指国家涉海管理部门运用税收、财政支持、收取费用以及奖励、罚款等经济手段间接管理海洋的手段。经济手段实质是运用市场机制来实现国家管理的方式。经济手段有利于社会经济利益重新分配，从而调节海洋活动中各种经济关系，使海洋活动中各种经济组织的活动方向、活动规模和发展速度等沿着有利于合理开发利用和保护海洋的方向发生变化，从而达到海洋治理的目的。

海洋行政管理的法律手段是指国家依据法律法规对海洋时间活动进行管理的方式，主要指通过海洋法律、法规的规定和颁布实施，依法来规范、监督人们的海洋实践活动，调解和处理海洋活动主体之间的矛盾纠纷，保证海洋开发利用活动的有序进行。海洋管理所运用的法律法规，是指所有调整我国海洋活动中各种关系的法规，既包括与海洋管理相关的国内所有法律法规，也包括调整涉海国家之间的有关国际海洋法规。②

总体看来，行政手段可以提高海洋行政管理的效率，降低成本。而经济手段能够实现海洋资源的合理配置，有效提高个人、企业及其他社会组织参与海洋开发管理的积极性。法律手段则可以提高涉海管理的公平性，更好地实现开发与保护的平衡，有效约束

---

① 李巧稚：《国外海洋政策发展趋势及对我国的启示》，《海洋开发与管理》2008年第12期。
② 杭帆：《我国海域使用中的环境管制研究》，中国海洋大学2012博士论文。

涉海管理主体的管理行为,使其有法可依。因此,一方面需要建立完备的海洋管理法律法规体系,保证涉海管理法律法规之间的协调性,要避免涉海行业管理部门制定的海洋法规与地方政府制定的海洋法规在内容上的彼此冲突。另一方面综合运用行政手段、经济手段与法律手段,使涉海管理职能管理方式多元化,从而更好地提升海洋管理。[①]

为了适应现代政府海洋管理的要求,管理的方式方法发生了革命性的变法,主要表现在如下几个方面:一是法执法管理,即制定各种综合和专门的海洋法律、颁布管理海洋的行政规章,用法律的手段规范各种海洋活动,调节人们的海洋利益关系;二是资产化管理,人们的各种海洋活动,本质上都是对海洋资源的利用活动,把海洋当作一种有限的自然资源,按照经济活动的规律进行资产化管理是当代市场经济国家管理海洋资源的一种通行办法;三是用现代发达的科学技术来提高管理海洋的能力和效率,在维护国家海洋主权、进行海上活动监察、防治海洋环境污染等方面运用高科技手段,都受到了很好的效果;四是提供海洋活动的公共服务,政府为海洋资源的开发利用和保护兴建海洋基础设施,提供各种海洋活动的基础性资料、进行海洋水温气象的预报等,支持和引导海洋事业的健康发展。[②]

三、涉海管理内外部冲突与协调并进

涉海管理体制变迁过程中不乏出现政府与地方和部门之间的内部冲突争议,以及国家间的海洋管辖范围的外部纠纷等,伴随着海洋事务的不断成熟,国家乃至国际上的协调办法和机制得以提出和发展,这便形成涉海管理体制变迁过程中冲突与协调并存这一特点。

(一)内部冲突与协调

内部冲突与协调主要体现在国内涉海管理部门的调整问题。随着海洋活动的日趋复杂化,海洋管理事务日益增多,在海洋管理中,各种海洋活动所产生的数据和信息对管理有着至关重要的作用,如不能及时整合和共享,则会妨碍海洋事务的处理。从涉海管理体制的变迁来看,涉海管理经历了多项海洋事务由多部门管理这一阶段,由于这种管理手段在一定程度上影响了主要海洋国家涉海管理的实际效果,形成了对海洋国家海洋经济发展的制约。因此,为了规范和理顺各涉海管理主体的管海和用海行为,各海洋国家不断寻求建立多部门间的协调机制与法则,以平衡近期与远期利益、局部与全局利益,并通过制定并实施统一、可操作的行动计划,建立起一套完整系统的协调机制来

---

① 崔旺来:《政府海洋管理研究》,海军出版社,2009。
② 崔旺来:《政府海洋管理研究》,海军出版社,2009。

整合这种分散的、冲突的海洋管理方式。①

以美国为例,从纵向管理的冲突和协调来看,由于美国拥有大量的油气资源,在海上油气开发方面,联邦政府和州政府一直存在着激烈的争议。20世纪40年代以前,联邦政府和沿海各州都认为各州对海洋油气有所有权,但随着海洋油气的重要性和经济价值日益突出,联邦政府开始通过行政手段来削减各州对海洋资源的所有权。② 在1937年提出的宣布领海中的水下土地为联邦政府财产议案中,主张把保护联邦的最高利益,特别是国防,以及州间贸易作为联邦对水下和其他海洋资源实施控制的理由。该议案标志着美国联邦政府与州政府关于海洋管理权力之争的开始,而当时权力争夺的焦点正是沿岸的油气资源。③ 后来直到1953年联邦政府和州政府的博弈才有了最终的结果。1953年,随着《水下土地法》④和《外大陆架土地法》⑤这两部法律的颁布,联邦政府和州政府之间的管辖权得以明确划分。根据这两项法律,沿海各州享有自海岸线起3海里的水下土地,3海里之外的水下土地属于联邦所有。1988年,美国将领海的宽度扩展到12海里,但州享有的水下土地的范围并未随着领海范围的扩展而扩展,沿海州仍只享有3海里的水下土地所有权。⑥ 当然,20世纪60年代一系列突发事件的发生也推进了联邦政府干预州政府和地方政府海洋管辖权的行动。1966年在乔治滩渔场的地震实验引起了爆炸,引发人们对油气勘探环境安全性的关注。1969年1月,联合石油公司的1号平台在圣巴巴拉海峡喷油,泄漏了大约300万加仑的石油,覆盖了660平方英里的海域,受影响的海岸线达150英里以上,导致大量海洋生物的死亡,引起了公众广泛的关注,强烈要求联邦政府采取行动。20世纪60年代后期,美国政府第一次对其海洋政策进行全面审议。根据美国总统签署的法令而成立的斯特拉特顿委员会1969年提出的报告——《我们的国家与海洋》,⑦该报告的产生,促使美国提出和实施一系列保护和开发的法令。2004年,美国总统布什签署一项行政命令,成立一个内阁级海洋政策委员会,并着手协调各州和联邦相关法规,这是美国政府自1969年以来首次重新考虑其海洋政策。

进一步地,从横向管理的冲突和协调来看,美国内阁部有一半以上涉及海洋,涉海管理部门众多,易于发生部门间冲突,为了有效协调各部门海洋事务,2010年7月19日,奥巴马总统发布行政命令,政府在中央层面设立由27个部委、机构和办公室组成的

---

① 全永波、胡进考:《论我国海洋区域管理模式下的政府间协调机制构建》,《中国海洋大学学报(社会科学版)》2010年第6期。
② 吴家鸣:《世界及我国海洋油气产业发展及现状》,《广东造船》2013年第1期。
③ John M. Armstrong, Peter C. Ryner, Ocean Management: Seeking a New Perspective, p.14.
④ Committee on Interior and Insular Affairs of United States Congress Senate, Submerged Lands Act, United States Government Print Office, 1953.
⑤ Outer Continental Shelf Lands Act, in Nossanaman, Waters, et al., Study of Outer Continental Shelf. Lands of the United States (Los Angeles: Public Land Law Review Commission, 1969), Volume II, p.486.
⑥ 夏立平、苏平:《美国海洋管理制度研究——兼析奥巴马政府的海洋政策》,《美国研究》2011年第4期。
⑦ John R. Clark, Coastal Zone Management Handbook (Lewis Publishers, 1996), p.96.

国家海洋委员会,同时废除旧的内阁级海洋政策委员会,新的委员会主席由环境质量理事会和科学技术政策局共同担任,负责制定协调统一透明高效的国家政策,以期从横纵两方面同时协调海洋事务。① 该委员会直属总统行政办公厅,属联邦政府内阁级别。它是美国海洋管理高水平的政策导向的权威部门。国家海洋委员会的主要职能是:全面负责实施《国家海洋政策》,就实施过程中产生的问题向总统提出建议;统筹协调联邦政府部际间的海洋事务,为进一步贯彻《国家海洋政策》制定全国战略行动计划;负责眼海洋和海洋空间规划的组织和实施;协助行政管理与预算局编制全国年度海洋预算;负责国际海洋问题的协调。②

(二) 外部冲突与协调

外部冲突与协调主要体现在国际领海和公海的划界问题。历史上由于海洋环境的特殊性和人们对海洋认识的局限性,沿海地区对海洋的认识程度和开发利用程度一直不高,相应的海域边界的争议也很少。随着海洋开发深度和广度的不断扩展,以及世界增加的人口对海洋资源的需求剧增,各国的单边声明与日俱增,造成各国领海管辖范围的不同,导致了邻国海洋资源开发和渔民捕鱼等多方面的矛盾和冲突,同时并存争岛、争滩、争海等情况,已经影响到国家的社会稳定和海洋经济的可持续发展,甚至造成了人民生命财产的重大损失和资源环境的重大损害。因此从涉海管理的历史变迁来看,其一大特点是涉海管理始终面临渔业等生物资源开发利用利益的冲突,由此衍生出对国家间地理区域行政管辖范围的协调。

人类关注海洋的历史由来已久,但在资本主义时代以前并不存在着把海域分为领海和公海一说。古代法学家们认为海洋是人类的共同财产,这一观点最早出现在罗马法学家马西纳斯(Marcianus)的文章里。到6世纪,这一观点已被编撰在罗马法中。罗马帝国虽然接受海洋是共同财产的观点,但为了"扩大恺撒的权威和打击海盗",它仍有效地控制着地中海海域。③ 教皇亚历山大六世于1493年颁布"帕巴尔政令",宣称:以亚速尔群岛和佛得角群岛之间的一条经线为界,此线以西100里格(约300海里)内的全部已发现的岛屿均属西班牙所有;此线以东远至全球的全部岛屿均属葡萄牙所有,这是历史上对海洋的最早分割。进入资本主义阶段以后,海洋才有了明确的领海和公海的区别。意大利的外交家费迪南多·加利亚尼主张把当时大炮的射程(3海里)规定为各国对边缘海域行使管辖权的宽度,④3海里宽度逐渐被国际社会所接受,也是3海里领海宽度的源起。在1945年杜鲁门宣言之前,世界各国对海洋的管辖权限始终被限制在环绕国家海岸的一个狭小的带上(大部分国家把领海宽度规定为3海里),剩下的海洋被认为是自由的、不属于任何国家所有。"海洋自由论"为日后"公海制度"的形成奠定

---

① JM Bondareff. President Obama Announces a New Ocean Policy, National Ocean Council, and Final Framework for Coastal and Marine Spatial Planning.
② 夏立平、苏平:《美国海洋管理制度研究——兼析奥巴马政府的海洋政策》,《美国研究》2011年第4期。
③ James C. F. Wang, Handbook on Ocean Politics and Law, New York, Greenwood Press, 1992, p.41.
④ Gerard J. Mangone. Marine policy for America. Lexing Books, 1982.

了理论基础。在国际联盟主持下召开的1930年的海牙国际法编纂会议（海牙会议）上拟订过《领海法律地位草案》，明确了领海属于沿海国领土并允许外国船舶无害通过的法律制度。从此，沿海国对领海的主权就在国际法上确定下来了。[①] 在领海宽度方面美、日等军事强国都积极支持英国3海里领海宽度的立场。其他国家则由于渔业利益等原因反对3海里领海宽度，但都遭到了英美日的强烈反对。[②]

为了有效明确和协调世界各国之间的领海划界问题，联合国在1958至1982年间相继召开了三次海洋法会议，并最终于通过了1982年的《联合国海洋法公约》，该公约在第十五条、七十四条和八十三条分别对领海、大陆架和专属经济区的划界问题做了进一步的规定。总的来说，该《公约》是一项史无前例的国际条约，它包括世界海洋上的一切活动，从而确定了研究利用世界海洋空间及其资源问题上的国际法律秩序基础，并保证了世界海洋上的和平与安全，为发展所有国家间富有成果的合作创造良好条件的重要文件。[③] 然而由于世界各地的海域情况差别、每一具体海域划界的案情不同、当事国的主张和要求不同，《公约》关于专属经济区和大陆架应适用的原则或规则仍十分笼统，缺乏一定的可操作性，需要各国不断针对主要冲突通过国际判决进一步协调，其中对英国和挪威渔业案的判决是国际上首例有关领海基线问题的判决。后来，这一判决的基本原则被普遍应用，成为1958年《领海与毗连区公约》第4条关于直线基线划法的规定。1982年《联合国海洋法公约》第7条款，基本上重复了上述1958年公约第4条款的内容。[④]

四、涉海管理体制法制化水平不断提升

海洋法是规范人类一切海洋活动的基本法律，最早以英国法为代表，起源于日耳曼习惯法，形成于14世纪。在海洋经济日益成为世界经济发展的新高地，各国对国际海洋公约以及本国海洋法的研究不断深化，并不断寻求适当的海洋基本法和国际公约来提升本国海洋实力，继而维护国家海洋权益。

（一）国际层面涉海管理体制法制化水平的提升

国际海洋法是关于各种海洋区域的法律制度和调整国家之间在海洋利用各种领域中的关系的原则和规则的总称。它是国际法的重要组成部分，具有国际法的一般特征。维护国际和平、尊重国家主权和领域完整、和平解决国际争端等国际法基本准则，同样

---

① 宇宁：《美国12海里领海和自由通过海峡政策探析（1969—1972）》，东北师范大学2008年博士论文。
② George V. Galdorisi and Kevin R. Vienna, Beyond the law of the sea: new directions for U.S. oceans policy, Greenwood Publishers, 1997, p.11.
③ И·К·科洛索夫斯基、刘楠来：《联合国海洋法公约的意义及其取得普遍支持的途径》，《环球法律评论》1990年第4期。
④ 李令华：《英挪渔业案与领海基线的确定》，《渔业信息与战略》，2005年第2期。

也适用于国际海洋法的各个领域。国际习惯和国际条约是国际海洋法的主要渊源。在相当长的时间内,一些有关利用海洋的行为规则被不断重复,为各国所承认,从而具有约束力并成为国际上的习惯,这些习惯就构成了国际海洋法的渊源。

时至今日,国际习惯仍然是国际海洋法的主要渊源之一。世界各国在利用海洋的过程中,把历史上形成的国际习惯通过缔结双边或多边国际条约的形式固定下来,或制订新的国际海洋法原则和规则以确定各缔约国之间的权利和义务。这些国际条约是构成国际海洋法的另一个主要根据,并在国际海洋法的发展过程中逐渐占据了主导地位。国际海洋法作为国际法中的一个古老的法律部门,是为了调整国家间海上关系的需要而产生并逐渐发展起来的。随着生产力和科学技术的发展,海洋对人类生存与发展的作用日益显著,国际海洋法集中体现了不同时代国际政治、经济、军事的特点,具有明显的时代特征,随着时代的发展而不断地发展和变化。在奴隶社会,海洋是各国的"共有之物"。在封建社会,封建君主对土地的所有权开始转向海洋,海洋强国对海洋竞相提出权利主张。尤其在中世纪,争夺海洋的斗争极为激烈。①

17世纪以后,西方社会进入资本主义发展阶段,航海贸易有了很大发展,国际市场逐渐形成。新兴的资产阶级为了在海上自由航行,强烈反对个别国家对海洋的垄断,争取海洋对一切国家开放。著名国际法学家格劳秀斯在《自由海洋论》中提出海洋自由的原则,得到了广泛拥护。这一主张代表了历史发展的方向,到19世纪初,海洋自由原则在理论和实践上都得到了广泛的承认,为传统海洋法的形成奠定了基础。在海洋自由原则的形成过程中,沿海国家出于对其沿海地区安全和利益的关心,提出了领海制度的问题,海洋被分为领海和公海,包括领海和公海等内容的海洋法律制度基本形成,并一直延续到20世纪上半期。②

进入20世纪,海上自由原则在维护国际航海贸易的同时,也成为少数海洋强国掠夺海洋资源、保证军事航行和建立海上霸权的工具和借口。同时,由于科学技术的飞速发展,为人类提供了更大程度上开发利用海洋的可能,以公海自由原则为基础的传统海洋法律制度已经不能满足世界各国平等合理地利用海洋资源、维护国家主权和海洋权益的需要。1958年联合国召开第一次海洋法会议,制定了《领海与毗连区公约》、《公海公约》、《大陆架公约》、《捕鱼及养护公海生物资源公约》等海洋法四公约,为现代海洋法的建立奠定了基础。③

在1973年至1984年召开的第三次联合国海洋会议上,发展中国家与超级大国的霸权主义进行了坚决的斗争,讨论并审议了几乎所有的海洋法问题。会议通过的《联合国海洋法公约》,是对国际海洋法问题最详尽的编撰和发展,是现代关于海洋法的最重要的国际条约。现代国际海洋法从沿海国海岸线起将海洋分为内水、领海、毗连区、群岛

---

① 刘锦红:《国际海洋法及领海制度的发展历史浅析》,《法制与社会》2012年第9期。
② 刘锦红:《国际海洋法及领海制度的发展历史浅析》。
③ 刘锦红:《国际海洋法及领海制度的发展历史浅析》。

水域、用于国际航行的海峡、专属经济区、大陆架、公海、国际海底区域等九个不同的区域。这九个不同区域的法律制度,以及海洋争端的解决方法,构成了现代国际海洋法的基本内容和法律体系。①

(二)国家层面涉海管理体制法制化水平的提升

国家层面的海洋法指国家对海洋的控制、管理、使用的规章制度。包括有关内水、领海、毗连区、专属经济区、渔区、大陆架、海洋法公海、国际海底、用于国际航行海峡等海域的一系列法律制度,海洋立法作为海洋国家建设涉海管理体制的重要基础,在涉海管理体制发展变迁中,海洋国家的涉海管理法制化水平不断提升。

以美国为例,美国的海洋立法,基本上是在20世纪70年代颁布实施的,大致确立了美国海洋法律体系。总体上美国的海洋法律可以分为:(1)在沿海资源方面:《外大陆架土地法修正案》的开展,规定了油气勘探和开发活动。(2)在海洋油气开发方面:《外大陆架土地修正案》和《海岸带管理法》共同确立了美国海洋油气开发管理的法律制度。(3)专属经济区的渔业方面:美国的专属经济区的渔业主要按照《马格纳森-史蒂文斯渔业养护和管理法》进行管理。(4)海洋哺乳动物保护方面:《海洋哺乳动物保护法》的实施,对海洋哺乳动物进行了法律保护。(5)海洋环境保护方面:《清洁水法》、《海岸带管理法重新授权修正案》、《海洋保护、研究和自然保护区条例》、《防止船舶污染法》等,保护了美国的海洋环境。美国的海洋法律法规主要体现在围绕维护领土主权和海洋权益、规范海洋开发和保护海洋生态环境等多个方面,对于美国的海洋工作起到了统筹和协调作用,并且促进海洋经济的平稳发展,起到了保护海洋生态环境的作用。②

主要海洋国家的海洋法制建设情况

国　　家	海　洋　政　策	颁布时间
美　国	海洋法	2000
	海洋蓝图	2004
	国家海洋政策与战略行动计划	2010
加拿大	海洋法	1997
	加拿大海洋战略	2002
	海洋行动计划	2005
日　本	海洋基本法	2002
	海洋基本规划	2005
澳大利亚	澳大利亚海洋法	1997
	澳大利亚海洋政策	1998

① 刘锦红:《国际海洋法及领海制度的发展历史浅析》。
② 张灵杰:《美国海岸海洋管理的法律体系与实践》,《海洋地质动态》2002年第3期。

续 表

国　家	海　洋　政　策	颁 布 时 间
韩　国	海洋与渔业法	2002
	海洋与渔业发展计划	2000(2011 修订)
英　国	海洋法案白皮书	2007
	英国海洋法	2009
	海洋政策说明	2011
葡萄牙	国家海洋战略	2006
印度尼西亚	印度尼西亚海洋政策	2011
越　南	国家海洋战略(至 2020 年)	2007

　　与美国一样,世界各主要海洋国家的法律体制也不断建设和发展,其中自 1990 年中期开始,每个国家都开始逐步建立综合型海洋政策,例如引入新的法律、政策、战略或综合型规划等,如表所示。其中日本随着 2007 年《海洋基本法》和 2008 年《海洋基本规划》的颁布,于 2007 年成立了海洋政策部,旨在协调和整合海洋政策在各部门间的推广,以进一步提升国家涉海管理的法制化建设。[1]

---

[1] 杨洁、黄硕琳:《日本海洋立法新发展及其对我国的影响》,《上海海洋大学学报》2012 年第 2 期。